新时代历史学研究 教材

20 世纪
中国历史考证学

陈其泰◎主编

Textual Research of Chinese History in the 20th Century

北京师范大学出版集团
BEIJING NORMAL UNIVERSITY PUBLISHING GROUP
北京师范大学出版社

图书在版编目（CIP）数据

20 世纪中国历史考证学/陈其泰主编. —北京：北京师范大学出版社，2021.12

新时代历史学研究生教材

ISBN 978-7-303-26783-5

Ⅰ.①2… Ⅱ.①陈… Ⅲ.①史学—考据学—研究—中国—20 世纪 Ⅳ.①K207

中国版本图书馆 CIP 数据核字（2021）第 018316 号

营销中心电话 010-58807651

北师大出版社高等教育分社微信公众号 新外大街拾玖号

20 SHIJI ZHONGGUO LISHI KAOZHENGXUE

出版发行：北京师范大学出版社 www.bnup.com

北京市西城区新街口外大街 12-3 号

邮政编码：100088

印　　刷：北京虎彩文化传播有限公司

经　　销：全国新华书店

开　　本：730 mm ×1 980 mm　1/16

印　　张：30.25

字　　数：536 千字

版　　次：2021 年 12 月第 1 版

印　　次：2021 年 12 月第 1 次印刷

定　　价：76.00 元

策划编辑：刘东明　　责任编辑：梁宏宇　姚安峰

美术编辑：李向昕　　装帧设计：李向昕

责任校对：康　悦　　责任印制：马　洁

内容摘要

20世纪中国历史考证学成就辉煌，名家辈出，研究方法多样而新颖，发展阶段清楚，高峰迭现，本书系首次对这一重要学术领域做系统的梳理、深层次的开掘，并从中西学术交流的高度予以科学的说明和理论的总结，标志着20世纪学术史研究取得了重要的突破。作者认真地紬绎了数以百计的有关20世纪考证学者有价值的论著，重新审视了大量的有关政治史、经济史、社会史、文化史、学术史等领域的研究课题。在此基础上，作者全面分析了20世纪历史考证学形成的条件，分别探讨了王国维、陈寅恪、陈垣、胡适、顾颉刚、傅斯年以及孟森、吕思勉、岑仲勉、钱穆、汤用彤、徐旭生、陈梦家、徐中舒、谭其骧、唐长孺等考证名家的成就，评价他们在20世纪学术史上的地位；同时，评述了劳榦、严耕望、饶宗颐、张光直的贡献。最后，作者从方法论的角度对新历史考证学的学术内涵和时代特征进行阐释，并论述在唯物史观指导下历史考证学达到的新境界。全书资料翔实，分析缜密，论断精辟，结构严谨，是关于20世纪中国学术史的一部重要著作。

前　言

历史考证在我国堪称源远流长。中国古代文化的伟大代表人物孔子在公元前6世纪修《春秋》之时，就注意文献的搜集、记载和考订，因而《春秋》中所记37次日食，除两次“比食”当属错记外，其余35次日食记载，有32次记载经过近代天文学家以科学方法验证，均正确无误。而《春秋》中鲁庄公七年所记“夏四月辛卯，夜半星陨如雨”，则是公元前687年3月16日所发生的天琴星座流星雨记事。鲁文公十四年“秋七月，有星孛入于北斗”，则是世界上最早关于哈雷彗星的记录。《春秋》中这些记载所证明的孔子所据材料的确凿和考订的审慎，与《论语》中所载“多闻，择其善者而从之；多见而识之”“多闻阙疑，慎言其余”等格言正互为表里、互相印证，说明孔子治学重视史实的确凿和记载的可靠。这正是中国史家重视在史料考订上下功夫，以“求真”和“信史”作为史家的职责和崇高追求这一优良传统的最早源头。西汉时代的司马迁，撰成了不朽的巨著《史记》，除了由于他有“通古今之变”的高明史识和雄伟的创造力外，还因其占有十分丰富的史料并且自觉地做认真的考订。这就是司马氏本人所言“厥协六经异传，整齐百家杂语”和“夫学者载籍极博，犹考信于六艺”。关于五帝的历史，他所面对的是先秦以来百家互相歧义的说法。对此，他不是有闻必录，或是轻易取其一说，而是经过认真地比勘，特别是在广阔的范围内采访古老传说和对古迹的实地调查，拿来与文献记载做考订研究，最后得出了以孔子所传《宰予问五帝德》《帝系姓》和儒家典籍《春秋》《国语》较为可靠的结论。“考而后信”，是司马迁对孔子创立的优良传统的重大发展，也为以后的历史学者指出了值得效法的历史方法论。

孔子和司马迁这种重视史料考订的审慎态度，突出地体现出中国传统文化中的朴素理性精神。此后，历代产生了如《汉书》《后汉书》《三国志》《通典》等足以成为后世典要的成功史著。王充著《论衡》，以“疾虚妄”“归实诚”为著述的宗旨；刘知幾著《史通》，反对曲笔，提倡直笔，敢于对儒家的神圣经典《春秋》提出驳难，都有力地弘扬了朴素理性精神。以后自北宋到清初，重视史料考订的学者代不乏人，如欧阳修、王安石、吴缜、王应麟、朱熹、洪迈、宋濂、姚际恒、阎若璩等人，都撰成有影响的著作，而司马光所著《资治通鉴考异》，顾炎武所著《日知录》，尤被视为历史考证的典范之作。清代乾嘉时期，由于特殊的社会环境和学术演进对文献整理的需要，考证之学达于极盛，出现了学者竞相奔赴的局面，如戴震、焦循、阮元、段玉裁、王念孙、王引之等人在经学、子学、小学考证领域，王鸣盛、钱大昕、赵翼等人在史学考证领域，都取得具有总结性意义的成就。乾嘉考证学者整理文献典籍的成就为后人所称道，流传千百年的典籍存在的错讹歧误等大量障碍得以扫除，乾嘉学者严密精良的方法尤为后代学者所推崇，如梁启超、胡适等人都称之为符合科学的精神，甚至直谓之为“科学的方法”。

传统的历史考证学具有如此久远的渊源和丰富的成果，按照学术发展的独立性的规律，必然要在20世纪得到传承。事实也正是如此，20世纪的史学家都交口称誉顾炎武、阎若璩、钱大昕、戴震的考证成就，自觉地继承他们求实求真的精神和优良的方法。然而，20世纪的历史考证学是新时代的学术，它具有极其鲜明的时代品格，虽然渊源于传统的考证学，但因为在观点上、材料上、方法上获得了新的凭借，而在传统学术的基础上达到了升华。

生逢20世纪的历史考证学者，十分幸运地得到时代丰厚的赐予。恰是在20世纪初，安阳殷墟的甲骨文史料被发现，意味着为古史考证打开了新的大门，自此以后，不仅甲骨卜辞大量出土，而且敦煌文书、汉晋木简、明清内库档案也在短时间内相继被发现，接踵而来的大批新史料，为历史研究提供了大量新的课题，开拓了一个又一个新的领域。在历史观念上，20世纪初磅礴于华夏大地上的新史学思潮，使进化史观战胜了以往盛行的循环史观、复古倒退史观，取得了支配地位，并且启发历史研究者以开阔的眼光去进行学术探索，由以往以帝王将相为中心转向以社会生活的演进为中心，由以往集中于关注个别英雄人物的活动到集中考察社会集团的活动，从以往比较狭窄地依靠古代文献资料到利用“上自穹古之石史，下至昨今之新闻”。继之掀起的更加波澜壮阔的新文化运动潮流，使学术界人士经受了一场新的洗礼，从此“科学思想”深入人心，有见识、有作为的史家，无不以推进“史学的科学化”为治史的目标，把以往“求实求真”的努力提升到新的境界，历史考证学的面貌随之产生了更加深刻的变化。20世纪的考证史家适逢其会地处于中西文化交流的潮流之中，进化史观、科学思想这些具有根本意义的新学理、新观念都是中国思想界从西方引进的，它们与中国传统学术中的精华相融合，因而获得巨大的生命力，使中国学术界出现新的面貌。中西文化交流在治史方法方面有丰富的内容，诸如逻辑方法、系统方法、审查史料方法、比较研究法、语源学方法等。中国学者在传统学术中也使用这些方法，而西方近代学者的论述更加明确，或更加充分。学理不分中西，优良者即易被接受和传播，收到推进学术、深化认识历史问题的显著功效。

总之，中国是伟大的文明古国，中华民族历来具有发达的历史意识，史学在中国传统学术中蔚为大观，历史考证一项尤为历代学者所擅长。中国文化原本有这样一片沃土，进入20世纪之后，时代提供了适宜的阳光、雨露，催开了满园鲜艳夺目的史学之花。20世纪的新历史考证学同乾嘉历史考证学有渊源，但它有崭新的时代内涵，在史料的利用上、在治史观念上、在考史方法上，更新、更进步，更加科学和更加严密，我们即在这个意义上对“新历史考证学”以科学的界定。本课题研究的基本任务，就是要充分地揭示和论证中国历史考证学是如何由传统学术所孕育，因中西文化交融的时代机遇而形成，它在哪些方面具有与传统考证学迥不相同的时代特征；它有哪些重要代表人物，他们各在哪些主要领域取得高出前人的考证成就；梳理出新历史考证学发展的主要脉络——它如何经历了具有决定性意义的奠定阶段，如何经历了拓展阶段，1949年以后中国社会状况发生了巨大变化，新历史考证学者在接受唯物史观指导以后，其学术研究达到了怎样的新境界。

这些20世纪卓有建树的历史考证学者，功力深厚，眼光敏锐，方法严密，为中国学术史续写了出色的新篇章。王国维创立了“二重证据法”，将“纸上之材料”与“地下出土之新材料”互相释证，并且将利用文献史料的范围扩展到以往认为不可据信的小说、神话，视野开阔，方法严密，结论精审，标志着新历史考证学的开端，一旦深入这一论题的研究后，我们深感其内涵丰富，绚烂多彩。王国维不但在殷商史取得震动学术界的成就，而且在简牍学、敦煌学、元史等领域也有重大的建树。陈寅恪治中古“民族文化之史”，在其名著《隋唐制度渊源略论稿》和《唐代政治史述论稿》中，发掘了丰富的史料，联系民族、家族及文化背景，探索不同集团政治势力升降，以小见大，从别人不注意处发现历史的“关节点”，通过联系分析，揭示出有关历史演变的重大问题，因而使治隋唐史的研究水平达到新的高度。他考证的缜密和见解的超拔令学者感到叹服。陈垣在宗教史领域大力开拓，他在《元也里可温考》中，以敏锐的眼光和钩稽分析的精深功力，考证元代基督教传播的情况，把沉埋几百年的史实重新揭示出来。以后他又扩大到其他宗教的研究，著有《开封一赐乐教考》《火祆教入中国考》《摩尼教入中国考》《回回教入中国考》，为近代宗教史的建立做出重要贡献。他所著《元西域人华化考》依据二百种以上的文献史料，具体而明确地论述了元朝百年间西域人来中原后接受并传播汉文化的重要史实，揭示出历史上中原文化对周边民族的强大向心力。陈垣又是近代文献学的出色奠基人物。他以十年时间著成《元典章校补释例》，为校勘学提供了范例，故被胡适称誉为“可以说是中国校勘学的第一伟大工作，也可以说是中国校勘学第一次走上科学的路”。陈垣在年代学、目录学、避讳学等领域，则著有《四库书目考异》《中国佛教史籍概论》《二十史朔闰表》《史讳举例》等书，标志着这些学科从此建立起具有近代意义的条理化和系统化的格局。王国维、陈寅恪、陈垣为新历史考证学树立起规模和范例，其利用史料的范围、治史观念和考证方法集中体现了 20 世纪考证学的时代风貌，因而被公认为新历史考证学的泰斗，并且获得了广泛的国际声誉。

融合中西学术之优点，不断开拓，勇于创新，是 20 世纪考证学家取得成功的共同经验，也是可敬的前辈们给我们留下的宝贵思想财富。陈寅恪在青少年时代就熟习传统的经史典籍，以后在欧美国家学习和从事研究工作多年，接受了西方审查史料方法、比较语言学、“种族(民族)—文化”关系等新学理，因而在中古史和佛经翻译文字等领域有出色的建树。陈垣早年学习西医，受过西方自然科学的系统训练，他之所以能将文献学这门学科推向系统化、体系化，正是从这种科学的理念和方法得益匪浅。以后他又随着时代前进，提倡“有意义的史学”，把历史考证与关心国家民族的命运紧密相连，达到自己学术思想的升华。胡适对于清代学者的治学方法甚为熟悉，同时又接受了西方系统方法的训练和“实验主义”的治学观念，因而能为近代学术提出“求因”“明变”“述学”等新范式。顾颉刚也受了西方批判地审查史料的影响，并与中国传统的辨伪、疑古思想相结合，因而创立了在近代很有影响的古史辨派。傅斯年留学德国，深受“兰克学派”的影响，回国后大力提倡扩充史料范围，扩充治史工具，为推进史学的科学化做出了贡献。前辈学者对学术工作充满着历史使命感和高度的责任感，不断地追求达到新的境界。吕思勉一生治史，孜孜以求，撰成了两部通史(《白话本国史》《吕著中国通史》)，四部断代史(《先秦史》《秦汉史》《两晋南北朝史》《隋唐五代史》)，还有专史和读史杂记多种，在考证制度史、民族史、社会生活和风俗变迁等领域贡献尤为突出。陈垣在抗日战争时期，处于危城北平，在日本特务的监视下，怀着满腔爱国义愤撰成激扬民族正气的重要著作《明季滇黔佛教考》《通鉴胡注表微》，为历史考证学增加了出色的篇章。陈寅恪在晚年双目失明的情况下，撰成七十万字的史学巨著《柳如是别传》，被后人誉为著史的奇迹。顾颉刚在晚年由破坏伪古史转到建设真古史的方向上来，制订了大规模的整理《尚书》的计划，并创造了以译、注、考、论整理《尚书·大诰》等篇的新体例。徐旭生在20世纪40—60年代，一再对自己所著《中国古史的传说时代》进行认真的修订，并且亲自带领考古工作队进行古代遗址发掘，以考古发掘的新资料来验证自己的考证成果。陈梦家在1957年被错划为右派，却仍以忘我的工作精神投入到对汉简整理释证这一新的学术领域，并取得重要的成绩。以徐中舒、唐长孺、谭其骧为代表的一批著名学者，在中华人民共和国成立前已是很有造诣的史学考证专家，中华人民共和国成立后由于接受了唯物史观的指导，学术更达到新的境界，分别在先秦史、中古史、历史地理学做出重要的建树。

近百年前，梁启超撰著《清代学术概论》，在结语中用警策精炼的语句表达其感想：

> 文化之所以进展，恒由后人承袭前人智识之遗产，继长增高。凡袭有遗产之国民，必先将其遗产整理一番，再图向上，此乃一定步骤。
>
> 我国民确富有“学问的本能”，我国文化史确有研究价值，即一代而已见其概。故我辈虽当一面尽量吸收外来之新文化，一面仍万不可妄自菲薄，蔑弃其遗产。
>
> 将现在学风与前辈学风相比照，令吾曹可以发现自己种种缺点。知现代学问上笼统、影响、凌乱、肤浅等等恶现象，实我辈所造成。此等现象，非彻底改造，则学问永无独立之望，且生心害政，其流且及于学问社会以外。吾辈欲为将来之学术界造福耶，抑造罪耶，不可不取鉴前代得失以自策厉。
>
> 而吾对于我国学术界之前途，实抱非常乐观。盖吾稽诸历史，征诸时势，按诸我国民性，而信其于最近之将来，必能演出数种潮流，各为充量之发展。

吾著此篇竟，吾感谢吾先民之饷遗我者至厚；吾觉有极灿烂庄严之将来横于吾前。①

梁启超的这些言论，此刻仍能引起我深深地共鸣。20 世纪新历史考证学的发展道路再一次向我们昭示：发展新学术，必须珍惜本民族历史文化的遗产，发扬前辈的优良传统，同时大力吸收西方的新学理、新方法，使二者很好地结合起来，这样才能创造出具有中国特色的丰富成果，为人类文化做出贡献。保守拒外和民族虚无主义态度都是极其错误、有害的。20 世纪新历史考证学的辉煌成就给我们以丰厚的学术凭借，多样的方法启示和巨大的精神激励。只要我们善于总结，坚持正确的治学方向，力戒浮躁习气，专深严谨，不断创新，就一定能创造新世纪中国史学更加美好的前景！

① 梁启超：《清代学术概论》，见《饮冰室合集》专集之三十四，76、78～80 页，北京，中华书局，1989。

目　录

第一章 20世纪中国历史考证学的形成

新历史考证学的形成和发展，是20世纪中国学术史上应当浓墨重笔书写的重要篇章，此已成为当今学人普遍的共识。新历史考证学派名家辈出，成果丰硕，而且具有符合近代科学精神的治史方法和高明的史识，因而时至今日仍在学界中备受推崇，赞誉不衰。新历史考证学派大致形成于20世纪20年代，在短时间内相继产生了一批杰出的考证学者，他们具有渊博的学识和精深的造诣，以其出色业绩和旨趣风范引导着学术界，由此构成20世纪中国史学发展的第一个高峰。这一局面的形成，无疑有着极为深刻的和多方面的原因。首先从学术渊源说，是乾嘉学者考史成就所产生的影响。新考证学家服膺乾嘉先辈们的治史成果和方法，发扬其精神，并且因缘际会，与20世纪初以来相继发现的大批新的史料，日益涌起的新的学术潮流，和强劲输入的西方新学理、新方法交相汇合，彼此激荡推动，从而揭开学术史上新的更加光彩夺目的一页。

第一节 乾嘉学术奠定的基础

乾嘉学术是20世纪新历史考证学形成的重要基础，对此，郭沫若在评价王国维的贡献时就讲过很中肯的话，称他“承继了清代乾嘉学派的遗烈”，“严格地遵守着实事求是的态度”，成为“新史学的开山”。① 乾嘉学术是传统史学中重视考证的优良传统在特殊条件下出现的一次繁荣。孔子早就告诫人们要“多闻阙疑，慎言其余”，司马迁则精辟地提出“学者载籍极博，犹考信于六艺”的观点，明确地向后代史家指出必须考而后信的治学途径；刘知幾著《史通》，专设有《采撰》篇，论述史家对史料要广采、忌滥采，史料要

---

① 郭沫若：《鲁迅与王国维》，见《沫若文集》第12卷《历史人物》，137页，北京，人民文学出版社，1959。

认真甄别，切忌轻信道听途说；宋代有更多的学者重视对史实的考订，并出现了《资治通鉴考异》《新唐书纠谬》这样的考证性专著；至清初，顾炎武著《日知录》《音学五书》，更以对史实的广搜博采、精心考订，和对音韵训诂的精深学识，为清儒治学树立了楷模。乾嘉考证学，便是远承司马迁“考而后信”的传统，近绍顾炎武提倡“实学”、重视考证的精神，并因当时清朝政治相对稳定、经济有所发展、兴办了一些文化事业，且统治者提倡这种与现实政治无涉的“纯学问”等社会条件相适应，而大盛于世。学者们由考经而考史，在诸如文字训诂、音韵、天文历算、舆地、典章制度、经籍注疏、史实考订，以至校勘、辑佚、辨伪、目录等领域，长期进行精而深的研究，获得了十分丰硕的成果。主要辑刊乾嘉考证学者论著的《皇清经解》正续编，合计有 170 余家，近 400 种 2800 余卷，可说是对朴学成就的一次检阅。这一时期深有造诣的考证学者，可以举出二三十人，其中有惠栋、王鸣盛、钱大昕、赵翼、江永、戴震、卢文弨、纪昀、汪中、段玉裁、王念孙、阮元、王引之、俞正燮等人，形成传统学术后期群星灿烂的局面。

乾嘉学者在诸多领域取得的成绩令 20 世纪有志于历史考证的学者仰慕不已，他们所具有的近代科学价值的严密方法尤对后来者有宝贵的启迪作用。梁启超曾归纳乾嘉考证学者的治学方法为：

一、凡立一义，必凭证据；无证据而以臆度者，在所必摈。

…………

三、孤证不为定说。其无反证者姑存之，得有续证则渐信之，遇有力之反证则弃之。

四、隐匿证据或曲解证据，皆认为不德。

五、最喜罗列事项之同类者，为比较的研究，而求得其公则。

六、凡采用旧说，必明引之，剿说认为大不德。

七、所见不合，则相辩诘，虽弟子驳难本师，亦所不避，受之者从不以为忤。

八、辩诘以本问题为范围，词旨务笃实温厚。虽不肯枉自己意见，同时仍尊重别人意见。有盛气凌轹，或支离牵涉，或影射讥笑者，认为不德。

…………

十、文体贵朴实简洁，最忌“言有枝叶”。①

梁启超又总结朴学家治学的精神是：“盖无论何人之言，决不肯漫然置信，必求其所以然之故；常从众人所不注意处寻得间隙，既得间，则层层逼拶，直到尽头处；苟终无足以起其信者，虽圣哲父师之言不信也。此种研究精神，实近世科学之所赖以成立。”②

乾嘉史学对于20世纪考证学者的巨大影响，首先，可以钱大昕的学术成就和治学方法为代表，20世纪历史考证学派的出色学者，一致褒扬他代表了传统考证学的高峰。单从几位著名的新考证学大师有过的评论，就已经清楚地显示出来，他们都把20世纪实证史学与18世纪的杰出学者钱大昕的名字相联系。王国维称誉钱大昕是清朝三百年学术的三位“开创者”之一，他说：“我朝三百年间，学术三变：国初一变也，乾嘉一变也，道咸以降一变也。……国初之学大，乾嘉之学精，道咸以降之学新。窃于其间得开创者三人焉，曰昆山顾先生，曰休宁戴先生，曰嘉定钱先生。国初之学创于亭林（顾炎武），乾嘉之学创于东原（戴震）、竹汀（钱大昕）；道咸以降之学，乃二派之合，而稍偏至者，其开创者仍当于二派中求之焉。”③既然钱大昕开创的乾嘉学派直接影响了晚清学者，那么钱大昕就是20世纪学术的源头之一。陈寅恪同样推崇钱大昕是清代考证学的杰出代表，他评价陈垣的考证学成就时说：“近二十年来，国人内感民族文化之衰颓，外受世界思潮之激荡，其论史之作，渐能脱除清代经师之旧染，有以合于今日史学之真谛，而新会陈援庵先生之书，尤为中外学人所推服。盖先生之精思博识，吾国学者，自钱晓征以来，未之有也。”④这段话，明显地指“精思博识”的钱大昕代表了清代考证学的高峰，认为他的学术与新考证学最出色的成就是直接相联系的。陈垣更推尊钱大昕是“清代考证家第一人”。据援庵先生的及门弟子赵光贤先生回忆，援庵先生对学生讲：“《日知录》在清代是第一流的，但还不是第一；第一应推钱大昕的《十驾斋养新录》。先生举《养新录》中考

① 梁启超：《清代学术概论》，见《饮冰室合集》专集之三十四，34～35页。

② 梁启超：《清代学术概论》，见《饮冰室合集》专集之三十四，25～26页。

③ 王国维：《沈乙庵先生七十寿序》，见傅杰编校：《王国维论学集》，401页，北京，中国社会科学出版社，1997。

④ 陈寅恪：《陈垣元西域人华化考序》，见《金明馆丛稿二编》，239页，上海，上海古籍出版社，1980。

证东晋以来侨置州郡为例，《晋书》中所记南徐州、南青州之类，多是错的，后来沿讹袭谬，直到钱氏始正其误(亦见于《二十二史考异》)。……听了先生的话，我又读了《养新录》及其它清人论经考史之作，觉得钱氏考证之学确乎高出众人之上，而先生所做的考证文章，取材既博，论证又精，纯是竹汀一派学风。"①陈垣本人也明言自己学术的基础是效法钱大昕的严密考证："从前专重考证，服膺嘉定钱氏；事变后，颇趋重实用，推尊昆山顾氏。"②

钱大昕著述宏富，治学领域宽广，于经学、音韵、文字、天文历算、版本目录均有高深造诣，尤以擅长历史考证著称。他治史具有严谨的态度和严密精审的方法，与近代科学方法和理性精神相符合，他的丰富的考证成果和精良的治学方法，为 20 世纪考证学的崛起打开了广大法门。

乾嘉时期的学术有两项明显的时代特点。一是当时考证学风既盛，学者之间每每就学术问题互相讨论，或书信往来切磋，大多均能本着彼此尊重的态度陈述己见，进行认真的学术争辩，而且又能做到措辞温和。这种切磋、讨论的风气，有效地促使彼此治学更加严谨，方法更趋严密。此一时代特点，在钱大昕身上有突出的体现。他有广泛的学术交往，在其讨论学术问题的书信、文章以及为别人所写的序、跋中，他常能坦率而平和地表明自己的赞同或异议，或对别人指出自己的不足，表示虚心接受。为了考辨《晋书》所载侨置州郡的错误，他曾先后在为洪亮吉《东晋疆域志》所作序文中和在致徐仲圃书信中反复申论。为了讨论秦统一天下之后，分天下为三十六郡问题，他先后与洪亮吉、姚鼐讨论，因看法不同，往复辩论。但他们都措辞温厚，互相尊重。钱大昕治学，以"实事求是""祛疑""求真"为准则，一再申明："夫史非一家之书，实千载之书。祛其疑，乃能坚其信；指其瑕，益以见其美。"③他明确反对门户之见，反对主观臆测、武断立论，严肃地批评某些学者"臆决唱声，自夸心得"，"强词以求胜者，特出于门户之私"。④ 他的姻兄、著名学者王鸣盛有时立论过勇、指责别人言辞偏

---

① 赵光贤：《回忆我的老师援庵先生》，见《励耘书屋问学记》，159 页，北京，生活·读书·新知三联书店，1982。

② 陈垣：《致方豪》，见吴泽主编，陈乐素、陈智超编校：《陈垣史学论著选》，624 页，上海，上海人民出版社，1981。

③ (清)钱大昕：《廿二史考异·序》，四部备要本。

④ (清)钱大昕：《潜研堂文集》卷二五《严久能娱亲雅言序》，四部丛刊本。

激，钱大昕致书予以规劝，说："愚以为学问乃千秋事，订讹规过，非以訾毁前人，实以嘉惠后学。但议论须平允，词气须谦和，一事之失，无妨全体之善；不可效宋儒所云'一有差失，则余无足观'耳。……去其一非，成其百是，古人可作，当乐有诤友，不乐有佞臣也……所虑者，古人本不误，而吾从而误驳之，此则无损于古人，而适以成吾之妄。"①钱大昕本人名望很高，但当别人指出其错误时，他立即虚心接受。如卢文弨指出钱大昕所校《后汉书》有误校，他即复函表示"始悔向来粗心之误，受教良非浅矣"②。他的一篇文章不识"震㷀"之"㷀"为何字，孙星衍指出此即"振旅"之异文，钱大昕即复函说："敬闻命矣"，"当即刊正，以志不忘"。③ 对照钱大昕所言"仆于读史，择善而从，非固执己见"的话，他确实称得起言行相符。

再者，乾嘉时期天文、历算之学引起学者普遍重视，从而对训练严密的逻辑方法产生良好的效果。钱大昕也精通天文历算之学，著有《三统术衍》《算经答问》《宋辽金元四史朔闰表》。④ 当时，天文、历法、历算成为积学之士必修之业，是中国学术史上很有意义的现象，它对于促进考证方法的严密大有关系。因为研究数学、天文、历法，讲究充分的证据、严密的判断，经过严格的归纳和演绎的方法的训练，学者从而更能自觉地遵守实证研究的原则，以缜密的态度去分析研究对象客观存在的逻辑关系，探求其内在法则，有效地摒除主观臆测、穿凿附会、夸大其词的蹈空习虚的做法。钱大昕和戴震，既精通天算学，又在经史考证方面成为乾嘉朴学的杰出代表，此绝非偶然，不仅说明他们学识渊博，尤其说明数学、天文学领

---

① （清）钱大昕：《潜研堂文集》卷三五《答王西庄书》。

② （清）钱大昕：《潜研堂文集》卷三四《答卢学士书》。

③ （清）钱大昕：《潜研堂文集》卷三五《致孙渊如观察书》。

④ 钱大昕《自编年谱》乾隆十八年载：（二十六年）始习天算之学，"在中书任暇，与吴杉亭、褚鹤侣两同年讲习算术，得宣城梅氏（文鼎）书，读之，寝食几废。因读历代史志，从容布算，得古今推步之理。"《十驾斋养新录》卷一四、卷一七有"星经""丹元步天歌""数学九章""岁星超辰""置闰"等十几个条目，钱大昕以当时天文历算水平，对历代正史《律志》的诸多问题做了纵贯的总结，对于后人认识天文历法的进步大有帮助。其中最精彩的是论述古代求圆周率进步的历史，高度评价了祖冲之求得"约率"的贡献，并且与刚刚传入的欧洲圆周率数值相比较，指出东西方学者各以自己的创造达到精确的水平。还有总结祖冲之置闰法的进步、首先考虑岁差的成就等项，都是通过考证发掘了史籍中的宝贵资料，肯定了天文学家祖冲之的杰出成就。到了近代，祖冲之的成就更为全世界科学家所公认，成为中华民族的骄傲。晚清罗士琳对钱大昕的天算学造诣推崇备至，称"宣城犹逊彼一筹"（《续畴人传》卷四九）。

域的科学训练可以有效地促进文献考证之学达到更高水平。近代著名考证学者王国维和陈垣，早年曾分别学习过物理学和医学，也同样证明了这一道理。

20 世纪考证学者景仰钱大昕的学术，继承他的治史方法，当然绝不是简单的重复或模仿。钱大昕的治史精神和方法代表了传统考证学的精华，故其所包括的基本原则和路数是任何从事考史工作者不能违背，也不能绕过的。他为 20 世纪学者打开了广大法门，使他们结合 20 世纪许多重要新史料的发现，结合他们面临的新的课题加以发展，而大显身手。钱大昕严密精良的考证方法可以概括为以下四项，为 20 世纪学者奠定了基础，提供了极其有益的启示。

第一，实事求是，无征不信。

钱大昕治史，自觉地以“实事求是”为最高原则。他为“求真”而殚精竭虑，以数十年之精力，潜心于考辨史籍文字之错讹，地理、制度之误载，史实之歧义，目的即在恢复历史之“真”。基于“实事求是”的原则，他自觉地做到了一不为古人所蔽，二不为门户所蔽，三不为主观看法所蔽。作为考证家，他自然重视最早出现的证据，认为古人的说法不应该轻易否定，故说：“前之古人无此言，而后之古人言之，我从其前者而已矣。”①但是如果后人的说法有确凿的证据，能驳正前人的误见，则毫无疑问要采用后人的正确说法：“后儒之说胜于古，从其胜者，不必强从古可也。”②这就避免了惠栋一派学者墨守“凡古必真”以定是非，而容易陷于胶固、褊狭、盲从的毛病。钱大昕又明确提出反对门户之见，反对主观臆测。他批评某些学者“性情偏僻，喜与前哲相龃龉，说经必诋郑、服，论学先薄程、朱，虽一孔之明非无可取，而其强词以求胜者，特出于门户之私，未可谓善读书也”③，并强调致力于考异证误的工作，目的在于存历史之真和事实之真：“史非一家之书，实千载之书。祛其疑，乃能坚其信；指其瑕，益以见其美。”④

钱大昕在《廿二史考异》中汇集的考证成果，按条列出，形式上接近于琐碎。实则他所考之异，无论是校勘文字错讹，或订正史实、地理、典章

---

① （清）钱大昕：《潜研堂文集》卷一六《秦四十郡辨》。

② （清）钱大昕：《潜研堂文集》卷九《答问六》。

③ （清）钱大昕：《潜研堂文集》卷二五《严久能娱亲雅言序》。

④ （清）钱大昕：《廿二史考异·序》。

制度记载的舛误，都是他长期读书思考、引证大量材料而审慎得出的结论，在近于琐碎的形式下，寓含着渊博的学识和精良的方法，故被学者誉为碎金散玉，决千载之疑。例如，《汉书·地理志》是我国最早的关于古代行政区划和地理沿革的文献，具有极高的价值，但其中也有误载或难以理解的地方。钱大昕运用纪传表志互校，辨正了几个重要问题，直破千百年之谬。汉武帝新开河西四郡（武威、酒泉、张掖、敦煌）的确切年代，是西汉历史上关系不小的问题。《汉书·地理志》颜师古注："武威郡，故匈奴休屠王故地，武帝太初四年开"；"张掖郡，故匈奴昆邪王地，武帝太初元年开"；"酒泉郡，武帝太初元年开"；"敦煌郡，武帝后元年，分酒泉置"。而据《武帝纪》所载，四郡设置时间均与《志》不同。《纪》《志》之所载，必有一是一非。钱大昕根据周密的考证解决了这一问题。武威、张掖两郡，《志》中明言故匈奴王地。钱大昕引证《武帝纪》所载：元狩二年，"秋，匈奴昆邪王杀休屠王，并将其众合四万余人来降，置五属国以处之。以其地为武威、酒泉郡。"据此，《纪》已明言此二郡设郡时间为元狩二年，因昆邪王来降，以某地置此二郡，此于事于理均相符合，无可怀疑。钱大昕再引证《武帝纪》元鼎六年载："又遣浮沮将军公孙贺出九原，匈河将军赵破奴出令居，皆二千余里，不见虏而还。乃分武威、酒泉郡置张掖、敦煌郡，徙民以实之。"据此，钱大昕进一步考证张掖、敦煌二郡设置时间应为元鼎六年，并认为："敦煌为酒泉所分，则张掖必武威所分矣。四郡之地，虽皆武帝所开，然先有武威、酒泉，而后有张掖、敦煌。以内外之词言之，武威、酒泉，当云'元狩二年开'；张掖、敦煌，当云'元鼎六年分某郡置'，不必云'开'也。昆邪来降，在元狩间，而《志》以为太初，张掖乃武威所分，而《志》以张掖属元年，武威属四年，皆误。"①河西四郡设置时间及先后关系长期存在的疑问至此冰释。

钱大昕对三国两晋南北朝地理沿革也有精深之研究，他纠正了《晋书·地理志》记载的错误，得出"晋侨置州郡无'南'字"的重要结论。东晋南渡之后设置许多县，以安置北方流民，这些州郡都以流民的原居地命名。南朝刘宋为了将这些州郡与北方同名者区别开来，在地名前加上"南"字，如南青州、南兖州。但唐初修《晋书》却以为侨置州郡在东晋一开始就有"南"字，造成沿袭千年的错误。钱大昕为研究地理沿革专家洪亮吉所著《东晋疆域志》作序，特别就此问题批评《晋书·地理志》的纰漏："侨置州郡，本无

---

① （清）钱大昕：《廿二史考异》卷七《地理志下》。

'南'字，义熙收复旧土，因立北徐、北青。永初受禅，始诏去'北'加'南'，而《志》已先有南兖、南徐、南青、南豫且谓元帝置南东海、南琅邪、南东平诸郡，岂非误仞《宋志》追称以为本号乎！"①钱大昕本人对此项纠正长期相沿成习的错误十分重视，在《廿二史考异》卷十九、《十驾斋养新录》卷六、《潜研堂文集》卷三十五《与徐仲圃书》等处都一再讲到这个问题，今天的历史地理研究者同样认为此项是钱大昕运用精良考证方法所得到的重要成果。

第二，广参互证，追根求源。

以纪、志、传互证，或诸史互证，或引正史之外笔记、小说等史料互证，追根穷源，务使史实真相，昭然若揭，这是钱大昕考史极受 20 世纪学者所称道的又一特点。兹略举数例。

《后汉书·光武帝纪》载，建武十三年，"省并西京十三国：广平属钜鹿，真定属常山，河间属信都，城阳属琅邪，泗水属广陵，淄川属高密，胶东属北海，六安属庐江，广阳属上谷"。此即为东汉初根据西汉末年"郡大国小"的情况，而对封域甚小的王国进行"省并"即撤销，将其属县归入邻近的郡国。但这段记载所列举的只有九国，与"十三"之数不符。李贤注《后汉书》，于此即注云："据此惟有九国，云'十三'，误也。"至于错在哪里，李贤指不出来。千年之后，至钱大昕才考辨出致错的原因，他指出应改成："省并西京十(三)国：广平属钜鹿，真定属常山，河间属信都，城阳属琅邪，泗水属广陵，淄川(属)高密，胶东属北海，六安属庐江，广阳属上谷。"去掉"三""属"，即豁然贯通。钱大昕以本纪与《续汉书·郡国志》互证，据《郡国志》，北海国下云，建武十三年省淄川、高密、胶东三国，以其县属。② 据此证明高密与淄川同在省并之内，非以淄川属高密也。《郡国志》另一处又称，世祖省并郡国十。现将高密计入省并之列，正合十国之数，可知是在唐初之前传抄过程中，将十国误衍"三"字，"淄川"下又误衍"属"字。钱大昕成功地运用他广参互证、缜密分析、追根求源的考证方法，勘破千年之误，使问题真相大白。

钱大昕又擅长于广泛搜集杂史、笔记、小说之外的材料与正史互证。汉初大封诸侯王，但是诸侯王之国都在《汉书·地理志》中仅记载了寥寥几处，余者阙如，读史者也感到茫然。钱大昕则据《史记》有关的记、志、表、传各篇，以及《水经注》《元和郡县志》《太平寰宇记》等相互参证，考得楚王

---

① (清)钱大昕：《潜研堂文集》卷二四《东晋疆域志序》。

② 参见(清)钱大昕：《廿二史考异》卷十《光武帝纪下》。

韩信都下邳，梁王彭越都定陶，济南王都东平陵，济川王都济阳等34个诸侯王国都所在地。[①] 又如，《三国志·诸葛亮传》载“亮与徐庶并从”。裴松之对此注云：“《魏略》曰，庶先名福，本单家子。”有的人将“单家”错误地理解为姓单(音善)，而全不明白这是反映当时门阀观念已经形成的史料。钱大昕连举了裴松之注其他四处称“单家”，及《后汉书·赵壹传》所称“单门”，证明“凡云单家者，犹言寒门，非郡之著姓耳。……流俗读‘单’为‘善’，疑其本姓单，后改为徐，妄之甚矣”[②]。

《辽史·道宗纪》有“寿隆”年号，钱大昕据洪遵《泉志》所引《东北诸蕃枢要》《北辽通书》，及本人家藏碑刻多通，以及《东都事略》《文献通考》等书，证明年号应为“寿昌”。最后又用反证法：若道宗用“寿隆”年号，则违反圣宗名讳(耶律隆绪)。辽人谨于避讳，据此也可断为绝对没有的事。又如，钱大昕据《金史·郭虾蟆传》来考证《元史》中记载的错误。《元史·汪世显传》所载称，金之绥德州帅汪世显在蒙古军队进攻之下，不顾邻近郡县望风款附，独自坚守城池，最后才勉强投降，并自诩“臣不敢背主失节”。钱大昕据《金史·郭虾蟆传》与之对照，实际情况却与此大相径庭。汪世显身为金将领，早已决计向元朝迎降，他遣使约郭虾蟆，欲并力攻破金城巩昌。此一背金降元计划被郭虾蟆所拒，“世显即攻巩昌，劫取完展(按，驻守巩昌之金将粘割完展)，送款于大元。复遣使者二十余谕虾蟆以祸福，不从。”以两史互勘，显然《金史·郭虾蟆传》所载为实。钱大昕通过考证明确下了结论：“是世显以偏裨戕主帅，背主嗜利，乃小人之尤者。且久通款于蒙古，何待阔端兵至始率众降乎?”又进一步指出《金史》所载的错误，是因为所据家传文饰事实美化传主，“苏天爵《名臣事略》误信其《家传》书之，明初史臣又承天爵之误，不加订正”。[③] 由此而得出对于家传碑志往往谀美失实，需慎重采择这一具有普遍性意义的结论。

第三，义例法——逻辑方法的熟练运用。

推求义例以决疑难，是乾嘉考证学成熟的标志之一。乾嘉卓越学者重义例是共同的，戴震区分《水经注》经与注混淆问题，即是著名例子。钱大

① 参见(清)钱大昕：《潜研堂文集》卷一二《答问九》。

② (清)钱大昕：《诸史拾遗》卷一，见陈文和主编：《嘉定钱大昕全集》第4册，8页，南京，江苏古籍出版社，1997。

③ (清)钱大昕：《诸史拾遗》卷五《元史》，见陈文和主编：《嘉定钱大昕全集》第4册，124页。

昕有“读书当求义例所在”[①]的名言。他考史自觉地运用义例法，即通过大量个别事例之分析、归纳，得出研究对象之规则；然后以掌握之义例，推而求之，解释史实，考订错误。换言之，义例法即钱大昕对于分析、归纳之逻辑方法的自觉运用，这也表明钱大昕考史方法与近代科学方法相符合，故为近代学者所继承和发展。

钱大昕精通西汉历史地理的考证，即赖于运用“义例法”。他分析、归纳《地理志》，得出三项义例：一是“《志》所载郡国，以元始二年户口为断。”由此，说明《志》所载西汉行政区划、建制是前后变动的，并非固定不变。凡武、昭以前所封侯国，而至西汉末国已除者，《志》均不载。二是钱大昕又拿《志》与《王子侯表》《外戚恩泽侯表》相对照，成帝绥和以后所封（按，共十四侯国），《志》均未载，这证明“《志》中所书侯国，盖终于成帝元延之末”。即，一篇《志》内，不同时期的行政区划状况并存。故他不能认为《志》所反映是整齐划一的。三是《汉书》中武帝以前人物的传，所涉及的地点和区域建制，均据武帝以前之郡县。故同一《汉书》中，《志》与各传所载地名、行政区划并非完全一致，各反映了不同时期的地理、政区状况，必须具体而论，不能固执一端而认为此是彼非。钱大昕为此写了《侯国考》，表明他以动态观点研究《汉志》，善于总结其“义例”，故对近代治历史地理者以深刻的启发。[②]

钱大昕又重视总结古籍避讳的义例，被陈垣称誉为“以避讳解释疑难”而最突出者。陈垣因受其影响而著成《史讳举例》《校勘学释例》两书，在前书序言末行，陈垣特意写上：“1928 年 2 月 16 日，钱竹汀先生诞生二百周年纪念日，新会陈垣。”以此表达对钱大昕考证学成就的崇高敬意和继承钱大昕学术的明确态度。

钱大昕运用避讳义例，解决了有关古籍版本或内容的诸多疑难问题。一类是因明避讳之义例，断定版本年代。《潜研堂文集》卷三十四《答卢学士（文弨）书》，辨正卢氏所校《太玄经》是北宋刻本之不当。主要理由是，此书署衔：“充两浙东路提举茶盐司干办公事张寔校勘。”钱大昕考定，宋高宗建炎年间，避高宗赵构名讳，始改勾当公事为干办公事。据此署衔，即南宋刻，非北宋刻。

又一类是以避讳义例，断定古籍因避讳而改前朝年号，或辨正他人之

① （清）钱大昕：《十驾斋养新录》卷四“《说文》连上篆字为句”条，四部备要本。

② 参见（清）钱大昕：《廿二史考异》卷九《侯国考》。

错误说法。此举他辨正惠栋称《仪礼》因避讳改字之误。《仪礼·士昏礼》中父醮子辞云："勖师以敬"。勖字在《荀子》中作"隆"。惠栋认为，这是《仪礼》为避东汉殇帝刘隆之讳而改字，一如《毛诗》改"隆衝"为"临衝"。钱大昕辨正云："礼家传闻，文字不无异同，要当从其长者。勖帅以敬，于义为长。且信诸子，不如信经。若云避讳更易，则无是理。《士冠礼》称'弃尔幼志'，志为桓帝讳；'受天之祜'，祜为安帝讳，皆未改易。即以《毛诗》征之：'四月秀葽'秀为光帝讳。'思皇多祜'，祜为安帝讳，亦未改易也。临衝，《韩诗》作隆衝，《韩诗》在汉时立于学官，何尝避隆字耶！"①

钱大昕还从总结裴松之注的义例，辨正《三国志》流行版本中《杨戏传》末注文与正文混淆之误。因杨戏撰有《季汉辅臣赞》，所赞颂人物，大多在《三国志》中有传，故陈寿摘载赞文以相补充。有赞辞而无事迹者，陈寿简单补记了事迹。裴松之为《杨戏传》作注，又引了《益都耆旧杂记》载王嗣等三人事迹作补充。乾隆年间流行的版本，则误以这段注文作为正文。钱大昕考史，总结出裴松之注往往连带附录相关材料以传异闻之义例，指出此是裴松之引《益都耆旧杂记》注李孙德、李伟南，连及将陈寿原文中所未载之王嗣等三人事迹，也引而作注。运用义例法之成功，使钱大昕发前人未发之覆，纠正了《三国志》版本中一个不应有的失误。

第四，以多种辅助学科做治史基础。

历史学的内容是记载以往社会丰富多彩的活动，史书记述的范围包罗万象，涉及诸多学科领域的问题。钱大昕学识渊博，对于文字、语言学、版本学、天算学、地理沿革学、经学等都很擅长。熟练地运用诸多学科知识做辅助，是他能够正确地解决考史中大量疑难的关键。诚如当代学者所评论的："钱氏历史考据学之精审缜密，卓绝千古，即由于钱氏历史辅助知识之博雅也。"②此项同样预示着近代学术发展的一种趋向。钱大昕有大量运用多种辅助学科知识，解决考史难题的成果。限于篇幅，这里只能举出几个最有代表性的例证。

钱大昕精于文字、音韵之学，多所发明。他重视古声母的研究，证明古无轻唇音、重唇音的区别；由这一规律可以解决古籍上的许多疑难。例如，古音文如门，《尚书》"岷山导江"，《史记·夏本纪》作汶山；古音微如眉，《春秋》庄二十八年，"筑郿"，《公羊传》作微；古音无如模，《汉书·功

---

① （清）钱大昕：《潜研堂文集》卷八《答问五》。

② 杜维运：《清代史学与史家》，303页，北京，中华书局，1988。

臣侯表序》："靡有孑遗秏矣"，注："孟康曰，秏音毛。师古曰，今俗语犹谓无为秏"；古音房如旁，《史记·六国年表》："秦始皇二十八年为阿房宫"，宋本作旁；古音务如牟，《左传》莒公子务娄，徐音莫侯反。[①] 今按，上述钱大昕所举各例，至今学者在广东潮汕话、广州话中都可以找到证据，这些正是古音的遗留。钱大昕又以古无轻唇、重唇的区别，考证中古时期史事。他考证《魏书》所载"秃发"与"拓跋""佛佛""勃勃"均同义，云："秃发之先，与元魏同出，'秃发'即'拓跋'之转，无二义也。古读轻唇音如重唇，故'赫连佛佛'即'勃勃'。发从犮得声，与跋音正相近。"[②]

《汉书·高帝纪》："其有意称明德者，必身劝，为之驾。"此处"有意称明德"五字难解，颜师古因不懂古音，此未加注。钱大昕据《文选》注引《汉书》"意称"作"懿称"，美称也，与"明德"对文，是当以"懿称"为正。又据《诗·大雅·抑》篇，《国语》却引作"《懿》戒"，韦昭云："懿读曰抑。"《尚书·金縢》"噫公命"，马融本"噫"作"懿"，云："云懿犹億也。"根据上述各项证据，钱大昕得出结论："盖古书'懿''抑''意'相通，故本或作'意'。"[③]"有意称"之疑遂得到圆满的解决。

钱大昕习蒙古语，他运用蒙古语的知识以解释史籍上诸多歧疑。《元史·太祖纪》载，九年春，"猎于揭揭察哈之泽"。夏四月，"筑埽邻城，作迦坚茶寒殿"。钱大昕考证云："'揭揭察哈'，即迦坚茶寒也。译音无定字，史家不能考正，后世遂以为两地矣。"[④]他在《十驾斋养新录》卷九中，特别撰有"蒙古语"条目，考释元人以本国语命名的意义，或取颜色，或取数目，或取珍宝，或取吉祥，或取部族。如察汗，白也；孛罗，青也；伯颜，富也；等等。

钱大昕谙熟版本之学，极重视经史考证当以善本为依据。《十驾斋养新录》卷三有"经史当得善本"条云："经史当得善本。今通行古北监及汲古阁本，《仪礼》正文多脱简，《穀梁》经传文亦有溷错……《宋史·孝宗纪》阙一叶，《金史》《礼志》《太宗诸子传》，各阙一叶。皆有宋元椠本，可以校补。

---

① （清）钱大昕：《十驾斋养新录》卷五《古无轻重唇音》。

② （清）钱大昕：《廿二史考异》卷二二《秃发乌孤载记》。

③ （清）钱大昕：《潜研堂文集》卷一二《答问九》。

④ （清）钱大昕：《诸史拾遗》卷五《元史》，见陈文和主编：《嘉定钱大昕全集》第4册，112页。

若曰读误书，妄生驳难，其不见笑于大方者鲜矣。”①他读《汉书》北宋景祐本，恰恰获得了证据，以证实自己撰《汉书考异》所考订的十几处错误。如《哀帝纪》“元寿二年春正月”，“元寿”二字为衍文，《景昭帝宣元成功臣表》孝成五人，“成乡”当作“成都”等，都从景祐本证实他所考正确。② 钱大昕又以嘉靖闽本《后汉书》证实他所考订的错误。通行本《后汉书·陈王羡传》：“遗诏徙封为陈王，食淮南郡。”钱大昕考证淮南当为淮阳之误。他先以纪、传参证：“《和帝纪》改淮阳为陈国，遗诏徙西平王羡为陈王，是其证也。淮阳王昞以章和元年薨，未为立嗣，故以其地改封羡。参考纪、传，左验明白。”但这是逻辑推理而得，尚未获得刊本的确实证据。故有人提出可能应作“汝南”。钱大昕后获善本嘉靖闽本，果然作“淮阳”，得到了确证，故云“私喜予言之不妄”③。

钱大昕又十分重视地理沿革学知识对于研究历史的重要作用，曾形象地做比喻：“读史而不谙舆地，譬犹瞽之无相也。”④历史是一幕活剧，而地理是演出的大舞台，这处大舞台的各处位置和名称不断演变，故若不懂地理沿革，则有如盲人出门不辨位置、东西，研史将无所适从。在乾隆时期，钱大昕之精于地理沿革为学者所共同推崇，故有不少研治舆地之学的学者，如洪亮吉、徐仲圃等人，都经常向他请教、切磋，撰成著作请他写序。钱大昕运用其精湛的学识和严密的考证往往能辨析疑难，辟千年之谬。钱大昕在此方面考证精彩之处不胜枚举，前文已涉及一些，现再举一成功的例证。《续汉志·郡国志四》载：“乐安国，高帝西平昌置，为千乘。”这段文字与该志前后所载“平原郡，高帝置”“北海国，景帝置”等体例显然不相符合。唯前人对此未予论及。钱大昕以丰富的地理沿革知识和敏锐目光，对此做了详审的考证：“案，文当云高帝置，不应有西平昌三字，其为衍字无疑。后读《宦者传》，彭恺为西平昌侯，注云，西平昌县属平原郡。乃悟此三字当属上文平原郡，而平原郡九城当为十城。因此三字错入乐安注中，校书者遂改十为九，以合见存之数耳。”⑤钱大昕以志、传互证、考辨一个地名而改正两处错误，故被校勘学专家张森楷称为“精确”。

---

① （清）钱大昕：《十驾斋养新录》卷三《经史当得善本》。

② 参见（清）钱大昕：《廿二史考异》卷六《哀帝纪》，《十驾斋养新录》卷六《汉书景祐本》。

③ （清）钱大昕：《廿二史考异》卷一一《陈王羡传》。

④ （清）钱大昕：《潜研堂文集》卷二四《东晋南北朝舆地表序》。

⑤ （清）钱大昕：《廿二史考异》卷一四《郡国志四》。

除了上述考证方法的严密精良之外，钱大昕对 20 世纪新历史考证学家又一方面的重要影响，是运用新史料，以金石文字证史。

钱大昕考史不限于文献范围，而是注重发掘新的史料，引用大量金石文字与史籍相印证，扩大了史料范围，使他考史的视野更开阔，成果超过前人，而且因此开创了近代王国维“二重证据法”之先河。

著名学者王鸣盛十分赞许钱大昕在金石文字上搜求既博且精，运用在考史上成就突出。王鸣盛认为，中古时代学者已开始注重考释金石。“专著为一书者，自欧阳修始，此后著录甚多。论其完备者凡六家。自欧阳外，则赵氏明诚，都氏穆，赵氏崡，顾氏炎武，王氏澍，斯为具体而以跋入文集者。……朱彝尊始足并列为七焉。最后余妹婿钱少詹竹汀《潜研堂金石文跋尾》乃尽掩七家，出其上，遂为古今金石学之冠。”他又称钱大昕最出色者，“以洽金石，而考史之精博，遂能超轶前贤”①。王鸣盛的看法很有见地，钱大昕给别人的最大启发，是运用金石文字证史。从学术发展看，王国维把碑刻文字扩大到甲骨文、金文，以之与历史文献互证，便成为在 20 世纪享有盛誉的“二重证据法”。

譬如，钱大昕以碑刻文字考证年代和历史上的称谓。《元史・太祖纪》载乙亥(1275)张致叛于锦州。而钱大昕据《史进道神道碑》考证，应为丙子(1276)。《元史・史枢传》《何实王珣传》所载也为此提供了旁证。再如，钱大昕以碑刻考证监本《北史・齐宗室诸王传》改“史君”为“使君”之误。他认为六朝人多称“刺史”为“史君”，举出家藏东魏兴和二年《敬显儁碑》为证：“额题敬史君，字画分明。高激为沧、定二州刺史，亦在东魏时，《传》称史君，与石刻正合。监本改‘史’为‘使’，所谓少所见多所怪也。”②钱大昕还从肯定碑刻文字价值的角度纠正顾炎武的一则证据不足的记载。《新唐书・突厥传》有云：“可汗者，犹古之单于，其子弟谓之特勒。”顾炎武《金石文字记》中引此条及史传中其他称“特勒”者多处，据以证明《凉国公契苾明碑》及柳公权《神策军碑》名称“特勤”，断定“斯皆书者之误”。钱大昕则认为，碑刻文字对此项的记载实具有更高的史料价值，应据以订正史书的误载，“予谓外国语言，华人鲜通其义，史文转写，或失其真。唯石刻出于当时真迹，况《契苾碑》宰相娄师德所撰，公权亦奉敕书，断无讹舛。当据碑以订史之

① (清)钱大昕：《潜研堂金石文跋尾》序，见陈文和主编：《嘉定钱大昕全集》第 6 册，1 页。

② (清)钱大昕：《廿二史考异》卷四〇《神武诸子传》。

误，未可轻訾议也。"①

正因为钱大昕善于以碑刻文字与史籍相参证，故他能发掘出很有价值的史料，订补了史书的缺漏。他发现东汉永和年间《敦煌太守裴岑纪功碑》记载敦煌太守裴岑率郡兵打败北匈奴呼衍王，使边境得保安宁的史实，碑文云："惟汉永和二年八月，敦煌太守云中裴岑将郡兵三千人，诛呼衍王等，斩馘部众，克敌全师。除西域之灾，蠲四郡之害，边竟〔境〕艾安，振威到此，立德祠以表万世。"钱大昕加了跋语："汉自安帝以后，北匈奴呼衍王常展转蒲类、秦海间，专制西域，共为寇抄。及班勇为长史，破平车师，西域稍通。顺帝阳嘉四年春，呼衍王侵车师、后部。敦煌太守率兵掩击于勒山，汉军不利。其秋，呼衍王复将二千人攻后部，破之。当是时，呼衍之势日张，而岑能以郡兵诛之，克敌全师，纪功勒石，可谓不世奇绩矣，而汉史不著其事。盖其时朝政多秕政，妨功害能者众，而边郡之文簿壅于上闻故也。"钱大昕深深地感慨，千载之后，此碑却能历经风霜冰雪、烟尘沙砾，经久不坏，"功虽抑于一时，而名乃彰于后代也哉!"②他指出裴岑为保卫西部边境立了大功，而由于当时朝政多弊，有功者受掩抑，史册上得不到记载，正有赖此碑文才使这一重要史实得以彰明。再如，南宋末年，原守将赵祥以邓州叛，乃导致赵范失襄阳，但《宋史》对此讳而不书。《元史·太宗纪》云："(八年二月)命应州郭胜、均州孛术鲁九住、邓州赵祥从曲出充先锋伐宋。"对赵祥叛宋始末亦不详载。钱大昕在《诸史拾遗》中，乃引姚燧所撰《邓州长官赵公神道碑》的详细材料，予以补述。末云："所述背宋归元事极分明，汉上五州移徙事(按，指邓、均、唐、襄、樊五州曾因避兵迁往洛阳及豫西，以后又徙回之事)又可补《地理志》之漏略。"③钱大昕极为重视姚燧所撰此碑之史料价值，在《廿二史考异》卷八六"太祖纪"条，以及《十驾斋养新录》卷九"邓州移复"条也一再引用。

钱大昕生平对《元史》领域下功夫最大，成就卓著，成为晚清和20世纪元史、蒙古史研究风气之直接先导。如果说，钱大昕运用金石文字考史，以现存碑刻实物与文献互相参证，启发了后来的研究者，提供了治学的新

① (清)钱大昕：《十驾斋养新录》卷六《特勤当从石刻》。

② (清)钱大昕：《潜研堂金石文跋尾》卷一《敦煌太守裴岑纪功碑》，见陈文和主编：《嘉定钱大昕全集》第6册，9～10页。

③ (清)钱大昕：《诸史拾遗》卷五《元史》，见陈文和主编：《嘉定钱大昕全集》第4册，112页。

观念、新思路，那么，他在《元史》这一范围长期辛勤耕耘，发现了大量问题，则是为近代学者开辟了新的有发展前途的研究领域。故开拓元史研究的新领域，是钱大昕对 20 世纪新历史考证学第三方面的重要影响。

段玉裁对钱大昕的学术曾有过中肯的评论："生平于元史用功最深。"而研治元史，难度是很大的。元朝是少数民族建立的王朝，其特有的语言、文字很难理解，人名、地名佶屈难记，常易混淆。元史的基本史料《元朝秘史》《元典章》连训诂学家都感到棘手，所以对《元史》的考订一向更少有人问津。而《元史》由于修撰时间匆促，错误、缺漏很多。洪武元年(1368)，元朝灭亡的当年，明太祖就下令编撰《元史》。第二年，朝廷设局第一次修撰，仅用 188 天便修成除元顺帝一朝以外的本纪、志、表、列传共 159 卷。朝廷第二次设局修撰在洪武三年(1370)，用 143 天续修 53 卷。然后将前后两次合并整理编排，共成 210 卷。全书的修撰，总共只用 331 天。正如钱大昕所批评的"时日促迫，则考订必不审"，"本纪或一事而再书，列传或一人而两传；宰相表则有姓而无名，诸王表或有封号无人名"，如此等等，错误百出。① 钱大昕就选择这一困难的领域深入钻研，抱着求真的目的，对《元史》的错误详加指摘考证。在《廿二史考异》100 卷中，《元史考异》占有 15 卷，为各部正史之冠。他还补撰了《元史艺文志》《元史氏族表》，《诸史考异》《十驾斋养新录》中还有为数可观的有关元史的条目。

钱大昕对元史的事件、人物活动、地理、氏族、兵制等项都提出许多创见。他指出，《元史·地理志》叙述自唐至元地理的沿革，存在两大错误。第一，唐朝天宝年间曾经一律改州为郡，十余年后又恢复州名。而《元史》中只记载"某地，唐时为某郡"，随意删掉后来又改郡为州的事实。第二，在宋代，每州又附有郡名，郡是虚名，作为王公爵之用，州才是实际的地方建置。《元史》又误以为州在宋代升为"郡"。由于"明初修史诸臣昧于地理"，几乎"涉笔便误"。② 钱大昕补撰的《元史艺文志》是对元朝一代文献的综合考订整理。他吸收了焦竑《国史经籍志》、王圻《续文献通考·经籍考》等的研究成果，又纠正了他们的错误。有因书名错字将一书的作者和作序者都看成作者分为两书的；有将书的作者误以宋人为元人、元人为宋人的；有因译音不同而误分为两人的，钱大昕一概予以纠正。钱大昕作的《元史氏族表》也是一篇名作，此表从起稿到完成，前后历经 30 年，取材于正史、杂

---

① (清)钱大昕：《十驾斋养新录》卷九《元史》。

② (清)钱大昕：《十驾斋养新录》卷九《元史不谙地理》。

史外，兼及文集、题名录、碑刻和各种史料。这个表，解决了《元史》中同名甚多、无从辨别的难题。因为，元朝任官，一般以蒙古、色目人为正副，中书省、御史台、枢密院的长官，必须有功臣世家子弟充任。他们虽属不同氏族，但平时只称名、不带姓氏，故史籍中人物同名甚多，钱大昕认为，“非以氏族晰之，读者茫乎莫辨”。所以他汇集了各种史料，凡蒙古、色目有族姓可考的，皆按顺序胪列；似异而实同的，加以归并；似同而实异的，则加以厘正；同一族姓之下，每支按世系分列成表，使读者一目了然。后来魏源撰《元史新编》，柯劭忞撰《新元史》都袭用钱大昕这篇表，成为书中不可缺少的部分。钱大昕有大量关于元史的考证成果：有考证《元史》中年代、人名、地名错误的；有考证其官制或史实错误的；有用其他正史、杂史与《元史》互证的；有纠摘《元史》其他严重舛误的。他的大量研究成果，表明元史是一个大有可为的研究领域。晚清及 20 世纪的一批学者，除魏源、柯劭忞外，还有李文田、洪钧、沈曾植、屠寄、王国维、陈垣、陈寅恪，都闻风而起，长期致力于元史、蒙古史的研究，使之成为学术史上的新热点。

20 世纪考证学家一向服膺乾嘉学者从事分部门的深入研究、严密考证的方法。戴震作为乾嘉朴学中皖派代表人物，对近代新考证学家同样有很大影响。戴震少年时师从江永，研究《礼经》制度名物及历算天文之学。乾隆二十年，戴震年 33 岁，因在本地受土豪迫害，脱身挟策至京师，“困于逆旅，馆粥几不继，人皆目为狂生”。当时他只是秀才身份，带着自己的著作去拜访刚刚中了进士的青年学者钱大昕。钱大昕誉其为“天下奇才”，引来同一批新科进士王鸣盛、王昶、卢文弨、纪昀、朱筠等，他们都非常钦佩戴震。“一时馆阁通人……先后与先生定交，于是海内皆知有戴先生矣。”①戴震治学领域甚广，尤精于名物制度、算学、音韵、文字、训诂、地理、等项。他研究音韵学，将古韵分为九类二十五部，以入声韵独立，发明了阴阳对转的规律。他研究算学，从《永乐大典》中辑出佚失的古算学经，共十种，(包括《周髀算经》《九章算术》等)并加以校定，“使中国古代的天算之学复明”②。他研究《水经注》，这部书自南宋以来即经注互混，戴震发现经文与注文混淆的规律，《经》文，每一水，云某水出某郡县，此下不更举水

① (清)钱大昕：《戴先生震传》，见《戴震文集》，赵玉新点校，265 页，北京，中华书局，1980。

② 戴逸：《吴、皖、扬、浙——清代考据学的四大学派》，载《人民政协报》，1999-09-23。

名；《注》则并及所纳群川，故须重举。《经》云过某县者，统该一县而言；《注》则详言所迳委曲，故有一县而再三见者。又"《经》据当时县治，至善长作《注》时，县邑流移，是以多称'故城'；《经》无言'故城'者也"，"凡《经》例云'过'；《注》例云'迳'"。① 按照他总结出来的规律，原先混淆的经文、注文可得一一改正，从而恢复《水经注》的原貌。江藩对此评论说："阎百诗、顾景范、胡朏明虽善读古书，犹未悟斯失，至君始厘正之。……海内始复见此书之真面目焉。"②戴震一生撰述甚多，除校订算经十种外，有《尧典注》《周南召南注》《仪礼正误》《毛郑诗考正》《考工记图》《孟子字义疏证》《方言疏证》《原善》《原象》《勾股割圆记》《声韵考》《声类表》《尔雅文字考》《屈原赋注》等。

戴震治学不但领域广阔，而且造诣精到，尤为学者称誉者，是其论据缜密，识断精严，故许多人推崇他是清代朴学术的高峰。王昶说："本朝之治经者众矣，要其先之以古训，析之以群言，究极乎天地人之故，端以东原为首。"③汪中则评论云："国朝诸儒崛起，接二千余年沉沦之绪，通儒如顾宁人、阎百诗、梅定九、胡朏明、惠定宇、戴东原，皆继往开来者。亭林始闿其端；河洛图书，至胡氏而绌；中西推步，至梅氏而精；力攻古文者，阎氏也；专治汉《易》者，惠氏也。及东原出，而集大成焉。"④

戴震治学重证据，善怀疑，凡立一说必广求大量材料作佐证，必贯通各种经典而无窒碍，然后才宣告成立，很符合近代科学理性之精神，因而使 20 世纪学者深受启迪。他尊古而不泥古。他考论古书，既重视古人的见解，而又不刻板地拘守成说，还必须自己用证据去验证，用头脑去思考，才能求得真知。故他说："信古而愚，愈于不知而作，但宜推求，勿为株守。"⑤他又论述读古贤人书，不能只停留在记诵古贤人现成的说法上，而必须更深入地探求事物的"道"，即努力去获得真理性的认识。他认为："先儒之学，如汉郑氏、宋程子、张子、朱子，其为书至详博，然犹得失中判。"其得处有二："取义远，资理闳。"而其失处也有二："目未睹渊泉所导，手未披枝肄所歧。"后人必须通过自己的深入思考，才能逐步地获得真见，故

① （清）戴震：《水经郦道元注序》，见《戴震文集》，赵玉新点校，111～112 页。

② （清）江藩：《汉学师承记（二）》卷五《戴震》，89 页，上海，商务印书馆，1937。

③ （清）王昶：《戴东原先生墓志铭》，见《戴震文集》，赵玉新点校，264 页。

④ （清）江藩：《汉学师承记（二）》卷七《汪中》，115 页。

⑤ （清）戴震：《与王内翰凤喈书》，见《戴震文集》，赵玉新点校，47 页。

说："学者深思自得，渐近其区；不深思自得，斯草薉于畦而茅塞其陆。"他认为学者诵习古贤人之书不等于得到"道"，应该时时将"闻道"这一更高目标悬挂于前，才是治学之正途。他针对世人读前人之书往往满足于拘守成说的弊病，而强调"志乎闻道"和"深思自得"，其结论是："诵法康成、程、朱，不必无人，而皆失康成、程、朱于诵法中，则不志乎闻道之过也。诚有能志乎闻道，必去其两失，殚力于其两得，既深思自得而近之矣。"①

戴震又有一名言：学者当"不以人蔽己，不以己自蔽"②。"不以人蔽己"是指不盲从，不迷信，勇于独自思考，根据事实做出自己的判断。"不以己自蔽"，指不沽名钓誉，不私智穿凿，不先入为主，务求以客观的态度，实事求是地进行分析，做到鉴定衡平。学者遇到确凿的证据证明自己原先的认识有误，则应敢于承认错误，放弃旧说。清代朴学以吴派、皖派并称，然吴派宗师惠栋治学以"专宗汉学""唯汉是从"，认为学说凡出于汉儒者，皆当遵守，其有敢怀疑、指斥者，则目为信道不笃，故易陷于胶固、盲从、褊狭的毛病。相比之下，更显示出戴震学风的特色。章太炎、梁启超论乾嘉朴学家中戴震一派治学方法高明于与惠栋一派之处，正是戴震不泥古而贵自得。如章太炎说："震……治小学、礼经、算术、舆地，皆深通。……凡戴学数家，分析条理，皆㣲密严瑮，上溯古义，而断以己之律令，与苏州诸学殊矣。"③戴震从事典籍的训诂、校勘，每一问题必探求其渊源所自，务必得到对字义、词义的确凿了解，最后达到哲理上的把握。他说："经之至者道也，所以明道者其词也，所以成词者字也。由字以通其词，由词以通其道。""知一字之义，当贯群经，本六书，然后为定。"④戴震又总结治经有三难："淹博难，识断难，精审难"⑤。显然，此三项中，淹博是基础，识断是关键，达到精审则是目的。故他提出研究问题应达到"十分之见"，有未至十分之见的要求，即务求达到确凿无疑、可示后人为法则的境界。他说："有十分之见，有未至十分之见。所谓十分之见，必征之古而靡不条贯，合诸道而不留余议，巨细毕究，本末兼察。若夫依于传闻以拟其是，择于众说以裁其优，出于空言以定其论，据于孤证以信其通，虽溯流可以知源，

---

① （清）戴震：《与姚孝廉姬传书》，见《戴震文集》，赵玉新点校，142页。

② （清）戴震：《答郑丈用牧书》，见《戴震文集》，赵玉新点校，143页。

③ 章太炎：《清儒》，见《章太炎全集》（三），474页，上海，上海人民出版社，1984。

④ （清）戴震：《与是仲明论学书》，见《戴震文集》，赵玉新点校，140页。

⑤ （清）戴震：《与是仲明论学书》，见《戴震文集》，赵玉新点校，141页。

不目睹渊泉所导；循根可以达杪，不手披枝肄所歧，皆未至十分之见也。”①“如绳绳木，昔以为直者，其曲于是可见也；如水准地，昔以为平者，其坳于是可见也。夫然后传其信，不传其疑，疑则阙，庶几治经不害。”②戴震本人治学的确体现了达到“十分之见”“不留余议”“本末兼察”的要求，因而才能讲出如此真切的体会。诚如梁启超所言：“其所谓十分之见与未至十分之见者，即科学家定理与假说之分也。科学之目的，在求定理，然定理必经过假设之阶级而后成；初得一义，未敢信为真也，其真之程度，或仅一二分而已；然姑假定以为近真焉，而凭借之以为研究之点，几经试验之结果，寖假而真之程度增至五六分，七八分，卒达于十分，于是认为定理而主张之；其不能至十分者，或仍存为假说以俟后人，或遂自废弃之也。凡科学家之态度，固当如是也。震之此论，实从甘苦阅历得来；所谓‘昔以为直而今见其曲，昔以为平而今见其坳’，实科学研究法一定之历程，而其毅然割舍，传信不传疑，又学者社会最主要之道德矣。”③皖派学脉昌盛，亲受业、问学者，有王念孙、段玉裁、卢文弨、纪昀、洪榜、邵晋涵、任大椿等人，学术上均卓有建树，因而更扩大了戴震学术的影响。

戴震考证精审，使人从中能得到科学态度和优良方法的宝贵启示。其中有两个典型例子，尤为20世纪考证学者所称道。其一为：《春秋》鲁昭公二十二年十月王子猛卒，而其夏秋已两书王猛，读《春秋》者不得其解。戴震认为：此书“王猛”，与郑太子忽书为“郑忽”同，皆以国氏。王者，诸侯以此称王畿，非指天王之号。《春秋》凡书“王”，犹列国之书其国，书“天王”，犹列国之书“爵”，故称“王人”者与列国书“人”者，同属身份低微。王猛与郑忽同为以国氏。忽未即位而出奔，归不得书爵，而称之为“世子”，是表示肯定其复国的行为。王子猛未即位称王，故卒称“王子”。若先正其号曰“王”，则不可复称“王子”矣。④ 戴震基于他熟习《春秋》《左传》对各国史事的议载，以及洞悉春秋时期称姓称氏制度和《春秋经》的“书法”规则，已用其识断，做出了正确的解答，堪称烛照幽隐，数语既出而谜团尽解，故为同为考证学大师的钱大昕所称服。其二是对《尚书·尧典》“光被四表，格于上下”的“光”字的解释。王鸣盛注《尚书》此篇，引《尔雅》：“光，充也。”

---

① （清）戴震：《与姚孝廉姬传书》，见《戴震文集》，赵玉新点校，141页。

② （清）戴震：《与姚孝廉姬传书》，见《戴震文集》，赵玉新点校，142页。

③ 梁启超：《清代学术概论》，见《饮冰室合集》专集之三十四，27页。

④ 参见（清）钱大昕：《戴先生震传》，见《戴震文集》，赵玉新点校，267～268页。

戴震认为不可无解。他引伪《孔传》，“光，充也。”据《尔雅》：“桄、颎，充也。”注曰：“皆充盛貌。”《孔传》虽出魏晋间人手，但其解释据依《尔雅》，密合古人属词之法，必套取师师相传旧解。故此解释，奇古有据。后蔡沉则犯了轻疑前古，不知而作的毛病。戴氏云：《孔传》何以释“光”为“充”，是有根据的。《说文》：“桄，充也。”此字《唐韵》注为：“古旷切。”《乐记》“横以立武”，郑玄注：横，充也。《释文》曰：“横，古旷切。”由此推论，《尧典》古本应作“横被四表”，如《乐记》所言“横于天下”，“横乎四海”。横四表、格上下对举。四表言被，以德加民物言也；上下言于，以德及天下言也。后在流传中，“横”转写为“桄”，脱误为“光”。追溯古初，当读“古旷反”。据此戴震提出了一个大胆的论断：“《尧典》古本必有作‘横被四表’者。”①这一论断，以后果然一再得到肯定的佐证。两年后，钱大昕提供了《后汉书》有“横被四表，昭被上下”的证据，见于《冯异传》永初六年安帝诏。姚姬传也举出班固《西都赋》有“横被六合”的旁证。又过了七年，戴震之堂弟受堂举出《汉书·王莽传》有“昔帝尧横被四表”句，更是有力的确证。此后，金榜又举出《淮南子·原道训》有“横四维而含阴阳”句，高诱注：“横读如桄车之桄”，证明汉人横、桄通用。段玉裁也举出李善《文选注》之《魏都赋》注中引《东京赋》云：“惠风横被”，同样提供了旁证。根据这一系列的证据，戴震所提出的《尧典》古本应作“横被四表”的论断，可以作为定论。胡适于1921年所写《清代学者的治学方法》一文，作为清代考证学杰出成就的一个突出例子详述了戴震这一考证实例，并说：“这一个字的考据的故事，很可以表示清代学者做学问的真精神。……后来有了充分的旁证，这个假设便升上去变成一个真理了。”②

讨论乾嘉考证学对20世纪学术的影响，还必须讲到崔述。崔述属于乾嘉别派，是河北大名学者，一生与主流派考证学者并无交往，周围的人也不理解他的学术。他的主要著作是《考信录》，内容包括《考信录提要》《补上古考信录》《唐虞考信录》等。崔述主观上认为自己是治经，维护儒家经典的正确和至尊地位，考辨、驳斥战国、秦汉以后《传》《记》中的误载，而实际上，他做的是考证上古史事的工作。在整个19世纪中，崔述的学说在国内默默无闻，20世纪初的日本学者那珂通世首先高度评价他考证上古历史的

---

① （清）戴震：《与王内翰凤喈书》，见《戴震文集》，赵玉新点校，46～47页。

② 胡适：《清代学者的治学方法》，见《胡适文存》一集，300页，合肥，黄山书社，1996。

意义，他读到《东壁遗书》后，极赞“著者议论高明精确”。他将全书校订标点，于1903年在日本列入日本史学丛书出版。他还撰写《考信录解题》一文，在日本《史学杂志》发表，论述崔述学说的内容和价值说：“中国学者拘守汉儒之训诂，耽于宋儒之空理，其弊固不待言。尚古之念既深，对于古书皆如宗教徒之崇拜经文。……崔氏处于群迷之中，独能建树己说”，“识通古今，考据辨析高出于汉、宋诸儒之上”。那珂通世如此表彰和传布，遂使崔述学说与近代史学产生了密切的联系。刘师培于1907年东渡日本，他带回了日本史学界表彰崔述的信息。他撰写了《崔述传》一文，介绍崔述生平和《考信录》主要内容。刘师培不仅重视崔述考辨古史的结论，而且重视他治史的方法：“浅识者流仅知其有功于考史，不知《考信录》一书自标界说，条理秩然，或援引证佐以为符验；于一言一事，必钩稽参互，剖析疑似，以求其真。使即其例扩充之，则凡古今载籍均可折衷至当，以去伪而存诚。”①此后，崔述的学说更引起胡适、钱玄同、顾颉刚、洪业等学者的极大研究兴趣，于是在1921—1936年，学术界先后校印《崔东壁遗书》，访问其故里，搜集其佚著，撰写其传记、年谱，并且直接导致了顾颉刚为代表的“古史辨派”探索可信的古史体系的研究热潮。胡适于1923年撰写《科学的古史家崔述》，他认为：“我深信中国新史学应该从崔述做起，用他的《考信录》做我们的出发点。”②顾颉刚于1922年开始校点《崔东壁遗书》。他在1923年致友人信中说：“崔述的《考信录》确是一部极伟大又极细密的著作。”③他决心发扬崔述的治史方法，认为“他把难的地方已经做过一番功夫，教我们知道各种传说的所由始了，由此加功，正是不难”④。

崔述对历史考证的重要贡献，在于他发扬了古代史学家司马迁的“考信”精神，以严密审查的态度对待两千年形成的古史传说，廓除了以往记载中大量的附会和谬误，开辟了探求可信的古史体系的道路。司马迁治史的基本态度是“考信”，包括以各种文献记载互相参证，并与历史故迹和口碑史料印证而达到的“求实”，和对无确切根据可加肯定或否定者予以“阙疑”

---

① 刘师培：《崔述传》，载《国粹学报》，第34期，1907。

② 胡适：《科学的古史家崔述》，见(清)崔述撰，顾颉刚编订：《崔东壁遗书》，953页，上海，上海古籍出版社，1983。

③ 顾颉刚：《与钱玄同先生论古史书》，见《古史辨》(一)，59页，上海，上海古籍出版社，1982。

④ 顾颉刚：《论伪史例书》，见《古史辨》(一)，28页。

两个方面。后代有不少史家、学者继承了司马迁的求实精神，或在撰史中据事直书，或在评论中辨伪纠误。然而，在上古史领域内，许多儒生却迷信远古传说，甚至杜撰材料，任意附会，使上古史在传说之外又增加了许多假造的说法。由于假托和杜撰太多，矛盾和纰漏也越来越暴露。这就为后代史家提出了这样的任务：考辨种种假托和附会，清理出可信的上古史轮廓。宋代的欧阳修、朱熹，明代的宋濂、胡应麟，清初姚际恒等人在辨伪上都有成绩。崔述则以毕生精力撰成有系统的巨著《考信录》，考辨古史范围更大，体例更严密，贡献尤为突出。

崔述对于因长期附会臆造而成为庞杂离奇的古史体系持明确的批判态度，他所提出的论点和所体现的价值观，给20世纪的学者以极大的启示。他指斥晋代以后《帝王世纪》《皇王大纪》等所杜撰的古史为“邪说诐词”，认为战国秦汉的《传》《记》中的记载也有许多是出于附会，因而互相矛盾而不可信，而肯定春秋以前典籍中的记载比较朴实可信，这些构成了《考信录》考辨古史的中心论点，对于长期辗转假托的古史说法是一次有力的廓除。围绕上述中的论点，崔述对于古代典籍中的记载做出详细考辨，在鉴别史料上提出了许多卓越见解。譬如，他认为“三代以上，经史不分，经即其史，史即今所谓经也”。他把神圣的“经”作为史料看待，作为研究对象，这跟同一时代的章学诚提出“六经皆史”是相呼应的。崔述还说，“后世学者不知圣人之道体用同原，穷达一致，由是经史始分。其叙唐、虞、三代事者，则竭才于章句之末务，殚精于心性之空谈，而不复考古帝王之行事”①。这些话要去掉其尊圣的意味，则他讲出了先秦经书即先秦的历史记载、经史不分的道理，脱去了“经书”神秘的色彩，并且尖锐地批评了儒生们尊古妄信、空谈义理的弊病。同时也反映了近代史学领域的扩大，尽量把各种记载都置于史学考察的范围，显示出一种新价值观的取向。又如，他经过详细考辨，确定《仪礼》《周礼》是战国时期的作品，这点已为近代多数学者所公认。崔述认为，《仪礼》一书保存着三代礼制的资料，具有帮助“识共名物之制，以考经传之文”的价值，“大有益于学者”。但他举出有力的证据，证明它们绝不是“周公所作之书”，推翻了历来相沿的成说。第一，从时代特点考察。“周初之制犹存忠质之遗，不尚繁缛之节”。可是，“今礼经所记者，共文繁，其物奢”，与上述时代特点“背道而驰”。“古者公侯仅方百里；

① （清）崔述：《考信录提要及其他二种》卷下《洙泗考信录提要》，32页，上海，商务印书馆，1937。

伯七十里，子男五十里；而今聘食之礼，牲牢笾豆之属多而无用，费而无当，度其礼每岁不下十余举，竭一国之民力犹恐不胜。”这种礼制反映的恰恰是春秋以后“诸侯吞并之余，地广国富”的时代特点。第二，从史实考察。《仪礼》上所说“臣初拜于堂下，君辞之，遂升而成拜”的记载，跟春秋以前的史实大相径庭。据《左传》所载周襄王赐齐桓公胙①和秦穆公享晋公子重耳②所用礼节证明，春秋以前通行臣拜于堂下的礼制，即使君有“无下拜”之命，为臣者仍按古礼行事，下拜后再登而受之；即或因君辞礼，臣也不因其辞而改变礼节，辞者自辞，拜者自拜。崔述强调说：“齐桓为诸侯盟主，权过于天子，然犹如是，则寻常之卿大夫可知矣……晋文乃邻国之公子，旦夕为晋君，与秦穆同列，然犹如是，则本国之卿大夫可知矣。”③可见《仪礼》“升而成拜”的记载在春秋以前是不可能存在的。第三，再与春秋时代人物的评论对照。孔子说过：“拜下，礼也，今拜乎上，泰也。”④孔子讲的，正是春秋时期由“古礼”到“今礼”的过渡。《仪礼》所记就是孔子讲的“今拜乎上”的情况，更证明它只能出于春秋之后。第四，从称谓辨别。《仪礼》上载：“诸侯之臣有所谓‘诸公’者。”这与春秋以前“王之下不得复有王，公之下不得复有公”的制度完全相矛盾，只能是反映韩、赵、魏三家灭智伯、鲁三桓弱公室这些“公族”势力膨胀后的情况，也是《仪礼》一书出于“春秋、战国间学者所记”的明证。对《周礼》一书，崔述同样以有力的证据证明它虽然保存了有价值的古代礼制的资料，但它所载有的制度与《春秋》等书不合，所以“显为战国以后所作”⑤。

特别值得提出的是，崔述不仅对伪造的古史体系采取严肃批判的态度，他对古代史实、制度、典籍等详加考辨，获得许多极有价值的成果，而且他还能上升到考史者应具有的态度、修养和如何进行严密考证的方法，从理论高度加以总结。此见于置《考信录》全书之首的《考信录提要》中。他所总结的“究其本末，辨其同异，分别其事实以去取之”的原则，便是他考辨古史方法之精髓。他对所谓“三皇五帝”的来历和演变的考证，便是很好的例证。崔述首先辨明春秋以前无这种说法。《左传》所记“黄帝氏以云纪”“炎

① 参见《左传》，闵公九年。

② 参见《左传》，僖公二十三年。

③ （清）崔述：《丰镐考信录》卷五《周公相成王下》，88 页，上海，商务印书馆，1937。

④ 《论语·子罕》。

⑤ （清）崔述撰，顾颉刚编订：《崔东壁遗书》，25 页。

帝氏以火纪”，是历叙“古帝”所记之物不同，讲了黄帝、炎帝、共工、太昊、少昊、颛顼六个帝号，并无“五帝”之说。其次，他指出《吕氏春秋》根据《左传》的说法删去共工，然后“以五德分属之”。《国语·鲁语》讲“皇帝能成命百物以明民共财；颛顼能修之；帝誉能序之辰以固民；尧能单均刑法以仪民；舜勤民事而野死”，叙五人之功，没有称“五帝”，但也包括古帝必限定为五的格式。再次，他举出《大戴礼记》承《国语》五个帝号，直接称为“五帝”。以后的学者，不寻究这些说法的来源，便误认为三皇、五帝，确有其事，《史记》以黄帝、颛顼、帝喾、尧、舜为“五帝”，《三统历》以包羲、神农、黄帝、尧、舜为五帝，郑玄以女娲、伏羲、神农为“三皇”，谯周又以燧人、伏羲、神农为“三皇”，一再附会，致使互相抵牾，混乱不堪。历代儒生对“三皇五帝”系统的渲染和对古代帝王“五德终始”、气运相承的图式的附会说法，造成二千年来古史体系中许多难解之谜。崔述能够做出初步的清理、辨析，除了他学术上具有“求真”的见识和魄力外，更在于他具有这种符合科学精神的方法，并且能自觉地运用。这是崔述高出于以往学者的地方。《考信录提要》中还强调必须遵守“名”“实”相符的形式逻辑方法，反对“重名而不究实”的妄信态度；总结出辨文体、辨时代风气的辨伪通例；归纳了“逞博不知所择”“少见者多误”“以己度人”等造成谬误的原因；提倡“打破砂锅问到底”“细细推求”的精神。所有这些，都使20世纪前期的考证学者感到叹服，由此启发了他们的智慧，并且决心将他的考证事业继续向前推进。1926年，顾颉刚编成《古史辨》第一册，在《自序》中明确说：“我弄了几时辨伪的工作，很有许多是自以为创获的，但他的书里已经辨证得明明白白了，我真想不到有这样一部规模弘大而议论精锐的辨伪的大著作已先我而存在！”[①]在20世纪曾经有过很大声势的“古史辨”派，主要就是受到崔述古史辨伪学说的影响，加上接受了胡应麟、姚际恒等人辨伪思想，以及近代康有为疑经思想的影响而迅速兴起的。

第二节　四大新史料发现的刺激

新考证学兴起的又一重要条件，是20世纪初四大新史料的发现，即殷墟甲骨文，汉晋简牍，敦煌文书，内阁大库档案。这些新史料的大量发现，是20世纪学术文化史的重大事件，为刚刚出现发展势头的新史学提供了丰

① 顾颉刚：《古史辨》(一)自序，45～46页。

富的第一手资料，为历史学者提出了许多新的研究课题，因而有力地促进新考证学的发展。

甲骨文的发现影响最巨，如郭沫若所说，是中国近代史发生的一件顶重大的事体。[①] 甲骨卜辞出土在河南安阳县西北五里的小屯村。其地在洹水两岸，水三面环绕，《史记·项羽本纪》所称“洹水南殷虚上”者即此，《彰德府志》谓即河亶甲城。早些时候当地农民在耕种土地时就发现刻有文字的甲骨碎片，将它当作可以医治外刀伤的“龙骨”卖给药铺，有山东潍县商人以为稀有药物带到北京。第一个重视甲骨文卜辞的是王懿荣，当时在北京任国子监祭酒。1899 年，王懿荣有一次在用药前审视药物，发现了这种刻有古文字的甲骨片。他本是金石学家，对此十分重视，立即派人到药店买来全部字骨，访问来历后，继续搜求，共获得千片以上。次年八国联军侵入北京时王懿荣投井自杀，大部分甲骨归刘鹗(《老残游记》的作者，字铁云)。刘鹗命商人在河南继续收购，续有所得，所藏至三四千片。1903 年，刘鹗选择其中较好者印行，书名《铁云藏龟》。故刘鹗是第一个印行甲骨文者。而第一个对甲骨文进行学术研究的学者，是孙诒让。他根据《铁云藏龟》写了第一部研究甲骨文的著作《契文举例》。孙诒让精通小字，有草创之功，其作用应该被肯定；但失于粗疏，其著作有不少错误。此后，罗振玉在传布甲骨卜辞和进行研究上有重要贡献。1905 年，他探知甲骨出土点在安阳小屯村(原来古董商人不说真话，假称在“汤阴”)，亲自到该地考察，确定安阳小屯村就是原来的“殷墟”，即盘庚以后的殷商故都。这就大大提高了甲骨文的价值。罗振玉在大力传布甲骨卜辞上尤有大功。自 1906 年起，罗振玉开始搜集，大力收购甲骨片，前后得 3 万余片。1912—1916 年，他先后刊印《殷虚书契前编》《殷虚书契菁华》《铁云藏龟之馀》《殷虚书契后编》。罗振玉大力印行的这些甲骨卜辞，在资料上为学术界扩大研究提供了很有利的条件。尤其是 1913 年精印出版的《前编》，系在王国维帮助下编成，全书分八章：都邑、帝王、人名、地名、文字、卜辞、礼制、卜法，第一次对这部分重要的甲骨卜辞进行有系统的分类整理，为此后更为详尽、科学的分类奠定基础。他还考释了大量的甲骨文字，已释出五百七十多个字。罗振玉对甲骨文研究的贡献尚有多项，如他指出卜辞是商王朝的遗物，殷

① 参见郭沫若：《中国古代社会研究》，见《郭沫若全集·历史编》第 1 卷，187 页，北京，人民出版社，1982。

墟是武乙到帝乙的都城，还发现了十几位殷王的名谥。王国维研究甲骨文和殷商史的工作就是受到罗振玉的影响和引导的。1915—1917 年，王国维著成重要论文《殷虚卜辞中所见地名考》《殷卜辞中所见先公先王考》和《续考》等，他利用甲骨卜辞，考证了《史记·殷本纪》所载殷王世系基本可靠，并且改正了其中的错误，揭示了埋没三千余年的秘密，成为中国古代史研究上极为重要的发现，因而震动了学术界。王国维此后在甲骨文研究上继续取得新的成就，故郭沫若评论说："我们要说殷虚的发现是新史学的开端，王国维的业绩是新史学的开山，那样评价是不算过份的。"[①]郭沫若本人则是运用马克思主义理论研究甲骨文的开拓者，他着眼于利用甲骨卜辞做关于古代社会的研究，从而开辟了一个新天地。1929 年，他写成《卜辞所见殷代社会》，从卜辞中发掘了商代社会生产状况的第一手资料，论证了当时渔猎、牧畜、农业、工艺、贸易等方面的状况，还找出许多上层建筑与社会组织的材料，为商代历史的研究开辟了新途径。他还著有《甲骨文研究》《卜辞通纂》《殷契粹编》等，为甲骨文的编纂整理创立了一个科学体系。继王国维、郭沫若之后，在甲骨文研究领域取得重要成就的学者还有董作宾、陈梦家、胡厚宣等人。总之，20 世纪初殷墟甲骨文的发现成为新史学发展的划时代事件，有力地把中国古代史研究推向了新阶段。

汉晋简牍是 20 世纪初又一重要的史料发现。19 世纪末，随着帝国主义侵略的深入，一批外国人以"探险"为名到中国获取古文物。瑞典人斯文赫定(Sven Hedin，1865—1952)最早到中国西北"探险"。1899 年，他在罗布泊以北发现了古楼兰遗址，得到了大量文物和汉晋时代简牍一百二十一枚。他将其经历写成《我的探险生涯》一书，引起国际上广泛的注意，外国探险家开始不断地进入中国西北。1900—1901 年，英属印度政府派遣匈牙利人斯坦因(Marc Aurel Stein，1862—1942)到我国新疆进行访古"探险"。斯坦因在和田之尼雅河下流，发掘古寺废址，得魏晋时期简牍数十枚，在其所著《和田之故迹》中影印刊布。1907—1908 年，斯坦因又至新疆及甘肃西部，在敦煌西北长城遗址发掘，得两汉简牍约千枚，又在尼雅河下游得东汉简牍十余枚，在罗布泊东北海头故城得魏晋木简百余枚，这些都是当时公牍文字及屯戍簿籍。斯坦因嗣后又写有《西域考古记》《中国沙漠考古记》。法国学者沙畹遂根据斯坦因书中影印刊布的汉晋简牍文字进行考释，著《中国

---

① 郭沫若：《古代研究的自我批判》，见《郭沫若全集·历史编》第 2 卷，6 页。

古文书》，1913 年，在其著作出版以前，他将手稿交给在日本的罗振玉看。罗振玉便同王国维在日本进行考订，于 1914 年出版《流沙坠简》。王国维在序言中概述云：古简所出，其地有三，一为敦煌迤北之长城，二为罗布泊北之古城，三为和田东北之尼雅城及附近之地。敦煌所出，皆两汉之物，出自罗布泊(北)者，大致上自魏末，迄于前凉，其出和田及附近者，仅有二十余枚，皆无年代可考，其最古者，当为东汉遗物，近者也当在隋唐之际。此后的重要发现，为 1930 年中国瑞典学者合组之西北科学考察团，由徐旭生等带领，在甘肃及内蒙古西部毗邻的汉代边寨遗址里，发现了丰富的汉简，达一万枚左右。这次汉简出土的主要地点是属汉代张掖郡居延都尉辖区，故学界习惯上统称为居延汉简。又，1930—1934 年，黄文弼在罗布泊北岸汉代防戍遗址里，掘获西汉宣、元、成诸帝时木简七十一枚。20 世纪初，简牍的大量发现，大大丰富了两汉与魏晋时期古代史研究的内容，王国维、劳榦等人均在这一领域取得了重要的考证成果。

敦煌文书是 20 世纪初在敦煌莫高窟发现的 5—11 世纪的多种文字古写本。敦煌自西汉置郡，公元 360 年前秦甘露二年开古窟造佛像，至唐已开古窟数百年，宋代因战事，僧人将大批写本藏于莫高窟中，外面砌墙并绘画饰之。1900 年，因墙裂，写本被道士王园箓所发现。洞中藏文物、写本四千多件，主要是唐写本。王道士乃将写本置于密室，砌墙围之，并呈报于兰州官署，谓共有七车之多，官署仅令其封闭，而不采取妥善之措施。斯坦因获得消息，于 1907 年以贿买方式择其精华者盗去写本二十四箱，还有数箱美术品、绘画、绣像等。1908 年，伯希和也盗走数千件写本，有一部分现藏于巴黎图书馆。1914 年，斯坦因又盗走写本五箱，他先后盗走的敦煌文书、文物七千件以上，有一部分现藏于伦敦图书馆。1911 年，日本人橘瑞超等人也盗走经卷六百多卷，俄国人奥登堡、美国人华尔纳也先后盗走经卷、壁画多件。敦煌文书、文物的大量被盗，是我国宝贵历史文物的极大损失。在斯坦因、伯希和盗走大量文书、文物后，中国的一些有识之士开始认识到必须将劫余文物收集、保存。罗振玉、李盛铎上书学部，才将剩余写本运回交北京图书馆收藏。据陈垣《敦煌劫余录序》记载，所著录的 8679 号，此后胡鸣盛又从未登记的残页中编成 1192 号。还有部分散藏于私家手中。敦煌写本的 95%都是佛经。其余如四部书宋以后已佚著作(经部有未改字《古文尚书》孔氏传，未改字《尚书》释文，糜信《春秋后语》，唐西州、沙州诸《图经》，《慧超往五天竺国传》等，子部有《老子化胡经》等)，杂曲子和唐人通俗小说，还有摩尼教经、景教经，以及古梵文、古波斯文、突厥、回鹘文字所写的卷子。1910年，罗振玉就伯希和所寄影印本，整理成《敦煌石室遗书》及《石室秘宝》十五种。1913—1918年，罗振玉又编成《鸣沙石室逸书》十八种、《鸣沙石室古籍丛残》三十种，及《鸣沙石室佚书续编》四种。1921年，王国维据伯希和所寄陆法言《切韵》影印本整理石印出版。敦煌文书的发现，推进了中国的历史学、语言学、民族学，以及宗教、文学、艺术等学科的研究，经过中国学者和欧洲、日本等许多汉学家的努力，“敦煌学”一直成为热门学科。

内阁大库在北京城旧内阁衙门之东，临东华门通路，共有大楼六间，其中所藏档案居十分之七，书籍居十分之三。档案可分为三类：一是明档，二是清档，三是清盛京旧档。1909年，大库楼屋损坏，乃以所藏移于文华殿两庑，张之洞奏请以大库的典籍，成立学部图书馆，大库档案，则分存于国子监南学和学部大堂后楼。中华民国成立以后，又由历史博物馆移置于端门洞中。1921年，因馆中经济困难，工作人员将其中较破碎的四分之一，装了九千麻袋，共计十五万斤，卖给旧纸商作为造纸原料。罗振玉闻知消息后，设法将原物买回，售于李盛铎，李盛铎又售于历史语言研究所。该所随后成立了明清史料编刊会，编有《明清史料》三集，每集十册。其历史博物馆所存档案的较完整部分，1921年移存于北京大学，经整理后曾出有目录一巨册，又编有《顺治元年内外官署奏疏》《洪承畴奏章文册汇辑》。20世纪20年代以后，故宫博物院又将所藏军机处档案陆续整理出多种史料出版。

19世纪末、20世纪初还有古代汉族以外之各族文字史料的发现。1889年，俄国人拉特禄夫访古于蒙古，在和林故城北，发现了碑二种（皆有中国、突厥二种文字）、回鹘碑一种（并有粟特文字）。光绪末年英、法、德、俄学者入新疆探险，得到更多数量的各族文字史料，其中除梵文、佉卢文、回鹘文外，还有三种以后被识译的粟特语、吐火罗语及东伊兰语。1910年，俄国人柯智禄夫在甘州古塔发现了西夏文字。继之，元时所刻之西夏文大藏经也在北京被发现。我国学者罗福苌（罗振玉之子）、陈寅恪、王静如根据这些新发现的史料研究西夏文，均有创获。1930—1931年，东北军阀汤玉麟曾在热河发掘辽圣祖、兴宗和道宗三人的陵墓，得哀册石刻十七石，运回沈阳居宅，金毓黻据之撰有《辽陵石刻集录》。女真图书以后也曾被发现数石，均为汉文与女真文并刻。以上发现对于研究汉族以外少数民族史均具有宝贵价值。①

20 世纪初各项重要的史料发现，为新历史考证学的发展提供了极为重要的机遇。中国传统考证学在搜集材料、处理材料和严密考证上已经积累了一套成熟的经验。到了 20 世纪初，整个中国学术界正处于近代化的历史关口，西方学理和近代实证史学方法的传入，给了中国历史学界以很大的启发，正在这时，甲骨卜辞、汉晋简牍、敦煌写本和明清档案等史料相继大量发现，从中国上古史、中世纪史至明清史，以至中西交通史、少数民族史及考古学等众多学术领域，都提出了许多有意义的新课题。这与西方新学理的传入相结合，激活了中国史学界，并引起连锁式反应，使诸多研究领域不断有新的发现，呈现出彼此竞进的极佳局面。陈寅恪曾将敦煌写本的发现引起许多学者的研究兴趣，称为学术的“新潮流”，他说：“一时代之学术，必有其新材料与新问题。取用此材料，以研求问题，则为此时代学术之新潮流。治学之士，得预于此潮流者，谓之预流(借用佛教初果之名)。其未得预者，谓之未入流。此古今学术史之通义，非彼闭门造车之徒，所能同喻者也。敦煌学者，今日世界学术之新潮流也。”②不唯敦煌学，甲骨学与殷商史、汉简研究、明清史等，也都分别成为学者们关注的热点，由此而体现出 20 世纪新历史考证学鲜明的时代特点。

第三节　新史学思潮和新文化运动的推动

20 世纪 20 年代前后新历史考证学的兴起，与学术思潮的影响尤有密切的关系，它是新史学思潮和新文化运动的产物。

20 世纪初掀起的新史学思潮，是中国史学近代化的正式起点。其根本要求是激烈地批判专以记载帝王将相活动的封建旧史，提倡记载国民活动，叙述人群进化之现象，而求得其公理公例之新史，以此作为界线，开启了中国史学的新时代。为了达到这样的著史新境界，史家应该摆脱昔日屈从于封建专制政治压力的依附意识，去掉盲从和迷信，代之以明确地将社会

---

① 本节论述可参阅(樊)抗父：《最近二十年间中国旧学之进步》，载《东方杂志》，第 19 卷，第 3 期，1922；王国维：《最近二三十年中中国新发见之学问》，载《学衡》，第 45 期，1925；金毓黻：《中国史学史》，上海，商务印书馆，1941(石家庄，河北教育出版社，2000)。

② 陈寅恪：《陈垣敦煌劫余录序》，见《金明馆丛稿二编》，236 页。

的各方面情状和阶层活动，都纳入史家考察的范围之内。因此，新史学倡导者梁启超在其名文中，大声疾呼史家应革除因袭附会之积弊，更新观念，奋发独立思考之精神和别择之能力。同时应当扩大史料范围，认为："内自乡邑之法团，外至五洲之全局；上自穹古之石史，下至昨今之新闻，何一而非客观所当取材者。"①贯穿《新史学》全文的理论主张，是学习和应用西方近代进化论学说，成为中国史界革命的理论指导。梁启超在同一时期发表《论中国学术思想变迁之大势》，同样鲜明地提倡以西方新学理来研究中国的历史和文化，创造出代表时代最高水平的新学术。他在开头"总论"中即充满渴望地说："盖大地今日只有两文明：一泰西文明，欧美是也；二泰东文明，中华是也。二十世纪，则两文明结婚之时代也；吾欲我同胞张灯置酒，迓轮俟门，三揖三让，以行亲迎之大典。彼西方美人，必能为我家育宁馨儿以亢我宗也。"②在全文结束，梁启超又充满信心地展望运用西方新学理来研究中国学术，必然能取得辉煌成果："自今以往，思想界之革命，沛乎莫之能御矣！……近顷悲观者流，见新学小生之吐弃国学，惧国学之从此而消灭，吾不此之惧也！但使外学之输入者果昌，则其间接之影响，必使吾国学别添活气，吾敢断言也。但今日欲使外学之真精神，普及于祖国，则当转输之任者，必邃于国学，然后能收其效。"③

梁启超所预示和开拓的，正是包括新历史考证学在内的 20 世纪中西学术交融的发展前景。梁启超本人为运用西方新学理研究中国学术做了很好的示范，极其成功地运用西方进化论和因果关系学说来研究中国历史，使人振聋发聩，耳目一新。中国近代学术发展的一项重要标志是，摆脱以往著作家只能作经解式或札记式文字，转变为有体系、有层次的研究，其成果便是近代有系统地展开的学术论文。梁启超所著《论中国学术思想变迁之大势》(以下简称《论大势》)一文，不仅是近代运用进化论研究中国学术史所结出的第一个硕果，而且是中国近代学术史上第一篇有系统的成功的学术论文。梁启超以整部中国著述史上前所未有的八万余字的长篇系统论述的形式，既气势磅礴，而又分析入微地论述了我国数千年学术思想演进的历史趋势，将之划分为七个时代(①胚胎时代，春秋以前；②全盛时代，春秋末及战国；③儒学统一时代，两汉；④老学时代，魏晋；⑤佛学时代，南

① 梁启超：《新史学》，见《饮冰室合集》文集之九，10 页。

② 梁启超：《论中国学术思想变迁之大势》，见《饮冰室合集》文集之七，4 页。

③ 梁启超：《论中国学术思想变迁之大势》，见《饮冰室合集》文集之七，104 页。

北朝隋唐；⑥儒佛混合时代，宋元明；⑦衰落时代，近二百五十年。今日则为复兴时代）。他精辟地评价了各个时代的重要思想家及其著作，相当有说服力地论述了各个时代思想的主要特点、成就和缺陷，这些特点又如何产生，前一时代的学术思想如何成为这一时代的渊源，这一时代的思想又对后代产生了什么影响等，从而使几千年学术发展的趋势和各个时代重要思想家的学术风貌，顿现在读者面前。战国时代，诸子百家并起，各自倡言具有独立学术体系和哲理光彩的学说，互相展开争鸣，成为中国古代思想史上的黄金时代，以近代眼光来研究学术史，就必须对这一时期社会和学术各方面的环境条件以及诸子百家的不同风格和价值，做出深入的切心餍理的分析，《论大势》正是对此做了极有深度的、令人信服的分析。梁启超首先对战国时代学术为何勃兴，做了高度客观的概括和极其生动形象的描述："全盛时代，以战国为主，而发端实在春秋之末。孔北老南，对垒互峙；九流十家，继轨并作。如春雷一声，万绿齐茁于广野；如火山乍裂，热石竞飞于天外。壮哉盛哉！非特中华学界之大观，抑亦世界学史之伟迹也！"他总结造成学术勃兴的原因，共有七项：一是由于前此学术思想蕴蓄之宏富；二是由于社会急剧变动的刺激；三是由于思想学术之自由：政权下移，游士往来列国之间，出现了处士横议的时代风气，正所谓海阔凭鱼跃，天高任鸟飞；四是由于交通之频繁；五是由于人材之见重；六是由于文字之趋简，著述及传播较前容易；七是由于讲学之风盛，学术思想得到有效的传播。关于前两项，梁启超的论述尤为简洁而中肯："人群初起，皆自草昧而进于光华。文明者，非一手一足所能成，非一朝一夕所可几也。传记所载，黄帝、尧、舜已来，文化已起，然史公犹谓缙绅难言焉。观夏殷时代质朴之风，犹且若此，则唐、虞以前之文明，概可想矣。及文王化被南国，武周继起，而中央集权之制大定，威仪三千，周官三百。孔子叹之曰：'周监于二代，郁郁乎文哉，吾从周。'自豳岐以至春秋，又数百年，休养生息，遂一脱蛮野固陋之态，观于《左传》，列国士大夫之多才多艺娴文学者，所在皆然矣。积数千年民族之脑精，递相遗传，递相扩充，其机固有磅礴郁积、一触即发之势；而其所承受大陆之气象，与两河流之精华，机会已熟，则沛然矣。此固非岛夷谷民，崎岖逼仄者之所能望也。……由尧舜至于周初，由周初至于东迁，由东迁至于春秋之末，其间固划然分为数时代，其变迁之迹，亦有不可掩者。虽然，其迹不甚著，而史传亦不详焉。独至获麟以后，迄于秦始，实为中国社会变动最剧之时代，上自国土政治，下及人心风俗，皆与前此截然划一鸿沟。而其变动之影响，一一皆波及于学术思想界。盖阀阅之阶级一破，前此由贵族世官所垄断之学问，一举而散诸民间，遂有秦失其鹿天下共逐之观。周室之势既微，其所余虚文仪式陈言，不足以范围一世之人心，遂有河出伏流一泻千里之概。”①以往的传统学者中，论及战国诸子勃兴的人自然不在少数，但是能这样从多方面做深入、中肯分析的，梁启超无疑是第一人，他之所以能够达到这一点，就因为他站到了新的时代高度，具有近代哲学的头脑和系统地进行分析的眼光。20世纪中国新历史考证学高出于传统考证学的重要之点，即摆脱了札记式的对个别事项的考证，而能对史实联系起来考察，进而探求历史演进的趋势和因果的联系。毫无疑问，梁启超撰成的《论大势》名文，对20世纪20—30年代的考证学者同样起到示范作用。

梁启超作为新史学思潮的倡导者，他尖锐地批判旧史家依附专制政治、盲从、迷信的意识，强调新史家应自觉地树立求实求真的观念，因而对于从事严密考证学的态度和价值，对于搜集、扩充和鉴别史料等项，一向也予以足够的重视。当其撰写《论大势》一文之时，梁启超的思想处在比较激烈的阶段，他对于乾嘉考证学脱离现实问题倾向和考证学末流的烦琐主义有严肃的批评：“夫本朝考据学之支离破碎，汩殁性灵，此吾侪十年来所排斥不遗余力者也。”②他指出造成此种倾向的主要原因是专制统治者的高压、文字狱的酷烈：“自康、雍间屡兴文字狱，乾隆承之，周纳愈酷，论井田、封建稍近经世先王之志者，往往获意外谴。乃至述怀感事，偶著之声歌，遂罹文网者，趾相属。又严结社讲学之禁，晚明流风余韵，销匿不敢复出现。学者举手投足，动遇荆棘，怀抱其才力智慧，无所复可用，乃骈辏于说经。”③但就在当时，梁启超也极明确地肯定考证学者实事求是的态度、求真的目的和科学的精神，他说：“本朝学者以实事求是为学鹄，颇饶有科学的精神，而更辅以分业的组织。……所谓科学的精神何也？善怀疑，善寻问，不肯妄徇古人之成说，一己之臆见，而必力求真是真非之所存，一也。既治一科，则原始要终，纵说横说，务尽其条理，而备其左证，二也。其学之发达，如一有机体，善能增高继长，前人之发明者，启其端绪，虽或有未尽，而能使后人因其所启者而竟其业，三也。善用比较法，胪举多数之异说，而下正确之折衷，四也。凡此诸端，皆近世各种科学所以成立之

---

① 梁启超：《论中国学术思想变迁之大势》，见《饮冰室合集》文集之七，11～12页。

② 梁启超：《论中国学术思想变迁之大势》，见《饮冰室合集》文集之七，87页。

③ 梁启超：《论中国学术思想变迁之大势》，见《饮冰室合集》文集之七，91～92页。

由，而本朝之汉学家皆备之，故曰‘其精神近于科学’。所谓‘分业的组织’何也？生计家言，谓社会愈进于文明，则分业愈趋于细密。此不徒生计界为然也，学界亦然。挽近实学益昌，而学者亦益以专门为贵，分科之中，又分科焉，硕儒大师，往往终身专执一科以名其家。盖昔之学者，其所研究博而浅；今之学者，其所研究狭而深。本朝汉学家之治经，亦有类于是。”①

如果说，上述梁启超在倡导“新史学”思潮时期的主张，对于20世纪20年代以后新考证学派的兴起具有预示和导向的意义，那么，至1920年梁启超著《清代学术概论》和此后撰成《中国历史研究法》及其《补编》中的许多言论，则是与这一方兴未艾的史学流派直接地起到呼应和推动作用了。1920年及其后，西方18世纪盛行的“审查史料”的观念已经对中国学者产生了有力的影响，恰好梁启超在其后期撰成的这三部最有影响的著作中，对于严密考证方法的意义和有关搜集、鉴别史料的诸多问题，给予更多的关注和分析。由于处在中西学术交汇的新阶段，梁启超的视野更加开阔，因而他在《清代学术概论》一书中对乾嘉学者的治学方法和治学精神做了更系统的总结。乾嘉学者从事于精而深的研究，注重严密考证的治学精神和方法，本来有许多符合于近代科学方法，经过梁启超加以总结归纳，而更加系统，这对于新历史考证学的发展，无疑地起到积极推动的作用。

继之，梁启超又于1922年著《中国历史研究法》，专设“说史料”“史料之搜集与鉴别”二章，这在中国近代史学史上，是第一次系统地论述史料的分类及其价值，论述获得史料之途径，论述史料鉴别之必要和鉴别正误的方法。梁启超史学本以提出新观念，传播新学理，且从事有关通史、学术史、文化史的撰著为特色，而不以考证见长。《中国历史研究法》一书详细地论述了有关史料和考证方法的诸多问题，且能上升到理论高度，这正好体现出新考证学成为当时学术界关注的重点，而梁启超的总结阐发，又反过来推进了此一学术趋向的发展。

梁启超论述获得史料之途径，其深刻用意是引导人们除重视传统的文献史料外，还需尽量注意古迹、器物、地下发掘、私家收藏及地方文献。此项正符合20世纪扩大史料范围，重视发现和利用新史料，尤其重视将地下发掘与文献史料相互印证这一新的学术风尚。他将传统文献以外的史料统统归为“文字纪录以外者”一大类，区分为：甲、现存之实迹及口碑；乙、

① 梁启超：《论中国学术思想变迁之大势》，见《饮冰室合集》文集之七，87页。

实迹之部分的存留者；丙、已湮之史迹，其全部意外发现者；丁、原物之实存或再现者；戊、实物之模型(如汉至唐殉葬之明器)及图影。其中“丁”项，又分为“绘画”及“金石陶瓷之属”两类。后者又列有青铜器、兵器、度量衡器、符玺、镜属、货币、玉石、陶瓷、瓦砖、化石，梁启超分别举出例证，说明其价值。如论青铜器之史料价值，则谓：“此类之器，除所镌文字足补史阙者甚多，当于次条别论外，吾侪观其数量之多，可以想见当时社会崇尚此物之程度；观其种类之异，可以想见当时他种器物之配置；观其质相之纯固，可以想见当时铸冶术之精良；观其花纹之复杂优美，图案之新奇渊雅，可以想见当时审美观念之发达。凡此皆大有造于史学者也。”① 在论述“文字纪录的史料”此一大类中，梁启超也表现出运用近代学术眼光，对于传统文献以及新发现的古文件等项所具有的特识。如他指出任昉《奏弹刘整》、王褒《僮约》反映出当时社会情状之独具价值；指出小说《儒林外史》中“胡屠户奉承新举人女婿”一回之内容，反映出明清乡曲之人一登科便成为社会上特别阶级这一历史事实，实为他书所未曾述及；论述新发现的汉晋木简发现之意义，尤称敦煌石室写卷之揭秘和利用，为“世界典籍空前大发现也”；指出唐代《大秦景教流行中国碑》为基督教初入中国唯一之掌故，《唐蕃会盟碑》《九姓回鹘可汗碑》等，皆关系历史上汉族与周边民族之交涉者至巨，堪称价值连城；又称“甲骨文之发现之价值，效果可及于古代史之全体”。

梁启超论述史料之鉴别，强调了以下几点：一是，史料因受记载者、收集者主观选择之影响，往往已失其本形。“凡史迹之传于今者，大率皆经过若干年若干人之口碑或笔述而识其概者也。各时代人心理不同，观察点亦随之而异，各种史迹，每一度从某新时代之人脑中滤过，则不知不觉间辄微变其质。如一长河之水，自发源以至入海，中间所经之地所受之水，含有种种杂异之矿质，则河水色味，随之而变，故心理上的史迹，脱化原始史迹而丧失其本形者往往而有。”② 二是应提倡善怀疑、立假说的考证方法。先以“消极的发表怀疑态度，以免为真相之蔽”，继之“遇有旁生的触发，则不妨换一方向从事研究，立假说以待后来之再审定”。③ 三是，对于互相矛盾的史料，如何鉴别？一般原则，“当以最先最近者为最可信”。他

① 梁启超：《中国历史研究法》，见《饮冰室合集》专集之七十三，38～43 页。

② 梁启超：《中国历史研究法》，见《饮冰室合集》专集之七十三，71～72 页。

③ 梁启超：《中国历史研究法》，见《饮冰室合集》专集之七十三，73 页。

指出 1906 年在《新民丛报》上披露之李秀成自供状，即研究太平天国内部情形之第一等史料。梁启超进而论述“正误的鉴别法”，尤能摘抉幽隐，发前人之未发。他认为，史料可分直接史料与间接史料两种。直接史料是在事件发生时或稍后即予记载，此类史料可贵而难得。故直接史料在史学上更为重要，如司马迁采《国语》《世本》《战国策》等书撰《史记》，书中所记，皆以其当日所能见到的直接史料为蓝本。今日治史者所接触的多属间接史料，故如何鉴别此类史料，实为最切要的问题。间接史料，当然应以年代出现最早者，可信程度最强。但也有晚出之史料而弥复珍贵者。如《元秘史》《圣武亲征录》为晚出的治元史之重要史料，为明初修《元史》的宋濂等人所未及见，而后人却见到了，故晚清以后所成的元史著作，其史料价值即有为《元史》所不及者。学者鉴别史料之价值，还应该联系记述者之史德和史识。同时又应注意，无论何种名著，总不免有一部分不实不尽之处。故“吾侪宜刻刻用怀疑精神唤起注意，而努力以施忠实之研究，则真相庶可次第显露也”①。

上述梁启超所论，举凡治史者应祛除盲从附会、树立求实求真之精神，开阔视野、扩大史料范围，系统地总结清代学者考证方法，以及论述搜集和鉴别史料的方法等项，都对研究者提供了有益的启发，并对新考证学风气的形成起到颇大的推动作用。此一时期，梁启超撰写的有关考证、辨伪的文章，收在顾颉刚主编的《古史辨》中的即有《汉志诸子略各书存佚真伪表》《先秦学术年表》《荀卿及荀子》《墨子年代考》《论老子书作于战国之末》《阴阳五行说之来历》《刘节〈洪范疏证〉跋》等八篇文章。梁启超尤不愧为具有卓识的史学家，他重视考证，但又清楚地认识到，考证只是史学的基础工作，研治史学还应树立更高的目标，并以此告诫人们。在《中国历史研究法》第五章“史料之搜集与鉴别”最后部分，他表达了热烈希望中国史学出现新的高峰的心愿，申明治史不能以“考证”为全部之目的，考证之目的是为了“求真”，不能陷于琐屑细小的事项而不能自拔；考证只是部分的工作，史学还有更高层次的工作：“运吾思想，骋吾批评”，即对史实做正确的解释、评论。他说：“夫吾侪治史，本非徒欲知有此事而止，既知之后，尚须对于此事运吾思想，骋吾批评。虽然，思想批评必须建设于实事的基础之上；而非然者，其思想将为枉用，其批评将为虚发。须知近百年来欧美史学之进步，则彼辈能用科学的方法以审查史料，实其发轫也。而吾国宋明

① 梁启超：《中国历史研究法》，见《饮冰室合集》专集之七十三，83 页。

以降学术之日流于诞渺，皆由其思想与批评非根据于实事，故言愈辩而误学者亦愈甚也。……我国治史者，惟未尝以科学方法驭史料，故不知而作非愚则诬之弊，往往而有。吾侪今日宜筚路蓝缕以辟此途，务求得正确之史料以作自己思想批评之基础；且为后人作计，使踵吾业者从此得节啬其精力于考证方面，而专用其精力于思想批评方面，斯则吾侪今日对于斯学之一大责任也。"①梁启超对考证为史学基础工作之一部分的界定是清楚的，对认真做考证、"求真"的工作，而又不能陷于烦琐主义的告诫是明确的，对于中国史学应在解释、评价历史事件方面有大的发展之期望是极为热切的。梁启超的话包含了对乾嘉学者治史之经验和教训之正确总结，此后新考证学的演进，高明的学者做到从史实中求史识，从发现历史事件的内在联系中探求一个时期历史之大势，也正证实了梁启超的论断。至1926年，梁启超著《中国历史研究法补编》，更明确地批评专找小题目，专在琐碎地方努力的倾向，是"避难就易"，是"病的形态"。他呼吁："真想治中国史，应该大刀阔斧，跟着从前大史家的作法，用心做出大部的、整个的历史来，才可使中国史学有光明、发展的希望。"②

以1915年《新青年》创刊为起点，在20世纪中国历史上影响甚为深远的新文化运动，开启了中国思想文化史的新纪元。这场新文化运动，在社会结构和社会经济背景上以民族资本进一步发展为基础，有对国际上第一次世界大战后世界格局重大变化的认识所产生的强烈震荡和中国民族意识所受到的强烈的刺激，思想文化上则推动戊戌变法开始的近代思想解放潮流向前大大发展，因而成为思想、文化和学术的一个新的时代。由于新文化运动的推动，20世纪中国史学也突现出一个高峰，名家辈出，群星灿烂，成果丰硕。五四运动时期史坛的主要特点，一是新历史考证学的兴起，二是唯物史观的传播。而在当时，从研究者队伍的数量、成果之众多和风气之盛行来说，新历史考证学无疑占据着主要的地位，并在整个20世纪中成为与唯物史观学派(主要在20世纪30年代以后崛起并发展)并称的两大史学潮流之一。

在新文化运动和五四爱国运动蓬勃兴起的年代，思想解放的潮流汹涌澎湃，势不可当，以《新青年》杂志为代表，高举"民主"和"科学"两面大旗，提倡新文化、反对旧文化，提倡新道德、反对旧道德，形成了时代的狂飙。

---

① 梁启超：《中国历史研究法》，见《饮冰室合集》专集之七十三，99～100页。

② 梁启超：《中国历史研究法》，见《饮冰室合集》专集之七十三，168页。

感觉敏锐的进步学者和爱国青年在一道，奋起对封建的旧传统、旧礼教展开猛烈的进攻，正像恩格斯形容法国大革命前夕启蒙思潮的特点时所说："他们不承认任何外界的权威，不管这种权威是什么样的。宗教、自然观、社会、国家制度，一切都受到了最无情的批判；一切都必须在理性的法庭面前为自己的存在作辩护或者放弃存在的权利。"①

新文化运动中进步学者们高举"民主"的旗帜，向封建专制观念、等级和旧礼教展开猛烈进攻，不但在政治上具有彻底的反对封建主义、争取民主制度的意义，同时，在学术研究领域上也是一次意义重大的思想解放运动。就学术研究领域而言，由于两千多年封建文化专制主义的禁锢和毒害，世世代代的士人屈服于皇权的淫威之下，衡量一切是非的标准绝对地取决于"经典"上所载的教条，不准独立思考，更不准提出怀疑和批评。到了五四运动时期，由近代以来逐渐萌发和蓄积的批判封建专制的思想至此达到了总爆发，势如狂飙巨浪，两千多年封建主义愚弄民众、禁锢思想的堤坝终于被彻底冲决。以往的历史学长期作为经学的附庸，经书中的记载就是绝对真理，只能盲目尊崇。现在封建专制主义及其意识形态受到彻底批判，经书至高无上的神圣地位被推倒，史学才彻底地摆脱了经学的羁绊，取得完全独立。经书已不再是被崇拜的对象，而成为研究的对象，就是说，经书也被置于与一般的历史记载、一般的史料同等的地位，同样要受到审查和批评。这对于历史考证领域贯彻求实求真的原则，冲破禁区，提出有关上古历史以及历代典籍的一系列考证的新课题，产生了直接有力的推动作用。

在扫荡封建主义思想文化的同时，新文化运动的勇士们又高举"科学"的旗帜，以此作为救治中国的贫穷落后、实现民族自强和文化上急追世界潮流的法宝。在学术领域"科学主义"的口号广泛流行，其含义是在各种学问的研究中要坚决贯彻理性的精神，摒弃一切主观臆测与盲从附会，运用科学方法进行分析和检验并向体系化发展，因而为各门学科的发展开辟了广阔的发展途径。在新文化运动时期，"民主"和"科学"两大潮流交相为功发挥了巨大的威力，划出了中国社会和文化的崭新时代，也推进了包括历史学在内的中国现代学术体系的形成。

陈独秀当时界定"科学"之义，即认为狭义的指自然科学，广义的指社会科学，而用自然科学的方法，对社会学、伦理学、历史学等做研究，乃是科学的最大效用。他说："科学者何？吾人对于事物之概念，综合客观之

---

① 《马克思恩格斯选集》第 3 卷，355 页，北京，人民出版社，1995。

现象，诉之呈现之理性而不矛盾之谓也。”[①]概括言之，新文化运动的倡导者是把科学作为一种精神，一种与迷信、盲从相对立的思想方法来宣传和实行的。具体到历史学科而言，便是从历史事实出发，以科学方法、实证方法为武器，廓清杜撰、附会和迷信。用科学的精神和方法来研究中国原有的学问，是当时许多有识之士的共同看法。梁启超对科学的解释，就是“可以教人求得有系统之真知识的方法”，这正是针对旧学附会、盲从、臆断等项积弊，强调要求获得符合客观真实之知识，强调获得有系统而非零碎的、深入而非表面之认识。胡适在这方面的阐述更多，在当时的影响也更大。他在1919年8月所写《论国故学——答毛子水》一文，即提出：“我们应该尽力指导‘国故家’用科学的研究法去做国故的研究”，他认为清代汉学家钱大昕、王引之等人取得成就，是“因为他们用的方法无形之中都暗合科学的方法”，但他们是“不自觉的”，“我们若能用自觉的科学方法加上许多防弊的法子，用来研究国故，将来的成绩一定更大了”。[②] 同年11月他又撰有《新思潮的意义》一文，明确提出“研究问题，输入学理，整理国故，再造文明”十六个字，作为五四运动时期建设新学术的纲领，对于新历史考证学的发展起到重要的推进作用。他在这篇文章中还指出：“新思潮的根本意义只是一种新态度。这种新态度可叫‘评判的态度’。……尼采说现今时代是一个‘重新估定一切价值’(Transvaluation of all Values)的时代。‘重新估定一切价值’八个字便是评判的态度的最好解释。”又说：“新思潮对于旧文化的态度，在消极一方面是反对盲从，是反对调和；在积极一方面，是用科学的方法来做整理的工夫。”[③]胡适之“整理国故”，所指内容大部分都应包括在当时正在兴起的新历史考证学的范围之内，故他所提挈的纲领有做出初步规划和提出新的学术标准的意义，对于有志于此道者实有宝贵的启示作用。他对“整理国故”所做的界定是：“整理就是从乱七八糟里面寻出一个条理脉络来；从无头无脑里面寻出一个前因后果来；从胡说谬解里面寻出一个真意义来；从武断迷信里面寻出一个真价值来。为什么要整理呢？因为古代的学术思想向来没有条理，没有头绪，没有系统，故第一步是条理系统的整理。因为前人研究古书，很少有历史进化的眼光的，故从来不讲究一种学术的渊源，一种思想的前因后果，所以第二步是要寻出每种学术思想怎

① 陈独秀：《敬告青年》，载《青年杂志》，1915(1)。

② 胡适：《论国故学——答毛子水》，见《胡适文存》一集，321、322页。

③ 胡适：《新思潮的意义》，见《胡适文存》一集，527～528、533页。

样发生，发生之后有什么影响效果。因为前人读古书，除极少数学者以外，大都是以讹传讹的谬说，——如太极图、爻辰、先天图、卦气……之类，——故第三步是要用科学的方法，作精确的考证，把古人的意义弄得明白清楚。因为前人对于古代的学术思想，有种种武断的成见，有种种可笑的迷信，——如骂杨朱、墨翟为禽兽，却尊孔丘为德配天地，道冠古今！——故第四步是综合前三步的研究，各家都还他一个本来真面目，各家都还他一个真价值。”①胡适所规划的“整理国故”的四个步骤，最核心的要求便是进行有系统的研究，和用科学的方法做精确的考证两项。他于 1919 年出版的《中国哲学史大纲》(上册)在学术界即引起更大的反响，人们感到它新鲜，不仅因为它讲中国哲学直接从老子、孔子讲起，更由于它阐述了一套新颖的历史方法论。因为胡适一再发表文章，从理论和方法层面对如何运用“科学”的观点和方法研究“国学”做了阐述，其哲学史著作又提供了学术的“新范式”，他于新历史考证学的兴起颇有开风气之功，加上他是新文化运动的倡导者之一，又是从美国留学回来的北京大学教授，虽年届三十而名声甚盛。周予同是当年的青年学者，对新文化运动推动新考证学的兴起体会很深，他结合自己的感受，在 1941 年撰写的《五十年来中国之新史学》一文中，称胡适以崭新的立场，建筑新的史学，认为：“转变期的史学，到了他确是前进了一步。胡适为什么有这样的业绩？除了个人的天才与学力的原因之外，我们不能不归因于时代的反映。‘五四运动’前后本是中国社会飞跃的一个时期，而胡适正是以‘代言者’的姿态踏上了这一个时期。”②此言实有相当的根据，值得我们注意。

王国维、陈垣、顾颉刚也都在五四运动前后取得了历史考证的重要成就，他们都以求实求真为治史目的，继承了乾嘉学者严密的考证方法，并与西方科学观念、科学方法相结合。王国维虽然在政治上是守旧人物，但在治史上强调求真的目的和客观、严密的科学方法，则是与新文化运动的科学精神相通的。他说：“苟思之得其真，纪之得其实，极其会归，皆有裨于人类之生存福祉……学问之所以为古今中西所崇敬者，实由于此。”③顾颉刚也说，“学问只当问真不真，不当问用不用”，“应用只是学问的自然结

---

① 胡适：《新思潮的意义》，见《胡适文存》一集，532～533 页。

② 周予同：《五十年来中国之新史学》，见《周予同经学史论著选集》，542 页，上海，上海人民出版社，1996。

③ 王国维：《〈国学丛刊〉序》，见傅杰编校：《王国维论学集》，403 页。

果，而不是做学问时的目的”。[①] 他曾一再申明，他之所以能编写《古史辨》和开创古史辨学派，就是因为受到五四运动推倒封建偶像和倡导科学理性精神之影响。陈垣先生于1917年撰成近代宗教史名著《元也里可温考》。此后他又撰成《元西域人华化考》《元典章校补释例》等名作，不仅考证功力深厚，而且突出地体现出近代学术有系统和体系化的特点，因而被学术界誉为使中国校勘学第一次走上科学之路的人。陈垣汇通中西学术的出色成就也得到海外汉学家的高度评价，法国著名学者伯希和推崇他与王国维二人是“世界学者”。

总之，新文化运动迅速传播的新观念给了史学发展以巨大的推动力，在此一时期，一批学力深厚、见识超拔的学人从国外相继学成归国，如蔡元培、陈独秀、李大钊、胡适、钱玄同、陈寅恪、傅斯年等，使西方新学理的输入达到了质的飞跃，加上前述对乾嘉严密考证方法的重新认识和运用，新史料发现的刺激——诸多条件的交互作用，为新历史考证学的蓬勃兴起提供了良好的时机和肥沃的土壤。运用新观念、新方法来研究传统学问，开展实证性研究成为学术界共同奔赴的目标。从北京到外地，全国许多大学相继成立旨在以科学方法研究传统历史文化的机构，竟出成果，培养人才。自1922年北京大学成立文科研究所国学门之后，清华大学、厦门大学、燕京大学、齐鲁大学和东南大学等校相继组建国学研究所或国学院，还有辅仁大学、厦门大学、东北大学等大学成立或改建了国学系。这些新建立的国学研究机构基本上都贯彻以审查史料、扩大史料、比较研究以及有组织地分工配合和开展有系统的研究为学术宗旨。如北京大学国学门分设文字学、文学、哲学、史学、考古学五个研究室。清华研究院国学科融合中国书院与英国大学制，分中国语言、历史、文学、音乐、东方语言等分支研究部门。傅斯年于1927年由德国归国后，受聘于中山大学，即与顾颉刚等人在该校创办了“语言历史研究所”，采取不同于个人孤立研究的“有规模的系统研究”，初分为史料征集、汉语、文籍考订、民间文艺、汉学、考古、人类学、民俗学、敦煌材料研究等。在此基础上，中央研究院历史语言研究所成立，汇集了一批著名专家和青年学者，形成了新历史考证学派的主干队伍。而20世纪二三十年代新历史考证学在各个领域的建树和发展，又对中国现代学术各个主要学科的建立，如语言学、文献学、考古学、民俗学等，起到了积极有力的推动作用。

① 顾颉刚：《古史辨》(一)自序，83页。

第四节　西方史学思想和方法的影响

西方史学思想和方法的影响，本来就是五四运动时期西方新的思想观念和新学理大量输入的组成部分，在上一节的论述中已有所涉及。由于西方史学思想的影响是促使新历史考证学兴起的重要条件之一，因而本节中尚有必要再作简要论列。

在 20 世纪初，西方史学思想和方法的输入曾出现了较大的声势。如留日学生竞相急切地将日本近代史学家浮田和民所著《史学原论》译出在国内出版，该书是根据传入日本的西方近代史学方法论写成的，1902—1903 年，在国内先后出版的译本即有六种之多。至五四运动前夕，西方史学理论和方法的输入更呈现强劲的势头。这一时期输入的情形较前相比有两个明显的特点：一是这一批学者是留学于欧美相继归国的(除前面提到的胡适、陈寅恪、傅斯年等人外，还有何炳松等人)，已不是如先前那样经由日本学者辗转过来，而是直接输入欧美历史学家的著作和理论。二是此一时期输入的西方史学思想和流派多种多样，有的学术流派在国际史坛上占据重要的地位，一经介绍到国内即被仿效。翻译出版的西方史学理论著作，多为欧美原著，而且数量颇多，范围及于英、法、德、俄、意诸国，如美国鲁滨孙的《新史学》(何炳松译本)，塞格利曼的《经济史观》(陈石孚译本)、班兹的《史学》(向达译本)、英国弗林特的《历史科学概论》(郭斌佳译本)、司各特的《史学概论》(余楠秋等的译本)、法国施亨利的《历史之科学与哲学》(黎东方译本)、瑟诺博斯的《社会学与历史方法》(张宗文译本)。除了有多种译著的出版外，五四运动时期的刊物，如《新青年》《史地丛刊》《史地学报》《学衡》《东方杂志》等，也常登载介绍西方史学理论的译文或论著；一些大学历史系还专为学生开设西洋史学思想史、西方史学原理等课程。此一时期西方史学理论和方法的输入，较之 20 世纪初那种往往是无组织、无选择、本末不具、派别不明、较为庞杂无序的情况大不相同，诚如有的学者指出的，此一时期的输入“已开始注意到西方各派史学本身的系统性”，“从而大大拓展了西方史学输入的深广度”。①

19 世纪至 20 世纪初，在西方史坛上占主导地位的是强调实证和强调“审查史料”的学派，传入中国并对史学发展产生重要影响的也正是这种史

① 胡逢祥：《“五四”时期的中国史坛与西方现代史学》，载《学术月刊》，1996(12)。

学流派，因为它们的主张和治史方法与五四运动时期支配学术界的科学主义思潮相呼应，尤其与当时因特殊的学术与社会条件而兴起的新考证史学要求严密考证的治史特征相吻合。如20世纪初，英国史家巴克尔所著《英国文明史》的节译本在中国出版，引起了学术界的关注。其书以注重社会文明史的研究开阔了人们的视野，巴克尔认为历史学家的崇高任务在于寻找文明发展的规律，开卷即强调叙述历史研究的方法和人类活动之规律性的证明。他认为这些活动受精神和自然规律的支配，因而必须对此两组规律进行研究，而且应当借助于自然科学，使历史学建立起来。巴克尔相信历史学是一门科学的观点，这是他作为实证主义史学家最杰出之处。与此同时，他认为正确的方法应该与自然科学那样，重观察，重收集事实，再借助归纳法将规律总结出来。巴克尔所发挥和阐扬的是19世纪西方实证史学的创始人、法国史家孔德的学说，而孔德的学术思想实与19世纪西方自然科学的迅速发展密不可分。实证史学派的中心主张，便是“提倡以自然科学依据经验事实和观察求得事物变化规律的‘实证’方法，考察人类社会活动，从中揭示各种复杂社会现象和历史的演变规律，并提出应把历史学建设成为物理学和生物学一样精确的科学”①。

对新考证学派影响更大的是德国的兰克学派。由于兰克本人著述生涯丰富而复杂，中外史家对他的评价也很不一致，故我们需要略作评析，以期找出兰克学派与中国新考证学派的关系。

自19世纪中叶至20世纪初，在德国史坛中影响力最大的是兰克教授及其所创立的学派。兰克(Leopold von Ranke，1795—1886)在1824年就以其所著《拉丁和条顿民族史》引起学术界的注目，之后长期执教于柏林大学(1825—1871)。兰克赢得了世界大史学家的声誉，他极其勤奋地、精力充沛地从事著述，又寿高达91岁，一生写下了大量的历史著作，如《教皇史》《宗教改革》《法国史》《英国史》《德国史稿(1555—1618)》《普鲁士史》《君主同盟》《世界史》等。《教皇史》一书被称为不朽巨著，其他也被视为传世之作。兰克在柏林大学长期以“历史研究班”的方式培养学生，在他的指导下，有不少人成为史学界的大师巨子，如魏茨、聚贝尔、吉泽布雷希特、施密特、布克哈特等。其他列入知名学者名单的尚有百人左右。因而形成了声势甚壮的“兰克学派”，在德国史坛长期享有盛誉。如同汤普森(James Westfall Thompson，1869—1941)所说：“德国大部分伟大史学家，除少数例外，都

① 胡逢祥：《“五四”时期的中国史坛与西方现代史学》。

是由这位导师办的柏林大学研究班培养出来的。把兰克的弟子列一张表读起来就像一部史学界名人录。”①而外国学生则将他的学术思想带到了欧美各国以至中国。

兰克在《拉丁和条顿民族史》中宣布他撰写此书的原则是：“历史指定给本书的任务是：评判过去，教导现在，以利于未来。可是本书并不敢期望完成这样崇高的任务。它的目的只不过是说明事情的真实情况而已。”最后这一句话按德文原文又可译为“事情是怎样就怎样叙述”。这话表面上颇为谦抑，实则是郑重其事倡导一种尊重史实、客观叙述的治史态度。故《十九世纪历史学与历史学家》的作者古奇（George Peabody Gooch，1873—1968）称兰克“确立了以旁观者不偏不倚的态度编写历史的习惯”②，又说兰克这部著作出版的 1924 年标志着“史学的批判时代的开端”③。兰克提出的准则是：最接近事件的证人是最好的证人；当事人的信件比史家的记载具有更大的价值。使研究者更受启发的是，他决心抓住历史写作者的性格，并查究他的资料是从哪里获得的。因为他认为，有的人抄袭古人，有的人为未来的时代寻找历史教训，有的人攻击某些人或为某些人辩护，有的人只记录事实。故此研究者对于每个人必须加以分别研究。对档案的重视，促使他进一步形成严肃认真的研究风格，而且他意识到发现和利用新鲜史料将导致重写历史：“使他感到浓厚兴趣的是档案馆。在那里的宝藏中，他发现了 16 和 17 世纪威尼斯大使的报告四十七册，这些报告为他指出一条更为严肃认真的研究道路，这是他在编写第一部著作时未曾发现的。他对威尼斯报告的熟悉是他生活中的一件大事，他猛然间领悟到：近代欧洲的历史必须借助新鲜的、当代的资料予以重写。”④兰克先是因发掘威尼斯的档案而大有收获，其后又认真探索了伦敦的档案与柏林的档案。他在欧洲各地为探求新史料而进行了长达四年的“科学旅行”，他写道：“这次科学旅行的目的，是

---

① ［美］J. W. 汤普森：《历史著作史》下卷，孙秉莹、谢德风译，255 页，北京，商务印书馆，1992。

② ［英］乔治·皮博迪·古奇：《十九世纪历史学与历史学家》上册，耿淡如译，181 页，北京，商务印书馆，1989。

③ ［英］乔治·皮博迪·古奇：《十九世纪历史学与历史学家》上册，耿淡如译，178～179 页。

④ ［英］乔治·皮博迪·古奇：《十九世纪历史学与历史学家》上册，耿淡如译，181 页。

要发现并使用有关近代国家的未知的历史资料，特别是南欧的资料。”[①]维也纳和威尼斯之行使他获得许多从未公开的史料，并由此而推翻了以往历史著作的某些重要结论：“他看到来自威尼斯的宝藏这样丰富，非常高兴，当时这些宝藏还一直没有被发掘。欧洲未知历史的大门似乎对他开放了。……他发现，达鲁从巴黎手稿中抄录下来的宗教裁判所条例，是17世纪伪造的。因为这些伪造文件给[威尼斯]共和国的名誉留下一个极大的污点，所以他高兴能够把真相揭示出来。”[②]他在罗马和佛罗伦萨图书馆同样有丰富的收获，带回的资料终生受用，并且因所得的教皇的史料即足以独立成书，于是他放弃原先的写作计划，转而著《教皇史》一书。获得了新史料是如何令兰克欢欣鼓舞，如下一段话足以充分表现出来：“每当我想到编写一部重要著作是何等幸福，心中就充满了欢快的感情。我每天发誓要实现这项工作，决不丝毫偏离我所看到的真实情况。”[③]兰克高度重视获得新史料和格外强调“据实直书”的神态可谓跃然纸上。

诚然，由于兰克治史生涯的漫长和撰写的历史著作的丰富，评论者对其史学思想、学术风格也确有颇不相同的评价。这是毫不奇怪的，世界本来是复杂的，历史的内容同样是那么复杂而丰富，兰克作为一位大史学家，治史长达70年，他所接触和探索的历史涉及各个领域、各个方面，故因各个具体研究对象而发议论，故有所感而发，他的感受和主张本来就不是单项的、纯一的，而是具有多方面性的，研究者各取其所见，对于兰克史学的评论也就见仁见智，各备一说。如古奇也讲到兰克史学的另一面的特点：“由于它把历史看作在伦理和宗教方面给人以教训的实例，所以在他的笔下，意大利的可耻的道德败坏就是它遭遇厄运的原因。”[④]他又说，兰克在为《历史政治评论》所写的文章中，“发表了他对人类发展的基本观念。他宣称，历史决不是象它初看起来那样混乱一团。这里面有创造力和道德力量在起着作用，它们赋予历史以价值和意义。国家是智慧的实体，是人类精

---

① [英]乔治·皮博迪·古奇：《十九世纪历史学与历史学家》上册，耿淡如译，182页。

② [英]乔治·皮博迪·古奇：《十九世纪历史学与历史学家》上册，耿淡如译，184～185页。

③ [英]乔治·皮博迪·古奇：《十九世纪历史学与历史学家》上册，耿淡如译，185页。

④ [英]乔治·皮博迪·古奇：《十九世纪历史学与历史学家》上册，耿淡如译，178页。

神的创造物，是上帝思想的表现。没有一个民族能够单独生存，每个民族的特性只有在同各个民族接触的情况下才能得到发展。他的教导的核心是，国家的责任在于沿着自己历史成长的路线发展，以保卫它们的特征。"①兰克还强调民族传统和"普遍的历史的生命"对于历史发展的巨大意义，如古奇所总结的："他宣称，我们不可能只依靠个别民族的历史。民族在时代的进程中承袭了一代代传下来的遗产，这就是：物质和社会的进步，宗教与天才的创作以及把人类连结和统一起来的对重大事件和伟大人物的回忆。我们看到一种普遍的历史的生命，它在民族或民族集团之间不断地流传着。"②按此说来，兰克治史甚为重视历史的伦理训诫意义，重视各民族历史的联系，重视世世代代形成的民族传统、民族精神无与伦比的价值，而这些都是从史料和单独的史实中上升出来的观念，是远远越出"据实直书"的理论上的概括。而按照美国著名史学家伊格尔斯的评论，"兰克在应用历史语言学，批判考订史料的基础之上，尚且更进一步从历史的'个体性'之间寻找时代的趋势和种种具有主导性的理念。换句话说，兰克非常重视个别事实之间的差异及其时代脉络；他具有深刻的变迁意识和历史意识。……他以时代的趋势和主导性的理念当作历史内在的关联，贯穿个别的事实。"③而美国历史学会主席比尔德则批评说："兰克顽而不化地闭目不看历史上社会和经济方面的利害关系，他如愿以偿地避开了任何能触犯他那个时代的欧洲最保守的利益集团的历史著作，因此，可以正确地说，他是 19 世纪产生的'偏见'最大的历史家之一。"④周樑楷则认为，兰克的史学思想与路德教派关系极密，从赫德那里继承了日耳曼主义。"在历史语言考证法的基础之上，历史主义偏好以观念论理解历史内在的本质和特性，并且凭持宗教信仰，尊重每个个体，撰写他们理想中的世界史。"⑤孙秉莹评论兰克史学理论和治史方法的主要特点就是客观主义："他主张写历史要客观公正，不夹带任何

① [英]乔治·皮博迪·古奇：《十九世纪历史学与历史学家》上册，耿淡如译，188 页。

② [英]乔治·皮博迪·古奇：《十九世纪历史学与历史学家》上册，耿淡如译，209 页。

③ 周樑楷：《傅斯年和陈寅恪的历史观点——从西方学术背景所作的讨论(1880—1930)》，载《台大历史学报》，1996(20)。

④ [美]J. W. 汤普森：《历史著作史》下卷，孙秉莹、谢德风译，249 页。

⑤ 周樑楷：《傅斯年和陈寅恪的历史观点——从西方学术背景所作的讨论(1880—1930)》。

个人的偏见。他认为史学家要有法官审理案件的公平态度，而不能同情某一方，这就必须有超然事外的不介入的思想。……因此在兰克的著作中主要是铺叙史实，描写人物，不轻易下断语，也很少评判功过，议论是非。”同时他又指出兰克史学倾向的自相矛盾之处：“他一方面宣扬客观主义，另一方面以古喻今，为十九世纪德国现实政治服务。……如果说兰克完全不关心政治，没有政治倾向性，那是不符合事实的。实际上他的政治倾向性很明确，他非常保守。”①张广智也特别提出兰克历史观点的复杂性，他说：“兰克的学术思想非常复杂，如果想要研究德国的浪漫主义史学、客观主义史学、历史主义史学，兰克都是一座不可绕过的路标。”②

尽管兰克史学本身有其复杂性，评论者也各有所见，但是，兰克及其学派对19世纪后半叶至20世纪初西方史学的主要影响又是明确的，这就是高度重视第一手资料，用审查、批判的眼光对待史料，强调“据实直书”的客观态度，并以此视为达到史学“科学化”的途径。正由于此，古奇在其著作中论述兰克这一章的结语中，将兰克的主要贡献归结为下列三项：“第一，他尽最大可能把研究过去同当时的感情分别开来，并描写事情的实际情况。……第二，他建立了论述历史事件必须严格依据同时代的资料的原则。他不是第一个使用档案的人，但却是第一个善于使用档案的人。在他开始写作时，著名的历史家都相信回忆录和编年史是首要的权威资料。而在他停笔时，每个历史家，无论后来成名的或没有成名的，都已学会了只满意于当事者本人以及同他所述事件有过直接接触的人的文件和通讯。……第三，他按照权威资料的作者的品质、交往和获得知识的机会，通过以他们来同其他作家的证据对比，来分析权威性资料(不论它是当代的也好，不是当代的也好)，从而创立了考证的科学。从此，每个历史家必须弄明提供他情况的人是从哪里获得他的资料的。”③

兰克创立“历史考证学”的孜孜不倦的努力，和他强调严格地审查史料，要弄清提供史料者的身份、性格、环境等、然后确定其价值的方法，与中国乾嘉史家所遵循的“实事求是，无证不信，广参互证，追根求源”的治史方法，从精神到方法的运用都是相通的。并且平心而论，兰克不仅在其多

① 孙秉莹编：《欧洲近代史学史》，165、166页，长沙，湖南人民出版社，1984。

② 张广智：《西方史学史》，175页，上海，复旦大学出版社，2000。

③ [英]乔治·皮博迪·古奇：《十九世纪历史学与历史学家》，耿淡如译，214～215页。

部著作中为审查和考辨史料的方法提供了大量给人以深刻启发和富有说服力的证据，而且他提出的当事人的信件和原始档案比历史记载更可靠，应该考核提供史料者的性格、经历等项命题，较之中国乾嘉考史学者的主张更具近代科学的价值。正由于此，傅斯年、陈寅恪这样的学者原本即熟悉乾嘉考史方法，赴德留学后，对于兰克学派这门“考证的科学”自然迅速接受并且心悦诚服。

还有美国实用主义的哲学方法，也对新历史考证学产生过重要影响。

五四运动时期，美国杜威(John Dewey，1859—1952)的实用主义哲学是经由胡适在中国传播的。这里，存在一个杜威哲学本身的内涵与胡适所介绍的观点、方法之间的差别问题。杜威哲学于 20 世纪初期即在美国受到注意，以后，它在现当代的理论定位日趋重要，美国哲学家理查·罗蒂在其著作中，称誉以杜威为主要倡导者的实用主义传统，是美国对人类精神生活所做的最杰出的贡献。我国学者程伟礼认为：“从学理上看，以杜威为代表的实用主义是一种反映美国强调科学和民主的时代精神、强调独立自由的主体的实践和实效、带有主观唯心主义倾向的哲学。实用主义反映了美国人蔑视教条、求实创新的精神，它对促进生产力的发展、繁荣美国经济起了积极作用。从实践操作上看，经胡适的通俗化解释实用主义哲学在‘五·四’期间传入中国，加入新文化运动，在反对封建主义的斗争中作出了一定的贡献。实用主义哲学强调功效，与中国文化的‘经世致用’传统有契合之处，这使面临困境的中国传统文化如遇知音，两者相互诠释，相得益彰，成了本世纪初中国最有影响力的学说。”①他还认为，杜威哲学之所以能够在五四运动时期对中国产生巨大影响，为群众知识分子所接受，其主要原因是：实用主义哲学自身具有的价值；满足五四运动时代中国知识分子倡导科学和民主的要求；与中国文化经世致用的传统具有一致性。五四运动时代中国知识分子对实用主义哲学的欢迎，我们可以举出两段典型的材料。一是瞿秋白《实验主义与革命哲学》一文所言：“中国五四前后，有实验主义的出现，实在不是偶然的。中国宗法社会因受国际资本主义的侵蚀而动摇，要求一种新的宇宙观和新的人生观，才能适应中国所处的环境——实验主义的哲学，刚刚能用他的积极方面来满足这种需要。”②即认为

① 程伟礼：《胡适与杜威哲学的跨文化传播》，见耿云志、闻黎明编：《现代学术史上的胡适》，186 页，北京，生活·读书·新知三联书店，1999。

② 瞿秋白：《实验主义与革命哲学》，载《新青年》，第 3 期，1924。

实验主义哲学适应中国社会剧烈变动的需要，能够利用来帮助推动时代前进。另一个是艾思奇《二十五年来中国哲学潮》中的评论："五四新文化运动是德先生和赛先生的得意时代。在哲学上，胡适所标榜的实验主义占了一时代的上风，其他哲学思潮自然未尝没有介绍，但由于传统的推翻，迷信的打破，科学的提倡是当时的急务，以'拿证据来'为中心口号的实验主义被当时认作典型的科学精神。"①他则认为实验主义哲学的传入正符合当时破除迷信、提倡科学的急迫需要。

胡适当年在美国康奈尔大学放弃农科而转习哲学，其最初动因是对中国哲学、中国政治、中国文学重新产生了兴趣。胡适转入哥伦比亚大学以后，对其发生影响的课程，是杜威的逻辑学和社会政治哲学。正是他的逻辑学课程，启发胡适选择中国古代哲学逻辑方法的发展作为自己博士论文的题目。杜威及答辩委员会对该文评价不太高，只获"大修通过"，即"通过"后还要另组考试委员会监督大加修改，然后回校参加"补考"。胡适归国后在北京大学任教，他在课堂讲授、讲演和著文中介绍的实用主义哲学，是经过他本人接受、理解和选择的过滤，经过跨文化传播的重释和改作的，而且大大地简化了。"杜威的哲学意义，不仅仅是胡适所概括归纳的那几条思想成就，而在于提供了一种具有美国人文主义精神的文化哲学。杜威的哲学研究范围相当广泛，至少涉及科学哲学、教育哲学、政治哲学、艺术哲学这几大门类，而且在他所涉足的研究领域，几乎都能自成一派"②。而胡适则一再强调实用主义的方法论方面，而完全忽略了实用主义其他方面的问题，他再三强调说杜威始终只认"实验主义是一种方法论"。1919年，他在《实验主义》演讲中，把杜威的思想方法分为五个步骤，又称作思想的"五步说"：一是疑难的境地；二是指定疑难之点究竟在什么地方；三是假定种种解决疑难的方法；四是把每种假定所涵的结果，一一想出来，看哪一个假设能够解决这个困难；五是证实这种解决使人相信，或证明这种解决的谬误，使人不信。后来胡适更常常将之简化成三步说，在1921年所写《杜威先生与中国》一文中将其论述为：一，从具体的事实与境地下手；二，一切学说理想，一切知识，都只是待证的假设，并非天经地义；三，一切学说与理想都须用实行来试验过，实验是真理的唯一试金石。再往后，他

① 艾思奇：《廿二年来之中国哲学思潮》，载《中华月报》，第2卷，第1期，1934。

② 程伟礼：《胡适与杜威哲学的跨文化传播》，见耿云志、闻黎明编：《现代学术史上的胡适》，192～193页。

又将其简化为“大胆的假设，小心的求证”十个字，即所谓“十字真经”。显然，胡适所做的“简化”与杜威哲学的原貌颇有差距，但恰恰是经过胡适如此简化了的实验主义哲学方法，对五四运动时期思想界产生了巨大的影响，特别是在历史学领域内，善于怀疑，小心求证，拿出证据这些简明的口号，与中国乾嘉学者无征不信、广参互证的治学精神和方法，以及西方实证史学提倡“审查史料”等一套主张相呼应，因而构成新历史考证学兴起的一大助力。

胡适论述整理国故的方法和考证的方法，更可说明它是依据上述“实验主义”的方法为主导，并结合中国的学术传统和五四运动时期的学术环境而加以发挥的。《整理国故的方法》首列第一项，是“历史的观念”，意即首先要明确古书和历史事件是过去历史环境下的产物，经历了不同时代的演变，“把旧书当做历史看，知它好到什么地步，或是坏到什么地步，这是研究国故方法的起点，是‘开宗明义’第一章”。第二项，是“疑古的态度”，解释说，“疑古的态度，简要言之，就是‘宁可疑而错，不可信而错’十个字。……疑古的态度有两方面好讲：一、疑古书的真伪。二、疑真书被那山东老学究弄伪的地方。我们疑古的目的，是在得其‘真’，就是疑错了，亦没有什么要紧”。他又说，在东周以前的历史，是没有一字可信的。四部书里边的经、史、子三种，大多是不可靠的。第三项，是“系统的研究”，即对于古籍，都要寻出它的脉络，研究它的系统。第四项，是“整理”，包括形式上，加标点、分段，内容上，加以考证和说明书的历史和价值。① 可见，胡适提出的“整理国故”的四项纲领，前三项大部分都是根据“实验主义”的方法发挥的。顾颉刚是胡适的学生，在北京大学听了他讲中国哲学史课，深深佩服他勇于疑古的精神和能从典籍上提挈出原理和系统来。以后顾颉刚与胡适来往密切，他对胡适关于历史演进的观念，和治学中经常运用的假设、求证等方法深为赞赏，耳濡目染，大受其影响。“实验主义”的哲学方法重视验证，要求搜集事实的证据，注重运用逻辑方法的运用，这些都是促进考证学的发展的。但是，它只讲大胆怀疑而不加应该是有根据的怀疑这一重要前提，甚至将“宁可疑可错”作为口头禅，这些都对胡适本人的考证学成就和受其影响而形成的古史辨派造成负面的影响。至于“实用主义”哲学将应对生存的方法作为根本宗旨，抛开对客观世界本身的规律性和真理性的探讨，这对胡适本人更造成致命的影响。他治学只强调“方法”，在不久

---

① 参见胡适：《研究国故的方法》，见俞吾金编选：《疑古与开新——胡适文选》，59～60 页，上海，上海远东出版社，1995。

以后即声称历史演变完全是多种偶然因素凑合的结果，谈不上有规律可循，则正是造成他后期学术路子越来越窄，只退缩到单纯的史料考证和版本互勘为主的根本性原因。

五四运动时期传入中国的西方史学思想和西方学说是极其丰富的，除了上面讲到的以外，诸如还有德国兰普勒希特的“新型文化史学”，法国年鉴学派前驱亨利·贝尔的“综合历史学”，美国鲁滨孙的“新史学”，以及法国柏格森与德国杜里舒的生命史观，德国新康德学派学者温德尔班和李凯尔特针对实证史学而提出反对以自然科学方法指导历史研究的观点。各种思想和流派在西方流行时间有先后，其观点每相分歧以至对立，但在此一时期却一齐涌来，鱼龙混杂。可是，被五四运动时期史坛最有识见的人物所信服和应用，并在新历史考证学派的史学实践中产生了显著效果的，则是上述力主“审查史料”、重视实证、重视验证和逻辑方法的学术流派。这是因为，不同国家的文化和学术的交流，又是互相选择和适应的过程，一种外来思想传入以后，能在本民族文化中被接受和融合，必须适应本民族的需要，找到其契合点。中国传统考证学的发达，今文经学派所揭示的对于古代历史和典籍应该加以甄别、考辨的主张，20世纪初以梁启超的学术史著作为代表的要对中国的历史和文化做有统贯的研究的学术迅速进步趋势，以及新的重要史料相继出现而提出的极富吸引力的新鲜研究课题，都为更加科学地整理、研究祖国的历史文化，把历史考证学提高到现代学术的高度，提供了充分的条件和深厚的基础。适应这一需要的西方新学理，自然受到中国学术界的欢迎和重视，并得益于这一助力，而使中国史学跨向现代学术的阶段。中国新历史考证学兴起的趋势，也使中国史坛与自19世纪后期居于西方史学主导地位的重视发现新史料、重视实证的学术取向得到了沟通。英国史学家杰弗里·巴勒克拉夫曾在其《当代史学主要趋势》书中概括过19世纪末至20世纪初西方史坛的趋向，认为这一时期“历史学界的重大论争是在以孔德和巴克尔为代表的实证主义和以德罗伊森、里克特(李凯尔特)以及温德尔班为代表的唯心主义之间展开”，结果是双方达成了事实上的妥协，“在理论上，大多数历史学家接受唯心主义的立场，将历史学与科学严格地加以区别，强调直觉(Erlebnis)是历史学家处理历史的最终手段；但实际上，大多数历史学家的方法论却以实证主义为依据”①，这

① [英]杰弗里·巴勒克拉夫：《当代史学主要趋势》，杨豫译，7页，上海，上海译文出版社，1987。

里所言就是普遍地重视搜集史料和审查史料。新历史考证学的兴起，与西方史学的此一学术取向是相合拍的。

五四运动时期西方传入的重要新学理还有唯物史观，经由李大钊、李达、蔡和森等人的传播，对于中国社会变迁和文化发展，起到更加深刻而意义重大的推动作用。唯物史观的传播在五四运动时期与新历史考证学的兴起并无直接关系，但其后中国史学的长期发展却反复证明，唯物史观学者实事求是，充分占有材料，严格从史实出发进行分析、概括而得出理论，把史实或材料置于一定历史条件下做辩证分析，从事实联系中探求有规则性的现象等项指导思想和治学原则，他们与新考证学家派中有识见的人物是相通的，他们之间存在着互相尊重、互相沟通的关系。尤其是，一些学有根底的考证学者一经接受了唯物史观的理论指导，其学术即达到了新的境界，从而构成 20 世纪历史考证学发展的新篇章。关于这些，我们留在第七章中再做具体的考察和阐释。

主要参考书目

(清)崔述撰，顾颉刚编订：《崔东壁遗书》，上海，上海古籍出版社，1983。

(清)戴震：《戴震文集》，北京，中华书局，1980。

(清)钱大昕：《廿二史考异》，四部备要本。

[英]杰弗里·巴勒克拉夫：《当代史学主要趋势》，杨豫译，上海，上海译文出版社，1987。

陈寅恪：《金明馆丛稿二编》，上海，上海古籍出版社，1980。

傅斯年：《傅斯年全集》，台北，联经出版社，1980。

顾颉刚：《古史辨》，上海，上海古籍出版社，1982。

胡适：《胡适文存》，合肥，黄山书社，1996。

梁启超：《饮冰室合集》，北京，中华书局，1989。

王国维：《观堂集林》(全四册)，北京，中华书局，1959。

吴泽主编，陈乐素、陈智超编校：《陈垣史学论著选》，上海，上海人民出版社，1981。

第二章　王国维、陈寅恪、陈垣历史考证的重大成就

20世纪中国历史考证学最杰出的代表人物是王国维、陈寅恪和陈垣。王国维在甲骨文、金文、汉晋木简和元史等领域均有很高的造诣。陈寅恪治史的重点是“中古民族文化之史”，同时在诗文证史、敦煌学、佛经翻译文学等方面也有卓越的建树。陈垣开拓了多种宗教史研究领域，同时为建立科学的文献学做出了重大贡献，他晚年的学术又从考证史学达到“提倡有意义之史学”的升华。

第一节　王国维历史考证的卓越贡献

王国维(1877—1927)，字静安，号观堂，浙江海宁人。早年“以不喜帖括之学”，数次应乡试不中。1898年，王国维到上海，入汪康年创办的《时务报》馆任书记，同时到罗振玉所办的东文学社学习日文，受藤田丰八影响，接触康德、叔本华的哲学。他早年主要从事哲学、文学、戏曲史的研究，发表过《红楼梦评论》《宋元戏曲史》《人间词话》等影响较大的著作，在文学批评及戏曲史领域多有贡献。1911年辛亥革命后，王国维避居日本，尽弃前学，转向中国古代史料、古器物、古文字学、音韵学的研究，尤致力于甲骨文、金文和汉晋简牍的考释，成就很大。1916年，王国维回国，寓居上海，主编《学术丛编》，写有《殷周制度论》《殷卜辞中所见先公先王考》及《续考》等，都是脍炙人口的名篇。1925年，王国维应聘为清华大学国学研究院导师，1927年，投颐和园昆明湖自尽。他的著作共62种，大部分收入《海宁王静安先生遗书》，一些考证文章由本人汇编为《观堂集林》。另有罗振玉所编《海宁王忠悫公遗书》，收集王国维生前未刊或未竟之作多种。

王国维学识博大精深，著述宏丰，通日语、英语，精研史学，在甲骨文、古器物、汉晋木简、汉魏碑刻、敦煌文献以及商周史、汉唐史、西北

史地、元史等领域，做了大量开创性的研究，取得了丰硕的成果，在国内外学术界产生了广泛而深远的影响。特别是他在研究古史和考证古文献时所创立的“二重证据法”，超越了传统考据学的治学方法，为历史研究和文献整理开辟了一条新途径。郭沫若评价道：“王国维……遗留给我们的是他知识的产品，那好像一座崔巍的楼阁，在几千年来的旧学的城垒上，灿然放出了一段异样的光辉。”①许寿裳也对王国维的考证成就给予很高的评价，称其“著《殷卜辞中所见先公先王考》及《续考》、《戬寿堂所藏殷墟文字考释》、《殷周制度论》、《古史新证》等书，义据的精深，方法的缜密，可谓极考证家的能事。换句话说，能以旧史料释新史料，复以新史料释旧史料，多所发明，正经典的误字，溯制度的渊源，从来说古书奥义，未有如此之贯串者”②。下面主要分三部分，阐述王国维在甲骨文、金文、汉晋木简、敦煌学、蒙古史及元史方面的研究成果。

一、甲骨文、金文研究

自从 1899 年王懿荣首先认识并搜购甲骨文以来，最初 10 年只有刘鹗《铁云藏龟》一种材料书和孙诒让《契文举例》及《名原》两种书而已。此后 20 年，以罗振玉、王国维为代表，形成了“罗、王之学”③，他们的研究成果，为甲骨学的成立奠定了深厚的基础。特别是王国维关于殷商王朝世系的考订，更为后人所称道。而他在此基础上提出的“二重证据法”，则为 20 世纪学术研究开辟了一条新途径，成为新史学建立的标志。诚如有的学者所说：“甲骨文的发现和研究，标志着中国传统学术向现代学术的转型，为殷商考古学的发展提供了契机，为新史学的发展奠定坚实基础。一句话，开辟了中国学术研究的新纪元。”④追根溯源，王国维功不可没。而他在青铜器铭文

---

① 郭沫若：《中国古代社会研究·自序》，见《郭沫若全集·历史编》第 1 卷，8 页。

② 许寿裳：《章炳麟》，见萧关鸿编：《中国百年传记经典》第 3 卷，339～340 页，上海，东方出版中心，2002。

③ “罗、王之学”的内容，陈梦家归纳为以下几个方面：一是熟习古代典籍；二是并承受有清一代考据小学音韵等治学工具；三是以此整理地下的新材料；四是结合古地理的研究；五是以二重证据治史学经学；六是完成史料之整理与历史记载之修正的任务。（参见陈梦家：《殷墟卜辞综述》，51 页，北京，中华书局，1988。）

④ 王宇信：《开辟中国学术研究的新纪元——论甲骨文发现在学术史上的地位》，载《中国文物报》，1999-07-21。

方面的研究成就，范围之广博，识见之深邃，超越了宋、清两代的所有学者，成为承前启后的考证大家。

（一）甲骨文、金文的搜集、刊印与研究

晚清刘鹗于1903年所编《铁云藏龟》，是第一部将甲骨文拓印问世的著录书，但刘鹗没有对甲骨文做更深入的研究。孙诒让第一次阅读《铁云藏龟》，看到复制摹拓的甲骨断片时，欣喜万分，“每憾未获见真商时文字，顷始得此册，不意衰年睹兹奇迹，爱玩不已，辄穷两月力校读之，以前后复重者参互审绎，乃略通其文字，大致与金文相近，篆画尤简省，形声多不具”①。他凭借自己深厚的古文字功底，于1904年撰《契文举例》二卷，上卷分月日、贞卜、卜事、鬼神、卜人、官氏、方国、典礼八章，下卷有文字、杂例两章，对甲骨文字做了考释，并就甲骨文所涉及的相关问题进行了初步研究，这是第一部考释甲骨文的专著，为后来的甲骨分类研究奠定了良好的基础。次年，他又著《名原》二卷，以甲骨、金文、石鼓文等出土文字资料与《说文解字》所载古籀互相比勘，分析偏旁，以说明古文字之形体，探索古文大小篆之沿革变化，开创用甲骨文考证古文字之先例。由于孙诒让仅根据《铁云藏龟》进行考释，未曾接触实物，因此其考释不免有些错误。如王国维所言：“孙氏之《名原》亦颇审释骨甲文字，然与其《契文举例》皆仅据《铁云藏龟》为之，故其说不无武断。”②但是，孙诒让所考释的字共有185个，是较系统地研究甲骨文的第一人，其筚路蓝缕之功还是应当肯定的。唐兰认为孙诒让“做《契文举例》和《名原》二书，虽则因甲骨材料那时所出不多，不免错误。但他所悬的‘以商周文字展转变易之迹，上推书契之初轨’的目的，却颇有一部分的成功。”又指出：“古文字的研究，到孙诒让才纳入正规，他的精于分析偏旁，和科学方法已很接近了。”③

罗振玉在甲骨文的搜集、整理、收藏和刊印方面也做出了重要贡献，他旅居日本时，多方罗致，共获得甲骨三万余片，先后编印成《殷墟书契》(1912)、《殷墟书契菁华》(1914)、《铁云藏龟之余》(1915)、《殷墟书契后编》(1916)和《殷墟古器物图录》(1916)等重要材料书，共集录甲骨三千四百余片。他对甲骨文的研究著作《殷商贞卜文字考》(1910)和《殷墟书契考释》

① 孙诒让：《契文举例叙》，见张舜徽：《文献学论著辑要》，436页，西安，陕西人民出版社，1985。

② 王国维：《最近二三十年中中国新发见之学问》。

③ 唐兰：《古文字学导论》，65、183页，济南，齐鲁书社，1981。

(1914)，列贞卜事类为八项：祭祀、征伐、田猎、风雨、出入、卜告、卜年、卜敦。又有杂卜一项。其他如对占卜方法和殷墟的考定，对殷商帝王名号的审定，以及所释五百余个甲骨文字，都是罗振玉的创获。郭沫若评价道："罗氏在中国要算是近世考古学的一位先驱者，他的搜藏与从来骨董家的习尚稍有区别，他不仅搜集有文字的骨片，并还注意到去搜集与骨片同时出土的各种器物；在一九一六年他还亲自到安阳小屯去探访过一次。这种热心，这种识见，可以说是从来的考古家所未有。"又说："甲骨自出土后，其搜集保存传播之功，罗氏当居第一，而考释之功亦深赖罗氏。"①

此后，对甲骨文材料作著录的还有加拿大传教士明义士(James Mellon Menzies)所辑《殷墟卜辞》一册(1917)，署名姬佛陀，实际是王国维所编的《戬寿堂所藏殷墟文字》(1917)，又有日本学者林泰辅合日本诸家所藏甲骨实物拓片而编成的《龟甲兽骨文字》(1921)，以及王襄编《簠室殷契徵文》(1925)，叶玉森编《铁云藏龟拾遗》(1925)等。所有这些著录甲骨文材料的书籍相继刊行，都为王国维研究甲骨文奠定了良好的基础。

金文著录起自宋代，当时士大夫和皇室都注意收藏和征求墨本，因此，北宋的金文著录之书多达三十余家。其中比较著名的有刘敞《先秦古器记》、欧阳修《集古录》、吕大临《考古图》、赵明诚《金石录》、王黼所撰《宣和博古图》，以及王俅《啸堂集古录》、薛尚功《历代钟鼎彝器款识法帖》等书，他们除著录文字外，并加考释。降及清代，特别是乾嘉以后，考据之风大盛，金石古物出土日多，遂使金石学更为发达，举凡商周金文、秦汉石刻、六朝墓志、唐人碑刻，大至山野摩崖，小到造像题记、砖瓦图文，片石只字，断碣残碑，皆为世重，出现了一大批著录之书。如钱坫《十六长乐堂古器款识》、阮元《集古斋钟鼎彝器款识》、吴式芬《攈古录金文》、潘祖荫《攀古楼彝器款识》、吴大澂《恒轩所见所藏吉金录》、端方《陶斋吉金录》以及乾隆皇帝所录内府藏器而成《西清古鉴》等书。罗振玉也大量搜集铜器铭文及石刻文字、简牍文书、玺印封泥和砖瓦明器，并著录、刊布，先后刻有《秦金石刻辞》《齐鲁封泥集存》《鸣沙石室遗书》《秦汉瓦当文字》《历代符牌录》《三代吉金文存》等书。

这些出土的铜器铭文为研究当时的社会和历史状况，提供了极为难得的第一手文字资料，填补了史书记载的缺漏，史料价值极高。历代学者均做过研究，取得了不少成果。孙诒让利用偏旁分析法考释古文字，著有《古

---

① 郭沫若：《中国古代社会研究》，见《郭沫若全集·历史编》第1卷，188、193页。

籀拾遗》《古籀余论》等书，为后来铜器铭文研究奠定了科学的基础。罗振玉对古器物用分类法辑为图录，分为贞卜文字、古陶文、古兵器、符牌、古器物范、钞币、玺印、封泥、镜鉴等，总名之曰《贞松堂集古遗文》十六卷。1912 年东渡之后，王国维开始帮助罗振玉编录所藏金石资料，主要在古器考订和铭文训释方面有突出的贡献。在此基础上，他在金文的考释和研究上也做出了更加出色的成就。

（二）甲骨文研究成就

王国维最早接触甲骨文，是在 1912 年他随罗振玉东渡日本之后。学术路径也从文学转向史学，他在日记中说："此四年中生活，在一生中最为简单，惟学问则变化滋甚。"①其时罗振玉陆续考释、刊布了自己所藏甲骨文拓片，王国维也参与其事，他自述道："国维东渡后从参事（罗振玉）治古文字之学，因得尽览所藏拓本。"②1914 年，他为罗振玉手写《殷虚书契考释》并为之题跋，由此开始利用甲骨文资料来研究历史，在地理、祀典、文字考释以及甲骨的断代和缀合等方面均有创获，其中尤以殷王朝世系的考订最为世人所称道。唐兰即说："王氏释字较谨慎，只是他的极大的贡献，实在在古史学方面。"③

王国维研究甲骨文最早的论文，是写于 1915 年的《殷虚卜辞中所见地名考》，这是第一篇考证卜辞地名的文章。他说："殷虚卜辞中所见地名多至二百余，其字大抵不可识，其可识者亦罕见于古籍。"他对可识的龚、盂、佳、亳、曹、杞、载、雇八处地名加以考证后，指出"此八地者，皆在河南北千里之内，又周时亦有其地，殆可信为殷天子行幸之地矣"。④此篇与他后来写的一系列文章，如《说自契至于成汤八迁》《说商》《说亳》《说殷》《说耿》等篇，均是其早期甲骨文地理研究的重要成果。其中的一些观点，如认为"商之国号本于地名"，"然其名起于地名之殷"，至今皆被学术界所公认。1917 年 8 月 27 日，在致罗振玉的信中，他又说："近日拟续《古代地理小记》，专考自五帝以来至于商末，帝王都邑皆在东方，而尧都平阳、舜都蒲

---

① 袁英光、刘寅生编：《王国维年谱长编》（1877—1927），140 页，天津，天津人民出版社，1996。

② 王国维：《国朝金文著录表序》，见《王国维遗书》第 10 册，1 页，上海，上海古籍书店，1983。

③ 唐兰：《古文字学导论》，66 页。

④ 王国维：《殷虚卜辞中所见地名考》，见《观堂集林》第 4 册，1154 页，北京，中华书局，1959。

坂，禹都安邑之说皆不可信。而于殷商二字仍主前说，盖卫即殷之音变，宋即商之音变，本一地也。卜辞地理，久欲考之，而苦未得概括之见解，须俟之异日矣。”①但他选取卜辞中的若干地名，独立地与后世类似地名比附，这种方法是不可靠的，因此考证结论不免有错误。此后，陈梦家根据古史传说与卜辞所见都邑和征伐的方国相结合，画出殷商的统治区域：北以南易水流域及其周围平原地区，南以北淮水流域与淮阳山脉，西在太行山脉与伏牛山脉之东，东至于黄海、渤海，相当于今天的山东、河北、河南三省和安徽、江苏两省的北部的华北平原。②

殷人迷信鬼神，崇尚天命，认为人世间的一切都取决于上帝、神灵、祖先，所以祭祀活动极为频繁，也相当复杂，形成了一种特有的文化现象。最早关注祭祀礼制的是王国维，他于 1916 年著《殷礼徵文》，对殷代的祀典做了详细的探讨。其中《殷人以日为名之所由来》，主要考察了殷商时期先公先王以日为名的原因。根据对大量甲骨卜辞的排比研究，他得出以下结论：商人生前是有名字的，如上甲名微，大乙自称“予小子履”，周人称帝辛(纣王)为“商王受”，而十干之名是子孙后代为了祭祀的需要才确定的。他又依据《白虎通·姓名篇》所载“殷家质，故直以生日名子也”及《史记·殷本纪》“索隐”所引“皇甫谧云：‘微字上甲，其母以甲日生故也。’商家生子，以日为名，盖自微始”，认为系商之后人称其先祖：“商人甲乙之号盖专为祭而设，以甲日生者，祭以甲日，因号之曰上甲、曰大甲、曰小甲、曰河亶甲、曰沃甲、曰羊甲、曰且甲；以乙日生者，祭以乙日，因号之曰报乙、曰大乙、曰且乙、曰小乙、曰武乙、曰帝乙。盖出子孙所称，而非父母所名矣。……商世诸王皆自有名，而甲乙等号自系后人所称，而甲乙上所冠诸字曰上曰大曰小曰且曰帝，尤为后世追称之证矣。”③

对王国维的这一说法，不少学者持有异议，如董作宾就认为商人取名号是根据死日，“成汤以来，以日干为名(我以为当是死日，非生日，将别有说)，已成惯例，至于成汤以前，先世忌日，似已不甚可考，武丁乃以十千〔干〕之首尾名此六世”④。而李学勤则认为商人的名号是其死后由后王占

---

① 吴泽主编：《王国维全集·书信》，208 页，北京，中华书局，1984。

② 参见陈梦家：《殷墟卜辞综述》，311 页。

③ 王国维：《殷礼徵文》，见《王国维遗书》第 9 册，2 页。

④ 董作宾：《甲骨文断代研究例》，见刘梦溪主编：《中国现代学术经典·董作宾卷》，7 页，石家庄，河北教育出版社，1996。

卜决定的。尽管对这一问题尚存在争议，但他所说商先公先王以十干为庙号，是出于祭祀的需要，即“殷之祭先率以其所名之日祭之，祭名甲者用甲日，祭名乙者用乙日，此卜辞之通例也”，则成为大多数学者的共识。

在《商先公先王皆特祭》篇中，王国维又列举了二十五条卜辞，来证实商之先公王亥、示壬、示癸，先王大乙、大丁、外丙、大甲、大庚、小甲、大戊、中丁、外壬、祖乙、祖辛、祖丁、南庚、沃甲、盘庚、小辛、小乙、武丁、祖庚、祖甲、康丁、武乙等三公二十三王不分直系、旁系，一律特祭的现象，与周代以后只祭五世直系之先祖全然不同。在《殷先妣皆特祭》篇中，他又列举了十四条被特祭的先妣卜辞，在先妣名字之前标明某王之爽(配偶)，但据商人祭祀惯例看，丙寅祭大乙之爽妣丙，戊戌祭大丁之爽妣戊，可以知道是特祭先妣的，说明殷王室重视母权。同时还可以看出这些被特祭的先妣都是儿子继承了王位的。既然殷之先公先王和先妣皆特祭，那么，殷人是否有合祭之制呢？王国维的回答是肯定的，他在《殷祭》中，列举了卜辞中有“自上甲至于多后”“自上甲至于武乙”以及合祭小乙、武丁、祖甲、康丁、武乙五世的辞例，说明殷人于特祭之外，确有合祭的事实。而《外祭》则讲述了殷人除了祭祀祖先(内祭)之外，也有祭“社”或“邦社”的卜辞，而且祭礼十分丰厚，有所谓“赍三小牢，卯一牛，沉一牛”的记载。①王国维对殷商礼制的研究尽管存在一定的局限，后人不断加以补充、修正，但其开创之功还是应当给予高度肯定的。如他说明了庙号与祭名的关系，指出先妣皆特祭等，均能发前人所未发，对于我们认识殷商文化制度有很大帮助。

真正奠定王国维甲骨文研究崇高学术地位的，是他于1917年相继发表的《殷卜辞中所见先公先王考》及《续考》二文。商代从上甲起进入有史时代，把上甲以前属于神话传说的先祖称为先公，而把上甲到帝辛的各世称为先王。有关先公先王的名字，传世文献记载不少，但有同有异，很不一致。王国维在帮助罗振玉编辑《殷墟书契考释》等甲骨书籍时，发现了商先公王亥之名，联系《山海经》《竹书纪年》等文献史籍，知道王亥为殷之先公，并与《世本·作篇》之胲、《世本·帝系篇》之核，《楚辞·天问》之该，《吕氏春秋·勿躬》之王氷，《史记·殷本纪》及《三代世表》之振，《汉书·古今人表》之垓等材料相比照，认为他们实际上是一个人。后他又搜集甲骨文所记，

① 参见潘悠：《王国维在甲骨金文研究上的贡献》，载《华东师范大学学报(哲学社会科学版)》，1986(4)。

在王亥之外又有新发现，于是写了《殷卜辞中所见先王先公考》①一文，成为他利用甲骨文新资料研究历史最重要的成果。此文又考证出王恒也是殷之先公，《楚辞·天问》有“该秉季德，厥父是臧”和“恒秉季德”等语，该即王亥，恒即王恒，二人为兄弟，其父季也见于卜辞，应是《史记·殷本纪》中所载之冥。甲骨文中数十次出现的田字，当是《史记·殷本纪》之上甲微，进而证实了罗振玉先前所怀疑卜辞中、、，即史籍所记之报乙、报丙、报丁。甲骨文中自上甲以下皆称示，由此卜辞中示壬、示癸，就是《殷本纪》之主壬、主癸。至此殷商王朝的先公先王，大多得到甲骨文新材料的证实。王国维又发现卜辞中王恒的祭祀礼与王亥相同，而大丁又与大乙、大甲等同，孝己则与祖庚一样。依此可知商朝先公先王，只要是兄弟关系，无论长幼顺序、已立或未立为王，他们的名号、祭祀典礼基本上没有区别。“于是卜辞中人物，其名与礼皆类先王而史无其人者，与夫父甲、兄乙等名称之浩繁求诸帝系而不可通者，至是亦理顺冰释，而《世本》、《史记》之为实录，且得于今日证之。”②后出卜辞中也有“高且亥”“高且王亥”之称，则王亥为商先公之说，遂成定论。此文系统地考证了商代先公先王的名号，勾勒出一个大体可信的世系。赵万里评价道：“卜辞之学，至此文出，几如漆室忽见明灯，始有脉络或途径可寻，四海景从，无有违言。三千年来迄今未见之奇迹，一旦于卜辞得之，不仅为先生一生学问最大之成功，亦近世学术史上东西学者公认之一盛事也。”③

王国维还利用甲骨文资料纠正古籍记载的讹误，在《殷卜辞中所见先公先王续考》一文中考证了“中宗祖乙”的问题。根据史籍所载，中宗有两种说法：今古文《尚书》记大甲为太宗，大戊为中宗，《殷本纪》从之；《竹书纪

---

① 王亥史迹的辨明，影响很大。罗振玉在编辑《殷墟书契考释》过程中，指出王亥之名的地方有二处。王国维与日本学者内藤虎次郎谈过，此即《史记·殷本纪》中可见的“振”及《竹书纪年》中所见的“殷侯胲”，《吕氏春秋》中所见的“王氷”。在王国维的启发下，内藤于 1916 年作《王亥》一文，利用甲骨文字，辅以文献资料，考稽古文献中关于殷祖先的诸种说法，把《史记·殷本纪》中“振”、《竹书纪年》中“殷侯胲”与甲骨卜辞所见“王亥”相互参证，认为可能同指一人，为殷人之祖。但他看了王国维《殷卜辞中所见先王先公考》后，极其佩服，即录其大意，题为《续王亥》，刊登在 1917 年《艺文》杂志上，向日本学术界做了详细介绍。

② 王国维：《殷卜辞中所见先公先王考》，见《观堂集林》第 2 册，409～410 页。

③ 赵万里：《静安先生遗著选跋》，见吴泽主编，袁英光选编：《王国维学术研究论集》(一)，311 页，上海，华东师范大学出版社，1983。

年》则云："祖乙滕即位，是为中宗，居庇。"两家孰是孰非，长期争论不休。王国维依据《戬寿堂所藏殷墟文字》中一断片刻字："中宗祖乙牛，吉"，《殷墟书契后编》所载"癸丑卜，□贞：求年于大甲十牢，祖乙十牢"，及"太丁、太甲、祖乙百鬯、百羊、卯三百牛"，认为"大乙、大甲之后，独举祖乙，亦中宗是祖乙非大戊之一证"。[①] 由此证实《竹书纪年》记载正确，而今古文《尚书》所记的错误，进而也纠正了《史记》所记此处错误。其他如庚丁是康丁之讹，大丁以文丁为是等，都是他利用甲骨新材料所做的精密考证，订正了史籍所记错漏，进而说明《世本》《竹书纪年》等向来被学者怀疑成伪书的古籍，实际上全为实录，《山海经》一书中也有可信的记载。在当时疑古思潮盛行之际，王国维的古史考证证明了古史辨派疑古过头的错误，对于古史研究者把握正确的学术方向起到重要的作用。

1917 年，王国维又以卜辞研究所得与"周礼"作为比较，撰写《殷周制度论》这篇名文，用族类、地理来说明三代文化的异同。他认为"以族类言之，则虞、夏皆颛顼后，殷、周皆帝喾后，宜殷、周为亲；以地理言之，则虞、夏、商皆居东土，周独起于西方，故夏、商二代文化略同"。殷、周之间政治与文物制度发生了重大变化，主要表现有三：一曰立子立嫡之制；二曰庙数之制；三曰同姓不婚之制。并说："此数者，皆周之所以纲纪天下，其旨则在纳上下于道德，而合天子、诸侯、卿、大夫、士、庶民，以成一道德之团体。周公制作之本意，实在于此。"接下来，他逐项加以论述，首先是嫡庶之制度，殷代的王位继承法以弟及为主而以子继辅之，无弟然后传子。卜辞所见商先王继承次序，皆遵循这一惯例，其间偶有例外，也是政局动荡的结果。周朝建立后，特别是周公之后，"子继之法，遂为百王不易之制"。进而论及由传子之制而有嫡庶之制，由嫡庶之制又产生宗法、分封和丧服之制等，周公在此基础上制定了一系列典礼制度，如尊尊、亲亲、贤贤、男女有别等，作为规范天下的准则。其实，商代实行儿子和兄弟均可继承王位的制度，直到最后四位商王才改变为父传子，这与后世继统法不合。但也有学者认为，嫡长子继承制并不是周代首创，早在商朝已有嫡庶之制，王位实行嫡长子继承制，一些弟的及位大多是由于特殊的历史条件造成的，并不是继承制本身所决定的。[②]

王国维的文章发表后，引起很大争议，赞成者有之，反对者也不少。

---

① 王国维：《殷卜辞中所见先公先王续考》，见《观堂集林》第 2 册，443～444 页。

② 参见常玉芝：《论商代王位继承制》，载《中国史研究》，1992(4)。

由于材料所限，特别是甲骨文资料很少，他的某些论点有值得商榷之处。① 特别是文章含有别一番政治意义在内。即他于 1917 年 9 月 13 日致罗振玉的信中所说："此文(指《殷周制度论》)于考据之中，寓经世之意，可几亭林先生。"②为此，陈梦家专门写了《〈殷周制度论〉的批判》，指出子继与弟乃是并行的，无主辅之分；宗法产生于祭祀，没有嫡庶之制并非一定没有宗法；殷人不是漫无标准遍祀其先，只有一定的先公先妣可以参加正式的周祭，说明亲疏尊卑的差等是存在的。因而他认为王国维从嫡庶之制作为起点来看殷、周制度，是最错误的。③

王国维能跳出单纯考据文字的传统藩篱，运用甲骨文与古文献相互印证的方法来研究中国古代社会历史和政治文化制度，具有很大的启发性，学术界对此给予极高的评价。郭沫若说："卜辞的研究，要感谢王国维。是他首先由卜辞中把殷代的先公先王剔发了出来，使《史记·殷本纪》和《帝王世纪》等书所传的殷代王统得到了物证，并且改正了它们的讹传。……我们要说殷墟的发现是新史学的开端，王国维的业绩是新史学的开山，那样评价是不算过分的。"④陈梦家也称赞道："商殷世系的条理，《殷本纪》世系的说明，有赖于王国维的系统的研究。他的《殷卜辞中所见先公先王考》和《续考》，是研究商代历史最有贡献的著作。……利用这批新资料作为历史制度的系统的研究的，则始于王氏。"他还总结了王国维甲骨文研究特色，主要有以下几点："(1)扩充了对照的范围，不仅限于《史记》与卜辞的对照。他引用了《山海经》、《竹书纪年》、《天问》、《吕氏春秋》和《世本》等书以考证卜辞中的王亥。……(2)扩充先王的范围，及于先公。……(3)先王的世次及其继统法。……他排列了《史记·殷本纪》、《三代世表》和《汉书·古今人表》为'殷世数异同表'，根据卜辞世次更正书本上的错误，如史书以大庚为

---

① 如他说："殷人祭其先无定制"，但随着殷墟甲骨卜辞的不断发现和甲骨文研究的发展，董作宾于 40 年代发现殷人祭其祖先是有一定的制度的，即以五种祀典按着一个既定的祀序，对自上甲以来的祖先进行周而复始的、连绵不断的祭祀。常玉芝著《商代周祭制度》(中国社会科学出版社 1987 年出版)，从分析有关卜辞的类型和特征着手，详细考证了周祭中先王、先妣的祭祀次序、五种祀典的祭祀周期，复原了部分周祭祀谱，纠正了前人研究中的不少错误，提出了许多新的见解，对甲骨文和商代历史的研究，均有重要的参考价值。

② 吴泽主编：《王国维全集·书信》，214 页。

③ 参见陈梦家：《殷墟卜辞综述》，629～631 页。

④ 郭沫若：《十批判书》，见《郭沫若全集·历史编》第 2 卷，6 页。

沃丁弟，王氏据卜辞改为大甲子。这是正确的。”①

此外，王国维在甲骨文断代、缀合研究方面也有成绩。他在写作《殷卜辞中所见先公先王考》过程中，因父甲、父庚、父辛的称谓而定为“武丁时所卜”，因父丁、兄庚、兄己的称谓而定为“祖甲时所卜”。这是以称谓论定年代的开端，虽仅寥寥数片，却为后来的甲骨文断代研究开了端绪，给学者以莫大的启示。1917 年，王国维为姬佛陀编印《戬寿堂所藏殷墟文字》，在做考释时，他发现其中一片（1・10）与罗振玉《殷墟书契后编》上卷一片（8・14）“大小相同，文义亦联续，以断痕验之，若合符节，乃知由一片折而为二也”②，于是首次将已碎裂为二的甲骨缀合复原，还其本来面目。这二片甲骨的拼集，不但开创了卜辞缀合的先例，并由此解决了商代世系的一些重要问题，纠正了《史记・殷本纪》所载“微卒，子报丁立，报丁卒，子报乙立，报乙卒，子报丙立”的错误，应是报乙、报丙、报丁之序。

此后，郭沫若于 1937 年编《殷契粹编》，该书从第 113 片中缀合了五片甲骨，而得上甲以来周祭的顺序，为研究殷人祀谱奠定了基础，从此甲骨断片中的缀合成为整理甲骨的一项基本工作。董作宾等人在此基础上继续努力，取得了更多的成果。如果要想研究殷商两百多年的政治、经济、文化制度的发展和演变，全面了解卜辞的内容，更好地掌握卜辞的文例和语法规律，就必须对甲骨文做分期断代和缀合的研究，把完整的史料分别归入各个王朝。同时对于了解卜辞的款式，批定月日干支的衔接，确定同版卜人的关系，都有极大的帮助。从这一意义上说，王国维的首倡之功，值得大力肯定。李济评价道：“王国维研究有关全部记载及可判读的卜辞，重建了商朝先公先王的继位顺序。他是成功地把不同出版物上各类墨拓的甲骨片‘缀合’使之成为完整卜辞的第一位学者。……直到现在，他的卓越贡献基本上没有任何改变。”③

（三）青铜器铭文研究成就

古器物的研究历史在中国源远流长，其中尤以宋、清两代最为发达。王国维撰《宋代之金石学》一文，分搜集、传拓及著录、考订及应用、后论四部分，对宋代的金石学做了很好的总结，并给予高度称赞：“近世金石之

---

① 陈梦家：《殷墟卜辞综述》，334 页。

② 罗振玉：《殷墟书契后编》上卷释文，王国维书于眉端，未见印行。原书现藏中山大学古文字学研究室（见陈炜湛：《甲骨文简论》，185 页，上海，上海古籍出版社，1987）。

③ 李济：《安阳》，35～36 页，石家庄，河北教育出版社，2000。

学复兴，然于著录考订皆本宋人成法，而于宋人多方面之兴味反有所不逮，故虽谓金石学为有宋一代之学，无不可也。”又说：“至形制之学，实为宋人所擅场。凡传世古礼器之名，皆宋人之所定也，曰钟、曰鼎、曰鬲、曰甗、曰敦、曰簠、曰簋、曰壶、曰尊、曰盉、曰盦、曰盘、曰匜，皆古器自载其名，而宋人因以名之者也；曰卣、曰罍、曰爵、曰觚、曰觯、曰角、曰斝，于古器铭词中均无明文，宋人但以大小之差定之，然在今日仍无以易其说。”①1914年，王国维就将宋人著录书中所收凡有文字者六百四十三器，按器物类别编成一表，名《宋代金文著录表》，列器名一栏，诸家著录一栏，杂记一栏，眉目清晰，条理连贯。在序中，他对宋代金石学评价甚高：“《考古》、《博古》二图，摹写形制，考订名物，用力颇巨，所得亦多，乃至出土之地，藏器之家，苟有所知，无不毕记，后世著录家当奉为准则。至于考释文字，宋人亦有凿空之功，国朝阮(元)、吴(大澂)诸家不能出其范围。”

清朝金石之学再度复兴，不仅搜罗丰富(著录之器四倍于宋人)，而且考订精详，对学术研究很有裨益。王国维将清代阮元等十六家列为《国朝金文著录表》，分四栏，第一栏列器名，第二栏注明见于哪家著录，第三栏记字数，第四栏为杂记，记述各书同器异名、疑伪及阴款阳识等情况，共列三千一百六十四器，除去宋拓及疑伪器外，实得二千九百八十器。他在序中说：“自甲寅孟夏讫于仲秋，经涉五月乃始毕事。盛夏酷暑，墨本堆积，或一器而数名，或一文而数器，其间比勘一器，往往检书至十余种，阅拓本至若干册，穷日之力，仅能尽数十器而已。”可见其用力之勤。《宋代金文著录表》和《国朝金文著录表》的编撰，一方面是王国维对宋、清两代金石学的总结，另一方面也为他金文研究奠定了良好的基础。王国维在青铜器铭文研究方面，主要见于他所写序跋和考释之中。其中《不期敦盖铭考释》《散氏盘铭考释》《克鼎铭考释》《盂鼎铭考释》《毛公鼎铭考释》五种收编为《观堂古金文考释五种》，其文不仅矜严缜密，文字简约，且义据极其精深。他用殷墟卜辞、《尚书》各篇、《诗经》中句型相同的句子及各器铭之间辞义相同、史实相关的材料互相印证，从做器年代、器中所提人物、地理位置、史事、封赏制度、征伐兼并诸方面做了深入考证，可以补充史籍记载的缺失。有学者评价王国维的古器考订和铭文训释文章“不仅矜严缜密，文字简约，且义据极其精深，是价值很高的科学论著”②。

---

① 王国维：《宋代之金石学》，见傅杰编校：《王国维论学集》，206、204页。

② 高明：《中国古文字学通论》，415页，北京，文物出版社，1987。

宋清两代学者对青铜器的著录和研究，仍以铭文和文字训诂为重点。王国维首先改变这一状况，他利用金文研究殷周历史，不仅仅停留在单字的训诂上，而是更多地注意综合的研究，把青铜器铭文和历史学密切地结合起来。如作于1915年的《鬼方昆夷玁狁考》，他依据《盂鼎》《毛公鼎》《梁伯戈》《虢季子白盘》等青铜器铭文，结合先秦两汉文献资料，如《易·既济爻辞》《未济爻辞》及《诗·大雅·荡》《竹书纪年》等，从地理分布和音韵学的角度，对匈奴族源问题进行了探讨，认为中原地区对于匈奴的称号历代不同，商周时称鬼方、混夷，宗周之际曰玁狁，春秋后称作戎、狄，战国以降始名胡、匈奴。事实上，这些不同的称号系同一族名的异译。他又从《盂鼎》《毛公鼎》等铭文考证出鬼方才是匈奴的祖先，鬼方在古金文中作"𢦏方"或"魃方"，而"𢦏""魃"皆古文"畏"字，故鬼方当为畏方。他说："由是观之，汉人以隶书写定经籍时，改畏方为鬼方，固不足怪。此古经中一字之订正，虽为细事，然由此一字，可知鬼方与后世诸夷之关系，其有裨于史学者，较裨于小学者为大也。"最后，他总括其说为："后世有谓赤狄隗姓，白狄厘姓者(《世本》)，又有谓隗姓赤狄、媿姓白狄者(《潜夫论》)。然秦、汉以后之隗姓，皆出白狄故地。……则赤、白二狄，疑皆隗姓，皆鬼方、玁狁后裔或同族。及春秋中叶，赤狄诸国皆灭于晋，河南山北诸戎亦多为晋役属。白狄僻在西方，不与中国通，故戎、狄之称泯焉。尔后强国并起，外族不得逞于中国，其逃亡奔走复其故土者，或本在边裔未入中国者，战国辟土时乃复与之相接。彼所自称，本无戎、狄之名，乃复以其本名呼之，于是胡与匈奴之名始见于战国之际，与数百年前之獯鬻、玁狁先后相应，其为同种，当司马氏作《匈奴传》时盖已知之矣。"①此文的结论得到大多数学者的认同，对于厘清千百年来混乱不清的史实，颇有参考价值。梁启超在详细研究了《史记·匈奴列传》后，也得出了"古代所谓獯鬻、玁狁、鬼方、昆夷、犬戎，皆同族异名"的结论，赞扬道："今人王国维著有《鬼方昆夷玁狁考》，在雪堂丛刻中，考证最精核。"②金毓黻也说："近人以金文治史者，首推王

---

① 王国维：《鬼方昆夷玁狁考》，见《观堂集林》第2册，583～590、595～606页。

② 梁启超：《中国历史上民族之研究》，见《梁启超全集》，3445页，北京，北京出版社，1999。但有人对此持异议，蒙文通《古代民族迁徙考》认为鬼方、獯鬻、玁狁并非匈奴族，义渠则与匈奴同族。黄文弼《论匈奴族之起源》也以为鬼方、獯鬻、混夷、玁狁都是古代羌族，与匈奴不同。

国维，所撰《鬼方昆夷猃狁考》，悉以金文为证，足以订补经训。”①

1915 年，王国维广泛阅览三代古器物铭识之干支，对其做了细致的研究推审，考订时代，并推测古代历法上之方术，撰写《生霸死霸考》，叙述了汉儒对月相的不同解释。《说文》云：“霸，月始生魄然也，承大月二日，小月三日。”刘歆《三统历・世经》则说：“死霸，朔也；生霸，望也。”孟康又进一步说：“月二日以往，明生魄死，故言死魄。魄，月质也。”由此可见，汉人已对生霸和死霸的理解全然不同。此后的一千多年，对于月相的研究没有什么进展。直到清朝末年的学者俞樾作《生霸死霸考》，指出刘歆的解释是错误的，以为“以古义言之，则霸者，月之光也。朔为死霸之极，望为生霸之极。以三统术言之，则霸者月之无光处也，朔为死霸之始，望为生霸之始，其与古义翩其反矣！”王国维赞同俞樾“援许马诸儒之说以正刘歆”，但又不同意俞氏采用刘歆说，认为“以既死魄为一日，旁死魄为二日，既生魄为十五日，旁生魄为十六日，既旁生魄为十七日，此皆与名义不能相符。”他根据古器物铭文有初吉和既望两名，提出著名的古代分一月之日为四分的观点：“余揽古器物铭而得古之所以名日者凡四，曰初吉，曰既生霸，曰既望，曰既死霸。因悟古者盖分一月之日为四分，一曰初吉，谓自一日至七八日也。二曰既生霸，谓自八九日以降至十四五日也。三曰既望，谓十五六日以后至二十二三日。四曰既死霸，谓自二十三日以后至于晦也。”②他并用《尚书》的《武成》和《顾命》等篇的月相，与《虢季子白盘》《吴方彝》《师兑簋》《师虎簋》《兮甲盘》《颂鼎》等出土器物的历日铭文材料及汪曰桢《历代长术辑要》中的宣王历谱加以验证，以证一月四分之说。对于王国维的“一月四分”理论，赞成者有之，反对怀疑的也不少，但反对者大多提不出一个系统的理论来证实其说，往往以质疑的方式反驳，因而证据显得苍白无力。近年来，随着青铜器出土数量的增多，学者们对这一问题的研究更加深入。马承源在编制西周金文年表的过程中，通过对有纪年、月、月相和干支的五十二件青铜器进行排比后，根据“四分月相相对幅度推算出现稳定的数值，表明王国维‘四分月相说’是可行的……王国维的设想，基本

① 金毓黻：《最近史学之趋势》，见《中国史学史》，396 页，石家庄，河北教育出版社，2000。

② 王国维：《生霸死霸考》，见《观堂集林》第 1 册，21 页。

上是正确的”[①]。夏商周断代工程专家组在2000年公布的《夏商周断代工程1996—2000年阶段成果概要》中，根据西周晚期厉、共和、宣、幽时期金文进行归纳，对金文纪时词语含义得到如下认识：一，初吉，出现在初一至初十；二，既生霸、既望、既死霸顺序明确，均为月相，“既”表已经，“望”即满月，“霸”指月球的光面；三，既生霸，即从新月初见到满月；四，既望，即满月后月的光面尚未显著亏缺；五，既死霸，即从月面亏缺到月光消失。[②] 这一科学推断与王国维的研究大体相合。

关于西周王号的由来，自春秋以降一直被认为是周王死后所追加的谥号，如文、武、成、康等，也就是说谥号为周人创制，两千多年来不曾有人怀疑过这一说法。王国维首先发现金文中有一种令人惊异的“生称谥”现象，即原来被认为是死谥的成王、穆王等王号变成了生时之称。由于金文资料的可信度较传世文献为高，使他对谥法形成于周初的传统说法产生怀疑，认为这些王号死称之，生亦称之，应属美名而非谥号，进而提出谥法兴于共、懿之后的新说。他说：“此敦称穆王者三，余谓即周昭王之子穆王满也。何以生称穆王？曰：周初诸王若文、武、成、康、穆，皆号而非谥也。……是周初天子、诸侯爵上或冠以美名，如唐宋诸帝之有尊号矣。然则谥法之作，其在宗周共、懿诸王以后乎？”[③]但他所据彝铭除《遹簋》外仅有《献侯鼎》，材料明显偏少，后徐中舒又著文增补《宗周钟》之生称邵〔昭〕王、《遣曹鼎》之生称共王、《匡簠》之生称懿王等材料加以证实，认为“诸王皆生时之称，生时既有成、昭……诸称，则非死后谥法甚明”[④]，重申王国维谥法兴于共、懿诸王以后之说。

在文字考释方面，王国维也有突出的贡献，他精通文字、音韵、训诂之学，每考一字，总是运用甲骨、金文、古籍，旁征博引，给人以很大的启发。在《毛公鼎考释序》中，他归纳出考析古文字的原则、方法和途径，认为“苟考之史事与制度文物，以知其时代之情状；本之《诗》、《书》，以求其文之义例；考之古音，以通其义之假借；参之彝器，以验其文字之变化，

---

① 马承源：《西周金文中月相的研究》，见吴泽主编，袁英光选编：《王国维学术研究论集》(一)，99页。

② 参见夏商周断代工程专家组：《夏商周断代工程1996—2000年阶段成果概要》，载《文物》，2000(12)。

③ 王国维：《遹敦跋》，见《观堂集林》第2册，895～896页。

④ 徐中舒：《遹敦考释》，见《徐中舒历史论文选辑》，202页，北京，中华书局，1998。

由此而之彼，即甲以推乙，则于字之不可释，义之不可通者，必间有获焉”①。即在了解时代背景的前提下，从音、形、义三方面做比较研究和综合分析，才能达到正确考释古文字的目的。对此，王国维很有自信，在1916 年 8 月 27 日致罗振玉的信中，他说：“今日自写《毛公鼎考释》毕，共一十五纸，虽新识之字无多，而研究方法则颇开一生面，尚不失为一小种著述也。”②这里他特别强调研究方法，是指综合贯通以类其同，分析比较以观其异，既有精密的分析，又有高度的概括。这一深刻而有条理的见解，实际上是他在金文研究中总结出的规律性的经验，至今仍有指导意义。

二、汉晋木简研究

王国维利用新发现的汉晋木简材料，结合《史记》《汉书》等文献史籍资料，与罗振玉合著《流沙坠简》，对汉代长城方位及烽燧守卫系统的考实，玉门关、楼兰及海头城位置的确定，西域丝绸之路的探索以及汉代边郡都尉官僚系统的职官制度的排列等一系列相关问题，逐一做了详尽的考释，对后人裨益极大，开辟了西北史地研究的新局面。他在书中不仅考校文字，诠释词语，疏通文义，还对与之有关的汉晋历史制度进行考证，其中对遗址性质、汉长城走向及鄣燧布局、屯戍组织、西域史地、中外交通的研究，对行文关系及文书制度、简牍缀合及编联的解析，创获犹多，至今仍具有很高的学术价值和参考意义。

(一)汉晋木简研究缘起

1901 年和 1904 年，英籍匈牙利人斯坦因以探险为名，先后两次在今新疆、甘肃的楼兰、尼雅、敦煌等地的古代遗址进行发掘调查，所获文物甚多。他利用当时中国政府的腐败和社会的落后，将这批文物、文献攫掠而去，其中包括一批汉晋木简和文书资料。斯坦因把释读和出版这批资料的任务委托给法国著名的汉学家沙畹(Edouard Chavannes，1865—1918)博士。沙畹对木简做了考释，于 1913 年在英国出版了研究专著《斯坦因在中国新疆考古所获中国文书》。该书以出土地点分为三编，共收集简牍及文书九百九十一件。沙畹在未刊印这批木简释文之前，将手稿寄给了寓居日本的罗振玉。其时，罗振玉、王国维两人正在从事《殷墟书契后编》的研究。眼光敏

① 王国维：《毛公鼎考释序》，见傅杰编校：《王国维论学集》，188 页。

② 吴泽主编：《王国维全集·书信》，109 页。

锐的罗振玉，立即看出这批文献的重要价值，“乃知遗文所记，裨益甚宏。如玉门之方位、烽燧之次第、西域二道之分歧、魏晋长史之治所、部尉曲候，数有前后之殊，海头、楼兰，地有东西之异，并可补职方之记载，订史氏之阙遗”①。于是，罗振玉便放下手头的工作，和王国维一起，在没有实物资料的情况下，面对模糊不清的图版，进行认真而细致的考释，经过四个多月的辛勤劳动，他们终于将这批木简整理、分类完毕，题名《流沙坠简》，于1914年在日本出版。

《流沙坠简》共分三部分，其中第一部分“小学术数方技书”和第三部分“简牍遗文”由罗振玉负责考释。第二部分“屯戍丛残”数量最多，内容也最为重要，是全书的精华所在，由王国维担任考释。1914年在致缪荃孙的信中，王国维谈到了工作情况：“岁首与蕴公同考释流沙坠简，并自行写定，殆尽三四之月之力为之。此事关系汉代史事极大，并现存之汉碑数十通亦不足以比之。东人不知，乃惜其中少古书，岂知纪史籍所不纪之事，更比古书为可贵乎。考释虽草草具稿，自谓于地理上裨益最多，其余关乎制度名物者亦颇有创获。使竹汀先生辈操觚，恐亦不过如是。”②在考释过程中，王国维充分利用出土文物资料（如汉代碑刻、魏晋买地券等），结合文献资料，运用文字、音韵、典制、地理、官制、语言等多方面知识，就这批木简所涉及的屯戍情况与制度、名物做了翔实的考证。这是第一部有图影和随文考释的汉简著作，对后来西北史地和简帛学的发展，均具有开创之功，影响深远，受到时人的高度评价。鲁迅曾说过：“中国有一部《流沙坠简》，印了将有十年了。要谈国学，那才可以算一种研究国学的书。开首有一篇长序，是王国维先生做的。要谈国学，他才可以算一个研究国学的人物。”③

作为法国汉学家，沙畹对中国历史的研究颇有造诣，在西方汉学界可算作首屈一指的大师，但是，他毕竟以外邦人的身份研究中国古籍，对汉晋时期的典章制度、地理沿革、军事术语等稍有隔阂，因而误释、漏释之处甚多。如将“承书从事”这一诏书习语释为“奉书行事”；军事名词“完坚折伤”释作“守望折伤”；“任城国亢父县”中“亢父”地名误为“古父”等，不胜枚

---

① 罗振玉：《流沙坠简序》，见《罗振玉校刊群书叙录》，42页，扬州，江苏广陵古籍刻印社，1998。

② 吴泽主编：《王国维全集·书信》，40页。

③ 鲁迅：《不懂的音译》，见《热风》，105页，北京，人民文学出版社，1980。

举。王国维逐一“予以纠正，皆属精当”。[①] 法国另一位著名的汉学家伯希和(Paul Pelliot，1878—1945)也指出：“沙畹为斯坦因考察团搜集的中国资料所写的著作，必须要添上这些中国学者的修正和补充。”[②]

罗振玉、王国维在简牍分类上，为后人树立了一个范例。《流沙坠简》将汉晋木简分作三类：“小学术数方技书”“屯戍丛残”和“简牍遗文”。其中“小学术数方技书”收集了有关字书、历谱、九九术、占书、医方等内容的简，“简牍遗文”收集了简札片断。王国维把“屯戍丛残”分为簿书、烽燧、戍役、廪给、器物、杂事六个细目考释。这一分类法奠定了简牍学研究的基础，流风余韵，绵延不绝。例如，劳榦基本上继承了罗、王二人所采用的分类法。他在《居延汉简考释》中，把居延汉简分成文书、簿录、信札、经籍、杂事五类。信札相当于小学术数方技书，屯戍丛残则分文书和簿籍两类。文书又分作书檄、封检、符券、刑讼，簿籍细分作烽燧戍役、疾病死伤、钱谷器物、车马、酒食、名籍、资绩、簿检、计簿、杂簿十一类。劳榦在自序中说：“这个分类是变通罗振玉和王国维所设计的《流沙坠简》的分类而成。”[③]1960年，劳榦在台湾重印《居延汉简·释文之部》时，重新将简牍分为七大类计六十六项，这表明他在继承王国维分类法的基础上又有所创新。

(二)汉晋木简研究成就

中国边疆史地学的兴起，尤其是西北史地的繁盛，与近代史上我国边界屡遭侵削直接相关。许多学者，如龚自珍、魏源、张穆、何秋涛等人愤于国难，立志开拓边疆史地研究领域，体现了经世致用的优良史学传统。他们想通过边疆史地的研究，唤醒国人对边防的关注。20世纪初叶，作为四大发现之一的汉晋木简的出土，更为西北史地的研究注入一股新鲜活力。王国维即指出：“此项木简中，有古书、历日、方书，而其大半皆屯戍簿录，于史地二学关系极大。”[④]他利用这批新发现的考古材料，将边疆史地的研究又向前推进了一步，其筚路蓝缕之功，实为巨矣。下面就王国维考证的几个主要问题略加说明。

---

① 陈直：《敦煌汉简释文平议》，见《摹庐丛著七种》，275页，济南，齐鲁书社，1981。

② 伯希和：《王国维》，见陈平原、王枫编：《追忆王国维》，416页，北京，中国广播电视出版社，1997。

③ 劳榦：《居延汉简考释序》，见《劳榦学术论文集甲编》(上)，249页，台北，艺文印书馆，1976。

④ 王国维：《最近二三十年中中国新发见之学问》。

1．长城方位及烽燧守卫系统

早在战国时期，燕、赵、秦等国就在北部边境一带修筑防御城墙。秦统一后，建成西起临洮，东至于海，绵延万里的防卫屏障——长城。汉武帝击败匈奴后，为了巩固西北边防，设城筑塞“始筑令居以西，列四郡、据两关焉”。终汉一代，对长城不断修缮完固，规模渐趋宏大。“北边自敦煌至辽东，万一千五百余里，乘塞列隧，有吏卒数千人。”①但是，汉长城的起讫地，史书都没有明确的记载。斯坦因在敦煌以北的一些烽燧遗址中发现西汉时期的简牍。根据这批材料，斯坦因对河西走廊以西的汉代长城和烽燧遗址进行了广泛而全面的调查，并对汉代长城的位置、走向构筑方式，烽燧的分布状况、结构和功能，长城与烽燧的修筑年代等问题做了具体分析。王国维同意斯坦因的说法，并根据法显《佛国记》《晋书·凉武昭王李玄盛传》和唐人所著《沙州图经》等资料加以补充。汉代以后的长城，既有所废弃，又有所补修。法显所见“敦煌有塞，东西可八十里，南北四十里”。长度缩短，已是颓废之后的汉长城。前凉时李暠又加以新修，“玄盛乃修敦煌旧塞东西（应为东北）二围，以防北虏之患。筑敦煌旧塞西南二围，以威南虏”。唐人所记沙州有古长城、古塞城两种遗址，既包括汉长城，又有魏晋时新修的段落。《沙州图经》载有古长城，正是汉长城旧址，位于敦煌以北，是汉代屯戍之所，也是“由中原通西域之孔道”。② 汉时边塞烽燧均沿长城一线设置，职官系统为郡—都尉府—候官—燧，总括王国维考证内容，兹将汉代边郡都尉府官僚组织系统列表③如下：

- 太守府
  - 阁下、诸曹
  - 属国都尉
  - 农都尉
  - 都尉府
    - 都尉、丞、千人、司马
    - 府掾、卒史、书佐
    - 都候
      - 候、丞、掾、令史士吏、尉史 } 部 { 候长 } 燧长—卒
      - 塞候

① 《汉书》卷六九《赵充国传》。

② 王国维：《流沙坠简序》，见《观堂集林》第3册，820～821页。

③ 参见简修炜、章义和：《王国维汉简研究述论》，载《华东师范大学学报（哲学社会科学版）》，1986(4)。

2. 玉门关址问题

汉武帝时期为了保护河西走廊的安全和丝绸之路的畅通，设置了阳关和玉门两道关卡，作为通向西域的门户。两关是中西经济文化交流的必经之路，也是丝绸之路上的重要关口。但是，玉门关的确切地点，自唐代以来就不能明指，史书记载互有歧异，各不相同。斯坦因发现汉晋木简之后，玉门关址问题再度引起争论。沙畹根据斯坦因在敦煌西北约一百千米处的小方盘城发现的一枚汉简“大始三年闰月辛酉朔己卯玉门都尉护众谓千人尚尉丞无署就□”以及《史记·大宛列传》的一段记载，太初三年，贰师将军李广利伐大宛，“还至敦煌，士不过什一二，使使上书言：‘道远多乏食，且士卒不患战，患饥。人少，不足以拔大宛。愿且罢兵。益发而复往。’天子闻之，大怒，而使使遮玉门，曰军有敢入者辄斩之！贰师恐，因留敦煌”①。他主张汉武帝太初以前的玉门关应在敦煌之东，是以汉武帝使使遮玉门，贰师将军乃留敦煌，不敢东向以入关也。敦煌西北之玉门关，则是太初以后所置，因而提出玉门关曾经西迁之说。

王国维同意沙畹的意见，并根据《汉书·地理志》的记载进一步指出，酒泉郡治下的玉门县即为太初以前的玉门关所在地，太初以后的玉门关址，《史记·大宛列传》注引唐《括地志》云“玉门关在县西百一十八里”。“县”是指唐代的寿昌县，即汉代的龙勒县。他还根据上引简文，考定玉门关西迁之年“必在李广利克大宛之后(太初四年)，西起亭至盐泽之时”②。他还根据敦煌汉简指出，汉时丝绸之路南北二道的分歧，不在玉门阳关，而当自楼兰故城始。他说：“楼兰以东，实未分南北二道也。右简出玉门塞上，而自南道莎车还者乃经其地。益知南北二道之分歧，不在玉门阳关，而当自故楼兰城始矣。”③

王国维关于玉门关址的新说，后世学者不断加以修正、补充。劳榦在《两关遗址考》④中指出王国维“玉门关即玉门县”的错误，认为汉玉门关在今赤金峡，汉代冥安县之东，太初三年后迁至敦煌西北的小方盘城。向达在

① 《史记》卷一二三《大宛列传》。

② 王国维：《流沙坠简序》，见《观堂集林》第 3 册，825 页。

③ 王国维：《敦煌残简跋》，见劳舒编校：《王国维书话》，49 页，杭州，浙江人民出版社，1999。

④ 参见劳榦：《两关遗址考》，见《劳榦学术论文集甲编》(上)，537～546 页。

《两关杂考》[①]中，根据新发现的敦煌文书《沙州都督府图经》对玉门关的记载“县北一百六十里，汉武帝元鼎九年置，并有都尉，《西域传》东即限以玉门、阳关也”以及《汉书·地理志》《史记·大宛列传》，认为汉玉门关在敦煌西北的小方盘城，并且“自始置以至终汉之世俱在敦煌。惟至隋唐，则玉门关已徙至敦煌以东瓜州之晋昌县境”。因而太初三年西迁之说是没有根据的。陈梦家在《玉门关与玉门县》[②]中也指出玉门关西迁之事根本不可能，并推测玉门关只能在斯坦因编号 T14 古城之北或西北，即在 T11-12 或 T13-14 之间。劳榦、向达、陈梦家诸人对玉门关址的研究，是继承了王国维的工作并向前推进了一步。

近些年，随着考古新材料的不断发现，对这一问题的看法渐趋明朗。1978 年，甘肃博物馆文物考古队对敦煌以北长城烽燧进行考察，在小方盘城以西十一千米的马圈湾遗址进行了发掘，获得一千二百一十七枚汉简，经过初步整理后认为，玉门都尉治小方盘城，位于玉门候官治所马圈湾遗址东十一千米，大煎都候官治凌胡燧，位于马圈湾遗址西南约五十千米，故玉门都尉与大煎都候官之间的邮书路线为东西方向，都尉府发往大煎都候官的文书称“西书”，反之称“东书”。据出土简文知，玉门候官治所附近的邮书路线为广汉燧—候官燧—玉门关。故玉门关当位于马圈湾遗址西侧，即候官燧与临要燧之间。作为主要交通咽喉的玉门关，当置于驿道上，坐东向西。今马圈湾附近有一高地，驿道从中穿过，可能成为探索汉玉门关址的重要地点。

3. 楼兰故城和海头城问题

楼兰一名最早见于《史记·大宛列传》：“楼兰、姑师，邑有城郭，临盐泽。盐泽去长安五千里。”3 世纪前后，楼兰突然从史书上消失了。直到 1900 年，瑞典探险家斯文·赫定首先到罗布淖尔，发现一座古城。此后，斯坦因及日本大谷光瑞考察团的橘瑞超相继抵达该地，并发现一批汉晋木简和文书。德国学者希姆莱(Karl Himly)和孔好古(August Conrady)根据斯文·赫定所获汉文文书，判定此城即是楼兰故城。沙畹依斯坦因所获木简，也

---

① 参见向达：《两关杂考》，见《唐代长安与西域文明》，373～392 页，北京，生活·读书·新知三联书店，1987。

② 参见陈梦家：《玉门关与玉门县》，见《汉简缀述》，195～204 页，北京，中华书局，1980。

持此说。但是，王国维根据出土的木简，尤其是“李柏文书”，认为文书出土地点不是楼兰，而是前凉时的海头，即《汉书·西域传》及《魏略·西戎传》所载的“居庐仓”，《水经·河水注》所言之龙城。其理由有三，第一，斯坦因所获简牍中，提及楼兰的有三处：“帐下督薛明言谨案文书前至楼兰□还守堤兵”，“八月廿八日楼兰白疏恽惶恐白”，“楼兰□白”。仔细观察文书惯例，都在姓名前署上发书之地，依此，则“楼兰白疏恽惶恐白”必然是从楼兰所发之书。文书既然发自楼兰，那么，所抵之地不会是楼兰。第二，《水经·河水注》云：“河水东径墨山国南，又东径注宾城南，又东径楼兰城而东注，河水又东径于泑泽，即《经》所谓蒲昌海也。”河水即今宽车河、塔里木河，泑泽和蒲昌海即今罗布淖尔。楼兰城当在塔里木河注入罗布淖尔的西北方。而斯坦因所获木简之地在东北方，与史书记载不合。第三，古代楼兰国自汉昭帝元凤四年徙至罗布淖尔西南鄯善后，国号虽改为鄯善，但楼兰城名仍存。《后汉书·班勇传》载：“宜遣西域长史将五百人屯楼兰，西当焉耆、龟兹径路，南强鄯善、于阗心胆，北扞匈奴，东近敦煌。”《后汉书·杨终传》也载：“远屯伊吾、楼兰、车师、戊己。”《魏略》记载过龙堆到楼兰，都是说楼兰位于罗布淖尔的西北。所以东方人称“淖尔”为泑泽、盐泽、蒲昌海，从西方来的人则称为“牢兰海”。因此，《水经·河水注》引释氏《西域记》有“南河自于阗之东北三千里，至鄯善，入牢兰海是也”。古牢、楼同音，因为从西方来，必定先经过楼兰城，然后至罗布淖尔，所以称淖尔为牢兰海。据此，斯文·赫定和斯坦因所发现的罗布淖尔东北的古城，绝不是古代楼兰。那么，此城究竟是什么呢？王国维从橘瑞超所获李柏文书断定为前凉时期的海头。李柏两份文书所言之事相同，所署月日相同，所遣使者相同，实际上是一份文书及其草稿。由此可知，文书写于此城而非来自他处。其一书曰“今奉台使来西月二日到此”，“此”字旁注“海头”二字；其二曰“诏家见遣使来慰劳诸国月二日来到海头”，前记“此”，后记“海头”，即知此地在前凉时期称海头。“海头”一名史书不见记载，可能是在蒲昌海之东而得名。此外，王国维还考证出古籍所载与海头相当之地，只有《水经·河水注》中的龙城，汉魏时称“居庐仓”，魏晋以后成为西域长史治所。对西域长史在魏晋至前凉时期的变迁，王国维也做了详细考证，最后得出海头“为古代西域之重地”。

此后，日本学者森鹿三在《李柏文书的出土地点》一文中，查对斯坦因的探险报告，并结合橘瑞超所存的照片后发现，照片摄下的“李柏文书”出土地点根本不是楼兰，而是其西南约五十千米的斯坦因编号为 LK 遗址，即海头城，说明西域长史府的驻地，330 年以后，已由楼兰南徙至海头，从而验证了王国维的判定。我国学者黄文弼先后两次考察罗布淖尔，获简五十八枚，其中有“居卢訾仓以邮行”。根据简文所记，黄文弼认为龙城未必确有此城，但实有此地，在蒲昌海东岸。《魏略》中所记的龙堆，即为龙城所在地。而居卢訾仓的方位，应在蒲昌海东南，与楼兰相对。因此，居卢訾仓不但与楼兰非一地，与龙城也不相同。①

由于《流沙坠简》成书仓促，加之罗、王二人未见到实物，因而在释文考证方面存在一些错释、漏释之处。② 王国维也意识到这一点，《流沙坠简》出版后，每年都要对其进行修改、补充、订正。如 1915 年，“七月，补正《流沙坠简》考释三十余处，重阳日读《汉书・功臣侯表》至相如使西域事，因订正前释《屯戍丛残》廪给类第一简之误，至为愉快”③。北京图书馆所藏王国维自用本《流沙坠简》一书，将罗振玉和他自己所考证错误的史事，一一加以涂改，在书的天头上用蝇头小楷写了眉批，惜因时间仓促，未能抄录。赵万里校辑《观堂别集》卷四中，载有王国维 1916 年 12 月所写《流沙坠简考释补正自序》，序文中说：“甲寅之春，与罗叔言参事共考释敦煌及罗布淖尔北古城、尼雅古城所出木简，阅两月而成。虽粗有发明，而违失漏略，时所不免。既于考释后序及烽燧表中时一正之。二年以来，浏览所及，足以补苴前说者，辄记于书眉，共得数十事，写而出之，以质世之读是书者。”1918 年，在致罗振玉的一封信中，他又说：“昨复取《流沙坠简》校之，其永光五年历谱简背末一行新识四字，‘十七日丙戌’下所阙一字当是‘腊’字，《说文》冬至后三戌腊祭百神，此日适冬至后三戌，且此简有伏日，尤当有腊日也。末之字前不可辨，今辨为‘己亥晦’三字，又前此录文漏去‘十月辛未朔大’一行，而‘十一月辛丑朔’误书作‘十月’。如能详校一过，则此

---

① 参见黄文弼：《罗布淖尔汉简考释》，见黄烈编：《黄文弼历史考古论集》，386 页，北京，文物出版社，1989。

② 除王国维自己对汉晋木简有所修正、补充外，后人屡有改定，如贺昌群《流沙坠简校补》《流沙坠简补正》，陈邦福《汉魏木简义证》，劳榦《敦煌汉简校文》，陈直《汉晋木简考略》《敦煌汉简释文平议》，方诗铭《敦煌汉简校文补正》，李均明《流沙坠简释文校正》，何双全《敦煌汉简释文补正》以及吴礽骧、李永良、马建华释校《敦煌汉简释文》等。

③ 赵万里：《王静安先生年谱》，载《国学论丛》，第 1 卷，第 3 号，1928。

种处当发见不少也。”①

此后，王国维又写了一系列汉晋木简论文，包括《敦煌所出汉简跋》《罗布淖尔北所出前凉西域长史李柏书稿跋》《仓颉篇残简跋》《仓颉篇残简考释》《仓颉篇辑本》《重辑仓颉篇》及自序、《校松江本急就篇》及序等，均以敦煌所出汉简综校古籍，而这些书的完成，上距他与罗振玉合释流沙坠简已有三四年，但他之所以重视《急就篇》和《仓颉篇》，无疑与其研究汉晋木简有关。他以传世诸本为底本，合以敦煌所出汉简综校补辑，因而能后来居上，取得卓越的成就。1925 年 7 月，应清华国学研究院学生会之邀，王国维做了《最近二三十年中中国新发见之学问》的讲演，开头便强调“古来新学问起，大都由于新发见”，并指出古代简牍的两次出土(孔子壁中书、汲冢竹书)，极大地促进了古代学术的发展。于 20 世纪发现的敦煌塞上及西域各处之汉晋木简，也为王国维的学术创新提供了契机，此后，他在甲骨、金文、敦煌文书等研究领域继续拓展，逐渐形成了一套独特的治学理论和方法——二重证据法。

王国维在简牍与古史相结合研究方面的典型范例，体现在《太史公行年考》一文中。首先，他根据《史记·太史公自序》“迁为太史令”司马贞《索隐》注引晋人张华《博物志》载“太史令茂陵显武里大夫司马(迁)年二十八，三年六月乙卯，除六百石也”考定今本《博物志》所无的这条记载，“当在逸篇中”。张华所记此条“当本先此，汉记录非魏晋人语”，且“本于汉时簿书，为最可信之史料矣”，因为木简中所见汉人履历要写姓名、县乡里名和爵位、年龄。然后他引敦煌所出新莽时木简“敦德亭閒田东武里士伍王参”“新望兴盛里公乘口杀之年卌八”和“□□中阳里大夫吕年年廿八”之后说：“此云茂陵显武里大夫司马迁年三十八，与彼二简正同”，又参照张守节《正义》为《太史公自序》“迁为大史令……五年而当太初元年”句所加注语“案，迁年四十二岁”，以为张华所记“二十八”当系“三十八”之讹。他说：“《正义》所云亦当本《博物志》，疑今本《索隐》所引《博物志》‘年二十八’，张守节所见本作‘年三十八’。三讹为二，乃事之常，三讹为四，则于理为远。以此观之，则史公生年，当为孝景中五年，而非孝武建元六年矣”。即汉武帝元封三年，太史公年三十八岁，由此上推，司马迁生于汉景帝中元五年(公元前145)，卒年绝不可考，“然视为与武帝相终始，当无大误也”。自王文出，

① 吴泽主编：《王国维全集·书信》，260 页。

学者多宗其说。[1]

王国维的汉晋木简研究，开创了西北史地研究的新纪元。这是“地上之材料”与“地下之新材料”相互结合的典范，也是“二重证据法”的最早实践。尽管由于条件所限，王国维的考释结论，为不断发现的考古材料和新的研究成果所补充、修正。有学者评价道：“《流沙坠简》的某些论断也为更多的新资料和新的研究成果所订正，但它并没有完全失去生命力。在这世纪之交重温这部奠基之作，对于开创简帛研究的第二个一百年，应还是有积极意义的。”[2]王国维利用汉晋木简文书等新资料，结合史书文献记载的研究方法，至今仍具有极大的启发意义。在20世纪简牍研究史上，王国维具有首创之功，这是应予以肯定的。

三、敦煌学和元史研究

20世纪初年，甘肃敦煌莫高窟(也称千佛洞)藏经洞发现三万多卷遗书，从时间上说，起于北魏直到北宋初，约5—10世纪。从内容上说，除大量佛经外，还有经、史、子、集四部的多种抄本写卷，以及宗教文学、社会经济等方面的资料，涉及社会生活各个侧面。自从敦煌文书发现以来，中外学者纷纷致力于敦煌研究，开拓了一门全新的学科——敦煌学。追溯起来，王国维是第一代研究敦煌学的学者，他除了帮助罗振玉编辑出版如《敦煌石室遗书》《鸣沙石室佚书》等八种敦煌遗书外，还写了三十多篇敦煌学研究文章，在敦煌学的研究和探索上，做出了开拓性的贡献。

20世纪以来，元史研究有两个特色：一是史料应用范围的扩大；二是研究方法的改进，即着重采取史料校勘、史实考订和译名勘同等专业研究方法。王国维对元史的研究，深受晚清学者沈曾植的影响，他最后两年多时间主要集中于元史研究，侧重于对蒙古族在历史上的存在及其发展状况

---

① 如范文澜在《正史考略·史记》中，司马迁生卒年即采用王国维的说法。但郭沫若不同意王说，在《〈太史公行年考〉有问题》一文中，又从居延汉简中找出十项典型的简牍，列举官职、乡里、身份、姓名、年龄、事由等，并带年月日，是完整的一个公文格式，认为司马贞所引《博物志》并没有错，而张守节所言司马迁“年四十二”，是综括其一生只活了42岁，由此断定，司马迁的生年应是汉武帝建元六年(公元前135)(参见《郭沫若全集·历史编》第3卷，445～450页)。

② 罗琨：《罗振玉、王国维与流沙坠简》，见《简帛研究》第3辑，520页，南宁，广西教育出版社，1998。

做考察，对元史史料方面的考证等。由于《元史》编辑时间仓促，搜集史料草率，因此其在《二十四史》中最为芜杂，后人纠正整理者甚多，如洪钧《元史译文证补》、屠寄《蒙兀儿史记》、柯绍忞《新元史》等，但均不成功。王国维对《新元史》体例和取材尤不满意，他说："《元史》乃明初宋濂诸人所修，体例初非不善，惟材料不甚完备耳，后来中外秘籍稍出，元代史料渐多，正可作一部《元史补正》，以辅《元史》行世，初不必另造一史以掩原著也。"①他研究元史的成就，也具有把这一研究领域推进到新的阶段的意义。

(一)敦煌学研究

敦煌学研究主要有两大类：一类是石窟寺遗存，包括敦煌莫高窟、西千佛洞和安西榆林窟三处，内容为雕塑、壁画、题记、建筑几个部分；另一类是石室遗书，或称敦煌卷子，内容分宗教经典和世俗文书两部分。此外，敦煌学的研究资料还应包括敦煌汉简和敦煌地区的古墓葬、出土文物、烽燧城堡和乡土文献等。王国维利用敦煌资料进行考古学、地理学和文学方面的研究，详考摩尼教等古代宗教之源流和中古时期西北及于阗之史实，取得了令人瞩目的成就。

1. 校勘《秦妇吟》

唐末著名诗人韦庄所著《秦妇吟》，是我国诗歌史上最长的一首韵文叙事诗(二百二十八句，一千六百六十六字)，不仅声谐语俪，条畅明白，于清辞丽句中，洋溢着浓郁的民间文学的气息，还提供了研究唐末社会状况和农民起义的重要资料，史料价值极大。该诗是韦庄于唐僖宗广明二年(881)赴长安应举，适逢黄巢农民军入长安，他目睹了当时的实况，乃假借一秦妇之口，将自己的所见所闻用诗歌反映出来，是古典诗歌的巨作。作者以敏锐的洞察力，描写了风云演变的社会现实，深刻地反映了在黄巢起义军冲击下，唐代社会真实情况，不仅有鲜明的政治内容，而且有生动的艺术手法。王国维见到的是日本狩野直喜所录伦敦博物馆残本，前后残缺，无篇题及撰人姓名。他根据五代人孙光宪《北梦琐言》，断定为韦庄《秦妇吟》，"案《北梦琐言》，蜀相韦庄应举时，遇黄寇犯阙，著《秦妇吟》一篇，云'内库烧为锦绣灰，天街踏尽公卿骨'，此诗中有此二语，则为韦庄《秦妇吟》审矣"。后王国维看到巴黎国民图书馆《敦煌书目》，有《秦妇吟》一卷，署"右补阙韦庄撰"，便请伯希和教授写寄。王国维进行了校勘与考订，说此诗作于中和三年(883)，是韦庄为了进见镇守润州的镇海军节度使、同平

---

① 徐中舒：《追忆王静安先生》，见陈平原、王枫编：《追忆王国维》，202页。

章事周宝而作。当时韦庄尚未及第，其署右补阙者，乃韦庄在唐所终之官。黄巢起义爆发后，韦庄“自洛而吴，而越，而赣，而楚，至景福二年癸丑，始还京应举。其投寄旧知诗，所谓‘万里有家留百越，十年无路到三秦’者也。是年下第，至次年乾宁改元，始成进士”。此诗敦煌写本有九种之多，足见在当时传诵之盛，时人多垂《秦妇吟》幛子，号韦庄为《秦妇吟》秀才。后韦庄入蜀，助王建成立割据政权，身份显贵，官至蜀吏部尚书同平章事。因诗内有“天街踏尽公卿骨，内库烧成锦绣灰”之句，乃讳之，其弟韦蔼辑编《浣花集》时未收入，《全唐诗》也没有收录，仅在宋初孙光宪《北梦琐言》中存诗题，以致世上遂无传本。其后王国维又撰写了《韦庄的秦妇吟》，不仅考证出韦庄是《秦妇吟》作者，还鉴别了诗的体裁和艺术风格：“此诗前后皆阕，尚存九百六十余字，当为晚唐诗中最长者，又才气俊发，自非才人不能作，惟语取易解，有类俳优。”[①]韦庄的咏史诗《秦妇吟》失传千年，传抄本在敦煌遗书中得见天日，使黄巢起兵时代不少史实大白于天下。又经过王国维抄录和校勘，《秦妇吟》成为研究唐末历史和文学的重要资料。

在王国维的影响下，研究《秦妇吟》的学者渐趋增多。英国汉学家翟理斯(Herbert Allen Giles)将《秦妇吟》与韦庄史实合在一起考证，由张荫麟译成中文。其他如郝立权撰《韦庄秦妇吟笺》，黄仲琴著《秦妇吟补注》，周云青写成《秦妇吟笺注》等。而陈寅恪对《秦妇吟》所做的考证更为深入全面，他根据新旧《唐书》的王重荣和杨复光两传与《秦妇吟》所述长安到洛阳之路程互证，另参以其他史籍，综合推究，得一假说：《秦妇吟》中的秦妇，因黄巢洗长安后逃难出城，其路线必经杨复光部队之防区，秦妇为避乱之人，于丧乱之中，弱不自济，而有委身驻军之事。陈氏推测杨军八都大将之一的王建，后为“前蜀创业垂统之君，端己北面亲事之主”，其部下多黄巢的降将、降卒，且王建在围攻黄巢时，其军驻地是从长安奔洛阳的必经之路，所以王建及其开国元勋的妻妾中，难保没有如秦妇遭遇之人。韦庄的诗歌《秦妇吟》，“流行一世，本写故国乱离之惨状，适触新朝宫闱之隐情。所以讳莫如深，志希免祸，以生平之杰构，古今之至文，而竟垂戒子孙，禁其传布者，其故倘在斯欤？倘在斯欤?”考察了韦庄晚年讳言此诗的原因。其他如诗中有“仍闻汴路舟车绝”句，“汴路”一词，王国维释作“路下”，罗振玉解为“汴洛”，周云青笺注云：“汴洛谓河南开封至洛阳也。”陈寅恪广征《元和郡县图志》《白氏长庆集》《李文公集》《桂苑笔耕集》等史集专著，指证

① 王国维：《唐写本韦庄秦妇吟跋》，见《观堂集林》第4册，1019～1021页。

“汴洛”即“汴路”，为当时习用之名词，是经由汴路埇桥至徐淮之间交通要道，也为商旅所会之处。① 陈寅恪《韦庄秦妇吟校笺》被公认为校勘最精，也是以诗证史，以史证诗的一个范例。

2. 均田制研究

均田制是北魏至隋唐期间实行的一种土地分配制度，到天宝末年，由于人口增加，土地有限，供不应求，同时官吏众多，经济演变，使得土地逐渐集中于少数人之手，因而均田制变得有名无实。但由于史书记载的缺漏，均田制是否真正实行过，史学界一直存在争议。有人说唐代前期为土地国有制，国家按制度向农民授田，此即平均分配，故曰均田制。但也有学者认为，在大量有关唐代的史料中，看不到均田制的实行，田令乃一纸具文，田令所规定的制度根本没有执行。自从敦煌吐鲁番出土大量与均田制有关的文书后，这一争论才渐趋平息。文书清楚地表明均田制并非具文，在一定程度上得到了贯彻执行。王国维根据英国伦敦博物馆所藏唐大历四年沙州敦煌县户籍，指出授田之式，每岁一造计帐(账)，三年一造户籍，定户以仲年(子、卯、午、酉)，造籍以季年(丑、辰、未、戌)，里正预造簿，县令总集应退应受人数，然后给受。大历四年，正是定户之年。王国维举出其中最典型的一户人家索思礼，做了详细考证。户主索思礼，属于“老男”，官衔为“昭武校尉、前行右金吾卫灵州武略府别将、上柱国”，有散官、职事官、勋官三种。其子索游鸾，丁男，衔头是“丹州通(同)化府折冲”，仅具职事官、勋官二种。因为“勋官自上柱国以下授田各有差，而散官则与授田无涉故也”。游鸾子齐岳，12 岁，尚属“小口”。这一家的户等属“下中户”，即八等户，家中无课口，属于“不课户”。按规定，户主索思礼老男应授田五十亩，游鸾为丁，应授一百亩，加上宅田三亩，合计一百五十三亩。此外，父子二人皆上柱国，应授勋田各三千亩，总共应该授田六千一百五十三亩。但勋田仅授了十九亩，距六千亩相差较大，原因是“盖唐时职事官田与勋官田皆有名无实”。但口分田一百六十七亩，多出四十七亩。王国维解释道：“盖思礼已老，游鸾又为他州四品职事官，均未必能躬耕，为之耕者，二奴也。二奴之年正在丁中，例得受田百亩，意其初以二奴之名受田二顷。然唐制奴婢无受田之文，于是即以思礼、游鸾之名受田百五十亩，然实际已受二百七亩，有司以其家勋田未受者尚多，又以游鸾

① 参见陈寅恪：《韦庄秦妇吟校笺》，见《陈寅恪史学论文选集》，423～453 页，上海，上海古籍出版社，1992。

官稍高，遂不复致诘，即据以定籍，故有此参池也。”①通过这一户籍文书可以看出，尽管受田数量不足，但说明唐代宗大历年间沙州敦煌地区，均田制还是得到了有效的执行。

王国维在有关敦煌户籍、手实等文书的跋文中以户籍所载有受田数、已受田数与有关均田的规定相比较，开启了运用文书研究田制的先河。此后发现的吐鲁番敦煌文书中有退田和给田文书，根据形态和正反两面的样式，明白这两类文书有密切的关系，这是均田制土地还授的文书，说明均田制即使到了律令衰退的8世纪中期也在河西边境地区的吐鲁番得到实施，但土地的类型或面积与田令的规定存在很大的差异。如户籍中所载的“受田”之制：丁男和十八岁以上的中男可受永业田二十亩，口分田八十亩；老男、笃疾、废疾、中男、小男及寡妻等也可受一定数量的田地。同时，从户籍中所列的“应授田”和“未授田”等项目，又可得知令中所规定的受田数额实际上是最高限额，绝大多数民户都未达到此数字。再有，从户籍上所登录的各户已授田数额悬殊很大的情况，以及有关民户的已授田中包括了“买田”情况来看，说明当地民户已授田实际上并不是来自官府的平均分配，而是民户的私有土地。这种结论随着近几十年来出土文书的不断增多而得到验证。如1973年发现的新疆吐鲁番阿斯塔那古墓群，出土的开元二十一年《蒲昌县注定户等申州状》，就是为了授田而定户等的文书②，是研究唐代均田制度最具体而翔实的资料，有力地证明唐代均田制是得到实施的。

3. 于阗史考证

于阗属今新疆和田地区，是丝绸之路南道上的一个古国，汉代以来即与中原有接触，中古时期国势强盛，文化繁荣。玄奘《大唐西域记》载于阗建国于印度阿育王时期，《通典》也有“自高昌以西，诸国人等深目高鼻，惟此一国貌不甚明，颇类华夏”的记载。当政的于阗王尉迟氏，唐初曾入觐，被唐政府改国号为毗沙都督府。安史之乱时，于阗王尉迟胜率兵入援，以其弟曜监国，后胜请留宿卫，曜乃为国王。但自吐蕃攻陷后，与唐隔绝，终唐一世，对于阗的情况毫无了解。何时李圣天取代尉迟氏为于阗国王，史书不载，后人也无从知道。且李圣天当政的史实，两《唐书》均无记载。11世纪初于阗被突厥王朝黑汗所攻灭。

① 王国维：《唐写本敦煌县户籍跋》，见《观堂集林》第4册，1031页。

② 参见新疆维吾尔自治区博物馆、西北大学历史系考古专业：《1973年吐鲁番阿斯塔那古墓群发掘简报》，载《文物》，1975(7)。

王国维所看到的资料，是《于阗公主供养地藏菩萨画像》，他据画中“故大朝大于阗金玉国天公主李氏供养”的题名，对曹氏家族的世系做了进一步的研究，认为此于阗金玉国天公主李氏为于阗国王李圣天之女，下嫁给敦煌曹氏。伯希和所得敦煌文书中有《曹夫人赞》，此“曹夫人”为曹元忠妻，《续资治通鉴长编》载曹元忠卒于太平兴国五年，子延禄嗣立，然据英国所藏《开宝八年归义军节度使曹延禄施舍疏》，则元忠、元禄之间尚有延恭一世，且元忠卒于开宝以前。他又据《曹夫人绘观音菩萨功德记》，考于阗公主为曹延禄之妻，延恭之弟延禄妻也为于阗公主李氏。王国维对此画像题名所做的考证，明确指出曹元忠之后，归义军节度使为曹延恭，纠正了诸史记载的曹元忠卒后嗣立者为曹延禄的谬误，填补了罗振玉《瓜沙曹氏年表》对这一问题的空缺。但他考证于阗公主为延恭之妻，则是错误的。这个于阗公主应为曹延禄之妻，与千佛洞壁画题名的于阗公主是同一人。

王国维又据高居诲晋天福元年(938)出使于阗，以七年归，他所记李圣天年号，为同庆二十九年，因而知道李圣天嗣位当在后梁之初。宋建隆三年(962)李圣天遣使入贡，那么在位时间达 60 余年，必以幼年即位，因此不是开国君主。李圣天当国，应在唐朝末年，当时回鹘强大，雄居西域，占据东起甘州，西迄龟兹的广大地区。王国维怀疑李圣天得国，实是回鹘支持的结果。他还怀疑李圣天本人也是回鹘人，因为圣天一名，是回鹘语的汉译，而李圣天既奉佛教，也事回鹘的主要宗教摩尼教。《宋史》载建隆三年，圣天与摩尼师一起上贡，“国中摩尼得与国王并自通于中国，全用回鹘故事”，所以李氏出于回鹘。至于为何姓李，王国维也做了推测：“特以于阗佛教根柢至深，又自尉迟氏以来，世效忠于唐室，故称唐族。奉象教以安集其国，百年之间，国基既定，仍复其故俗。”①王国维的考证填补了于阗历史的一段空白。近年来，随着敦煌、吐鲁番等地所出于阗文书及有关于阗史的古藏文文书的译释解读，学者对于阗史的研究取得了许多成果。张广达、荣新江所著《于阗史丛考》一书，对于阗史文献和于阗国世系、国号及年号，于阗国政治制度、民族、宗教、对外关系等，逐一进行考订。② 这是在王国维于阗史研究的基础上所做的进一步拓展。

4. 归义军考订

敦煌遗书中还有相当数量的地方史资料，尤其是唐末归义军的资料。

---

① 王国维：《于阗公主供养地藏菩萨像跋》，见《观堂集林》第 4 册，1003 页。

② 参见张广达、荣新江：《于阗史丛考》，上海，上海书店，1993。

关于归义军统治时期敦煌的历史，在两《唐书》《资治通鉴》以及新旧《五代史》《宋史》《辽史》等正史中，记载十分简略，而且错误极多，致使人们对于这一时期敦煌地区的真实情况只有一鳞半爪的了解。而敦煌遗书中有关归义军及张曹两氏的资料就在百种以上，如《西汉金山国圣文神武白帝敕》《张淮深墓志铭》《张议潮变文》等。王仁俊、蒋斧、罗振玉等人根据这些材料，对归义军的历史进行了初步探讨。尤其是罗振玉在《补唐书张议潮传》及《瓜沙曹氏年表》二文中对张氏归义军节度使世次的考证，曹氏取代张氏的时间应在贞明以前，在归义军张氏时统治区域有瓜、沙、甘、肃等十一州，到五代时所领仅有瓜、沙二州。这些文章按时间顺序对有关资料做了梳理、编排和考订，复原了这一段历史原貌。

王国维从伯希和所得文书中看到《曹夫人绘观音菩萨像》，了解到画中曹夫人是归义军节度使曹元忠之妻，延恭、延禄之母。其时曹元忠已死，其子延恭以节度行军司马知留后事，他指出："自曹义金以检校司空为归义军节度使，元忠加至检校太傅；时元忠初卒，延恭知留后事，未受朝命，所称检校司空，实自署也。"①《宋史》《续资治通鉴长编》等有关记载，均说曹元忠死于太平兴国五年(981)。罗振玉撰《瓜沙曹氏年表》，据英国所藏《开宝八年归义军节度使曹延恭施舍疏》，谓元忠已死，但未考订出卒于何年。王国维看到《曹夫人绘观音菩萨像》，知道开宝元年(968)曹延恭已经知留后事，说明在元忠和延禄之间尚有延恭一世。该画所记除慈母娘子、男司空外，还有小娘子、女小娘子、郎君等，但没有提及元忠，可知元忠已死。他根据日本西本愿寺藏《大般若波罗蜜经》卷二七四的《写经记》："署乾德四年五月，乃元忠子延晟所造"，记中"有大王遐寿宝位坚于邱山"等语，这里所说的大王当指元忠，可见当时元忠尚存。他接着考订了曹元忠卒年："然则元忠之卒，当在乾德四年五月之后，六年五月之前；或在乾德五年矣。"他自己对这一考证结果非常满意，说："元忠卒年与延恭嗣位之岁，均得由此画定之。上虞罗叔言参事作《瓜沙曹氏年表》，未得元忠卒年，当由此画补之矣。"②王国维的考证，补正了《瓜沙曹氏年表》之缺。事实上，曹元忠的卒年，尚在此后，他未能确定此于阗公主是曹延禄之妻而非曹延恭之妻。但在当时，王国维所做的探索，可弥补沙州曹氏世系之缺，具有一定的价值。

---

① 王国维：《曹夫人绘观音菩萨像跋》，见《观堂集林》第 4 册，1004 页。

② 王国维：《曹夫人绘观音菩萨像跋》，见《观堂集林》第 4 册，1005 页。

5. 摩尼教研究

摩尼教为 3 世纪时波斯人摩尼所创，它以拜火教为基础，参酌基督教、佛教教义而自成一教，对人类文明及传递东西方文化有较大贡献，对回鹘经济、文化尤有特殊影响。摩尼教于唐代武则天时传入我国，先在长安建“大云光明寺”，后又在南昌、太原等地建寺，可见当时流行之盛。唐武宗会昌三年(843)，摩尼教被禁，寺院被废，教徒被处死，经典荡然无存。摩尼教自此转入民间，与秘密会社结合，对下层社会产生过巨大的影响。敦煌是汉唐时代中西交通道路枢纽，外来宗教如佛教、景教、摩尼教等，都是经敦煌传入中原地区。吐鲁番敦煌文书中有大量各种语言文字的摩尼教文献，对于了解摩尼教在中国流传情况很有帮助，掀起了世界范围的研究摩尼教热潮。

蒋斧首先著录，撰《摩尼教流行中国考略》，把史籍和敦煌文书的记载做了初步整理，后由罗振玉作跋，又稍补其说，并刊入《敦煌石室遗书》中。沙畹和伯希和撰《摩尼教流行中国考》，收集大量汉文典籍中的材料，加上新发现的敦煌文书，考述了摩尼教在唐宋时期的流行与遭际，及其传入漠北回鹘汗国的时间和安史之乱后借助回鹘而在唐朝盛行的情形。但由于他们对外来宗教非所素习，故立言时有未当，如认为摩尼教经在唐以前即流传中国等，都是错误的。

王国维在沙畹和伯希和文章的基础上，根据敦煌卷子中发现的三卷《摩尼教经》，补充了一些晚唐和宋元文献材料，撰写了《摩尼教流行中国考》，总结了唐宋二代摩尼教在中国的流行概况，把摩尼教首次入华的年代定在《佛祖统纪》所记的武后延载元年(694)，提出会昌诏毁摩尼教后，福建等地仍有摩尼教徒，其来源自海上商胡的传播：“唐代置摩尼寺之地，北则两都、太原，南则荆、扬、洪、越诸州。会昌禁绝后，回鹘摩尼师虽绝迹于中土，然中土人传习者尚如其故。至于五季，尚有陈州母乙之乱，明教禳鬼之事。及大中祥符重修道藏，明教经典乃得因缘编入。东都盛时，其流盖微，南北之交，死灰复炽，寻其缘起，别出三山，盖海舶贾胡之传，非北陆大云之旧矣。南渡文人不能纪远，检谓出自黄巾祖彼张角。放翁笔记亦仅上援稽神录为其滥觞，实则二宗、三际、明使等语，具见唐译摩尼经中，故唐宋彼教其源或殊，其实则一。”①此文钩稽史料达二十八种之多，参考了日本僧人圆仁《求法记》、赞宁《僧史略》、方勺《泊宅编》、庄季裕《鸡肋

① 王国维：《摩尼教流行中国考》，见《观堂集林》第 4 册，1189～1190 页。

编》及《建炎以来系年要录》《高峰先生文集》《嘉定赤城志》《金陵新志》《真西山文集》等史料，具体入微，勾勒出唐宋两代摩尼教在中国流行的清晰轮廓，可以作为一部中国摩尼教简史来看。

继王国维之后，陈垣又撰《摩尼教入中国考》，利用新发现的《闽书》记载，及胡适提供的《崇寿宫记》中一条材料，全面而详细地考证了摩尼教在中国的传播历史。至此，摩尼教这一外来宗教在我国流传的史迹开始变得明朗，这与王国维的考证之功是分不开的。

此外，王国维还写有《唐写本残〈职官书〉跋》《唐写本〈食疗本草〉(残卷)跋》《唐写本〈灵棋经〉(残卷)跋》《唐写本〈太公家教〉跋》《唐写本〈兔园册府〉(残卷)跋》《唐写本〈老子化胡经〉(残卷)跋》《唐写本〈春秋后语背记〉跋》等研究文章。其中《唐写本〈大云经疏〉跋》，考订《大云经》晋代已译，非武则天时沙门法明等伪造，纠正了《旧唐书》《资治通鉴》的错误，他还根据敦煌所出《隶古定尚书》，与日本所藏古写本合校，撰《古本尚书孔氏传汇校》。所有这些都为敦煌学走向成熟做出了开创性的贡献。1920 年，他撰写的专论《敦煌发见唐朝之通俗诗及通俗小说》，介绍了韦庄《秦妇吟》一卷、《季布歌》一卷、《孝子董永传》、唐人小说记唐太宗入冥事、《太公家教》、《西江月》、《菩萨蛮》等词，《云谣集杂曲子》30 首中的《凤归云》二首、《天仙子》一首等，全文虽只做普通介绍，却将敦煌文学的全貌简明地描述出来，在敦煌文学的普及化方面有创始之功。不仅如此，全文识见超迈，考证精辟，为敦煌文学研究的首篇力作，影响广泛，堪称敦煌文学研究史上里程碑式的作品。有学者高度评价了王国维的敦煌学研究成就：“富有较进步的学术思想又具有渊博学识的王国维，从一开始接触敦煌学写本时起，就是一个自觉的研究者。他在总的学术思想、典籍经藏历史地理、音韵字学、文学杂书乃至医药占卦诸方面都有精湛的研究和突出的贡献。尤其在学术思想、音韵学和文学方面更是成就卓荦的突出开创者。他除了专门研究有关敦煌史地的论文外，还擅长熟练地运用敦煌文物和文书材料以探求其他方面的学术问题。他的视野宽广，方法新颖，贯通古今，兼采中外，特别可贵的是善于将地下文物与地上文献结合起来进行综合研究。……他是我国早期敦煌学家的优秀代表，他有关方面的论著是一笔价值巨大的敦煌学遗产。”①

---

① 林家平、宁强、罗华庆：《中国敦煌学史》，33 页，北京，北京语言学院出版社，1992。

(二)元史研究

王国维对元史的研究，首先是从校录古行记开始的。他选择了唐宋以来古行记四种，即杜环《经行记》、王延德《使高昌记》、刘祁《北使记》、刘郁《西使记》，进行考订和校注。这些旅行记都是作者耳闻目睹的真实记录，是第一手原始史料，反映了当时我国西北地区的交通和各民族交融状况，是早期蒙古族史和西域史地的史料。这几种古行记校注，在王国维生前没有发表，注释较少，去世后才被收入他的全集中。①

王国维重点对李志常所撰《长春真人西游记》进行了校注，著成《长春真人西游记校注》两卷。长春真人指的是邱处机，全真教祖师之一。成吉思汗曾召见于西域，时间为太祖十五年(1220)至太祖十九年(1224)，其弟子李志常随行，把沿途所见所闻撰成《长春真人西游记》一书。正如《序》中所言："凡山川道里之险易，水土风气之差殊，与夫衣服、饮食、百果、草木、禽虫之别粲然，靡不毕载。"正因为该书是研究元史的重要资料，受到史学家的高度重视，阮元、洪钧、沈曾植都进行过校注，但都没有刊印。王国维高度评价了该书的价值："考全真之为道，本兼儒释，自重阳以下，丹阳、长春并善诗颂，志常尤文采斐然。其为是记，文约事尽，求之外典，惟释家《慈恩传》可与抗衡，三洞之中未尝有是作也"，并认为自己"于其中地理、人物亦复偶有创获"。②

辽金史上的阻卜，是 10—13 世纪初在大漠南北分布甚广、人数众多、活动频繁的部落。王国维在《鞑靼考》一文中，提出阻卜即鞑靼的结论。他说："鞑靼之名，始见于唐之中叶，阙特勤碑之突厥文中有三十姓鞑靼 Otuz Tatar，九姓鞑靼 Tokuz Tatar，是为鞑靼初见记录之始。"但这一重要的北方部落名称，在《辽史》中仅三见，而在《金史》中则完全绝迹。于是他发出疑问："然则辽金三百年中，唐宋间所谓鞑靼者，果何往乎？观宋元人之著书，知当时固有鞑靼，其对辽金之关系，决非浅鲜，正史中必不容没其事，而竟不概见，此读史者当发之疑问也。"带着这个疑问，王国维广征博引有关资料，依据宋、辽、金史籍及《蒙古秘史》，对相关史料做了对比分析，并根据地理区域，详细论证了"唐宋间之鞑靼，在辽为阻卜，在金为阻˙，在蒙古之初为塔塔儿，其漠南之汪古部，当时号为白达达者，亦其遗种也"。

① 参见王国维：《古行记四种校录》，见《王国维遗书》第 13 册。

② 王国维：《长春真人西游记校注序》，见《观堂集林》第 3 册，801 页。

王国维提出三条确证。第一，《辽史·圣宗纪》开泰元年正月，达怛兵围镇州。《辽史·萧图玉传》云：开泰中阻卜复叛，围图玉于可敦城。可敦城即镇州，同一事件，纪称达怛，传称阻卜，说明“阻卜即鞑靼”。第二，《续资治通鉴长编》卷五五载辽萧太后之姊“西捍塔靼”事，与《辽史·圣宗纪》《萧挞凛传》所记辽太妃西征阻卜事相合，这是证据之二。第三，《金史·夹谷清臣传》载：“北阻■叛，上谴责清，命右丞相代之。”同书《内族襄传》也说：“襄代清臣，遂屯临潢……乃命支军出东道，襄由西道，而东军至龙朐河，为阻■所围，三日不得出，求援甚急……襄即鸣鼓进发……向晨压敌，突击之。围中将士亦鼓噪出，大战，获舆帐牛马，众皆奔斡里札河，遣完颜安国追蹑之，众散走。”《元朝秘史》《圣宗亲征录》《元史·太祖纪》并记此事，皆作丞相完颜襄，而完颜襄与内族襄事实上是同一人，吾泐札河亦即《金史》里斡里札河。故二书所记完全符合。王国维根据确凿的事实，认为“《金史》之阻■，《元秘史》谓之塔塔儿，正与《辽史·萧图玉传》之阻卜、《圣宗纪》作达怛者，前后一揆，而塔塔儿一语，为鞑靼之对音，更不待言”。然后，他又从地理上考证出，唐时鞑靼住地，据阙特勤碑侧的突厥文，两记三十姓鞑靼，皆在黠戛斯骨利斡之后，契丹白霜之前。其地理位置当居突厥东北，与金、元间之塔塔儿方位完全相同，我们今天称此部为东鞑靼。南鞑靼所居之地，东起阴山，西逾黄河、额济纳河流域、至北宋中叶，散居在青海附近。《辽史》所记阻卜，其分布区域，正与此部相当，所以，王国维说：“辽、金之阻卜、阻■，于唐宋为鞑靼，于蒙古为塔塔儿。”

那么，阻卜(阻■)一名，究竟是如何产生的呢？王国维认为元末修辽金史的汉臣为避免文字之祸，讳言鞑靼，便代之以阻卜、阻■。至于阻卜、阻■之名的来历，他说是鞑靼二字的倒误，而且是有意倒误。原因是蒙古人讳言鞑靼，至元末修史的汉臣，已经不知道鞑靼与蒙古的区别。而辽、金史料中所记鞑靼事，不是朝贡，就是寇略，盖误以蒙古之先朝贡于辽、金，考虑其有损国礼，故讳之尤深。王国维经过精深的考证后，提出：“考鞑靼之始见载籍也，其本字作达怛，后作达靼，至宋南渡后，所撰所刊之书乃作鞑靼。鞑字不见于《集韵》、《类篇》，是北宋中叶尚无此字，其加革旁，实涉靼字而误。然辽、金史料中，其字当已有作鞑靼者，其倒也或作怛达，或作靼鞑，极与阻轐二字相似，当时史料中或有一二处误作阻轐，或又省作阻卜者，史臣乃利用其误，遂并史料中之不误者而尽改之，以避一时之忌讳。其于《辽史》太祖、圣宗纪三处尚存‘达旦’字者，盖史臣所未及改，抑故留此间隙以待后人之考定者也?”[①]这些推论，虽然有一定的道理，但尚需要更多的资料来验证。

《鞑靼考》发表后，在国内外学术界引起巨大的反响，伯希和、冯承钧、蔡美彪、陈得芝等多数学者都赞同、支持王国维“阻卜即鞑靼”之说，并利用辽宋碑刻、地图、文集等资料，做了进一步证实。但也有学者反对“阻卜即鞑靼”说，余大钧根据汉文和他种文字史籍中对鞑靼的记载，认为“阻卜是鞑靼的一部分，辽金时鞑靼的主要部分即是阻卜。但鞑靼是一个时间、空间、所包括的种类比阻卜要广泛、复杂得多的部族泛称”，提出阻卜是契丹人对北起克鲁仑河、土拉河、鄂尔浑河上游，南到阴山的室韦系蒙古语族游牧部落的称呼，女真人沿袭了这一称呼，并将塔塔儿也包括进去。[②] 目前这一问题仍在争论之中，但王国维所提出的论点，却为后人继续深入研究提供了极富启发意义的线索。

王国维自沉昆明湖前夕所写的《黑车子室韦考》，研究了蒙古语族南室韦诸部之一黑车子室韦南迁的史实。他说：“《辽史·百官志》属国职名中有室韦国大王府，有黑车子室韦国大王府，则‘黑车子室韦’五字自当连读”，纠正了日本学者津田左右吉在《辽代乌古敌烈考》中，将黑车子室韦分为黑车子及室韦两个部落名称的错误。接着，他引用史料考证出黑车子室韦即《旧唐书·回纥传》中之和依解室韦的异名，其原住地在今呼伦湖东南，兴安岭左右。当 9 世纪中叶，“回鹘国破，种人分散之时，此部或他种室韦之一部，亦随回鹘而南至中国塞下”。9 世纪至 10 世纪初，经常出现在幽并近塞地区(今内蒙古乌兰察布市东南部、锡林郭勒盟南部及河北省西北部一带)，并与唐代边将屡次发生交战事件。他推测其南迁之原因，“盖当回鹘既衰，契丹将兴之际，北方民族间受一种之感应，故有移徙之事”。[③] 其实这是少数民族由原来的游牧狩猎为主的生活方式转变为草原游牧部落或定居生活的历史，也是民族间交融的主要形式。其所以冠以“黑车子”之名，显然是因为拥有大量迁徙所必需的黑车子的缘故。

1927 年 2 月，王国维写了《元朝秘史之主因亦儿坚考》，根据《蒙古秘史》有关主因亦儿的记载进行分析，与《金史》中所载乣军相合。他又列举《皇元圣武亲征录》、拉施特(Rashid al-Dinfadl Allah)《史集》的有关记载，

---

① 王国维：《鞑靼考》，见《观堂集林》第 3 册，643～646 页。

② 参见余大钧：《论阻卜与鞑靼之异同》，载《历史研究》，1981(6)。

③ 王国维：《黑车子室韦考》，见《观堂集林》第 3 册，623～628 页。

确定《元朝秘史》中的主因亦儿坚即金代后期的乣军。他又考证出乣军的基本情况和事迹：金代之乣军“大抵多契丹人。当金之中叶，远戍呼伦贝尔两湖之间，与塔塔儿人杂居，故中有塔塔儿人。后复徙泰州近塞。大安之季，刺史术虎高琪率之以援中都，因与于怀来之役。后复叛金，与蒙古共围中都，旋有异志。蒙人恶其反复，遂分其众以赐功臣”①。论文之后所附《致藤田博士信》两封，广征博引大量材料，探讨乣、纠的各种可能读音。他说：“辽、金、元三史中之乣字，绝非误字，其或作纠者，乃乣字之省。”后从呼和浩特市东郊万部华严经塔（俗名白塔）内第一层现存金代六块石碑上，看到这个字写作“乣”而不作“纠”。② 此外，黑龙江泰来县塔子城古遗址西南出土的辽道宗大安七年残断刻石上，也把此字写作“乣”，而不是“纠”。这些确凿的证据无疑证明了王国维考证的精良。

王国维于1927年写成《金界壕考》，考证了金代为防御西北蒙古族游牧诸部多次修筑边堡界壕的经过，又据辽金元史以及《蒙古秘史》、拉施特《史集》、王恽《中堂事记》《张德辉纪行》《蒙鞑备录》《黑鞑事略》《长春真人西游记》《圣武亲征录》等大量文献资料，考证了金代东北路、临潢路、西北路界壕的大致路线以及沿线一带若干重要地名的位置。他说：“章宗时边患益亟，乃决开壕之策，卒于承安三年（1198）成之。其壕堑起东北讫西南，几三千里，此实近古史上之大工役”；他认为金筑界壕，“萌牙于天眷，讨论于大定，复开于明昌，落成于承安。虽壕堑之成甫十余年，而蒙古入寇中原，如入无人之境，然使金之国力常如正隆、大定之时，又非有强敌如成吉思汗、庸将如独吉思忠、完颜承裕，则界壕之筑，仍不失为边备之中下策，未可遽以成败论之也”。③ 由于缺乏实地考察材料，王国维的考证有若干不当和失误，但却为后来考古工作者实地考察金界壕遗址，进一步确定金界壕线提供了重要的参考文献。

此外，王国维还写了《耶律文正公年谱》《蒙鞑备录笺证》《黑鞑事略笺证》《圣武亲征录校注》等研究元史的文章，都取得了很高的成就。在《南宋人所传蒙古史料考》一文中，对《征蒙记》和《行程录》二书做了考辨，指出“二书之记事，全与史实不合，盖宋南渡初叶人所伪作而托之金人者”。王

---

① 王国维：《元朝秘史之主因亦儿坚考》，见《观堂集林》第3册，789页。

② 参见李逸友：《呼和浩特市万部华严塔的金代碑铭》，载《考古》，1979(4)。

③ 王国维：《金界壕考》，见《观堂集林》第3册，713、719页。

国维辑录原文一一条辨，对于蒙古上世之研究，裨益极大。① 有学者对王国维的元史研究给予很高的评价："王国维在蒙古史研究领域内作了大量奠基性的工作，为后人研究蒙古史作出了巨大贡献。迄今为止，无论是他的史籍校注本，他的辑集史料之作，还是他的考证文章，对于研究我国古代北方民族史、蒙古族史、元史的史学工作者以及考古工作者，都仍有很大的学术价值，是我们进行蒙古史研究工作的宝贵资料。"②

王国维不愧为 20 世纪新历史考证学的开创者，他对甲骨文、金文、汉晋木简、敦煌学及元史的研究，开启了 20 世纪学术研究的新纪元。齐思和对王国维的历史考证学成就有很高的评价："他全面地掌握了中国传统的经学、史学、文学、文字学、天算学。又通英文、日文。他对西洋哲学，特别是康德、叔本华、尼采的哲学都进行过深刻的研究。并且用叔本华的哲学思想对中国文学进行研究，曾作《红楼梦评论》。运用西洋哲学观点加以评论，又分析词的境界(见《人间词话》)，为中国文学研究，开辟一个新的道路。他又翻译过伯希和、斯坦因关于中亚、西亚的著作，和日本学者关于东北少数民族的著作，所以他精通国外研究中国历史的新发展。中年以后，他集中精力专治中国古代史，在历史研究工作中，非常重视利用新发现的资料。清光绪二十五年，在河南安阳县小屯村出土了刻有古代文字的龟甲、牛骨，受到了一些中外学者的注意，认为这是殷代的卜辞，开始进行了搜集著录和考释工作。王国维更用了多年的心力，基本上读通了甲骨文，成为甲骨文这门学问的开创人。王氏更以缜密的方法，锐敏的眼光，利用他对先秦古籍的渊博知识，和对古代钟鼎文字的研究，运用当时西方和日本学者的治学方法，将甲骨文字的研究引到古史上去，为中国古代史的研究开辟了一个新的途径。他写出了上百篇专题论文和多种专门著作，在今天仍是我们研究中国古代史的出发点。他又培养出一批研究中国古代文字和其他学问的著名专家，确实不愧是清末民初的一位承先启后的大师。"③

---

① 参见王国维：《南宋人所传蒙古史料考》，见雪克、卢向前标校：《王国维学术论著》，204～206 页，杭州，浙江人民出版社，1998。

② 余大钧：《论王国维对蒙古史的研究》，见吴泽主编，袁英光选编：《王国维学术研究论集》(一)，267 页。

③ 齐思和：《晚清史学的发展》，见《中国史探研》，356～357 页，北京，中华书局，1981。

第二节 陈寅恪治“民族文化之史”的出色成果

陈寅恪(1890—1969)，江西修水人。祖父陈宝箴，曾任湖南巡抚，戊戌变法前后在湖南推行新政。父陈三立，晚清著名诗人。陈寅恪少年时就阅读了家中所藏大量古代典籍，熟悉经史，他对文集、小说以至佛典，无不浏览。他又曾随长兄衡恪赴日本求学数年。自1910年起，他先后在德国柏林大学、瑞士苏黎世大学、法国巴黎高等政治学校社会经济部、美国哈佛大学等著名大学攻习比较语言学及其他人文科学、佛学，共达十余年之久。回国后，他先后任清华研究院导师，清华大学、北京大学教授，中央研究院理事，历史语言所历史组主任。抗日战争期间，他随清华大学辗转南迁，到西南联大任教。他曾被英国牛津大学聘为教授，但因太平洋战事阻隔，未能成行。1948年，陈寅恪为广州岭南大学教授，1952年院系合并后为中山大学教授，直至1969年逝世。在此期间，他还当选为全国政协常务委员，并任中国科学院哲学社会科学学部委员、中央文史馆副馆长等职。主要著作有：《隋唐制度渊源略论稿》《唐代政治史述论稿》《元白诗笺证稿》《寒柳堂集》《柳如是别传》《金明馆丛稿初编》及《金明馆丛稿二编》。

陈寅恪在国外长期留学和从事研究的经历，使他谙熟西方近代治史方法，在人文科学领域获得广博的学识。他又有惊人的记忆力，且经过多年的艰苦学习，具备了阅读蒙、藏、满、日、梵、巴利、波斯、突厥、西夏、拉丁、希腊、英、法、德等十多种文字的能力，这些都成为治史十分有用的辅助工具。同时，他与同时代学者王国维、陈垣、胡适等人一样，熟悉乾嘉学者严密考证的治史方法，将之与西方近代科学方法结合起来，因而在学术上达到很高的造诣。王国维逝世后，陈寅恪为他的遗书作序，云：“先生之学博矣，精矣，几若无涯岸之可望，辙迹之可寻。然详绎遗书，其学术内容及治学方法，殆可举三目概括之者。”此三项是：

一为“取地下之实物与纸上之遗文互相释证”。

二为“取异族之故书与我国之旧籍互相补证”。

三为“取外来之观念，与固有之材料互相参证”。

此三项，可以视为中国近代新考证学的共同特点。陈寅恪正是这样看的：“吾国他日文史考据之学，范围纵广，途径纵多，恐亦无以远出三类之外。”①

① 陈寅恪：《王静安先生遗书序》，见《金明馆丛稿二编》，219页。

显然他也把自己包括在内。王、陈二人着重研究的领域有所不同。王国维主攻的是上古史。陈寅恪长期致力的范围是“中古以降民族文化之史”，此见于他在《陈垣元西域人华化考序》一文中对自己的界定。他的治学风格是：采用了近代西方学者所重视的语源学、比较研究、民族(种族)——文化关系、因果关系等“外来观念”和方法，与本国文献和乾嘉学者考证方法结合起来，既善于钩稽史料、抉幽阐微，又具有比他的先辈们广阔得多的眼光，从比较和联系中探求一个历史时期带全局性的大事。就是说，陈寅恪治史的特点在后两项，“取异族之故书与我国之旧籍互相补证”，“取外来之观念与固有之材料互相参证”。

一、论隋唐制度之渊源

陈寅恪在魏晋南北朝史和隋唐史方面致力研究 30 多年，把这两门学科的研究推进到一个新的阶段，“为我国后来的研究工作者提供了富有启发意义的出发点”①。《剑桥中国隋唐史》导言称誉陈寅恪论著中提出的关于唐代政治与制度的观点，其研究之缜密，立论之严谨和说服力之强，都是以前同类著述里所未曾有过的，并说“此书的每一章节都很得益于陈的研究成果”。

完成于 20 世纪 40 年代初的《隋唐制度渊源略论稿》和《唐代政治史述论稿》是陈寅恪关于隋唐史的两部名著。在前一书中他系统地论述了从汉魏到隋唐各种制度的渊源和演变。

陈寅恪认为，“隋唐两朝为吾国中古极盛之世，其文物制度流传广播，北逾大漠，南暨交趾，东至日本”，对于在历史上有如此重要影响的隋唐制度之渊源演变，做贯通性的研究，实为历史研究之重要课题。《隋唐制度渊源略论稿》一书的中心论点是：先前一般史家往往认为隋唐制度承袭西魏、北周的遗绪而来，乃是一种误解。陈寅恪认为，隋唐制度共有三源，第一是北魏、北齐。“凡北齐承袭元魏所采用东晋南朝前半期之文物制度皆属于此范围”，其中还包含“河西之一支脉”。第二是梁、陈。即“南朝后半期内其文物制度之变迁发展乃王肃等输入之所不及”者，亦为隋代所吸收。以上两源是主要的。第三才是西魏、北周。他认为“凡西魏、北周之创作有异于

① 金应熙：《陈寅恪》，见陈清泉：《中国史学家评传》(下)，1357 页，郑州，中州古籍出版社，1985。

山东江左之旧制，或阴为六镇鲜卑之野俗，或远承魏、(西)晋之遗风”，是“关陇区内保存之旧时汉族文化，以适应鲜卑六镇势力之环境，而产生之混合品”，其影响“实较微末”。① 围绕以上中心论点，书中深入地考证了以下三项。

(一)北魏至北齐至隋，制度一脉相承

陈寅恪认为，隋朝礼仪制度之来源，《隋书》中实已提供有极重要的线索，此即《高祖纪下》所载：

> 仁寿二年闰(十)月己丑诏曰：“尚书左仆射越国公杨素、尚书右仆射邳国公苏威、吏部尚书奇章公牛弘、内史侍郎薛道衡、秘书丞许善心、内史舍人虞世基、著作郎王劭或任居端揆，博达古今，或器推令望，学综经史，委以裁缉，实允佥议，可并修定五礼。”②

牛弘等人修五礼，所据者何朝之礼呢？《礼志・总序》中更有明确记载：

> 黄初之详定朝仪，则宋书言之备矣。梁武始命群儒裁成大典，陈武克平建业，多准梁旧。(隋)高祖命牛弘、辛彦之等采梁及北齐仪注，以为五礼云。③

此已确凿载明，隋朝制度礼仪，系采南朝萧梁及北齐之仪注，而非依北周之制。对此，陈寅恪又举出《通典・礼典・序》的记载可作旁证：“(南朝)齐武帝永明二年诏尚书令王俭制定五礼。至梁武帝命群儒又裁成焉。陈武帝受禅，多准梁旧。后魏武帝举其大体，事多阙遗；孝文帝率由旧章，择其令典，朝仪国范焕乎复振。隋文帝(命)牛弘、辛彦之等采梁及北齐仪注，以为五礼。”④

陈寅恪之着力处是进一步详加考辨，论定所谓北齐仪注导源于北魏，而北魏礼制之关键人物是王肃。

陈寅恪指出，北魏之议修朝仪，以太和十七年王肃由萧齐北奔为界线，

---

① 陈寅恪：《隋唐制度渊源略论稿》，1～2页，北京，中华书局，1963。

② 陈寅恪：《隋唐制度渊源略论稿》，5页。

③ 陈寅恪：《隋唐制度渊源略论稿》，6页。

④ 陈寅恪：《隋唐制度渊源略论稿》，6页。

为前后两个阶段。在此之前，虽然北魏社会由于汉化程度之加深，已将议修朝仪提到议事日程，但当时因缺乏谙熟南朝礼仪的朝士，故未能称意。此见于《魏书·刘昶传》载："刘昶，义隆第九子也，义隆时封义阳王，和平六年间行来降。于时（太和初）改革朝仪，诏昶与蒋少游专主其事。昶条上旧式，略不遗亡。"又《魏书·术艺传·蒋少游传》载："及诏尚书李冲与冯诞、游明根、高闾等议定衣冠于禁中，少游巧思，令主其事，亦访于刘昶，二意相乖，时致诤竞，积六年乃成。始班赐百官，冠服之成，少游有效焉。后于平城将营太庙太极殿，遣少游乘传诣洛，量准魏晋基址。……少游又为太极立规模，与董尔、王遇参建之，皆未成而卒。"议礼略具、班赐百官的时间，据《魏书·高祖纪下》载，为太和十年。陈寅恪认为，《蒋少游传》中所言少游与刘昶二意相乖，原因即为二人"俱非深习当日南朝典制最近发展之人，故致互相乖诤"。北魏社会汉化程度加深而礼制未备，这是拓跋氏政权亟望解决的问题。据此，陈寅恪论定王肃之投奔而大受欢迎，正是北魏社会制定礼仪的迫切需要所决定的：

> 其事（按：指刘昶、蒋少游议礼意见不合之事）在太和十年以前，即北史四二王肃传所谓"其间朴略，未能淳"者。至太和十七年王肃北奔，孝文帝虚襟相待，盖肃之入北实应当日魏朝之需要故也。①

陈寅恪把眼光投向更广阔的背景，不独王肃北奔备受礼遇，尚有一批士人，原本生活于南朝而通晓中原礼制，或因战乱徙居北方，或被俘入魏，因拓跋政权制礼的需要，而得到知遇任用。陈寅恪从《魏书》《北史》各传中寻绎出有房景先、崔休、刘芳、崔光四人。其中刘芳事迹见于《魏书·刘芳传》（及《北史·刘芳传》）载："刘芳，彭城人也。……父邕刘骏兖州长史。芳出后伯父逊之。邕同刘义宣之事，身死彭城，芳随伯母房逃窜青州，会赦免。舅元庆为刘子业青州刺史沈文秀建威府司马，为文秀所杀，母子入梁邹城。慕容白曜南讨青齐，梁邹降，芳北徙为平齐民，时年十六。南部尚书李敷妻司徒崔浩之弟女，芳祖母浩之姑也。芳至京师，诣敷门，崔耻芳流播，拒不见之。……芳才思深敏，特精经义，博闻强记，兼览苍雅，尤长音训，辨析无疑，于是礼遇日隆。王肃之来奔也，高祖雅相器重，朝野属目，高祖宴群臣于华林，肃语次云：'古者唯妇人有笄，男子则无。'芳

---

① 陈寅恪：《隋唐制度渊源略论稿》，7页。

曰：'推礼经正文，古者男子妇人俱有笄。'高祖称善者久之，肃亦以芳言为然。酒阑，芳与肃俱出，肃执芳手曰：'吾少来留意三礼，在南诸儒咸共讨论，皆谓此义如吾向言，今闻往释，顿祛平生之惑。'芳义理精通，类皆如是。高祖崩于行宫，及世宗即位，芳手加衮冕，高祖自袭敛暨于启祖、山陵、练除始末丧事皆芳撰定。出除安东将军青州刺史，还朝议定律令。芳斟酌古今，为大议之主，其中损益多芳意也。世宗以朝仪多阙，其一切诸议悉委芳修正，于是朝廷吉凶大事皆就咨访焉。"①

又根据《魏书·房法寿传》附《景先传》、《北史·崔逞传》附《崔休传》、《魏书·崔光传》等史料，陈寅恪遂概括出这些原先南朝士人因通晓礼仪而见重于北魏这一具有重要意义的结论：

> 寅恪案：刘芳、崔光皆南朝俘虏，其所以见知于魏孝文及其嗣主者，乃以北朝正欲摹仿南朝之典章文物，而二人适值其会，故能拔起俘囚，致身通显也。②

陈寅恪更进一步揭示出上述隋文帝命牛弘、辛彦之采梁又北齐仪注以制订朝礼这一历史关键，他明确提出不同于常人所见的独特观点，即隋代礼仪制度并不依北周之制，而主要采用梁代及北齐仪注：

> 隋文帝继承宇文氏之遗业，其制定礼仪则不依北周之制，别采梁礼及后齐仪注。所谓梁礼并可概括陈代，以陈礼几全袭梁旧之故，亦即梁陈以降南朝后期之典章文物也。所谓后齐仪注即北魏孝文帝摹拟采用南朝前期之文物制度，易言之，则为自东晋迄南齐，其所继承汉、魏、西晋之遗产，而在江左发展演变者也。陈因梁旧，史志所载甚明。③

这里实有两项均为发前人未发之覆。一为隋文帝所采梁礼，包括了南朝后期的礼仪；二为隋文帝所采北齐仪注，乃包括自东晋至南齐，是继承汉、魏、西晋以来中原礼制之遗产，而在南朝发展演变者。陈寅恪又举出《隋书·薛道衡传》及《高祖纪》载薛道衡先预修齐礼，后又参加制定以齐礼

① 陈寅恪：《隋唐制度渊源略论稿》，8页。

② 陈寅恪：《隋唐制度渊源略论稿》，9页。

③ 陈寅恪：《隋唐制度渊源略论稿》，10～11页。

为依据之隋制；《刑法志》云，隋开皇元年“更定新律”，“多采后齐之制”；《唐会要》载，唐武德元年制定新律，“因隋开皇律令而损益之”：均证明北齐礼制为一重要集结，为隋唐制度所直接采用。

所谓北齐仪注，就是“南朝前期文物之蜕嬗”，而导源于北魏，其关键人物就是王肃。故陈寅恪遂以“王肃北奔与北朝文物制度之关系”作为考证的重点。围绕此一关键，书中层层深入，步步逼拶，逐层考证了以下三项。

第一，隋代所采北齐仪注乃来源于北魏礼制。

陈寅恪首先举出《北齐书·李浑传》附《李绘传》载：“司徒高邕辟为从事中郎，徵至洛时敕侍中西河王秘书监常景选儒学十人缉撰五礼，惟绘与太原王乂掌军礼。”据此，他分析，常景撰修之五礼，《隋志》不载。但《旧唐书·经籍志·史部仪注类》载有《后魏仪注》三(疑五之误)十二卷，常景撰；《新唐书·艺文志·史部仪注类》有“常景《后魏仪注》五十卷”。他指出，这部常景所撰《礼制仪注》实透露出重要的历史信息：“常景之书撰于元魏都洛之末年，可谓王肃之所遗传，魏收之所祖述，在二者之间承上启下之产物也。”[①]陈寅恪所点明的“二者之间承上启下”一句至为重要，常景《后魏仪注》这部书上承北魏王肃之礼学而下启北齐之《五礼》，此后又成为隋唐礼制的重要来源。陈寅恪进而论云，《北齐书·魏收传》载：“除尚书右仆射监，总议五礼事，多引文士令执笔。”及《隋书·薛道衡传》载：“武平初，诏与诸儒修定五礼。”北齐后主时由魏收总其事修成之五礼，当即为《隋志》三《后齐仪注》二百九十卷，“邺都典章悉出洛阳，故武平所修亦不过太和遗绪而已”。[②]这些都是北齐礼制显然来源于北魏的证据。还有一项，这位在武平初年参与修订齐礼的薛道衡，其后又参订以齐礼为根据的隋制，这也是隋代礼制因袭齐礼的又一证据。

第二，王肃在北魏孝文帝制订礼仪中所起的重要作用。

关于此项，陈寅恪发掘了以下多条史料。

《北史·王肃传》载：“王肃，琅邪临沂人也。父奂及兄弟并为(南)齐武帝所杀，太和十七年肃自建业来奔。自晋氏丧乱，礼乐崩亡，孝文虽厘革制度，变更风俗，其间朴略，未能淳也。肃明练故事，虚心受委，朝仪国典咸自肃出。”

《南齐书·魏虏传》：“佛狸已来，稍僭华典，胡风国俗杂相揉乱，王肃

① 陈寅恪：《隋唐制度渊源略论稿》，10 页。

② 陈寅恪：《隋唐制度渊源略论稿》，10 页。

为虏制官品百司，皆如中国。”

《陈书·徐陵传》：“太清二年兼通直常侍使魏。魏人授馆宴宾，是日甚热，其主客魏收嘲陵曰：‘今日之热当由徐常侍来。’陵即答曰：‘昔王肃至此，为魏始制礼仪；今我来聘，使卿复知寒暑。’收大惭。”

《通鉴》卷一三九齐纪武帝永明十一年冬十月王肃见魏主于邺条：“魏主或屏左右，与肃语至夜分不罢，自谓君臣相得之晚。寻除辅国大将军长史。时魏主方议兴礼乐，变华风，威仪文物多肃所定。”①

经过陈寅恪抉幽探微而胪举的史料，读者即可获知，王肃北奔至魏，因其通晓传统文化仪礼，故得到魏主激赏，君臣相见恨晚，而他在拓跋政权制订礼仪中起到关键之作用，不仅《北史》《南齐书》《通鉴》诸书所载皆予充分肯定，可以互相证明，而且直至南北朝对峙的后期，仍然被南朝使魏的徐陵所称扬，并为魏收等所公认者。对此，陈寅恪将王肃北奔置于北魏制订礼仪的历史背景中做了重要的考论，指出在王肃之前，北魏已为制礼一再做了努力，但是因无熟悉南朝礼制之最近发展的人物和资料可作依据，故而形成疏隔，王肃之北来恰恰满足了这一需要。陈寅恪有如下精彩的分析：

> 寅恪案：魏孝文帝之欲用夏变夷久矣，在王肃未北奔之前亦已有所兴革。然当日北朝除其所保存魏晋残余之文物外，尚有文成帝略取青齐时所俘南朝人士如崔光、刘芳、蒋少游等及宋氏逋臣如刘昶之伦，可以略窥自典午南迁以后江左文物制度。然究属依稀恍忽，皆从间接得来，仍无居直接中心及知南朝最近发展之人物与资料可以依据，此北史王肃传所谓“孝文虽厘革制度，变更风俗，其间朴略，未能淳”者是也。魏孝文帝所以优礼王肃固别有政治上之策略，但肃之能供给孝文帝当日所渴盼之需求，要为其最大原因。②

第三，王肃与南朝以熟习江东典章制度著称之王俭时代紧相衔接，北奔之王肃实有受其宗贤之流风遗著所薰习这一重要背景。陈寅恪认为，王肃之熟习礼制实有特殊之背景，这就是王俭的知识和著述对他的启示。陈寅恪通过周密考辨，提出了很有根据的看法：王俭当时是南齐熟悉朝章典制的名儒，其《古今丧服记》本为少时所撰，久已流行于世；况且他与王肃

① 陈寅恪：《隋唐制度渊源略论稿》，11～12页。

② 陈寅恪：《隋唐制度渊源略论稿》，12～13页。

既是同姓宗亲，又为并世之人，王俭卒于南齐永明七年(492)，王肃北奔之年为永明十一年(495)，仅在王俭卒后四年，故可以肯定，“是肃必经受其宗贤之流风遗著所薰习，遂能抱持南朝之利器，遇北主之新知”①。

至此，关于隋代制礼采用梁及北齐之仪注，北齐礼制来源于北魏，北魏之礼制系自王肃北奔之后才由简朴达于齐备，而王肃之所以能成为北魏制礼之关键人物，原因在于南齐王俭的著作，和所习系承接汉魏东晋之遗绪、并代表了南朝前期制度之新发展，围绕这一渊源问题的各种幽晦不彰的材料，都被寻绎揭示出来，并一一分析出其间的联系，在此基础上陈寅恪遂议论风发：

> 牛弘诋斥王俭，而其所修隋朝仪礼，仍不能不采俭书，盖俭之所撰集乃南朝前期制度之总和，既经王肃输入北朝，蔚成太和文治之盛，所以弘虽由政治及地域观点立论，谓“后魏及齐，风牛本隔”，然终于“遥相师祖，故山东之人，浸以成俗”也。又史言弘“撰仪礼百卷，悉用东齐仪注以为准”，而奇章反讥前人之取法江左，可谓数典忘祖，无乃南北之见有所蔽耶？或攘其实而讳其名耶？②

经过陈寅恪发掘出各项有用的材料并详加辨析，隋唐礼仪制度的一个重要渊源为北魏、北齐。王肃投奔拓跋政权后，北魏之朝仪国典咸由肃订定。换言之，北魏所采用的，是东晋至南齐，继承汉、魏、西晋的遗产，而在江左发展的文物制度，实际上是中原文化之遗产，而至北齐为一集结。北魏—北齐—隋，制度一脉相承，至此可以无疑。陈寅恪之考论还有两处极见细密之处。一者，他举出《隋书·牛弘传》中，有“仁寿二年献皇后崩”，其“丧礼悉定自弘”，斯须之间仪注悉备，杨素叹曰“礼乐尽在此矣”之语。而查《北史·裴佗传》附《裴矩传》则言：“其年文献皇后崩，太常旧无仪注，矩与牛弘、李百药等据齐礼参定。”则明言牛弘之所以能斯须间决定大礼，乃以东齐仪注为依据，且所共参定之裴矩、李百药亦皆出自东齐者。二者，陈寅恪一向推崇《通鉴》记载之详审，但将《通鉴》卷一七九隋文帝仁寿二年所载“闰(十)月甲申诏杨素、苏威与吏部尚书牛弘修五礼”对照《隋书》《北史》载隋文帝诏修五礼之原文，疑其有缺误，并指出司马光对《隋书》《隋

① 陈寅恪：《隋唐制度渊源略论稿》，13～14 页。

② 陈寅恪：《隋唐制度渊源略论稿》，14 页。

书·礼志·总序》明载隋高祖命牛弘等采北齐仪注以修五礼这一句最为扼要之语，却未采及之，“似尚未能通解有隋一代礼制之大源，殊可惜也”。①

（二）在北魏、北齐这一隋唐制度之主要来源中，有河西文化之支脉

此点尤为历来学者所忽视，而为陈寅恪研究中古时代“民族文化之史”的重要创获之一。他首先提出《隋书》《周书》所载苏绰、苏威父子两代相继在北周、隋制定律令礼法中所起的不平常作用。杨素与苏威在隋文帝时同以宰辅之职监领修撰五礼。但二人情况有不同，苏威更得隋文帝器重。《隋书·杨素传》称，杨素与牛弘同志好学，研精不倦，多所通涉。而据《隋书·苏威传》，高祖却曾对群臣言：“杨素才辩无双，至若斟酌古今，助我宣化，非威之匹也。”隋文帝如此特奖苏威“斟酌古今”，说明苏威能谙熟制度沿革得失，此乃有其深刻的家学背景。《苏威传》又载：“俄兼纳言民部尚书。初威父（绰）在西魏以国用不足，为征税之法，颇称为重，既而叹曰：‘今所为者正如张弓，非平世法也。后之君子谁能弛乎？’威闻其言，每以为己任，至是奏减赋税，务从轻典，上悉从之。隋承战争之后，宪章踳驳，上令朝臣厘改旧法，为一代通典，律令格式多威所定，世以为能。所修格令章程并行于当世，然颇伤苛碎，论者以为非简久之法。”苏绰在北周以博览群书、熟悉历史掌故闻名当朝，为群臣所不及，《周书·苏绰传》记载有很典型的事例：“绰少好学，博览群书，尤善算术。属太祖（宇文泰）与公卿往昆明池观鱼，行至城西汉故仓地，顾问左右，莫有知者，或曰：‘苏绰博物多通，请问之。’太祖乃召绰，具以状对，太祖大悦。”②

陈寅恪认为，苏绰在北周时深受宇文泰赏识，子苏威受其影响，始终关注一代典制利弊，以至监领修撰朝廷礼仪，这段史实决不可轻视，它透露出魏、晋、南北朝时期学术文化特点的重要信息。其论云：

> 苏绰之所以遇合宇文泰之一段因缘，实可借以觇古今之变迁。盖自汉代学校制度废弛，博士传授之风气止息以后，学术中心移于家族，而家族复限于地域，故魏、晋、南北朝之学术、宗教皆与家族、地域两点不可分离。③

① 陈寅恪：《隋唐制度渊源略论稿》，14～15页。

② 陈寅恪：《隋唐制度渊源略论稿》，16页。

③ 陈寅恪：《隋唐制度渊源略论稿》，17页。

中古时代学术文化与家族及地域两项关系密不可分，这一论点，实际上是陈寅恪从大量的史料中概括出来的，由于他的考辨和分析，使原本似乎各自孤立无关的材料显示出其内在之关联，长期以来幽暗不明的一段历史因缘得以凸现出来。从地域的视角，一个引人注目的事实是，为隋文帝撰修王礼的牛弘、辛彦之，居然都是河陇地区士人。以牛弘为例，他是隋朝制礼的主议人物，被称为如汉之叔孙通。《隋书》本传记载，牛弘，安定鹌觚人，于开皇初任散骑侍秘书监。弘以典籍散佚，上表请开献书之路，为隋文帝采纳，献书一卷，赐缣一匹，一二年间篇籍稍备。三年，拜礼部尚书，奉敕修撰五礼，勒成百卷，行于当世。后除太常卿，九年，文帝诏弘与姚察、许善心等正定新乐。嗣后议置明堂，诏弘条上故事，议其得失。上甚敬重之，拜吏部尚书。时隋文帝又令弘与杨素、苏威、薛道衡、许善心等讲论新礼轻重增删，弘所主议，众咸推服之。传末还有史臣赞语："牛弘笃好坟籍，学优而仕，采百王之损益，成一代之典章，汉之叔孙不能尚也。"①

牛弘、辛彦之为隋文帝撰修礼仪的事迹诚为治隋唐史学者所见，然而陈寅恪过人之处在于，他以极锐敏的眼光，发现了一个极有意义的问题：牛、辛两位同为隋朝制礼的重要士人，都来自河陇地区，又都有家世读书任官的背景，此事绝非偶然！这一事实所寓含的极重要道理是：河陇地区在文化上于南北朝据有突出的地位，由于中原长期战乱，许多世家大族避居河陇，把文化带到偏僻之区，中原连年大乱，遂造成原先文化发达的中原地区与僻居一隅的河陇地区文化学术上新的巨大反差，造成朝廷太学与世家大族教育上新的巨大反差，以往落后的河陇地区反而成为保存传统文化的重要先进地区。这是陈寅恪钩稽史沉、深入探析而勘破的千余年学者未予注意的历史隐秘。他与只会做条文式考证的学者极不相同，他在严密考证的基础上，关注的是一个时期历史中带规律性现象。陈寅恪对此又加以申论：

> 兹择录牛弘、辛彦之两传事迹较详者，盖欲以阐明魏晋以降中国西北隅即河陇区域在文化学术史上所具之特殊性质。
>
> 惟此偏隅之地，保存汉代中原之文化学术，经历东汉末、西晋之大乱及北朝扰攘之长期，能不失坠，卒得辗转灌输，加入隋唐统一混

① 陈寅恪：《隋唐制度渊源略论稿》，18页。

合之文化，蔚然为独立之一源，继前启后，实吾国文化史之一大业。①

陈寅恪不仅观察敏锐，而且视野极开阔。为了论证河陇地区在长时期中因其政治地缘上的特殊地位，而成为保存华夏文化的沃土这一论点，他把目光投向自曹魏时代以降，钩稽出自《三国志》及裴注、《晋书》各传和南北朝各国史书中的丰富史料，做了详细的考察。如《三国志·魏志·王朗传》附《王肃传》所引裴注，征引《魏略》称，京师之内有真学问者难以寻觅，而《魏略》作者裴子野所称道的贾洪、薛夏、隗禧三人，正好分别是京兆和天水人氏。由此，陈寅恪归结出自东汉中原纷扰以后，学术之中心已向西北地区转移的历史趋势。其论云：

据上引史文可证明二事：一为自汉末乱后，魏世京邑太学博士传授学业之制徒为具文，学术中心已不在京邑公立之学校矣。二为当东汉末中原纷乱，而能保持章句之儒业，讲学著书，如周生烈、贾洪、薛夏、隗禧之流，俱关陇区域之人，则中原章句之儒业，自此之后已逐渐向西北移转，其事深可注意也。②

由上述趋势继续发展，自西晋惠帝年间至东晋末年，乃出现了学术文化史极其突出的现象：大批中原旧族，纷纷避居战乱较轻的河西地区，在中原兵革纷扰之际，这里俨然成为学术文化之区，许多中原士庶得以在河西避祸，一些具有世族文化传统的学者也得以家族世代课其子孙，传习经史礼制之学以延其家业。而割据河西的少数民族首领也能倾慕汉化，奖重士人，对保存华夏文化也起到积极作用。陈寅恪胪举史籍中大量的材料一一加以考析。

西晋灭亡，晋元帝南迁，张轨割据河西，称晋正朔，是为前凉国。《晋书·张轨传》载，张轨，安定乌氏人，家世孝廉，以儒学显，与同郡皇甫谧相友善。中书监张华与轨论经义及政事损益，甚器重之。谓安定中正为蔽善抑才，乃美为之谈以为二品之精。“轨以时方多难，阴图据河西，于是求为凉州，公卿亦举轨才堪御远，永宁初出为护羌校尉刺史。……征九郡胄子五百人，立学校，始置崇文祭酒，位视别驾，春秋行乡射之礼。秘书监

① 陈寅恪：《隋唐制度渊源略论稿》，19页。

② 陈寅恪：《隋唐制度渊源略论稿》，21页。

缪世徵、少府挚虞夜观星象，相与言曰：‘天下方乱，避难之国唯凉土耳。张凉州德量不恒，殆其人乎?’(轨)遣治中张阆送义兵五千及郡国孝秀贡计器甲方物归于京师，令有司可推详立州已来清贞德素、嘉遯遗荣、高才硕学、著述经史等具状以闻，州中父老莫不相庆。……自轨为凉州，至天锡，凡九世七十六年矣。”①

张天锡降前秦苻氏之后，河西地区继为吕光所据称之后凉国。《晋书·吕光载记》记述吕光在凉州刺史任内，有段业作表志诗等十七篇以讽其善治境内政事。

吕光降后秦姚兴后，河西地区分为三国。汉人李暠立西凉国，都敦煌。陈寅恪引《晋书·武昭王传》载，武昭王李暠，字玄盛，陇西成纪人，世为陇西大族。李暠少而好学，通涉经史，尤善文义。后被推为敦煌太守，从此控制敦煌、酒泉地区。后称凉公，领秦凉二州。建靖恭之堂，图赞自古明王良臣，玄盛亲为序颂，又立泮宫，增高门学生五百人。手令诫其诸子：“古今成败不可不知，退朝之暇念观典籍。”②后迁酒泉，境内大治，百姓乐业，请勒铭酒泉，群僚献诗，玄德亲为之序。陈寅恪又引《晋书·秃发利鹿孤载记》载，南凉王秃发利鹿孤在境内建学校，选耆德硕儒，以训胄子。引《晋书·沮渠蒙逊载记》所载，蒙逊博涉群史，有西祀金山之举，令中书侍郎赋诗，至为雅盛。

陈寅恪对河西文化一脉的表彰，是其考证“中古民族文化之史”很成功的例证。他既做到搜抉幽隐，从众多的典籍中发现、收集了许多有价值的材料，又能联系贯通，置于历史文化发展的大背景中做深刻的分析，评价其意义，故其考辨所得实有勘破历史真相，使物无遁形的力量。我们品味他结合上述史实而发的议论，便能在推进历史观察力上获得宝贵的启迪：

> 盖张轨领凉州之后，河西秩序安定，经济丰饶，既为中州人士避难之地，复是流民移徙之区，百余年间纷争扰攘固所不免，但较之河北、山东屡经大乱者，略胜一筹。故托命河西之士庶犹可以苏喘息长子孙，而世族学者自得保身传代以延其家业也。……吕氏、秃发、沮渠之徒俱非汉族，不好读书，然仍能欣赏汉化，擢用士人，故河西区

① 陈寅恪：《隋唐制度渊源略论稿》，21～22 页。

② 陈寅恪：《隋唐制度渊源略论稿》，23 页。

域受制于胡戎，而文化学术亦不因以沦替……①

由于陈寅恪对河西地区因地域和家学的关系而在中古时期学术文化上占有重要地位这一问题得到总体上的正确认识，把握了历史运动的实质，因而他对书中的一些人们容易见到而习以为常的记载，均能获得新解。如《魏书》卷五二以赵逸等十二人之传编为一卷，其中赵逸，天水人，好学夙成，魏太武帝时多所著述，帝称善久之。其他安定临泾人胡方回、敦煌人张湛等亦皆类似。这篇合传，不知其价值者即视为一般记载文人之履历，认识其价值者则能从中获得十六国纷乱时期河西陇右出了一批才学之士、保存了中原文化的宝贵信息。故陈寅恪指出，上述史料，恰好与《通鉴》卷一二三所言"凉州自张氏以来号为多士"，及胡注云"永嘉之乱，中州之人士避地河西，张氏礼而用之。子孙相承，衣冠不坠"相印证。

基于上述对丰富史料的考辨和深入分析，陈寅恪最后评价河西文化是在长期战乱中西北地区保存下来的汉、魏、西晋华夏文化的继续，实为中国历史上意义重大的隋唐制度的渊源之一："秦凉诸州西北一隅之地，其文化上续汉、魏、西晋之学风，下开（北）魏、（北）齐、隋、唐之制度，承前启后，继绝扶衰，五百年间延绵一脉，然后始知北朝文化系统之中，其由江左发展变迁输入者之外，尚别有汉、魏、西晋之河西遗传。但其本身性质及后来影响，昔贤多未措念，寅恪不自揣谫陋，草此短篇，借以唤起今世学者之注意也。"②此诚为切中肯綮之论。

（三）北周一源对隋唐制度影响微小

陈寅恪一反历来流行的隋唐制度主要承袭北周的看法，他的基本观点是：北周制度是先进的汉文化和落后的宇文部鲜卑文化杂凑而成，是以缘饰的手段欺蒙世人，这样的制度不可能有持久的生命力。故陈寅恪称宇文泰"以少数鲜卑化之六镇民族窜割关陇一隅之地，而欲与雄据山东之高欢及旧承江左之萧氏争霸"，"以继述成周为号召，窃取六国阴谋之旧文缘饰塞表鲜卑之胡制，非驴非马，取给一时，虽能辅成宇文氏之霸业，而其创制终为后王所捐弃，或仅名存而实亡"。③ 他进而分析宇文泰所立北周之制度，在与文化正统之所在北齐制度相颉颃中，始终居于劣势，而最终反被对方

① 陈寅恪：《隋唐制度渊源略论稿》，26～27页。

② 陈寅恪：《隋唐制度渊源略论稿》，41页。

③ 陈寅恪：《隋唐制度渊源略论稿》，17页。

所化解："洛阳文物人才虽经契胡之残毁，其遗烬再由高氏父子之收掇，更得以恢复炽盛于邺都。魏孝文以来，文化之正统仍在山东，遥与江左南朝并为衣冠礼乐之所萃，故宇文泰所不得不深相畏忌，而与苏绰之徒别以关陇为文化本位，虚饰周官旧文以适鲜卑野俗，非驴非马，借用欺笼一时之人心，所以至其子(武帝)并齐之后，成陵之鬼馁，而开国制度已渐为仇雠敌国之所染化。"[①]因此他明确指出历史演变的结局是："隋文帝虽受周禅，其礼制多不上袭北周，而转仿北齐或更采江左萧梁之旧典，与其政权之授受，王业之继承，迥然别为一事，而与后来李唐之继杨隋者不同。"[②]

围绕上述论点，书中论礼仪、职官、刑律、兵制各章都引据有大量史料加以论证。如引用《隋书·礼仪志》载："隋初因周制，定令亦以孟冬下亥蜡百神，腊宗庙，祭社稷，其方不熟，则阙其方之蜡焉。开皇四年十一月诏曰：'古称腊者接也，取新故交接。前周岁首今之仲冬，建冬之月称禘可也。后周用夏后之时，行姬氏之禘，考诸先代，其义有违，其十月行禘者停，可以十二月为腊。'于是始革前制。"又载："后魏每攻战克捷，欲天下闻知，乃书帛建于竿上，名为露布，其后相因施行。开皇中乃诏太常卿牛弘、太子庶子裴政撰宣露布礼。及九年平陈，元帅晋王以驿上露布，兵部奏请依新礼宣行"。陈寅恪指出，前一项证明隋代祀典不袭北周之制；后一项证明，"隋代修礼，承袭北魏遗产，而更与南朝专家考定"[③]，因为裴政本是南朝礼制专家，以精通律学著名，江陵陷后被俘。隋代舆辇之制，开皇年间依李德林奏，废除(北)周制，惟留北魏太和、北齐天保之制度。此同样见于《隋书·礼仪志》："及(周)平齐，得其舆辂，藏于中府，尽不施用，至大象初，遣郑译阅视武库，得魏旧物，取尤异者，并加雕饰，分给六宫，合十余乘，皆魏天兴中之所制也。周宣帝至是咸复御之。开皇元年，内史令李德林奏：'周魏舆辇乖制，请皆废毁。'高祖从之，唯留魏太和李韶所制五辂，齐天保所遵用者，又留魏(肃宗)熙平中太常卿穆绍议皇后之辂。"陈寅恪对此做了精彩的分析："周袭魏天兴旧制，虽加雕饰，仍不合华夏文化正式系统也。李德林本北齐旧臣，当时礼制典章，尤所谙练，故请毁废而用魏太和熙平齐天保之制度，而此制度即魏孝文及其后嗣所采用南朝前期之

① 陈寅恪：《隋唐制度渊源略论稿》，43 页。

② 陈寅恪：《隋唐制度渊源略论稿》，51 页。

③ 陈寅恪：《隋唐制度渊源略论稿》，52 页。

文物，经北齐遂成为一系统结集者。此隋在文物上不继周而因齐之例证也。”[①]关于隋唐官制的渊源，陈寅恪从典籍中发掘了重要的史料。如：《隋书·百官志·序》云：“高齐创业，亦遵后魏，台省位号与江左稍殊。有周创据关右，日不暇给，洎乎克清江汉，爰议宪章，酌丰镐之遗文，置六官以综务，详其典制，有可称焉。高祖践极，百度伊始，复废周官，还依汉魏。”又《新唐书·职官志·序》云：“唐之官制，其名号禄秩虽因时增损，而大体皆沿隋故。其官司之别曰省，曰台，曰监，曰卫，曰府，各统其属，以分职定位。”陈寅恪指出，上述史文中已将问题讲得很清楚，研究者“若能注意‘高齐创业，亦遵后魏’，‘(隋)高祖践极，复废周官，还依汉魏’及‘唐之官制大体皆沿隋故’数语，则隋唐官制之系统渊源已得其要领”[②]。

关于隋唐制定刑律之渊源，陈寅恪认为其总体上与礼仪、职官相同，但也有略异之处。一是，北魏正始以后之刑律所采用者大体止于南朝前期，但其后江左律学无甚发展，宋齐时代之律学仍两晋之故物。梁陈时代之律学亦宋齐之旧贯也。“隋唐刑律近承北齐，远祖后魏，其中江左因子虽多，止限于南朝前期，实则南朝后期之律学与其前期无大异同。”对此，陈寅恪举出诸多证据予以考辨。如《隋书·刑法志》云：“晋氏平吴，九州宁一，乃令贾充大明刑宪，内以平章百姓，外以和协万邦，寔曰轻平，称为简易，是以宋齐方驾辙其余轨。梁武初即位时议定律令，得齐时旧郎济阳蔡法度家传律学，云齐武时删定郎王植之集注张(斐)、杜(预)旧(晋)律，合为一书，凡一千五百三十条，事未施行，其文殆灭，法度能言之。于是以为兼尚书删定郎，使损益植之旧本，以为梁律。……陈氏承梁季丧乱，刑典疏阔，及武帝即位，乃下诏搜举良才，删改科令，于是稍求得梁时明法吏，令与尚书删定郎范泉参定律令，制律三十卷。……自余篇目条纲轻重繁简一用梁法。”陈寅恪加以分析，认为此项正表明北魏所继承的主要是魏、晋及南朝前期之刑律，而不能如《九朝律考》作者程树德所言，南朝刑律之渊源至隋代制定刑律时已经断绝。因为，“南朝前期之宋齐二代既承用晋律，其后期之梁律复基于王植之之集注张斐、杜预晋律，而陈律又几全同于梁律，则南朝前后期刑律之变迁甚少。北魏正始制定律令，南士刘芳为主议之人，芳之入北在刘宋之世，则其所采自南朝者虽应在梁以前，但实与梁以后者无大差异可知。北魏、北齐之律辗转传授经隋至唐，是南支之律并不与陈

---

① 陈寅恪：《隋唐制度渊源略论稿》，53～54页。

② 陈寅恪：《隋唐制度渊源略论稿》，83～84页。

亡而俱斩也”①。隋唐刑律与北魏制度渊源关系又一值得注意之处是，北魏初入中原时，议律之臣乃山东士族，所重者在继承汉代律学，与江东宋、齐之专守晋律有所不同。“及正始定律既兼采江左，而其中河西之因子即魏晋文化在凉州之遗留及发展者特为显著，故元魏之刑律取精用宏，转胜于江左承用之西晋旧律，此点与礼仪、职官诸制度之演变稍异者也。”②陈寅恪䌷绎《魏书·刑法志》及诸纪、传所载，指出北魏修订刑律前后主要有两次。孝文太和时所定，“河西因子特为显著”。至宣武正始定律，则“河西与江左二因子俱关重要”。据《魏书》李冲传及源怀传记载，李冲、源怀于太和末年修订礼仪律令，李冲是河西文化家世之学的代表，源怀“亦出河西，其家子孙汉化特深，至使人詈为汉儿。然则源怀之学亦犹李冲之学，皆河西文化之遗风”。③ 故太和新律之制定，显然深受河西文化之影响。而参与宣武正始制订律令者，据《魏书·刘芳传》，刘芳实为主持之人。“考刘芳本南朝士族以俘虏入魏，其律学自属江左系统无疑。”④

关于北周至隋府兵制的演变，陈寅恪也提出了不同于别人的新见。他认为，府兵制从宇文泰初创，至北周武帝，经历了重要的变化。“府兵之制，其初起时实摹拟鲜卑部落旧制，而部落酋长对于部内有直辖之权，对于部外具独立之势。……在宇文氏创业之时，依当时鲜卑旧日观念，其兵士尚分属于各军将，而不直隶于君主。若改移此部属之观念，及变革此独立之制度，乃宇文泰所未竟之业，而有待于后继者之完成者也。”⑤初起时之府兵制还有兵农分开的特点。因为，“宇文泰之建国，兼采鲜卑部落之制及汉族城郭之制，其府兵与农民迥然不同，而在境内为一特殊集团及阶级”⑥，此如《周书·文帝纪下》魏大统九年云，“于是广募关陇豪右，以增军旅。”除鲜卑及六镇胡汉混合之贵族阶级外，即在关陇所增收编募的，亦止限于中等以上豪富之家，绝无下级平民参加其间，与后来设置府兵地域内其兵役之比较普遍化者，迥不相同。陈寅恪指出，西魏府兵制转为唐代府兵制过渡之关键，在周武帝所实行的改变。他对李繁《邺侯家传》所载“自置府以其

① 陈寅恪：《隋唐制度渊源略论稿》，101～103页。

② 陈寅恪：《隋唐制度渊源略论稿》，101页。

③ 陈寅恪：《隋唐制度渊源略论稿》，109页。

④ 陈寅恪：《隋唐制度渊源略论稿》，110页。

⑤ 陈寅恪：《隋唐制度渊源略论稿》，131页。

⑥ 陈寅恪：《隋唐制度渊源略论稿》，131～132页。

番宿卫，礼之谓之侍官，言侍卫天子也”这段文字极为重视，诠释云：“周武帝改军士为侍官，即变更府兵之部属观念，使其直隶于君主。此湔洗鲜卑部落思想最有意义之措施，不可以为仅改易空名而忽视之也。”①他认为，周武帝募百姓以充府兵，改其民籍为兵籍，乃第一步府兵之扩大化即平民化。他又对《通鉴》卷一六八“保定元年改八兵为丁”一条胡三省所注：“八丁兵者，凡境内民丁分为八番，递上就役。”做了极具有独特识力的解释，云：胡三省注指出府兵制向兵民全无区别的方向转变，这个见解值得重视，但胡三省以为北周初年即有如此变化，则提得太前，实际上此一变化应是隋开皇年间的事。陈寅恪做进一步辨析：府兵制这一变化，是因受到北齐制度的影响。宋陈傅良《历代兵制》卷五已有见于此，他称齐制为“十八受田，输租调，二十充兵”，府兵制之向“兵农合一”演变实于齐制始见诸明文。依据上述钩沉稽隐，周密考析，陈寅恪遂得出以下结论：

> 周武帝既施行府兵扩大化政策之第一步，经四年而周灭齐，又四年而隋代周，其间时间甚短，然高齐文化制度影响于战胜之周及隋者至深且钜，府兵制之由西魏制而变为唐代制即在此时期渐次完成者也。
>
> 隋文帝开皇十年诏书中有“垦田籍帐悉与民同”之语，与北史所载府兵初起之制兵士绝对无暇业农者，自有不同。……隋代府兵制变革之趋向，在较周武帝更进一步之君主直辖化即禁卫军化，及征调扩大化即兵农合一化而已。……由是言之，开皇三年令文却应取前此保定元年令文胡注中境内兵民合一之义以为解释也。夫开皇三年境内军民在事实上已无可别，则开皇十年以后，抑更可知，故依据唐宋诸贤李、杜、马、胡之意旨，岂可不谓唐代府兵之基本条件，即兵民合一者，实已完成于隋文之世耶?②

总之，陈寅恪从对府兵制在北周初创时期之兵农分离和特殊贵族制，至隋文帝时演变为兵农合一和平民化，其过渡在北周后期，定制于隋开皇年间，其关键是受了北齐“兵农合一”的影响所做的一番深入考证，也是为了论证北齐的兵制对于战胜之北周以及继周而起的隋，影响至为重要。

综上所述，陈寅恪完成于1940年的《隋唐制度渊源略论稿》，在钩稽、

---

① 陈寅恪：《隋唐制度渊源略论稿》，136页。

② 陈寅恪：《隋唐制度渊源略论稿》，139页。

发掘丰富史料的基础上，通过深入的考辨分析，得出了隋唐制度三源之中，北魏、北齐一源关系最为重要，其中又有河西文化之一支脉，而三源之中，西魏、北周之源远不如其他二源之重要，这一自成体系的学说，对于推进中古制度、文化的研究具有重大意义。

二、探讨唐代政治史的基本线索

《唐代政治史述论稿》撰成于 1942 年。本书分上、中、下三篇，所考证和论述的问题环环相扣，一气呵成。上篇以“关中本位政策”的实行及其破坏，作为考察唐代政治史的重要线索。陈寅恪认为，“关中本位政策”在北周宇文泰时已经形成。宇文泰割据关陇一隅，其物质及精神的凭借都不如山东高齐和江南萧梁，“故必须别觅一新途径，融合其割据关陇区域内之鲜卑六镇民族，及其他胡汉土著之人为一不可分离之集团，匪独物质上应处同一利害之环境，则精神上也必具同一渊源之信仰，同受一文化之薰习，始能内安反侧，外事强邻”。陈寅恪称这一“新途径”为“关中本位政策”，其表现为歧视山东人、将西迁的有功汉将之山东郡望改为关内郡望、实行府兵制等。“隋唐两朝继承宇文泰之遗业，仍旧施行‘关中本位政策’。”其特点有两点，一是隋皇室自称弘农杨氏，唐皇室也自称陇西李氏。自唐高祖、太宗创业至高宗前期，“其将相文武大臣大抵承北魏、北周及隋以来之世业，即宇文泰‘关中本位政策’下所结团体之后裔”，形成垄断朝政的局面。①二是以关陇为本位，聚全国之武力于西北一隅之地，借以主宰全国。但是，到了武则天掌权以后，“逐渐破坏传统之关中政策，以遂其创业垂统之野心”。其手段是崇尚进士文词之科、破格用人及渐毁府兵制。这一趋势在武周之后继续进行，“迄至唐玄宗时，遂完全破坏无遗”。

天宝之乱后，统治集团产生了与前迥异的新格局，形成三种势力：一是外廷之士大夫，他们由科举登仕，擅长文词，不喜军事；二是阉寺集团，拥蔽皇室，而与外廷士大夫对抗；三是藩镇，形成与中央对立的割据局面。后两种人都与“民族与文化”有关，特别是藩镇问题的核心更是“种族文化之

---

① 陈寅恪于 1951 年又写作《论隋末唐初所谓“山东豪杰”》一文，论述唐太宗在削平群雄及与建成、元吉争夺政权中，对山东武人集团徐世勣、张亮等加以抚用，因获得他们的支持而取胜，说明唐初在维持关中本位政策、抑制山东贵族的前提下，兼任用非名门出身的山东人，作为上说的补充。

关系”。陈寅恪独具慧眼，从繁多的唐代文集中发掘出《樊川集》所载当时河北风俗的极具说服力的材料：“生年二十不知古有人曰周公、孔夫子者，击毬饮酒，马射走兔，语言习俗无非攻守战斗之事。”陈寅恪称这种现象为“胡化”。而考证各藩镇的身世民族关系，则或“确是胡族”，或“久已胡化”。书中深入地考证并论述了河北地区本是华夏文化甚高区域，何以唐玄宗时转变成“胡化区域”，以及原来居住在河朔地区的“中亚胡人”是如何内迁的问题。陈寅恪通过综合诸多分散的史料，归纳了三项原因：远因是隋末丧乱，胡族辗转迁来；中因是东突厥之败亡，少数拓羯因之东徙；近因或主因则是东突厥之复兴，此时必有中亚胡族向东北迁徙。因此风俗改变，河北遂成混杂之“胡化区域”。

由此，陈寅恪得出唐代政治史演变的至关重要结论：“进士科举之崇重，府兵之废除，以及宦官之专权朝政，藩将即胡化武人之割据方隅，其事俱成玄宗之世。”这些正是关陇集团完全崩溃的“征象”，因此玄宗朝成为唐代政治史的分界线。

中篇进而论述牛李党争及玄宗以后宦官决定皇帝废立问题。陈寅恪认为，党争的焦点是对进士科的态度，李德裕不喜科试，尤其厌恶进士科，他主张朝廷显官须是公卿子弟。牛僧儒等则代表进士起家、致身通显的新权贵集团。“牛李两党的对立，其根本在两晋南北朝以来山东士族与唐高宗、武则天之后由进士科进用之新兴阶级两者互不相容。”党争又与内廷宦官两派斗争相联系。宪宗由武力削平藩镇，李党主张用兵，牛党反对用兵，内廷宦官主张用兵的一派与李党相呼应。后这一派失败，另一派得势，拥立穆宗，“销兵”之议遂成为长庆一朝的国策。文宗之后，唐代皇位之继承完全取决于宦官之手，外朝宰相唯有服从，李氏子孙充当傀儡。最为典型的例证是：宦官杨恭在私人信件中，竟把由他策立的昭宗李晔称为“负心门生天子”，而称自己是“定策国老”。

下篇论述唐代民族关系，从大量记载中概括出“外族盛衰之连环性”的概念，对唐与周围各民族（包括大食）的广阔范围进行考察，总结出带规律性的认识。陈寅恪认为：“观察唐初中国与某甲族之关系，其范围不可限于某甲族，必通览诸外族相互关系，然后三百年间中国与四夷更迭盛衰之故始得明瞭，当时唐室对外之措施亦可略知其意。”因为“其他民族之崛起或强大可致某甲族之灭亡或衰弱”，“而唐王室统治之中国遂受其兴亡强弱之影响”。

如唐与突厥之关系。隋末唐初，突厥势力强盛，唐高祖曾向突厥称臣，仅在十年之后，唐高宗却能一举覆灭突厥，其原因，除了唐室君臣奋发自强外，还因为两点：一为突厥境内之天灾及乱政；二为突厥相邻部落回纥之兴起，援中国以可乘之隙。

再如唐与回纥的关系。回纥自唐肃宗以后最为雄大，中国受其害甚巨，至文宗之世，天灾党乱扰其内，黠戛斯崛起侵其外，于是崩溃不振。

唐与吐蕃之关系更加复杂。唐时，吐蕃强盛延及两百年之久，加上唐皇室把关陇地区作为全国重心，因此，唐代不能不在东北方面采取维持现状之消极政略，而竭尽全国武力、财力向西北进取，对付吐蕃。这项政策“不独有关李唐一代之大局，即五代、赵宋数朝之国势亦因此构成”，导致契丹、女真在东北崛起。在唐玄宗时，“华夏、吐蕃、大食三大民族皆称强盛，中国欲保其腹心之关陇，不能不固守四镇。欲固守四镇，又不能不扼据小勃律，以制吐蕃，而断绝其与大食通援之道。……中国与吐蕃既处于外族交互之复杂环境，而非中国与吐蕃一族单纯之关系，故唐室君臣对于吐蕃施行之策略亦即利用此诸族相互之关系。易言之，即结合邻接吐蕃诸外族，以为环攻包围之计”①。两《唐书》和《通鉴》所载韦皋、韩滉、李泌等提出的联合回纥、南诏、大食的议论，正是当时君臣“深知诸外族相互之关系”而提出来的。

陈寅恪对隋唐制度渊源及唐代政治史演进主线的考证和论述，充分体现出他治史的通识。他有开阔和敏锐的眼光，精熟于史料，融会贯通，对一些别人不注意的材料也能以独到的识见发现其价值，力求从总体上，从事物的相互联系、因果关系中探求历史演进中带规律性的东西。因此，《隋唐制度渊源略论稿》和《唐代政治史述论稿》两书在国内外有广泛的影响，在中华人民共和国成立前研习隋唐史的学者，“无不惊呼大开了眼界，有茅塞顿开之感”②。

把握住《唐代政治史述论稿》论述的主要脉络后，我们可以综合此书及前述《隋唐制度渊源略论稿》，进而探讨陈寅恪独特的治史方法。

王国维、陈寅恪、陈垣同为 20 世纪中国新考证学派的杰出学者，各人又表现出不同的学术个性。王国维以“二重证据法”著称，陈垣则擅长义例法，在宗教史、文献学上有卓越建树，陈寅恪的治史方法则可以概括为：因小见大，兼擅严密考证与义理阐释。

---

① 陈寅恪：《唐代政治史述论稿》，133～134 页，上海，上海古籍出版社，1997。

② 胡如雷：《读〈汪篯隋唐史论稿〉兼论隋唐史研究》，载《文史知识》，1982(6)。

陈寅恪此一治史特色，又可分开两项论述。

第一项，以小见大，从别人不注意处发现历史的“关节”点，通过联系分析，揭示出有关历史演变的重大问题。

例证一：唐初胡汉文武为一体的局面及其变化是认识唐代政治史的关键。“关中本位政策”是陈寅恪对唐代政治史的一个主要理论概括。此项政策，由北周宇文泰所开创，唐初继续实行。其特征是“胡汉文武为一体”①，具体言之，即“宇文泰当日融冶关陇胡汉民族之有武力才智者，以创霸业；而隋唐继其遗产，又扩充之。其皇室及佐命功臣大都西魏以来此关陇集团中人物，所谓八大柱国家即其代表也。当李唐初期此集团之力量犹未衰损，皇室与其将相大臣几全出于同一之系统及阶级，故李氏据帝位，主其轴心，其他诸族入则为相，出则为将，自无文武分途之事，而将相大臣与皇室亦为同类之人，其间更不容别一统治阶级之存在也”②。李唐皇室维持“关中本位政策”所采取的措施是使李唐皇族与北周以来勋贵之后裔在物质上同一利害，精神上有共同维系之纽带，依附古昔、称关中地区为历史上汉化发源之地此点尤为重要。至武则天柄政之后，唐朝在政治、军事、社会、文化各项均与初唐判若两端，究其根本原因即为关中本位政策遭到废除。故唐初“胡汉文武为一体”及其变化实是认识唐代政治史的关键。此一全局性的认识，恰是陈寅恪以如炬的目光，从史料中发现别人所不曾注意的问题，并广泛联系各种材料，逐步深入分析得来的。

陈寅恪首先揭示出李唐皇室世系记载存在的漏洞。《新唐书·宗室世系表》所载，李渊先世为陇西名门李暠，四世祖李重耳因西凉国亡奔宋，为汝南太守，后魏克豫州，以地归之，拜恒农太守，复为宋将薛安都所陷。三世祖李熙为后魏金门镇将。

陈寅恪根据多方面史料考证，指出此言李重耳为宋汝南太守一事，乃绝不可能。因为，“既言：‘为宋将薛安都所陷’，其时必在元嘉二十七年。当时前后宋之汝南太守其姓名皆可考知，郭道隐则弃城走，徐遵之则去郡，陈宪则先行郡事，后以守城功擢补实官。故依据时日先后，排比推计，实无李重耳可为宋汝南太守之余地”③。不可能有的事说成有，这就使人怀疑有关李唐皇室世系的记载或许经过讳饰编造。陈寅恪又从其他史料中发现

① 陈寅恪：《唐代政治史述论稿》，48页。

② 陈寅恪：《唐代政治史述论稿》，47页。

③ 陈寅恪：《唐代政治史述论稿》，4～5页。

讳饰假托的蛛丝马迹。《新唐书・宗室世系表》言“为宋将薛安都所陷”，即为薛安都所擒。据《宋书》及《魏书》有关的传，李初古拔的经历正好与李重耳父子极相似。李初古拔任弘农太守，父子与屯汝阳的永昌王关系密切，李初古拔被擒在元嘉二十七年闰十月。“故以时日先后、地理接近及人事关系论，李初古拔殆于未被擒以前曾随永昌王屯兵豫州之境，因有汝南太守之授。然则此唐室谱牒所言之汝南太守实非宋之汝南太守，乃由魏之汝南太守所修改而成者也。”①又，《魏书・薛安都传》云：“(安都)仍执(李)拔等南遁。及世祖临江，拔乃得还。”综合上述史料，陈寅恪合理地得出推论说：“是李初古拔原有自北至南复自南还北一段因缘，李唐自述先世故实，竟或因此加以修改，以傅会李重耳之由北奔南，又由南归北耶？幸赖其与他种记载符合及矛盾，留一罅隙，千载而后遂得以发其覆也。”②“故今假定李唐为李初古拔之后裔，或不至甚穿凿武断也。”③再考《唐会要》《元和郡县图志》等所记载，李渊之高祖李熙、曾祖李天赐在李唐称帝后均追赠尊号，建陵于河北赵州昭庆县。父子共茔而葬，是族葬的规例。陈寅恪又举出河北省隆平县所存唐光业寺碑文(开元十三年杨晋撰)的颂文：“维王桑梓，本际城池。”此乃为唐皇室编造氏族来源提供了进一步的证据：“李熙、天赐父子共茔而葬，即族葬之一证。光业寺碑颂词复有‘维王桑梓’之语，则李氏累代所葬之地即其家世居住之地，绝无疑义，而唐皇室自称其祖留居武川之说可不攻自破矣。”④故陈寅恪得出结论说：“据可信之材料，依常识之判断，李唐先世若非赵郡李氏之‘破落户’，即是赵郡李氏之‘假冒牌’。至于有唐一代之官书，其纪述皇室渊源间亦保存原来真实之事迹，但其大部尽属后人讳饰夸诞之语。”⑤

李唐皇室改易氏族郡望，实非特例，而符合中古时期之通例。陈寅恪引《隋书・经籍志》史部谱序篇云：“后魏迁洛，有八氏十姓，咸出帝族；又有三十六族，则诸国之从魏者；九十二(九?)姓世为部落大人者，并为河南洛阳人。其中国士人则第其门阀，有四海大姓、郡姓、州姓、县姓；及周太祖入关，诸姓子孙有功者，并令为其宗长，仍撰谱录，纪其所承，又以

---

① 陈寅恪：《唐代政治史述论稿》，5 页。

② 陈寅恪：《唐代政治史述论稿》，5 页。

③ 陈寅恪：《唐代政治史述论稿》，6 页。

④ 陈寅恪：《唐代政治史述论稿》，8 页。

⑤ 陈寅恪：《唐代政治史述论稿》，11 页。

关内诸州为其本望。”他认为，前者指魏文帝改胡姓为汉姓，后者则专指汉人而言，“李唐之称西凉嫡裔，即所谓‘并令为其宗长，仍撰谱牒，纪其所承’，其改赵郡郡望为陇西郡望，即所谓‘又以关内诸州为其本望’，岂非寅恪之假说得此史文而益证实耶？”①李唐姓氏的改易过程，实则反映出陈寅恪所特别重视的胡汉文化问题。这里包括他所论证的三个方面。第一，“李唐血统其初本是华夏，其与胡夷混杂，乃一较晚之事实”②。具体事实是，李熙、李天赐所婚，都是汉族。至李昞妻独孤氏，李渊妻窦氏，李世民妻长孙氏，都是胡族。故李唐皇室，乃混杂胡汉血统。第二，“世系改易之历程，实不限于李唐皇室一族，凡多数北朝、隋唐统治阶级之家，亦莫不如是”③。宇文泰改易姓氏的做法是，改易西迁关陇汉人中之山东郡望为关内郡望，以断其乡土之思，并附会其家世与六镇有关，以巩固其六镇团体的情感。李唐改其赵郡郡望为陇西，正是此一时期所为。隋唐两朝继承宇文泰之“关中本位政策”，其统治阶级自不改其歧视山东人之观念，隋唐两朝依旧假冒弘农杨震、陇西李暠之嫡裔，其真实心态正由于此。第三，自唐初至高宗统御之前期，将相大臣均为“胡汉文武为一体”的关陇集团之后裔。武则天柄政，实行进士科取士，江左人士遂得以文才上进朝列，关陇集团垄断朝政的局面遂告崩坏。故陈寅恪得出如下论断：“武周之代李唐，不仅为政治之变迁，实亦社会之革命。”④

例证二：长安宫城北门的军事控制权对唐代朝政成败至关重要。

陈寅恪认为，统观唐代发生过的政治事变，可以清晰地得出下述看法：由于唐初关陇集团在关中地区驻守重兵，故在“关中本位政策”犹未破坏以前凡操持关中主权之政府即可以主宰全国，当时任何地方性政治事变均告失败。至玄宗之世，“关中本位政策”完全改变，地方政治事变才能获得成功，而唐的衰亡实由于地方上的安、史、庞勋、黄巢等之起事，及黄巢部将朱温之篡夺。

陈寅恪这一结论的产生，首先得益于他多方爬梳史料，加以分析归纳。他考证唐代皇宫建在长安城北，故北军乃卫宫之武力。“苟明乎此，则唐代历次中央政治革命之成败，悉决于玄武门即宫城北门军事之胜负，而北军

---

① 陈寅恪：《唐代政治史述论稿》，11～12页。

② 陈寅恪：《唐代政治史述论稿》，13页。

③ 陈寅恪：《唐代政治史述论稿》，13页。

④ 陈寅恪：《唐代政治史述论稿》，18页。

统制之权实即中央政柄之所寄托也。”经过查核、分析有关玄武门之役各位将领的传记，陈寅恪发现唐代国史所记载，实则隐匿了当日太宗与建成、元吉双方对玄武门的剧烈争夺，有关各将领的传恰恰提供了部分事实真相。他举出，第一，《旧唐书·尉迟敬德传》载，李元吉欲诱使尉迟敬德谋害太宗，“敬德曰：‘在外勇士八百余人今悉入宫，控弦被甲，事势已就，王何得辞？’……(东)宫(齐王)府诸将薛万澈、谢叔方、冯立等率兵大至，屯玄武门，杀屯营将军。敬德持建成、元吉首以示之，宫府兵遂散”。第二，建成党羽冯立本传载：“(立)率兵犯玄武门，苦战久之，杀屯营将军敬君弘，解兵遁于野，俄而来请罪。”[①]其他张公谨、敬军弘、谢叔方诸传所载，均可与上述两传印证，说明双方将领争夺玄武门之激烈。

此一北门控制权为唐代朝政成败之关键的看法，因得到敦煌文书提供的新史料而更加确凿有据。这同样显示出陈寅恪治学因通晓多学科知识、敏锐发现新史料价值之非凡能力。巴黎图书馆藏伯希和敦煌写本《常何墓志铭》(李义府撰)，为太宗与建成、元吉两方皆诱致对方之勇将掌握北门控制权提供了新的有力证据。常何旧曾隶属建成，而为太宗所利诱。当玄武门事变之时(武德九年六月四日)，常何实任屯守玄武门之职。“故建成不以致疑，而太宗因之窃发。迨太宗既杀其兄弟之后，常何遂总率北门之屯军矣。此亦新史料之发现，足资补释旧史所不能解之一端也。”[②]

第二项，推求变化之故，从联系中概括出通例性的认识。

例证一：分析藩镇割据的种族(民族)——文化根源。

陈寅恪认为，唐代藩镇割据有深厚的种族文化背景。“唐代中国疆土之内，自安史乱后，除拥护李氏皇室之区域，即以东南财富及汉化文化维持长安为中心之集团外，尚别有一河北藩镇独立之团体，其政治、军事、财政等与长安中央政府实际上固无隶属之关系，其民间社会亦未深受汉族文化之影响，即不以长安、洛阳之周孔名教及科举仕进为其安身立命之归宿。故论唐代河北藩镇问题必于民族及文化二端注意，方能得其真相所在也。”[③]此一通例性的认识，是从多项材料的分析中归纳而得的。其典型史料，除了前面提及的杜牧所撰卢秀才墓志铭称河北燕赵之地，语言习尚无非攻守战斗之事外，还又举出：《通典》所载杜佑建中时所上《省用议》云，田悦之

① 陈寅恪：《唐代政治史述论稿》，52～53 页。

② 陈寅恪：《唐代政治史述论稿》，54 页。

③ 陈寅恪：《唐代政治史述论稿》，25 页。

徒“暴利暴赋，唯恤军戎，衣冠士人遇如奴虏”；董召南在长安连应进士试不中，欲北走河朔。韩愈写《送董召南游河北序》，称“风俗与化移易”，“董生举进士，连不得志于有司，怀抱利器，郁郁适兹土，吾知其必有合也”。陈寅恪将收集到的这类材料联系起来分析，得出结论说：“可知当日河北社会全是胡化，非复东汉、魏晋、北朝之旧。”①从而阐明当日长安集团与河北集团政治文化对立之形势。

陈寅恪又查阅《新唐书·藩镇传》，并与其他有关记载相参考，又做出两项实质性的概括：“一为其人之氏族本是胡类，而非汉族；一为其人之氏族虽为汉族，而久居河朔，渐染胡化，与胡人不异。前者属于种族，后者属于文化。质言之，唐代安史乱后之世局，凡河朔及其他藩镇与中央政府之问题，其核心实属种族文化之关系也。”②且他又做进一步的探究：河朔地区当玄宗之世，竟成为一“胡化之区域”，则必然在此之前有大量胡族之迁入。“其远因为隋季之丧乱，其中因为东突厥之败亡，其近因或主因为东突厥之复兴。”而唐玄宗之所以将东北诸镇之重任付与安禄山，其主要原因便是安禄山混合血统胡人之资格与河朔“胡化”程度极深正相适应，必须有像他这样的武力与权术兼具的人才，才能作为此一复杂的“胡化地区”的主将。

例证二：分析民族盛衰之连环性。

宋祁撰写了《新唐书·四夷传》，在总序中说：“唐兴，蛮夷更盛衰，当与中国抗衡者有四：突厥、吐蕃、回鹘、云南是也。凡突厥、吐蕃、回鹘以盛衰先后为次；东夷、西域又次之，迹用兵之轻重也；终之以南蛮，记唐所繇亡云。”宋祁讲了环唐朝周边外族盛衰之先后次序，却未能进而分析外族盛衰之原因。陈寅恪在《唐代政治史述论稿》中，则在严密考证的基础上进行义理的阐释，推究诸外族“其所以盛衰之迹”。

隋末唐初，中国北部诸外族中，突厥最为强盛。隋末群雄并起之时，薛举、窦建德、王世充、刘武周之辈虽各自割据称主，却俱北面向突厥称臣。“东自契丹，西尽土谷浑、高昌诸国皆臣之，控弦百万，戎狄之盛近代未有也。大唐起义太原，刘文静聘其国，引以为援。”③陈寅恪更指出，唐高祖李渊起义时，不仅遣刘文静往突厥求援，高祖本人且称臣。此一史实在唐初诸多历史记载中均被讳饰，但《旧唐书·李靖传》中却透露了史实的真

---

① 陈寅恪：《唐代政治史述论稿》，26 页。

② 陈寅恪：《唐代政治史述论稿》，27 页。

③ （唐）杜佑：《通典》卷一九七《边防典》“突厥”条上。

相："太宗初闻靖破颉利，大悦，谓侍臣曰：朕闻'主忧臣辱，主辱臣死'。往者国家草创，太上皇（高祖）以百姓之故，称臣于突厥，朕未尝不痛心疾首，志灭匈奴，坐不安席，食不甘味。今者暂动偏师，无往不捷，单于款塞，耻其雪乎?"是则当隋末唐初之际，突厥称雄于亚洲广袤区域。可是，唐太宗在十年之后，却能以建国未久之唐朝一举而覆灭突厥，原因何在?陈寅恪的结论是："固由唐室君臣之发奋自强，遂得臻此，实亦突厥本身之腐败及回纥之兴起二端有以致之也。"[①]为此，他先举《通典》中所载颉利拘禁大将突利，疏远族类，虐待民众，致使诸部携贰，又遭频年大雪，六畜多死，国中大饥，人不堪命，内外叛之。他再据《旧唐书·回纥传》，证明突厥之西有回纥、薛延陀之兴起，"故授中国以可乘之隙"[②]。这充分说明陈寅恪治史视野之开阔和目光之敏锐。

隋炀帝、唐太宗、唐高宗都曾出兵高句丽，隋炀帝因兵败招致覆亡，唐太宗因失利退兵而遗恨无穷，唐高宗则暂得高句丽而旋失。而对上述三役，自来史家无曾做过可通的解释。陈寅恪认为，唐朝对高句丽战争的胜败，除了决定于唐朝与高句丽的军事实力和策略得失外，还受到周边民族连环性关系的严重制约。后者实包括两个方面。一是新罗、百济对高句丽的影响。"百济、新罗之盛衰直接影响于中国与高丽之争竞。唐代之中国连接新罗，制服百济，借以攻克高（句）丽，而国力分于西北吐蕃之劲敌，终亦不能自有，转以为新罗强大之资，此实当日所不及料，因成为后来数百年世局转捩之枢纽者也。"[③]二是唐朝对东北境的高句丽的军事行动，还受到远在西部的吐蕃势力的严重牵制。陈寅恪认为："李唐承袭宇文泰'关中本位政策'，全国重心本在西北一隅，而吐蕃盛强延及二百年之久。故当唐代中国极盛之时，已不能不于东北方面采维持现状之消极政略，而竭全国之武力财力积极进取，以开拓西方边境，统治中央亚细亚，借保关陇之安全为国策也。又唐资太宗、高宗两朝全盛之势，历经艰困，始克高句丽，既克之后，复不能守，虽天时地势之艰阻有以致之，而吐蕃之盛强使唐无余力顾及东北，要为最大原因。"[④]故吐蕃与高句丽远隔万里，但二者对唐代的政治政策和盛衰变化都存在着一种深层的关联，这是"外族盛衰之连环性的

---

① 陈寅恪：《唐代政治史述论稿》，126～127 页。

② 陈寅恪：《唐代政治史述论稿》，128 页。

③ 陈寅恪：《唐代政治史述论稿》，137 页。

④ 陈寅恪：《唐代政治史述论稿》，130 页。

又一突出表现，诚为千百年待发之覆”。

再从唐朝对高句丽作战本身的实力和策略而言，则别具天时、地理、人事三项重要因素。陈寅恪在严密考证的基础上对此做了独具特识的解释。他认为，唐代因承袭北周“关中本位政策”，其武力重心即府兵偏重于西北一隅，去东北方之高句丽甚远。中国东北冀辽之间雨季在旧历六七月间，从旧历八九月至二三月则为寒冻时期。“故以关中辽远距离之武力而欲制服高丽攻取辽东之地，必在冻期已过雨季未临之短时间获得全盛而后可。否则，雨潦泥泞冰雪寒冻皆于军队士马之进攻食粮之输运已甚感困难，苟遇一坚持久守之劲敌，必致无功或覆败之祸。唐以前中国对辽东、高丽进攻之策略为速战速决者，其主因实在此。”①陈寅恪引史籍记载做详细的考证，由于唐太宗用兵时日之先后，对于证明唐代君臣所持务求速胜的策略，并进而揭示背后吐蕃强大的牵制均至关重要，故书中引证《通鉴》所记唐太宗伐高句丽之役一段史料，在原文干支记日之下详载日数及月建大小尽，所有地名也一律注明今地，务求使读者对月的长短获得正确印象。陈寅恪这种在严密考证的基础上重视义理阐释的方法，确有根据地论证了唐太宗当日采取短时间用兵之举，实为各种情势所决定。

此役于贞观十八年秋冬间着手准备，半年之后，即贞观十九年太宗发洛阳，李世勣集合陆军即战斗主力于幽州，于是开始出动，选择初春出发正是由于非待气候稍暖不能在东北行军。又历二月之久至五月初，李世勣军进至辽东城下，太宗此时渡辽泽，但为泥淖阻滞至一星期之久，才得与世勣会师，其军事日程已嫌迟缓，等到实现围攻辽东城的计划，历经十二日才得攻克，此时已到五月中旬将尽之际。唐军又在安市严重受阻，由六月二十日至九月十八日，共历三个月之久而不能攻克取城。此时，辽东的节令天气已迅速转为寒冬。故九月十八日太宗下令班师，十月初一日大军渡勃错水时，突遇暴风雪，士率冻死甚多。伐辽全役战士死者几达两千人，战马死者占十之七八，太宗因无功而还深为悔恨。当春季在定州出发之时，太宗指着身上所穿褐袍对太子说：“俟见汝，乃易此袍耳。”②至此十月二十一日在榆关与前来迎接的太子见面时，才接过太子所进新衣换下旧袍。陈寅恪认为，《通鉴》所载这一细节，恰恰为太宗君臣据天时地理及军事形势确知此役必须速决的生动证据：“至太宗虽经寒暑不肯易敝褐一事传为美谈，

① 陈寅恪：《唐代政治史论稿》，137页。

② （北宋）司马光：《资治通鉴》卷一九七。

实则太宗明知此役利在速战速决，若至秋季不能复衣褐袍之时，无论成败如何，断不能不班师归来，与太子相见。故不妨先作豪语，以收人心，斯亦英雄权谲之一端欤?”①至于唐高宗伐高句丽之役又何以暂得而旋失，陈寅恪对此也提出了独具卓识的见解：“高丽时代高宗获胜之重要原因在乘高丽之内乱及据新罗、百济之形势。然既得其国，而终不能有，则以吐蕃炽盛，西北危急，更无余力经营东北。观其徙新克高丽胜将薛仁贵以讨吐蕃，而致大败之事可知也。自此以后，高丽废而新罗、渤海兴，唐室对于东北遂消极采退守维持现状之政策。惟大同江以南之地实际虽不能有，而名义尚欲保留，及至玄宗开元全盛之时，即此虚名亦予放弃，斯诚可谓唐代对外之一大事。”②

三、开拓诗文证史的新领域

陈寅恪开拓了诗文证史的新领域，撰成《元白诗笺证稿》《论再生缘》和《柳如是别传》三部重要著作。

元稹和白居易是唐宪宗、唐穆宗时期的著名诗人，白居易著有《长恨歌》《新乐府》等脍炙人口的诗篇，元稹除有《新乐府》等诗作外，还撰有传奇小说《莺莺传》。陈寅恪以其渊博的学识，将诗、文与历史打成一片，论述了元、白与唐代古文运动之兴起，元、白诗的宝贵史料价值等范围广泛的问题。

首先，他对唐代古文运动与唐代小说的关系提出了独到的看法。宋赵彦卫《云麓漫钞》称唐代如《幽怪录》一类小说传奇“文备众体，可以见史才，诗笔，议论”③。陈寅恪认为，韩愈、柳宗元所倡导的古文运动始于贞元、元和年间，殊非偶然。“又中国文学史中别有一可注意之点焉，即今日所谓唐代小说者，亦起于贞元元和之世，与古文运动实同一时，而其时最佳小说之作者，实亦即古文运动中之中坚人物是也。……古文之兴起，乃其时古文家以古文试作小说，而能成功之所致，而古文乃最宜于作小说者也。”④贞元、元和间之小说，与古文同一起源及体制，其基本特征即《云麓漫钞》

---

① 陈寅恪：《唐代政治史述论稿》，143～144 页。

② 陈寅恪：《唐代政治史述论稿》，146～147 页。

③ (南宋)赵彦卫：《云麓漫钞》卷八。

④ 陈寅恪：《元白诗笺证稿》，2 页，上海，上海古籍出版社，1978。

所言“文备众体”。陈鸿所撰之《长恨歌传》与白居易撰《长恨歌》为互相联系紧密之结构，《长恨歌传》可见史才、议论，《长恨歌》可见诗笔。

其次，陈寅恪独具慧眼，论述元稹作《莺莺传》既表明其本操守之不坚定，又是反映当日社会对婚姻所持的普遍观念。唐代社会风气仍受南北朝的浓厚影响，仕宦与婚姻门第二者，是士大夫名誉、地位成败之关键。元稹十五岁以明经及第，但当日社会风尚轻视明经进身，故后来他复举进士科。他的婚姻也经历了前后变化，他抛弃原来出身寒门之双文，而改婚于高门之韦氏。二者互相一致，证明元稹人品浮薄，缺乏操守气节。陈寅恪进而分析，元稹在政治上属于唐中叶以后所谓新兴阶级，“即高宗武后以来所拔起之寒门，用进士词科以致身通显，由翰林学士而至宰相者。此种社会阶级重词赋而不重经学(微之虽以明经举，然当日此科记诵字句而已，不足言通经也)，尚才华而不尚礼法，以故唐代进士科，为浮薄放荡之徒所归聚，与倡伎文学殊有关联。”[①]他著《莺莺传》，写莺莺与张生相悦而结合，最后又被张生抛弃，并最后为张生辩护。这种“始乱终弃”的行为，也正是元稹本人婚姻态度之写照。

陈寅恪认为，元稹这种轻薄无志节的行为，与其在仕宦上不惜借宦官势力向唐穆宗邀宠实相一致。这是陈寅恪把文学与历史打成一片，发现史料的内在联系而能对问题做出新解的典型例子。他引《旧唐书·元稹传》载，元稹被贬为江陵府士曹参军，因结识荆南监军崔谭峻。长庆初，谭峻得穆宗宠幸，因出元稹所撰《连昌宫词》等百余篇奏御，唐穆宗大悦，元稹“由是极受恩顾”[②]。《连昌宫词》结语云：“老翁此意深望幸，努力庙谟休用兵。”因当时在对待藩镇问题上，唐穆宗主张销兵，元稹以此向唐穆宗表示讨好。故陈寅恪的结论是：“微之之贬江陵，实由忤触权贵阉宦。及其沦谪既久，忽尔变节，乃竟干谀近倖，致身通显。则其仕宦，亦与婚姻同一无节操之守。惟窥时趋势，以取利自肥耳。”[③]“盖唐代社会承南北朝之旧俗，通以二事评量人品之高下。此二事，一曰婚。二曰宦。凡婚而不娶名家女，与仕而不由清望官，俱为社会所不齿。……微之所以作《莺莺传》，直叙其自身始乱终弃之事迹，绝不为之少惭，或略讳者，即职是故也。其友人杨巨源李绅白居易亦知之，而不以为非者，舍弃寒女，而别婚高门，当日社会所

① 陈寅恪：《元白诗笺证稿》，86页。

② 《旧唐书》卷一六六《元稹传》。

③ 陈寅恪：《元白诗笺证稿》，89页。

公认之正当行为也。”[①]由元稹自叙其始乱终弃事迹，并不讳饰，友人也不加责备，证明当日视舍弃寒女，别娶高门为正当行为的社会风尚。这样，传奇小说《莺莺传》便为研究唐代社会史提供了很有价值的史料。《莺莺传》又名《会真记》。“会真”二字隐含何意？陈寅恪也通过考证而提出新解：《庄子·天下》中称关尹老聃为“博大真人”，故真字即与仙字同义，而“会真”之意即为遇仙或游仙。“又六朝人已侈谈仙女杜兰香萼绿华之世缘，流传至于唐代，仙（女性）之一名，遂多用作妖艳妇人，或风流放诞之女道士之代称，亦竟有以之目倡伎者。”[②]《莺莺传》之题材及摹写人物的手法在文学史上有其地位，而陈寅恪所探究的它在反映唐代社会婚姻观念上的史料价值，则对人们提供了一种值得重视的新见解。

白居易在元和年间著成《新乐府》五十首，意在讽喻，直上拟诗三百篇，陈义甚高。对于《新乐府》之格调和体裁之来源，陈寅恪也提出新见，认为《新乐府》是以乐府古诗之体，改良当时民俗传诵的歌谣，实则类似元白以“古文”试作小说的用意和方法。其论云：“乐天之作新乐府，乃用毛诗，乐府古诗，及杜少陵诗之体制，改进当时民间流行之歌谣。实与贞元元和时代古文运动巨子如韩昌黎元微之之流，以太史公书，左氏春秋之文体试作毛颖传，石鼎联句诗序，莺莺传等小说传奇者，其所持之旨意及所用之方法，适相符同。”[③]关于元白《新乐府》之作，陈寅恪广泛联系唐代史籍的有关记载，阐幽发微，为唐代政治史、社会史发掘了颇多有价值之新史料。如白居易《骊山高》一首，谏天子不要做耗费国家财力的游幸骊山之举。陈寅恪在引证白居易另一诗作《江南遇天宝乐叟》中“骊山渭水如荒村”后，论云：“当日骊宫之荒废一至于此，若非大事修葺，殊不足供天子之游幸，而此宫本为玄宗际唐室盛世，竭全国财力之所增营。断非安史乱后，帝国凋弊之余，所能重建。此天子游幸所以最是害民费财之举，而清流舆论所以一致深以为非者也。”[④]陈寅恪又指出，当日连昌宫之荒废也相类，而元稹在《连昌宫词》中竟陈言“老翁此意深望幸”。白、元二人一力谏帝王放弃游乐，一深望天子游幸，态度如此不同，陈寅恪于此对元稹不顾国家民庶利益，用谀辞邀取宠幸的卑污心理予以严斥：“夫微之不持讽谏之旨，以匡主救民。

① 陈寅恪：《元白诗笺证稿》，112～113 页。

② 陈寅恪：《元白诗笺证稿》，107 页。

③ 陈寅恪：《元白诗笺证稿》，121 页。

④ 陈寅恪：《元白诗笺证稿》，216 页。

反以望幸为言，而希恩邀宠。诚可谓冒天下之不韪，宜当世之舆论共以谄佞小人目之矣。”[①]

白居易《新乐府·西凉伎》诗有云：“自从天宝戎兵起，犬戎日夜吞西鄙。凉州陷来四十年，河陇侵将七千里。平时安西万里疆，今日防守在凤翔。……遗民肠断在凉州，将卒相看无意收。天子每思常痛惜，将军欲说合惭羞。”其所咏为安史之乱后，吐蕃利用河西、陇右边防空虚，出兵占领，唐朝边防退至凤翔一带，宪宗皇帝每一思起至感痛惜。陈寅恪以此证明宪宗与此前德宗畏苟安之态度不同，力主用兵以收复失地，他又举出《通鉴》、新旧《唐书》等多条史料与此互证，揭示出宪宗之时常有志收复河湟失地的史实：“李绛谏宪宗聚财，而宪宗以收复河湟为言事……乐天于元和四年作此诗时，亦即其在翰林时，非独习闻当日边将骄奢养寇之情事，且亦深知宪宗俭约聚财之苦心。”[②]

《元白诗笺证稿》中还发掘出有关唐代民族关系和中外文化交流的有用史料。陈寅恪对白居易《新乐府·阴山道》一诗格外注意，因他认为此诗可证唐代马价问题，“此乃唐代在和平时期与外族交涉，最重要之财政问题也”[③]。白居易诗云：“五十匹缣换一匹，缣去马来无了日。养无所用去非宜，每岁死伤十六七。”又云：“缣丝不足女工苦，疏织短截充匹数。藕丝蛛网三丈余，回鹘诉说无用处。”为何称“疏织短截”？原来，据《旧唐书·食货志》及《通典·食货典》“赋税下”记载，唐制丝织品之法定标准为阔一尺八寸，长四丈。但据白诗所言，付与回鹘马价者，仅长三丈余，故称“短截”。所付之缣丝又不符合法定质量要求，偷工减料，有如藕丝蛛网，故称“疏织”。故陈寅恪高度评价此诗对研究唐与回鹘关系之极佳史料价值：“其恶滥至此，宜回鹘之诉称无用处矣。观于唐回马价问题，彼此俱以贪诈行之，既无益，复可笑。乐天此篇诚足为后世言国交者之鉴戒也。又史籍所载，只言回鹘之贪，不及唐家之诈，乐天此篇则并言之。是此篇在新乐府五十首中，虽非文学上乘，然可补旧史之阙，实为极佳之史料也。”[④]《新乐府》还有《时世妆》一首，诗云：“时世妆，时世妆，出自城中传四方。时世流行无远近，腮不施朱面无粉。乌膏注唇唇似泥，双眉画作八字低。妍蚩黑白失

---

① 陈寅恪：《元白诗笺证稿》，217页。

② 陈寅恪：《元白诗笺证稿》，228～229页。

③ 陈寅恪：《元白诗笺证稿》，254页。

④ 陈寅恪：《元白诗笺证稿》，259页。

本态，妆成尽似含悲啼。圆鬟无鬓椎髻样，斜红不晕赭面状。”①与元稹《法曲》篇末所云：“胡音胡骑与胡妆，五十年来竟纷泊。”正相比照。这也是唐代大量吸收域外文化之写照，随着为数甚多的西域人的通商往来以至久居内地，西域的音乐歌舞、服饰习俗大量传入内地，不仅长安喜爱趋时的妇女竞相模仿，其后还风行于四方较远之区域。陈寅恪极重视这种中外文化交流的事实，称：“盖元和之时世妆，实有胡妆之因素也。凡所谓摩登之妆束，多受外族之影响。此乃古今之通例，而不须详证者。又岂独元和一代为然哉？”②

《论再生缘》为陈寅恪研究清代通俗文学的一篇名作，写于 1964 年。《再生缘》前十七卷是清初女作家陈端生所作的弹词，写孟丽君与皇甫少华的故事，中有孟丽君女扮男装、考中状元的曲折情节，宣扬女子才学和敢于挣脱某些封建旧礼教的精神。陈寅恪晚年克服因双目失明而造成的种种难以想象的困难，在助手的帮助下搜集了各种史料，加以考证、分析、诠释，使长期晦暗不明的女诗人陈端生的主要生平事迹得以为世人所知，并证明陈端生所写的前十七回中，有女诗人自叙身世的线索，由此而高度评价其超乎寻常的才华与识见。

陈寅恪揭示出《再生缘》第十七卷第六十五回有作者自述其撰著经历和身世际遇的内容：“羁旅愁人绝塞边”，“日坐愁城凝血泪，神飞万里阻风烟”，还有续作者所透露的词句：“可怪某氏贤闺秀，笔下遗留未了缘。后知薄命方成谶，中路分离各一天。天涯归客期何晚，落叶惊悲再世缘。”据此，陈寅恪考订陈端生一生曾遭受巨大的不幸：其夫“谪戍边塞，及夫得归，而端生已死”③。陈寅恪又据曾见过陈端生之妹长生的钱塘人陈文述所留下的仅四首诗和简略记载，再钩稽乾隆江浙文人诸多文集、诗作，《碑传集》《耆献类微》和其他年谱、墓志铭中的零星史料，并考核《清实录》《清会典》和清代地方志记载，考证出陈端生之家世及著《再生缘》之年代。其祖父陈兆仑于雍正十三年考取内阁中书一等一名，于乾隆元年考取博学鸿词科，任太仆寺卿。父玉敦曾任职云南，母汪氏，为曾任云南知府之汪上堉之长女。陈端生为玉敦长女，还有妹庆生、长生。长生是袁枚之女弟子，其夫叶绍楏官至巡抚。端生生于乾隆十六年，二十岁之前写作《再生缘》前十六

① 陈寅恪：《元白诗笺证稿》，260 页。

② 陈寅恪：《元白诗笺证稿》，260 页。

③ 陈寅恪：《论再生缘》，见《寒柳堂集》，5 页，上海，上海古籍出版社，1980。

卷，在闺阁及弹唱艺人中极受欢迎，故称“浙江一省遍相传”。端生约于二十三岁适夫范菼。不久，范菼即因科场案件谪戍伊犁。故其弹词中有“一曲京弦弦顿绝，半轮破镜镜难圆，失群征雁斜阳外，羁旅愁人绝塞边。从此心伤魂杳渺，年来肠断意尤煎。未酬夫子情难已，强抚双儿志自坚。日坐愁城凝血泪，神飞万里阻风烟”之句。范菼约至嘉庆元年方遇赦归，未至家而端生已卒，时约四十一岁。端生实为才情卓异之奇女子，然遭际不幸令人嗟叹。

对陈端生创作的《再生缘》这部长篇弹词本身，陈寅恪从三个方面给予极高的评价。第一，思想。陈寅恪认为，“《再生缘》实弹词体中空前之作，而陈端生亦当日无数女性中思想最超越之人也”①。又谓书中女扮男装的孟丽君为作者平日理想之寄托，不仅才华超群绝伦，而且具有自尊、自由的高尚品格，敢于向封建“三纲”挑战。“观第一七卷第六七回中孟丽君违抗皇帝御旨，不肯代为脱袍；第一四卷第五四回中孟丽君在皇帝之前，面斥孟士元及韩氏，以致其父母招受责辱；第一五卷第五七回中孟丽君夫之父皇甫敬欲在丽君前屈膝请行，又亲为丽君挽轿；第八卷第三十回中皇甫敬撩衣向丽君跪拜；第六卷第二二回、第二三回、第二四回，及第一五卷第五八回中皇甫少华(即孟丽君之夫)向丽君跪拜诸例……则知端生心中于吾国当日奉为金科玉律之君父夫三纲，皆欲借此等描写以摧破之也。端生此等自由及自尊即独立之思想，在当日及其后百余年间，俱足惊世骇俗。”②第二，结构。陈寅恪以《再生缘》与所续《玉钏缘》相比，云：“今观《再生缘》为续《玉钏缘》之书，而《玉钏缘》之文冗长支蔓殊无系统结构，与《再生缘》之结构精密，系统分明者，实有天渊之别。若非端生之天才卓越，何以得至此乎？总之，不支蔓有系统，在吾国作品中，如为短篇，其作者精力尚能顾及，文字剪裁，亦可整齐。若是长篇巨制，文字逾数十百万言，如弹词之体者，求一叙述有重点中心，结构无夹杂骈枝等病之作，以寅恪所知，要以《再生缘》为弹词中第一部书也。端生之书若是，端生之才可知，在吾国文学史中，亦不多见。”③所以他要如韩愈文章所说，“发潜德之幽光”，为之表彰。第三，文词。陈寅恪极赞陈端生之作品文词优美，富于情感。“哀

① 陈寅恪：《论再生缘》，见《寒柳堂集》，57页。

② 陈寅恪：《论再生缘》，见《寒柳堂集》，59页。

③ 陈寅恪：《论再生缘》，见《寒柳堂集》，61页。

怨缠绵，令人感动”①，为其妹至乃祖所弗如。因此而得广为流传，“百余年来吟诵于闺帏绣闼之间，演唱于书滩舞台之上”②。因而他赞誉这部以往被人们忽视的弹词作品“乃一叙事言情七言排律之长篇巨制也”③，如此佳作，直可与希腊、印度之史诗相媲美。弹词之作，历来学者每视为难登大雅之堂，陈寅恪却敢于与这种世俗的固定看法挑战，通过周密的考证和深入的分析，大力表彰女作家陈端生敢于挣脱封建纲常束缚的进步思想，高度评价这部弹词所具有的艺术价值，他不禁感慨地说：“寅恪四十年前常读希腊梵文诸史诗原文，颇怪其文体与弹词不异。然当时尚不免拘于俗见，复未能取再生缘之书，以供参证，故噤不敢发。荏苒数十年，迟至暮齿，始为之一吐，亦不顾当世及后来通人之讪笑也。”④郭沫若也对陈寅恪的这种批评眼光和勇气表示赞赏。

陈寅恪晚年又以更惊人的毅力撰成诗文证史的巨著《柳如是别传》，达八十万字，被誉为学术史上之奇迹。据学者研究，陈寅恪在书中所征引的各种典籍，举凡经史子集以至释道著作多达六百种以上。“其中诗文集（包括戏曲、诗话、诗注等）约二百四十种，正史、野史、年谱等约一百七十种，方志约五十种，儒佛典籍、笔记、小说、杂志等约一百四十五种。”⑤引书如此众多，再加上参考而未引用的书籍，数目则更浩巨，表现出陈寅恪知识积累的惊人和为著述而付出的巨大的心血！

《柳如是别传》以钱谦益、柳如是姻缘为线索，实则以清初江南地区士人和民众的抗清活动为全书重点，这也应是本书考证、论述最有价值的地方。如陈寅恪所言，“披寻钱柳之篇什于残阙毁禁之余，往往窥见其孤怀遗恨，有可以令人感泣不能自已者”，因而珍惜引申“夫三户亡秦之志，九章哀郢之辞”，“以表彰我民族独立之精神，自由之思想”。⑥ 该书钩稽史料，综合考察，贯通阐释，使人们认识到，“除个人的抵抗和群众的起义外，为配合西南永历政权抗清斗争和海上郑成功、张煌言等的北伐，在江南还存在一个相当规模的由明朝遗民、降清官员、上层妓女等共同进行的复明运

① 陈寅恪：《论再生缘》，见《寒柳堂集》，3 页。

② 陈寅恪：《论再生缘》，见《寒柳堂集》，62 页。

③ 陈寅恪：《论再生缘》，见《寒柳堂集》，62 页。

④ 陈寅恪：《论再生缘》，见《寒柳堂集》，64 页。

⑤ 何龄修：《〈柳如是别传〉读后》，见《纪念陈寅恪教授国际学术研讨会会论集》，621 页，广州，中山大学出版社，1990。

⑥ 陈寅恪：《柳如是别传》（上），4 页，上海，上海古籍出版社，1980。

动。这样，抗清斗争的完整性和全部错综复杂性才进一步显露出来，社会历史本来面目才得以恢复。”①这是陈寅恪经过对史料深入发掘和分析而得出的新认识、新概括，使人们对清初这段历史的认识得到提高和深化，因而是一项重要的科学成果。著者对钱谦益、柳如是以及陈子龙等人物的事迹和思想也做了许多新的开掘和论述。如著者所十分同情和赞赏的柳如是，过去在许多人心目中是一个风流放诞的妓女、小妾，而陈寅恪详细考证了她与嘉定士人、缙绅人物的接触，特别是她与几社的关系，揭示出她复明爱国思想的来源，表彰她推动复明运动的正义行为。故陈寅恪称其当时“不仅为卧子(陈子龙)之女腻友，亦应认为几社之女社员也”，“经几社名士政论之薰习，其平日天下兴亡匹妇有责之观念，因成熟于此时也”。② 陈寅恪通过对史料的周密考证，为这一在复明运动中表现出大无畏精神，且又才情过人的女子，洗刷掉数百年来人们对她的误解、偏见和指责，使其历史地位得到应有的肯定，焕发出光彩。陈寅恪对钱谦益的研究，“比起流行的过激的看法来，是更冷静、更客观、更富一分为二精神的，因而是更符合历史实际的”③。当然，该书论述和考证的事件、人物复杂纷纭，线索丛集，加上作者又是在双目失明这种异乎寻常的情况下写作，故对有的史实的考证存在出入或偏差，作者本人也坦率承认本书有“繁琐冗长”的缺点。但存在的舛误之处并不影响此书所取得的巨大成就。

四、诸多领域的建树和治史的“通识”

陈寅恪先生自称“平生治学，不甘逐队随人，而为牛后”④。这种在深厚的学术功底基础上勇于开拓创新的精神，正是他与王国维、陈垣等杰出史学家所共有的，因而共同地对 20 世纪前期的史学起到开拓新领域、转移学术风气的非凡作用。陈寅恪不仅在魏晋南北朝史、隋唐史、诗文证史等方面造诣很高，而且在蒙古史、敦煌学、佛经翻译文学等领域均有建树。

---

① 何龄修：《〈柳如是别传〉读后》，见《纪念陈寅恪教授国际学术研讨会会论集》，628 页。

② 陈寅恪：《柳如是别传》(上)，282 页。

③ 何龄修：《〈柳如是别传〉读后》，见《纪念陈寅恪教授国际学术研讨会会论集》，629 页。

④ 陈寅恪：《朱延丰突厥通考序》，见《寒柳堂集》，144 页。

陈寅恪在 1925 年回国初期主要从事于周边民族史和佛经翻译文学的研究。这是由于他长期在国外学习和研究期间深受国外学术风气的影响，20 世纪前期欧洲的东方学研究曾以我国周边各族历史和佛经翻译文学为其重点之一。“陈寅恪求学德国时的老师也大都有这方面的专长(如路施德研究佛教典籍，缪勒深研摩尼教经典残卷及回纥语文献，黑尼士专治《元朝秘史》等)。”①陈寅恪回国后继续这方面的研究，开设“佛经翻译文学”和“《蒙古源流》研究”课程，并撰著论文发表。1926 年他在清华研究院对研究生的指导范围包括五项：第一，年历学；第二，古代碑志与外族关系者之比较研究；第三，摩尼教经典与回纥文译本之研究；第四，佛教经典各种文字译本之比较研究；第五，蒙古文、满文之书籍及碑志与历史有关者之研究。这些领域和专题，都是陈寅恪在德国从事研究所究心搜集史料和钻研的，“而在我国当时还几乎是全新的学术”②。

陈寅恪对蒙古史的研究很有成就，他利用通晓多种文字的条件，用中外文献对比研究，解决蒙古史上一些长期疑难未决的问题。《金明馆丛稿二编》中《元代汉人译名考》，用汉、蒙、波斯多种文字史料做比较研究，考证陶宗仪《辍耕录》氏族条所举八种汉人名称，“后人视为疏略尤甚者，寅恪则颇疑其全袭蒙古最初故借旧题之原文，绝无增损一语”。八种名称即当时对契丹、高句丽等地区内汉人的称呼。《彰所知论与蒙古源流》是利用中外史料考证蒙古族的起源。由于《元史》等书对蒙古族起源的记载各不相同，自清迄近代学者对此众说纷纭。陈寅恪认为：《元史》关于蒙古族起源的记载，仅述感生说，并无追述以前的神话，是比较原始可信的。而《蒙古源流》中的说法，则有的取材于高车、突厥等民族的狼祖传说，有的采取天竺、吐蕃的旧载追加混合，结果在孛端叉儿前增加了十一世事迹，“恐荒诞不可征信”。《蒙古源流》说法的来源又在元帝师八思巴《彰所知论》一书。八思巴既采用仿梵文制成的吐蕃字母，以为至元国书，他著《彰所知论》一书，亦取天竺吐蕃事迹，连接于蒙兀儿史，结果蒙古族起源又增加了十一世传说。这样陈寅恪通过比勘、考证，揭示出关于蒙古族起源的传说有一个逐层向上添加的过程。他并认为，以前学者中，洪钧不相信十一世传说，是正确的；阮元、屠寄相信《蒙古源流》的说法，则是错误的。陈寅恪利用中外文献对比研究，追根穷源，廓清了前人的附会和误信。

---

① 金应熙：《陈寅恪》，见陈清泉：《中国史学家评传》(下)，1354 页，

② 金应熙：《陈寅恪》，见陈清泉：《中国史学家评传》(下)，1354 页。

陈寅恪对20世纪中国学术界重视敦煌学的研究，也起到提倡和示范的作用。他在《陈垣敦煌劫余录序》中指出，敦煌文书发现20余年间，已引起日、法、英等国学者的重视，敦煌学已成为“今日世界学术之新潮流”。敦煌文书被外国人大量劫夺掠走，固然是我国学术上之伤心史，但留存国内的文献，只要善于利用，以此与流入国外的敦煌文献相综合，与其他史料相比勘，就能发挥其在研究唐代史、佛教史、民族史等方面的价值。他举出：“摩尼教经之外，如八婆罗夷经所载吐蕃乞里提足赞普之诏书，姓氏录所载贞观时诸郡著姓等，有关于唐代史事者也。佛说禅门经，马鸣菩萨圆明论等，有关于佛教教义者也。佛本行集经演义，维摩诘经菩萨品演义，八相成道变，地狱变等，有关于小说文学史者也”，并勉励国内学者“作敦煌学之预流”，“庶几内可以不负此历劫仅存之国宝，外有以襄进世界之学术于将来”。[①] 陈寅恪所撰《敦煌本维摩诘经文殊师利问疾品演义跋》等论文，都是根据敦煌写卷研究佛经翻译文学和中印文化交流的成果。他据敦煌佛曲《维摩诘经文殊师利问疾品演义》等研究，认为中国宋明以后流行之章回体小说和弹词，都受到佛经文学的影响。“佛典制裁长行与偈颂相间，演说经义自然仿效之，故为散文与诗歌互用之体。后世衍变既久，其散文体中偶杂以诗歌者，遂成今日章回体小说。其保存原式，仍用散文诗歌合体者，则为今日之弹词。”[②]《维摩诘经》之作者是一居士，他对于出家僧侣，可谓尽其玩弄游戏之能事。《维摩诘经》之主人公神通广大，异乎寻常。在本经中，维摩诘并无眷属。但在后来衍变的诸经中，却明言其有子女，且有妻(名曰无垢)。这是维摩诘故事在印度本土的演化。陈寅恪进而举出隋吉藏《净名言论》、嘉祥《维摩诘经义疏》等中国佛经典籍以相比勘，证明在中国流传的维摩诘的故事，也加上有父母妻子，并称以王氏、需氏之类。据此，陈寅恪认为佛经故事对中国章回小说等的直接影响是中国文学史上的一件大事：“盖维摩诘经本一绝佳故事，自译为中文后，遂盛行于震旦。其演变滋乳之途径，与其在天竺本土者，不期而闇合。即原无眷属之维摩诘，为之造作其祖及父母妻子女之名字，各系以事迹，实等于一姓之家传，而与今日通行小说如杨家将之于杨氏，征东征西之于薛氏，所纪内容，虽有武事哲理

① 陈寅恪：《陈垣敦煌劫余录序》，见《金明馆丛稿二编》，236～237页。

② 陈寅恪：《敦煌本维摩诘经文殊师利问疾品演义跋》，见《金明馆丛稿二编》，180页。

之不同，而其原始流别及变迁滋乳之程序，颇复相似。”①他又在《西游记玄奘弟子故事之演变》一文中讲得更加明确：“自佛教流传中土后，印度神话故事亦随之输入。观近年发现之敦煌卷子中，如维摩诘经文殊问疾品演义诸书，益知宋代说经，与近世弹词章回体小说等，多出于一源，而佛教经典之体裁与后来小说文学，盖有直接关系。此为昔日吾国之治文学史者，所未尝留意者也。”②他还举出佛教《贤愚经》、鸠摩罗什译《大庄严经论》等，说明佛经中本有顶生王升天，又演化为闹天宫故事，而印度著名之纪事诗《罗摩延传》，则有猿猴造桥渡海、直抵楞加的故事。“盖此二故事本不相关涉，殆因讲说大庄严经论时，此二故事适相连接，讲说者有意或无意之间，并合闹天宫故事与猿猴故事为一，遂成猿猴闹天宫故事。”陈寅恪的结论是，《西游记》玄奘弟子的故事，即直接受印度佛经神话故事的影响，因为，中国“亦有猿猴故事，然以吾国昔时社会心理，君臣之伦，神兽之界，分别至严。若绝无依借，恐未必能联想及之。此西游记孙行者大闹天宫故事之起原也”③。

陈寅恪也重视对佛教史的研究，唯他所重不在教义本身，而注重其对政治、社会的影响。《武曌与佛教》一文，论述唐太宗崇尚道教，至武后称帝则大倡佛教，使佛教得以再度在全国盛行。其原因虽甚复杂，但最主要者，是武后女主称帝，在儒家经典中找不到根据，因而她需要利用佛教《大云经》一类作为宣传的工具，以制造舆论，取得人心。儒家经典的典型言论是“牝鸡无晨。牝鸡之晨，惟家之索”。武则天以妇人身份登帝位，只好从佛经教义中寻找理论根据，以证明其特殊地位之合理性。佛教原始教义亦轻视妇女，后来演变而改易初旨，至大乘急进派的经典，其中便有以女身受记为转轮圣王成佛之教义。陈寅恪指出，“武曌颁行天下以为受命符谶之《大云经》，即属于此大乘急进派之经典”④。观其经文中，有“佛告净光天女言……即以女身当王国土，得转轮王所统领处四分之一。汝于尔时实为菩萨。为化众生，现受女身。”又称：南天竺有一小国，名曰无明，其王夫人产育一女，名曰增长。其王忽然崩亡，尔时诸臣即奉此女以继王嗣。女既

---

① 陈寅恪：《敦煌本维摩诘经文殊师利问疾品演义跋》，见《金明馆丛稿二编》，185 页。

② 陈寅恪：《西游记玄奘弟子故事之演变》，见《金明馆丛稿二编》，192 页。

③ 陈寅恪：《西游记玄奘弟子故事之演变》，见《金明馆丛稿二编》，194 页。

④ 陈寅恪：《武曌与佛教》，见《金明馆丛稿二编》，147～148 页。

承正，威明天下。佛经《大云经》既然能为武后称帝提供如此有用的根据，难怪武后于武周天授二年三月颁布《释教在道教之上制》中要大力鼓吹“《大云》阐奥，明王国之祯符；方寺发扬，显自在之丕业”，并强令“自今以后，释教宜在道法之上”。故陈寅恪得出颇有说服力的新看法：“观此制文，凡武曌在政治上新取得之地位，悉与佛典之教义为证明，则知佛教符谶与武周革命之关系，其深切有如是者。”①此论确系发前人之所未发，是运用佛教史的精深知识解决唐代政治史问题的成功例证。

陈寅恪在史学上之所以取得杰出的成就，乃在于他具有治史的“通识”。概言之，他不仅继承了中国传统史学自司马光至乾嘉考证名家的优良方法，又熟悉和运用20世纪前期西方学者所重视的新学理，如审查史料方法、语源学方法、比较研究、民族文化互动研究等，且能上升到哲理的高度，熔于一炉，贯通运用。对于研史者最有启发意义的，尤推其“全面掌握、详辨审取”的史料观和自觉地祛蔽求真的史识二项。

陈寅恪精熟于史料，对于如何运用史料有极高明的见解，富有辩证的精神。第一，他强调治史者对史实“应有同情之理解”，做到知人论世。他认为，古代遗留下来的材料都是片断的、分散的，必须将其放在当时历史背景下，进行综合连贯的研究；而这样做又必须防止穿凿附会，把现代人的思想和处境强加到古人身上。他说：“盖古人著书立说，皆有所为而发。故其所处之环境，所受之背景，非完全明了，则其学说不易评论，而古代哲学家去今数千年，其时代之真相，极难推知。吾人今日可依据之材料，仅为当时所遗存最小之一部，欲借此残余断片，以窥测其全部结构，必须备艺术家欣赏古代绘画雕刻之眼光及精神，然后古人立说之用意与对象，始可以真了解。……但此种同情之态度，最易流于穿凿附会之恶习。……著者有意无意之间，往往依其自身所遭际之时代，所居处之环境，所薰染之学说，以推测解释古人之意志。”②陈寅恪以“时代性”一词来概括史料的这种特点。他所讲的“时代性”，正是强调解释应用史料必须重视历史背景。这一提法已接近历史唯物主义“要把问题严格地提到一定的历史范围之内”的原则。第二，他认为官修史书和私家著述各有所长，应当详辨慎取，不可片面误信。“通论吾国史料，大抵私家纂述易流于诬妄，而官修之书，其病又在多所讳饰，考史事之本末者，苟能于官书及私著等量齐观，详辨而

① 陈寅恪：《武曌与佛教》，见《金明馆丛稿二编》，150～151页。

② 陈寅恪：《冯友兰中国哲学史上册审查报告》，见《金明馆丛稿二编》，247页。

慎取之，则庶几得其真相，而无诬讳之失矣。”①明代史家王世贞曾针对本朝的国史、野史在史料上的价值和是非评论说：“国史人恣而善蔽真，其叙典章、述文献，不可废也。野史人臆而善失真，其征是非、削讳忌，不可废也。”②陈寅恪对官书和私著的精到评论，是对前代学者认识的继承和发展。他取唐人李复言所著小说《续玄怪录》与韩愈任朝廷史官所修《顺宗实录》相印证，证明唐代中叶宦官屡屡制造宫廷剧变，用阴谋手段处死皇帝，外廷士大夫只充当附属物。陈寅恪除引证《续玄怪录》及《顺宗实录》中有关的史料外，又引用《旧唐书》之《宪宗纪》《俱文珍传》及《刘梦得外集》等相互比勘，最后得出结论说：“依据上引诸条综合观之，可知前言永贞内禅即新故君主替嬗之事变，实不过当日宫禁中阉人两党竞争之结局，其说诚不诬矣。夫顺宪二宗帝王父子且为其牺牲品及傀儡子，何况朝臣若王伾王叔文韦执谊刘禹锡柳宗元之徒乎？……然则永贞内禅及宪宗被弑之二大事变，即元和一代，其君主与宦官始终之关系，实为穆宗以后阉党之深讳大忌，故凡记载之涉及者，务思芟夷改易，绝其迹象。李书此条实乃关于此事变幸存之史料，岂得以其为小说家言，而忽视之耶？”③第三，陈寅恪还论述了史料的多重性。一些已被证明了的伪材料，在特定条件下能否成为真材料？他的答复是肯定的。他说：“以中国今日之考据学，已足辨别古书之真伪。然真伪者，不过相对问题，而最要在能审定伪材料之时代及作者，而利用之。盖伪材料亦有时与真材料同一可贵。如某种伪材料，若逕认为其所依托之时代及作者之真产物，固不可也。但能考出其作伪时代及作者，即据以说明此时代及作者之思想，则变为一真材料矣。”④对于儒家及诸子经典，他又认为必须用历史发展的眼光有分析地慎重地对待。“中国古代史之材料，如儒家及诸子等经典，皆非一时代一作者之产物。昔人笼统认为一人一时之作，其误固不俟论。今人能知其非一人一时之所作，而不知以纵贯之眼光，视为一种学术之丛书，或一宗传灯之语录，而断断致辨于其横切方面。此亦缺乏史学之通识所致。”⑤因此，他曾劝其学生用这种历史的纵贯眼光将《周礼》分为两部分：书中保存之真旧材料，可用金文及《诗》《书》比证；编

① 陈寅恪：《顺宗实录与续玄怪录》，见《金明馆丛稿二编》，74页。

② （明）王世贞：《弇山堂别集》卷二〇《史乘考误》引言。

③ 陈寅恪：《顺宗实录与续玄怪录》，见《金明馆丛稿二编》，80～81页。

④ 陈寅恪：《冯友兰中国哲学史上册审查报告》，见《金明馆丛稿二编》，248页。

⑤ 陈寅恪：《冯友兰中国哲学史上册审查报告》，见《金明馆丛稿二编》，248页。

纂者附加的伪材料，可用同时代的文字比证。又有的人认为，宋明时期史论之作繁多，其中往往逞空臆说，毫无价值。陈寅恪则认为，这类史论，当其发为言论之时，已经印入作者及其时代的思想意识和社会背景，故可以作为考察作者时代的社会特点之材料使用。有的议论，系对前人著作有所误解而发出不恰当的批评，但善治史者，又能以此作为研究批评者时代特点之材料。如洪迈在《容斋随笔》中曾评论白居易在江州夜入商人妇船为不道德，这是洪迈对《琵琶行》诗的误解(根据诗意，白居易并没有进入商人妇的船，却是商人妇被邀来到白居易送客的船)。陈寅恪却用洪迈的评论来说明唐宋两代士大夫礼法观念的不同。陈寅恪能如此区分材料的多重性，予以恰当使用，故被学者誉为"目光实甚锐敏"①。第四，极其重视新材料的发现和运用对于开拓学术新领域、形成学术新风气的意义。对此，陈寅恪有极精到的论述："一时代之学术，必有其新材料与新问题。取用此材料，以研求问题，则为此时代学术之新潮流。治学之士，得预于此潮流者，谓之预流(借用佛教初果之名)。其未得预者，谓之未入流。此古今学术史之通义，非彼闭门造车之徒，所能同喻者也。"②

陈寅恪治史，始终以自觉地祛蔽求真为指导思想。他在《三论李唐氏族问题》一文中曾说："夫考证之业，譬诸积薪，后来者居上，自无膠守所见，一成不变之理。寅恪数年以来关于此问题先后所见亦有不同，按之前作二文，即已可知。但必发见确实之证据，然后始能改易其主张，不敢固执，亦不敢轻改，惟偏蔽之务去，真理之是从。"③此言虽针对考证李唐氏族问题而发，实际上陈寅恪是借此具体例证而阐发其治史一贯的祛除偏蔽、求得真知的明确指导思想。他熟悉典籍，掌握了大量的史料，研究每一问题，总是先调集各方面的详细史料，逐条地对史料的可靠性加以辨正，尽可能做到多方参证，追根溯源；对于可靠的史料，进而联系史料的来历、作者的身份背景，进一步判断其可信程度如何；又再进而联系各方面的史料加以疏通、诠释，以明了此一史料所能说明的历史事件或社会情状的真相，究其前因后果；最后他将史料放在历史的大背景中，综合各方面的史实，阐发历史演进的趋势，求得通则性或规律性的见解。故有的学者称他是"既

① 金应熙：《陈寅恪》，见陈清泉：《中国史学家评传》(下)，1366页。

② 陈寅恪：《陈垣敦煌劫余录序》，见《金明馆丛稿二编》，236页。

③ 陈寅恪：《三论李唐氏族问题》，见《金明馆丛稿二编》，304页。

注意具体历史事实的精确性，又重视从历史全局看问题”①，这是对陈寅恪治史“通识”相当中肯的诠释。

《论李栖筠自赵徙卫事》一文，将白居易文集、《新唐书》、权德舆文集中三段不为人重视的记载联系起来，说明李栖筠(李吉甫之父、李德裕之祖父)本是河北拥有地方势力的豪族之家，安史之乱前却忽然迁居至河南汲郡共城山。其原因是，这一时期河北地区民族关系出现了新格局。“盖自玄宗开元初，东突厥衰败后，其本部及别部诸胡族先后分别降附中国，而中国又采用绥怀政策，加以招抚，于是河北之地，至开元晚世，约二十年间，诸胡族入居者日益众多，喧宾夺主，数百载山东士族聚居之旧乡，遂一变而为戎区。”原来世代居住的河北士族，“今则忽遇塞外善于骑射之胡族，土壤相错杂，利害相冲突，卒以力量不能敌抗之故，惟有舍弃乡邑，出走他地之一途”②。陈寅恪从详细考证一家一事入手，又从大处着眼，放在广阔的背景来考察，说明民族关系变化这一“中古史之大事”。由上述思路的发展，便形成陈寅恪在《唐代政治史述论稿》的基本观点，主要以统治集团的升降转移，及周边民族与中央地区政治、文化的互动关系为中心，来探索唐代政治史发展的基本线索。其后所撰《论隋末唐初所谓“山东豪杰”》一文，又通过对一些史实的周密考证，补充和发挥上述见解。他认为，“隋末唐初之史乘屡见‘山东豪杰’之语，此‘山东豪杰’者乃一胡汉杂糅，善战斗，务农业，而有组织之集团，常为当时政治上敌对两方争取之对象”③。唐太宗在与李建成、元吉争夺政权中，即因得到这一集团中人物的支持，才取得胜利。他据敦煌文书中发现的唐写本李义府撰常何碑文，参证史籍其他记载，认定此碑文为研究唐太宗为何在玄武门之变取得胜利的“最佳史料”。常何，汴州人，其身世经历与徐世勣相似，居家时喜以财物结交各路人物，在隋末群雄并起中与徐世勣关系至密，常何又曾从李建成平定河北，故建成亦以旧部视之而不疑。玄武门事变前夕，太宗以三十金梃、数十金刀子予常何，以赐守卫玄武门骁勇之夫，这种以金宝买通的办法，与建成、元吉的金银器物赐予尉迟敬德手段正复相同。“太宗能于武德九年六月四日预伏其徒党于玄武门，而守卫将士亦竟不之发觉，建成、元吉虽先有警告，而

① 何龄修：《〈柳如是别传〉读后》，见《纪念陈寅恪教授国际学术研讨会会论集》，642 页。

② 陈寅恪：《论李栖筠自赵徙卫事》，见《金明馆丛稿二编》，5 页。

③ 陈寅恪：《论隋末唐初所谓“山东豪杰”》，见《金明馆丛稿二编》，217 页。

不以为意者，殆必以常何辈守卫玄武门之将士至少非太宗之党徒也。碑文所谓'九年六月四日令总北门之寄。'则此事变中何地位之重要及其功绩之伟大，据是可推知矣。……总之，太宗之戡定内难，其得此系统人物之助力，较任何其他诸役如战胜隋末群雄及摧灭当时外族者为更多也。"①

同在20世纪50年代初，陈寅恪又撰有《记唐代之李武韦杨婚姻集团》一文，则进一步揭示出唐代统治集团地位升降中的一个关键事件——唐高宗下诏册立武则天为皇后，它标志着唐初以来垄断政权的关陇贵族集团的地位之破坏，而被山东寒族集团取而代之掌握朝政。陈寅恪详引新旧《唐书》本纪、诸传，及《册府元龟》《通鉴》等文献，深入考证，阐明武则天之父武士彟本为太原文水县一商贩寒人，因经营木材生意投机致富，是属于与关陇贵族集团相对立的山东寒族，李渊领兵汾晋时，受其顾接，后李渊留守太原，引为行军司铠参军。又以大将军府铠曹参军从李渊平京师，故士彟有参与起义的资格，成为当时新贵。武则天之召入宫，又有其生母杨氏是隋朝皇族支系、门望甚重这一层关系。唐高宗欲废王皇后，立武则天为后，在筹划期间，曾遭重臣长孙无忌、于志宁、褚遂良三人激烈反对。陈寅恪透过表象究其实质，认为："当高宗废王皇后立武昭仪之时，朝臣赞否不一，然详察两派之主张，则知此事非仅宫闱后妃之争，实为政治上社会上关陇集团与山东集团决胜负之一大关键。"②其根据为分析反对、赞成两派之籍贯、门第出身背景。除参与决策的四位重臣中之长孙无忌等三人都属于关陇贵族集团外，韩瑗、上官仪也各出身于雍州、陕州。赞成派中的首领为徐世勣，为四位重臣之一，属山东寒族，又掌握兵权，故高宗敢于依靠于他而不顾元舅长孙无忌等三人之反对。《册府元龟·宰辅部·诤谏门》载，高宗提出商议之日，遭长孙无忌等三人反对，帝不悦而罢。翌日，高宗言之，褚遂良又持异议，帝大怒，命引出之。又《宰辅部·依违门》载，李勣(徐世勣)为太尉，高宗欲废王皇后，立武昭仪，韩瑗、来济谏，皆不纳。勣密奏曰：此是陛下家事，何须问外人。高宗之志乃决。陈寅恪又考证其他持赞成意见之朝臣，崔义玄，贝州武城人；许敬宗，杭州新城人；李义府，瀛州饶阳人。陈寅恪之结论是："武氏之得立，其主要原因实在世勣之赞助。……世勣在当时为军事力量之代表，高宗既得此助，自可不顾元舅无忌等关陇集团之反对，悍然行之。然则武曌之得立为皇后乃决定于世勣之一

① 陈寅恪：《论隋末唐初所谓"山东豪杰"》，见《金明馆丛稿二编》，226页。

② 陈寅恪：《记唐代之李武韦杨婚姻集团》，见《金明馆丛稿二编》，243页。

言，而世勣所以不附和关陇集团者，则以武氏与己身同属山东系统，自可不必反对也。”①他还认为，唐高宗永徽六年冬十月乙卯下诏立武则天为皇后，乃是唐代政治史演变至为关键之事件。“此诏之发布在吾国中古史上为一转折点，盖西魏宇文泰所创立之系统至此而改易，宇文氏当日之狭隘局面已不适应唐代大帝国之情势，太宗以不世出之英杰，犹不免牵制于传统之范围，而有所拘忌。武曌则以关陇集团外之山东寒族，一旦攫取政权，久居洛阳，转移全国重心于山东，重进士词科之选举，拔取人材，遂破坏南北朝之贵族阶级，运输东南之财赋，以充实国防之力量诸端，皆吾国社会经济史上重大之措施，而开启后数百年以至千年后之世局者也。”②历来治唐史者，并未曾有人对于高宗立武后之诏书特别加以注意，陈寅恪却通过博考详论，阐发其象征山东寒族取得政权后，所引起的唐朝政治、选举、财政各方面带根本性变化的异乎寻常的意义，堪称是陈寅恪运用其“通识”取得重要创获的例证。

陈寅恪治史“通识”还突出地表现在他两项具有方法论意义的概括。一是“通性之真实”，此指笔记小说高度地概括出社会史的内容，故具有值得重视的史料价值。他认为，诗歌和小说作为史料来说是各有不同的特点的。唐代及以后的诗歌，咏事者甚多，常能提供关于时、地、人的确切材料，可资校正史籍的讹误。小说与此不同，其中的年代、人名、地名等多是不确实的，但其人物或情节的通性则往往能反映历史的真实。例如，《莺莺传》中主要人物的姓名和其遇合情节多是虚构的，不必深考，但我们却可以从中了解到唐代后期的门第观念和婚姻观念。如果同白居易的《井底引银瓶诗》合起来研究，就能知道男女关系上“始乱终弃”已经成为当时严重的社会问题了。诚如金应熙先生所说：“陈氏由此指出《莺莺传》的社会史料价值，确是能发人之所未发。”③撇开个性即特殊性，去认识“通性”，即典型性，这种辩证分析的眼光确是陈寅恪很高明的见识。我们由此联系到恩格斯在论及巴尔扎克时讲的一段名言：“他在《人间喜剧》里给我们提供了一部法国‘社会’，特别是巴黎‘上流社会’的卓越的现实主义历史。……围绕着这幅中心图画，他汇集了法国社会的全部历史，我从这里，甚至在经济细节方面(诸如革命以后动产和不动产的重新分配)所学到的东西，也要比从当时

① 陈寅恪：《记唐代之李武韦杨婚姻集团》，见《金明馆丛稿二编》，247 页。

② 陈寅恪：《记唐代之李武韦杨婚姻集团》，见《金明馆丛稿二编》，248～249 页。

③ 金应熙：《陈寅恪》，见陈清泉：《中国史学家评传》(下)，1366 页。

所有职业的史学家、经济学家和统计学家那里学到的全部东西还要多。”①白寿彝先生也曾论及：“文学作品中的典型人物和典型事迹，如果写得好，会比历史记载更能反映社会面貌。”“如唐代诗人元稹写的《织女词》里有这样的诗句：‘东家头白双女儿，为解桃纹嫁不得。’……这样的诗句内容，关系到工艺传授的封建性问题，关系到中国封建社会生产力的问题。这是很重要的社会史材料。”②这些论述都与陈寅恪的观点相通，对于我们研史很有启发意义。

二是诗文证史要究明“今典”。所谓“今典”，是指作者当日之情事。“许多作者在用典时还往往‘借古典以述今事’，同当日情事有密切的联系，这就是‘今典’。只有弄清今典，才能透彻了解作者的用意，并且进一步增进对作家和作品的了解。”③但究明“今典”需下大功夫。“须考知此事发生必在作此文之前，始可引之以为解释。否则虽似相合，而实不可能。此一难也。此事发生虽在作文以前，又须推得作者有闻见之可能。否则其时即已有此事，而作者无从取之以入其文。此二难也。”④陈寅恪在其论文《读哀江南赋》及其巨著《柳如是别传》中，都为考明“今典”及运用其史料价值做出了很好的示范。

陈寅恪治史重视详细占有材料、从比较和联系中揭示全局性大事、祛蔽求真，具有“通识”等基本特点，使他与唯物史观的科学思维有许多相通之处。除了上面述及的他的考证方法和史料学观点中许多符合唯物主义和辩证法的精华外，我们还可举出：陈寅恪治史以“求真”为鹄，但他不反对致用，而认为求真与致用二者可以一致。他在阐述唐代“外族盛衰之连环性”这一基本观点时说：“国人治史者于发扬赞美先民之功业时，往往忽略此点，是既有违学术探求真实之旨，且非史家陈述覆辙，以供鉴诫之意，故本篇于某外族因其本身先已衰弱，遂成中国胜利之本末，必特为标出之，以期近真实而供鉴诫。”⑤这同唯物史观学派主张在提高科学性的前提下发挥史学的社会功用，同样是相通的。陈寅恪多次论述经济条件对于历史进程的重要作用。他在《柳如是别传》中解释为何吴江盛泽镇声伎风流之盛，几

---

① 《马克思恩格斯选集》第4卷，683～684页，北京，人民出版社，1995。

② 白寿彝：《史学概论》，194页，银川，宁夏人民出版社，1983。

③ 金应熙：《陈寅恪》，见陈清泉：《中国史学家评传》(下)，1369页。

④ 金应熙：《陈寅恪》，见陈清泉：《中国史学家评传》(下)，1369页。

⑤ 陈寅恪：《唐代政治史述论稿》，126页。

可拟于金陵，原因是："其故盖非因政治，而实由经济之关系有以致之"，"吴江盛泽实为东南最精丝织品制造市易之所，京省外国商贾往来集会之处。……吴江盛泽诸名妓，所以可比美于金陵秦淮者，殆由地方丝织品之经济性，亦更因当日党社名流之政治性，两者有以相互助成之欤?"他又解释郑成功祖孙三代相继抗清能够坚持数十年的原因："郑氏父子之兴起，非仅由武力，而经济方面，即当时中国与外洋通商贸易之关系有以致之。明南都倾覆，延平一系犹能继续朱氏之残余，几达四十年之久，绝非偶然。"①何龄修认为这是陈寅恪史学研究的明显的进步，他有很中肯的评价："值得注意的是，在《柳如是别传》中他又重视社会经济对政治、军事、文化的影响，经济发展成了他解释历史现象的又一条指导性线索。这当然并不是历史唯物主义，但却证明陈氏的思想更加活跃，眼光更加扩大。这是一种明显的发展和进步。"②

陈寅恪曾在高度评价王国维史学成就之后云："先生之学说，或有时而可商。"③此言用于陈寅恪学说也同样适用。唐代历史问题错综复杂，一个学者根据自己所掌握的史料做出的论断，不可能全部正确无误。《唐代政治史述论稿》曾引用晚清学者沈曾植之言："唐时牛李两党以科第而分，牛党重科举，李党重门第。"称之为"卓识"并加以发挥。岑仲勉先生则认为："吾人细从事实推求之，则知牛党对德裕，只是同一士族阶级内结党营私者与较为持正者之相互间斗争，并非'门第'与'科举'之斗争。"④尚有其他学者撰文，提出李德裕无党、李德裕并不否定科举制本身等商榷意见。⑤ 海外汉学界对陈寅恪多有推崇，同时对其一些具体论断也提出质疑，如《剑桥中国隋唐史·导言》说：关于唐代政治和制度史的论述，"他的主要贡献是对不同的对立集团和利益集团的分析，因为这些集团为唐代的宫廷政治提供了动力。……此书的每一章节都很得益于陈的研究成果，虽然陈对具体问题的明确的观点受到了挑战。"⑥史学研究正应该通过在继承前人的科学成果的基

---

① 陈寅恪：《柳如是别传》(中)，727 页。

② 何龄修：《〈柳如是别传〉读后》，见《纪念陈寅恪教授国际学术研讨会会论集》，643 页。

③ 陈寅恪：《清华大学王观堂先生纪念碑铭》，见《金明馆丛稿二编》，218 页。

④ 岑仲勉：《隋唐史》，422 页，北京，中华书局，1982。

⑤ 参见胡戟：《陈寅恪与中国中古史研究》，载《历史研究》，2001(4)。

⑥ [英]崔瑞德编：《剑桥中国隋唐史》，中国社会科学院历史研究所西方汉学研究课题组译，10～11 页，北京，中国社会科学出版社，1990。

础上勇于创新和不同的意见展开论辩切磋中不断向前推进。

第三节　陈垣：宗教史与文献学的宝贵建树

20世纪中国实证史学家中，陈垣(1880—1971)先生是当之无愧的学术大师。陈垣一生撰著历史著作《元西域人华化考》《史讳举例》《校勘学释例》《明季滇黔佛教考》《通鉴胡注表微》等20余种，史学文章《汤若望与木陈忞》《语录与顺治宫廷》《回回教入中国史略》等近两百篇，在历史研究领域取得了多方面的成就。他不但以扎实的考据成果解决了大量历史疑难问题，而且以开创性的研究，拓展了宗教史、历史文献学和元史等多学科领域，为中国史学的科学化和中国史学的走向世界做出了他人无可替代的贡献。

一、开拓多种宗教史研究领域

陈垣的史学工作发端于对宗教史的研究，最主要的成就也集中于这一领域。他对基督教、佛教、伊斯兰教、道教、火袄教、一赐乐业教、摩尼教的历史都做过细致的研究，贡献了开创性的研究成果。正是他在这一领域的辛勤耕耘，为他带来了世界性的声誉。

陈垣先生对宗教史的兴趣源于他早年的宗教信仰。他研究宗教主要研究它们传播及兴衰的历史，研究它们与社会政治文化诸方面的关系，以及宗教人物的活动，一般不涉及宗教教义。信仰宗教与热爱历史的有机结合，构成他研究宗教史的机缘；出自宗教而入于历史，则成为决定他宗教史研究成就的关键。

他最早的宗教史研究作品是印行于1917年的《元也里可温考》。“也里可温”一词在元代书籍中多次出现，但人们一直没能弄清其含义与来由。陈垣对书籍、碑刻等六十余种汉文材料进行认真研究考定，在前人研究基础上，论证也里可温是元代基督教各派的总称，并将“也里可温教东传之途径，宗教戒律，教徒人数，主要人物，教徒军籍、徭役、租税等方面的获〔豁〕免权，官府的尊崇地位，也里可温教与异教的关系，元末明初的衰落，金石碑刻的存佚等也一一澄清”①。该书经四次修订，于1934年定本，改名为《元也里可温教考》。对于中国史来说，也里可温教是元史中的一部分；作

① 牛润珍：《陈垣学术思想评传》，122页，北京，北京图书馆出版社，1999。

为宗教史来说，也里可温教是世界宗教史的一部分，“因此。此书解决了元史中的宗教史问题，不但引起了我国研究元史和宗教史家的注意，而且引起了国际学者和宗教史家的重视。他把沉埋了几百年的这段历史，作了充分的阐明，为我国史学研究工作，作出了重大贡献”①。

研究也里可温教之后，陈垣又对另外几种曾在中国活动的古教做了专门研究，相继撰写出《开封一赐乐业教考》《火祆教入中国考》《摩尼教入中国考》等论文。这三篇文章与前述《元也里可温教考》并称“古教四考”。这些成果“是中国历史学家对这些宗教第一次系统的论述”②。

一赐乐业教即犹太教，“犹太教为一种民族宗教，与由异族集合而崇奉之宗教不同；故其种族所至之处，即为其宗教所布之处；知犹太族何时始至中国，即知犹太教何时入中国也”③。陈垣用有关文献碑刻及“种种方法，证明开封犹太族为非宋以前所至。……犹太族之见于汉文记载者，莫先于《元史》……当其始至，尚沿犹太氏族，历元迄明，乃改汉姓”④。文章还考辨了犹太教与回教的异同，经之内容源流，寺之沿革，人物情况等，在当时产生了很大影响。

火祆教即古代波斯的拜火教，“因拜光又拜日月星辰，中国人以为其拜天，故名之曰火祆。祆者天神之省文，不称天神而称祆者，明其为外国天神也”⑤。“唐时外来宗教，除火祆外，还有大秦、摩尼、回回三种。回教在唐代未盛，记载尚少；其余三教，因都来自波斯，唐宋学者分辨不清，记载每有错误。清代学者如钱大昕等，也常把它们混为一谈。此文(《火祆教入中国考》)除叙火祆教的起源、兴衰外，还将典籍上三教混同记载的错误一一指出，特别指出《四库提要》之误，很有新意”⑥。

---

① 陈乐素：《陈垣》，见陈清泉等：《中国史学家评传》(下)，1248～1249 页。

② 白寿彝：《要继承这份遗产》，见《纪念陈垣诞辰百周年史学论文集》，7 页，北京，北京师范大学出版社，1981。

③ 陈垣：《开封一赐乐业教考》，见吴泽主编，陈乐素、陈智超编校：《陈垣史学论著选》，82 页。

④ 陈垣：《开封一赐乐业教考》，见吴泽主编，陈乐素、陈智超编校：《陈垣史学论著选》，83～84 页。

⑤ 陈垣：《火祆教入中国考》，见吴泽主编，陈乐素、陈智超编校：《陈垣史学论著选》，109 页。

⑥ 刘乃和：《前言》，见陈垣：《明季滇黔佛教考》(外宗教史论著八种)，6～7 页，石家庄，河北教育出版社，2000。

摩尼教是波斯人摩尼创立的。由拜火教、基督教、佛教混合而成。摩尼死后此教传播很快，曾在中亚及地中海沿岸流行。摩尼教在武周时期传入中国，直至元明时期仍在流行，明清时期演变为秘密宗教，后逐渐绝迹。《摩尼教入中国考》在沙畹、伯希和与王国维等人研究的基础上，依据敦煌出土经卷等汉文材料及基督教史传中有关材料，系统考察了摩尼教的起源、始通中国时间、在中国流传情况、不同时代与佛道等教的关系等，用精湛的考据成果勾勒出一部摩尼教在华简史。当时人称赞此作："折衷旧说，附益新知，体大思精，得未曾有。"①

刘乃和评价"古教四考"："研究对象皆历时久远，资料不多。陈垣对之钩勒分析，筚路蓝缕，煞费苦心，学术价值很高。"牛润珍则认为它们"有以科学的方法重构宗教史的卓越功劳，开创了 20 世纪中国'古教研究'的绝学"②。他们的论断是恰当的。

陈垣对于伊斯兰教史的研究，也开始于研究外来古教。他本打算广泛搜集资料，编写一部《中国回教志》。他已斟酌出全志的基本框架：宗派志一卷，典礼志二卷，氏族志二卷，户口志二卷，寺院志二卷，古迹志一卷，金石志一卷，经籍志一卷，人物志九卷(包括经师、卓行、政绩、武功、文苑、方术、杂流、列女等)，大事志二卷。另附中回历对照年表一卷，历代哈里发世系表一卷，唐宋辽大食交聘表一卷，等等。后因相关材料的调查工作难以进行，他曾想缩小范围，写成一部《中国回教史》，也因实际困难未能完成，只用有关材料写成了《回回教进中国的源流》(后改名《回回教入中国史略》)。文中除简述回教在华发展历史，讨论其兴衰原因外，于民族团结、宗教兼容三致意焉。他称道回教"因不传教，故不惹异教人之嫉视。所有六朝及唐代元代佛道相争之历史，在中国回教史上无有。故唐会昌中毁佛，外来各教均遭波及，而回回独守门罗主义，千年来元气不伤。又因向不攻击儒教……回教徒对于孔子，独致尊崇，故能与中国一般儒生不生恶感。从未闻回教有受人攻击，如唐韩愈之辟佛，明沈漼之参天主教者"③。对于清代一些学者有民族宗教偏见的言论，他表示不满；对清政府及其官

① 刘铭恕：《书陈垣摩尼教入中国考后》，转引自刘乃和、周少川、王明泽等：《陈垣年谱配图长编》，125 页，沈阳，辽海出版社，2000。

② 牛润珍：《陈垣学术思想评传》，125 页。

③ 陈垣：《回回教入中国史略》，见吴泽主编，陈乐素、陈智超编校：《陈垣史学论著选》，232 页。

吏残暴虐待回教徒的行为，则大加挞伐，表现出难能可贵的民族与宗教平等思想。出身于回族的著名史学家白寿彝先生在对撰写回族史问题做过深入研究后，高度评价了陈垣在回教史研究领域的开拓之功："他对伊斯兰教，虽只留下来《回回教入中国史略》这一篇演讲词，但他编纂中国回教志的设想，一直到今天，对中国伊斯兰教史的研究工作还具有重要的指导意义。"①

对于基督教史，除《元也里可温教考》外，陈垣主要进行了基督教入华史、专门问题和一些人物的研究。他撰写了《基督教入华史略》和《基督教入华史》两篇内容相近的文章，体系大体同于"古教四考"。文章厘清了基督教入华的历史，将之确定为四个时期：第一期为唐代的景教，第二期为元代的也里可温教，第三期为明代的天主教，第四期为清以后的耶稣教。② "这两篇文章均为援庵的讲演稿，是他计划撰著《中国基督教史》的大体构思，尽管他的计划没能实现，由此可以看出他对基督教史的基本观点。其分期断限，对各教之具体认识与分析，现有研究成果的正确与错误等，都不曾有人论及，立论又坚持公允，处处表明了他的科学态度与方法。"③在基督教专门问题研究方面，他撰写了《元基督教徒之华学》《雍乾间奉天主教之宗室》《从雍乾间奉天主教之宗室说到石老娘胡同当街庙》《从教外典籍见明末清初之天主教》《马定先生在内蒙发现之残碑》等文章。对基督教人物，他写了专著《吴渔山年谱》，文章"基督教四人物传"即《休宁金声传》《浙西李之藻传》《华亭许缵曾传》《泾阳王征传》等。

陈垣的古教研究，也解决了不少中外交通史中的重要问题，正如白寿彝所言："对于外来宗教史的研究，同时也是他对中外文化交通史研究的主要内容。"④他在这两个领域研究路径的开辟和有关问题的研究进展方面，至今人们仍受其赐。

陈寅恪充分肯定了陈垣宗教史研究的开创之功："严格言之，中国乙部之中，几无完善之宗教史。然其有之，实自近岁新会陈援庵先生之著述始。

---

① 白寿彝：《要继承这份遗产》，见《纪念陈垣诞辰百周年史学论文集》，7 页。

② 参见陈垣：《基督教入华史略》，见吴泽主编，陈乐素、陈智超编校：《陈垣史学论著选》，184～192 页。

③ 牛润珍：《陈垣学术思想评传》，126 页。

④ 白寿彝：《要继承这份遗产》，见《纪念陈垣诞辰百周年史学论文集》，7 页。

先生先后考释摩尼佛教诸文，海内外学者咸已诵读而仰慕之矣。”①胡适对此也给予高度的评价：“陈先生近年治中国宗教史，方法最精密，搜集最勤苦，所以成绩很大。他的旧作《一赐乐业教考》、《也里可温考》、《摩尼教入中国考》、《火祆教入中国考》，都已成了史学者公认的名著。”②

二、建立科学的文献学及历史辅助学科的努力

陈垣对于中国文献学及历史辅助学科的发展和新途径的开辟，在理论和实践上都有卓越的建树，“作了建基的工作”③。

在校勘学领域，他贡献了《沈刻元典章校补》等校勘成果和理论总结性著作《校勘学释例》《旧五代史辑本发覆》。在目录学方面，他编著了《佛教史籍概论》和《敦煌劫余录》。在年代学方面，他编制了《二十史朔闰表》和《中西回史日历》两本工具书。对于史讳学，他写出集大成性的著作《史讳举例》。他把史源学作为训练学生史学基本功的重要课程，写出了多篇范文，后来被编成《陈垣史源学杂文》出版。在传注学领域，他贡献了享有盛名的著作《通鉴胡注表微》。在这些方面，他还写出了大量精湛的论文，产生了很大的学术影响。

时间为构成历史的要素，不同时间条件对历史事件、历史状态、历史趋势，会产生不同影响，因此弄清历史年代，是研究历史的重要前提。陈垣在研究元史和宗教史时，深感国内外历史纷纭复杂，不同纪年互相纠缠，给研究者带来的诸多不便，决心编制历法对照年表，解决这一问题。于是有《中西回史日历》和《二十史朔闰表》之作。

他自述编纂缘起和过程：

> 曩吾读《元史译文证补》，见其多纪西历或回历之月日，苦不知其为中历几何时，乃求之西籍，得西历回历纪年通表，而中历回历纪年通表仍不可得。壬戌春，遇江宁常君福元，曾请为回历岁首表，以回

① 陈寅恪：《明季滇黔佛教考序》，见陈垣：《明季滇黔佛教考》(外宗教史论著八种)，235页。

② 胡适：《介绍几部新出的史学书》，见顾颉刚：《古史辨》(二)，331页。

③ 白寿彝：《在纪念陈垣校长诞生一百周年会上的讲话》，见《纪念陈垣诞辰百周年史学论文集》，2页。

> 历岁首求中西历之年月日，得此足知中西回历之比年矣。其后余又续成中历西历岁首表，以中历岁首求西回历之年月日，以西历岁首求中回历之年月日。然因中历闰月及月大小尽无定，不著中历朔闰，以中西回历互求，恒不能得其岁首以外之月日，于研究元史及中西交通史仍不便。乃发愤将二千年朔闰先行考定，以为根据，就《通鉴目录》中刘羲叟《长历》及《辽史》中耶律俨《辽宋闰朔考》，并近代钱侗《四史朔闰考》，汪曰桢《历代长术辑要》等，各以本历，参校各史纪志，正其讹谬，自汉迄清，成《二十史朔闰表》。又按西历四年一闰之月日，创为表格，然后以考定之中历朔闰及回历月首，按表填入，始自耶稣元年至于今，二十世纪，凡二十卷，名曰《中西回史日历》。于是中西回史之年月日，皆可互通矣。又制日曜表，按表而日曜即得。又制甲子表，据甲子以求日，或据日以求甲子，无不得。稿凡五易，时阅四年。①

这两部书不但给学者治学带来了极大方便，而且创立了科学的年代学体系，为中国近代史学走上科学道路做出了贡献。《二十史朔闰表》因适用面较宽，发挥的功用更大一些。此书刚一出版，胡适先生就大加赞赏："此书在史学上的用处，凡做过精密的考证的人皆能明了。"他欢迎当时尚未面世的《中西回史日历》尽快出版，说："(陈先生编年表)这种勤苦的工作，不但给杜预、刘羲叟、钱侗、汪曰桢诸人的'长术'研究作一个总结束，并且可以给世界治史学的人作一种极有用的工具。"②这个论断，现在看还是妥当的。

史源学可以说是陈垣创造的一门学术。他在教学中以此作为训练学生治学基本功和培养严谨扎实学风的主要课程。

对于这门课程和陈先生写作的这方面文章，陈智超在《陈垣史源学杂文》的《前言》中做了详细评说：

> "史源学实习"课是陈垣同志结合自己从事史学研究的经验，在长期教学实践中新设的一门课程。最先名"史源学研究"，后改名"史源学实习"……这门课程的方法和目的是什么？为什么要由"研究"改为"实

---

① 陈垣：《中西回史日历自序及例言》，见吴泽主编，陈乐素、陈智超编校：《陈垣史学论著选》，211～212页。

② 胡适：《介绍几部新出的史学书》，见顾颉刚：《古史辨》(二)，333页。

> 习”？他自己曾多次做过说明。现在还保存着几份他当年讲授这门课程写的导言，其中有一份特别详细。他写道：“择近代史学名著一二种，一一追寻其史源，考正其讹误，以练习读史之能力，警惕著论之轻心。”“历史研究法的史源学大概分四项：一、见闻、二、传说、三、记载、四、遗迹。今之所谓史源学实习，专指记载一项。”“考寻史源，有二句金言：毋信人之言。人实诳汝。”“空言不能举例，讲授不便，贵乎实习。孔子曰：我欲托之空言，不如见诸行事之深切著明也。古人有言：临渊羡鱼，不如退而结网。”……陈垣同志每次布置学生作练习，写考释，自己事先也写一篇，事后或印发，或张贴，以为示范。……这些文章的特点是，通过指出前人史学著作的疏谬及造成疏谬的原因，用实例告诉学生在掌握和运用史料中应使用的方法及注意的问题。……陈垣同志撰写这些文章的时候，约在六十至六十五岁之间。经过几十年史学研究和教学的实践，他在掌握和运用史料方面，已经达到炉火纯青的程度。集中这些论文，就是他运用纯熟的技巧和丰富的经验，给学生作的范文，从某种意义上说，也是给后辈学者留下的范文。①

这部集子由陈垣亲手编定，在他过世后出版，篇幅虽远不及《日知录》《十驾斋养新录》《陔余丛考》等清儒留下的传世考据名著，精审实过之。该书和陈垣撰写的其他史源考据论著，事实上已成为史学工作者考据训练的必备教材，而史源学也因陈先生的倡导和开创，成为当代历史科学中不可缺少的组成部分。

避讳是中国古代特有的社会文化现象。由于中国历史悠久，朝代众多，历朝避讳的方法又不尽一致，造成了中国文献在撰著、传刻、研读诸方面的混乱。正如陈垣所云：“其流弊足以淆乱古文书。”长期以来不少学者下功夫对此加以研讨，解决了部分问题，积累了一定经验，形成相关学问。但这些成果既零散难稽，又良莠混杂，与根本解决问题，建立有系统的学科体系的要求相距甚远。陈垣有鉴于此，决心通过自己的系统工作，“为避讳史作一总结束，而使考史者多一门路，一钥匙”。他于1928年纪念钱大昕诞生二百周年之时，写定出版了《史讳举例》。

他在序中阐述了避讳学的基本方法及学科意义：“（避讳）流弊足以淆乱古文书。然反而利用之，则可以解释古文书之疑滞，辨别古文书之真伪及

---

① 陈垣：《陈垣史源学杂文》，1～8页，北京，人民出版社，1980。

时代，识者便焉。盖讳字各朝不同，不啻为时代之标志，前乎此或后乎此，均不能有是。是与欧洲古代之纹章相类，偶有同者，亦可以法识之。研究避讳而能应用之于校勘学及考古学者，谓之避讳学，亦史学中一补助科学也。”序中简要评述了以往有关论著的成绩与不足，指出它们或“未能为有系统之董理”，或“迄未刊行”，或“未能应用之于校勘学及考古学上，发人深思”。① 正是历史学科的迫切需要和已有研究状况的缺憾，呼唤着陈先生集大成性史讳学著作的问世。

《史讳举例》全书六万余言，分为八卷八十二例，分门别类举例论述“避讳所用之方法”，“避讳之种类”，“避讳改史实”，“因避讳而生之讹异”，“避讳学应注意之事项”，“不讲避讳学之贻误”，“避讳学之利用”，“历朝讳例”等有关问题。该书体例精当，全面赅备，不但将历朝避讳史实及避讳学方法一一解说清楚，而且用类例的方法阐明了避讳学有关的理论问题。“拆开每一案例即为一史实，合起来别为类例足能说明一问题，各类例辑为一书，有关避讳学的系统理论便可形成。……自《史讳举例》成，避讳学才真正成为一门新的专门学问”。②《史讳举例》在中国史学界产生了深远影响，现已成为校读古书研究古史的必备参考读物，为中国近代史学的发展做出了特有贡献。

陈垣治学从目录学入手，在这一领域也多有创获。他曾用了相当大的精力查考研读文津阁《四库全书》和《四库全书总目》。编写出《文津阁四库全书册数、页数表》《四库书目考异》《四库全书纂修始末》《四库书名录》《四库撰人录》《四库撤出书原委》《书于文襄论四库全书手札后》《四库提要中的周亮工》等十余篇文章或图表。他对文津阁《四库全书》的卷数、册数、收书种数、字数，《四库全书》纂修始末，取舍情况，撰人等一一做出考证，还提出对此书整理与刊行的具体建议。

陈垣编写的几部专门目录，都以精当著称，在各自领域发挥着重要学术参考与指导作用。

《敦煌劫余录》在中国敦煌学史中占有一定位置。是书十四卷，刊行于1930年，是应当时的中央研究院历史语言研究所请求，编制的反映北京图书馆所藏八千六百七十九轴敦煌写本经卷的专题目录。编制此目的先期整

① 陈垣：《史讳举例序》，见《励耘书屋丛刻》，1257～1259页，北京，北京师范大学出版社，1982。

② 牛润珍：《陈垣学术思想评传》，193～194页。

理工作是相当艰苦的。他自述其中艰辛："夫写定之难，厥为首尾不具之残轴。轴首尾无经名而轴中有品名，尚易定也。虽无品名，而其文为吾人所常习，如《金刚》、《法华》之类，亦易定也。惟久佚及罕习之经论，往往一残轴比勘多时，咨询多人，仍不能考定。"①在考正定本的基础上，他还对经卷内容做了必要的考证，在附录中加以说明。此目兼采中西目录索引编制方法之长，在体例编排上分三个部分：第一，"总目"，著录书名、译著者、卷数、轴数、页次等；第二，"检目"按千字文顺序排列，这既是原轴的编号，又是排架号，以备查找；第三，各轴经卷情况，包括原号、起止、纸数、行数、附记等。"三个部分互相配合，既充分揭示了藏书，又便于读者检索。"陈先生匠心独运，汇精细的考证和得当的著录于一炉，使得"《劫余录》既是目录，又可以说是一部敦煌学的专门著作，故此书一出，即受到学术界的赞誉。胡适在《〈敦煌写经题记〉与〈敦煌杂录〉序》中说：'陈垣先生的《敦煌劫余录》流行于世，其考订之详，检查之便利，已远在巴黎、伦敦诸目之上'，此言实非虚誉"②。陈寅恪在为此书作的序言中也对它的学术价值做了充分肯定："(此书)诚治敦煌学者，不可缺之工具也……今后斯录既出，国人获兹凭借，宜益能取用材料以研求问题，勉作敦煌学之预流。庶几可以不负此历劫仅存之国宝，外有以襄进世界之学术于将来。"③

《中国佛教史籍概论》写成于1942年，是一部比较特殊的佛教史籍目录，"是在目录学方面有创造性的一部著作"④。陈垣写这部书是因为他深感于"中国佛教史籍，恒与列朝史事有关，不参稽而旁考之，则每有窒碍难通之史迹"，因而要通过自己的撰述，"为史学研究之助"，使"初学者习此，不啻得一新园地"。为了这个目的，他侧重于"将六朝以来史学必需参考之佛教史籍，分类述其大意"⑤，即展开对基本佛教史籍的论述。同时，他注意订正《四库全书总目》的有关谬误，以挽回其错误影响。此书著录《出三藏记集》《历代三宝记》等重要佛教史籍三十五部。他对这三十五部书籍按中土撰述的目录、传记、护教、纂集、音义等五类，依撰著时代顺序著录。内容

① 陈垣：《敦煌劫余录》，1页，北平，中央研究院历史语言研究所，1931。

② 邓瑞全：《陈垣先生在目录版本学上的贡献》，见《纪念陈垣校长诞生110周年学术论文集》，143页，北京，北京师范大学出版社，1990。

③ 陈寅恪：《陈垣敦煌劫余录序》，见《金明馆丛稿二编》，236～237页。

④ 白寿彝：《要继承这份遗产》，见《纪念陈垣诞辰百周年史学论文集》，8页。

⑤ 陈垣：《中国佛教史籍概论》，1～2页，北京，中华书局，1962。

包括书名、略名、异名、卷数异同、版本源流、撰人略历及本书内容体制，以及与史学有关情况的说明等。这部书具有很高的学术价值。每个提要都是一篇精当的佛教史籍论文，准确揭示了著录对象的学术特点、佛学与史学价值、以往利用情况等。从目录学价值看，它的“解题的内容既丰富又深刻。它在全面介绍佛籍的一般情况之后，还能抓住重点问题深入辨析和论述，揭示有关佛籍的主旨、特点和功用，从而大大提高了《概论》的目录学价值，让人读来有耳目一新，启智祛疑的感受”。从佛教史籍研究角度看，它以详密的考证，将佛教史籍的研究提高到一个全新水平，从而成为研究这一领域的权威著作。从佛教史籍与史学研究的关系看，它揭示了佛教史籍对于历史研究的重要价值，为扩展中国史研究取材范围打开了一扇大门。如在对《出三藏记集》的评介中，他说：“至于本书经序及列传中，有涉及各朝帝王及士庶者，均可为考史资料。如吴主孙权之于支谦，宋文帝之于求那跋陀罗，以及宋彭城王义康、谯王义宣、齐竟陵文宣王子良等，皆与诸僧应接。此书撰自裴注《三国志》后，为裴松之所未见，故魏吴诸僧事，可补《三国志注》者尚多。杭世骏撰《三国志补注》，未能采此书一条，此杭君之疏忽也。明末李映碧清撰《南北史合注》，欲利用此等史料，合以八书，注《南北史》，实为卓识。惜其采取未备，又不讲著书体例，窜乱延寿原书，至不为世人所重。然则此等史料之利用，尚有待于后人也。”①此书还以考据精湛见长。在对宋释惠洪所撰《林间录》的考订中，陈垣逐一指出《林间录》本身记述有关人物行事的错误，晁公武《郡斋读书志》、胡应麟《少室山房笔丛》对此加以辨析时新犯的错误，特别是“《（四库全书总目）提要》引晁氏说批评《林间录》，又引胡氏说，以不误为误，又自添一误”②。在解说《续高僧传》时，他指出《全南北朝文》误以地名“扬辇”、普通名词“宗猷”为人名的错误。对每部所论史籍及有关史实，陈垣几乎都做了类似考证，显示出此书在史实考订方面的特色。

陈垣著有《明末清初教士译著现存目录》，分现行版本通行者、现无刊本通行者和附录三部分，著录有关著作一百五十七部。他还搜集道教碑文一千三百余通，编制了《道家金石略》，经陈智超先生整理于近年出版。

校勘学是一门相对发达的传统学问。历代学者尤其是清儒运用校勘方法整理图书积累了丰富的经验。陈垣先生用精审的校勘成果和系统的归纳

---

① 陈垣：《中国佛教史籍概论》，4～5页。

② 陈垣：《中国佛教史籍概论》，141页。

总结，把这门传统学术推进了近代科学的门槛。

《元典章》是考究元代典章制度、风俗及语言文字的重要参考材料。民国初年流行的沈家本刻本虽版刻精致，却错误百出。他经多年寻访，搜求到另外四种抄本和藏于故宫的元刻本。于是他开始了对此书的校补工作。他用元刻本和沈刻本对校，后又用诸本互校，“凡得讹误、衍脱、颠倒诸处一万二千余条，虑其繁琐难阅也，特仿宋楼大防《乐书正误》式而少变之，成札记六卷。其脱漏字句较多者，为阙文三卷，并改作表格一卷”①，汇合以上部分著成《沈刻元典章校补》一书。该书印行时版式完全与沈刻本相同，以便于藏有沈刻本者按页补入。通过陈垣的工作，《元典章》大致恢复本真，史料价值大大提高，为人们从事元史研究工作提供了方便。

更有意义的是，他对校补工作做了系统总结，经进一步的归纳整理，从一万二千条错误中抽出十分之一，分别分析致误之由，撰成《元典章校补释例》六卷。是书前五卷分别讨论沈刻《元典章》致误之由，分为行款误例、通常字句误例、元代用字误例、元代用语误例和元代名物误例五大类例。下辖四十二例目。通常字句误例下有：形近而误例、声近而误例、因同字而脱字例、因重写而衍字例、因误字而衍字例、重文误为二字例、一字误为二字例、妄改三例、妄添三例、妄删三例、妄乙三例。元代名物误例下有：不谙元时年代而误例、不谙元朝帝号庙号而误例、不谙元时部族而误例、不谙元代人名而误例、不谙元代官名而误例、不谙元代物名而误例、不谙元代专名而误例、不谙元时体制而误例。仅举以上两端即可见陈垣先生对中国古籍致误之由有总揽全局的认识，所选类例条分缕析，细大不捐，令人有“升天入地求之遍，上穷碧落下黄泉”之感。其例虽全部出自《元典章》，但对中国校勘学从致误缘由入手寻求校正之法，实有普遍指导意义。此书1959年再版时改称《校勘学释例》，允为实至名归。孙智昌对此书这方面的成就做了细致分析，他说：“第一，《释例》囊括了古籍文字致误的所有内容，既有著录形式上产生的错误，如卷一‘行款误例’，又有文字因‘形、音、义’的矛盾而产生的错误。如卷二‘通常字句误例’。……第二，《释例》不仅仅是列举致误形式，更重要的是探寻致误原因，使读者设身处地地体会古籍文字是‘怎样致误’的。……第三，陈先生校书，既注意一般性通例的归纳，但又不受既有类例的束缚，能够灵活地对待校勘中出现的各种特

① 陈垣：《沈刻元典章校补缘起》，见《励耘书屋丛刻》，287～288页。

殊情况。”[①]这个分析是很得其情的。

此书的最后一卷名《校例》，是对校勘中发现的其他问题的说明和对校勘方法的总结。其中他提出的“校法四例”（校勘四法），是对校勘方法的经典性理论总结。校勘四法即对校法、本校法、他校法、理校法。他分别举例加以论述。

> 一为对校法。即以同书之祖本或别本对读，遇不同之处则注于其旁，刘向《别录》所谓“一人持本，一人读书，若怨家相对”者，即此法也。此法最简便、最稳当，纯属机械法。其主旨在校异同，不校是非，故其短处在不负责任，虽祖本或别本有讹，亦照式录之，而其长处则在不参己见。得此校本可知祖本或别本之本来面目，故凡校一书，必须先用对校法，然后再用其他校法。
>
> 二为本校法。本校法者，以本书前后互证而抉摘其异同，则知其中之缪误。吴缜之《新唐书纠缪》、汪辉祖之《元史本证》即用此法。此法于未得祖本或别本以前最宜用之。予于《元典章》，曾以纲目校目录，以目录校书，以书校表，以正集校新集，得其节目讹误者若干条。至于字句之间，则循览上下文义，近而数页，远而数卷，属词比事，牴牾自见，不必尽据异本也。
>
> 三为他校法。他校法者，以他书校本书。凡其书有采自前人者可以前人之书校之；有为后人所引用者，可以后人之书校之；其史料有为同时之书所并载者，可以同时之书校之。此等校法，范围较广，用力较劳，有时非此不能证明其讹误。丁国钧之《晋书校文》、岑刻之《旧唐书校勘记》，皆此法也。
>
> 四为理校法。段玉裁曰：“校书之难，非照本改字，不讹不漏之难，定其是非之难。”所谓理校法也。遇无古本可据，或数本互异而无所适从之时，则须用此法。此法须通识为之，否则卤莽灭裂，以不误为误而纠纷愈甚矣。故最高妙者此法，最危险者亦此法。……若《元典章》之理校法，只敢用之于最显然易见之错误而已。非有确证，不敢借口理校而凭臆见也。[②]

---

① 孙智昌：《陈垣先生校勘学散论》，见《纪念陈垣校长诞生110周年学术论文集》，272页。

② 陈垣：《元典章校补释例》卷六，见《励耘书屋丛刻》，1219～1225页。

校勘四法是陈垣在对前人典型校勘成果进行系统总结基础上提出来的。它科学阐明了校勘学的工作程序、基本原则和基本方法，构成校勘学完整而系统的理论体系，自今仍是校勘学界人人遵守的基本学术指导原则。胡适在1934年为此书写的序中，对陈垣的校补《元典章》工作做了高度评价。说这“可以说是中国校勘学的第一伟大工作，也可以说是中国校勘学的第一次走上科学的路”，“是新的中国校勘学的最大成功”。陈先生的这部著作，“是中国校勘学的一部最重要的方法论”。① 孙智昌通过将其与前人有关论述和做法的对比，论述了校勘四法的理论与实践意义。他说：“从历史角度看，由对、本、他校与理校构成的校勘理论，是对清代‘对校派’和‘理校派’的扬弃。……对校派由于过分注重版本依据，在归纳校勘通例，总结理论规律上不及理校派；而理校派的勇于改字，难免对古籍造成新的错乱。而陈先生的理校法，强调运用专门知识，要求学者以自己的学识大胆地分析、推理和考证，无疑是对对校派谨小慎微的否定；同时，他的对、本、他校法和注重版本依据，又是对理校派的弥补。这样便克服了清人在校勘学上的弊端，完善了校勘学理论。”②他还指出与同时期的梁启超、胡适两位先生有关论述相比，陈先生的校勘四法更具系统性，具有更大的影响。

三、元史研究的创获

陈垣在元史研究领域辛勤耕耘多年，贡献了众多的研究成果。除专门著作《元典章校补》和《元也里可温教考》外，《南宋初河北新道教考》《通鉴胡注表微》和《回回教入中国史略》，也都涉及元史研究内容。他还写出了《元秘史译音用字考》《耶律楚材之生卒年》《耶律楚材父子信仰的异趣》《萨都剌的疑年》等论文和久负盛名的专著《元西域人华化考》。

在元史研究中，他着意于对重要研究材料的考订，通过提供可信的基本材料为学科拓展开辟道路，对《元典章》的校补，是这方面工作的典型代表。他还特别注意对语言、宗教、学术文化传播等文化现象的考察，通过多角度揭示中国历史上这一特殊时期的文化精神，为总结统一多民族国家

① 胡适：《校勘学方法论(陈垣〈元典章校补释例〉序)》，见《胡适文存》四集，101、106、96页。

② 孙智昌：《陈垣先生校勘学散论》，见《纪念陈垣校长诞生110周年学术论文集》，276页。

文化演变的根本规律奠定基础。诚如杨志玖所言："陈先生在他所处的时代，在利用汉文资料解决元史的问题方面，已发挥他的最大智慧和精力，开一代风气，供后学取法，为元史学的研究作出很大的贡献。"

陈垣在元史有关问题的研究中，充分利用了明代所修《元史》中的材料，还对《元史》的史料价值做出公正评价。他认为《元史》虽然成书草率，失于剪裁，但正由于仓促成书，转录《十三朝实录》等书时保存了大量未经笔削的原始材料，所以具有珍贵的史料价值。后人改编或重修的《元史类编》《元史新编》等书，反而在剪裁之时删削了许多有用的材料。这个从研究元史研究实践中得出的结论非常中肯，对于元史研究工作具有指导意义。

《元秘史》是用早期蒙文撰写的一部反映蒙古族先世和成吉思汗及其家族历史和传说的著作，明初译成汉文。译后刊行为蒙汉对照文本。正文是用汉字转写的蒙古语音，旁注对应的汉语词义，每节后附汉文总译。这样的文本，兼具研究早期蒙古史与了解早期蒙古语言两种功能，明清以来受到学者重视。陈垣细心研读后，写出《元秘史译音用字考》一文，总结出此书译写的一套规律，就是用汉字转写的蒙古文不仅单纯标音，而且尽量用音义相近之字。即译山名，则译字从山、从石、从土；译水名，则译字从水。如不峏罕为山名，则其中峏字从山；腾汲思，为水名，则其中汲字从水。准此，口之字从口、从言、从食或从齿，目之字从目，门之字从门，鸟、鼠、虫、马、羊之字各从鸟（或翼）、鼠、虫、马、羊等。过去动词语尾（汉字义译"了"），则音译为"罢"或"毕"，二字皆有完了之意。"这种音义兼备的译法，是汉字的特点和优点，可能由《元秘史》开其端而由陈先生首先揭示其奥秘。前人读《秘史》，或习而不察，或不以为异，或熟视无睹，只有等到陈先生，才以敏锐的眼光，精细的心思，辛勤的劳作，发现并总结其中的规律。"①陈垣还指出这种现象也有一个发展过程，在稍早的《华夷译语》中这只是个别现象，到翻译《元秘史》时，则已普遍应用。揭示这种现象及其发生发展过程，对于认识中国民族语言的发展及其相互影响转换的特殊性质是大有裨益的。

对于元代一些人物生平及思想特性，陈垣也做了专门研究。通过认真查考，他对耶律楚材、李志常、黄震、萨都剌等人的生年或卒年，提出了自己的看法。在《耶律楚材父子信仰的异趣》一文中，他指出耶律楚材信佛

---

① 杨志玖：《陈垣先生对元史研究的贡献》，见《纪念陈垣校长诞生 110 周年学术论文集》，119、116 页。

教而排斥道教，其子耶律铸则信奉道教而与道士往来甚多。父子信仰不同，本身为“研究宗教思想史者一有趣问题”①，可以丰富我们对于中国古代宗教思想与家族学术传承关系的认识。陈垣还进一步推论耶律楚材的《西游录》流传极少的原因也在于此。因为此书中有许多攻击全真教的内容，很可能在其身后被信奉全真教的儿子禁印或毁版。

在元史研究领域最具创造性的成果是成书于1923年的《元西域人华化考》。元代大批军人、部族首领、工匠、商人等人入居中原，居住既久，其子孙中很多人“舍弓马而事诗书”，学习华夏文化，以儒者自居。这是一个非常值得注意的历史现象，不仅是元代民族交融的重要方面，也是关系到元代文化发展的要素。今天看来，对于考察中国统一多民族国家形成的历史过程和与之相适应的统一多元中华民族文化的形成与发展，也具有典型意义。“这样一个大题目，由陈先生首先发现、研究并写成专著，说明陈先生不仅对元史有深厚的功底，而且有史学家敏锐的眼光和深邃的洞察力。”②

在这个大题目下，陈垣做出了绝妙文章。

这部书材料丰富，考据扎实，论断准确，具有很高的学术价值。此书引用《汉书》《安南志略》《八闽通志》、泰不华《顾北集》、张星烺《马可孛罗游记译注》等书籍二百一十种，有关材料基本搜罗齐备。在丰富材料基础上，陈垣“爬罗剔抉，提要钩玄，汇集众说，成一家言……对西域人华化在各方面的表现，胪列无遗”③。日本著名汉学家桑原骘藏对此有很恰当的评论：“其本论博引旁搜元人之文集随笔等一切资料，征引考核，其所揭之各题目，殆无遗憾。就中如畏吾儿人高偰氏家传及一门九进士事迹之考证，及元末诗人丁鹤年事迹之考证，又如考证《丁鹤年集》四卷之非元刻，尤尽委曲，非独为研究元代历史……亦有参考此论著之必然。”④清代著名藏书家黄丕烈曾通过顾广圻得四卷本《丁鹤年集》，矜以为元刻本。陈垣论证：

---

① 陈垣：《耶律楚材父子信仰之异趣》，见《陈垣学术论文集》，429页，北京，中华书局，1980。

② 杨志玖：《陈垣先生对元史研究的贡献》，见《纪念陈垣校长诞生110周年学术论文集》，113页。

③ 杨志玖：《陈垣先生对元史研究的贡献》，见《纪念陈垣校长诞生110周年学术论文集》，113页。

④ ［日］桑原骘藏：《读陈垣氏之元西域人华化考》，转引自刘乃和、周少川、王明泽等：《陈垣年谱配图长编》，137页。

> 然试一考本集内容，则《梦得先妣墓》一首在焉。序云："己未夏五月，还武昌迁葬。兵后陵谷变迁，先妣封树竟迷所在。久寻不得，露祷大雪中。冬十一月廿日夜，忽感异梦，翌日遂得其处。赋诗一首，以纪岁月云。"己未，洪武十二年也。元刻何能有洪武诗？此非元刻证一。鹤年还武昌在洪武十二年，而集中《守墓陈情上武昌太守傅藻诗》，於"太守承恩下玉京"及"拥经东出辞储馆"等句，"恩"字另行平抬，"玉京"、"储馆"均空一格，此为明刻证二。鹤年从兄马元德卒于昌国州任。当其任昌国前，曾在奉化州。刘仁本《羽庭集》(卷五)有《送马侯元德任奉化州序》，为至正二十二年夏作。则元德之卒至早亦当在至正廿三四年，而集中有《先兄太守死事十有七年于故史董文中家见所题竹诗因雪涕次其韵》一首。又当在洪武己未后矣。此非元刻证三。又其第四卷《续集》为门人向诚编次。注曰："兵后还武昌作。"则此卷更为入明以后作可知。故《挽卫知事胡公鼎》有云："江海论交四十年，故家文物羡君贤。"若为元刻，则元亡鹤年才三十三岁，岂能说论交四十年耶？此非元刻证四。①

论定版本似非读史要务，然实与人物行事紧密相关，不同时代则不同事迹具不同意义，明乎此则论世知人庶几无憾。陈垣考论史事，多从细微处入手而使其大节毕现，此其例也。书中连举八证，证明丁鹤年为"回回教世家"，如老吏断狱，字字板上钉钉，至今读来仍有酣畅淋漓之感。这样的精细考证，正是陈垣治学风格的典型体现，书中所述所论史实，都以这样的考证为基础，因而厚重翔实，信而有征。陈垣用心血的结晶树起了一座考史丰碑。

陈垣匠心独运，用充分消化的丰富材料和缜密考定的研究成果，构建成剪裁得法、体大思精的学术著作。卷一为绪论，界定研究范围和关键词的意义。卷二到卷七，分别论述儒学、文学、美术、礼俗、女学等西域人华化的具体内容。卷八结论，总论元文化、元人对西域人华化的认识等。其中卷四《文学篇》下设"西域之中国诗人""基督教世家之中国诗人""回回教世家之中国诗人""西域之中国文家""西域之中国曲家"五目；卷六《礼俗篇》下设"西域人名氏效华俗""西域人丧葬效华俗""西域人祠祭效华俗""西域人居处效华俗"四目。从上述篇章看，有关西域人华化问题基本涵括无遗。陈

---

① 陈垣：《元西域人华化考卷四文学篇》，见《励耘书屋丛刻》，142～144页。

垣为人们研讨或认识本问题提供了最可靠的指导与参考文献。

陈垣于书中多发精辟论断，对于认识元代文化以至中国文化特点、元代民族文化交汇、元代文化与政治的关系等具有重要指导价值。在卷二《儒学篇》之“佛教世家之儒学”一节，陈垣论道：

> 本篇最可注意者，为阿鲁浑萨理之学，先释而后儒。元时隆礼国师过于孔子，苟无二三西域人之服膺孔学者搘拄其间，释氏之徒且欲以其道易天下，借兵威之所及，非尽变中国如印藏不止。中国儒者其得国主之信用，远不逮西域儒者。是故高智耀之入见宪宗也，力言儒者之道。帝曰：“前此刻未有以是告朕者。”不忽木之与世祖论道也。世祖曰：“曩与许仲平(衡)论治。仲平不如汝远甚。”当是时，百汉人之言不如一西域人之言，一西域儒者之言，不如一西域释者之言之尤为有力，而得国主之信用也。许衡、吴澄之徒之所以能见用于时者，纯恃有二三西域人后先奔走之。而孔子之道之所以能见重于元者，亦纯赖有多数异教西域人诵其诗，读其书，倾心而辅翼之也。……故阿鲁浑萨理初见用于世祖，即劝以治天下必用儒术。天下云者，中国耳。治中国非用儒术不可，阿鲁浑萨理由中国历史观察，熟审当时情形，以为惟此于元有利，遂主张以此收服中国之人心也。

这样的分析细致入微，鞭辟入里。既符合当时历史实际，又对认识古代文化特性及政权指导思想的本质富有启示，同时也显示了对中华优秀文化的自信与自豪，有极强的理论力量。对于元代文化的总体评价，陈垣的见解不同凡响又令人信服。他说：

> 盖自辽金宋偏安后，南北隔绝者三百年，至元而门户洞开，西北拓地数万里，色目人杂居汉地无禁，所有中国之声明文物一旦尽发无遗，西域人羡慕之余，不觉事事为之仿效。……故儒学文学均盛极一时。而论世者轻之，则以元享国不及百年，明人蔽于战胜余威，辄视如无物，加以种族之见横亘胸中，有时杂以嘲戏。……汉唐号称盛世，然学术思想辄统于一尊，其成绩未必即优于乱世。……则汉唐清学术之盛，岂过元时，且元时并不轻视儒学。至大元年加号孔子为大成至圣文宣王，延祐三年诏春秋释奠，以颜、曾、思、孟配享。……又并不轻视文学，延祐五年七月加封屈原为忠节清烈公，致和元年四月改

封柳宗元为文惠昭灵公。

他还特别说明"九儒十丐之说出于南宋人之诋词，不足为论据"[①]。这个结论的提出，基于陈先生对多民族共同创造的统一多元中华古代文化的全面深入了解，和各民族一律平等的宽广胸怀。陈垣为我们深入研究和准确评价中国古代文化树立了良好的榜样。

《元西域人华化考》取得了卓越的学术成就，产生了重大学术影响。问世之初，日本学者桑原骘藏就盛赞此项研究在当时的中国史学中独具科学性质。[②] 十年后，陈寅恪结合当时史学研究现状评论本书价值："近二十年来，国人内感民族文化之衰颓，外受世界思潮之激荡，其论史之用渐能脱除清代经师之旧染，有以合于今日史学之真谛。而新会陈援庵先生之书尤为中外学人所推服，盖先生之精思博识，吾国学者自钱晓征以来未之有也。……先生是书之材料丰实，条理明辨，分析与综合二者俱极其工力。……今日吾国治学之士竞言古史，察其持论，间有类乎清季夸诞经学家之所为者。先生是书之所发明，必可示以准绳，匡其趋向。然则是书之重刊流布，关系吾国学术风气之转移者至大，岂仅局于元代西域人华化一事而已哉!"[③]半个世纪以后，白寿彝先生肯定本书："它的规模宏大，材料丰富，条理明辨，是在国内外久享盛誉的著作；对于治中国民族关系史的学者说，是一部必须阅读的书。"[④]

四、晚年学术的升华

抗日战争时期，陈垣留在沦陷的北平，深感民族压迫的痛苦和身为史学家担负历史责任的重大，史学研究发生了显著变化。他自述这个转变："至于史学，此间风气亦变。从前专重考证，服膺嘉定钱氏；事变后，颇趋重实用，推尊昆山顾氏；近又进一步，颇提倡有意义之史学。故前两年讲

---

① 陈垣：《元西域人华化考卷八结论》，见《励耘书屋丛刻》，258～262页。

② 参见[日]桑原骘藏：《读陈垣氏之元西域人华化考》，转引自刘乃和、周少川、王明泽等：《陈垣年谱配图长编》，137页。

③ 陈寅恪：《重刻元西域人华化考序》《元西域人华化考卷首》，见《励耘书屋丛刻》，7～8页。

④ 白寿彝：《要继承这份遗产》，见《纪念陈垣诞辰百周年史学论文集》，9页。

《日知录》，今年讲《鲒埼亭集》，亦欲以正人心，端士习，不徒为精密之考证而已。”[①]他提倡并着力研讨有意义史学，史考与史义的结合构成此后学术的新特色。正如白寿彝所言，“这时候，援庵先生的史学思想显然进入了新的意境”[②]。应该说这也是陈垣思想和学术发展到一定程度而自然产生的升华，“时势为之”适成促进其转变的机缘。

此时，他撰写了《明季滇黔佛教考》《清初僧诤记》《南宋初河北新道教考》(他称为“宗教三书”)和《佛教史籍概论》等宗教史著作，奉献出最能代表他学术成就的文献学著作《通鉴胡注表微》。这些不同研究范围的论著，具有共同的思想旨趣，都取得了杰出的学术成就。

《明季滇黔佛教考》写成于 1940 年，专门考证明清之际西南佛教之盛，重点论述国破家亡之际，士人遗民为全名节而纷纷逃禅的史实。在书的识语中他略言微旨所在：“明季中原沦陷，滇黔犹保冠带之俗，避地者乐于去邠居岐，故佛教益形热闹。”[③]中华人民共和国成立后重印该书时，他才明言：“此书作于抗日战争时，所言虽系明季滇黔佛教之盛，遗民逃禅之众及僧徒拓殖本领，其实所欲表彰者乃明末遗民之爱国精神、民族气节，不徒佛教史迹而已。”[④]远在西南的陈寅恪先生深得援庵先生内心款曲，在当时为此书所作的序中即昌言斯旨：

> 世人或谓宗教与政治不同物，是以二者不可参互合论，然自来史实所昭示，宗教与政治，终不能无所关涉。即就先生是书所述者言之，明末永历之世，滇黔实当日之畿辅，而神州正朔之所在也，故值艰危扰攘之际，以边徼一隅之地，犹能萃集禹域文化之精英者，盖由于此。及明社既屋，其地之学人端士，相率遁逃于禅，以全其志节，今日追述当时政治之变迁，以考其人之出处本末，虽曰宗教史，未尝不可作政治史读也。

---

① 陈垣：《致方豪》，见吴泽主编，陈乐素、陈智超编校：《陈垣史学论著选》，624 页。

② 白寿彝：《要继承这份遗产》，见《纪念陈垣诞辰百周年史学论文集》，9 页。

③ 陈垣：《明季滇黔佛教考·识语》，见《明季滇黔佛教考》(外宗教史论著八种)，234 页。

④ 陈垣：《明季滇黔佛教考重印后记》，见《明季滇黔佛教考》(外宗教史论著八种)，480 页。

此书在材料搜集和运用上有新的突破。陈寅恪曾慨叹："寅恪颇喜内典，又旅居滇地，而于先生是书征引之资料，所未见者殆十之七八，其搜罗之勤，闻见之博若是。"①陈垣自己总结："本书特出者系资料方面多采自僧家语录，以语录入史，尚是作者初次尝试，为前此所未有。"②使用新材料、新方法，又有新的著史宗旨作为研究动力，陈垣对自己这部学术转变的标志性著作非常满意，在写给家人的信中说："三十年来所著书，以此书为得左右逢源之乐。"③陈其泰论述："它是陈先生自觉地把史学工作与民族命运联系起来的里程碑。……从这部著作开始，陈垣先生在论著中大量正面发表富有思想性和政治意义的议论，实现了由严密考证向更高层次——自觉体现时代精神的飞跃，这就为陈垣先生的学术注入新的生命，所以使他更有左右逢源之乐！"④这是深中肯綮之言。

《明季滇黔佛教考》发表的第二年，他又写出了《清初僧诤记》。此书专写清初佛教各派斗争，表面上仍是僧史，实际也是有感而发。在 1962 年重印此书的后记中，陈垣特别说明："一九四一年，日军既占据平津，汉奸们得意扬扬，有结队渡海朝拜、归以为荣、夸耀于乡党邻里者。时余方阅诸家语录，有感而为是编，非专为木陈诸僧发也。"⑤书中着重写了木陈忞和澹归两个初有节义之名，后变节而事新朝的僧人。于此陈垣实有深意存焉：一来描画此数人媚敌丑态，讥刺当时不知羞耻之汉奸；二来以大关节处人生选择的重要，告诫那些摇摆不定之人，万不可一失足成千古恨。"这是一篇大胆无畏之作。他在《明季滇黔佛教考》中表彰了明末遗民的民族气节，又在《清初僧诤记》中抨击甘心投敌的汉奸，一扬一抑相对照，不但起作用于当时，也值得后来人深思。"⑥

当年，他还写出了道教史专著《南宋初河北新道教考》。在识语中他介

① 陈寅恪：《明季滇黔佛教考序》，见《明季滇黔佛教考》(外宗教史论著八种)，235～236 页。

② 陈垣：《明季滇黔佛教考重印后记》，见《明季滇黔佛教考》(外宗教史论著八种)，480 页。

③ 陈垣：《家书》，见吴泽主编，陈乐素、陈智超编校：《陈垣史学论著选》，629 页。

④ 陈其泰：《陈垣先生学术思想的升华》，见《纪念陈垣校长诞生 110 周年学术论文集》，47、54～55 页。

⑤ 陈垣：《清初僧诤记后记》，见《明季滇黔佛教考》(外宗教史论著八种)，536 页。

⑥ 陈乐素：《陈垣》，见陈清泉：《中国史学家评传》(下)，1259～1260 页。

绍本书内容、义旨及撰写缘起："述全真、大道、太一教在金元时事。系之南宋初，何也？曰三教祖皆生于北宋，而创教于宋南渡后，义不仕金，系之以宋，从其志也。……呜呼！自永嘉以来，河北沦于左衽者屡矣……远而必复，中国疆土乃愈拓而愈广，人民愈生而愈众，何哉？此固先民千百年之心力艰苦培植而成，非幸致也。三教祖之所为，亦先民心力表见之一端耳，故乐得而述之。"①朱师辙全面评述此书：

> 余奉读既竟，喟然而叹曰："此有关世教弘著，岂徒发潜德幽光而已。"所谓王、刘、萧三教主者，皆宋之遗民，怀志士仁人抑郁之情，而思振拔于社会，以修道厉行、遁隐躬耕为基，觉世牖民、救人利物为务，固与昔之以符箓惑民而邀愚俗之利者，实异其旨趣。非先生之巨识，乌足以知之。三教之徒，丘处机一言而止元太祖之诛，郦希成至诚感祷而民众感化，萧辅道泽及枯骨而免柘城屠戮，是皆能拯斯民于水火，而造福于苍生者也。不有专篇，曷资考证。先生既博采金、元以来诸名家集，复广搜金石碑版，以考三教之始末，虽详略各殊，然捋录既富，纠谬复精，使三教传授渊原，秩然昭晰，学者得悉其大本，以视程敏政《宋遗民录》，旨益深远矣。况当此小雅尽废，沧海横流，人心陷溺之日，苟非先觉，恶导迷津？其有关世教，不益重乎。先生斯著，足以补旧史之阙遗，开新编之创制。②

1945年，陈垣完成的《通鉴胡注表微》，"代表了援庵先生后期著作中的丰满的成就"③。长期以来人们虽然知道胡三省长于地理与考据，是《通鉴》功臣，所作《音注》是研读《通鉴》的重要参考书，但对他的生平与思想却知之甚少，连他作注的动机也几乎无人注意。陈垣在沦陷区的遭遇，使他对胡三省由宋入元的遗民思想感情有了深刻的理解，从而在《通鉴注》中读出许多从来没有被人体味出的东西，发现"其忠爱之忱见于鉴注者不一而足也"，于是潜心进行全面深入的研究，写成此书。书中"辑其精语七百数十

---

① 陈垣：《南宋初河北新道教考识语》，见《明季滇黔佛教考》(外宗教史论著八种)，568页。

② 朱师辙：《南宋初河北新道教考跋》，见陈垣：《明季滇黔佛教考》(外宗教史论著八种)，692页。

③ 白寿彝：《要继承这份遗产》，见《纪念陈垣诞辰百周年史学论文集》，10页。

条，为二十篇，前十篇言史法，后十篇言史事，其有微旨，并表而出之，都二十余万言。庶几身之生平报负，及治学精神，均可察见，不徒考据而已"[①]。1957年再版时，陈垣对此书的写作动因做了详细的说明："我写胡注表微的时候，正当敌人统治着北京，人民在极端黑暗里过活，汉奸更依阿苟容，助纣为虐。同人同学屡次遭受迫害，我自己更是时时受到威胁，精神异常痛苦，阅读胡注，体会了他当日的心情，慨叹彼此的遭遇，忍不住流泪，甚至痛哭。因此决心对胡三省的生平、处境，以及他为什么注《通鉴》和用什么方法来表达他自己的意志等，作了全面的研究，用三年时间写成《通鉴胡注表微》二十篇。"该书对胡三省"隐藏在文字里的思想的探索"，"用了相当的力量"。[②]"而且，这种探索总是结合着《胡注》的议论和所表述的史事而发挥援庵先生自己的政治思想和社会思想"。白寿彝对此举的意义做了精到的分析："吸取历史经验以观察世情，特别是观察面临的变局并讲求作人处世的正确道路，这本是中国史学的优良传统。援庵先生在著述上和实践上都继承了这个传统，把他的史学成就推进到一个新的高度。"[③]

《通鉴胡注表微》在深入挖掘胡三省思想"因史论政"的同时，也对胡注的学术特点做了系统的研究。这种研究颇具与陈垣对自己学术反思与总结紧密结合的特点，所以从某种意义上说，《通鉴胡注表微》对于陈垣的学术是一部具有总结性质的著作。在讲史法的十篇中，有五篇所论为"校勘""解释""避讳""考证""辩误"等陈垣长期潜心耕耘的学科领域，其余各篇也与陈垣学术密切关联。在五篇的小序中，陈垣分别论述各门学术的要旨、意义、学术特点与要求等，这些论断荟萃了陈垣多年研究的心得，具有权威性。"考证为史学方法之一，欲实事求是，非考证不可。彼毕生从事考证，以为尽史学之能事者固非，薄视考证以为不足道者，亦未必是也。"[④]这一句是为史界熟知的名言。书中的论述反映了陈垣深厚的功底和过人的学识。胡注曾言《通鉴》记两汉之际西域与汉断绝来往时间不准确。陈垣提示："考史当注意数字，数字有不实，则当稽其不实之由。王莽初年，西域虽与中国通，而对手者实非为莽，故曰'与汉绝'。其义甚精，非好学深思，不能得其解

① 陈垣：《通鉴胡注表微》小引，1页。

② 陈垣：《通鉴胡注表微》，411页。

③ 白寿彝：《要继承这份遗产》，见《纪念陈垣诞辰百周年史学论文集》，10页。

④ 陈垣：《通鉴胡注表微》，98页。

也。"[1]揭此例可知陈垣深于史法、史义。在《通鉴》记东晋谢万退兵引起军溃之事处，胡注曰："进师易，退师难。是以善将者欲退师，必广为方略，而后引退，不唯防敌人之追截，亦虑己众之惊溃也。"陈垣评论：

> 此有感于鲁港之溃师也。德祐元年二月，贾似道师次芜湖，孙虎臣告急，言北兵已迫，夏贵亦遁。似道仓皇失措，鸣金一声，十三万军，一时溃散。是役也，或谓似道尝与北军议定岁币，约于来日各退一舍以示信。既而西风大作，北军之西退者，旗帜皆东指，南军以为北军失信，遂鸣锣退师。及知其误，则军溃已不可止。故南军既退，越一宿而北军始进也。呜呼天乎！语出《癸辛杂识》续集，此身之所亲值也。[2]

在有关史实烂熟于心的基础上推究作者深意，结论自然合情入理。读者细读全书之后可以体会：没有陈垣抗战时期的特殊思想体验，断然写不出此书；没有陈垣那样炉火纯青的学术修养，也断然写不出此书。此书熔深刻思想、精湛学术于一炉，取得了相当高的成就。正因为如此，白寿彝才在纪念陈垣诞辰百年的专门文章结尾处，特别强调："我愿意特别推荐《通鉴胡注表微》这部书，这是援庵先生所有著作中最有代表性的作品，其中有不少值得我们好好挖掘的东西，这是更可珍视的遗产。"[3]牟润孙也在纪念文章中论述："《通鉴胡注表微》所发明，岂仅限于通鉴胡注范围之内，援老史学晚年所达到的最高境界也借着它表现出来。"[4]他们的话都是相当中肯的。

陈垣曾言："古人通经以致用，读史亦何莫非以致用。温公论唐事，而身之以为'为熙、丰发'，陈古证今也。"[5]"劝戒为史家之大作用，古所贵乎史，即取其能劝戒也。劝戒起于经历，经历不必尽由读书，然读书则可以古之之经历为经历，一展卷而千百年之得失灿然矣。"[6]他还说："考证贵能

---

① 陈垣：《通鉴胡注表微》，102 页。

② 陈垣：《通鉴胡注表微》，144～145 页。

③ 白寿彝：《要继承这份遗产》，见《纪念陈垣诞辰百周年史学论文集》，11 页。

④ 牟润孙：《从〈通鉴胡注表微〉论援庵先师的史学》，见《纪念陈垣诞辰百周年史学论文集》，30 页。

⑤ 陈垣：《通鉴胡注表微》，33 页。

⑥ 陈垣：《通鉴胡注表微》，181 页。

疑，疑而后能致其思，思而后能得其理。”[①]从上述论断和陈垣著述的内容，可知他的有意义史学之义有两个坚固的基石：一是对史学经世作用的深刻理解；二是对史实的准确考定。由以史为鉴的正确认识，陈垣牢牢掌握住救国救民的根本方向；由以史实考定发而为论，不但议论有根有据，而且融入成熟的历史思考，使论断科学而富于启示。

陈垣在上述著作中阐发的史义以“陈古证今”为根本宗旨，有强烈的现实感。这些论述以弘扬爱国主义、民族精神为核心，也包括国家治乱安危、民众生活疾苦，文化思想传承等多方面内容，是丰富历史内容和深刻历史思考完美结合的典范。这里仅以爱国主义的阐发为例，说明陈垣史义珍贵的现实意义和理论价值。

爱国主义和民族精神是他关注的重点，这方面的论述意味深长，发人深省。《通鉴胡注表微》首篇《本朝篇》专门讲故国之思。开篇第一句话就是：“本朝谓父母国。人莫不有父母国，观其对本朝之称呼，即知其对父母国之厚薄。胡身之今本《通鉴注》，撰于宋亡以后，故《四库提要》称之为元人。然观其对宋朝之称呼，实未尝一日忘宋也。”[②]揭明故国之思是胡三省心中永远难忘的痛楚，陈垣了解这一点，才能理解胡三省尽一生心血注《通鉴》的深意所在，也才能对“见于鉴注者不一而足”的“忠爱之忱”[③]处处有会于心。“注曰：‘臣妾之辱，惟晋宋为然，呜呼痛哉！’又曰：‘亡国之耻，言之者为之痛心，矧见之者乎！此程正叔所谓真知者也，天乎人乎！’……人非甚无良，何至不爱其国，特未经亡国之惨，不知国之可爱耳！身之身亲见之，故其言感伤如此。”[④]读过这样字字滴血的感慨，人们的心灵不能不被亡国之痛震撼。而“人非甚无良，何至不爱其国”云云，蕴含着陈垣以亡国之痛，唤醒人们良知的良苦用心。

在国家存亡的关头，陈垣强调节义的重要。对于国家来讲，众志成城才能力挽狂澜，无以身殉国的决心与行为，则国必不保：“洞胸绝脰，而不能卫社稷者有之矣，未有不洞胸绝脰而能卫社稷者也。”[⑤]对于个人来讲：“人生须有意义，死须有价值，平世犹不甚觉之，乱世不可不措意也。……

① 陈垣：《通鉴胡注表微》，98 页。

② 陈垣：《通鉴胡注表微》，1 页。

③ 陈垣：《通鉴胡注表微》小引，1 页。

④ 陈垣：《通鉴胡注表微》，177～178 页。

⑤ 陈垣：《通鉴胡注表微》，168 页。

胡身之生乱世，颇措意于生死之际，故注中恒惜人不早死，以其生无意义也；又恒讥人不得其死，以其死无价值也。"①更重要的是这种节义精神，成为人们御辱图强的强大动力。他论说："范蔚宗谓：'汉世百余年间，乱而不亡，皆仁人君子心力之为。'然则明之亡而终不亡，岂非诸君子心力之为乎！"②这也是人类世界赖以生生不息的精神支撑："父卖国求荣而子耻之，此天理人心之正，乾坤赖以不息者此也。"③他不但强调名节的重要，而且对国破家亡之际名节的表现做出细致区分，他说："胡注之论臣节，以能致其身为第一义，抗节不仕者次之，保禄位而背宗国者，在所必摈也，况助敌国以噬宗国者乎？"④他告诫人们在关键时刻走好关键的一步。同时，他提醒人们，能走好关键的一步，在于平时的修养，并不是由于一时的冲动，更不是由于或强或弱的天性："生死之宜，固可由修养而得。彼以为'自关性分，勇者如虎，怯者如鼠，勇怯不齐，同出天赋'者，未之思也。"⑤在《明季滇黔佛教考》的"明末遗民之逃禅"一节，他浓墨重彩地歌颂了明末节烈之士的高风亮节。钱邦芑是明末遗臣，面对清廷威逼利诱丝毫不为所动，以削发为僧回答孙可望的十三次逼召封官，最后慷慨就义，舍生成仁。大敌当前之际，读过这样的感人事迹，血性男儿怎能不血脉偾张拔剑而起？

对于变节投敌行为，陈垣深恶痛绝，鞭挞不遗余力。宋臣夏贵八十岁降元，死后有人赠诗云："自古谁无死，惜公迟四年，闻公今日死，何似四年前！"又有人吊其墓曰："享年八十三，何不七十九，呜呼夏相公，万代名不朽。"陈垣详述其事，并评论："古之人不得早死为憾者多矣，岂独苏威、夏贵哉！"⑥投降派总会为自己的行为找到种种借口，陈垣一一加以批驳。或曰投敌为识时务，陈垣说："以苟且为明哲，则凡偷生者皆可借明哲二字为护符，此生之无意义者。"或以依违其间若即若离而自得，陈垣说："此所谓名士派也，既不能致其身，又不能却其禄，依阿苟容，与王祥、冯道，异曲同工者也。惟乡愿派也媚，名士派也肆而已。"⑦或曰为尽亲情不得已而为之，陈垣说："父母不欲其子就死地，私情也；为国而至于死，公谊也。公

① 陈垣：《通鉴胡注表微》，366 页。

② 陈垣：《明季滇黔佛教考》(外宗教史论著八种)，416 页。

③ 陈垣：《通鉴胡注表微》，126 页。

④ 陈垣：《通鉴胡注表微》，222 页。

⑤ 陈垣：《通鉴胡注表微》，376 页。

⑥ 陈垣：《通鉴胡注表微》，375 页。

⑦ 陈垣：《通鉴胡注表微》，234～235 页。

谊所在，私情不得而挠之。”①或曰曲线救国，陈垣说：“夫侈言‘不伤一兵，不折一矢，而能复国’者，皆受人卵翼，暂假空名，使自戕其宗国，亦必亡而已矣！”②“借外力以戕宗国，终必亡于外人，自萧詧父子以至赵德钧、石敬瑭父子皆然。其例甚显，然不惜接踵为之何耶！”③在这样的驳斥面前，巧舌如簧的汉奸也只能是张口结舌，无以置喙。陈垣还特别注意到了一些初有节义之名而晚节不终者。金堡（释澹归）曾在吴梅村酒宴中缄诗投入，诗云：“十郡名贤请自思，座中若个是男儿，鼎湖难挽龙髯日，鸳水争持牛耳时。哭尽冬青徒有泪，歌残凝碧竟无诗，故陵麦饭谁浇奠，赢得空堂酒满卮。”惹得一座失色。谁知此公晚年竟出入公庭，结交贵游，“成一领众募缘俗汉”④。这样的记述是非常耐人寻味的。

陈垣不但详尽论说爱国、保国和立身立节的重要，还用充足的历史事实和深入的理论分析说明中国不可亡也不会亡的道理，以中华民族和华夏文化的久远生命力，鼓舞人们建立必胜的信心。他从《历代三宝记》一处他人未曾留意的笔法中，看到其中隐含的文化意义：“此可以见北朝士大夫之心理，盖自晋室渡江后，南北分立者二百六十余年，中原士夫之留北者，始终以中国为未灭。”⑤二百六十余年，亲见中原衣冠者墓之树早已合抱，而士人奉中原正朔之念始终未泯，这是何等坚定的信念，其民持此经久不衰之信念，而其国则久衰不得复兴，天下岂有此理？在《南宋初河北新道教考》的识语中他说：“呜呼！自永嘉以来，河北沦于左衽者屡矣，然卒能用夏变夷，远而必复，中国疆土乃愈拓而愈广，人民愈生而愈众，何哉？此固先民千百年之心力艰苦培植而成，非幸致也。”⑥他不但指明虽然世事沧桑，神州或有陆沉之时，但国家越来越兴旺，民生越来越繁盛却是历史发展的必然趋势，而且揭示其内在原因在于中华民族具有自强不息、奋发向上的伟大精神。书中他以具体事实说明，在民族压迫下，人民必然起而抗争：“金人既据河北，中国民情不服，乱言伏诛之事，史不绝书。”强烈的民族意识不会随着时间的流逝而消弭，反而会由对旧政权的眷恋之情积淀而

① 陈垣：《通鉴胡注表微》，369 页。

② 陈垣：《通鉴胡注表微》，168 页。

③ 陈垣：《通鉴胡注表微》，175 页。

④ 陈垣：《清初僧诤记》，见《明季滇黔佛教考》（外宗教史论著八种），557、559 页。

⑤ 陈垣：《中国佛教史籍概论》，8 页。

⑥ 陈垣：《南宋初河北新道教考识语》，见《明季滇黔佛教考》（外宗教史论著八种），568 页。

成高尚的爱国主义情操："其时金据中原已五六十年矣，诸人岂有爱于宋乎，爱中国耳！"①"爱中国"一语我们现在读来犹觉心头发热，当时具有多么强的思想震撼力，是不难想象的。

在陈垣先生的议论中，我们不难体会他对中华民族历史过程及特点的深刻认识，和对中华民族思想文化无比优越性的切身体验，由此感受到厚重的历史感和强大的理论力量。以扎实的史实考证为基础，以浓郁的爱国之心和强烈的史家责任感为动力，写出平实而富有理论力量的经世文章，标志着他的史学进入了新的境界！

主要参考书目

陈寅恪：《金明馆丛稿二编》，上海，上海古籍出版社，1980。

陈寅恪：《隋唐制度渊源略论稿》，北京，中华书局，1963。

陈寅恪：《唐代政治史述论稿》，上海，上海古籍出版社，1997。

陈垣：《史讳举例》，见《励耘书屋丛刻》，北京，北京师范大学出版社，1982。

陈垣：《通鉴胡注表微》，北京，中华书局，1962。

金毓黻：《中国史学史》，上海，商务印书馆，1941(石家庄，河北教育出版社，2000)。

王国维：《古史新证——王国维的最后讲义》，北京，清华大学出版社，1994。

王国维：《王国维遗书》(全十六册)，上海，上海古籍出版社，1983。

吴泽主编，陈乐素、陈智超编校：《陈垣史学论著选》，上海，上海人民出版社，1981。

吴泽主编，袁英光选编：《王国维学术研究论集》(一)，上海，华东师范大学出版社，1983。

① 陈垣：《南宋初河北新道教考》卷二，见《明季滇黔佛教考》(外宗教史论著八种)，612～613页。

第三章　胡适、顾颉刚、傅斯年历史考证的理论和风格

胡适、顾颉刚和傅斯年三人，是与王国维、陈寅恪、陈垣同时代的著名学者，也是新历史考证学的代表性人物。他们三人的学术主张和考证实绩，对于推进新历史考证学的形成和发展均有重要的作用。胡适提倡以科学方法整理国故对当时学术界影响很大，同时他在先秦诸子研究和小说考证等方面也成绩卓著。顾颉刚倡导古史辨伪，震动了五四运动时期的史坛，同时他在《尚书》研究和汉代学术史考证等项也有重要的成就。傅斯年提倡"史学即史料学"，并长期领导历史语言研究所，在学术行政工作上对新考证学的发展起过重要的作用，同时他本人在古史考证上也做出了贡献。

第一节　胡适与历史考证

五四运动以后，胡适在中国学术界处于很有影响力的地位，他所提倡的用科学的方法去整理国故，以及倡导的"大胆的假设，小心的求证"的治学方法，被广泛采用。胡适成为"开风气之先"的人物，不仅在理论和方法上为新历史考证学做出了重要贡献，而且在历史考证方面，如先秦诸子研究、《红楼梦》等小说考证、禅宗史以及《水经注》等诸多领域都有创获。

胡适（1891—1962），字适之，安徽绩溪人，毕业于上海中国公学，1910年留学美国，先入康奈尔大学学习农业，后转学文科。1915年，入哥伦比亚大学研究院，跟从著名哲学家杜威（John Dewey）学习，1917年获博士学位。回国后，胡适任北京大学等校教授，倡导文学改革，成为新文化运动的著名人物，后又历任中国驻美大使，北京大学校长等职。他在文学、历史、哲学、教育等诸多学术领域均有突出的建树，主要著作有《中国哲学史大纲》（上册）、《先秦名学史》《白话文学史》《胡适文存》《胡适文选》《胡适论学近著》等多种。

20世纪初年，正是中西学术交融最为频繁之际，胡适将中国传统的治学方法与西方科学方法相结合，整理国故，倡导实证研究，其根本宗旨就是主张用科学方法研究中国历史。诚如香港学者许冠三所言："从新会梁氏朦胧的'历史科学'和'科学的历史'观念起，新史学发展的主流始终在'科学化'，历来的巨子，莫不以提高历史学的'科学'质素为职志，尽管'科学化'的内容和准则恒因派别而易，且与时俱变。"①

一、胡适的治学方法及观点

胡适早年服膺进化论，并用进化的眼光去解释中国古代的哲学和思想，1919年，他邀请杜威来中国演讲，并亲自担任翻译一职。杜威逗留了两年多，做了多次讲演，影响很大。胡适根据或撷取杜威哲学中有关内容，在方法论上做了系统阐述，认为杜威"只给了我们一个哲学方法，使我们用这个方法去解决我们自己的特别问题。他的哲学方法，总名叫做'实验主义'"。也就是"历史的方法"和"实验的方法"。② 此前，他还写有《实验主义》长文，全面介绍了实验主义产生的背景及代表人物，如皮耳士(C. S. Peirce)、詹姆士(William James)、杜威等人的思想，其中重点谈了杜威哲学和思想的方法论意义。在介绍、宣传杜威哲学的同时，胡适又反观中国传统，写了《清代学者的治学方法》等专门谈论方法的文章，经过胡适的鼓吹和提倡，建立了一种学术研究新典范(paradigm)。③

其实，胡适很早就意识到治学方法的重要性，他在留学期间即认为："今日吾国之急需，不在新奇之学说，高深之哲理，而在所以求学论事观物经国之术。以吾所见言之，有三术焉，皆起死之神丹也：一曰归纳的理论，二曰历史的眼光，三曰进化的观念。"④此后几十年的学术生涯中，他总是不

---

① 许冠三：《新史学九十年》自序，6页，香港，香港中文大学出版社，1986。

② 胡适：《杜威先生与中国》，见《胡适文存》一集，277～278页。

③ "典范"一词取自孔恩(Thomas Kuhn)，是他在论"科学革命"的结构时，对每一专门学科的内在发展所做的解释。它有广狭两义，广义地说，它涉及了全套的信仰、价值和技术的改变；狭义方面，胡适的具体研究成果(如《中国哲学史大纲》)则起了"示范"的作用，即一方面开启了新的治学门径，而另一方面又留下了许多待解决的问题(参见欧阳哲生选编：《解析胡适》，87页，北京，社会科学文献出版社，2000。)

④ 胡适：《胡适留学日记》，95页，海口，海南出版社，1994。

厌其烦地强调方法的重要，并广为宣传。众所周知，胡适的治史口号是“大胆的假设，小心的求证”，但这只是总的努力方向，至于其具体内涵，则如他所说：“科学的方法，说来其实很简单，只不过‘尊重事实，尊重证据’，在应用上，科学的方法只不过‘大胆的假设，小心的求证’。”①1924 年年底，他在给董作宾的信中说：“凡能用精密方法做学问的，不妨大胆地假设；此项假设，虽暂时没有证据，将来自有证据出来。此语未可为一般粗心人道，但可为少数小心排比事实与小心求证的学者道。不然，流弊将无穷无尽了！”②在 20 世纪 30 年代致罗尔纲的一封信中，他也做了这样的表述：“我近年教人，只有一句话：‘有几分证据，说几分话。’有一分证据只可说一分话。有三分证据，然后可说三分话。治史者可以作大胆的假设，然而决不可作无证据的概论也。”③至其晚年在台湾大学做演讲，仍说：“要大胆的提出假设，但这种假设还得想法子证明。所以小心的求证，要想法子证实假设或者否证假设，比大胆的假设还更重要。”④

方法固然重要，但材料则为方法实践的前提，必不可少，注重材料是胡适学术观的主要特色。胡适指出：“单学得一个方法是不够的，最要紧的关头是你用什么材料，现在一班少年人跟我们向故纸堆去乱钻，这是最可悲叹的现状。我们希望他们及早回头，多学一点自然科学的知识与技术，那条路是活路，这条故纸的路是死路。”材料为什么重要，胡适列举出两项基本理由，首先，他认为方法与材料是辩证的统一，不可偏废：“同样的材料，方法不同，成绩也就不同。但同样的方法，用在不同的材料上，成绩也就有绝大的不同。”其次，胡适认为中国学术界与西方学术界“方法是相同的，不过他们的材料完全不同。顾氏、阎氏的材料全是文字的，葛利略一班人的材料全是实物的”。⑤ 最后，材料会对方法产生重大的影响：“不但材料规定了学术的范围，材料并且可以大大地影响方法的本身。……纸上的材料只能产生考据的方法；考据的方法只是被动的运动材料。自然科学的材料却可以产生实验的方法；实验便不受现成材料的拘束，可以随意创造

① 胡适：《治学的方法与材料》，见《胡适文存》三集，93 页。

② 曹伯言、季维龙：《胡适年谱》，295 页，合肥，安徽教育出版社，1986。

③ 罗尔刚：《生涯再忆——罗尔刚自述》，41 页，太原，山西人民出版社，1997。

④ 胡适：《治学方法》，见《胡适选集》，384 页，天津，天津人民出版社，1991。

⑤ 胡适：《治学的方法与材料》，见《胡适文存》三集，102、93、97 页。

平常不可得见的情境，逼拶出新结果来。”①

胡适一贯倡导“研究问题，输入学理，整理国故，再造文明”。1923年在《〈国学季刊〉发刊宣言》一文中，他首先为“国故”做了界定：“‘国故’这个名词，最为妥当；因为他是一个中立的名词，不含褒贬的意义。‘国故’包含‘国粹’，但又包含‘国渣’。”接着，他批评了中国古学研究的缺点，即“(一)研究的范围太狭窄了”“(二)太注重功力而忽略了理解”“(三)缺乏参考比较的材料”三项，并提出用科学的方法整理国故的方针，即历史演进的观点和审定资料的手段。它与以前古学研究不同的是：“(1)扩大研究的范围。(2)注意系统的整理。(3)博采参考比较的资料。”在文章的末尾，他再次提出三个方向“第一，用历史的眼光来扩大国学研究的范围。第二，用系统的整理来部勒国学研究的资料。第三，用比较的研究来帮助国学的材料的整理与解释。”②胡适主张用科学方法对传统学术加以整理，他说到对整理国故的期望：“用精密的方法，考出古文化的真相；用明白晓畅的文字报告出来，叫有眼的都可以看见，有脑筋的都可以明白。这是化黑暗为光明，化神奇为臭腐，化玄妙为平常，化神圣为凡庸：这才是‘重新估定一切价值’。他的功用可以解放人心，可以保护人们不受鬼怪迷惑。”③对于旧有的学术思想，他主张加以整理：“整理就是从乱七八糟里面寻出一个条理脉络来；从无头无脑里面寻出一个前因后果来；从胡说谬解里面寻出一个真意义来；从武断迷信里面寻出一个真价值来。”④因此，他把整理国故的工作称之为“捉妖”“打鬼”，从这个意义上说，胡适所宣扬的整理国故，是为了求得对历史文化的真正理解，“还他本来面目”。

胡适实证主义方法还直接促成了古史辨派的产生，不可否认，古史辨派是在继承中国传统疑古惑经的基础上孕育的，但与胡适倡导怀疑、实证的精神直接有关。古史辨派的领袖顾颉刚回忆说：“他不管以前的课业，重编讲义，辟头一章是‘中国哲学结胎的时代’，用《诗经》作时代的说明，丢开唐、虞、夏、商，径从周宣王以后讲起。这一改把我们一班人充满着三皇五帝的脑筋骤然作一个重大的打击，骇得一堂中舌挢而不能下。”⑤可以

---

① 胡适：《治学的方法与材料》，见《胡适文存》三集，97～98页。

② 胡适：《〈国学季刊〉发刊宣言》，见《胡适文存》二集，1～12页。

③ 胡适：《整理国故与打鬼》，见《胡适文存》三集，105页。

④ 胡适：《新思潮的意义》，见《胡适选集》，111页。

⑤ 顾颉刚：《古史辨》(一)自序，36页。

说，胡适这种“截断众流”的做法，播下了孕育新史学萌芽的种子。在现代学术史上，疑古运动提倡用演进变化的观点看待历史传说，反对历史循环论和“退化论”，通过实际材料的验证，证明了越古越完美的旧社会史观的荒谬性，扩大了进化史观的传播。此外，它所坚持实证主义方法，对史料强调“考信”“辨伪”，讲究“实证的知识”，对培养求真证实的科学态度，细致考订材料的研究方法大有裨益，所有这些都与胡适提倡的实证精神密不可分。

当顾颉刚“层累地造成的中国古史”公之于世后，立即遭到来自各方面的激烈辩论，辩驳者有之，讥笑者有之，赞许者亦有之。刘掞藜、胡堇人、柳诒徵等人著文极力反对，而钱玄同则表示赞同，引起学术界的一场大讨论。胡适没有参加这场争论，却给予声援和助威，他在《古史讨论的读后感》中称赞顾颉刚“层累地造成的中国古史”说，“真是今日史学界的一大贡献”，“是用历史演进的见解来观察历史上的传说”，并总结成下列方式：“(1)把每一件史事的种种传说，依先后出现的次序，排列起来。(2)研究这件史事在每一个时代有什么样子的传说。(3)研究这件史事的渐渐演进，由简单变为复杂，由陋野变为雅驯，由地方的(局部的)变为全国的，由神变为人，由神话变为史事，由寓言变为事实。(4)遇可能时，解释每一次演变的原因”。① 这从方法论上为古史讨论做了极好的补充和概括，告诉人们如何使用它来研究古史传说。他后又在《现代评论》上发表《介绍几本新出的史学书》，称赞道：“颉刚的‘层累地造成的中国古史’一个中心学说已替中国史学界开了一个新纪元了。……他的结论也许不能完全没有错误，他举的例也许有错的。……但他的基本方法是不能推翻的。他的做学问的基本精神是永远不能埋没的。”②因此，胡适的《古史讨论的读后感》“表明了胡适对(顾颉刚)先生的奖掖之心，也正因为有了他的支持，以先生为首的疑古学派才能在中国学术界站稳脚跟”③。胡适的支持无疑增加了古史辨派的声势，扩大了影响。

自从《新青年》揭橥“民主、科学”以来，科学一词便深入人心，史学也被冠以“科学化”的牌子。胡适一生都极力提倡“科学方法”，不惜余力。1923 年，他在《科学与人生观序》一文中，总结了自 19 世纪末年以来“科学”

① 胡适：《古史讨论的读后感》，见《古史辨》(一)，191～193 页。

② 胡适：《介绍几本新出的史学书》，见《古史辨》(二)，338～339 页。

③ 顾潮、顾洪：《顾颉刚评传》，62 页，南昌，百花洲文艺出版社，1995。

一词在中国思想界的地位："这三十年来，有一个名词在国内几乎到了无上尊严的地位，无论懂与不懂的人，无论守旧和维新的人，都不敢公然对他表示轻视或戏侮的态度。那个名词就是'科学'。这样几乎全国一致的崇信，究竟有无价值，那是另一问题。我们至少可以说，自从中国讲变法维新以来，没有一个自命为新人物的人敢公然毁谤'科学'的。"①1930年，在为《胡适文存》三集所做的"自序"中，他又说："我这几年做的讲学的文章范围好像很杂乱，目的却很简单。我的唯一的目的是注重学问思想的方法。故这些文章，无论是讲实验主义，是考证小说，是研究一个字的文法，都可以说是方法论的文章。"②甚至到了晚年，他仍说："我治中国思想与中国历史的各种著作，都是围绕着'方法'这一概念打转的，'方法'实在主宰了我四十多年来所有的著述。"③故有学者认为，胡适思想中有一种非常明显的化约论倾向，他把一切学术思想以至整个文化都化约为方法，他所重视的永远是一家或一派学术、思想背后的方法、态度和精神，而不是其实际内容。④

在胡适以及其他著名学者的提倡和推动下，重视科学方法成了当时中国学术界的主流现象。而史学的科学化正是这一思潮下的产物，因而取得了很大的成功。学术得以从政治的附庸中逐渐独立出来，对儒学、经典的怀疑、批判，用科学方法整理国故，渐渐成为学术界的普遍思潮。就连一些不赞成胡适思想的人，也承认其方法对当时中国学术界确有影响。如熊十力就认为："在五四运动前后，适之先生提倡科学方法，此甚紧要。又陵先生虽首译名学，而其文字未能普遍。适之锐意宣扬，而后青年皆知注重逻辑。视清末民初，文章之习，显然大变。"⑤

二、历史考证的成就

胡适历史考证的主要成就在整理国故上，当代学者王元化对其这方面的学术研究归结为："一、语言文字的诠释。如《诗三百篇言字解》、《尔汝

① 胡适：《科学与人生观·序》，见《胡适文存》二集，140页。

② 胡适：《胡适文存》三集，自序，2页。

③ 唐德刚译：《胡适口述自传》，105页，北京，华文出版社，1992。

④ 参见欧阳哲生选编：《解析胡适》，73～131页。

⑤ 熊十力：《纪念北京大学五十周年并为林宰平祝嘏》，见《胡适学术文集·新文学运动》总序，22页，北京，中华书局，1993。

篇》、《吾我篇》等。二、思想史的论述。如《先秦名学史》、《中国哲学史大纲》、《淮南王书》、《戴东原的哲学》等等。三、旧小说的整理与考证。如关于《红楼梦》、《儒林外史》、《水浒》等的考证。四、其他。如平反戴震《水经注》'冤案'等。在以上每个领域内，胡适都成为先驱者，带动了以后的研究方向。"①

1917—1919 年，胡适有两部著作和一篇文章问世，即《先秦名学史》(1917)、《中国哲学史大纲》(1919)和论文《诸子不出于王官论》(1917)，初步开始了他对中国传统文化进行学术清理。时值新文化运动之际，胡适撰写这些论著，含有一层"反封建"的思想启蒙和提倡学术民主的动机。关于诸子学的起源，自从《汉书·艺文志》本刘歆《七略》谓九流出于王官之说以来，历代学者多沿袭旧说，特别是章太炎的《诸子学略说》及《国故论衡》也持同样的看法，认为"古之学者，多出王官。世卿用事之时，百姓当家，则务农商畜牧，无所谓学问也。其欲学者，不得不给事官府为之胥徒，或乃供洒扫为仆役焉"，诸子百家"大抵出于王官"②。如他提出道家出于史官之学，因为老聃为柱下史，为征藏史，故道家出于史官；而墨家先有史佚，为成王师，其后墨翟亦受学于史角。他在《原学》中又说："是故九流皆出王官。及其发舒，王官所不能兴。官人守要，而九流究宣其义，是以滋长。"以章太炎的学术地位和名望，此观点影响极大。胡适针对这一说法，加以反驳，他从近代民主和自由的立场出发，认为先秦诸子勃兴，学术自由，出现了百家争鸣的繁荣局面，是与独裁而主张舆论一律的王官没有丝毫联系。相反，两者倒是处于尖锐的矛盾冲突中，因此，诸子学不可能出于王官。同时，《汉书·艺文志》说儒家出于司徒之官，墨家出于清庙之守，纵横家出于行人之官等，又将晏子列入儒家，管子列为道家，也是牵强附会的。胡适重点反驳了章太炎的论点，认为"古者学在王官是一事，诸子之学是否出于王官又是一事"，"当周室盛时，教育之权或可尽操于王官，然其所谓教，必不外乎祀典卜筮之文，礼乐射御之末。……其视诸子之学术，正如天地之悬绝"。对于墨家的源流问题，他说："史佚之书，今无所考，其名但见《艺文志》。其书之在墨家，亦犹晏子之在儒家与伊尹、太公之在

① 王元化：《胡适的治学方法与国学研究》，见《清园夜读》，60 页，北京，中国社会科学出版社，1997。

② 章太炎：《诸子学略说》，见《章太炎学术史论集》，171～172 页，北京，中国社会科学出版社，1997。

道家耳。若以墨翟之学于史角，为诸子出于王官之证，则孔子所师事者尤众矣。况史佚、史角既非清庙之官，则《艺文志》墨家出于清庙之说亦不能成立。”事实上，古代巫史不分，巫史或史官曾经垄断着政权，所以章太炎关于诸子学源流的重要依据是学在官府，故诸子“学”出于王官，而胡适则反对此说，他在《诸子不出于王官论》一文中提出：“古代书册司于官府，故教育之权柄于王官，非仕无所受书，非吏无所得师。此或实有其事亦未可知；然此另是一问题。古者学在王官是一事，诸子之学是否出于王官又是一事。吾意以为即令此说而信，亦不足证诸子出于王官。盖古代之王官定无学术可言。”①胡适此说当然并非定论，尚有待于学术界的进一步探索，但其意义在于他以大胆的勇气向传统学术观点挑战，凸显了先秦诸子的思想价值和私学性质，由此引发了一场关于诸子起源的讨论。顾颉刚回忆道：“自读此篇，仿佛把我的头脑洗刷了一下，使我认到了一条光明之路。从此我不信有九流，更不信九流之出于王官，而承认诸子的兴起各有其背景，其立说在各求其所需要。诸子的先天的关联既失了存在，后天的攻击又出于其立场的不同，以前所不得消释的纠缠和抵牾都消释了。”②后来冯友兰等人在 20 世纪 30 年代把诸子学说与社会阶层联系起来，提出“先秦诸子出于职业之说”，是在胡适开拓性贡献的基础上所做的深入研究。

胡适在总结乾嘉考据学者经验的基础上，试图建立一套审定史料真伪的方法。他提出了五种方法：一是史事，即看书中的史事是否与作书人的年代相符，来定该书或书中篇章的真伪；二是文字，即根据某一时代文字的特点来辨别真伪；三是文体，根据某一时代文体的特点来判定真伪；四是思想，依据某人或某一部书的思想脉络是否前后一致或矛盾来决定真伪；五是旁证，用本书以外的其他材料来判断真伪。胡适把这套方法应用于写作《中国哲学史大纲》，取得了成功。如他在书中专列“老子考”一节，考证《老子》一书的章节、内容以及版本问题，认为老子是春秋时人，早于孔子，验之于近二十年的考古发现，如马王堆帛书、郭店楚墓竹简等，这一结论是比较符合事实的。加之全书语言清新活泼，毫无偏枯蹇涩之感，因而被称作“截断众流”，风行一时，受到了欢迎，先后多次再版，在当时学术界引起了巨大反响。但是，不可否认的是，胡适的考据也存在缺漏之处，如

① 胡适：《诸子不出于王官论》，见《胡适学术文集·中国哲学史》上册，594～596 页，北京，中华书局，1991。

② 顾颉刚：《古史辨》四集，自序，17 页。

对于《尚书》的史料价值，他就表示怀疑，说："但《尚书》是否可作史料，正难决定。梅赜伪古文，固不用说。即二十八篇'真古文'，依我看来，也没有信史价值。……我以为《尚书》或是儒家造出的'托古改制'的书，或是古代歌功颂德的官书，无论如何没有史料的价值。"而对于《周易》，他说："至于《易经》更不能用作上古哲学史料。《易经》除去《十翼》，止剩得六十四个卦，六十四条卦辞，三百八十四条爻辞，乃是一部卜筮之书，全无哲学史料可说。故我以为我们现在作哲学史，只可从老子、孔子说起。"他全然否定了《尚书》《周易》的史料价值，显然因怀疑过头而造成错误。又如在《中国哲学史大纲》卷上《庄子》一篇中，胡适多次提到"生物进化论"，说："到了墨子以后，便有许多人研究'生物进化'一个问题"，引用《庄子·秋水》"物之生也，若骤若驰，无动而不变，无时而不移。何为乎？何不为乎？夫固将自化"，他在这几句话后说："'自化'二字，是《庄子》生物进化论的大旨。"接着又引《寓言篇》"万物皆种也，以不同形相禅。始卒若环，莫知其伦，是为天均。"胡适说："'万物皆种也，以不同形相禅'这十一个字竟是一篇'物种由来'。"这是牵强附会的说法，胡适晚年表示过公开忏悔："《庄子时代的生物进化论》，是全书里最脆弱的一章"，是"一个年轻人的谬妄议论，真是辱没了《物种由来》那部不朽的大著作了！"[①]其他如说《韩非子·五蠹》"不期修古，不法常可，论世之事，因为之备"，他认为体现了历史进化论的观点，都是用实验主义评估中国哲学所做的错误判断。

1919 年，胡适写了《井田辨》一文，刊登在廖仲恺主编的《建设》上，并与廖仲恺、胡汉民、朱执信等人书信往返，展开了一场"井田制度有无"的大讨论。井田制度是传说殷周时代的一种土地制度，最早见于《孟子·滕文公上》："死徙无出郭，乡田同井，出入相友，守望相助，疾病相扶持，则百姓亲睦。方里而井，井九百亩，其中为公田，八家皆私百亩，同养公田；公事毕，然后敢治私事，所以别野人也。"胡适对此记载提出了怀疑，他把这方面的种种史料，依出现时间的先后，排列成一个井田演变的沿革史，他指出："井田的均产制乃是战国时代的乌托邦。战国以前从来没有人提及古代的井田制。孟子也只能说'诸侯恶其害己也，而皆去其籍'。这是'托古改制'的惯技。"孟子时代的井田制，我们尚不十分清楚，以后经《公羊传》《穀梁传》《王制》《韩诗外传》等逐渐补充完善，到后来的《周礼》《汉书·食货

---

① 胡适：《〈中国古代哲学史〉台北版自记》，见《胡适学术文集·中国哲学史》上册，4～5 页。

志》及何休的《公羊解诂》等书，才有了详细、整齐而又烦密的井田制。1921年，胡适在《井田辨》跋语中再次强调了自己的观点："井田论是孟子凭空虚造出来的；孟子自己并未曾说得明白，后人一步一步的越说越周密，其实都是演述《孟子》的，不可用来证《孟子》。"①齐思和也认为井田制是孟子的理想，但他与欧洲的庄园做了比较后，又补充说："孟子此种理想，自亦有所依据，而非完全'凭空杜撰'者，盖井田制度固属理想，而助法则为封建时期之通制。"②

胡适最初疑古很激烈，正是他推动了古史辨运动，但后来立场发生了变化。顾颉刚回忆道："到了一九二九年，我从广州中山大学脱离出来，那时胡适是上海中国公学的校长，我去看他，他对我说：'现在我的思想变了，我不疑古了，要信古了！'我听了这话，出了一身冷汗，想不出他的思想为什么会突然改变的原因。"③这一转变的标志就是他写于1934年的《说儒》。

胡适此前《诸子不出于王官论》主要是反驳章太炎的观点，而《说儒》却充分肯定章太炎所作《国故论衡·原儒》里对"儒"有广狭不同的三科之说，认为"太炎先生的大贡献在于使我们知道'儒'字的意义经过了一种历史的变化，从一个广义的，包括一切方术之士的'儒'，后来竟缩小到那'祖述尧舜，宪章文武，宗师仲尼'的狭义的'儒'。这虽是太炎先生的创说，在大体上是完全可以成立的"。他对章文又做了补充，在进行了一番考证后认为：第一，儒是殷民族的教士；他们的衣服是殷服，他们的宗教是殷礼，如三年之丧的制度，他们的人生观是亡国遗民的柔逊的人生观。第二，治丧、相礼、教学的职业是儒的生活。"他们都靠他们的礼教的知识为衣食之端，他们都是殷民族的祖先教的教士，行的是殷礼，穿的是殷衣冠。在那殷周民族杂居已六七百年，文化的隔离已渐渐泯灭的时期，他们不仅仅是殷民族的教士，竟渐渐成了殷周民族共同需要的教师了。"第三，殷商民族亡国

---

①　胡适：《井田辨》，见《胡适文存》一集，301～320页。

②　齐思和：《孟子井田说辨》，见《中国史探研》，181页。现在大多数史学家都承认春秋以前确实存在井田制，因为除《孟子》以外，《左传》《国语》《周礼》和《论语》等先秦古籍都提到过井田。在大片土地上，用沟洫道路划分成规整的田区，故名为井田。如徐中舒在《井田制度探原》一文中，引用至今尚停留于封建社会中的边裔部族仍存在计口授田的事实，以及云南边境车里和拉丁美洲卡帝国与井田相似的田制，说明"《孟子》、《周官》所称之井田，必非向壁之谈"(见《徐中舒历史论文选辑》，760页)。

③　顾颉刚：《我是怎样编写〈古史辨〉的?》，见《古史辨》(一)，13页。

后有一个“五百年必有王者兴”的预言，孔子在当时被认为是应运而生的圣者，他“学而不厌，诲人不倦”，获得了许多人的崇敬。“他自己也明白人们对他的期望，也以泰山、梁木自待，自信‘天生德于予’，自许要作文王周公的功业。”第四，孔子的最大贡献是把殷商民族的部落性的儒扩大到“仁以为己任”的新儒；把亡国遗民的柔顺取容的殷儒改变到刚毅进取的儒。“他打破了殷周文化的藩篱，打通了殷周民族的畛域，把那含有部落性的‘儒’抬高了，放大了，重新建立在六百年殷周民族共同生活的新基础之上。”第五，老子与孔子的关系，说明“老子出在那个前六世纪，毫不觉得奇怪，他不过是代表那六百年来以柔道取容于世的一个正统老儒，他的职业正是殷儒相礼助葬的职业，他的教义也正是《论语》里说的‘犯而不校’、‘以德报怨’的柔道人生观”。① 文中三年之丧为殷人古礼之说，尤可发人深思，可以解决一切疑难矛盾。

胡适此文长达五万字，断断续续写了二个月，是他数年来积思所得，虽所用材料人人熟知，但解释却与前人不同。他自己十分自信地说：“《说儒》一篇提出中国古代学术文化史的一个新鲜的看法，我自信这一个看法，将来大概可以渐渐得着史学家的承认，虽然眼前还有不少怀疑的评论。”②他的考证结论，如“儒是殷民族的教士；靠他们的宗教知识为衣食之端”，“孔子是儒的中兴领袖，而不是儒教的创始者”等，则“不仅将章太炎关于儒在上古是术士通名的说法具体化，而且很合乎古代世界宗教萌生和变异过程的通例，的确可称‘一个新鲜看法’，当然引起史学界的广泛注目”。③ 根据徐中舒的考证，甲骨文中关于儒的卜辞多达三十余条，这些甲骨卜辞文字和内容，“说明儒这种职业在殷商时代就已经存在了”，“从甲骨文的儒师、儒人、丘儒这几个名称来看，儒在殷代还有一个教阶、教区的宗教组织”，可见，“孔子决不是儒的开山祖师，要探明儒家的起源，还得从甲骨文里去探讨”。④ 大体可以证明胡适依据文献资料所做的分析，并非主观武断，而是有一定的事实根据的。

虽然殷商史已经由于甲骨卜辞的发现和研究而走出传说时代，但胡适此文，从考证方法到材料的别择，都没有超出清代汉学文献研究的传统，

① 胡适：《说儒》，见《胡适文存》四集，1～58 页。

② 胡适：《胡适论学近著》自序，1 页，济南，山东人民出版社，1998。

③ 朱维铮：《壶里春秋》，88 页，上海，上海文艺出版社，2002。

④ 徐中舒：《论甲骨文中所见的儒》，见《徐中舒历史论文选辑》，1232 页。

所用材料仍以文献传说为主，从逻辑到内容都不免存在破绽，值得商榷。因此有人全盘否定此文，郭沫若专门写了《借问胡适》(后改名为《驳〈说儒〉》)，分三年之丧并非殷制、高宗谅阴的新解释、论《周易》的制作年代、论《正考鼎铭》之不足据、《玄鸟》并非预言诗、殷末的东南经略、论儒的发生和孔子的地位等几部分，对胡适主观武断做了批驳，认为胡适全部立论的基础建立在孔子与基督耶稣的对比上，并对其所用材料也进行了分析，结论是："从这儿机械式的抽绎出这样一个观念：儒是殷民族的奴性的宗教，得到孔子这位大圣人才把它'改变到刚毅进取的儒'，更从而牵强附会地去寻些莫须有的根据；这却不敢说是'青出于蓝而胜于蓝'的。这种的研究态度正是所谓'公式主义'，所谓'观念论'的典型，主张实用主义的胡适，在这儿透露了他的本质。"①

著名史学家邓广铭对胡、郭二人的争论做了评议，他认为郭沫若从甲骨卜辞中找出了殷王帝乙于即位后第二、第三年皆亲自主祭、亲自贞卜的记载，证明"君薨，百官总己以听于冢宰三年"之说是不能成立的，证据确凿，辨析精辟，对"谅阴"所做的新解释，也是可以接受的，且断言《诗经·商颂·玄鸟》篇并非预言诗，也是比较合理的。但郭沫若认为《周易》成书于战国初期楚人馯背子弓，孔子不曾得见，则是一家之言，尚未得到学术界公认，且说《正考鼎铭》出于刘歆的伪造，根本不足据，表明郭沫若所受今文家毒害甚深，而且专门咬文嚼字，不免"以文害辞，以辞害志"了。而胡适《说儒》一文，"对先秦典籍中的有关记载，穷搜博采，又结合现代人的一些创见(可惜并不包括郭先生的创见)，融会贯通，自是一篇大块文章。"②

三、禅宗史研究

禅宗的"禅"字由梵文音译而来，也译为"禅那"，意译则为"思维修""弃恶""静虑"之意。它源于印度，南北朝时期由高僧菩提达摩传入中国，他借《楞伽经》而创"二入四行"的宗门教义，标榜"借教得宗"，开始印度禅学向中国禅宗的转化。此后，以六祖慧能为代表的南宗禅，揭橥"教外别传"，以不立文字，摆脱教条的革新姿态，突破传统佛教的烦琐教义和刻板修行，

① 郭沫若：《驳〈说儒〉》，见《郭沫若全集·历史编》第1卷，456页。

② 邓广铭：《胡著〈说儒〉与郭著〈驳说儒〉平议》，见耿云志、闻黎明编：《现代学术史上的胡适》，8页。

直接复归佛陀的证境，以主体顿悟为解脱之极境，此举标志着禅宗独立性的确立。明清时期，随着儒学的复兴和重建，禅宗逐渐与教下各宗合流，形成“禅净合一”，即以密宗“禅教一致”为代表，但同时也失去了禅宗奋迅直截、激扬踔厉的精神。

唐宋时禅宗处于极盛阶段，宗派林立，名师辈出，但流传的史料却十分有限。胡适于 1923—1924 年开始撰写禅宗史初稿时，疑窦丛生，尤其对六祖慧能更是犹豫不决，同时对一个名叫神会的和尚发生了极大的兴趣。于是，他遍寻史料，搜查中国所保存的资料和日本出版的东京版《大藏经》及《续藏经》之后，终于找出了有关神会的大批史料，尽管如此，有关神会的唐代原始史料依然令人失望，全部仅有六百五十九字。虽然胡适意识到神会在禅宗史上的重要地位，即在南宗正统地位的确立是与他的积极活动分不开的，但苦于史料所限而一筹莫展，无法继续深入进行研究。1926 年 7 月，胡适借到欧洲出席“中英庚款全体委员会”之机，先后在伦敦大英博物馆和巴黎国立图书馆查看了唐代遗留下来的有关禅宗的资料。他果然不虚此行，在被斯坦因和伯希和劫掠而去的敦煌抄写的经卷中获得了神会语录三种，大约两万多字，包括《显宗记》一卷以及《楞伽师资记》的两种写本及其他一些重要的禅宗史料。1930 年，他整理从伦敦和巴黎影印的神会遗著，并对其加以详细的考订，编成《神会和尚遗集》，又作了一篇长文《荷泽大师神会传》，由上海亚东图书馆出版发行。此后，胡适对禅宗研究的兴趣日渐浓厚，不断发表文章，他逝世后，由胡适纪念馆编辑成《神会和尚遗集》，附录胡适晚年的研究，于 1968 年出版。他在《神会和尚遗集》一书的自序中说：

> 民国十三年，我试作《中国禅学史》稿，写到了慧能，我已很怀疑了；写到了神会，我不能不搁笔了。我在《宋高僧传》里发现了神会和北宗奋斗的记载，又在宗密的书里发现了贞元十二年敕立神会为第七祖的记载，便决心要搜求关于神会的史料。但中国和日本所保存的禅宗材料都不够满足我的希望。我当时因此得一个感想：今日所存的禅宗材料，至少有百分之八九十是北宋和尚道原、赞宁、契嵩以后的材料，往往经过了种种妄改和伪造的手续，故不可深信。我们若要作一部禅宗的信史，必须先搜求唐朝的原料，必不可轻信五代以后改造过的材料。
>
> 但是，我们向何处去寻唐朝的原料呢？当时我假定一个计划，就

是向敦煌所出的写本去搜求。敦煌的写本，上起南北朝，下迄宋，包括西历五百年至一千年的材料，正是我要寻求的时代。况且敦煌在唐初并非僻远的地方，两京和各地禅宗大师的著作也许会流传到那边去。

恰好民国十五年我有机会到欧洲去，便带了一些参考材料，准备去看伦敦、巴黎两地所藏的敦煌卷子。九月中我在巴黎发见了三种神会的语录，十一月中又在伦敦发见了神会的《显宗记》，此外还有一些极重要的禅宗史料。我假定的计划居然有这样大的灵验，已超过我出国之前的最大奢望了。

胡适依据这些资料，写了《荷泽大师神会传》，对神会的生平和禅法做了考察，充分肯定了他在禅宗史上的地位。他通过严密的历史考证后得出结论：慧能弟子神会和尚向当时唐朝宫廷所宠神秀一派顿悟禅公开挑战，不惜捏造史实，宣言其师慧能实为承继五祖弘忍法衣的正宗禅宗第六祖，而以慧能“无念无往，定慧不二”为禅宗真髓。神会宣传南宗的教旨中心为顿悟，反对北宗积功积德以求佛报应的渐修工夫，以“见性成佛”，“须臾发菩提心便成正觉”的教义，唾弃烦琐经义和复杂的形式，使佛教的教义大为简化，易于普及。这种简化的佛教与中国传统文化联系起来，使顿悟的禅宗不复是印度的佛教。这种中国化的禅宗进一步地，渐渐侵入儒、道的思想体系中，为宋明理学的诞生奠定了基础。胡适断定，神会虽在传统的禅宗史上声名不大显赫，但如果没有经他一番赤手空拳挑战当权派的禅宗革命，慧能一派的顿悟禅就不会有后来灿烂发展与法灯赓续，也不大可能奠定唯我独尊的正宗地位。胡适经过精密的历史考证，重新发现神会在禅宗史上的巨大贡献和应有的地位。他写道：“神会是南宗的第七祖，是南宗北伐的总司令，是新禅学的建立者，是《坛经》的作者。在中国佛教史上，没有第二人比得上的功勋之大，影响之深。这样伟大的人物，却被埋没了一千年之久，后世几乎没有人知道他的名字了。幸而他的语录埋藏在敦煌石窟里，经过九百年的隐晦，还保存了二万字之多，到今日从海外归来，重见天日，使我们得重见这位南宗的圣保罗的人格言论，使我们得详知他当日力争禅门法统的伟大劳绩，使我们得推翻道原、契嵩等人妄造的禅宗伪史，而重新写定南宗初期的信史。”①除了《六祖坛经》是否属神会所撰等细节

① 胡适：《〈神会和尚遗集〉序》，见黄夏年主编：《胡适集》，40～41页，北京，中国社会科学出版社，1995。

问题外，胡适的研究结论多半为中外学者首肯和认同，成为中国早期禅宗发展史上的一般常识。近代佛教界著名学者印顺法师在《中国禅宗史》一书中写道："直到敦煌所藏的，有关神会作品唐写本的发现，经胡适等校跋而发表出来，神会的禅学，及那个时代的禅宗史，才有较正确的理解。从事神会禅学的研究者，虽不一定能恰当地叙述，或不免偏颇的论断。然从资料的整理公布来说，是不能不表示钦佩的！"①

菩提达摩为禅宗传入中国的始祖，历来的记载与传说很多，至于后世，竟将其化为佛神，如一苇渡江、创授少林武功——包括"洗髓""易筋"等，不可思议。胡适经过考证，认为达摩的历史系由后人逐加渲染而堆砌起来的，但肯定达摩确有其人，并来中国传播其法。最早记载达摩的是杨衒之《洛阳伽蓝记》一书，其中所记达摩只是一个凡夫俗子，后道宣《续高僧传》所记也不出佛门修习道慧之范围。但自《景德传灯录》《联灯会要》之后，所记达摩之事荒诞繁杂，全为谬见，毫无史料价值。他并举达摩见梁武帝的传说为例，说明此故事演变的痕迹。7世纪僧道宣作《续高僧传》，根本无此事的记载；8世纪净觉作《楞迦师资纪》始记此事，但尚无达摩与梁武帝的对话；稍晚出的《传法记》《历代法宝记》，不仅有达摩与梁武帝的对话，而且内容越来越多；到11世纪北宋所出《联灯会要》，不但达摩与梁武帝的对话大有增加，而且语意深奥，并有两人会见的具体日期。他说："这一件故事的演变可以表示菩提达摩的传说如何逐渐加详，逐渐由唐初的朴素的史迹变成宋代的荒诞的神话。传说如同滚雪球，越滚越大，其实禁不住史学方法的日光，一照便销溶静尽了。"②胡适的独到之处，在于考订了菩提达摩到中国的时间是在刘宋末年，约470年。在五十多年的传教生涯中，达摩只用《楞迦经》一种当教义，且较印度佛教简化了。但经过其弟子一代一代的宣传演化，变得很复杂，甚至很荒诞。经过胡适的考订，禅宗史籍中有许多作伪的地方均暴露无遗。

胡适的研究领域很广，他对文学、历史、哲学等学科均有涉足，但对于禅宗的兴趣一直没有中断。他在这方面的主要成果还有：《跋曹溪大师别传》(1930)、《〈楞伽师资记〉序》(1931)、《跋日本京都堀川兴圣寺藏北宋惠昕本坛经影印本》(1934)、《楞伽宗考》(1935)，此外还有很多手稿和用英文写的禅宗论文。到了晚年，他又撰写了《六祖坛经原作檀经考》(1952)、根

① 印顺：《中国禅宗史》，300页，上海，上海书店，1992。

② 胡适：《菩提达摩考》，见《胡适文存》三集，229页。

据新发现的敦煌写本校订了《坛经》和《南宗定是非论》(1958)、《南阳和尚问答杂征义》(1960)等。据粗略的统计，他写成有关禅宗史的论文约有百余篇，可以说禅宗史研究贯穿了胡适的一生。

胡适对神会和尚所做的研究和评价，及其他有关禅宗史的著作，难免有错误和武断之处。人们对胡适论禅，也是见仁见智，评价不一，但侧重研究禅宗史的学者，则多数肯定胡适的考证等方面。如范文澜在《中国通史简编》一书中，叙述唐代禅宗的南北之争时，许多地方与胡适的见解颇多一致。日本佛教学者柳田圣山也在《胡适博士于中国早期禅宗史研究》一文(见台湾"正中书局"1973年出版《胡适禅学案》一书)中说："(胡适)博士的禅学论文，其主要者限于禅宗史的初期，旨在阐明从来研究之不明和歪曲，在意义深长的情热和武断的结论里，曙光初现，恰与肩负现代史学苦恼的伟大硕学影像相映着。……时至今日，对中国禅学作研讨的人，在相当期间还不能忽视胡适的遗业。不消说，日本人的禅宗史研究总不免偏于日人特有的想法，这句话就是胡适论文中所指摘我们的。"

胡适禅宗史研究以史料考证为主，在禅宗新史料的发掘、《坛经》演变史的考察、关于"楞伽宗"的考察及其他细密的考证等方面，不乏敏锐精到之处。尤其是对禅宗七祖神会和尚的研究更是其最大的贡献，他重新肯定了神会在禅宗史上的重要地位，指出正是由于神会的积极作用，使得慧能南宗一系能够在禅宗中取得主流地位。他的许多观点直到今天也有人表示异议，尽管如此，他同样有很多研究结论为中外学者所称道钦佩。有学者评价道："从总体上来看，胡适是中国近代史上第一个以非信仰者的立场，用思想史的眼光、历史学的态度和方法研究禅宗史的人。他的研究成果，对搞清楚初期禅宗史上的许多史实，是有重要意义的。"①

四、小说考证及《水经注》研究

晚清以前，小说研究向来不被学者们视作正统学问，尽管明清之际有李贽、金圣叹等学者开始以序跋、评点等形式展开小说批评研究，但效果不大。自从梁启超倡导"小说界革命"以来，学者们渐渐认识到，小说创作具有改造国民历史观的作用，从此，历来被视作里巷琐言、不登大雅之堂

---

① 楼宇烈：《胡适禅宗史研究平议》，见耿云志：《胡适评传》，507页，上海，上海古籍出版社，1999。

的小说、戏剧等民众喜闻乐道的娱乐形式逐渐走上学术殿堂，但主要着眼于为政治改良服务。因此，从严格意义上说，真正把小说的考证和研究作为学术研究领域的，应该说是胡适。1920 年 7 月，他发表《水浒传考证》，考察了《水浒传》故事流传、演变及成书的历史过程，从宋代民间的“宋江故事”，到宋元之际龚开的“宋江三十六人像赞”、《宣和遗事》，怎样发展到文学巨著《水浒传》，勾勒出一个民间故事演变成书的大致轮廓，然后得出结论说：“《水浒传》乃是从南宋初年（西历十二世纪初年）到明朝中叶（十五世纪末年）这四百年的‘梁山泊故事’的结晶。”①1921 年 11 月，他又写成《〈红楼梦〉考证》（改定稿），标志着近代中国“新红学”的开始，也是他小说考证的巅峰之作。

《红楼梦》自 18 世纪中期面世不久，就开始受到广大读者的欢迎和喜爱，关于《红楼梦》的各种猜测与传说也不断产生，以至形成了一门所谓“红学”。民国初年，王梦阮《红楼梦索隐》、蔡元培《石头记索隐》的出版，揭开了“索隐派”研究的序幕。1904 年，王国维发表《红楼梦评论》，首次应用西方哲学诠释中国文学，从纯文学角度评估这部经典性小说，断言《红楼梦》的价值在于艺术和伦理意识的结合。但以往的红学家，除王国维等极少数人外，都为评点派、题咏派和索隐派所占据，真正从实证出发来发掘《红楼梦》的版本和作者的第一人是胡适。

胡适写《〈红楼梦〉考证》时，研究范围只在“考证”方面，并且具体限定在考证“著者”和“版本”两个问题上。他在文章的开头就批评以前研究《红楼梦》的人，“不去搜求那些可以考定《红楼梦》的著者、时代、版本等等材料，却去收罗许多不相干的零碎史事来附会《红楼梦》里的情节。他们并不曾做《红楼梦》的考证，其实只做了许多《红楼梦》的附会！”胡适在一一否定了索隐派的附会之后，明确宣布自己的新方法：“其实做《红楼梦》的考证，尽可以不用那种附会的法子。我们只须根据可靠的材料，考定这书的著者究竟是谁，著者的事迹家世，著书的时代，这书曾有何种不同的本子，这些本子的来历如何。这些问题乃是《红楼梦》考证的正当范围。”胡适根据《随园诗话》《楝亭诗钞》《江南通志》《上元江宁两县志》《雪桥诗话》《四松堂集》《懋斋诗钞》和雍正《朱批谕旨》等材料，排比钩稽，仔细研勘，得出了六条结论：“（1）《红楼梦》的著者是曹雪芹。（2）曹雪芹是汉军正白旗人，曹寅的孙子，曹頫的儿子，生于极富贵之家，身经极繁华绮丽的生活，又带有文学与美

① 胡适：《〈水浒传〉考证》，见《胡适文存》一集，367 页。

术的遗传与环境。他会做诗，也能画，与一般八旗名士往来。但他的生活非常贫穷，他因为不得志，故流为一种纵酒放浪的生活。(3)曹寅死于康熙五十一年。曹雪芹大概即生于此时，或稍后。(4)曹家极盛时，曾办过四次以上的接驾的阔差；但后来家渐衰败，大概因亏空得罪被抄没。(5)《红楼梦》一书是曹雪芹破产倾家之后，在贫困之中做的。做书的年代大概当乾隆初年到乾隆三十年左右，书未完而曹雪芹死了。(6)《红楼梦》是一部隐去真事的自叙：里面的甄贾两宝玉，即是曹雪芹自己的化身；甄贾两府即是当日曹家的影子。”

根据这些考证的结论，胡适说：“《红楼梦》是曹雪芹‘将真事隐去’的自叙。故他不怕琐碎，再三再四的描写他家由富贵变贫穷的情形。……《红楼梦》只是老老实实的描写一个‘坐吃山空’‘树倒猢孙散’的自然趋势。因为如此，所以《红楼梦》是一部自然主义的杰作。那班猜谜的红学大家不晓得《红楼梦》的真价值正是这平淡无奇的自然主义的上面，所以他们偏要绞尽心血去猜那想入非非的笨谜，所以他们偏要用尽心思去替《红楼梦》加上一层极不自然的解释。”文章结尾，胡适总结了《〈红楼梦〉考证》所采用的方法，他说：“我觉得我们做《红楼梦》的考证，只能在这两个问题(指著者和本子)上着手；只能运用我们力所能搜集的材料，参考互证，然后抽出一些比较的最近情理的结论。这是考证学的方法。我在这篇文章里，处处想撇开一切先入的成见；处处存一个搜求证据的目的；处处尊重证据，让证据做向导，引我到相当的结论上去。我的许多结论也许有错误的，——自从我第一次发表这篇《考证》以来，我已经改正了无数大错误了，——也许有将来发见新证据后即须改正的。但我自信：这种考证的方法，除了《董小宛考》之外，是向来研究《红楼梦》的人不曾用过的。我希望我这一点小贡献，能引起大家研究《红楼梦》的兴趣，能把将来的《红楼梦》研究引上正当的轨道去：打破从前种种穿凿附会的‘红学’，创造科学方法的《红楼梦》研究！”①

胡适《〈红楼梦〉考证》不仅廓清了旧红学的迷雾，而且创立了新的《红楼梦》研究的典范，也就是以历史考证的方法研究《红楼梦》的作者生平家世、成书年代与版本，被称为“新红学”。鲁迅在《中国小说史略》中直接将胡适《〈红楼梦〉考证》的结论作为定论写入了书中：“胡适既考得作者生平，而此说遂不立，最有力者即曹雪芹为汉军，而《石头记》实其自叙也。……迨胡

① 胡适：《〈红楼梦〉考证》，见人民文学出版社编辑部编：《红楼梦研究参考资料选辑》第1辑，1～39页，北京，人民文学出版社，1973。

适作考证，乃较然彰明，知曹雪芹实生于荣华，终于零落，半生经历，绝似'石头'，著书西郊，未就而没；晚出全书，乃高鹗续成之者矣。"①现在，胡适的结论已经为学术界所公认。尤其是他考订了《红楼梦》的作者是曹雪芹，其为八旗世家，可能死于 1765 年左右，这些都是前人所不知道或不能肯定的。此外，胡适在版本研究方面，指出了程甲本和程乙本的区别，并认为都市上流行诸本，除戚本外，都是以程甲本做底本的，并断言戚本是乾隆时诸抄本幸存者之一。因此，从某种程度上说，胡适的《〈红楼梦〉考证》"不但是《红楼梦》研究最重要的一篇文章，也是中国文学研究划时代之作"②。后来，又有新材料被发现，胡适又写了《跋〈红楼梦考证〉》(1922)、《重印乾隆壬子本〈红楼梦〉序》(1927)、《考证〈红楼梦〉的新材料》(1928)、《跋乾隆庚辰本脂砚斋重评〈石头记〉钞本》(1933)、《跋乾隆甲戌脂砚斋重评〈石头记〉影印本》(1961)等考证文章，可以说，《红楼梦》的研究贯穿了胡适学术活动的全部。更为重要的是，在他的提倡和带动下，出现了一大批研究、考证《红楼梦》的专家，如俞平伯、周汝昌等，奠定了"新红学"的坚实基础。

胡适对《红楼梦》最大的贡献，就是以前用校勘、训诂、考据来治经学、史学的方法，也可以用在小说考证方面。著名红学家周汝昌说："胡适先生的新红学，以史学为主要成分，以史学的方法来进行，创立了一个重要的开端，举世公认，是他第一次把这部小说(也连带别的几部小说)的研究当做正式的学术看待，等于为这门学问铺了路，升了格，所以功绩甚伟，不承认是不行的。"③但是，胡适所建立的新红学以考证为方法和目的，把《红楼梦》的研究局限在作者、版本等历史考证范围之内，即以历史考证代替文学研究，并将《红楼梦》本身作为历史文件而不是文学作品，将曹雪芹与贾宝玉、曹家与贾府等同起来，在很大程度上造成了对《红楼梦》文学性质的遗忘，"红学"变成了研究曹雪芹生平家世的"曹学"。在这一方面，胡适难辞其咎。尽管如此，胡适所建立的"新红学"这一学术史上的新典范，是由于其《〈红楼梦〉考证》的出现而确立，成为一种有系统、有方法的理论。考

① 鲁迅：《中国小说史略》，191 页，北京，东方出版社，1996。

② 周策纵：《胡适的新红学及其得失》，见耿云志主编：《胡适研究丛刊》第 3 辑，94 页，北京，中国青年出版社，1998。

③ 周汝昌：《红学·史学·文化学》，见邓珂编：《邓之诚学术纪念文集》，254 页，北京，北京大学出版社，1991。

证作者的身世和版本等虽具有其本身的重要价值，但仍不过是手段，学者们应以理智和清醒的态度探讨《红楼梦》的艺术价值和在世界文学史上所占据的地位。

此后，胡适用同样的方法，陆续写了十几篇关于小说的考证文章，对诸如《儒林外史》《三国志演义》《西游记》《老残游记》《三侠五义》《醒世姻缘传》《儿女英雄传》《海上花列传》《孽海花》《官场现形记》《镜花缘》等中国古典小说，以及唐人传奇、宋人话本、《今古奇观》等都做了详细的考证，开创了我国古典小说和戏曲研究的新局面。他用“历史演进法”把中国古代小说分作两类，即由历史逐渐“演变”出来的小说和“创造”的小说，前者以《水浒传》为代表，后者以《红楼梦》为代表。诚如有学者所指出的那样：“小说考证不仅构成了胡适‘整理国故’的重要内容，而且具有现代学术转型的意义。在方法上，他将传统考证学中归纳的研究和重证据的传统变成自觉的现代科学方法，并且概括为‘大胆的假设，小心的求证’；在内容上，他给予传统的知识与思想中居于‘异端’地位和边缘性质的小说以学术上应有的地位，从而改变了传统考证学的内容。这样，胡适既是传统考证学的自然延续，也是对传统考据学的有力革新。从根本上说，它已经改变了考证学的传统性质。胡适的小说考证为学术研究提出了新的问题，并提供了新的材料与方法，从而成为具有现代意义的一代新学问。”①

《水经注》是我国历史上一部奇书，北魏郦道元所撰。由于年代久远，版本多残，加之辗转传抄，更免不了有许多讹误、脱落之处。胡适对《水经注》的研究源于“水经注案”，这一学术公案是指戴震、全祖望、赵一清三位同时代的学者，都曾致力于《水经注》的校勘。戴震死得最晚，而戴校本却出现最早，赵一清次之，全祖望最晚。问题的关键是，戴震曾入四库馆校书，而赵一清的《水经注》校本是由浙江进呈四库馆。由此，许多著名学者如张穆、魏源、杨守敬、孟森、王国维等，都认为戴震窃取了赵一清书的成果。胡适花费了近二十年的时间来审理这桩案子，搜集了四十多种《水经注》版本，写了上百万字的考证文章，通过对戴、赵的校本进行比勘，证明戴震确未见过赵一清校本，不仅戴震没有窃用赵一清校本，相反，赵一清的儿子将赵一清校本刊行时竟袭用了戴震校本的成果。证据是：赵一清校正了一些常识性的错误，而戴震却没有改；戴震校本沿袭了过去版本的错误，而赵一清书中已指出这些错误；最显著的是《水经注》卷十八《渭水》篇

---

① 旷新年：《胡适中国古典小说考证》，见欧阳哲生选编：《解析胡适》，311页。

中缺了整整一页，赵一清、全祖望两家均根据孙潜过录柳检校本补了这一页四百一十八字，而戴震因未见孙潜校本，只用间接方法补上一百一十三字。此外，《颍水》篇和《渠水》篇也都有整页的错漏，赵、全两家皆能依据孙潜本全部改正，而戴震只能据朱谋玮本改正部分错误，他并没有窃取赵一清成果。但是，胡适耗费后半生精力判定的“水经注案”，并没有得到大多数学者的首肯，这一公案至今仍在继续争论之中，没有定论。

胡适的《水经注》研究内容甚广，包括三个部分：第一部分是赵戴《水经注》案的重审；第二部分是全祖望校本《水经注》的研究；第三部分是《水经注》版本的研究。他把重新审理“水经注案”的重点放在赵、全、戴三位学者各自钻研《水经注》的治学历程上，力求得一个实事求是的论断，同时给自己一点严格的方法上的训练。1952 年，他在台湾大学做演讲时总结道：“我所以要做这个工作，并不是专替老乡打抱不平，替他做律师、做侦探。……我也是借《水经注》一百多年的糊涂官司，指出考证的方法。如果没有自觉的批评、检讨、修正，那就很危险。”①胡适的郦学研究，除版本上的成就外，在考据和校勘方面也取得了不少的成绩。如 1943 年他撰写的《长安横门，汉人叫光门》一文，他根据《水经注》卷一九《渭水注》的“北出西头第一门，本名横门，王莽更名霸都门，左幽亭。如淳曰：音光，故曰光门。”一段文字，盛赞戴震与王凤喈书中，推断《尚书・尧典》的“光被四海”，古书必有作“横被四海”的。同时他也指出戴震在解释此字上的错误。戴震说：“横转写为桄，脱写为光。”胡适说：“今看横门汉人叫做光门，可知横光本同音，故或作‘横被四表’，或作‘光被四表’，与横门叫光门，又写作光门，同是一个道理。”而《水经注里的南朝年号》是胡适为了纠正全祖望的错误而写的专文，《水经注》卷三《河水注》有“其水南流，经武川镇城，城以景明中筑，以御北狄”一句。全氏七校本在此句下有校语：“按沈炳巽曰：景明是宋少帝年号。愚谓非也。善长岂用南朝年号乎？是世祖年号。”胡适指出了全祖望的错误：“谢山先生曾五校、七校《水经注》，他岂不知郦道元《水经注》用南朝年号有好几十次之多。”并举出许多例子来证明郦道元常常使用南朝年号，最后说：“《水经注》叙述南方水地的史事，很自然的用南朝年号。”其实，即使叙述北方水地史事也有用南朝年号的，如《水经注》卷五《河水注》有一段：“宋元嘉二十七年，以王玄谟为宁朔将军，前锋入河，平碻磝，守之。都督刘义恭以沙城不堪守，召玄谟令毁城而还。后更城之，魏立济

① 胡适：《治学方法》，见《胡适选集》，398～399 页。

川，治此也。”刘宋元嘉二十七年，即北魏太平真君十一年。这里记载的是南朝宋与北魏在黄河的一个渡口碻磝城的争夺战，宋军虽然一度得势，但终于败退。就在这年年底，北魏太武帝拓跋焘一度进军至刘宋首都建康以北的瓜步，并于次年在瓜步山上大会群臣，南朝震惊。对于北朝势力处于极盛时期，南北之间在战争中，南朝偶然占领北朝一个边邑，郦道元竟用南朝年号来记载。胡适整理的这些材料，不仅纠正了全祖望的错误，而且对于研究北朝政治、社会、士大夫心理和南北关系问题有启发价值。

胡适的《水经注》研究，搜集大量版本，前无古人，也纠正了一些过去指责戴震的学者的错误，但其论证却劳而无功，于事无补。诚如郦学专家陈桥驿所言：“胡适的《水经注》研究，除了其主要目的没有成功外，他在版本搜集、考订和校勘方面，都取得了卓越的成绩。《胡适手稿》一至六集所汇集的大量论文、函札、资料，无疑是郦学史上的一宗财富。”①苏双碧也说：“胡适对‘水经注案’的研究，成绩是显著的，但只是考证了一些历史事实，对《水经注》本身的评价并没有新的建树。因此，对胡适研究‘水经注案’说成毫无意义或评价太高都是不妥当的。”②

胡适提倡研究历史要“大胆的假设，小心的求证”，如果是在考证史料的层面上，有一定的合理性，但如欲探讨历史发展的内在联系和规律，这个方法显然是不适用的，也是不科学的。他认为史学有两方面，一方面是科学的，重在史料的搜集与整理；另一方面是艺术的，重在史料的叙述与理解。他认为历史家须要有两种必不可少的能力：一是精密的功力，二是高远的想象。没有精密的功力，不能做搜求和评判史料的工夫；没有高远的想象力，不能构造历史的系统。他把史料的搜集和整理与史实的叙述和解释对立起来，认为只有前者才能成为一门科学，后者则是全凭史家大胆想象的一种“艺术”，这恰恰说明胡适的历史观从根本上说来是主观唯心主义的。虽然胡适自己常说有“历史癖”和“考据癖”，但综观其考证成果，却有“提倡有力，创作无力”之病，他的重要考证成就，是在小说版本考证方面，如对于《红楼梦》的考证，奠定了新红学的基础。而在历史方面，则有力不从心之感。冯友兰这样评价《中国哲学史大纲》：“他的书既有汉学的长处又有汉学的短处。长处是，对于文字的考证、训诂比较详细，短处是对

① 陈桥驿：《读胡适研究〈水经注〉的第一篇文章》，载《杭州大学学报（哲学社会科学版）》，1994(1)。

② 苏双碧：《胡适学术思想概述》，见《胡适选集》，10～11页。

于文字所表的义理的了解、体会比较肤浅。……胡适的《中国哲学史大纲》对于资料的真伪，文字的考证，占了很大的篇幅，而对于哲学家们的哲学思想，则讲的不够透，不够细。”①

应当看到的是，胡适所提倡“大胆的假设，小心的求证”研究方法，强调假设来源于头脑中已有的学问、经验和灵感，把求证简单地归结为寻找例证，这就远远不能概括科学研究的全部的复杂过程，不能揭示现象的内在联系和发展规律。这一“十字真诠”在处理真假历史的厘定、文献成书过程及不同版本的校勘、历史人物生平家世的考订等方面，可以说有其施展的空间。但它没有超出形式逻辑的范围，在较为复杂的社会历史问题面前，如涉及历史的动态过程、对价值和意义的全面考察等问题上，就难以奏效了。美籍学者唐德刚也评论说，胡适的治学方法“只是集中西‘传统’方法之大成。他始终没有跳出‘乾嘉学派’和西洋中古僧侣所搞的‘圣经学’(Biblical Scholarship)的窠臼”②。

1919 年，胡适《中国哲学史大纲》上卷出版，在学术界引起巨大反响。胡适在“导言”中提出研究哲学史的目的是“明变”“求因”和“评判”，强调“审定史料乃是史学家第一步根本工夫”，主张“对于东周以前的中国古史只可存一个怀疑的态度”。蔡元培为《中国哲学史大纲》撰写的序言中指出胡适治学方法有四种特长：一是证明的方法，即以汉学家的方法，考订时代、辨别真伪，“为后来的学者开无数法门”。二是扼要的手段，也就是“截断众流，从老子、孔子讲起”。三是平等的眼光，摒弃传统儒术独尊的观念，对儒、墨、孟、荀一律以平等眼光看待。四是系统的研究，即排比时代，以见中国哲学史“递次演进的脉络”。③ 李泽厚也说：“胡适的《中国哲学史大纲》第一次突破了千百年来中国传统的历史和思想史的原有观念、标准、规范和通则，成为一次范式性(paradigm)的变革。”④尽管胡适对中国近代史学的发展有很大影响，但他自己的研究成果并不多。关键是他对考证方法的强调，开启了近代用科学方法整理国故的先河，对现代新史学的发展产生了积极的影响。

---

① 冯友兰：《三松堂自序》，223 页，北京，生活・读书・新知三联书店，1984。

② 唐德刚译：《胡适口述自传》，151 页。

③ 胡适：《中国哲学史大纲》序，2～3 页，北京，东方出版社，1996。

④ 李泽厚：《中国思想史论・胡适 陈独秀 鲁迅》(下)，912 页，合肥，安徽文艺出版社，1999。

胡适以为研究历史，要注意正史所记载的政治、经济、军事以外的文化、宗教等其他方面。他批评过去“做通史的人，于每一个时代，记载几个帝王的即位和死亡，几个权臣的兴起和倾倒，几场战争的发动和结束，便居然写出一部‘史’来了。但这种历史，在我们今日的眼光里，全是枉费精神，枉费笔墨，因为他们选择的事实，并不能代表时代的变迁，并不能写出文化的进退，并不能描出人民生活的状况。例如记五代十国的时代，史家只叫我们记着那许多无谓的梁、唐、晋、汉、周，和高祖、庄宗、世宗……和荆南、吴越、南唐……但我们今日若作一部‘新新五代史’，我们就应该知道，与其记诵五代十国的帝王世系，不如研究钱镠在浙江的水利或王审知入蜀后种族上和文化上的影响；与其痛骂冯道的无耻，不如研究当日政府雕版的监本九经的历史；与其记载桑维翰的大话，不如研究李煜、冯延巳一班人的小词；与其比较《新五代史》与《旧五代史》的文字优劣和义法宽严，不如向当时人的著作里去寻那些关于民生文化的新史料。范仲淹的文集里，无意之中，记载着五代时江南的米价，那是真重要的史料。敦煌石室里，前不多年，忽然发现韦庄详记北方饥荒的一首白话诗，那也是真重要的史料。比起这种真正史料来，什么谨严的史传，什么痛快的论赞，都变成一个钱不值的了!”因此，他对小说、戏曲、俗文学等任何“俗”的东西尤其抱有兴趣，有时还透露出一种超过高文典册的惊奇感。正是在这种思想的指导下，他完成了《白话文学史》一书，宣称“白话文学史就是中国文学史的中心部分，中国文学史若去掉白话文学的进化史，就不成中国文学史了，只可叫做‘古文传统史’罢了”①。

胡适尝试引入西方哲学、历史学、逻辑学等新方法，来改造清代乾嘉考据学为代表的传统治学方法，在历史、宗教、文学等诸多领域取得了突出的成绩，成为又一位新历史考证学的代表人物。著名学者季羡林对此有很高的评价，他说王国维、胡适等国学大师“都是既能熔铸今古，又能会通中西的。他们有别于前一代大师的地方就在这里。他们一方面继承了中国悠久的优秀的学术传统，特别是考据之学；另一方面又融会了西方的优秀传统，在形式和内容两个方面都是如此。他们发扬光大了中国的学术传统，使中国的学术研究面目为之一新，达到了空前的水平”②。

---

① 胡适：《白话文学史》引子，2页，北京，东方出版社，1996。

② 汤一介编：《国故新知——中国传统文化的再诠释》序，1页，北京，北京大学出版社，1993。

第二节　顾颉刚疑古辨伪的主要成果

顾颉刚(1893—1980)，原名诵坤，江苏苏州人，1920年毕业于北京大学哲学门，留校任图书馆编目，曾任上海商务印书馆编辑。他先后任厦门大学、燕京大学、北京大学等校教授，并担任齐鲁大学国学研究所主任等职，1948年荣选中央研究院院士。他还创办朴社，民俗学会、禹贡学会、边疆研究会，中国史地图表编纂社等，主编过《燕京学报》、《禹贡》半月刊、《边疆周刊》、《文史杂志》等多种学术刊物，并和其他人共同编辑了《古史辨》七册。1949年以后，他长期担任中国科学院历史研究所(后属中国社会科学院)研究员，主持标点《资治通鉴》《二十四史》，晚年深入研究《尚书》，作成《周公东征史事考证》和《尚书》多篇的"校释译论"。顾颉刚主要著作除编著《古史辨》各册外，还有《孟姜女故事演变》、《汉代学术史》(后经修订，改名《秦汉的方士与儒生》出版)、《中国上古史研究讲义》、《浪口村随笔》(后大部分改写为《史林杂识初编》)、《顾颉刚古史论文集》(第一至三集)、《尚书大诰今译》、《顾颉刚读书笔记》等。他在历史学、历史边疆地理学、民俗学等方面都有很大影响，是新历史考证学的代表人物之一。

顾颉刚出身于书香门第，自幼便打下了良好的旧学根柢，在北京大学求学、工作期间，又经受了新文化运动的洗礼，思想解放，大胆破除迷信，敢将民间的歌谣、戏剧、故事、风俗等，与神圣的经学、史学置于平等的地位，作为研究的题材。他承袭了胡适"历史演进"的治学方法，结合自己对戏剧、故事格局的认识，研究古史古籍，取得了很大的成绩。

一、古史辨伪观点的形成

顾颉刚在五四运动时期以提倡大胆疑古辨伪著名，吸引了其他学者，形成了以他为主将的"古史辨派"，震动了当时的学术界。古史辨学派的兴起，无疑是时代的产物。五四运动提倡"民主"和"科学"，对几千年的封建旧文化和束缚人们头脑的旧传统猛烈攻击，是顾颉刚提倡疑古辨伪的原动力。在当时，五四运动提倡"民主""科学"思想所形成的"理性"精神使顾颉刚受到深刻的熏陶，他决心以理性的标准审查以往典籍的记载，自觉地担当打破旧偶像的时代责任。因为传统观点一向认为，夏、商、周三代时就形成了统一国家，甚至说尧、舜时代已经是统一国家，并且认为唐尧、虞舜是至圣之君，上古是黄金时代，以后世道浇薄，国家难治，社会越来越不成样，造成难以改变的复古倒退意识。而且从尧、舜这些古圣王起经过禹、商汤、周文王、周武王、周公、孔子、孟子，一脉相承，成为神圣的“道统”，而经书则是记载这些“道统”的，所以只能顶礼膜拜，不能有所怀疑，由此形成为封建制度和统治秩序服务的顽固迂腐的意识，严重阻碍社会进步。顾颉刚置身于思想革新的时代潮流之中，坚信“理性原则”才是治学的唯一标准，因此陡增了推翻旧的传统观念的勇气。他对此表达得极为真切：“到了现在，理性不受宗教的约束，批评之风大盛，昔时信守的藩篱都很不费力地撤除了，许多学问思想上的偶像都不攻而自倒了。……使得我又欣快，又惊诧，终至放大了胆子而叫喊出来，成就了两年前的古史讨论。……我的心目中没有一个偶像，由得我用了活泼的理性作公平的裁断，这是使我极高兴的。”①其后，顾颉刚在回顾自己的古史辨伪工作时，也一再指出其重要目的乃在于彻底剥夺封建经书的神圣权威：“我的《古史辨》工作则是对于封建主义的彻底破坏。我要使古书仅为古书而不为现代的知识，要使古史仅为古史而不为现代的政治与伦理，要使古人仅为古人而不为现代思想的权威者。换句话说，我要把宗教性的封建经典——‘经’整理好了，送进了封建博物院，剥除它的尊严，然后旧思想不能再在新时代里延续下去。”②

在顾颉刚形成其古史辨伪学说的过程中，受到胡适、钱玄同二人影响最大。特别是胡适，当时是顾颉刚最佩服的具有新观点、新方法的学者。胡适刚从美国留学回来，于1917年被蔡元培聘为北京大学教授，讲授《中国哲学史》。原先担任这门课程的是陈汉章，他从伏羲画八卦讲起，讲了一年，才讲到商朝箕子陈《洪范》。第二年改请胡适任教，重编讲义，辟头一章是“中国哲学结胎的时代”，用《诗经》作为这一时代的背景，丢开唐、虞、夏、商，径从周宣王以后讲起。顾颉刚当时听课的感受是：“这一改把我们一班人充满着三皇五帝的脑筋骤然作一个重大的打击，骇得一堂中舌挢而不能下。”加上胡适当年才29岁，是刚回国的留学生，因而同学中颇有怀疑和不满。但顾颉刚听了几堂课后得出结论，认为胡适是“有眼光，有胆量，有断制，确是一个有能力的历史家”③。顾颉刚要考辨古史传说，对胡适这

---

① 顾颉刚：《古史辨》(一)自序，78～81页。

② 顾颉刚：《我是怎样编写〈古史辨〉的?》，见《古史辨》(一)，28页。

③ 顾颉刚：《古史辨》(一)自序，36页。

种“截断众流”的勇气自然佩服，此后他与胡适交往密切，在研究方法上得到许多教益。胡适为《水浒》的出版写了长序，对这部小说原先故事的来历和演变，以及版本的演变，做了层次清楚、有条不紊的分析。顾颉刚由此联想到许多民间故事和戏剧，都是由同一底本逐渐演变出不同的情节和内容，因而得到启发：可以用角色演变的眼光去看古史中的人物。钱玄同则对今、古文家都不满意，常对顾颉刚讲对他们不要盲从，今古文两派对整理古籍都不实事求是，都犯了从主观成见出发的错误。他对顾颉刚疑古辨伪的思想极为赞同，并且自己改了姓，称“疑古玄同”。他鼓励顾颉刚不仅要疑伪史和伪书，还要敢于对经书的本身和注解加以辨伪。

于是，以北京大学学习期间形成的冲破旧思想的热情和辨伪观点为基础，顾颉刚在1920年年底至1923年年初，达到了他孕育、形成其独特的古史学说的重要时期。他扩大了辨伪领域，进一步搜集、掌握最关键意义的资料，磨砺和推进他的研究方法。他做到如钱玄同启导他的，从辨伪角度也对经书做专心的研究，结果从《诗经》《尚书》中都发现了大量疑窦。“在《诗经》上用力了半年多，灼然知道从前人所作的经解真是昏乱割裂到了万分，在现在时候决不能再让这班经学上的偶像占据着地位和威权，因此，我立志要澄清谬妄的经说。”在此前后，他深入地研究了崔述《考信录》、姚际恒《古今伪书考》、郑樵《诗辨妄》等前人的重要辨伪著作，汇集了大量资料，发起编辑《辨伪丛刊》，于是逐步形成了古史辨伪的总计划，如他所说：“现在我们既知道辨伪的必要，正可接收了他们的遗产，就他们的脚步所终止的地方再走下去。因为这样，我便想把前人的辨伪的成绩算一个总账”，“想到这里，不由得不激起了我的推翻伪史的壮志。……自从读了《孔子改制考》的第一篇之后，经过了五六年的酝酿，到这时始有推翻古史的明了的意识和清楚的计划。”①他的计划，就是要作一部《伪史考》，目的是要考辨伪史的来源和变迁；查出造伪说法的互相矛盾；寻找造伪的规律。

1923年年初，顾颉刚在《与钱玄同先生论古史书》一文中，集中地向学术界发表了他推翻伪造的古史体系的系统观点——“层累地造成的古史说”。要点有三：一是对传统中的古史演变过程加以考辨，即可发现“时代愈后，传说的古史期愈长”。如周代人心目中最早的帝王是禹，到孔子时有尧、舜，到战国时有黄帝、神农，到汉以后有盘古。二是“时代愈后，传说中的中心人物愈放愈大”。如舜，在孔子时只是一个无为而治的圣君，到《尧典》

① 顾颉刚：《古史辨》(一)自序，50、42～43页。

就成为一个“家齐而后国治”的圣人，到孟子时就成了一个孝子的模范了。三是我们即使“不能知道某一件事的真确的状况，但可以知道某一件事在传说中的最早的状况”。①

这一学说的提出，立即使社会各方面读古书的人都受到强烈的刺激，引起了长达两年之久的古史大论战。保守方面的学者，如南京的刘掞藜、胡堇人等人撰文激烈地表示反对。他们的基本态度是“六经”所说为可靠，一意维护旧的古史系统，在论战中指责顾颉刚“想入非非，任情臆造”，“穿凿附会，牵就己意”。刘掞藜还提出对于古史应采取“察传”的态度，要“参之以情，验之以理，断之以证”，并说他所最不安的是深怕顾颉刚古史之说一出，“很是影响人心”。② 赞成的进步学者则有很多，钱玄同立即表示“欢喜赞叹”，赞誉这种说法是“精当绝伦”，希望顾颉刚“常常考查，多多发明，廓清云雾，斩尽葛藤，使后来学子不致再被一切伪史所蒙”。③ 胡适认为，“层累地造成的古史”的见解，“真是今日史学界的一大贡献”，又指出“这种见解重在每一种传说的‘经历’与演进，这是用历史演进的见解来观察历史上的传说”，是顾颉刚在古史讨论中的根本观念和根本方法，这个根本观念是颠扑不破的，这个根本方法是越用越见功效的。他同时批评了刘掞藜治史“察传”的研究态度和“参之以情，验之以理，断之以证”的治史方法，认为如果不用历史演变的眼光追求传说的演变，不用严格的考据方法来评判史料，所谓“验之以理”，只不过“是一些主观的‘意见’。”并指出“以情度人”的危险，以头脑中的理去验事物更危险，以情与理揣度古史而后“断之以证”同样危险。④

顾颉刚在这场激烈的学术论辩中，又进一步提出推翻非信史的四项标准：一是打破“民族出于一元的观念”，二是打破地域“向来一统的观念”，三是打破“古史人化的观念”，四是打破“古代为黄金世界的观念”。⑤ 这是他有关古史辨伪观点的重要发展。顾颉刚提出他的古史辨伪学说并在社会上引起轰动时，年纪三十岁刚刚出头，这种情况在近代学术史上是罕见的。而经过半个多世纪时间的考验，证明古史辨派虽有疑古过头的失误，方法

---

① 顾颉刚：《古史辨》(一)，191～192 页。

② 参见刘掞藜：《讨论古史再质顾先生》，见《古史辨》(一)，151～186 页。

③ 钱玄同：《答顾颉刚先生书》，见《古史辨》(一)，67 页。

④ 胡适：《古史讨论的读后感》，见《古史辨》(一)，191、192、196 页。

⑤ 顾颉刚：《答刘胡两先生书》，见《古史辨》(一)，96～102 页。

上也有不当的地方，但其贡献是重大的，它从事打破旧的、臆造的、三皇五帝相承而来的古史体系，是同“五四”时代反封建的伟大潮流相一致的，也是推进史学近代化、向建设科学的信史目标前进的一个重要步骤。这已成为学术界公认的看法。掌握“中西学术交融”这一“五四”时代学术进步的真谛，分析顾颉刚如何自觉地继承传统学术成果，同时努力地运用西方近代科学方法，二者结合起来，是了解顾颉刚古史辨伪学说形成的途径和评价其价值的一把钥匙。

顾颉刚对传统学术的继承，可以概括为三个方面：一是对清代学术及朴学家考证方法有深入了解和掌握，二是继承发展了宋代以来辨伪学者的主张，三是分别从古文、今文经学派吸取了思想营养。顾颉刚早年即因家庭教育和苏州学术风气的影响，对《尚书》《诗经》等大多数典籍早就熟读。尤其对目录学很熟悉，此后在1915年，他又下功夫编成一本《清代著述考》。他以《书目答问》附录《国朝著述诸家姓名略》为底子，又补加了若干家，依学术的派别分作者，在作者的名下列著述，依著述的版本见存佚，并辑录作者的自序及他人的批评，稿本共有二十册。同时他在著述者外列有五种表(年表、师友表、籍望表、出处表、著述分类表)，用来说明清代学者的地理环境和社会环境。顾颉刚说，此项工作“使我对于清代的学术得有深入的领会”。他对乾嘉学者严密考证的方法尤为佩服：“我爱好他们的治学方法的精密，爱好他们的搜寻证据的勤苦，爱好他们的实事求是而不想致用的精神。”①顾颉刚的学术工作，实际上是把乾嘉严密考证的方法运用到古史辨伪上面。胡适长期借用了《清代著述考》的稿本作为参考，他对顾颉刚说：“这三百年来的学术研究的中心思想被你抓住了。”②顾颉刚的学术观点是怀疑并要推翻伪造的古史体系，且深受今文经学派的影响，钱穆则继承了传统的历史考证方法，且对今文经学派持激烈的批评态度，故二人的学术旨趣迥异；但是，钱穆在论及顾颉刚之方法时，则称其与己同为考证学派，彼此治学路数相通，这也恰好证明，顾颉刚的学术宗旨是疑古，而其治学方法和手段却也是继承乾嘉学者的考证方法而来的。顾颉刚大学毕业后，极重视历史上辨伪学者的著作，通过整理加以表彰。两年多时间内，他先后标点清代姚际恒的《古今伪书考》、明代宋濂《诸子辨》、胡应麟《四部正讹》，并编辑《辨伪丛刊》。他又整理、辑录宋代郑樵《诗辨妄》，撰写了《郑

① 顾颉刚：《古史辨》(一)自序，29页。

② 顾颉刚：《我是怎样编写〈古史辨〉的?》，见《古史辨》(一)，4页。

樵传》和《郑樵著述考》，并受郑樵启发研究了《诗经》，写了几篇扫除传笺尘障，考辨《诗经》原貌的论文。再加上受到崔述（东壁）《考信录》的深刻启发，他下决心自己从事辨伪史。“起初仅想推翻伪书中的伪史，到这时连真书中的伪史也要推翻了。”①顾颉刚在晚年还做了这样的回顾：“我的学术工作，开始就是从郑樵和姚、崔两人来的。崔东壁的书启发我‘传记’不可信，姚际恒的书则启发我不但‘传记’不可信，连‘经’也不可尽信。郑樵的书启发我做学问要融会贯通，并引起我对《诗经》的怀疑。所以我的胆子越来越大了，敢于打倒‘经’和‘传记’中的一切偶像。”由此他归结说：“《古史辨》的指导思想，从远的来说就是起源于郑、姚、崔三人的思想。”②对于长期互相对立的经今、古文学派，顾颉刚能分别从中得到启发，不陷入门户之见。他曾连续冒着雪夜的寒风去听章太炎的国学讲演，“觉得他的话既是渊博，又有系统，又有宗旨和批评”，佩服极了。他认为从此认清了做学问的大路，懂得“书籍里的东西可以由我的意志驱遣着，把我的意志做它们的主宰”。但对于章太炎固守古文经学派的藩篱，不相信金文和甲骨文，则明显持批评态度。③ 对于今文学派康有为，顾颉刚十分佩服他疑古的“锐敏的观察力”。他读了《孔子改制考》第一篇，其上古史事茫昧无稽，说孔子时夏、殷文献已苦于不足，何况三皇五帝的史事，最早地启发了他产生古史辨伪的动机。但他对康有为利用学术作为政治的手段，却极为反感。④

传统学术的深厚根柢是顾颉刚从事古史研究的基础，他在“五四”时代思潮中自觉学习、运用西方近代科学方法，有了新观念、新思路，因而使他大大得到提升，站到了学术的前沿。他少年、青年时代在苏州上过新式高小学堂和中学，初步地接触到一些近代科学知识，如矿物分类、化学试验和分析之类。到北京以后，他处在时代大潮中，受到《新青年》等报刊中新学理的灌输，尤其校长、老师诸多新派人物言论、授课使他掌握了西方科学方法的要领。他在《古史辨》第一册自序中即谈道：“我常说我们要用科学方法去整理国故，人家也就称许我用了科学方法而整理国故。”又说：“西洋的科学方法传了进来，中国学者受到它的影响，对于治学的方法有了根

---

① 顾颉刚：《古史辨》（一）自序，12 页。

② 顾颉刚：《我是怎样编写〈古史辨〉的？》，见《古史辨》（一），12 页。

③ 参见顾颉刚：《古史辨》（一）自序，23、25、26 页。

④ 参见顾颉刚：《古史辨》（一）自序，26、43 页。

本的觉悟”，“我生当其顷……能够自觉地承受”。[①] 他论述了他所认识的科学方法的“基本信条”，又自认为尚是简单而零碎的。这既是自谦，也是实情。诚然，无论何种学科，就基本的方法而言，总是几项大端，问题是观念的转变和自觉地、不断地反复运用这些基本方法，就会越用越有成效，达到融会贯通。

先论观念的转变。五四运动的思想灵魂是提倡“民主”和“科学”，用“理性精神”为最高标准衡量一切，对于与之不相符合的旧思想、旧文化、旧传统展开猛烈的批判，正像恩格斯形容法国大革命前夕启蒙思潮的特点时所说：“他们不承认任何外界的权威，不管这种权威是什么样的。宗教、自然观、社会、国家制度，一切都受到了最无情的批判；一切都必须在理性的法庭面前为自己的存在作辩护或者放弃存在的权利。思维着的知性成了衡量一切的唯一尺度。”[②]当时，顾颉刚确实多次态度十分鲜明地强调科学理性的精神使他思想得到解放，产生了极大的勇气去批判封建时代的旧传统、旧偶像。这种理性观念的确立，只拿科学性、合理性作为衡量一切事物之是非的标准，彻底摆脱千百年来禁锢士人头脑的“经典神圣不可违背”一类的旧教条，摆脱种种偶像的束缚，正是五四运动时期学术近代化推进到新阶段所特具的根本性变化。顾颉刚确立了这种科学理性的观念，他对古史辨伪工作充满了使命感，决心一步一步地清理旧时代儒生对古史所加的杜撰和附会，而不怕辨伪工作的繁重，不怕来自保守派营垒的反对，同时，他对新学到的西方近代科学方法的运用更加自觉而有成效。

次论方法的自觉运用。顾颉刚运用的西方科学方法，概括来说包括：逻辑的方法；假设、求证的方法；历史演进的方法。顾颉刚在考入北京大学本科以前，读过严复译《名学浅说》及《天演论》，对西方逻辑学及进化论学说产生兴趣。在北京大学哲学系，他听了章士钊讲授的《逻辑学》课程。中国传统学术有丰富的逻辑学论题和其他思想资料，但未能发展成独立的学科。章士钊早年留学日本，顾颉刚听了他所开设的介绍西方逻辑学原理和方法的课程，颇受启发。在从事古史辨研究过程中，顾颉刚对分析、归纳等逻辑方法的运用和体会是：“我先把世界上的事物看成许多散乱的材料，再用了这些零碎的科学方法实施于各种散乱的材料上，就喜欢分析，

---

① 顾颉刚：《古史辨》(一)自序，94、77～78 页。

② 《马克思恩格斯选集》第 3 卷，355 页。

分类，比较，试验，寻求因果；更敢于作归纳。”①顾颉刚运用西方逻辑学原理来看待乾嘉学术，也对考证学者的方法有了新认识：“以前我曾听得几个今文家的说话，以为清代的经学是‘支离，琐屑，饾饤’的，是‘束发受傅，皓首难穷’的，到这时明白知道，学问必须在繁乱中求得的简单才是真实的纲领；若没有许多繁乱的材料作基本，所定的简单的纲领便始终是靠不住的东西。”②顾颉刚结合西方的“科学方法”和乾嘉的考证方法而得出的考辨古史的途径，简单来说就是：先从材料中觑得可疑之点，立下小的假设，然后广搜材料加以证明，考察此一假设能否成立，证据不足、或遇有力之反证则放弃之。这也是一切科学研究必用之方法。

由于了解了关于演绎、分析、归纳、寻找因果关系这些西方近代逻辑学的原理和方法，顾颉刚对于当时刚从美国留学归来的胡适所显示的治学新路数，立即感到敬佩，并为其所深深吸引。经过连续听课，顾颉刚佩服他能提挈典籍上的材料，从中抽出原理和系统。因而他在致少年时代的老同学叶圣陶信中说：“胡适之先生中国哲学今授墨子，甚能发挥大义……坤(按，颉刚原名诵坤)意中国哲学当为有统系的研究……意欲上呈校长，请胡先生以西洋哲学之律令，为中国哲学施条贯。胡先生人甚聪颖，又肯用功，闻年方二十七岁，其名位不必论，其奋勉则至可敬也，将来造就，未可限量。”③此后顾颉刚与胡适往还密切，除上课外，常常请教和讨论问题，顾颉刚考辨古史经常采用的假设、求证，以历史演进的方法考察古史传说的演变等项，均直接受胡适的影响。

顾颉刚的古史辨伪学说，即开始由简单的假设，通过反复求证而发展、形成的。他将《诗经》《尚书》《论语》中的古史观念相比较，“忽然发现了一个大疑窦——尧舜禹的地位问题”。《尚书》中《尧典》《皋陶谟》两篇他向来不信，但他总以为是产生在春秋时期，经与《论语》中的古史观念一比较，进一步发现它们只能产生于《论语》之后。他将三部书中说到禹的语句抄录出来，寻绎古代关于禹的观念，发现最早在《商颂・长发》中，人们把禹看作一个开天辟地的神；其次是《鲁颂・閟宫》中，人们把他看作一个最早的人王；再次在《论语》中，人们把他看作一个耕稼的人王；最后，《尧典》则说

---

① 顾颉刚：《古史辨》(一)自序，95页。

② 顾颉刚：《古史辨》(一)自序，29页。

③ 顾潮：《历劫终教志不灰——我的父亲顾颉刚》，41页，上海，华东师范大学出版社，1997。

“禹拜稽首，让于稷契”。“尧舜的事迹也是照了这个次序：《诗经》和《尚书》(除首数篇)中全没有说到尧、舜，似乎不曾知道有他们似的；《论语》中有他们了，但还没有清楚的事实；到《尧典》中，他们的德行政事才灿然大备了。因为得了这一个指示，所以在我的意想中觉得禹是西周时就有的，尧舜是到春秋末年才起来的。越是起得后，越是排在前面。等到有了伏羲、神农之后，尧舜又成了晚辈，更不必说禹了。”于是，他就立了一个初步的假设：“古史是层累地造成的，发生的次序和排列的系统恰是一个反背。”①有了这一初步的假设之后，顾颉刚长时间搜集材料，从多方面证明，其间，有的认识推进了，有的设想因遇到有力的反证放弃了。并且他从中又得出古史由神话而人化的规律，如他所说：“我便温了几遍《尚书》，把里面关于古史的话摘出比较，由此知道西周人的古史观念实在只是神道观念，这种神道观念和后出的《尧典》等篇的人治观念是迥不相同的。”②在对上述假设反复进行比较、求证的基础上，他才形成了著名的“层累说”古史观点。顾颉刚运用“历史演进法”，主要是从胡适那里学来的。“听了适之先生的课，知道研究历史的方法在于寻求一件事情的前后左右的关系，不能把他看作突然出现的。”③胡适对《水浒》版本流传，和它版本的故事的来历和演变的考证，把极为复杂的问题，清楚地理出了演变的层次，也使他大受启发。他又联系到观看戏剧和采集民间歌谣的体会，同一底本可以演变成既相似又很不相同的故事情节。研究古史也尽可以应用研究故事的方法，他说：“我们只要用了角色的眼光去看古史中的人物，便可以明白尧舜们和桀纣们所以成了两极端的品性，做出两极端的行为的缘故，也就可以领略他们所受的颂誉和诋毁的积累的层次。只因我触了这一个机，所以骤然得到一种新的眼光，对于古史有了特殊的了解。”并由“历史演进法”，他进一步得出古史传说“渐次增高”的观念：“这使我明白，以前人看古史是平面的，无论在哪个时候发生的故事，他们总一例的看待，所以会得愈积愈多；现在我们看古史是垂线的，起初一条线，后来分成几条，更后又分成若干条，高低错落，累累如贯珠垂旒，只要细心看去就分得出清楚的层次。”④

因此，顾颉刚的古史辨伪学说正是乾嘉严密考证精神和前人辨伪传统，

① 顾颉刚：《古史辨》(一)自序，52页。

② 顾颉刚：《古史辨》(一)自序，53页。

③ 顾颉刚：《古史辨》(一)自序，95页。

④ 顾颉刚：《古史辨》(一)自序，41、45页。

刚刚传入的西方科学思想，和五四运动猛烈批判旧传统的时代精神汇流的产物。他曾生动地形容晚清康有为、夏曾佑的古史辨伪观点本来早已点起火星，但在当时由于时代条件和治学方法的限制，未能引起反应，“到了五四运动，对于旧思想旧生活作一个总攻击的时候，这些散发的火星就燃烧起来了”①。

《古史辨》(一)②出版后，胡适评论说：“这是中国史学界的一部革命的书，又是一部讨论史学方法的书。此书可以解放人的思想，可以指示做学问的途径，可以提倡那‘深澈猛烈的真实’的精神。”③以后，郭沫若评价顾颉刚的“层累地造成的古史”说“的确是个卓识”，“他的识见是有先见之明”。④至1957年，徐旭生对顾颉刚的古史辨伪工作也有中肯的分析，认为疑古学派是西欧19世纪中叶以后盛行的“批评史料”的风气影响了中国学术界之后才出现的，古史辨派的治学方法虽存在问题，但是取得的成绩很大。他说：“近三十余年(大约自1917年蔡元培长北京大学时起至1949年全国解放时止)，疑古学派几乎笼罩了全中国的历史界，可是它的大本营却在古史辨及其周围。”⑤就具体运用考证的方法并取得具有重要影响的成果而言，顾颉刚的主要领域有二：一为《尚书》研究；二为先秦及汉代学术思想研究。

二、《尚书》研究

《尚书》是儒家经典中地位最尊的一部书，是研究我国古代语言、文字、文学、哲学、文化思想、神话、社会生活的重要史料，其中所保存的天文、地理、土壤、物产等，也是了解中国历史的最好资料。纷扰中国学术界两千年之久的今古文之争就是由于《尚书》和《左传》引起的，而伪古文《尚书》又是伪书中典型标本，然而历代帝王和士大夫都把其作为政治和伦理的典范，对中国社会影响深远。清代学者阎若璩经过严密的论证，广征博引，从史实、典制、历法、地理、文体、文例、时代及语言风格等方面，列举

---

① 顾颉刚：《〈三皇考〉自序》，见《古史辨》(七)中编，44页。

② 《古史辨》(一)于1926年由顾颉刚在北京编著，朴社出版，至1941年《古史辨》共出版了七册。其中四、六两册系顾颉刚委托罗根泽所编，第七册是吕思勉，童书业所编，其余皆由顾氏编成。

③ 胡适：《介绍几部新出的史学书》，见《古史辨》(二)，334页。

④ 郭沫若：《中国古代社会研究》，见《郭沫若全集·历史编》第1卷，304页。

⑤ 徐旭生：《中国古史的传说时代》，23页，北京，文物出版社，1985。

出《古文尚书》作伪的一百二十八条确凿证据，逐一揭露其来源，将《古文尚书》及孔传为王肃所伪作一事铸成铁案。但清朝钦定的《十三经注疏》中的《尚书》仍然将今古文混淆在一起，依旧在学术界流传。继阎若璩作《尚书古文疏证》，指出伪古文形成过程中的许多破绽之后，还有惠栋《古文尚书考》、孙星衍《尚书今古文注疏》、段玉裁《古文尚书撰异》等，揭示出古文作伪的真相，考证了许多疑难问题。此外，尚有王念孙、王引之、吴大澂、孙诒让等学者，对《尚书》研究也颇多创获。尽管前人做了很多工作，但《尚书》的释读依然有不少困难。王国维说："《诗》、《书》为人人诵习之书，然于六艺中最难读。"并说自己"于《书》所不能解者殆十之五，于《诗》亦十之一二。"①可见《尚书》研究的困难。

顾颉刚在南北各地大学开设《尚书》研究课时，发现《尚书》的内容涉及全部古史，特别是儒家构建的古帝先王体系，设计理想的政治制度，树立道统中心。因此，《尚书》成为儒家五经中最尊的一经，成为牢笼百代的统治思想。他知道，要想清算古史，就必须攻破这一堡垒。但他也深知《尚书》研究之难，他说："研究《尚书》，是经学中最困难的一件工作。这是因为时代隔得太远了，言语文字都经过许多变迁，历次的写刻又有许多讹脱改易之处，以致不能读懂的句子太多。又因古史的传说太纷歧，它受了外面纷歧的传说的影响，以致生出了许多葛藤，淹没了它的真相。但我们幸而生在清代学者之后，他们对于文法、文字、音韵、训诂、校勘各方面都有深邃的研究，散见在各书。我们若能集合他们的研究的结果，加以我们对古史的见解，不难贯穿为一种系统的解释。"②又说："《尚书》这部经典虽只二十八篇，不到二万字，但因它上起于商，中经两周，下终战国，既有古今字的不同，也有东西语法的不同，又有错字、错简的牵缠，所以必须集合语音、文字、训诂、语法、版本、历史、地理天文、历法诸学，方可说明其问题，挖掘其真相。其中每一个字都可以牵涉到几个问题，要全部讲通，便须研究好几万个问题。"③在前人研究的基础上，顾颉刚进一步指出

---

① 王国维：《与友人论〈诗〉〈书〉中成语书》(一)，见傅杰编校：《王国维论学集》，170 页。

② 顾颉刚：《讲授尚书学计划书》，见顾潮编：《顾颉刚年谱》，130 页，北京，中国社会科学出版社，1993。

③ 顾颉刚：《祝融族诸国的兴亡——周公东征史事考证四之六》，见燕京研究院编：《燕京学报》第 8 期，55 页，北京，北京大学出版社，2000。

今文《尚书》二十八篇并非完全可信，《尧典》《皋陶谟》和《禹贡》就是战国时儒生为了宣扬自己的学说所造的伪书。这样就从根本上动摇了儒家尧、舜、禹、汤、文、武、周公这一古史系统，因此，他整理研究《尚书》的最终目的，是要认识古代的真面目，看清整个历史的环节，也即要打破其经典地位，恢复《尚书》的史料价值。

顾颉刚早在20世纪二三十年代就开始研究《尚书》，1923年，在给胡适的信中，他提出了对今文二十八篇的看法：

> 先生要我重提《尚书》的公案，指出《今文尚书》的不可信，这事我颇想做。前天把二十八篇分成三组，录下：
>
> 第一组(十三篇)：
>
> 《盘庚》、《大诰》、《康诰》、《酒诰》、《梓材》、《召诰》、《洛诰》、《多士》、《多方》、《吕刑》、《文侯之命》、《费誓》、《秦誓》。
>
> 这一组，在思想上，在文字上，都可信为真。
>
> 第二组(十二篇)：
>
> 《甘誓》、《汤誓》、《高宗肜日》、《西伯戡黎》、《微子》、《牧誓》、《金縢》、《无逸》、《君奭》、《立政》、《顾命》、《洪范》。
>
> 这一组，有的是文体平顺，不似古文，有的是人治观念很重，不似那时的思想。这或者是后世的伪作，或者是史官的追记，或者是真古文经过翻译，均说不定。不过决是东周间的作品。
>
> 第三组(三篇)：《尧典》、《皋陶谟》、《禹贡》。
>
> 这一组决是战国至秦汉间的伪作，与那时诸子学说有相连的关系。那时拟书的很多，这三篇是其中最好的；那些陋劣的(如《孟子》所引“舜浚井”一节)都失传了。
>
> 但我虽列出这个表，一时还不能公布，因为第三组我可以从事实上辨他们的伪，第一组与第二组我还没有确实的把握把它们分开。我想研究古文法，从文法上指出它们的差异，但这是将来的事情。
>
> 对于第三组，我想做两篇文字——《〈禹贡〉作于战国考》、《〈尧典〉、〈皋陶谟〉辨伪》。①

他将今文《尚书》二十八篇按写作时间分成三组，分清真伪，其后的研

① 顾颉刚：《论〈今文尚书〉著作时代书》，见《古史辨》(一)，201～202页。

究基本上是按照这一划分思路进行的。

1925 年，他在广州中山大学编的《尚书》讲义，搜集自汉代至近代研究《尚书》的主要各家之说六十二种，编为《尚书学参考资料》八册。20 世纪 30 年代他在燕京大学、北京大学等开设《尚书》研究课，专门考辨《尧典》《禹贡》等篇章，他将所编《尚书研究讲义》，分甲、乙、丙、丁、戊五种，做专题研究。此外，他又和顾廷龙合编《尚书文字合编》，搜集了《尚书》经文文字变迁资料，还主编《尚书通检》，按书中任何一字即可查到书中任何一句，为研究或阅读《尚书》提供方便，又编《尚书学讨论集》稿，全面抄录研究《尚书》的文章数百篇，并有编辑“尚书学”的志愿，为进一步研究《尚书》奠定了良好的基础。

1925 年，顾颉刚在《语丝》上发表《盘庚中篇的今译》一文，这是《尚书》译文之始。这项工作在学术界获得好评，朱自清认为：“五四运动以后，整理国故引起了古书今译，顾颉刚先生的《盘庚》篇今译最先引起我们的注意。他是要打破古书奥妙的气氛，所以将《尚书》里诘屈聱牙的这《盘庚》三篇用语体译出来，让大家看出那‘鬼治主义’的把戏。他的翻译很谨严，也够确切，最难得的，又是三篇简洁明畅的白话散文，独立起来看也有意思。……这种翻译的难处在乎译者的修养，他要能够了解古文学，批判古文学，还要能够照他所了解与批判的译成艺术性的或有风格的白话。”①

对《尚书·尧典》的著作年代，顾颉刚从地理、意义、文辞、制度、疆域等方面，指出《尚书·尧典》并非唐、虞时代之作品，怀疑是汉人所作，证据有二：一是《尧典》中以“群牧”与“群后”并立，正与西汉初年郡县与封建并立之特殊制度相合；二是《尧典》中“肇十有二州”一语，为汉武帝立十三部刺史的反映，且朔方、南交都是秦汉时期北逐匈奴，南征百越，置朔方郡、交趾郡，地域扩张后的产物。他进一步疑其可能作于汉武帝之时，理由有四：“其一为经传之篇目，其二为《史记》之收录，其三为西汉人之征引，其四为汉武帝之志愿及其时代潮流。”他认为《尧典》中所记郊祀、封禅、举贤良制、赎制、三载考绩制度等，都到汉时才有，说明它并非作于一时一人，而是历经数百年时间才完成的。②

顾颉刚认为《禹贡》是战国之世走向统一前夕由当时地理学家所做的总

---

① 朱自清：《古文学的欣赏》，见顾潮编：《顾颉刚年谱》，103 页。

② 顾颉刚：《〈尧典〉著作时代考》，见刘梦溪主编：《中国现代学术经典·顾颉刚卷》，293、353 页。

结性的地理记载。他作《〈禹贡〉作于战国考》论文提纲："(1)古代对于禹的神话只有治水而无分州；(2)古代只有种族观念而无一统观念；(3)古代的'中国'地域甚不大；(4)战国七雄的疆域开辟得大了，故有一统观念……九州之说得以成立，而秦始皇亦得成统一之功；(5)邹衍'大九州'之说即紧接九州之说而来；(6)'分野'之说亦由九州之说引起；(7)～(10)(按，皆考论九州州名)；(11)所以考定《禹贡》为战国时书而非秦汉书之故。(一，禹尚是独立而非臣于舜；二，每州尚无一定的一个镇山；三，不言'南交'。)"① 但是儒家把它作为大禹时期的作品，以为是禹治理洪水奠定九州的纪录，把禹美化为继尧、舜后的平地成天的一个圣王，就显然不符合历史真实了。在《禹贡评注》中，他又论证《禹贡》是公元前 3 世纪的作品，较秦始皇统一的时代约早六十年，作者是西北秦国人。徐旭生说顾颉刚"最大的功绩就是把在古史中最高的权威，《尚书》中的《尧典》《皋陶谟》《禹贡》三篇的写定归还在春秋和战国时候(初写在春秋，写定在战国)。……由于疑古学派(广义的)历史工作人及考古工作人双方的努力，才能把传说时代和狭义历史时代分开，把盘庚以前的时代叫作传说时代，以后的时代叫作历史时代"②。此外，为了更好地研究《禹贡》，他认识到应结合历史地理来进行研究，因而创办了《禹贡》半月刊，成立了"禹贡学会"，推动了中国历史地理学的发展。

但是，也有学者对于顾颉刚《尚书》各篇年代的考订表示异议，李学勤说："《尚书·尧典》篇中主要内涵可与甲骨刻辞四方风名印证，有古远的渊源。其所述四中星，据近年学者推算，颇能与唐虞时期符合，有天文学史方面著作推测'其上下限当在距今 3600 年到 4100 年之间'(这是说它开始形成的年代)。"③

中华人民共和国成立后，顾颉刚对《尚书·周诰》八篇进行研究，写作体裁分校、释、译、论四项，其内容和体例为以下几点：一是本文；二是注解集合各代人经说，每句取一家，作为翻译的根据；三是译文根据注解，如非增字不可处则以符号标出之；四是评论则主要说明此篇之真伪问题，指出其在历史上的地位，并提出篇中难以解决的问题。这种以唐石经为底本，把各种古刻(汉、魏石经)和古写本(敦煌卷子本和日本古写本)逐一校

① 顾颉刚：《论〈今文尚书〉著作时代书》，见《古史辨》(一)，202～203 页。

② 徐旭生：《中国古史的传说时代》，22 页。

③ 李学勤：《西水坡"龙虎墓"与四象的起源》，见《走出疑古时代》，147 页，沈阳，辽宁大学出版社，1994。

勘，再选取古今人的注释，为之疏通贯穿，然后把全文分节标点，译成现代汉语，最后加上史实的考证和引用书说明的做法，既细致全面，又深入详尽。他在致友人的信中说，翻译《尚书》，“首须从语言、文字、训诂、文法诸学入手，不但要总结前人，并须超过前人，因此必须研究甲文、金文及其他经典，尽量利用比较资料，方可做出较为妥帖的结论。此事已极不易，而各篇文字处处牵涉古史及古代制度，又须以现代社会科学理论作解释，那就范围更广，获得结论更难”①。1960 年，顾颉刚着手进行《大诰译证》工作，把全文分成上下两编，上编为校勘、解释、章句、今译四部分，下编为史实部分，考证产生《大诰》这篇重要文告的历史背景，指出周公东征，使得周代的势力东至黄河，北至辽宁，南到苏南，把东方各族打得分散到东北、西北、东南各处。但此等大迁徙的史实，从《大诰》中是看不出来的，“为了弄明白当时的情形，只有用‘沙里淘金’的苦功夫，以最大的努力获得一些有限的结果，因为周初史料绝大部分都毁灭了，除了青铜器铭文外，惟有从春秋、战国的记载里寻取夹缝的资料；还不足，只得把秦、汉以下第三手的资料来补充”。因此这篇考证“集合二三千年中留下来的资料，加上七八百年中学者们不一致的讨论，组织成一个历史系统，希望对于周初史事的解决起一个相当的作用”②。他对这一工作很自信，在致友人的信中说：“此次作《大诰译证》，以四年之力，易稿三次，成四十万言，不第在文字、训诂、语法各方面尽力搜讨古今人之著作，一一为之批判接受，并考证周初史事，以周公东征，东方民族大迁徙为中心，自信甚多新见，足揭三千年前之史实。”③有学者评价顾颉刚治《尚书》的计划“博大而又周密，在《尚书》学史上还没有过先例”，又说《〈尚书大诰〉今译》（摘要）“事实上大大超过了译述范围，可以说是对《尚书》力求进行总结性的整理工作，对二千余年来的《尚书》学力求作出新的估价。不仅他的校订、考释、训诂、译文有助于我们研究古史，他的别具一格的著作体例，也可以供我们参考”。④

顾颉刚接着在“史事考证”系列论文中，又对周公东征管、蔡、武庚及

---

① 顾潮：《历劫终教志不灰——我的父亲顾颉刚》，293 页。

② 顾颉刚：《〈尚书·大诰〉今译（摘要）》，见《顾颉刚集》，250 页，北京，中国社会科学出版社，2001。

③ 顾潮：《历劫终教志不灰——我的父亲顾颉刚》，295 页。

④ 李平心：《从〈尚书〉研究论到〈大诰〉校释》，见《李平心史论集》，44 页，北京，人民出版社，1983。

其相关事件做了细致考订，分《三监“人物”及其疆地》《周公执政称王》《三监及东方诸国的反周军事行动和周公的对策》《周公东征和东方各族的迁徙》《康王以下的东征和北征》《三监的结局》《奄和蒲姑的南迁》《徐和淮夷的迁留》《祝融族诸国的兴亡》《鸟夷族的图腾崇拜及其氏族集团的兴亡》等篇，将关系周王朝成败的重大历史事件清楚地考订出来，清理出周初民族大迁移的重要史实。在《周公东征和东方各族的迁徙》一文中，他利用《诗经》《孟子》《伪古文尚书·武成》《韩非子》《逸周书》《史记》《尚书》和青铜器铭文《盥鼎》《小臣单觯》《保卣》等文献和实物资料，说明周公掌握政权后，管叔、蔡叔散布谣言，联合武庚发动叛乱，周公历时三年时间东征，叛乱平定后，殷商人民或流亡到东北，另建新国；或被迁到洛邑，受到管制；或分给新封的各国，做了奴隶。①

顾颉刚晚年在其助手刘起釪的协助下，陆续完成了《尚书》中《牧誓》《盘庚》《西伯戡黎》《汤誓》《微子》《酒诰》《多士》《梓材》《无逸》《召诰》等篇的“校释译论”工作，撰成的文章相继刊登在《中国史研究》《历史学》《文史》等杂志上。

顾颉刚做的以《尚书》《逸周书》为史料考订上古时期的历史事实的工作，对研治先秦史的学者很有启发价值。如他在《〈逸周书·世俘篇〉校注写定和评论》一文中，以刘歆引用的《古文尚书·武成》逸文与《逸周书·世俘解》相比较，从用语、历法、制度、史实上提出五条证据，肯定《世俘》即《古文尚书》所亡逸之《武成》篇，为西周时代作品，是记载周武王伐纣的重要史料。他不仅从《逸周书》中发掘了一篇真《古文尚书》，把它详加校注，将错简重新整理次序，写为定本，使之文从字顺，而且把有关史事也做了考辨。②

顾颉刚研究《尚书》有一个更大的目标，他说：“目前正在争论西周是奴隶社会还是封建社会，我把《尚书》彻底翻译出来，即是为中国社会的发展史中的一个课题供给确实可靠的材料呵！”③总体来说，其《尚书》研究有以下几个特点：一是把校勘、考证、训解、章句和译述有机综合起来，组成一

---

① 参见顾颉刚：《周公东征和东方各族的迁徙》，见刘梦溪主编：《中国现代学术经典·顾颉刚卷》，395 页。

② 参见顾颉刚：《〈逸周书·世俘篇〉校注、写定和评论》，见《顾颉刚古史论文集》第 2 册，276 页，北京，中华书局，1988。

③ 顾颉刚：《虬江市隐杂记》(一)，见印永清辑：《顾颉刚书话》，21 页，杭州，浙江人民出版社，1998。

个研究体系；二是根据广泛搜集的材料从事校释，吸收各方精华，丰富尚书学内容；三是打破经学史上门户之见，择善而从，并以自己研究心得加以发展，不囿于一隅一格；四是把各种问题的专门探索同《尚书》的一般研究结合起来，能使专门知识和特殊材料为校释服务；五是能从历史角度进行考察，以求全面具体地弄清楚《尚书》各篇的历史背景和历史脉络，提出了别具一格的著作体系，为史学著作提出了一个新的体例。① 他还从新发现的简册资料——武威汉代《礼经》(《仪礼》)九篇，考察汉世各家派的不同本子，因而得到了大多数学者的认可，学者们普遍认为他把《尚书》研究提高到了一个新的水平，推进到了一个新的阶段。杨宽说："解放以来，顾先生长期努力于各篇今文《尚书》的校释研究。尽管清代以来学者作了很多校释，存在的问题还很复杂，学者对此很难掌握。现在顾先生这样做法，真正做到了王国维所说的：'著为定本，使人人闻商周人之言，如今人之相与语，而不苦古书之难读'(见《尚书核诂序》)。这真是古史领域里的重大建设。不但便于学者充分运用《尚书》以建设商周史，还便于用《周书》与西周金文作比较研究。"②

由于《尚书》研究问题太多，牵涉面太广，资料太繁，搜集、整理、积累、寻析这些资料和问题就耗去了其大半生时间，当开始坐下来准备写的时候，他已经到了垂暮之年。他治学有一特点，就是写文章总要反复修改，且不说作成一文要易稿数次，即便写毕已发表之文，随着时间的推移，又得不少新材料，也要部分或全部重写。他想把所有的史料都搜罗无遗，所有的问题都彻底解决，因此每篇文章动辄几万乃至十几万字，以至于毕生未能写成一书。十年动乱中断了他正常的研究进程，以至计划远未完成，实是极大的憾事。香港学者许冠三评价顾颉刚后期对《尚书》的研究是"历尽六十年的沧桑与曲折，他终能合疑古、辨伪、考信为一，在刘起釪先生的协助下，写出他一生最圆熟的谨严之作"，"不但会通了汉魏以后各类专家学说的精华，而且抉择准当，论断公允，其疏证之详明精确与绵密细致更在王国维之上。至于资料繁富，体例创新与双重证据配搭的挥洒自如，犹在其次。顾氏所以有此空前创获，关键仍在方法，文法语意演进观点的运用尤为成功"。他又说："(顾颉刚)最后二十年的工夫，则完全以立为宗，已发表的《尚书》诸篇校释议论和待印行的《周公东征史事考证》，都是这一时

---

① 参见白寿彝：《怀念顾颉刚先生》，载《史学史研究》，1993(2)。

② 杨宽：《顾颉刚先生和〈古史辨〉》，载《光明日报》，1982-07-19。

期的代表作。其造诣之高，无论就规模、见识、方法、资料与体例的全体或任何一方面看，已远在王国维的《尚书》研究之上。”①

三、先秦和汉代学术思想研究

古史辨派的疑古思潮冲破了人们头脑中固有的信古、嗜古心理定式，起到了思想解放的作用。顾颉刚继承了我国历代疑古辨伪的优良传统，吸取了社会学、民俗学、考古学等学科的知识，运用了近代西方传入的科学方法，把我国先秦至两汉的古书上有关古史的记载，做了见解独到的分析。

《诗经》是我国最早的一部诗歌总集，也是极有价值的社会历史资料。顾颉刚作于1923年的《〈诗经〉在春秋战国间的地位》一文，广泛采用《尚书》《左传》《国语》《仪礼》《论语》《礼记》诸书记载，论证了《诗经》在周代或是由平民唱出来而由乐工谱了乐章唱给贵族听的，或是由贵族做出来的，分别用于典礼、讽谏、赋诗、言语四方面，其编辑时间约在春秋。他说：“《诗经》是为了种种的应用而产生的，有的是向民间采来的，有的是定做出来的。它是一部入乐的诗集，大家对于这些入乐的诗都是唱在口头，听在耳里，记得熟了，所以有随意使用它的能力。……但他们无论如何把诗篇乱用，却不预备在诗上推考古人的历史，不希望推考作诗的人的事实。……所以虽是乱用，却没有伤损《诗经》的真相。”传说孔子删定《诗经》，他对于诗乐的态度，“对于自己是修养品性，对于社会是会得周旋上下，推论事物”。②

此后，他又写了《论〈诗经〉所录全为乐歌》一文，利用《吴歌甲集》所搜集的苏州歌谣，来说明“《诗经》中一大部分是为奏乐而创作的乐歌，一小部分是由徒歌变成的乐歌。”接着从春秋时的徒歌、《诗经》本身、汉代以来的乐府、古代流传下来的无名诗篇四方面的事实加以论证，他总结说：“春秋时的徒歌是不分章段的，词句的复沓也是不整齐的；《诗经》不然，所以《诗经》是乐歌。凡是乐歌，因为乐调的复奏，容易把歌词铺张到多方面；《诗经》亦然，所以《诗经》是乐歌。两汉六朝的乐歌很多从徒歌变来的，那时的乐歌集又是分地著录，承接着《国风》，所以《诗经》是乐歌。徒歌是向来不

---

① 许冠三：《顾颉刚：始于疑终于信》，见陈其泰、张京华编：《古史辨学说评价讨论集》，534、539～540页，北京，京华出版社，2001。

② 顾颉刚：《〈诗经〉在春秋战国间的地位》，见《古史辨》(三)，344～345、366～367页。

受人注意的，流传下来的无名氏诗歌亦皆为乐歌；春秋时的徒歌不会特使人注意而结果结集入《诗经》，所以《诗经》是乐歌。”①杨向奎对顾颉刚的《诗经》研究评价道：“还《诗》义以本来面目者，自五四始，顾颉刚先生说《诗》，遂以‘诗’说《诗》，而不是以‘教’说《诗》。”②

《周易》也是儒家的一部重要经典，顾颉刚作了《〈周易卦爻辞〉中的故事》一文进行研究。他考证出《周易》中《经》和《传》作于不同时期，《易经》的著作时代在西周，而《易传》的著作时代在战国至西汉中叶之间。他利用王国维甲骨文、金文研究成果和文献记载，对《周易卦爻辞》中的五个故事：王亥丧牛羊于有易、高宗伐鬼方、帝乙归妹、箕子明夷、康侯用锡马蕃庶，一一做了说明，指出《易经》(《卦爻辞》)与《易传》(《彖传》《象传》《系辞传》《文言传》《说卦传》《序卦传》《杂卦传》的总名)中的历史观念“处于绝端相反的地位：《易经》中是断片的故事，是近时代的几件故事；而《易传》中的故事却是有系统的，从邃古说起的，和战国秦汉以来所承认的系统，所承认的这几个古人在历史中所占有的地位完全一致。”如果我们将《易经》《易传》与《易林》分开来看，则可以澄清以下史实：一是没有尧、舜禅让的故事；二是没有圣道的汤武革命的故事；三是没有封禅的故事；四是没有观象制器的故事。因此，《周易》的著作时代可以约略地推定在西周初叶，著作人无考。而《易传》的著作时代，至早不得过战国，迟则在西汉中叶，是京房一派的伪托。他最后说：“《易》本来只是一部卜筮之书，经他们用了道家的哲理，圣王的制作和道统的故事一一点染上去，它就成了一部最古老的，最玄妙的，和圣道关系最密切的书了。”③

此文发表后，颇得学术界的好评，胡适在给顾颉刚的一封信中说：“顷读你的《周易卦爻辞中的故事》，高兴极了。这一篇是极有价值之作。不但是那几个故事极有趣，你考定《系辞传》的著作年代也很有意思，引起我的兴趣。”④20 世纪 80 年代以后，由于考古学的迅猛发展，倾向于《周易》经文起于商周之交或周初的学者越来越多，这与顾颉刚的推论基本符合。李学勤指出：“(《周易》经文形成时代问题)其实很早以前已由顾颉刚先生解决

---

① 顾颉刚：《论〈诗经〉所录全为乐歌》，见《古史辨》(三)，625 页。

② 杨向奎：《宗周社会与礼乐文明》，217 页，北京，人民出版社，1992。

③ 顾颉刚：《〈周易爻卦辞〉中的故事》，见《古史辨》(三)，26、44 页。

④ 耿云志、欧阳哲生编：《胡适书信集》(上)，497 页，北京，北京大学出版社，1996。

了。顾先生在1929年撰有《〈周易卦爻辞〉中的故事》一文，援引王国维先生等对古史的研究，详细考述了《周易》经文中王亥丧牛于易，高宗伐鬼方，帝乙归妹，箕子之明夷，康侯用锡马蕃庶等事迹，推定《周易》卦爻辞'著作年代当在西周初叶'，其说精确不磨，为学者所遵信。后来虽有学者以为经文中有更晚的故事，但均未能确证。"①

顾颉刚于1933年出版的《汉代学术史略》(后改名为《秦汉的方士与儒生》)，是一部通俗化的学术著作，深入浅出地说明了历来公认的三皇五帝古史系统的由来，将汉代学术思想用浅显易懂的文字叙述出来，说明在阴阳家和方士气氛下秦汉的政治制度，儒生接受了方士的理论，经学如何转入谶纬及其对政治的影响。全书文字生动，被认为是论述汉代学术与政治关系的名著。

"阴阳"学说起源于《周易》，《系辞》有"一阴一阳谓之道"，阴阳的相互作用、交感推动了宇宙的生生不息。"五行"学说发轫于《尚书·洪范》，但仅研究了金、木、水、火、土五种基本物质元素及其功能。战国时齐人邹衍始用阴阳五行学说来解释人类社会的变迁。到了汉代，刘歆用"五德终始说"相生相克理论来构建影响巨大的思想体系。顾颉刚写于1930年的《五德终始说下的政治和历史》，从最复杂错乱、最扑朔迷离的史料中，清理出"五德终始说"的线索，找出其连贯前后起决定作用的东西，揭露古史体系层累构成的经过。该文主要论点是说五德终始出于刘歆的伪造，其目的是为了助王莽篡位，给新朝的政权在五德终始中的链条里找到一个安身立命的位置，寻求王莽政权天命的根据。他在文中首先论证了"五行说起于战国的后期"和"邹衍是始创五行说的人"两个问题，认为邹衍创立的五德终始说，认为古代帝王更迭递嬗的顺序是按五德相生的次序进行，它给人两个暗示：第一个暗示是不可妄冀非分，凡无五德之运的决做不成天子；第二个暗示是天命不永存，此德衰而彼德兴，则易姓受命之事便立刻显现。刘歆《世经》接受了董仲舒的"三统说"，完全改变了邹衍的五行顺序，将五德相胜改成了五行相生，朝代也伸展了约两倍，邹衍的五德相胜说，是根据夏、商、周以征伐革命而获得天下的历史事实，因此用后一代胜前一代的顺序。王莽要假借禅让夺取刘氏天下，故《世经》规定汉为火德尧之后裔，而尧禅位于舜，王莽恰好是舜后，因此他的代汉便是必然之事，没有所谓篡夺汉朝之举了。"古史系统的伸展和所伸展的古史的不适于使用五行相胜

① 李学勤：《关于〈周易〉研究的十个问题》，见《走出疑古时代》，75页。

的方式，故邹衍的五德终始说必须有一度彻底的改造。”①五德相胜变成了五德相生，为王莽代汉做了舆论准备，由此古代历史也就为此全部改观。顾颉刚从汉代的时势指出，王莽为夺汉家天下，所用手段是在历史“五德相生”的循环中找出他做皇帝的依据，以造成尧舜禅让的重现，而刘歆由于整理皇家书籍，为借政治力量表彰所发现的古代史料，必在其中加进有利于王莽的东西，伪造了一套古史系统。王莽垮台后，这样一个利用当时流传下来的材料所编造的古史体系仍然传下来。顾颉刚通过对五德说的研究，说明其在秦汉之际的变迁之迹，指出它是政治和历史的产物，并非刘歆一人所造的事实。

《五德终始说下的政治和历史》一文发表后，反响强烈，赞成者有之，反对者有之。童书业说：“顾颉刚先生近年来做了一篇《五德终始说下的政治和历史》，这篇文章，是当代古史学界一篇最伟大的作品，他把从战国到新代因现实政治造成的各种伪古史系统，和由伪古史说造成的现实政治，整整清理了一下，详细地说明它发生和经过的情形，其搜证的严密，论断的精确，在在足以表见作者头脑的清晰和目光的锐利。”②有的学者则尖锐地批评其怀疑过头，钱穆说：“顾先生也时时不免根据今文学派的态度和议论来为自己的古史观张目。……横添许多无谓的不必的迂回和歧迷。”③杨向奎也说：“刘歆为王莽制造夺取天下的理论根据，既然是在‘制造’，这里面的任意性很大，他可以利用任何一德为基本，不管是火德是土德。说西汉是火德，尧后，王莽的自本是舜后，土德；反正是五德循环，反正是根据王莽的自本，谁敢说他的自本是伪造？他自造尧后、舜后、禹后都方便的很，何必去变动古史系统，改变五行次序以自造破绽？王莽是狡猾的人，刘歆更是当时的大学者，他们不会这样笨拙，自找麻烦。”④

《三皇考》是顾颉刚与杨向奎 1936 年合写的一篇文章，全文以详尽的资料，细致的推理，考证了“三皇”及其传说演变的原委，认为解决了这一困扰学者多年的问题。战国之前，“皇”本来是上帝神，战国末始出现作为人王位号的“三皇”一词，秦始皇统一天下后，定天皇、地皇、泰皇为三皇名

---

① 顾颉刚：《五德终始说下的政治和历史》，见《古史辨》(五)，465、491～492 页。

② 童书业：《五行说起源的讨论》，见《古史辨》(五)，660～661 页。

③ 钱穆：《评顾颉刚〈五德终始说下的政治和历史〉》，见《古史辨》(五)，621 页。

④ 杨向奎：《论“古史辨派”》，见中华书局编辑部编：《中华学术论文集》，20 页，北京，中华书局，1981。

号，西汉时三皇消沉，原因是："其一，西汉是阴阳说极盛的时候"；"其二，西汉是极注重天文历法的时代"。西汉末年，三皇说再度复兴，刘歆为助王莽篡位，把董仲舒的黑、白、赤三统改成天、地、人三统，提出了天皇、地皇、人皇为三皇。但三皇所指不一，伏羲、神农各家相同，还有一皇或指燧人、或女娲、或祝融，伪《古文尚书》将伏羲、神农、黄帝定为三黄，少昊、颛顼、高辛、唐、虞为五帝，从此"三皇五帝"一名便确定下来，成为中国的信史。东汉纬书中又出现了开天辟地的盘古，列于三皇五帝之前，女娲的地位下降。道教经典中也有三皇，说法各异，都是些奇形怪状的神。近代以来，民间祭祀三皇依然盛行，元代各县均设庙宇，明清两代只在太医院设三皇庙，这是三皇的最终结局。①

顾颉刚对民俗学也很有研究，于 1924 年写了《孟姜女故事的转变》一文，列举《左传》《檀弓》《孟子》《列女传》等史籍所述，指出："杞梁之妻的故事中心，在战国以前是不受郊吊，在西汉以前是悲歌哀哭。"到了西汉后期，"又从悲歌而变为'崩城'了"。所崩之城"在中国的中部，不离乎齐国的附近。杞梁夫妇的事实，无论如何改变，他们也总是春秋时的人，齐国的臣民。谁知到了唐朝，这个故事竟大改变了！"唐末诗僧贯休的《杞梁妻》一诗，"总结'春秋时死于战事的杞梁'的种种传说，而另开'秦时死于筑城的范郎'的种种传说"。转变之原因，"一是乐府中《饮马长城窟行》与《杞梁妻歌》的合流；一是唐代的时势的反映"。那时武功极盛，杞梁之妻就成为一个"丈夫远征不归的悲哀"的结晶体。他称赞南宋人郑樵在《通志・乐略》中论述杞梁之妻故事的演变是"一个极闳通的见解，古今来很少有人把这样正当的眼光去看歌曲和故事的"。至于孟姜一名的由来，从《诗经》中知道，孟姜是周代美女的通名。② 顾颉刚用民俗学的材料，包括故事、神道、歌谣等，去印证古史，创立"故事演进方法"，在当时学术界引起了重视。

顾颉刚能够慧眼识人，吸纳英才，同时又胸怀宽广，能够包容异己之见。1929 年，他返苏州小住，造访当时任中学教师的钱穆，匆匆翻阅钱著《先秦诸子系年》书稿后，对其史学功底和才华大加赞赏，称"君似不宜长在中学教国文，宜去大学中教历史"，并推荐其到中山大学任课。后钱穆得以任教燕京大学，也是顾颉刚鼎力相荐的结果。及他任《燕京学报》编辑委员

---

① 参见顾颉刚：《三皇考》，见《古史辨》(七)(中)，93～94、49 页。

② 顾颉刚：《孟姜女故事的转变》，见刘梦溪主编：《中国现代学术经典・顾颉刚卷》，715～736 页。

会主任，又向钱穆约稿，钱穆所写的《刘向歆父子年谱》主要针对康有为《新学伪经考》一书认为刘歆伪造群经之说而发的。顾颉刚属今文学派，也主康说，但他看了之后，不但不以为忤，反而将稿子拿到《燕京学报》上发表。钱穆晚年一再忆及此事："此文不啻特与颉刚争议，颉刚不介意，既刊余文，又特推荐余至燕京任教。"①他对顾颉刚的胸怀再三表示钦佩。因此有学者评论道："钱穆实因此文而名重学术界，顾氏的推荐、提携，功不可没。这种不以己意排抑异见的博大胸襟，为这个时代的知识分子留下了豁达大度的风范和学术公心，此等胸怀，最不可没。"②

第三节　傅斯年的史料学观点和古史考证

傅斯年(1896—1950)，字孟真，山东聊城人，早在北京大学读书期间，他就积极参加新文化运动，创办《新潮》杂志，宣扬"民主""科学"等西方新思想、新学理。1920 年年初他启程赴英国、德国留学，初攻生理学、实验心理学，后治哲学，兼读历史、高等数学、物理、化学、比较语言学、人类学、考古学等科。1926 年年底傅斯年回国，受聘担任中山大学教授，文科学长(文学院院长)并兼中国文学、史学两系主任。后他受命筹建中央研究院历史语言研究所(以下简称史语所)，任所长一职长达二十余年，创办《历史语言研究所集刊》，任主编，先后任北京大学、西南联合大学教授。1948 年年底，傅斯年随史语所迁至台湾，兼任台湾大学校长，1950 年在台北病逝。其主要著作有《东北史纲》《性命古训辨证》《夷夏东西说》《历史语言研究所工作之旨趣》等，1980 年台湾联经出版公司结集出版了《傅斯年全集》。

傅斯年在学术行政方面所做的贡献是很令人称道的，而他自己在古史考证领域也有突出的表现。何兹全先生评价道："但就这五篇(指《夷夏东西说》、《周东封与殷遗民》、《姜原》、《大东小东说》、《论所谓五等爵》)已发表的篇章来看，篇篇都有精意，篇篇都有创见，篇篇都是有突破性、创始性的第一流的好文章。这一本未完成的书(指《民族与古代中国史》)之已完成的几篇文章，已足以使傅斯年坐上 20 世纪中国史学大师的宝座，享有大

① 钱穆：《八十忆双亲　师友杂忆》，152 页，北京，生活·读书·新知三联书店，1998。

② 陈勇：《钱穆传》，73 页，北京，人民出版社，2001。

师的荣誉。”①

一、史料学观点

20世纪新历史考证学的一个显著特点，就是在继承传统考据学的基础上，借鉴西方理论和方法，加上新史料的发现，遂促成了繁盛局面。傅斯年出身儒学世家，幼承庭训，打下了坚实的国学基础，对传统文化非常熟稔，后留学欧洲，学习西方近代史学理论和方法，不仅在历史考证学方面有重要的成绩，而且他所领导的史语所在安阳殷墟发掘、整理明清内阁档案方面也有突出的贡献，因而他成为新历史考证学的代表人物。

五四运动时期，受到新文化“科学”思潮的影响，经过丁文江、胡适、任鸿隽等人的鼓吹，在中国思想界“形成了一个笼罩全国的科学主义思潮，表现在一方面试图利用西方的自然科学知识，把欧美诸国先进的科学技术引进中国来，以改变中国贫穷落后、受人欺凌的局面；另一方面希望利用西方的科学方法来治中国的传统的学问，破除陈旧的学风，振兴中华学术。”②1920年起，傅斯年到西欧留学六年，曾学习普通心理学、实验心理学、化学、物理学、高等数学等课程。1921年8月1日，他给胡适的信中说自己到伦敦后打算“专致力于心理学”，并以生物学的一派与弗洛伊德(Freud)精神分析学的一派为重点，他说：“近中温习化学、物理学、数学等，兴味很浓”，并准备“下学年所习科目半在理科，半在医科”，表示暂时不想做文章，原因之一就是“于科学上有些兴味，望空而谈的文章便很觉得自惭了”③。傅斯年在德国留学期间，正值兰克派史学观点盛行之际。兰克学派的主要理论是提倡“科学的史学”，深信史学可以而且必须客观化，其中不能掺入一丝一毫个人的主观见解。在兰克看来，史学最后可以发展到和生物学、地质学同样高度的科学性，落实到实践的层面，则是借重语言学的知识从事考证，以史料学为基础，扩大史学的范围和考订的精密。傅斯年对兰克的治史原则十分推崇，以后治史运用西方的科学方法来研究中国传统学问，并以历史语言考据学为基础的特征，极其强调史料的重要性，

---

① 何兹全：《傅斯年的史学思想和史学著作》，载《历史研究》，2000(4)。

② 张书学：《傅斯年与中国现代史学的科学化》，载《东岳论丛》，1997(6)。

③ 中国社会科学院近代史研究室中华民国史组：《胡适来往书信选》(上)，104～105页，北京，中华书局，1979。

扩大史料范围，严格审查史料的可信程度，以科学的方法整理史料——便是傅斯年考证理论和方法的最突出特点。此外，他对兰克在柏林大学研究班上所培养的一批弟子及由此而形成的“兰克学派”也十分心仪，为以后其领导的史语所之蓝本。

傅斯年在柏林大学主修哲学的同时，广泛涉猎其他人文科学和自然科学，尤精于科学的方法论。毛子水回忆道：“十二年，他从英赴德进柏林大学；听讲的余暇，最初专研马黑(Emst Mach)的著作，于《感觉的分析》(*Analyse der Empfindungen*)和《力学》(*Mechanik*)二书尤为用心。”①同时，他还受到两种科学气氛的影响：一是近代物理学，如爱因斯坦(Albert Einstein)的相对论、普朗克(Marx Planck)的量子论；二是德国历来引以为荣的语言文字比较考据学。他大量购买有关梵文、藏文、缅甸文等方面的书籍，也搜集西洋学者[如高本汉(Karlgren Berrnhard Johannes，1889—1978)]研究中国语言音韵的著作。在这种学术氛围的熏陶下，傅斯年成了兰克学派在中国的积极倡导者。1927 年回国后，他受聘于中山大学，即与顾颉刚等人一起创办语言历史研究所，在《国立中山大学语言历史研究所周刊》第一集第一期的发刊词中就明确提出：“所以我们正可承受了现代研究学问的最适当的方法，来开辟这些方面的新世界。语言历史学也正和其他的自然科学同手段，所差只是一个分工。”关于研究宗旨，他也做了明确的说明：“我们要实地搜罗材料，到民众中寻方言，到古文化的遗址去发掘，到各种的人间社会去采风问俗，建设许多的新学问。”②这无疑是傅斯年史料学思想的宣言书，其中兰克学派的影响已初露端倪。

1928 年他所写的《历史语言研究所工作之旨趣》，集中代表了他的治史主张。他把“保持亭林、百诗的遗训”列为第一条宗旨，因为他们以毕生精力搜集、考订、辨证史料，以史料纠正旧载，“不著史而成就了可以永远为法式的辨史料法”，“亭林、百诗这样对付历史学和语言学，是最近代的”，因而留下了“不朽的遗训”。第二条宗旨是“扩张研究的材料”。“西洋人作学问不是去读书，是动手动脚到处寻找新材料，随时扩大旧范围，所以这学问才有四方的发展，向上的增高。”我们应当效法。第三条宗旨是“扩张研究

---

① 毛子水：《傅孟真先生传略》，见王为松编：《傅斯年印象》，159 页，上海，学林出版社，1997。

② 顾颉刚：《国立中山大学语言历史研究所周刊》，见顾潮编：《顾颉刚年谱》，145 页。

的工具”，即运用自然科学的方法来研究历史。“现代的历史学研究，已经成了一个各种科学的方法之汇集。地质、地理、考古、生物、气象、天文等学，无一不供给研究历史问题者之工具。”他断言，若干历史学的问题非有自然科学方法之帮助，则无从解决。他的最核心的主张就是：“近代的历史学只是史料学，利用自然科学供给我们的一切工具，整理一切逢着的史料。”在文章的结尾，他高呼：“一、要把些传统的或自造的‘仁义礼智’和其他主观，同历史学和语言学混在一气的人，绝对不是我们的同志！二、要把历史学语言学建设得和生物学地质学等同样，乃是我们的同志！三、我们要科学的东方学之正统在中国！”①由此更可以明显看出来，这确是兰克学派历史观的基本见解。

简言之，傅斯年的“科学史学观”包括两个基本方面。一是重视扩张史料，所谓“上穷碧落下黄泉，动手动脚找东西”，“一分材料出一分货，十分材料出十分货，没有材料便不出货”，对任何材料都要“存而不补”“证而不疏”，不发挥历史哲学或语言泛想。二是重视扩张研究的工具，尽可能运用自然科学的方法，认为“要把历史语言学建设得和生物学地质学等同样”。这两项主张都有片面性，但在当时却有积极的意义。对于历史学来说，史料无疑十分重要，不考辨好史料的真假，立论可能错误，不去发现新史料，历史学就不能前进。但是史料的整理、考订、扩充等项，只是属于基础性工作，历史学家还应进一步去说明以往历史的真相，尽可能客观地去说明以往社会演进的历程和道理。所以不能将史料等同于史学。在当时，傅斯年强调史料的重要，强调史学的实证性、客观性，其意义在于清除旧史家任意褒贬和凭主观论史的弊端。在疑古风气盛行之际，建设可信的科学古史体系还要靠考古学和发现其他新史料。傅斯年强调史料和实证研究的重要，对于推进历史学的救弊纠偏是有明显意义的。而他强调历史学要建设得同地质学、生物学一样，抹杀历史学与自然科学的差别，这虽也有严重的片面性，但使得历史学与自然科学的关系空前密切，自然科学的方法得到尊重和应用，因而有利于中国现代史学走上科学化的道路。

在《史料与史学》发刊词中，他再次重申“近代的历史学只是史料学”这一思想：“此中皆史学论文，而名之曰《史料与史学》者，亦自有说。本所同人之治史学，不以空论为学问，亦不以‘史观’为急图，乃纯就史料以探史

---

①　傅斯年：《历史语言研究所工作之旨趣》，见《出入史门》，70～82页，杭州，浙江人民出版社，1998。

实也。史料有之，则可因钩稽有此知识；史料所无，则不敢臆测，亦不敢比附成式。此在中国，固为司马光以至钱大昕之治史方法，在西洋，亦为软克莫母森（兰克莫母森）之著史立点。”①

傅斯年“近代的历史学只是史料学”中的史料一词，包括的范围相当广泛，在《史料与史学》的发刊词所列举的名目中，除了传统意义上的文献古籍之外，还包括田野考古报告（如《安阳发掘报告》）、中国考古报告（已出《城子崖》《殷墟文字汇编》两种）以及人类学集刊、中国人类学报告等考古学、人类学方面的原始资料。历史语言研究所从创立到 1948 年年底迁往台湾，共出版了大量历史、考古人类学、语言研究的专著和论文，其中尤以考古学一项的成就最为突出。他除了在《历史语言研究所集刊》中登载的考古学报告外，还出版了《安阳发掘报告》（1～4 册）、《中国考古学报告》（1～4 册）、《城子崖》等田野发掘资料。这种建立在考古发掘资料上的史料学思想，为新史学的发展奠定了坚实的基础。诚如有学者所言：“傅斯年的成功，其实也是中国史学的进步。这一进步是与史学科学方法的跨学科发展相并行的。……而傅斯年则付诸实践，把考古学、语言学以及其他方法用于历史研究，由此获得了更大的成绩。中国史学的科学化，也从专科化走向了跨学科。”②

傅斯年再三强调用科学的方法整理史料，先后著有《中国古代文学史讲义·史料论略》《安阳发掘报告第一期序》《明清史料档案甲集序》《史学方法导论》等文，不仅评析了诸种史料的发掘、鉴定与应用的方法，而且强调了“史学的工作就是整理史料”的一贯观点。他说：“史学的对象是史料，不是文词，不是伦理，不是神学，并且不是社会学。史学的工作是整理史料，不是作艺术的建设，不是做疏通的事业，不是去扶持或推倒这个运动，或那个主义。”他主张用尽可用的材料，联系所有可以联系的工具，把各个材料的内涵，各种材料的关系讲透彻。这里所说的工具即是方法。他把史料分为八种十六类，即直接史料对间接史料、官家的记载对民间的记载、本国的记载对外国的记载、近人的记载对远人的记载、不经意的记载对经意的记载、本事对旁涉、直说与隐喻、口说的史料对著文的史料。他最重视并在研究中用得最多的，是“新发见的直接史料与自古相传的间接史料相互

① 傅斯年：《〈史料与史学〉发刊词》，见《出入史门》，88 页。

② 王晴佳：《论二十世纪中国史学的方向性转折》，见《中华文史论丛》第 62 辑，55 页，上海，上海古籍出版社，2000。

勘补的工作”，也就是将二者互为有机结合，才能构成史料的整体。在“直接史料对间接史料”中，他列举了五例来说明，即王国维《殷卜辞中所见先公先王考》、陈寅恪《吐蕃彝泰赞普名号年代考》《集古录》与《潜研堂金石文字跋尾》《流沙坠简》及吴大澂“文”字说，这些都是利用出土文物考证历史的经典之作。①

1929年，他应邀做《考古学的新方法》的讲演。在报告中，傅斯年批评中国考古学家还是用旧方法整理发掘物，即“用文字作基本，就一物一物的研究。文字以外，所得的非常之少”。而西方考古学新方法则是“以世界文化眼光去观察，以人类文化作标准，故能得整个的文化意义”。考古学离不开人类学和民族学，要注意人体测量，根据比较的方法来推测当时人类的身高及其变化。研究年代学有比较和绝对两种方法用来推定发掘物的年代。他并以安阳殷墟发掘为例，着重谈了地层学方法在考古学中的作用。② 傅斯年所讲的考古学的新方法，并不是传统金石学家所推崇的文字训诂、名物考订、音韵等项，而是西方考古学中广泛使用的地层学、年代学、人类学、民族学等新方法，这在总体上为中国考古学的发展指明了方向。

历史语言考据学是兰克学派的基本精神，其精益求精、严肃谨严的方法与乾嘉考据大师使用的方法好多方面是一致的。因此，傅斯年把兰克史学中应用历史语言学批评考订史料的实证主义同乾嘉考据学两派融汇起来，构成“科学的史学”的基础。应当说明的是，傅斯年所援引的仅是兰克学派的部分观点，事实上，兰克并不是那种在历史著述中超然物外，消灭自我的历史学家，其史学思想中有强烈的主体意识。20世纪二三十年代，正值中西学术交流融合最为活跃的时期，西方各种研究方法纷纷被介绍到中国学术界，如胡适宣扬杜威的实验主义，何炳松翻译鲁宾孙(J. H. Robinson)的《新史学》等。傅斯年受到严谨治学传统的训练，提倡先从专题入手，搜集、考订史料，经过排比之后，再以朴实无华的语言叙述出来。这种风格与考古学所要求的科学性正相吻合，也是新史学得以建立的关键所在。他以史语所为大本营，在中国建筑“科学的东方学正统”时，清醒地意识到中西学术交融的发展趋势：“此日学术之进步，甚赖国际间之合作、影响与竞

---

① 参见傅斯年：《史学方法导论》，见《民族与古代中国史》，419～466页，石家庄，河北教育出版社，2002。

② 参见傅斯年：《考古学的新方法》，见《傅斯年选集》，186页，天津，天津人民出版社，1996。

胜。各学皆然，汉学亦未能除外，国人如愿此后文史学之光大，固应存战胜外国人之心，而努力赴之，亦应借镜于西方汉学之特长。此非自贬实自广也。”①基于这种思路，他聘请欧洲最有声誉的汉学家瑞典人高本汉和法国人伯希和为史语所的通信研究员，以与国际学术界保持密切的联系，并组织史语所的精英翻译了高本汉的名著《中国音韵学研究》，他在序中说：“学问之道不限国界，诚欲后来居上，理无故步自封。”②处在世界学术潮流影响下的中国学术界，决不能抱残守缺，故步自封，而要采纳新方法，引入新理论，开拓中国学术的新境界。

傅斯年认定首先要把史料整理好，再去发现问题，解决问题，因为“史料的发现，足以促成史学之进步，而史学之进步，最赖史料之增加”。其“史学便是史料学”论题的又一重要内涵是研究者对新旧史料都要掌握：“必于旧史料有工夫，然后可以运用新史料；必于新史料能了解，然后可以纠正旧史料。新史料之发见与应用，实是史学进步的最要条件；然而但持新材料，而与遗传者接不上气，亦每每是枉然。从此可知抱残守缺，深固闭拒，不知扩充史料者，固是不可救药之妄人；而一味平地造起，不知积薪之势，相因然后可以居上者，亦难免于狂狷者之徒劳也。”③

二、古史考证

傅斯年不仅精于历史考证学的理论和方法，而且在历史考证学方面也有突出的表现。《大东小东说——兼论鲁、燕、齐初封在成周东南后乃东迁》写于 1930 年，《诗·小雅·大东》篇第二章云，“小东大东，杼轴其空”。大东小东究在何处，历来注家不得其解。傅斯年根据《鲁颂·閟宫》“奄有龟蒙，遂荒大东”的记载，考订大东在今山东泰山山脉以南，小东也可得推知其地望。由此他又对周初所封诸国，特别是东方大国齐鲁燕之原始做了考析，认为周武王牧野之战，只不过诛杀了一个商纣王，并没有完全平定殷王国。周初对殷人采取抚柔政策，封武庚为王。周公东征平定管蔡之乱后，

① 傅斯年：《论伯希和教授》，见王富仁、石兴泽：《谔谔之士》，216 页，上海，东方出版中心，1999。

② 傅斯年：《〈中国音韵学研究〉序》，见《史料论略及其他》，51 页，沈阳，辽宁教育出版社，1997。

③ 傅斯年：《史学方法导论·史料论略》，见《傅斯年选集》，215～217 页。

为了加强对东方的控制，将原来封在西方成周雒邑的齐、鲁、燕三国迁至东方。他的结论是："此三国者，初皆封于成周东南，鲁之至曲阜，燕之至蓟丘，齐之至营丘，皆后来事也。"最后他列表说明了小东大东在历史上的地理位置及演变经过①：

- 东
  - 泛名
    - 对"西土"言——雒邑称东　东国雒(《书》)
    - 对"中国"言
      - 齐称东——王命仲山甫城彼东方(《诗·大雅》)
      - 鲁称东——乃命鲁公俾侯于东(《诗·鲁颂》)
      - 夷称东——用鄫子于次睢之社欲以属东夷(《左传》僖十九)等等
  - 专名
    - 小东——其称东者就地望言实对殷商都邑而称小东即周公所居以破奄者在秦汉为东郡
    - 大东——小东迤东太山之区域或兼及太山之东

《夷夏东西说》是傅斯年1931年春天写的，他认为自东汉末以来的中国历史常以南北分治，但在古代史上却是东西对峙。东西部属于不同的文化系统，两大族群相互对峙。他说："以考察古地理为研究古史的一个道路，似足以证明三代及近于三代之前期，大体上有东西不同的两个系统。这两个系统，因对峙而生争斗，因争斗而起混合，因混合而文化进展。夷与商属于东系，夏与周属于西系。"但这种看法形成很早，并成为他领导史语所的指导思想，也开中国史前考古文化"东西二元对立"说之先声。

傅斯年首先根据《诗经·商颂》及其他神话材料，证明殷代之祖先起于东北渤海，古兖州则是其建业之地。传说汤起于亳，薄姑、博、薄、亳等地，皆在济水两岸，商之先祖沿济水向上拓地，占有商丘，遂为都城。然后他据《左传》《国语》《诗经》《尚书》《史记》各书所记夏地，认为夏代的区域在今山西南部及河南中西部，关于夏代历史的三段大事(益启、羿少康和汤桀)之间的争斗都是夷夏之争。夷夏、夏商、商周均是东西之间的对峙。最后傅斯年将自夏初以来东西对峙的局面立为一表，以示醒目②：

---

① 参见傅斯年：《大东小东说——兼论鲁、燕、齐初封在成周东南后乃东迁》，见《民族与古代中国史》，79～89页。

② 参见傅斯年：《夷夏东西说》，见《民族与古代中国史》，3～60页。表3-1格式上略有调整。

表 3-1　夏初以来“东西对峙”局面

正线的东西战争	结　局	斜线的东西战争	结　局
东　西		东　西	
夷—夏	东西互胜，夷曾一度灭夏后氏，夏亦数度克殷，但夏终未定夷地。		
商—夏	东胜西	殷—鬼方	东胜西
殷—周	西胜东	淮夷—周	虽淮夷曾再度危及成周，终归失败。
六国—秦	西胜东		
陈、项等—秦	东胜西		
楚—汉	西胜东		

傅斯年夷夏东西二元对立说得到了李济、徐中舒等学者的赞同，李济第一次在考古上详细比较了仰韶文化与小屯出土的商文化遗物的差异，得出“殷商文化之代表于小屯者或者另有一个来源”①的推论。徐中舒则断定仰韶文化似为虞夏民族遗址，源于中亚西亚，属西方系统。而小屯文化即殷商文化，来源于“环渤海一带，或者就是孕育中国文化的摇床”②，两种文化分属两个系统，从而否定了仰韶文化是中国土著文化，实际上也否定了两者间的传承关系。历史与考古学家张光直评价道：“傅先生是一位历史天才，是无疑的。他的《夷夏东西说》一篇文章奠定他的天才地位是有余的。这篇文章以前，中国古史毫无系统可言。傅先生说自东汉以来的中国史，常分南北，但在三代与三代之前，中国的政治舞台……地理形势只有东西之分，而文化亦分为东西两个系统。自傅先生夷夏东西说出现之后，新的考古资料全部是东西对立的：仰韶—大汶口，河南龙山—山东龙山，二里头(夏)—商，周—商、夷。……《夷夏东西说》不是很长的一篇文章，但是有了这篇文章以后，历史学家看中国历史便有了一个与前不同的角度。这样的文章可以说是有突破性的。”③历史学者许倬云也说：“傅斯年以为东夷与西夏两大集团互为消长，实是古史上一大关键。……傅氏的学说，在五十年前，以为仰韶与龙山为对立的两个文化时，能熔铸文献与考古资料于

① 李济：《小屯与仰韶》，载《安阳发掘报告》，1930(2)。

② 徐中舒：《再论小屯与仰韶》，见《徐中舒历史论文选辑》，180～181 页。

③ 何兹全：《傅斯年的史学思想和史学著作》，载《历史研究》，2000(4)。

一，颇具有说服力。”[1]

傅斯年有关中国文化起源的三大假说——夷夏东西说，史前文明多元说和先商文明高级而又长久论，曾经对中国考古学界产生颇大影响。1949年后，蓝田人、元谋人、裴李岗文化、马家浜文化、良渚文化与河姆渡文化的发现，以及先商文化知识的扩充，都证明了傅斯年的先见之明。但是，考古学的发展也使学者认识到仰韶村及豫西所谓仰韶文化中也包含龙山文化系统的东西，这种东西稍晚于以彩陶为代表的仰韶文化，遂产生对“夷夏东西说”的怀疑。20世纪50年代，由于庙底沟二期文化的发现，解决了仰韶文化与龙山文化的传承关系，随后，郑州二里岗和偃师商城的发掘，又将小屯文化向前延伸了一段时间，把龙山文化和殷商文化连成一体，因此仰韶、龙山、小屯三种文化一脉相传，并不是东西二元对立。大量的考古发现已经突破傅斯年的观点，中华民族文化的起源和发展的模式可概括为多元起源、中原核心、一体结构的格局。

《周东封与殷遗民》写于1934年，傅斯年将文献资料和考古材料相结合，考证周初史事，提出了殷商之文化、宗教思想在周代得以延续和发展，“商之宗教，其祖先崇拜在鲁独发展，而为儒学，其自然崇拜在齐独发展，而为五行方士，各得一体，派衍有自。”他高度评价了殷商文化与殷遗民在传播文化方面的功绩：“殷商为中国文化之正统，殷遗民为中国文化之重心，或非孟浪之言。”文中最精辟的部分是他对“三年之丧”和“先进于礼乐”的解释，发前人之未发，可谓独见。孔子说：“三年之丧，天下之通丧也。”但孟子说动滕文公行三年之丧时，滕国的士大夫都不赞成，说“吾宗国鲁先君莫之行，吾先君亦莫之行也。”这与孔子之话是冲突的，原因何在？胡适当年写《中国哲学史大纲》时没有解决，傅斯年解释说：“孔子之天下，大约即是齐鲁宋卫，不能甚大，可以‘登大山而小天下’为证。……三年之丧，在东国，在民间，有相当之通行性，盖殷之遗礼，而非周之制度。”[2]周征服商之后，齐、鲁一带的老百姓多是殷遗民，上层阶级均用周礼，没有三年之丧，而一般老百姓则仍用殷礼，习俗不同使然。胡适后来写《说儒》时，引用了傅斯年的说法，并说：“傅斯年先生前几年作《周东封与殷遗民》，他替我解决了这个矛盾。……傅先生之说，一面可以相信滕鲁的统治阶级不曾行此礼，一面又可以说明此制行于那绝大多数的民众之中，说它是‘天下之通

① 许倬云：《西周史》，14～15页，北京，生活·读书·新知三联书店，1994。
② 傅斯年：《周东封与殷遗民》，见《民族与古代中国史》，70～78页。

丧’也不算是过分的宣传。”①

对于《论语·先进》中：“子曰：‘先进于礼乐，野人也；后进于礼乐，君子也。如用之，则吾从先进。’”汉宋以来注家解释各异，但都迂曲不通，没有说明真义。傅斯年说：“野人即是农夫……非如后人用之以对‘斯文’而言。《论语》中君子有二义：一谓卿大夫阶级，即统治阶级，二谓合于此阶级之礼度者。此处所谓君子者，自当是本义。先进后进自是先到后到之义。礼乐自是泛指文化，不专就玉帛钟鼓而言。”这样的解释辨正了前人的误解，文通义顺。他将此章翻译为：“那些先到了开化的程度的，是乡下人；那些后到了开化程度的，是‘上等人’。如问我何所取，则我是站在先开化的乡下人一边的。”先开化的乡下人即殷遗民，而后开化的上等人自然是周宗姓婚姻了。②

安阳殷墟发掘出的大量有字甲骨文，为历史研究提供了珍贵的史料。董作宾以此为基础，写了《新获卜辞写本后记》，对新获三百五十八片卜辞“戊戌卜又伐[illegible]”做了如下考释：“芈作[illegible]，当为殷时国名。……按昆吾、彭祖之后，尝为夏殷之侯伯，则芈之为姓，当在夏世之前；殷代有芈姓之国，固无足异。惟史传失载，莫可考证耳。”傅斯年高度评价了董作宾的考证：“此一残片，一经彦堂释定他是芈字，则古史中若干材料凭借他点活者不少。”他还就自己想到的两个问题，于1940年写了《〈新获卜辞写本后记〉跋》。他从董作宾的考释出发，认为楚之先世为祝融诸姓，是一个大民族，在虞夏商周诸代的分布空间很大，力量也很强，成为夏商周征发的主要目标，甲骨文的发现，说明商曾讨伐过楚，到了周代，更是大受压迫。直到春秋战国时期，楚才逐渐强大，跻身战国七雄之列。他说：“彦堂找到殷商与荆楚之宗国芈有关系之一片，恰恰补到古代流传下来的材料之最缺处。这是何等畅快的事!”对于殷周之间的关系，历来有不同说法。董作宾发现了一片“命周侯”甲骨，为解决这一问题带来了新线索。傅斯年根据殷墟甲骨文和金文所记，辅之以文献记载，认为周之先世文明程度低，受商王的隶属。此后，周文王积聚力量，翦灭商，吸收了大量商代文化，连宗教信仰也不例外。他说：“‘命周侯’一版是证明《史记》所载殷命周昌为西伯、《竹书纪年》所载殷命季历为西伯一些话，是不错的。”③

---

① 胡适：《说儒》，见《胡适文存》四集，13～14页。

② 傅斯年：《周东封与殷遗民》，见《民族与古代中国史》，75～76页。

③ 傅斯年：《〈新获卜辞写本后记〉跋》，见《民族与古代中国史》，149～186页。

《性命古训》是清儒阮元所著的一部书，汇集了《诗经》《尚书》《论语》《孟子》中论“性”“命”的字，以清代汉学训诂学的考据方法定其字义，论证汉代经学家，特别是经古文学家，说人性道天命，其实都同程朱学派殊途同归，进而彰显汉学家哲学立场，以动摇程朱理学权威，在中国思想史上占有重要地位。傅斯年推崇阮元研究思想史的方法，但也指出其弊端有三：一是受到材料的限制，当时大量的甲骨文、金文没有被发现；二是受到时代的束缚，阮元不敢怀疑经书；三是有汉宋门户之见，不易平心静气。因此，傅斯年撰写《性命古训辨证》，想“以语言学的观点解决思想史中之问题”，即采取语言学与历史学的观点并重的方法来研究，他说：“语学的观点之外，又有历史的观点，两者同其重要。用语言学的观点所以识性命诸字之原，用历史的观点所以疏性论历来之变。”他首先广征博引，从语言学观点出发，把商周甲骨钟鼎彝器直到先秦典籍中有关“性”“命”二字悉数统计，逐字校勘辨证，充分运用训诂、音韵、考据的方法，以形索义、因声求义，确定“性”从“生”来，“命”从“令”来。但傅斯年并不为求古字而训诂，而是进一步寻其历史文化意义。然后他从“生”“令”到“性”“命”的来源及演变中，挖掘出周初人之天神观、人伦观的历史演变。然后又从“性”“命”二字的解释综论孔、孟、荀、墨诸子百家之言性与天道，并把此二字放在具体的语境中进行一种历史的还原和分析，确定其每一时期的历史含义，对“性”“命”理论进行深入分析，得出宋元理学是先秦儒学的必然发展与集大成者的结论。有学者称：“这部著作从微观考订入手，讨论、建构了从上古至宋元以儒学为主，旁及各家的宏观思想发展史，通篇无一空泛议论，堪称‘以小见大’的典范。”[①]傅斯年以考据、训诂、语言学等方法与社会历史背景相互发明印证，为重建中国思想史做了尝试。

《性命古训辨证》一书，所征引的材料非常浩繁，上卷“释字”从甲骨、金文(201 条)始，到《尚书》《诗经》《左传》《国语》《论语》《孟子》《荀子》《吕氏春秋》等先秦典籍中爬梳整理，说明“生”“性”“令”“命”诸字的出现及演变轨迹，又从字形、字音、字义三方面加以论证，认为“独立之性字为先秦遗文所无，先秦遗文中皆用生字为之。至于生字之含义，后人所谓性者，其字义自《论语》始有之，然犹去生之本义为近。至孟子，此一新义始充分发展。令之一字自古有之，不知其朔。命之一字，作始于西周中叶，盛用于西周

① 雷颐：《傅斯年先生小传》，见刘梦溪主编：《中国现代学术经典·傅斯年卷》，3～4 页。

晚期，与令字仅为一文之异形。”性与生、命与令到战国时代还没有明显的区别，但在思想系统上已经赋予新的意义。汉代儒生将古书校改，此四字始正式分别使用。傅斯年通过数量空前的各类材料的归纳与对比，不仅充分发挥了客观比较法的科学效用，证定了“性”“命”二字的原训及其含义的初步演变，而且不辨自明地显示了语言学门径的卓越性能。

中卷“释义”除引用甲骨金文和先秦典籍外，傅斯年还使用了安阳殷墟发掘成果，即大规模的人殉和祭祀之多，说明商周之际社会发生了重大转变，其特征既不在物质文明，也不在宗法制度，而在“人道主义之黎明”。东周之天命说，大略有五种趋势：命定论、命正论、俟命论、命运论、非命论。战国时期诸子言性与天道，有学派和地域的区分。大抵说来，儒起于鲁，墨出于宋，名、法源于三晋，而道家、阴阳五行则导衍于齐。孔子的天命观念指天的意志，命定论色彩较浓，《论语》载“子罕言利，与命，与仁”，正是脱离宗教之道德论的起步阶段，因此，孔子是承前启后的人物。墨家宗教色彩浓厚，所非之命是指命定论而言，即祸福天定而人力不可为。孟子的性善论与荀子的性恶论虽然相违，但并非超脱儒家之外。孟子别走新路，而荀子援法家精义入儒学，实为孔子正传。他在结尾说：“凡先秦诸子，立说皆有问题，出辞多具对象，非文人铺排之文，而是思想家辩证之文也。西汉则反是，磅礴其词，立意恍惚，不自觉其矛盾。自董仲舒以下，每有此现象，故其天人论虽言之谆谆，而听之者当觉其谬乱不一贯耳。”指出先秦诸子在中国思想史上有所创见，并非徒具虚文而已。这一部分推论殷周以来的宗教及哲理，对于“上帝”观念的产生及周初“人道主义”的发现、儒墨诸家言性与天道的异同及其关系，揭示出不少哲学史上的新问题。

下卷“释绪”比较汉儒宋儒之性命理论，说明宋元理学由前代一贯相承的系统，尤其对朱学渊源有独特的分析，重新估定宋学之历史地位。傅斯年认为西汉以后，性命观念发生了变化，董仲舒《春秋繁露》有“善恶二元论”之说，分性情为二元，以善归之于性，以恶归之于情。此后刘向的性情相应说，扬雄的善恶混说，王充的三品说，荀悦的性情相应兼三品说等，都是对正统说的批评和修正。唐代韩愈以后，性三品说逐渐占据主流。宋元新儒学特别推崇《大学》《中庸》，主张二层性说，在思想史的地位上承孔子而详其说，下括诸子而避其矛盾，为程朱一派宗教观和道德论之基础。

最后，傅斯年列图说明程朱性说在儒家系统中的地位①：

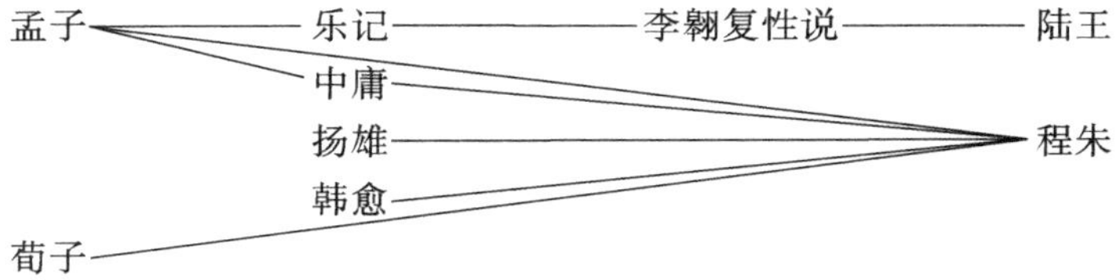

对于战国诸子学说，傅斯年也有很精深的研究，曾著有《战国子家叙论》，用语言学的方法，对战国诸子各派做了细致的分析，提出“哲学乃语言之副产品”“战国诸子亦非哲学家”的观点。他认为周、秦、汉诸子都是些方术家，就战国而言，子家约有三类人：一是宗教家及独行之士，如墨家；二是政治论者，如法家；三是“清客”式之辩士，如名家和阴阳五行家。对于春秋战国间诸子百家并起的原因，他分析有四：一是书写的工具大有进步；二是传统宗主的丧失；三是扩充和混合使得社会文化有了发展；四是社会组织的改变要求新思想。对于战国诸子皆出于王官之说，自刘歆以至章太炎皆主此说，胡适作《诸子不出于王官论》驳之，傅斯年赞成，他认为，“百家之说皆由于才智之士在一个特殊的地域当一个特殊的时代凭借一种特殊的职业而生”。这种“战国诸子除墨子外皆出于职业”说，是民国以降学术界“考辨诸子学术源流”之学术史中又一项影响很大的学术。

全书最精彩处是“论墨家之反儒学”一节，儒家和墨家是战国初年两大显学，但彼此之间却互相攻讦，毫不相让，使人怀疑两派的主要观点是对立的。傅斯年独具慧眼，敏锐地看出儒墨思想方法上的一致性，他说：“墨子生于礼云乐云之儒者环境中，不安而革命，所以墨家所用之具全与儒同，墨家所标之义全与儒异。儒者称《诗》、《书》，墨者亦称《诗》、《书》；儒者道《春秋》，墨者亦道《春秋》(但非止《鲁春秋》)；儒者谈先王、谈尧舜；墨者亦谈先王、谈尧舜；儒者以禹为大，墨者以禹为至；儒墨用具之相同远在战国诸子中任何两家之上。然墨者标义则全是向儒者痛下针砭。……其实逻辑说去，儒墨之别常是一个度的问题。”②按照他的理解，儒墨同是同非，在思想、概念上有根本的相同之处。在墨子的思想要素中，尽管具体

① 傅斯年：《性命古训辨证》，见刘梦溪主编：《中国现代学术经典·傅斯年卷》，171页。

② 傅斯年：《战国子家叙论》，见刘梦溪主编：《中国现代学术经典·傅斯年卷》，312～313页。

的思想内容和实践指向与儒家不同，但其思想最终的伦理指向和孔子是一致的，对仁德信义的价值追求是儒墨的共同特点。墨子带着自己原先对世界和人生的认识学习了儒家经典和思维方式。后来虽然墨子对儒家思想进行了批判，但儒家的语言系统已经深刻地影响了墨子，是其表达思想的主要概念系统。

三、领导史语所的工作

1928 年，傅斯年受命筹组史语所，以此为基地，建立起中国历史上第一个具有现代规模的研究机构。他认为："历史学和语言学发展到现在，已经不容易由个人作孤立的研究了，它既靠图书馆或学会供给它材料，靠团体为它寻材料，并且须得在一个研究的环境中，才能大家互相补其所不能，互相引会，互相订正，于是乎孤立的制作渐渐地难，渐渐地无意谓，集众的工作渐渐地成一切工作的样式了。这集众的工作中有的不过是几个人就一题目之合作，有的可能是有规模的系统研究。"①因此他仿照兰克在柏林大学首创的研究班，以史语所为中心，组织和协调集体科学研究，展开规模空前的考古发掘和方言调查，为日后考古学、人类学与民族学、史前史的迅速发展开了先路。他拟订的工作计划包括的范围相当广泛，共列有九组：文籍考订、史料征集、考古、人类及民物、比较艺术，以上属历史学范围；汉语、西南语、中央亚细亚语、语言学，以上属语言学范围。后在正式成立时又归并为历史、考古、语言三组，并在 1934 年增设人类学(第四组)，1946 年史语所又设立北平图书史料整理处。他又亲定史语所的任务为："(一)助成从事纯粹客观史学及语言之企业；(二)辅助能从事且已从事纯粹客观史学及语学之人；(三)择应举之合众工作次第举行之；(四)成就若干能使用近代西洋人所使用之工具之少年学成者；(五)使本所为国外治此两类科学者公有之刊布机关；(六)发达历史语言两科之目录及文籍检字学。"②

史语所历史组的学者对于史事、文献做了大量考证性工作，其成绩反映在《历史语言研究所集刊》所发表的数百篇论文和许多专刊、专著中。语言组对全国各地方言、文字、制度和风俗做了调查，都卓有成效。考古组

---

① 傅斯年：《历史语言研究所工作之旨趣》，见《出入史门》，81～82 页。

② 侯云灏：《傅斯年与朗克学派》，见聊城师范学院历史系等编：《傅斯年》，132 页，济南，山东人民出版社，1991。

在李济领导下，于1928—1937年，对安阳殷墟遗址进行了十五次发掘，共出土有字甲骨约四万五千片，不仅拓宽了古史研究的途径，而且开辟了古史由破坏转向重建的新方向，促进了中国史学的科学化进程。同时他又为史语所历史组划定整理明清内阁大库档案的任务，这批材料共有十二万余斤，包括揭帖、题奏、三法司案卷、移会、誊黄、贺表和各项簿籍等，都是具有珍贵价值的原始史料，也正是史语所所寻求的工作对象。傅斯年除组织领导外，还亲自参加整理，成立由陈寅恪、朱希祖、陈垣、徐中舒和他自己组成的“明清史料编刊会”，负责整理、编辑、出版事务，尤在分类和编写简目上用功甚勤，因此很快出版了《明清史料》丛刊甲乙丙三编，每编十册，为明清史的研究提供了可靠的资料基础。① 在民族学方面，他调查了广西瑶族、湘西苗族、黑龙江赫哲族、浙江畲族、云南傣族及傈僳族、贵州仲家(布依族)、四川彝族及羌族等民族，搜集积累了大量民族学原始资料，为原始文化的研究提供了宝贵的第一手材料。语言学方面，他对广西、广东、河北、陕西、安徽、江西、湖南、湖北、云南、四川、福州、厦门、苏州等十四个地区做了方言调查和边疆少数民族方言的采集，积累了可供分析的大量语言学资料。在所有这些工作中，傅斯年都显示出宏阔的学术视野和能够驾驭大场面的卓越的行政才能。

傅斯年领导史语所的二十余年间，多方购置图书资料，中外藏书达四十余万册，规模宏大。其出版业务主要以保存材料为主，到1950年，共印行专刊(Special Publications)三十种，单刊(Monographs)二十五种，集刊(Bulletin)二十二本，以及一般刊物(General Publications)，包括《史料丛书》七种，《中国考古报告集》两种三本，《人类学集刊》两卷，《中国人类学志》一种，影印流传书籍两种及其他刊物四种。此外还有集刊外编，如《纪念蔡元培先生六十五岁论文集》两册和《六同别录》《史料与史学》及《明清史料》《田野考古报告》《人类学集刊》《中国人类学报告》等多种刊物。史语所还出版了陈寅恪《隋唐政治制度渊源略论稿》及《唐代政治史述论稿》、赵元任等编辑《湖北方言调查报告》、劳榦《居延汉简考释》、董作宾《殷历谱》等历史学、语言学、考古人类学等学科的研究成果。

《历史语言研究所集刊》上刊登的文章，范围十分广泛，劳榦对截至1949年所发表的论文做了粗略的分类，计为：经籍问题及校勘、历史(一般

① 傅斯年所倡议的明清史料整理工作，1949年后并未中断，有关人员在台湾继续进行，20世纪70年代陆续出版了丁、戊、巳、庚、辛、壬、癸等编，每编10册。

性)、哲学史及宗教史、社会史及经济史、古代民族及古代地理、古代艺术、历法及自然科学、文学、语言学(中国古音及现代汉语研究)、非汉语语文研究、文字及训诂、考古学、古器物学、体质人类学、文化人类学等，共十五类四百四十八篇论文①，考证及论述的范围包括地下出土的甲骨、金石、竹木、陶瓷等文字刻辞及实物，地上遗存的古公廨、古庙宇及其他古建筑、古雕塑绘画、少数民族的语言文字、民物制度及风俗、信仰，各地的方言、方音以及群经古籍、档案、方志、谱牒、小说、戏曲及宗教典籍等。所有论文皆以整理与研究材料为中心，开启学术研究的新风格。其中若干成果，如董作宾甲骨学研究、陈寅恪魏晋隋唐史研究、陈垣宗教史研究、全汉昇中古经济史研究、劳榦汉简研究、赵元任比较语言学和方言调查、李济考古报告、严耕望中国政治制度史研究及芮逸夫、凌纯声民族学研究等，都代表了当时中国学术界的最高水平，并与新史学关系极大，为后人树立了一个典范。

史语所集中了当时一批学术界的有为人士，如陈垣、陈寅恪、赵元任、顾颉刚、徐中舒、岑仲勉、董作宾、李济、梁思永、李方桂、罗常培、刘半农等人。傅斯年又发展延纳人才，奖掖后学，培养出一批史坛新秀，如陈乐素、傅乐焕、石璋如、陈述、全汉昇、郭宝钧、邓广铭、周一良、胡厚宣、马学良、王崇武、凌纯声、夏鼐、张琨、逯钦立、周法高等。这些人或多或少都受过傅斯年的培养，继承了他严谨的重材料、重考证的学风。张光直对傅斯年及其领导的史语所评价极高："三四十年代的历史语言研究所是一个人材荟聚的宝库。所长傅斯年先生雄才大略，学问眼光好，又有政治力量和手腕。他以'拔尖主义'的原则，遍采全国各大学文史系毕业的年轻菁英学者，把他们收集所里，专门集中精力作研究工作。所以三四十年代被他拔尖入所的学者多半是绝顶聪明、读书有成、性情淳朴、了无机心的书生。……劳榦、丁声树、张政烺、陈槃、董同和、严耕望等先生都可为代表。这批人材的储集，可以说是傅斯年先生对中国史学上最大的贡献。"②

傅斯年对学术的要求是全力支持与严格要求相结合的，他非常爱才，但又要求很高，态度很苛刻。比如对田野发掘报告的撰写，他就有一个清

① 参见劳榦：《出版品概况与集刊的编印》，见《劳榦学术论文集甲编》(上)，763 页。

② 张光直：《怀念高去寻先生》，见《考古人类学随笔》，160 页，北京，生活·读书·新知三联书店，1999。

楚的标准："'过犹不及'的教训，在就实物作推论时，尤当记着。把设定当作证明，把设想当作设定，把远若无干的事变作近若有关，把事实惟允许决定的事付之聚讼，都不足以增进新知识，即不足以促成所关学科之进展……'多闻阙疑，慎言其余'。……写近代考古学的报告本当如此的。"①这与现代考古报告应讲究科学性和客观性，力求全面、系统、准确地公布发掘材料的要求基本一致。事实也证明，史语所出版的田野发掘报告及研究论文著作，尽管由于条件所限，印刷粗糙，但都是高水平的著作，至今仍是研究者的必备参考书。1948 年年底，史语所迁往台湾，傅斯年兼任台湾大学校长，即在台湾大学文学院创立考古人类系，培养考古人才。教师阵容来自史语所第三组（考古学）和第四组（人类学）。教授的课程有：考古人类学导论（李济）、中国古文字学（董作宾）、民族学、中国民族志（芮逸夫）、中国考古学（高去寻）、体质人类学（杨希枚）、民俗学（陈绍馨）、田野考古方法实习（石璋如）、民族调查方法实习（凌纯声）……李济、董作宾、芮逸夫、凌纯声等都是中国考古学、人类学的先驱。在他们的精心传授下，台湾大学培养了一批考古学、人类学骨干，有的在国际学术界也享有盛誉，如张光直、许倬云、宋文薰、李亦园就是其中的佼佼者。傅斯年"在这短短的二年中，他却为'台大'树立优良的学风，并为台湾的学术研究立下不拔的根基"②。

史语所之所以能在极短期间一跃而成为海内外著名的学术研究机构，推本溯源，与当初傅斯年的眼光远大和领导有方大有关系，特别是他开"有规模的集体研究"之先河，对中国历史的研究，成就了一系列中国历史学发展具有重大意义的事业，开创了中国现代学术研究的先例。有的学者评论说："傅斯年创立史语所，不论治学的态度、方法、目标和组织，都为中国 20 世纪的学术树立一个新典范，也替中国争取到世界性的学术发言权。"③又有学者指出："由于观念一致，又没有人事矛盾的纠葛，加以傅斯年的过人办事精力和善于打通各方关系，争取到必须的支持和条件，准确选择主

---

① 傅斯年：《城子崖序》，见《出入史门》，100～101 页。

② 李亦园：《永怀恩师——记受恩于傅斯年先生的一段往事》，见《人类的视野》，399 页，上海，上海文艺出版社，1996。

③ 杜正胜：《无中生有的志业——傅斯年的史学革命与史语所的创立》，见"中央研究院"历史语言研究所编：《"中央研究院"历史语言研究所七十周年纪念文集：新学术之路》，1 页，台北，"中央研究院"历史语言研究所，1998。

攻方向，而外部环境也渐趋稳定，使得史语所的计划落到实处，各种前人长期议而未行的新学术领域迅速开辟，并且很快取得明显成效，引起国际学术界的关注，为中国争取世界性的学术发言权的目标开始得到实现。从集团研究已成大势所趋的角度看，傅斯年的事功正是中国学术界以科学方法整理国故的理想得以实现的重要条件。”①

主要参考书目

《古史辨》(全七册)，上海，上海古籍出版社，1982。

傅斯年：《傅斯年全集》，台北，联经出版事业公司，1980。

傅斯年：《民族与古代中国史》，石家庄，河北教育出版社，2002。

耿云志、闻黎明编：《现代学术史上的胡适》，北京，生活·读书·新知三联书店，1993。

顾潮编：《顾颉刚年谱》，北京，中国社会科学出版社，1993。

胡适：《胡适文存》(全四册)，合肥，黄山书社，1996。

① 桑兵：《近代学术转承：从国学到东方学——傅斯年〈历史语言研究所工作之旨趣〉解析》，见《晚清民国的国学研究》，274～275页，上海，上海古籍出版社，2001。

第四章　新历史考证学在断代史和专史领域的成就

20世纪中国历史考证学之所以取得堪称辉煌的成就，是由于中国传统学术的沃土所培育，时代风气所催发，产生了一大批考证学名家，形成了群星璀璨的局面。除了前两章所论影响巨大的学者王国维、胡适等人以外，在20世纪前半期还有在考证领域以擅长治断代史著称的孟森、吕思勉、岑仲勉和以专研学术史著名的钱穆、汤用彤。

第一节　孟森、吕思勉和岑仲勉

一、孟森的明清史研究

孟森(1868—1938)，字莼孙，别号心史，江苏武进人，曾留学日本，翻译并撰写有关法学和政治学著作。民国后，他致力于明清史的研究，著有《清朝前纪》《明元清系通纪》《明清史讲义》《心史丛刊》《明清史论著集刊》及《明清史论著集刊续编》等，尤喜为考证故实之文，于明清事案人物多有专篇，是考证学派的著名学者。郑天挺评价道："先生既熟于史事，嗜学尤力，终日汲汲，七年之间成书数百万言，盖远迈于旧日之所作，有功于学术亦最宏。"①

清朝统治者对开国历史颇为忌讳，因而清朝流传下来的记载很少，孟森说："有清易代之后，史无成书，谈故事者，乐数清代事实。又以清世禁网太密，乾隆间更假四库馆为名，术取威胁，焚毁，改窜，甚于焚书坑儒

① 郑天挺：《孟心史先生晚年著述述略——纪念孟心史先生》，见《清史探微》，177页，北京，北京大学出版社，1999。

之祸。弛禁以后，其反动之力遂成无数不经污蔑之谈。吾曹于清一代，原无所加甚其爱憎，特传疑传信为操觚者之责，不欲随波逐流，辄于谈清故事者有所辩正。偶举一事，不惮罗列旧说，稍稍详其原委，非敢务博贪多，冀折衷少得其相耳。”①因此，他利用《明史》《清史稿》等正史，旁及其他官私著作，以及 20 世纪初年公布的明清内阁档案，稽考补苴，成为明清史研究的专家。他所撰写的《明清史讲义》及系列文章，如《满洲名义考》《清初三大疑案考实》《八旗制度考实》以及《奏销案》《科场案》《金圣叹考》等，涉及清朝典章制度、国故逸闻，事无巨细，有条不紊，考证具见功力，论断令人信服，被视为明清史研究的权威之作。

（一）清之先世和八旗制度考实

清之先世源流，具见《明实录》《朝鲜李朝实录》及朝鲜私人著述中，但清开国后被屡加篡改，涂抹改窜，讳莫如深，致使真相长期隐晦无闻。孟森根据后汉挹娄与清室先世最早活动区域的共同地理位置，指出：“挹娄之为部，当即清之祖先，所谓斡朵里部。”在高句丽五族中，挹娄或“桂娄实为熟女真之本部，其地在今朝鲜北境”，“而斡朵里之音即挹娄，其中间朵字之音特略去之耳”。消奴、绝奴、顺奴、灌奴等“余四部及夫余国，正为建州女真及海西女真之地”。他又引《唐书·黑水靺鞨传》记“俗编发”，申述说：“其俗编发，即清代之辫发。”他研究金与清的关系时说：“金为女真，未审何部。……盖其先亦自粟末部来，后居完颜部。……若其初出粟末部，则与清之先出斡朵里，正同其地矣。”他最后总结挹娄、金人祖居和“清之祖居斡朵里，是女真三次发展皆在长白山北麓，高丽之北边，为其发祥之地矣”，“金之亡日，即清始祖发生之年。由历史纪载之迹而观，直衔接无少间断，亦一奇矣。始祖布里库英雄，由金遗民受元代斡朵里万户府职，为清发祥之始”。② 这些论证，进一步准确地无可辩驳地把远古的肃慎和明代的女真衔接起来，确立了满族作为中华民族中一个源远流长的民族的历史地位，有很大的学术价值和政治意义。

1914 年，孟森发表《心史史料》第一册，是他潜心钻研清先世事迹的力作。目录如下：一、满洲名称考；二、清朝前纪，分为“纲领”“女真纪第一”“建州纪第二”“建州右卫前纪第三”“肇祖纪第四”“楮宴充善第五”“妥罗

---

① 孟森：《心史丛刊》序（外一种），1 页，长沙，岳麓书社，1986。

② 孟森：《女真源流考略》，见《明清史论著集刊续编》，5～11 页，北京，中华书局，1986。

纪第六”“兴祖纪第七”“景祖纪第八”“显祖纪第九”“附王杲纪第十”；三、清国号原称后金考；四、朱三太子事述，对清早期历史做了初步厘清。其中云满洲在明初称建州卫，后分三卫，其建州左卫即清世直系所出，始祖名猛哥帖木儿，早受明职。《明实录》载：“永乐十一年十月甲戌，建州等卫都指挥李显忠(此为明所赐姓名，原名释家奴)、指挥使猛哥帖木儿等来朝贡马及方物，特厚赉之”，又载“宣德八年戊戌，升建州左卫土官都督猛哥帖木儿为右都督”。同年十月猛哥帖木儿被“七姓野人”所杀，明朝命其弟凡察以都督检事代掌左卫。清的祖先早受明职，已成铁据，但其后清之帝王及文人用尽心机，不惜伪造文献，企图掩人耳目。孟森指出：“宁使满洲为崛起之国，不使历史上得寻其为外夷之名称。”就连纂修《清史稿》的人也百般曲护，以泯灭事实之真相。但《清史稿・阿哈出王杲传论》中则云，“或谓猛哥帖木儿名近肇祖(孟特穆)”，这是未经篡改前的记录。孟森独具慧眼，钩沉爬梳，据群籍证猛哥帖木儿即肇祖孟特穆，使得二百年清与明之间的关系得以大白于天下。他说：“清之祖先，见之明代及朝鲜纪载者，恰与明开国时相次。明一代两百七十余年，清先世亦附见，未尝间断。前史无论何朝，其开国以前祖先之事实，未有如清之先世，彰彰可考，既详且久者也。”他对自己的考证结果引以为自豪，云：“明之惠于属夷者，以建州女真所被为最厚。清世尽讳之，于清史料中固不见其事，于明史料中虽见，而清修《明史》，务尽没之。至今日始大发现，而以余为发明最多。”①孟森的这一研究，澄清了清朝三百年来对若干可贵史料的故意埋没和造成的歪曲，揭破了《明史》《清史稿》对于建州史实的讳饰、捏造，意义重大。

八旗制度作为清入关前满族社会组织形式，是清代政治史、军事史研究的一个十分重要的课题，因而备受治清史者关注。20世纪海内外史学界所撰写的文章中，当以孟森所著《八旗制度考实》为最先，也最精湛。他首先说明了研究的错误及困难：“浅之乎视八旗者，以为是清之一兵制，如《清史稿》以八旗入《兵制》是也。夫八旗与兵事之相关，乃满洲之有军国民制度，不得舍其国而独认其为军也。至《食货志》亦有八旗丁口附户口之内，稍知八旗与户籍相关矣，然言之不详，仍是膜外之见，于八旗之本体，究为何物，茫然不辨。则以其蜕化之迹已为清历代帝王所隐蔽，不溯其源，无从测其委，以其昏昏而欲使人昭昭，宜其难也。”并指出：“八旗者，太祖所定之国体也。一国尽隶于八旗。以八和硕贝勒为旗主，旗下人谓之属人，

① 孟森：《明清史讲义》，372～373页，北京，中华书局，1981。

属人对旗主有君臣之分。八贝勒分治其国，无一定君主，由八家公推一人为首长，如八家意有不合，即可易之。此太祖之口定宪法。其国体假借名之，可曰联邦制，实则联旗制耳。”后虽屡有变革，但基本却已奠定。然后，孟森利用新公布的满文档案，做了详尽的考证，不仅考订了八旗旗主名称，还将各旗的发展变化也叙述得极其细致，最后，他说了八旗制度的作用：“至八旗之效用，在清代亦有得力之处。能将军阀容化于其中，无立时裁兵之棘手，而使习斗之兵，积悍之将，安插能满其意。用封建之法，而势力甚微，享用却甚可恃。且部曲不必尽散，包容于旗制之中，其世袭皆以佐领为单位，得一部人即编一佐领。”他论清初八旗制度的改革，旗主权力被削而由天子集权专制，“所谓八旗皆朝廷之所运用”，“天子特于六卿兵部之外，自为一积世之军阀，而亲贵则皆不得分焉。此清代特殊之养威居重之地也。旗主消散而禁旅归公，威棱所由极盛，旗人堕落而异军突起，种族所以渐衰，此一代兴亡之大数也”。意思是说天子垄断八旗，固为权力极盛之时，但由此削弱羽翼，却也种下败亡之因，此中可见出八旗子弟养尊处优、无所作为的政治原因。八旗制度开始在女真各部推行，后在蒙古和汉人中也渐有这一制度。孟森对蒙古和汉人八旗制度也做了考证。① 总括而言，八旗制度作为清入关前满族共同体政治、军事、生产三者合一的社会组织形式，属于社会的经济范畴，但它同时又具有部分国家职能，成为国家政权的重要组成部分。八旗制度的建立，在促进满旗的形成及其向更高的社会阶段过渡上起了非常重要的作用，对提高生产、增强军力、巩固和扩大后金的辖区也产生了强烈的影响，为清兵入关、统一全国奠定了良好的基础。

（二）清初史事人物考辨

20 世纪 20 年代，孟森先后发表《太后下嫁考实》《世祖出家事考实》和《清世宗入承大统考实》三篇文章，后合编成《清初三大疑案考实》一书，对众说纷纭的清代历史做了详细考证，分析精辟，澄清了一些重要的历史事实，为清初政局和开国皇帝的个性、生活提供了一种见解。他还撰写了《科场案》《奏销案》《字贯案》《闲闲录案》等文字狱诸案，涉及朝廷、满族贵族与汉族知识分子的关系问题，说明清通过兴起大小诸狱，调整与汉族的关系，加强控制，同时也暴露出封建统治的残暴和凶狠。

---

① 参见孟森：《八旗制度考实》，见《明清史论著集刊》，218～310 页，北京，中华书局，1959。

孟森在《太后下嫁考实》一文中，以“清世虽不敢言朝廷所讳之事，然谓清世祖之太后下嫁摄政王，则无南北，无老幼，无男妇，凡爱述故老传说者，无不能言之。求其明文则无有也”。他认为摄政王多尔衮由皇叔父改称皇父，只见殿试卷与大库红本以及内外奏疏中，亦不过古代“尚父”“仲父”之尊称，不足为太后下嫁之确据。张煌言《苍水诗集》中所云“春宫昨进新仪注，大礼恭逢太后婚”，因其身在敌国，诗歌当作谤书，不足为据。蒋良骐、王先谦两氏《东华录》，屡经改窜，也不足证孝庄下嫁多尔衮，《朝鲜李朝实录》也无清太后下嫁之诏。根据以上理由，孟森明确持“下嫁”之说不足信的见解，他说：“今以异代订定史事虚实，则不能不有考实之文耳。”[①]有人以为多尔衮称皇父摄政王为太后下嫁的证据，郑天挺对此也做了驳斥，说皇父摄政王既为当时最高的爵秩，是一种对长辈的称谓；也是由于左右之希旨阿谀使然，且其称谓源于满洲旧俗，故决无其他不可告人之隐晦。而《实录》中将皇父摄政王削去不称，是因为汉化日深，渐觉其事有嫌僭越，因而皇父摄政王与太后下嫁无关。这可说是对孟森考证的补充，进一步说明了孟森考据的精深与严谨。

关于顺治皇帝出家一事，孟森认为清世祖好佛，当属事实，当时有木陈、玉林二禅师，皆为顺治所敬重。玉林还为顺治起法名“行痴”，即其明证。“然则谓世祖出家，正足道世祖之志。而世之所传，则又加以神秘，谓在位十八年，弃天下如敝屣，遁入五台为僧。其文字之证，则取之吴梅村(吴伟业)《清凉山赞佛诗》。其事实之证，则有圣祖奉太后屡幸五台，必有所为。”孟森利用《玉林国师年谱》《王文靖集》与大量公私文献资料，“先将世祖崩于宫中之明证，一一搜出，再以国史笺释梅村诗，不但了然于世祖出家之真伪，并将顺治末年宫中之恩怨，主德之污隆，为谈清宫情史者参一解焉”。孟森考证出顺治并未亲受灌顶即因出痘死于宫中，移殡景山，为百官所目睹。则世传所谓顺治因悼亡厌世，行遁五台，身成肉体活佛之说，全属虚妄。[②] 陈垣也考证出，吴梅村《清凉山赞佛诗》所说“玉母携双成，绿盖云中来”和“可怜千里草，萎落无颜色”与董小宛无关，因而“顺治出家问题，系出于一种传说”。[③]

第三文《清世宗入承大统考实》为雍正夺嫡之考证，他说：“康熙诸子夺

---

① 孟森：《太后下嫁考实》，见《明清史论著集刊续编》，162～169页。

② 孟森：《世祖出家事考实》，见《明清史论著集刊续编》，216～247页。

③ 陈垣：《顺治皇帝出家》，见《陈垣学术论文集》，533～541页。

嫡，为清代一大案，因将世宗之嗣位，与雍正间之戮诸弟，张皇年羹尧及隆科多罪案，皆意其并为一事，遂坠入五里雾中，莫能了其实状。……圣祖末年，诸王大臣所默喻上意，知为将来神器之所归者，乃十四阿哥胤禵。胤禵为世祖同母弟。世祖于夺嫡事实无所预。而雍正间翦灭诸弟，辄牵涉胤禩夺嫡，而又非为故太子洩忿。”孟森根据《清实录》、两《东华录》《大义觉迷录》《上谕八旗》《上谕内阁》与《故宫掌故丛编》《故宫文献丛编》等史料，考证出雍正得以入继大统，实际上得力于隆科多与年羹尧两个人：隆科多在内以钳制胤禩；年羹尧则在外牵制胤禵。他说：“细寻其机括所在，则隆科多方为步兵统领，警跸中之武力实在掌握。此与年羹尧之方为陕西、四川总督，同一扼要。以此两人为拥戴主名，圣祖晚年用人，天然为世宗嗣统布置，此不可谓非天相也。”孟森指出，康熙把雍正作为预定入继大统的人，而胤禩与胤禵反倒有夺嫡之争。此后，隆科多和年羹尧分别遭到贬诛的命运，则与夺嫡一事毫无关系。最后他说：“谋父、逼母、弑兄、屠弟，为世宗伦纪中四大罪款，得世宗自为辩诉而款目始定，后来于弑兄、屠弟二款，尚有人言之。屠弟一款，世宗所自称不辩亦不受者。夫不辩是否即受，论者可自得之。至谋父、逼母二款知者较罕，不有《大义觉迷录》，乌能成此狱词？其中事实合七年十月戊申一谕，如今律师分理由、事实等项云尔。”①孟森详尽的考证，对于认识雍正皇帝的政绩，很有帮助。他说：“要之圣祖诸子，皆无豫教，惟世宗之治国，则天资独高，好名图治，于国有功，则天之佑清厚，而大业适落此人手，虽于继统事有可疑，亦不失为唐宗之逆取顺守也。”②

清人以少数民族入主中原，因此文网甚严，稍有不慎，即会遭到杀身之祸，特别是康熙、乾隆年间，屡兴文字狱，大案接连不断，导致文人学士埋头经籍考订，不敢过问政治。孟森写了一系列文章，对封建专制统治进行了无情的揭露与批判，《字贯案》就是他研讨文字狱的第一篇文章。《字贯》本是一部字典，因内容不遵《康熙字典》的体例，便构成大逆不道之罪，编者遭杀身并殃及亲友之祸。文中引乾隆四十二年上谕：“阅其进到之书，

① 孟森：《清世宗入承大统考实》，见《明清史论著集刊》，519～572页。但王钟翰认为清世宗夺嫡篡位实有其事，他说：“第一，世宗篡位确凿有据”；“第二，《大义觉迷录》不足置信”；“第三，实录有意删改上谕之处，历历可考”（王钟翰：《清世宗夺嫡考实》，见《王钟翰学术论著自选集》，298～347页，北京，中央民族大学出版社，1999）。

② 孟森：《明清史讲义》，468页。

第一本序文后凡例，竟有一篇，将圣祖、世宗庙讳及朕御名字样开列，深堪发指。此实大逆不法，为从来未有之事，罪不容诛。”实际上，《字贯》一书的编者王锡侯，只是一名举人，仅由于不避皇帝名讳而获罪。这样做的结果是：“自《字贯》之狱兴，清一代无敢复言字书者，桂、段诸家，以治经不能不识字，则尽力于许书，以避时忌。清中叶聪明特进之士，恒舍史而谈经，皆是此意。……《字贯》之案，拘束学人，至斯而极，科学日繁，文字日益拘陋，恐久久终受淘汰矣。”①《闲闲录》案也是一场文字狱，乾隆年间，蔡显为一老孝廉，因著《闲闲录》而招致杀害，门人弟子遣戍者达二十四人之多。孟森根据《笠夫杂录》，谓蔡显“指斥邑绅甚多，若知府某也，御史某也，若王若李若莫也。莫名辅世，邑生员，更有专条，指其名而斥之。又斥入乡贤祠之某绅，入节孝祠之某氏，凡此皆许氏所谓多雌黄，为郡某绅所嫉之证”。许氏为许嗣茅，著《绪南笔谈》中有“乾隆三十二年丁亥五月，吾郡《闲闲录》案起。《闲闲录》者，举人蔡显作也。诗中多雌黄处，郡人恶之，摘其引古人《紫牡丹》诗句，以为狂悖，遂弃市”。孟森引用《紫牡丹》诗“夺朱非正色，异种尽称王”二语，这就是蔡显致罪被杀的原因。他还就地方官吏肆意杀人事论说：“实则草昧之国，无法律之保障，人皆有重足之苦。”②

科场案也是清初一桩大案，孟森联系“专制”分析说：“至清代乃兴科场大案，草菅人命，甚至弟兄叔侄，连坐而同科，罪有甚于大逆。无非重加其罔民之力，束缚而驰骤之。”科场案的经过如下：顺治十四年所谓“丁酉乡试”，主要在北闱（北京）和南闱（南京）举行。北闱被朝臣参奏有弊，审讯属实，朝廷将考官分轻重，或处斩，或降级。处斩和罪重者的家属均发配关外为奴。对南闱的处罚更加惨毒，正副考官和十七名同考官全部被斩首。全国所有考生重新考试，以确定录取人数。孟森辨正诸家私记误处，取其情节比较接近实际的记载，用来弥补官书缺漏，使得这场大案真相大白。他根据李延年《鹤征录》、王应奎《柳南随笔》等，说南方重新考试时，“复试时既威之以锒铛、夹棍、腰刀，又每一举人以两持刀之护军夹之”。护军为满人，凶神恶煞一般，对待知识分子比重囚犯还要严厉。不仅如此，孟森又引戴璐《石鼓斋杂录》所记：“殿廷复试之日，不完卷者锒铛下狱，吴汉槎兆骞，本知名士，战栗不能握笔，审无情弊，流尚阳堡。”尚阳堡为宁古塔

① 孟森：《字贯案》，见《明清史论著集刊》，581～582页。

② 孟森：《闲闲录案》，见《明清史论著集刊》，583～593页。

之误，可见其威赫之凶！不仅北京、南京有此惨祸，河南、山东、山西诸省也受到波及，株连面极广。而试官中遭受处罚最重的是查嗣庭，雍正年间因为出题人以“君子不以言举人”“山径之蹊间”“茅塞子心”来命题，招来杀身之祸。这是文字狱的典型例子，孟森问道：“查嗣庭所命题，何以谓之讥刺？何谓居心不可问？孔、孟之言，乃有尔许避忌？此必先有成心，乃以此罪之。”此外，他还涉及了桐城方氏一族案，南闱主考官方猷，与少詹事方拱乾同族，其子章钺参加乡试中试，复试不及格，牵连获罪，方猷处斩，拱乾及其诸子章钺、元成、亨咸并妻子流放吉林宁古塔。孟森感慨道：“父母兄弟妻子为家，有一中式之士子复不及格，而一并遣戍宁古塔，在今日视之，岂非骇闻?”最后，他总结其中的原因：“专制时代，何事而可为哉？类举之，可以悲矣！”①

朱方旦案也是一场文字狱，朱方旦系康熙年间人，被杀的原因是由于他谈传教信仰，具出世法，略去帝王臣庶之界限，以及发明记忆在脑不在心，立说新异。孟森根据官私记载，说朱方旦以为灵魂为性，一切知识记忆，不在心而在脑的观点是受了西方传教士的影响，因为“西学东渐，于生理则发明思虑在脑，于推步则发明地球绕日而行，今成定论”。朱方旦并无秘密结社之嫌，说他信徒众多，威胁到清政府的安全，故而遭受杀戮之祸。他认为康熙年间一位对脑力持有正确的生理定义的人，被作为“妖人”杀害，是专制时代“政教不分，学问中禁阏自由思想，动辄以大逆不道戮人”所致。②

明清之际，有关金圣叹的逸事流传很广，并附以各种神异。金圣叹名人瑞，字若采，清顺治十八年因哭庙案被杀，他自负其才，放言无忌，尝言天下才子之书有六：《庄子》、《离骚》、《史记》、杜（甫）诗、《水浒传》、《西厢记》，并为各书作评。孟森作《金圣叹考》，汇辑了清初种种记载，剥去了笼罩在金圣叹身上的光环，说：“圣叹之为人，具见于所批诸书之内，只有文人好奇，并无神怪之迹。”③他又将其与唐末罗隐做了比较，认为两人相似，都是由穷乡僻壤妇人孺子在传述过程中所增加而导致的结果，而金之被杀，也是众多清朝文字狱之一。

---

① 孟森：《科场案》，见《明清史论著集刊》，433 页。

② 孟森：《朱方旦案》，见《明清史论著集刊续编》，289～298 页。

③ 孟森：《金圣叹考》，见《明清史论著集刊续编》，473 页。

（三）明代史事考评

孟森对明史也有精深的研究，著有《明清史讲义》一书，主要取材于官修《明史》和《清史稿》，把叙事、考辨、评史融为一体，但对其中"隐没事实，不足传信"的内容，也做了大量的考辨和补充。他用专章、专节详述明朝的"靖难""夺门""议礼"等宫廷之争，又为袁崇焕辩正诬枉，这些都是他明史研究的突出贡献。他在书中对明代史事的考订评议，尤为精辟深刻。如廖永忠沉韩林儿于瓜步舟中，孟森指出是出于廖永忠窥视朱元璋的心意，并非朱元璋所授意，《明史·廖永忠传》记载："帝以咎永忠。及大封功臣，谕诸将曰：'永忠战鄱阳时，忘躯拒敌，可谓奇男子。然使所善儒生窥朕意，徼封爵，故止封侯而不公。'"孟森说："此可知永忠自希太祖旨，而太祖竟无意于此，特林儿本毫无可拥之骇竖，生死不足计，不以此正永忠之罪耳。太祖自始非受林儿丝毫庇荫，非借林儿丝毫权势，天下大定，若林儿不死，太祖必有以处之。……若封林儿亦必比于滁阳，及身而止，岂虑其尚有余焰复然耶？廖永忠之瓜步沈舟，实为多事，然太祖若正其罪，反拟以名分归林儿，亦可不必，但心鄙之而已。"①

孟森对朱元璋的评价也较公允，在叙述明开国制度时，列举民事、军事两大端，指出朱元璋对土地赋役规划及推行均收效甚大，关键在能"劝课农桑，作养廉俭，已足藏富于民矣"。他赞扬朱元璋之施政深合治道，"自吴元年起，陆续免征，正在军事旁午之际，至十三年，并普免天下田租，其余部分之蠲免，且有一免累数年者。盖足国之要在垦土，有土此有财；丰财之要在自克其欲，移挥霍于私欲者以供国用，则虽用军之际，不但军给而并时时有以惠被兵之民，此为定天下之根本"。他引《明史·食货志》，朱元璋以"惟苏、松、嘉、湖，怒其为张士诚守，乃籍诸豪族及富民田以为官田，按私租簿为税额"。他又引《明史·刘基传》："惟青田不加，太祖曰：'使伯温（刘基字）乡里世世为美谈也。'"但他也责怪朱元璋"喜怒用事，是其一失"，并屡兴大狱，如胡惟庸、蓝玉、郭桓、空印四案，朱元璋杀戮无数功臣。他说朱元璋重租"究是对于偏隅"，杀戮"实未尝滥及平民"，但总的评价还是很高的。②

万历的荒怠，开启明朝灭亡之征兆，天启、崇祯两朝已显乱亡之象，如天启初有门户之害："言官各立门户以相角，门户中取得胜势，而政权即

① 孟森：《明清史讲义》，22～23页。

② 孟森：《明清史讲义》，34～35页。

随之，此朋党所由炽也。”魏忠贤得势后肆恶，是导致明朝亡国的直接原因。对于明代的亡国之君崇祯皇帝，孟森也做了评论，说他刚愎自用，滥杀朝臣，以至成了孤家寡人，最后，孟森总结道：“综帝之世，庙堂所在，以奸谀险谄为多且久，文武忠干之臣，务摧折戮辱，或迫使阵亡，或为敌所禽。至不信外廷，专倚内侍，卒致开门引入，而当可以恤民时，君臣锐意刻剥，至临殉之日，乃叹曰：‘苦吾民。’使早存此一念，以为辨别用人之准，则救亡犹有可望，乃有几微大柄在手，即不肯发是心。犹不自承为亡国之君，何可得也?”①这一看法独具卓识。

由于受到传统史学的影响，孟森对明史的关注点在于明代统治者削平群雄、定鼎开国、宫廷之争、守成败亡及君王的智愚、朝廷的忠奸等政治事件，目的是总结统治者治国为政各项政策的利弊得失及成败兴衰的经验教训，但对明代中后期爆发的李自成、张献忠领导的农民起义却极少涉及。即使他偶尔谈到，也在叙述、评论时完全站在封建史家立场上，将《明史》等史书中有关片段抄撮连缀，甚至语言文字也少有变动。这是他明史研究的缺点和不足，也是时代的局限。

孟森的明清史研究之所以能够取得很高的成就，关键在于他继承了乾嘉史学严密考证方法，充分利用丰富的原始史料，如民国初年公布的明清内阁大库档案，因而可以通过分析这些没有掺过水的史料，论述史事，再加上他的判断识力，对明末边事、清初文字狱等历史疑难问题，做出合乎事实的回答。但他又非常重视官书，史料征引多据历朝《实录》《清史稿》及《李朝实录》等，辅以刊版行世之书，钞本秘籍难为征信者皆不随意取证，委巷传说更无论矣，经过反复比勘，以证明史实。对于史料的运用，他也有极精深的见解，把史料分若干等级：“所谓史料，又分无数等级。其最初未经文人之笔所点窜者，有如塘报，有如档子，有如录供，此可谓初级史料。至入之章奏，誊之廪揭，则有红本揭帖，汗牛充栋，已为进一级之史料。至科臣所钞，一方下部议行，一方已录送史馆，其中已征用史文句例点改，此则与史发生关系，为又进一步之史料。馆臣据此，按日排纂，谓之《日录》，与记录王言之《起居注》，皆以日计，居然史之一体矣；而其距勒为正史，则等级尚远。”②由于孟森十分重视利用第一手档案资料，加上广征文献，剪裁得当，故他能取得很高的学术成就，从而开明清断代史研究

① 孟森：《明清史讲义》，337页。

② 孟森：《史与史料》，见《明清史论著集刊续编》，504～505页。

之先河。

孟森的研究，在由官书史料考实，梳理清朝制度之种种变迁，以见一代兴亡大势。有学者总结以下几方面特点：一是自觉尊重历史事实的客观性，力求公允、如实地评述历史；二是掌握一些科学的研究方法，即就所研究的对象、课题，搜集尽可能完备的资料，进行排比、对比、研究，以揭露矛盾，发现问题，获取线索，寻求解答；三是坚毅与勤奋的治史态度。有学者认为，“孟森的清史研究，自然有他自己的历史观和史学思想作指导。研究获得了系统的成果，既包括清朝前史，即清朝建立前满族先人、清室先世的历史，也包括清朝政治、军事、文化发展的全面的历史。这是一个整体，一个完整的清史体系”①。

二、吕思勉的断代史研究

吕思勉(1884—1957)，字诚之，江苏武进(今常州市武进区)人，毕生致力于历史研究工作，先后著有两部通史(《白话本国史》和《吕著中国通史》)、四部断代史(《先秦史》《秦汉史》《两晋南北朝史》及《隋唐五代史》)、五部专史(《中国社会史》《中国政治思想史》《中国文化史》《中国阶级制度史》《中国民族史》)和其他多种著作。他的四部断代史所采用的体例很有独创性，每部史书分成前后两部分，前半部是政治史，包括王朝的兴亡盛衰，各种重大历史事件的前因后果，各个时期政治设施的成败得失，以及王朝与周围少数民族的关系等，是一种新的纪事本末体。后半部是社会经济文化史，分列章节，叙述社会经济、政治制度、民族疆域、文化学术等方面的具体发展情况，所采用的都是一种新的叙述典章制度的体例。可以说，吕思勉是现代史学界一位读书广博又重视融会贯通，著作丰富而讲究实事求是的考证学家，在通史、断代史研究领域做出了卓越的贡献。谭其骧评价道：“近世承学之士，或腹笥虽富而著书不多；或著书虽多而仅纂辑成编。能如先生之于书几无所不读，虽以史学名家而兼通经、子、集三部，

---

① 何龄修：《中国近代清史学科的一位杰出奠基人——试论孟森的清史研究成就，为纪念他的诞辰一百二十周年而作》，见中国社会科学院历史研究所清史研究室编：《清史论丛》第8辑，2页，北京，中华书局，1991。

述作略数百万言，淹博而多创获者，吾未闻有第二人。”①

（一）贯通研究的眼光

吕思勉读书很勤奋，《二十四史》反复阅读了三遍，做了大量的札记，这为他的学术工作提供了扎实的史料基础。他的断代史考证工作与其通史研究有密切的关系，撰著通史使他对历史上制度之沿革、风俗之变迁、治乱之嬗替，具有贯通考察的眼光，观察问题能够不拘一隅，而上下联系，因此他的文章或著述具有开阔的视野。

《自修适用白话本国史》初版于 1923 年，系根据他在中学讲义及所参考的资料加以增补而成。在“序例”中，他强调“用新方法整理旧国故的精神”，并在“叙论”中阐明了历史的发展观点，他说：“历史者，研究人类社会之沿革，而认识其变迁进化之因果关系者也。”与以前出版的同类书相比，该书有四个特点：一是颇有用新方法整理旧国故的精神；二是着重开示研究历史的门径和提供必要的历史常识，还提示前人重要的研究成就；三是切实指示进一步学习阅读历史书的门径；四是着重讲究条理系统，注意社会历史变迁进化方面的论述，因而成为中国史学界第一部有系统的新式通史。②该书曾多次再版，深受青年人的欢迎，被称为“以丰富的史识与流畅的笔调来写通史，方为通史写作开一个新的纪元”③。他特辟专章讲述汉民族以外的诸民族，以后按照历史顺序，分别叙述每个王朝与周围少数民族的关系。书中对于少数民族建立的王朝，同样称之为“朝”，体现了吕思勉民族平等的思想，如把南朝和北朝看成是对等的，而将辽、金和宋三个朝代视作并列的王朝，并专列一章“宋辽金元四朝的政治和社会”，一起叙述，这为当时通史编写开创了一个新体例。

《白话本国史》根据对中国社会历史变迁进化的理解，将中国历史划分为六个时期：秦以前称作“上古”，从秦汉到唐朝全盛时期为“中古”，从唐代安史之乱到南宋叫“近古”，从元明到清代中叶为“近世”，从“西力东渐”到清朝灭亡称作“最近世”，辛亥革命以后叫“现代”，这种划分法突破了王朝的界限，按照历史发展自身的规律，体现了吕思勉的独特见解，对后来的史学界有很大的影响。同时，书中对于春秋战国时期社会经济变迁的分

---

① 李永圻：《吕思勉先生编年事辑》，见俞振基：《蒿庐问学记》，524 页，北京，生活·读书·新知三联书店，1996。

② 参见杨宽：《吕思勉》，见陈清泉：《中国史学家评传》(下)，1277～1278 页。

③ 顾颉刚：《当代中国史学》，85 页，重庆，胜利出版公司，1947。

析，已经含有马克思主义唯物辩证法的因素。林甘泉评价道："1923年，吕思勉出版《白话本国史》，书中既有重要历史事实的叙述，又有必要的考据和议论。作者指出中国自秦汉以后，多次出现周期性治乱兴衰，'这是由于生产方法和生产社会组织始终没有变更的缘故'。在20年代初能有这样的认识，应该说是很难能可贵的。"①

吕思勉的另一部中国通史——《吕著中国通史》，是抗日战争期间在上海出版的。限于条件的艰难，上册于1940年由开明书局出版，下册延迟至1944年才由开明书局初版印行。上册叙述社会经济、政治制度和学术文化的发展，分婚姻、族制、阶级、财产、衣食、住行等十八个题目，分门别类地有系统地叙述了政治历史的变革。他不满当时流行的通史著作，认为它们虽然在叙述理乱兴亡的过程中，夹叙一些典章制度，但都不够系统，缺乏连贯性，因此，该书是他在《白话本国史》的基础上增补内容而成。同时，他也想从中总结出一些历史的经验，为今后提供鉴戒，故谓："颇希望读了的人，对于中国历史上重要的文化现象，略有所知；因而略知现状的所以然；对于前途，可以预加推测；因而对于我们的行为，可以有所启示。"②书中有不少真知灼见，如强调中国在西汉之世，社会上即有两种思潮，一是儒家(主要指今文学家)，主张"三世"之说，要求从"乱世"经历"小康"而达到"大同"的"太平世"，恢复井田制度，平均地权；二是法家，主张节制资本，实行盐铁等工商业官营，政府管理民间的商业和借贷。法家的主张，汉武帝时桑弘羊曾经实行，但只收到筹款的结果，没有取得社会改革的成效。西汉末年，王莽综合儒法两家主张而进行改革，结果完全失败，"乃是先秦以来言社会改革者公共的失败"。王莽改革失败后，政治家们也没有了远大的计划了，只顾眼前的利益，"社会渐被视为不可以人力控制之物，只能听其迁流所至"。这是中国历史上的一个大转变。在"实业"一章中，他指出农工商三者之中"农为尤要"，在叙述农业"自粗耕进于精耕"过程之后，检讨"中国农业进化的阻力"，主要是由于土地私有和小农制，唯一的出路是"要推行大农制"，改变生产方法，实行机械耕作，化除农民私见，"生活变则思想变；生产的方法变，则生活变"。

吕思勉还在"政体"一章，说明殷、周、春秋时期的贵族专制政体内，保存有许多民主政治的遗迹。《周官》有"大询于众庶"之法，国家有危难，

① 林甘泉：《二十世纪的中国历史学》，载《历史研究》，1996(2)。

② 吕思勉：《吕著中国通史》，6页，上海，华东师范大学出版社，1992。

国都要迁移，国君要改立，都必须召集国人而征询意见。这在《尚书·盘庚》和《左传》等书中可以找到许多例证。从《尚书·洪范》中可以看到“(一)君主，(二)卿士，(三)庶人，(四)龟，(五)筮，各占一权，而以其多少数定吉凶，亦必系一种会议之法。并非随意询问”。他根据此项记载断言，远古确有民主政治制度，其在后来才被破坏掉。舆论到后来虽然效力渐薄，至有如郑人游于乡校以议论执政。然在古初，舆论“必能影响行政，使当局者不能不从”。他还指出，中国古代民主政治的思想很流行，见于儒家书中就很多，尤以《孟子》一书最为深入人心，黄宗羲的《明夷待访录》中《原君》《原臣》两篇，“于‘天下者天下之天下’之义，发挥得极为深切，正是晴空一个霹雳”。这种磅礴郁积的民主思想，因为条件未曾具备而不能见诸行动，正有待于时势的变化。①

吕思勉认为华夏文化是由汉族和其他少数民族共同创造的，但“汉族因其文化之高，把附近的民族，逐渐同化，而汉族的疆域，亦即随之拓展。和汉族接近的民族，当汉族开拓时，自然也有散向四方，即汉族的版图以外去的，然亦多少带了些中原的文化以俱去，这又是中国的文化扩展的路径。这便是在古代中国同化异民族的真相”②。吕思勉能够超越大汉族主义观念，平等地看待少数民族，表现了一位学者的远见卓识。现在，这一看法已经成为中国各族人民的共识。

(二)先秦和秦汉史考证

先秦史由于史料特殊而复杂，写作起来非常不易，吕思勉凭借个人之力，独立完成《先秦史》，实属可贵。不可否认，他在运用史料方面是存在缺点的，虽然他很重视考古资料，说：“非记载之物，足以补记载之缺而正其伪，实通古今皆然，而在先史及古史茫昧之时，尤为重要。”但却没有很好加以利用，如殷周部分没有依据甲骨文、金文以补文献不足。而春秋部分又未能充分利用《左传》《国语》等先秦典籍(受今文经学的影响)。战国部分又未采用《古本竹书纪年》。全书以《史记》为主要依据，用其他史料加以补充而成。尽管如此，该书仍有其特点，如在政治史方面，着重抓住各个时期的重要政治斗争作为纲领，书中列有“五帝事迹”，叙述炎帝与黄帝之争，黄帝之族与共工之争，尧舜禹与三苗之争。“夏后氏事迹”则着重于夏后与后羿之争，春秋历史重视大国争霸，战国历史又突出秦、齐两大国与

① 吕思勉：《吕著中国通史》，179、84、55 页。

② 吕思勉：《吕著中国通史》，339～340 页。

其他小国之间错综复杂的合纵、连横的斗争等，将先秦政治史贯穿起来。其他如“刑之始，盖所以待异族”，“古以兵刑为一”，古代掌握刑法的官员称“士”或“士师”，“士者战士，士师者士之长，其初皆为军官”。“髡即越族之断发，瑾即纹身”，“其初盖俘异族以为奴婢，后则以本族之犯罪者，亦以奴婢而侪诸异族，因以异族之所为饰者施之”，这里追溯刑法起源，既有论据，又符合社会历史发展的规律，书中类似之处颇多，都是作者的慧眼卓识。

吕思勉对先秦诸子的考证也有精彩之处，在《先秦学术概论》一书中，他考证先秦学派的源流，除道、儒、法、墨、阴阳五家外，兼及纵横、兵、农、名、小说、杂诸家，并对数术、方技也做了论述。对于学术界争论激烈的诸子之原问题，吕思勉认为《汉书·艺文志》所说诸子出于王官，《淮南子·要略》谓其起于救时之弊，两说皆可成立。因为“古代学术，为贵族所专有。然贵族亦非积有根柢，不能有所成就，王官专理一业，守之以世，岁月既久经验自宏，其能有所成就，亦固其所。然非遭直世变，乡学者不得如此其多，即其所成就，亦不得如此其大也”。如道家之学就出于史官，老子即史官出身。正因为总结了历史上“成败亡祸古今之理”才会提出“清虚以自守，卑弱以自持”的“术”。道家的理论基础，“则为祸福倚伏。盖观四时、昼夜，而以天道为循环”。①

《秦汉史》是吕思勉在深入钻研《史记》《汉书》《后汉书》和《三国志》的基础上，对秦汉历史发展情况扎实而又系统的叙述，重点突出。如他认为新莽和东汉之际是社会组织一大界限，其时土地越来越集中，小农破产沦为奴婢，豪强大族的势力不断成长，出现了严重的社会危机。王莽改革失败，引起了赤眉绿林起义，重建的东汉王朝就以豪强大族为基础。随着豪强大族势力的进一步成长，封建依附关系进一步加强，终于导致出现了封建割据和军阀混战的局面，扩展为两晋南北朝那样的政治形势。

西汉中期武帝以后，虽号称鼎盛，但是，由于连年战争，耗资巨大，致使普通民众日益困扰，社会矛盾加剧。反映到统治集团内部，则表现为争权夺利渐趋激烈。特别是汉武帝晚年，皇位继承问题非常突出，汉武帝对于择嗣一事更是犹豫不决，反复无常。加上汉武帝长期崇信巫士，轻信谗言，导致“巫蛊”事件爆发，太子被杀。这一自相戕害，打乱了汉武帝王朝的统治秩序，大大削弱了中央集权的力量，使政局动荡不安，相继发生

---

① 吕思勉：《先秦史》，479～481页，上海，上海古籍出版社，1982。

了多起变乱。汉武帝于征和四年下“罪己诏”，停止对外战争，养民休息。但继嗣问题一直没有解决，戾太子冤死，汉武帝在弥留之际，只有立幼小的汉昭帝为君主，封霍光为大司马、大将军，令其辅助少主。汉昭帝不久去世，无嗣，昌邑王刘贺被立为皇帝，但旋又被霍光废除。最后立戾太子之孙为皇帝，是为宣帝，史称“昭宣中兴”。但史书对这一阶段历史的记载十分简略，疑点很多。吕思勉凭借对史料的熟悉，对昭宣之际的历史做了梳理，提出一些独有的看法。如汉昭帝之死原因不明。《汉书·外戚传》载：“(霍)光欲皇后擅宠有子，帝时体不安，左右及医皆阿意，言宜禁内，虽宫人使令皆为穷绔，多其带，后宫莫有进者。”吕思勉说：“然则昭帝之亡嗣，霍光为之也。”昌邑王被废之因，史书多言“行淫乱”，但究竟事实如何呢?吕思勉认为：“史所言昌邑王罪状，皆不足信。”若果真昌邑王“行淫乱”，霍光亦当负有“亡辅导之谊，陷王于恶”的罪名，但霍光却一点未受株连。昌邑被废后，其心腹二百余人皆为霍光诛杀，昌邑号呼市中曰：“当断不断，反受其乱。”由此可知，昌邑被废的主要原因，是由于机密泄露，为霍光暗算所致，而绝非昌邑王行为不端。因为刘贺即位后，虽名为天子，实为傀儡，为了摆脱霍光的控制，乃与其心腹密谋铲除霍光，因而导致被废黜的命运。昌邑王被废后，霍光又拥立宣帝，吕思勉点破了原因：“宣帝起匹夫，则无辅之者矣，此其所以始忌之而后卒立之与?”[①]霍光之所以拥立宣帝，不仅仅因为起自民间，根基薄弱，易于操纵，还由于宣帝有当为天子的谶言征兆，这样既可上承天意，又符合自己的心愿。

《秦汉史》优点很多，吕思勉说中华文化在两汉之间有一大转变，就政治而言，周秦之间是一大分界线，就社会组织来说，新、汉之间又是一分界线。“自西汉以前，言治者多对社会政治，竭力攻击。东汉以后，此等议论，渐不复闻。汉魏之间，玄学起，继以佛学，乃专求所以适合社会者，而不复思改革社会矣。”从此豪强大族势力不断成长，封建依附关系进一步加强，终于导致出现长期割据分裂的局面。在“秦汉学术”一章中，分成学校、文字、儒家之学、百家之学、史学、文学美术、自然科学、经籍(图书)八节，对秦汉时期学术文化的演变分别做了详尽的叙述。对道教的起源，他认为起于附会黄老的神仙家和巫术家，当时分成两派流传：一派与士大夫结交，如于吉之流；另一派流行于民间，如张角的太平道和张修的五斗米道。两派的宗旨不同，但是信奉之神没有什么区别，道教正是由这

① 吕思勉：《秦汉史》，153、154、155页，上海，上海古籍出版社，1983。

两派交错发展而形成。佛教传入中国，有陆路和海路两条路径，初期传入的佛教，“教理初无足观，其说亦颇依附黄、老矣”。这些看法都极有见地。他认为神仙家求不死之方，非尽虚幻，不少与医学关系密切，诸如服饵之法、导引之术、五禽之戏，都有延年益寿的功效。其他对“秦汉时君臣之义”“士大夫风气变迁”等的说明，关于秦汉各阶层资产的估计、豪富的生活、土地集中的情形、农工商业的发展、衣食住行以及埋葬习俗等，他都有细致而独到的描写，显示了吕思勉对史料的熟稔程度和高度的组织才能。有学者这样评价《秦汉史》：“上册十二章，以时间为序，有条理地叙述每一区段政治、军事和民族关系的发展演进，既钩稽史实，又有考证辨析和评论，创见迭出，十分扎实。下册八章四十七节，分门别类描绘了秦汉时代社会生活和文化面貌，内容广泛，材料翔实，实为本书精华，对《秦汉史》编纂体例的发展，也有开创之功。……吕先生在此一部分中，花费了艰巨的劳动，从社会经济到政治制度，从社会等级到地方风气，从婚制葬俗到饮食衣服，从文化艺术到宗教祠祭，其全面、细致和深入的论述，在所有断代《秦汉史》中当为仅见。”①

（三）魏晋南北朝和隋唐史考证

魏晋南北朝时期，是中国历史上最为错综复杂的阶段，政治上南北分裂，政权更替频繁，长期的动乱使得民族出现大迁徙，先后出现了许多少数民族政权，阶级矛盾和民族矛盾异常尖锐，加之历史材料分散、繁复，所有这些，都给研究带来一定的难度。吕思勉经过钩稽考证，排比分析，融会贯通，撰著《两晋南北朝史》。其主要贡献有二：一是把当时错综复杂的历史情况，整理编写成了脉络分明，条理连贯的断代史巨制；二是把当时社会历史曲折前进的过程，从各方面做了详细而具体的分析。他认为魏晋南北朝时期有四大特点，并皆与民族动荡移徙有关：“一曰士庶等级之平夷；二曰地方畛域之破除；三曰山间异族之同化；四曰长江流域之开辟。”历来学者都把这一阶段视作中国史上黑暗时期，社会经济及学术文化均呈现停滞甚至倒退的迹象。吕思勉一反众说，认为北方民族的交融促进了经济和文化的发展，而在南方，由于北方人民的大量南迁，带来了先进的生产技术，江南摆脱了“火耕水耨”的原始状态，为唐宋经济的繁荣奠定了良好的基础。在“农业”一节中，他特别指出：“东渡以后，荆扬二州，农业大盛”，“农业之最盛者，实今两湖间沼泽之区，及江浙间太湖流域也”。“工

① 黄留珠：《评半个世纪以来〈秦汉史〉编纂之得失》，载《史学月刊》，1997(6)。

业”一节讲到了百刚(钢)刀、宿铁刀(采用灌钢冶炼法制成)、指南车、千里船等的制造。谈及民族间的交融，汉族从少数民族那里学到了音乐、美术等艺术形式，而少数民族则在交往的过程中，逐渐接受了中原地区先进的文化，有些少数民族放弃游牧生活而改为定居，从事农业生产，经过这一次规模空前的大交融，汉族吸收了许多少数民族的文化，为盛唐的出现准备了条件。

即使是学术文化，也并不是趋向衰落，虽然受到宗教和玄学思想的影响，依然呈现向前发展的历史趋向。在“学术”一章中，吕思勉分学校、文字、儒玄诸子之学(上、下)、史学、文学美术、自然科学、经籍等节，论述了学术发展的轨迹，指出玄学虽然盛极一时，儒家的经学仍然继续发展，并兼通释、道诸家。这一时期正是佛教传入中国最关键的阶段，佛教逐渐适应中国化的趋势，与中国传统学术相互融合，成为对中国社会影响深远的宗教。而它带来的哲学、文学、音乐、美术等新形式，对学术发展具有重要的影响，丰富了中国传统的思想和文化内容。吕思勉在“史学”一节中，指出这一时期的特点，是史学的多途发展，史风大盛，史家辈出，史书的数量剧增且种类繁多，尤其是私家修史之风流行，当代史尤为发达。每一朝代都有多部史著，还出现了梁武帝贯通各代的《通史》，地方史如常璩《华阳国志》、佛教书如杨衒之《洛阳伽蓝记》、地理书如郦道元《水经注》、农业书如贾思勰《齐民要术》及各种传记等均在此时写成，丰富了史学的内容，是中国历史上史学最为发达的时期。①

吕思勉论述魏晋南北朝时期文学的特色，也有很精到之见：“斯时缀述之家，多务搜集辞藻。……辞藻富丽者，吐属仍贵自然。”文学史家章培恒从这一看法出发，写了《试论六朝文学的主流》一文，论述该时代的文学特点，他在文中写道：“……吕先生对于六朝文学，不仅注意到了她华美的一面，而且看到了她的‘贵自然’的一面。我想，这是对六朝文学的很深刻的认识。……华美与自然的结合不但是六朝文学的主流，而且其中还包含着十分重要的、具有进步意义的内容。而由于以前研究六朝文学与文学批评史者对六朝文学的重自然的一面注意得不够，对当时文学潮流中的这种具有进步意义的内容自然也就不能有充分的认识。吕诚之先生在几十年前就

① 参见吕思勉：《两晋南北朝史》，1335～1463 页，上海，上海古籍出版社，1983。

指出六朝文学所追求的是华美与自然的结合，实在不能不使人深为钦佩。”①

《隋唐五代史》是吕思勉完成的最后一部断代史，虽然他采用的是旧的叙述典章制度的体例，但“搜集了十分零散的资料，经过考订排比，分门别类，极便查考。而且强调独见，注重会通。如关于唐代中央官制的演变，地方长官权势因久握兵柄兼理军民而坐大，以及中唐制度变化的历史意义等，皆能从平实有据的立论中体现作者的通博与独到”②。

唐朝是中国历史上最辉煌的时期，经济上繁荣昌盛，文化上高度发达，人才辈出，出现了许多政治家、思想家、文学家、艺术家。此书前半部分政治史，叙述了隋朝的短促兴亡的原因及教训，又分析了初唐盛世的因果，也说明了安史之乱后社会的变化。在隋唐诸帝中，吕思勉对隋文帝做了高度评价，认为是一个贤主：“综帝生平，惟用刑失之严酷；然时勤政爱民，尤有俭德。其于外国，则志在攘斥之以安民，而不欲致其朝贡以自夸功德。”因而在他的统治下，户口增加，府库充实。而对于唐太宗，吕思勉评价颇低，认为“唐太宗不过中材，论其恭俭之德，及忧深思远之姿，实尚不如宋文帝，更无论梁武帝；其武略亦不如梁武帝，更无论宋武帝、陈武帝矣”。唐初之所以能出现三十余年治平强盛局面，“非其时之君臣，实有过人之才智也”，而是因为“承季汉、魏、晋、南北朝久乱之后，宇内乍归统一，生民幸获休息；塞外亦无强部；皆时会为之，非尽由于人力也”。唐太宗好的一面是容受直言，渴于求贤，坏的一面是骄暴之习和侈靡之心，因此“贞观之治”是有成绩的，但史书所谓“太平”景象不免过于夸大其词。对于已成定论的一些人，他提出了不同的看法，如认为武则天是个“暴主”，杀人众多，即亲族也不得免，不免滥及平民。她不仅纵侈，又多嬖幸，否定了史书上有关她用人之说，认为她所用的不是“昧死要利、知进而不知退之徒”，就是“益之以忿戾”之辈，再不就是“谀媚容悦以全其身躯”者。至于她“擢授之滥”“进退之速”，“适见其赏罚之无章”，不能说明她善于用人。陆贽在唐德宗面前称许武则天“尤务拔擢，弘委任之意，开汲引之门。进用不疑，求访无倦。……课责既严，进退皆速，不肖者旋黜，才能者骤升。是以当世谓知人之明，累朝赖多士之用”，那是出于激励唐德宗“求才贵广，考课贵精”的政治需要。所谓武周时期人才辈出是因为后世文人急于进取，“羡其升进之易，乃相率为是言耳”。

---

① 章培恒：《试论六朝文学的主流》，见俞振基：《蒿庐问学记》，93～104页。

② 张国刚：《隋唐五代史研究概要》，66页，天津，天津教育出版社，1996。

对于创造了“开元之治”的唐玄宗，吕思勉的评价是毁誉参半，对其前期评价较高，而对其后期则极力抨击。他指出“玄宗之起，扶翼之者亦多倾险之士，帝于此辈，能速去之，而用姚崇、宋璟……此其所以获致一时之治也”。但以后不能拨乱反正，“彼其放纵淫乱之习，一切无异于前人，特即位之初，承极乱之后，不得不稍事整顿耳。积习既深，终难自拔，则阅时不久，复蹈前人之覆辙矣”。①

吕思勉搜集了大量史料，分析隋唐时期每项制度的利弊得失，如“选举”分上下两节，上节讲科举之制，下节讲举官之制，对于科举制度，他不仅分科做了叙述，还对考试的方法、科举的得失流弊以及防弊之法，都分别进行了探讨。其他如“风俗”一节，陈寅恪《唐代政治史述论稿》上篇谓唐中叶以后，河北实为胡族或虽为汉族，而久居河朔，渐染“胡化”，与胡人无异之民所荐居，三镇之不复，非徒政理军事之失，并引杜牧《范阳卢秀才墓志》和韩愈《送董邵南序》，陈寅恪在文中说：“据前引杜牧之《范阳卢秀才墓志》‘语言习尚无非攻守战斗’之句及此序‘风俗兴化移易’之语，可知当日河北社会全是胡化，非复东汉、魏晋、北朝之旧。若究其所以然之故，恐不于民族迁移一事求之不得也。”②吕思勉认为陈寅恪所引证据都不确切，实际情况是河北所居汉人习武尚兵，“然谓东北风俗之变，由于其民多左衽固非，而是时东北风俗，有一剧变，则固不容诬也”，又认为陈寅恪所说山东旧族尚经学，守礼法，自有其家法和门风，因此和新兴崇尚文辞之士有矛盾，其后推波助澜，衍为中叶以后的朋党之局的说法，“实未免求之深而反失之也”。他指出“尚经学，守礼法”是山东的旧风，“爱文辞，流浮薄”是江东的新俗，“故隋、唐之世，文辞日盛，经学日微，浮薄成风，礼法凋敝，实为大势之所趋”。③ 这种以新俗代旧风是社会发展的趋势。

吕思勉自己对这四部断代史前三部的评价是：《先秦史》“此书论古史材料、古史年代、中国民族起原及西迁、古代疆域、宦学制度，自谓甚佳”。《秦汉史》“此书自问，叙西汉人主张改革，直至新莽及汉光武帝之尊崇儒术，为不改革社会制度而转入观念论之开端，儒术之兴之真相，秦汉时物价及其时富人工资之数，选举、刑法、宗教各章节，均有特色”。《两晋南

① 吕思勉：《隋唐五代史》，174 页，上海，上海古籍出版社，1984。

② 陈寅恪：《唐代政治史述论稿》，26 页。

③ 吕思勉：《隋唐五代史》，284 页。

北朝史》"此书自问，总论可看。此外，发见魏史之伪造及讳饰；表章抗魏义民；表章陈武帝；钩考物价工资资产；及论选举制度皆佳。论五胡时，意在激扬民族主义，稍失其平，因作于日寇入侵时，不自觉也。异日有机会当改正"。①

吕思勉除了两部通史和四部断代史外，还著有五部专史，涉及民族史、思想史、文学史和制度史等多方面，并有大量的读书笔记，均大有益于20世纪中国新历史考证学。吕思勉对考证用力至勤，其论见之于《史籍与史学》一书第六部分，所言"凡史事无不待考证者"，并说："搜采惟恐不多，别择惟恐不少，此二语，固治史者所宜奉为圭臬矣。"②如他对《鹖冠子》的考证，就是杰出的例证。《鹖冠子》历来被怀疑是伪书，吕思勉一反众说，认为"全书宗旨，原本道德，以为一切治法，皆当随顺自然。所言多明堂阴阳之遗。儒道名法之书，皆资参证，实为子部瑰宝"③。1973年，马王堆出土的帛书《黄帝书》中就有类似《鹖冠子》的内容，证明吕思勉考证的精确性和预见性。他在自述学术渊源时，说自己"少时读史，最爱《日知录》、《廿二史札记》，稍长，亦服膺《十七史商榷》、《癸巳类稿》，今自检点，于顾先生殊愧望尘，于馀家差可肩随耳。今日之屑屑考证，非顾先生所不能为，乃顾先生所不欲为也。今人自诩搜辑精博，殊不知此等材料，古人得之而后弃之者多矣，此等予亦老而后知"④。从中可以看出他在继承清代乾嘉考证学风的基础上，务求推陈出新，透过史料的表象去探索历史之真相。

吕思勉虽然是一位醇正朴实的学者，但对国家大事也很关心，其立言行事多为社会着想。他说："史学之所求，不外乎(一)搜求既往的事实，(二)加以解释，(三)用以说明现社会，(四)因以推测未来，而指示我们以进行的途径。"⑤这也是中国传统史学经世致用思想的反映。对于吕思勉的史学成就，著名学者严耕望有极高的评价，他说："只就诚之先生四部断代史而言，每部书前半部综述一时代的政治发展概况，后半部就社会、经济、政制、学术、宗教各方面分别论述，前半有如旧体纪事本末，尚较易为功；

---

① 吕思勉：《吕思勉遗文集》自述，450～451页，上海，华东师范大学出版社，1997。

② 吕思勉：《史籍与史学》，见《论学集林》，390～393页，上海，上海教育出版社，1987。

③ 吕思勉：《经子解题》，见《论学集林》，357页。

④ 吕思勉：《吕思勉遗文集》自述，451页。

⑤ 吕思勉：《吕著中国通史》，2页。

后半虽类似正史诸志，而实不同，除政制外，多无所凭借，无所因袭，所列章节条目虽尚不无漏略，但大体已很周匝赅备，皆采正史，拆解其材料，依照自己的组织系统加以凝聚组合，成为一部崭新的历史著作，也可说是一种新的历史体裁。其内容虽不能说周赡密匝，已达到无懈可撼的境界，但以一人之力能如此面面俱到，而且征引繁富，扎实不苟，章节编排，篇幅有度，无任性繁简之病，更无虚浮矜夸之病，此种成就，看似不难，其实极不易。若只限于一个时代，自然尚有很多人能做到，但他上起先秦，下迄明清，独立完成四部，宋以下两部亦已下过不少功夫，此种魄力与坚毅，我想前辈成名史学家中除了诚之先生，恐怕都难做到。这不是才学问题，而是才性问题。……他的几部断代史拆拼正史资料，建立新史规模，通贯各时代，周赡各领域，正是一项难能的基本功夫，后人尽可能在此基础上，详搜其他史料，为之扩充，发挥与深入、弥缝，但不害诚之先生四部书之有基本价值也。”①

三、岑仲勉的隋唐史研究

岑仲勉(1886—1961)又名汝懋，广东顺德人，少年时就对史学有浓厚的兴趣，打下了坚实的中国文字基础。1912 年，他毕业于北京高等专门税务学校，在两广都司令部财政部任职十余年，曾致力于中国植物名实考订和植物分类学研究。1937 年，经陈垣推荐，岑仲勉进入中央研究院历史语言研究所历史组，从事专职历史研究，1948 年转入中山大学历史系任教授，直至去世。

岑仲勉先生是著名的唐史专家，一生勤奋治学，共发表专著十七种，其中比较著名的有《佛游天竺记考释》(1934)、《元和姓纂四校记》(1948)、《黄河变迁史》(1957)、《隋唐史》(1957)、《突厥集史》(1958)、《唐人行第录》(1962)、《郎官石柱题名新考订》(1984)、《岑仲勉史学论文集》(1990)等。著名学者向达评价道：“关于唐代历史的研究，陈寅恪、岑仲勉、贺昌群、唐长孺诸位先生都有很好的贡献。”②

---

① 严耕望：《通贯的断代史家——吕思勉》，见俞振基：《蒿庐问学记》，85～87 页。

② 向达：《唐代长安与西域文明》作者致辞，3 页。

（一）隋唐史研究的成就

岑仲勉研究隋唐史多年，成绩卓著，对两代的史事、人物、典章制度、民族关系等各方面都有具体的专门论述，并尽可能溯源探流，考证异同，剖析诸家论说，提出自己的见解。他所著的《隋唐史》“汇集了作者多年来进行专题研究的成果，在叙述典章制度时均能溯源探流，考证异同，剖析诸说，立一家之言。如关于隋代地方体制的变革和边防配置，关于府兵制的起源与演变，都针对各家意见提出了自己的见解，书中的一些考证性注释尤见功力”①。《隋唐史》虽属讲义教材性质，但他力图用唯物史观分析历史，将政治、经济、文化融成一片，注文考据史实，精当详核，见解独到，给人以许多启发。全书史料翔实，注解丰富，文字简明练达，是一部很有价值的断代史专著。概括说来，岑仲勉的隋唐史研究主要有以下几个方面的突出贡献。

1. 关于唐人及其文集的卓见

自欧阳修以来，韩愈被称为文起八代之衰，唐古文运动的倡导者。岑仲勉一反旧说，认为“此为名家之言而漫不加察也”。实际上，陈子昂的作用不容忽视。1946 年，岑仲勉就在《辅仁学志》上发表《陈子昂及其文集之事迹》，高度评价了陈子昂在唐古文改革中的地位：“子昂，奇人也，经世材也，唐文变体之初杰也”，又说：“唐文起八代之衰者，断应推子昂为第一人。”关于这一点，唐人具有定论，如李华《萧颖士文集序》、李舟《孤独常州集序》、梁肃《补阙李君（翰）前集序》、韩愈《送孟东野序》、杜甫《陈拾遗故宅诗》、白居易《唐衢诗》等，均对陈子昂推崇备至，后人不察，遂使陈子昂之作用被埋没无闻。岑仲勉赞扬陈子昂的为人：“一、不畏强暴”，“二、不受磷缁”。他还考证了陈子昂的世系、疑年、及第年、交游以及一些诗篇的创作时间等问题，纠正了九百年来在这些问题上存在的舛误。②

岑仲勉对于《白氏长庆集》的研究，创获最多，成绩突出。《白氏长庆集》系白居易的诗文总汇，向以编集完整（七十一卷），数量浩繁（三千六百多篇），版本多种（宋绍兴本、明马元调本、东洋那波道园本、清汪立名一隅草堂本）而见称于世，更由于它是具有较高的文学价值的第一手史料，历来学者都很重视。但是，《白氏长庆集》成书早，遇战祸而流散，后来补入

① 张国刚：《隋唐五代史研究概要》，66 页。

② 参见岑仲勉：《陈子昂及其文集之事迹》，见《岑仲勉史学论文集》，1～25 页，北京，中华书局，1990。

的诗文，伪作甚多。岑仲勉写了七篇论证《白氏长庆集》的文章，即《论〈白氏长庆集〉源流并评东洋本〈白集〉》《〈白氏长庆集〉伪文》《补〈白集源流〉事证数则》《〈白集·醉吟先生墓志铭〉存疑》《从〈文苑英华〉中书、翰林制诏两门所收白氏文论〈白集〉》《〈文苑英华辨证〉校白氏诗文附按》《从〈金泽图录〉〈白集〉影页中所见》，利用广博的唐代文史知识，提出白氏各集的编定时间：《前集》，长庆四年编，五十卷；《后集》，会昌二年，二十卷；《续后集》，会昌五年夏，五卷。白氏全集共有五本，即庋庐山东林寺经藏院本、庋东都圣善寺钵塔院本、苏州南禅寺经藏本、付姪龟郎本、付外谈阁童本。其中东林真迹，于唐末或五代初期已经散佚。他从文集的体例，考究宋代以来传本诸刻的异词，运用传世唐碑和正史、类书参互校核，指出今本诸刻所收白居易诗文，大致可分作六类，“第一类，信白氏作品也。第二、第三两类，其中虽有可疑，然未获强证，吾人不能断为非白氏作品也。第四至第六类则异是，其必非白氏所作，证据累累，无可以为解也，属此者凡四十八首(约四分一)”①。然后他又在比较了各本之后，论定明马元调本优于东洋那波道园本，为最好的集本。

此外，岑仲勉还对贾岛、杜佑、李商隐等唐代文人做了研究，修订和补证了部分研究人员在编撰年谱方面的错误，以及对多种唐代典籍和唐人笔记文集进行校勘、辨伪、补遗、集释等，这都是他对唐代文学研究做出的贡献。他对唐代文集的考辨论析，不仅在方法上严谨缜密，而且有独到的见解，并不局限于订正讹字、衍文，而是从历史入手，求得解决文献资料的真实性。

2. 推倒《资治通鉴》等史书对李德裕的不实之词

李德裕是唐后期杰出的政治家，他在处理回纥、藩镇等军国大政的态度、政略和所建功业上，都有杰出的表现。但对于这样一位历史人物，《旧唐书》在赞扬了他的才能功绩之后，评论道：“所可议者，不能释憾解仇，以德报怨。泯是非于度外，齐彼我于环中。与夫市井之徒，力战锥刀之末，沦身瘴海，可为伤心!”《新唐书》也说：“身为名宰相，不能损所憎，显挤以仇，使比周势成，根株牵连，贤智播奔，而王室亦衰，宁明有未哲欤?”司马光在《资治通鉴》中，也对李德裕收复维州，维护统一一事，持批评态度，“以利言之，则维州小而信大；以害言之，则维州缓而关中急。”并说：“德裕所言者利也，(牛)僧孺所言者义也”，斥其为“徇利而忘义”。岑仲勉早在

① 岑仲勉：《〈白氏长庆集〉伪文》，见《岑仲勉史学论文集》，239 页。

1936年就撰《李德裕〈会昌伐叛集〉编证上》，对其才能给予高度评价，说："李德裕以不世之材，入相武宗，言听计行，仅四年间，外破回纥，内削叛藩，骎骎乎致唐中兴"，又说："叹千年以还，公之功罪，犹无平心痛快之论。"[①]因此，岑仲勉引毛凤枝语，谓"每见赞皇(即德裕)之料事明决，号令整齐，其才不在诸葛下"。

"牛李党争"是晚唐政治上争论最为激烈的问题之一，多数学者认为，它是以牛僧孺、李宗闵为首和以李德裕为首的朋党间的斗争。岑仲勉却一反众议，对李德裕"辟孤寒之路"的史实，根据唐人范摅《云溪友议》、无名氏《玉泉子》、裴庭裕《东观奏记》，宋人孙甫《唐史论断》等，予以证定，指出牛李党争"并非'门第'与'科举'之斗争"。李德裕其实无党，相反，牛党诸人毫无建树，朋比济贪，但司马光"却多方替之掩饰，是直丧失史家之公正立场，无当于'鉴戒'之本义"。他批评说："余尝抉其隐，以为德裕敢作敢为，深得武宗信用，略类安石。司马光痛恶安石，因而恶及德裕，不惜倒行逆施，同情于险谲之逢吉。简言之，怀挟着满胸私见，其为信史也几希矣。"[②]造成这一疑案的原因是"牛党多文人，进士，好为谰言，晚唐史料缺乏，史家总难免采用他们的撰述"[③]。

3. 对黄巢大起义研究的贡献

黄巢起义是唐末爆发的一次规模较大的农民起义，转战大江南北，纵横千里，取洛阳，下长安，并建立政权，达到极点。但由于唐宣宗时没有实录，有关黄巢起义的记载矛盾百出，宋祁修《新唐书·黄巢传》在乾符二年至六年间，夹叙几十件事而未经过细密的考证。岑仲勉认为："黄巢事迹，异常踳驳陵乱，向未经人整理，如果不加以深入研究，删讹去复，使得稍露真相，未免蔑视革命之史实。"本着求真求实的精神，岑仲勉全面研究史料，对黄巢起义做出了可贵的探索。

关于王仙芝、黄巢起义的时间，史书所载颇多歧异，且同一书中亦互有抵牾。新旧《唐书》有乾符二年、三年之说，《资治通鉴考异》卷二十三引宋敏求《实录》作乾符元年。岑仲勉以"古人无以'元年'为'一年'之习惯"等

---

① 岑仲勉：《李德裕〈会昌伐叛集〉编证上》，见《岑仲勉史学论文集》，342、346页。

② 岑仲勉：《隋唐史》，429页。

③ 岑仲勉：《论李德裕无党及司马光修〈唐纪〉之怀挟私见》，见《岑仲勉史学论文集》，463页。

论据，以为将王仙芝起义时间“置于二年之初，较为稳当”①。对于王仙芝、黄巢乞降一事，岑仲勉根据《资治通鉴》载郑畋奏“王仙芝七状请降”，论定王仙芝出身盐贩，贪图富贵，立场不坚定。史籍上虽然屡次说到黄巢拟降唐，但据《续宝运录》曾称黄巢“并所赐官告并却付（仇）公度”，他认为黄巢把官府委任证书抛却一边的做法，表明其“性坚定，有忍耐，富于冒险精神，不肯屈服妥协，终于为革命事业而光荣牺牲，惟具此优良品质，故能领导群众，达于十年”。此外，岑仲勉驳正日本学者桑原陟藏在《蒲寿庚考》一文中，依据阿拉伯史料定黄巢于乾符五年前入广州的说法，考订仍为六年夏初。对大食人阿布赛德哈散（Abu Zaid Hassan）游记所称黄巢在广州杀伊斯兰教、基督教、穆护教及犹太人十二万至二十万的说法，岑仲勉列举四条证据，说明此说不可信。他对于其中的原因，也做了说明：“展转传讹，误王仙芝为黄巢，荆府为广府，一般人民为外国教徒”，而赛德“未尝身历中土，只录传闻，宜有不尽不实之处”。②

对于黄巢起义失败的原因，岑仲勉也做了分析探讨，认为：“第一失着在入长安后，不立作斩草除根之计”；“第二失着在物质引诱，革命变质，结果使到队伍沾染城市之腐化，减低作战之士气，另一方面又招致及加深群众之反感”；“第三失着在盲目打击，结果不特不能分化敌人，且促使敌人之合以谋我”；“第四失着在无能灵活运用其战略”；“第五失着在不能组成立场较稳之基本干部”③。他从多方面论述了起义失败的原因，起义最后溃败是必然的。

4. 关于均田制与租庸调关系的论定

北魏以至隋唐实行的均田制，是我国土地制度史上一件非常重要的制度。但唐代均田制是否实行及其与租庸调的关系问题，成为学术界争论的焦点。岑仲勉根据敦煌、吐鲁番出土的唐代残文书户籍，指出唐朝末年，由于国家掌握土地数量的减少，均田制度已被废弃，“口分之田，已多有名无实，其他永业、职分等田，更无论矣”。如某人退田若干亩，除给应受田

---

① 但韩国磐根据《唐御史里行虞鼎墓志铭》所载“乾符二年，黄巢‘寇’饶州……城遂陷”一语，认为如果黄巢于乾符二年起义，不可能同年就从山东抵达江西，因此定为乾符元年较为合适（韩国磐：《黄巢起义事迹考》，见《隋唐五代史论集》，356～389页，北京，生活·读书·新知三联书店，1979）。

② 岑仲勉：《隋唐史》，527页。

③ 岑仲勉：《隋唐史》，501～506页。

之人(指原无受田者)，余应划分开来，补给不足平均数的那几个丁，而不能全数补给任何一个人。此点已由吐鲁番文书中退田文书、欠田文书及给田文书所证实。

岑仲勉又对租庸调与均田无关的看法做了反驳，认为租庸调是建立在均田令之上的一项制度。其立据有五：一是唐时土地不能买卖，只有执行授田，并规定租税若干，才能保证人民安定；二是唐授露田八十亩，租粟二石，租率是建立于均田制之上，绝无可疑；三是按丁征调而不按户征调，原因是每丁依令得受桑田(或永业)二十亩，因此调也建立在均田制上；四是授田常不足数，则租调实征之数，也应设法调整，户等即为调整方法，但户等须依据均田来厘定，所以租调与均田有关；五是庸似乎离立一项，但依令，庸过定限则租、调可免，故从立法初意来看，租庸调三者实互相联系，都与均田制有关系。①

5. 府兵制研究的新见解

府兵起源于鲜卑兵制，历西魏、北周、隋、唐四朝，在历史上产生了重大影响。但史册记载不详，材料极端缺乏，如杜佑《通典》就未替府兵立专节。以至于后人对于府兵制度常常发生极大的误会：一是认为府兵为“兵农不分”或“兵农合一”，近人柳诒徵、陈寅恪也有类似的看法；二是认为府兵兵力极强，安史之乱、藩镇之祸，皆由废府兵制所促成。岑仲勉为了解决这一疑问，从其源头北魏兵制开始，将西魏(附东魏、北齐)、北周、隋各朝兵制做了深入分析，指出唐代府兵实承上几朝而来，但又有自己的特点：一是府兵不是普遍的征兵；二是府兵之主要任务为宿卫；三是府兵不是兵农合一；四是府兵在原则上为世袭的征兵制；五是府兵是游牧社会的落后兵制。由此他断论唐代府兵的渊源，“即西魏、北齐同仿自鲜卑(北魏)，历周、隋以传于唐”。至于府兵制在开元十一年(723)被废的原因，岑仲勉也做了探讨，他认为武则天以后，府兵便渐遭破坏，“其家又不免征徭，番役更代，亦多不时，遂渐逃匿。宿卫不能给”。开元、天宝年间，更名为彍骑，分隶十二卫六番，免征赋役，后废弃，最后，折冲诸府无兵可交，仅存官吏、兵额而已，至此，府兵制完全废止。② 岑仲勉的这些新见解为新出土的吐鲁番文书所证实，也逐渐得到多数学者的认同。

---

① 参见岑仲勉：《隋唐史》，560页。

② 参见岑仲勉：《隋唐史》，218～222页。

（二）西北史地及突厥史研究

受晚清学者徐松和劳格的影响，岑仲勉颇好西北史地，成绩卓著，所著《汉书西域传地里校释》，对《汉书·西域传》的地名和里距两大问题，做了校勘和考释，指出了前人研究的错误，并提出自己的见解，是研究西域史地的重要参考书。他广泛利用了清代西北史地学的成果，又大量涉猎了20 世纪 30 年代以前国外学者的研究，对《隋书》指康国为康居，《新唐书》以石国为康居之一城的传统说法，做了澄清，指出康国和康居是不同的两个地方，但过去“对康居和康国如何区别，前人何故把两者混在一起等问题，完全未有接触，故旧史之错误，始终不能清除”。混同的原因不仅由于汉语两字相同，还与西汉时康居领地包括康国在内有关。清人洪钧在《元史译文证补》中推测“汉之康居或即是高车二字，元之康里或即康居分支”，岑仲勉认为康居、康里是译音，高车是译义，康居不是后来的康国，《后汉书》有“粟弋”（粟特，即康国的前身）属于“康居”的记载，说明汉魏时对康居尚能正确认识，此后便混淆了。

岑仲勉另一部著作《佛游天竺记考释》，是研究晋宋间中西交通地理的专著。此前，他已写成《法显西行年谱》和《水经注卷一笺释》，在此基础上，他迅速完成该书，利用西方学者毗尔（S. Beal）考证《西域记》的成果，发现中外考据家惑于清代官修《西域图志》的权威，证定《西域图志》以喀什噶尔相当于“竭叉”是错误的，这对推进《法显传》的研究甚有裨益。他的《外蒙于都斤山考》一文，详考自《周书》至《元史》各书中该山的异名，综合各家之说，指出其语义与《松漠诗草》注之“少天”有关，意当即“天山”，地望为今杭爱山的一座高峰，订正了《西域图志》将民间熟悉的薛仁贵三箭定天山附会为西州天山的错误。本篇博大贯通，气魄宏大，广泛吸取国外学者的研究成果及音证方法，严谨丰密，是发扬中国传统考据学的出色之作。

突厥兴起于 6 世纪中叶，史籍关于突厥族源之记载，颇不一致。有“匈奴之别种”“平凉杂胡”“匈奴北部”等多种说法，不一而足。由于史料记载的歧义，造成研究者的看法也不尽相同。岑仲勉前后花费二十五年时间才完成的《突厥集史》，辑集我国史书、各类杂著以及碑志中有关突厥的资料，按年代先后或类别编次，是一部内容翔实、气魄宏大，在国际学术界享有盛誉的巨著。早在 1937 年，他就发表《跋突厥文阙特勤碑》，证定了“梅禄”“匐”“颉跌利施可汗”“曲漫山”“婆葛”“失毕”等语的对译，为突厥碑中若干词与唐代旧译的对译做出了贡献。《突厥集史》共十七卷，一至十卷为编年史料，十一至十三卷为突厥本传校注，十四卷为突厥属部校注，十五卷为突厥部人汉文碑志校注，十六卷为突厥文碑校注，附录一卷，为有关论文及译文。全书八十五万字，几乎囊括了东突厥全部汉文史料，倾注了作者的大量心血。其中谈到突厥起源时他指出："突厥崛起时，住地在金山之阳，斯为近于信史者矣。"①他不同意史书关于突厥为匈奴别种或平凉杂胡的说法，以为古人用"别种"一词往往与"别部"同义，其语甚泛，不可作种族同源说加以引用。北方少数民族相次南迁后，史书却载突厥发源关陇，然后北迁，恐不可信。

1958年，岑仲勉又撰著了《西突厥史料补阙及其考证》，由于法国汉学家沙畹(E. Chavannes)《西突厥史料》及《西突厥史料补注》中的编年部分完全采自《册府元龟》，对于《册府元龟》以外的史料，包括史传、集部及石刻资料，则由岑仲勉吸纳采入，间或插入考注，是研究中亚史、新疆史及吐鲁番文书的必备书。岑仲勉的突厥史研究，广泛吸取了东西方汉学家的成果，如沙畹、毗尔、玉尔(H. Yule)、白鸟库吉等人的成果，而岑仲勉又能超越他们，取得独创性的成就。他对古代东突厥汗国和西突厥汗国的历史，做了深入系统的研究，把我国古籍、文集、杂著、笔记和碑志中有关突厥资料逐一摘出，按系年先后或类别编次，运用突厥文物与资料互证的方法，详尽考释突厥时代的史实、人物和地理，突厥与隋唐间的相互关系等，因此完成了这部研究西突厥历史的重要参考书。

《突厥集史》和《西突厥史料补阙及考证》两书问世后，因其为突厥史的研究做出了开拓性的贡献，受到中外研究人员的高度评价。苏联学者拉里昂诺夫认为《突厥集史》出版后，"突厥史汉文史料在科学上第一次得到了完整的汇集"，并说："作者选择材料的精密，对史料的批判分析，细致的历史编纂学的、历史语言学的和历史地理学的研究，保证了书中引用的材料可靠与可信"。②

凭借对突厥历史的研究，在《隋唐史》一书中，岑仲勉将突厥的起源、内争、分裂、南附及其文化、风俗等做了详细说明，指出突厥为上古涂兰(Turan)族之苗裔，起于阿尔泰山一带，西魏时开始入寇中原，其后吞并四邻，向外拓展，成为东至辽海以东，西至西海万里，南自沙漠以北，北至北海五六千里的大国。隋文帝时突厥发生内讧，加之吐谷浑崛起，突厥分

① 岑仲勉：《突厥集史》下册，963页，北京，中华书局，1958。

② ［苏联］拉里昂诺夫：《岑仲勉著〈突厥集史〉》，载《亚非民族》，1962(3)。俄文版，作者自译。

裂成东西两部，势力稍弱。

突厥诸民族通常被认为靠游牧为生，实际上它们与定居的民族一样懂得商业和农业。当突厥人在北方显赫一时之际，他们开始到中国边境购买丝绢，其政治力量越强，贸易活动就越频繁。突厥与中国贸易的商品主要有马匹、丝绸、茶叶、玉等，在中西贸易、文化交流史上扮演了非常重要的角色。中国丝绸输往欧洲，主要有两路：一是陆路，西向出粟特，即康国等处，就是著名的“丝绸之路”；二是海路，通往印度各港口，再转往波斯和欧洲。中国的丝绸主要销往波斯和罗马，参与居间转贩者为中亚粟特商人，他们希望绕过波斯，与东罗马直接贸易。罗马也想扫除波斯居间剥削之害，因而突厥开始与东罗马使者往来，导致波斯与东罗马之间二十年战争(571—591)，突厥也曾一度与东罗马联合，进攻波斯，几乎灭其国。

唐初李渊曾求取突厥军事援助，这一军事合作加强了经济关系的发展。唐太宗贞观二十一年(647)，十三个突厥部落(内有回鹘人和铁勒人)臣服唐朝，提出开放回鹘人以南和西突厥至中国的参天可汗道，沿途设六十六个驿站，以与中国北部相通，便利贸易。安史之乱后，回鹘借平定之功把老病之马来换取丝绢。《新唐书·食货志》记载：“回纥有助收西京功，代宗厚遇之，与中国婚姻，岁送马十万匹，酬以缣帛百余万匹，而中国财力屈竭，岁负马价。”但回纥贪得无厌，而唐朝获得的马匹却无用，因此，朝廷甚苦之。唐末，回鹘迁到甘州，国势大衰，仍派使者到中国进贡玉、马匹和土产，并前来贸易，往来使节络绎不绝。

7 世纪，阿拉伯崛起，向四周扩张。唐替代突厥，担任起保护中亚商道，抵抗侵略的重任，遂与大食发生接触。于是在 751 年，高仙芝与大食军队在怛逻斯相遇，大败，唐代百年来在西域所树立的基础面临崩溃的危险。但“中国俘虏将造纸术输入康国，成为彼国之重要出产，往日西方所用‘皮纸’及埃及草纸，以缺乏美观及便利，遂渐被淘汰”①。这也是中国对世界文明所做出的贡献。自贞观以至开元、天宝，唐朝屡次对北方用兵，加之突厥内部发生内乱，于是原住漠北的部落，即突厥内附的回鹘、契苾、浑、奴剌、步落稽(稽胡)、铁勒各部、沙陀及其他少数民族，或举众来投，或一部分留居，一部分南下，逐渐汉化。岑仲勉得出结论：“中唐之前，西起甘、凉，东迄幽、燕，外族逐渐融合于汉族者不下数十万，西方之羌，如

① 岑仲勉：《隋唐史》，262 页。

党项、吐谷浑，尚未计入，其数至可惊。”[①]这也说明中国古代文化，不是由一个民族或单纯文化构成的，而是呈现多元一体的格局，众多民族共同创造了光辉灿烂的华夏文明。

岑仲勉曾写过《揭出中华民族与突厥族之密切关系》(1945)和《阐扬突厥族的上古文化》(1948)二文，引起了中国古代文化是否来自突厥族的争论。他列举十六项突厥文化习俗与中国相近者，即封建、“族”之意义、事火、十二属、指天设誓、数名之万、尚九、殉葬、剺面、收继婚、半子、尊号、色尚蓝、铁之名称、地域观念、方向尚东，一一做了比较，指出“周人与‘突厥民族’有密切关系，故其文化、习俗颇多相类之点”[②]。

唐代尚书省各部郎中及员外郎合称“郎官”，官高而要，历年郎官书于壁记或刻石，为郎官题名石柱，传世唐碑记题名《尚书省郎官石记》，是研究唐史人物的第一手史料，向来被治唐史学者所重视。清人赵魏刻有《郎官石柱题名》，劳格、赵钺合著《唐尚书省郎官石柱题名考》二十六卷，网罗制诏、文集、碑刻、墓志、小说、笔记、族谱、方志等材料，成为研究郎官最重要的资料，但其中仍存在很多讹误。岑仲勉于1937年春亲往西安寻访，通过实地考察，弄清了石柱的侧面如何展开及初刻再刻问题。在清代学者研究基础上，他广泛利用各种文献资料、碑铭拓版及新出土的材料，对《尚书省郎官石记》进行了全面复查、勘核、考订及注补，撰著了《郎官石柱题名新考订》，着力解决两方面的问题：一是证定原题名之顺序，各归其本，还当日题名之本来面目；二是订正各司名下任官事迹。该书的主要成就有四：“(一)补三家之阙者”；“(二)订著录之讹者”；“(三)正后先之序者”；“(四)祛旧说之疑者”[③]，即对劳格未考的加以补考，对劳格考证未妥的做了补证，并依时代先后重新排列题名，提高了《尚书省郎官石记》的史料价值，是研究郎官题名和唐人事迹的必备参考书籍。该书还附录有《翰林学士壁记注补》《补唐代翰林两记》《登科记考订补》三篇长文，都是岑仲勉早年的著作，反映了他治史心得。

《元和姓纂》十卷为唐林宝所撰，条理唐人姓氏、郡望，首列皇姓李氏，余则依唐韵二百零六部分编，各部以大姓居先，姓下著录姓氏之源及谱系，是研究唐代谱牒及士庶变迁的重要史料。岑仲勉多年研究《元和姓纂》，即

① 岑仲勉：《隋唐史》，468页。

② 岑仲勉：《隋唐史》，21～25页。

③ 岑仲勉：《金石论丛》，392～393页，上海，上海古籍出版社，1981。

使在抗日战争期间，他流寓西南，也携带手稿，废寝忘食，撰成《元和姓纂四校记》，博采年谱碑志方面书籍，征辑诸家考证，进行芟误、拾遗、正本、伐伪的深入校证增补，卷帙浩繁，蔚为大观。该书广征石志，以相印证，补旧史之阙文，用功至勤，为研究唐史和谱学，提供了一部较高学术价值的工具书。尤其是他在书中揭出欧阳修所撰《新唐书·宰相世系表》，实际上来源于《元和姓纂》，是其"嫡子"，更被唐史界同人视为快事。他的另一部著作《唐人行第录》，将《全唐诗》《全唐文》《文苑英华》等类书中有关唐代名人的记载全部记录下来，并对其辈行、官职、经历进行了深入系统的考证，整理之功甚巨。

岑仲勉治隋唐史及西北史地有如此众多而功力深厚的研究成果，此与其一向重视处理好广博与专深的关系有直接的关系。他曾谈及自己的切身体会："记得弱冠时朋辈论学，开首便以专哪一经、四史中专哪一史为问，然而刚能独立研究，基础未厚，即便进入专的途径，论求学程序，似乎是躐等的。清代研究家很少能够全面展开，这恐怕是专之过早的毛病吧。试看名学者如王高邮父子、德清俞氏，他们的著作都是兼涉群经，成绩辉煌，相信他们的学习，不是开始便专于一部的，史地也不能例外。"①他自己就是既专又博，熟悉各种典籍，克服了清代学者的局限，利用新材料和国外学者的研究成果，故能达到超越前人的成就，成为新历史考证学的代表人物。有学者总结了其治学的三个特点："第一，仲勉先生批判地继承了清代嘉道以后的史学，学风近于晚清学者劳格"；"第二，仲勉先生对近代东西方汉学的有关成就，有相当广泛的涉猎，并能有一种批评的眼光"；"第三，在晚清'新学'潮流的激荡下，仲勉先生受到了自然科学方法论的洗礼。这种训练影响到其后来史学研究中的形式逻辑的素养"。② 此可谓公允平实之论。

第二节　钱穆和汤用彤

一、钱穆的古史考证

钱穆(1895—1990)，字宾四，江苏无锡人，毕业于常州府中学，先后

---

① 岑仲勉：《中外史地考证》前言，8～9 页，北京，中华书局，1962。

② 姜伯勤：《岑仲勉》，见陈清泉：《中国史学家评传》(下)，1302～1305 页。

任燕京大学、北京大学、清华大学、西南联合大学教授。1948 年钱穆迁居香港，创办新亚书院，任院长，从事教学和研究工作，1966 年移居台湾，筑“素书楼”写作，直到逝世。他一生著述甚丰，重要者有《刘向歆父子年谱》《先秦诸子系年》《国史大纲》《中国近三百年学术史》《朱子新学案》《中国思想史》《中国学术思想史论丛》等多种。他早年偏重考证，后以通识性论著为主，无论是考证性还是通识性的论著，他都注重于宏观与微观的结合，考证问题精密、细致、深刻，涉及范围相当广泛，包括政治、地理、思想、文化、社会等领域，均取得了很高的成就。对此，严耕望给予高度评价：“近六十年来，中国史坛甚为兴盛，名家大家辈出。论根柢深厚，著作宏富，不只先生一人。但先后〔生〕才气磅礴，识力深透，文笔劲悍，几无可伦比。”①

(一)《刘向歆父子年谱》

《刘向歆父子年谱》是钱穆成名之作，主要针对康有为《新学伪经考》而发的。他早年读康有为《新学伪经考》时，就对康有为所主刘歆遍伪群经以助王莽篡汉之说“深病其牴牾，欲为疏通明”，后来写成《刘向歆父子年谱》，发表于 1930 年 6 月《燕京学报》第七期上，意欲追根溯源，以匡正所谓新学伪经之谬误。他说：“因先编《刘向歆父子年谱》，著其事实。事实既列，虚说自消。元、成、哀、平、新莽之际，学术风尚之趋变，政制法度之因革，其迹亦可以观。凡近世经生纷纷为今古文分家，又伸今文，抑古文，甚斥歆、莽，遍疑史实，皆可以返。循是而上溯之晚周、先秦，知今古文分家之不实，十四博士之无根，六籍之不尽传于孔门而多残于秦火。庶乎可以脱经学之樊笼，发古人之真态也。”②由于该文考证细密、证据确凿，所持论断与时贤所论截然相异，因而此文一出，立即引起了当时北方学界的震动。人们将它视作“学术界上大快事”，认为刘歆并未遍伪群经之事实得此文刊布而大白于世。钱穆也自述了该文的影响：“余撰《刘向歆父子年谱》，及去燕大，知故都各大学本都开设经学史及经学通论诸课，都主康南海今文家言。余文出，各校经学课遂多在秋后停开。”③

《刘向歆父子年谱》主要以《汉书·儒林传》的资料为中心，略参当时及前后典籍和后代注文，用以史证史的本证方法，列述从汉昭帝元凤二年（公

① 严耕望：《治史三书》，237 页，沈阳，辽宁教育出版社，1998。

② 钱穆：《刘向歆父子年谱·自序》，见《古史辨》(五)，186 页。

③ 钱穆：《八十忆双亲　师友杂忆》，160 页。

元前79)刘向生，到新莽地皇四年(公元23)刘歆、王莽死，计一百零二年间学术发展史实，缕举刘向歆父子和王莽事迹，以及西汉末及新朝间儒林人物行事，错综排比、融会贯通，求得一可信之说，从而下断语，指明康有为曲解史实、抹杀证据。钱穆归结出康有为之说不通处计二十八条，对康有为关于刘歆遍伪群经以助王莽篡汉的结论提出大胆的怀疑。其学术贡献主要有以下两个方面：一是推翻刘歆遍伪群经之说，晚清以来学术史上的最大公案，得有定论；二是力证今古学之分在东汉以前犹未彰著，所谓十四博士“道一风同”、今古学势同水火的看法，乃近世啖起之说，系廖平等人张皇过甚之论。纵观全书，参照此二十八条不通之文，不难看出，钱穆是从刘歆伪造经书是否可能和有无必要两个方面来考论问题的。

从可能性上看，钱穆认为，一方面，刘歆没有作伪的时间。刘向死于汉成帝绥和元年(公元前8)，刘歆复领校五经在绥和二年(公元前7)，争立古文经博士在汉哀帝建平元年(公元前6)，距刘向之死不到两年，离刘歆领校五经才数月。若说在刘向死前刘歆已遍伪群经，但经钱氏爬梳从刘向生到死的言论及行事，知作为父亲的刘向并不知晓。钱穆按语说：“歆窥中秘，其父犹在，古人竹简繁重，岂有积年作伪而其父不知之理?”于是刘歆造伪只可能在刘向死后，但此时刘歆领校五经才几个月，刘歆“何得遍伪群经?”“在数月之间，欲伪撰《左氏传》、《毛诗》、《古文尚书》、《逸礼》诸经，固为不可能。”另一方面，从刘歆个人的精力及同时代人的言论判断，古代的书籍由繁重的竹简制成，以刘歆一人之力难以伪造出群经。若说是众人所为，那么与刘歆同时代的学者，有的还与刘歆共同参加整理五经的工作，如班固、崔骃、张衡、蔡邕等人，“皆通博洽闻之士”，为什么没有一人泄露秘密说刘歆伪造诸经？钱穆于“哀帝建平元年”条下录“歆请建立《左氏春秋》及《毛诗》、《逸礼》、《古文尚书》，移书让太常博士”，引《刘歆传》《儒林传》中有关刘歆同时代学林中人物的行事，针对康有为指刘歆伪经的所谓证据论证说：“歆承父典校书不逾一年，无从遍伪诸经……至歆为莽国师，其时扬雄校书天禄阁，必谓歆恣私妄窜，雄何得勿知？然今雄书多言古文，则知雄亦亲见中秘古籍矣。且当莽时，与歆同校书者，有苏竟，其人正士，亦通儒，至光武中兴，出仕于朝，何忌何嫌？歆苟有伪，竟何绝不知？何绝不言？且歆之作伪，为欲欺当时耶？为欲欺后世耶？谓欲欺当时，一手之伪岂能尽掩天下之目，尽惑天下之智？谓欲欺后世耶，莽歆皆未克尽其天年，事业及身而败。汉之中兴，学者生于西汉晚世及是尚存者不少，其仕于朝而显明后世者亦多矣。歆既不能欺其当世，则歆卒之后，骗局且暴露无遗矣。然伪古文诸经转日益见信于学者，则又何说解之？……诸儒之不对，正缘其不诵。师丹谓非毁先帝所立，与公孙禄所谓颠倒五经者，其意皆指朝廷政制，本不谓书乃刘歆所伪。若当时诸儒必谓歆所主古经皆系伪物，则何不一请校验，其事可立决。歆亦自言之，曰'古文诸经皆今上所考视'，则明非不可验矣。恣意妄窜，伪迹易白。何以其后如扬子云及东汉诸儒，凡校书中秘者，率信古经不疑。"此段考论，层层深入，步步推理，先说刘歆没有造伪的时间，再说与刘歆同时代的学人如扬雄、苏竟等不见其做伪之迹，论证了刘歆不可能一手掩天以欺当时之人。接着论说刘歆、王莽都没能尽享天年，而生于西汉后期又在东汉朝廷为官的不在少数，若刘歆当时之人畏惧王莽的权势而不敢揭露，那么在刘歆已经作古的东汉初期，人们当别无顾忌，却仍不见有人暴露其伪迹，此于理难通。然后钱穆又举曾参劾刘歆"非毁先帝所立""颠倒五经"的师丹、公孙禄两人的奏议，从另一方面证说刘歆未曾伪造经书。最后论证当时的经书是可以做真伪检验的，但却没人做过，故只能说明这样一个事实，"刘歆屡云古文旧籍，则古文即旧书也。汉武立五经博士，罢黜百家，正以五经皆前代王官旧书"。即所谓古文经乃当时确已存在的古籍，非刘歆所能伪造。康有为辈"妄以后世今文古文之见说之，故谓刘歆争立古文经欲以篡今文圣统"。这无异于以今人之心度古人之腹，显然难以成立。凡此种种，钱穆列举大量的实例进行贯通考证，说明了刘歆造伪是不可能的。从这里我们能清楚地看出钱穆考据古史善于贯通诸说层层推论的特点。

再看刘歆有没有必要伪造群经以助王莽篡汉。钱穆考证，刘歆为古文诸经争立博士时，"时莽已失职，汉廷亦绝无倾覆之象，岂莽之与歆已预定篡汉之谋，乃举歆校书，遍伪群经，以为莽将来谋篡之地耶?"王莽刚刚退职，刘歆没有必要为一个失势的外戚大臣造假谄媚。康有为说刘歆造伪谄媚主要是指《周官》一书，但《周官》属晚出之书，刘歆争立诸经时，《周官》并不包括在内。后来王莽依据《周官》立政，而不是刘歆据王莽的意图来伪造《周官》。再者，《周官》的内容如井田、分州、爵位等早见前朝典籍记载，其他如郊祀、天地、改易钱布之类王莽新政，西汉元、成、哀、平帝以下多已有人言之，刘歆没有必要另造一书使天下人怀疑自己。特别是钱穆书中不厌其烦地举证当时流行阴阳五行学说，人们喜言阴阳灾异，"汉运将终"的观念久已传播，刘歆凭何能耐逆转风气？钱穆于"神爵二年九月"下，列"司隶校尉盖宽饶自到北阙下"，引《汉书·盖宽饶传》事，下按语说："元凤三年，眭弘以论禅议诛，宽饶之死，去弘不二十年。当时学者敢于依古以违时政之风如此。又深信阴阳五德转移之说，本非效后世报万世帝王一姓之见。莽之篡汉，硕学通儒颂功劝进者多矣，虽亦觊宠竞媚，亦曾一时学风之趋向，不独刘歆一人为然。歆何为不惮劳，必遍伪群经，先篡今文圣统，乃得助莽为逆哉?”又如“建始三年”下，录“十二月朔日食，夜地震，诏举直言极谏之士，谷永以待诏对策”。钱穆下按语，引谷永言“白气起东方，贱人将兴之表也；黄浊冒京师，王道微绝之应也”。进而说：“盖永此言，亦隐寓汉家运数将终之意。当时据灾异言占应，多持此说，宜乎莽之乘机而起也。下至窦融兴河西，彼中智者犹谓‘自前世博物道术之士，谷子云、夏贺良等，建明汉有再受命之符，言之久矣。’可见当时汉运中衰之说入人之深”。上述两条材料，都清楚地说明，阴阳轮换、五行转移，汉运将终的观念早已流行于世间，这一风气绝非某一个人的言论所能改变。刘歆没有必要，也不可能为王莽篡汉制造“符命”，康有为所论是没有根据的。[①]

总体来讲，钱穆的《刘向歆父子年谱》针对康有为《新学伪经考》而发，以本证的考据方法，考证康说是否与史实相符，在逻辑上能否贯通，最后得出了比较令人信服的结论。此文所用材料仅是一部《汉书》，根据历史记载，解决经学问题。学者何祐森指出：“《刘向歆父子年谱》解决了近代学术史上的一大疑案，而这部书根据的仅仅是一部《汉书》。很多非有新资料不能著书立说的人，一定认为这是一件不可思议的事。一部《汉书》，人人可读，未必人人会读；一部古书，人人能读，未必人人愿读。……现代一般治经学的，通常不讲史学；治史学的人，通常不讲经学。钱先生认为经学上的问题，亦即是史学上的问题。《向歆年谱》依据《汉书》谈《周官》、《左传》，他所持的就是这个观点。”[②]杨向奎先生评价道：“长期以来，今文学派垄断了学坛，刘歆、王莽伪造古文经，几成定论，实多武断处。钱先生此文出，使人耳目一新，容易为人所接受，因而打破今文学派的垄断。”[③]何兹全先生也说：“《刘向歆父子年谱》就是一篇考订精密而有创见的专题著作，是一篇对历史问题的微观著作。但这篇文章也显示钱先生是大处着眼小处着手的。他从对刘向、刘歆父子一生的精密考订入手，却在解决今古文经

---

① 参见钱穆：《刘向歆父子年谱》，见《古史辨》(五)，132～166 页。

② 何祐森：《钱宾四先生的学术》，见陈勇：《钱穆传》，71～72 页。

③ 杨向奎：《回忆钱宾四先生》，见《钱穆纪念文集》，4 页，上海，上海人民出版社，1992。

的一个大问题——刘歆是否遍伪了诸经。”[①]可见，钱穆《刘向歆父子年谱》在20世纪学术史上具有不可忽视的地位。

（二）《先秦诸子系年》

《先秦诸子系年》是钱穆历史考据的另一代表作，不少收入《古史辨》的文章就源于此书。该书的撰写，始于1923年，后又加以整理修改，于1935年冬出版。“一篇之成，或历旬月，或经寒暑。少者三四易，多者十余易，而后稿定”，可见其用力之勤。自清代以来，考论先秦诸子年世的学者不少。加上章太炎、梁启超的提倡，一时诸子学成风靡之势，胡适《先秦名学史》也是闻章、梁之风而写的。但由于资料的缺乏以及现有材料未得很好利用，使得很多问题仍然没有得到解决。诸如先秦诸子的先后渊源与系统，以及战国史的发展环节等，都不十分清楚。据钱穆看来，前人所作存在三种弊端：“各治一家，未能通贯，一也。详其著显，略其晦沉，二也。依据史籍，不加细勘，三也。”正是基于此等缺略，钱穆才专著一书详加考订，从而大大提高了先秦诸子在年代学上的史料价值。

《先秦诸子系年》全书包括考辨专文四卷，计一百六十三篇，通表四，附表三。考辨与通表及先秦学术发展阶段一一对应，第一卷考订孔子行谊及孔门相关人物，所谓“相宰之禄，悬为士志，故史之记，流为儒业，则先秦学术之萌茁期也”。第二卷考墨子、孟子、子思、子夏、吴起以及老子等，此期“儒墨已分，九流未判，养士之风初开，游谈之习日起，魏文一朝主其枢纽，此先秦学术之酝酿期也”。第三卷考晋、楚、魏、齐列国诸子，如商鞅、申不害、屈原、庄周、稷下等，此时诸子“风发云涌，得时而驾，乃先秦学术之磅礴期也”。第四卷考春申、平原二君和荀子、韩非、吕不韦，是“先秦学术之归宿期”。[②] 要言之，该书在以下三方面有重要价值。

其一，运用所能见到的材料，对先秦诸子年世做纵横贯通的考论。钱穆认为，前人治诸子“各治一家，未能贯通”，正因为如此，“治墨者不能通于孟，治孟者不能通于荀，自为起讫，差若可据，比而观之，乖戾自见”。而钱穆则上自孔子下至吕不韦，排比联络各家，一以贯之，“以诸子之年证成一子”，对先秦诸子的生平事迹、学术渊源、各家思想流变轨迹详细加以考订，资料翔实，持论有据。先秦古籍流传下来的不多，以《史记》保存的

① 何兹全：《钱穆先生的史学思想——读〈国史大纲〉、〈中国文化史导论〉札记》，见国际儒学联合会编：《国际儒学研究》第一辑，17页，北京，人民出版社，1995。

② 钱穆：《先秦诸子系年》自序，1～25页，北京，中华书局，1985。

先秦史料最为详备。然而《史记》记载多有缺略，其中尤以缺略诸子为甚。在如此条件下，何以考订诸子年世？钱穆举树木之年轮和地层之化石作比喻，认为就现有的材料中“有可以得其生卒之年寿者，有可以推其交游出处之情节者”，因而“片言只字，冥心眇虑，曲证旁推，即地层之化石也，即树木之年轮也”。只要达到“四达而无牾，一贯而可通”，就可以达到目的。这种曲证旁推、纵横通贯的逻辑考据方法贯穿于《先秦诸子系年》一书始终。钱穆认为，要考定诸子的年世，必须得助于辑佚与辨伪二法，三者“相待以成”，不可偏废。辑佚之法在考定诸子年世行谊中大有用武之地，从《史记》来看，只有孔子有世家，孔门弟子及老、庄、申、韩、孙(武)、孟、荀诸子有列传，其余诸子则阙。有的如许行、陈仲、惠施、魏牟等连名字都没有。“然而其旁见于他书者，虽片鳞一爪，可以推寻而得其大体者至多也。”诸子之书多托古以言事，且多寓言，因而前代史家大多不信。但是诸子“述当世之事，记近古之变，目所睹，身所历，无意于托古，无取于寓言。率口而出，随心而道，片言只语，转多可珍”。正是运用这种参伍错综“以诸子之书还考诸子之事”的方法，钱穆先生钩稽出战国时期向来比较隐晦的史实，如魏文诸贤，稷下学士的名姓生平、师友渊源、学术流变等情况。诸子之事多有误且伪者，伪迹不辨则不足以考其年代。钱穆认为，有关诸子材料伪出的情况涉及人、世、年、事、地、书、说等，而且这几种因素是相互关联的，所谓“凡伪其人者，必伪其事焉，伪其时焉，伪其书焉，伪其说焉”，如此方能掩盖其人做伪之迹。这是钱穆关于辨伪方面的贯通认识。同时，诸子辑佚、辨伪之功得以成立还必须靠年代考据之准确，三者相辅相成。例如，钱穆认为，“夫必《易系》决非孔子作，而后孔子无系《易》之年之辨可定。夫必孔子无系《易》之年，而后无商瞿传《易》之人之辨可定。夫必无商瞿传《易》之人，而后孔门无六经传统之说之辨可定。”一旦确证了孔子无系《易》之年，则商瞿梁鳣年长无子之逸记可以灭，《系辞》《十传》之为伪书可以定。因此三者相互配合，最为考辨之良法。钱穆在全书中运用贯通之法打破了过去学者治学中局限于某一流派的门户之见，使他能够取得超过前人的成绩。

其二，破除陈说，融会以求，钩稽发覆，清理出有关魏文诸贤、稷下学士的史实。正如钱穆所说：“若魏文之诸贤，稷下之学士，一时风会之所聚与夫隐沦假托，其名姓在若存若亡之间者，无不为之辑逸证坠，辨伪发覆。参伍错综，曲畅旁达，而后其生平出处师友渊源学术流变之迹，无不粲然条贯，秩然就绪。”《先秦诸子系年》全书以卷二卷三两卷的篇幅考论魏文和稷下时期的学术。作为先秦学术发展之枢纽的魏文侯时期，全书考订了从墨子到老子共四十一个问题。这些问题，在《史记》中最为疏略，而且有很多错误。钱穆对此一一做了精细的考订，补充了不少《史记》中阙略的内容，也纠正了《史记》记载中存在的一些问题。虽然由于资料所限，不可能详备所有，但借此工作，人们对自周敬王四十二年到周烈王五年计一百零八年中诸子学术的发展初步有了一个系统的认识。对作为先秦学术繁荣期的稷下诸子等，全书在第三卷以五十四考的篇幅予以反映。书中详人所略，略人所详，对稷下诸子的生平和学术均有精到的考辨，对稷下学宫兴衰的考订尤有贡献。《先秦诸子系年》首先录《史记·田敬仲完世家》集解引刘向《别录》"齐有稷门，城门也。谈说之士，期会于稷下也"一语，下引《太平寰宇记》卷一八《益都下》另引《别录》证说齐稷下之学的存在，及稷门之具体地点——城西门。而《史记》索隐解释稷下得名或因城西门"侧系水"，或因立馆于"稷山"下而得名。《先秦诸子系年》据鲁也有稷门做旁证，又引《左传·定公八年》记定公与阳氏"战于棘下"，疑"棘下"即"稷下"，因地近稷门而得名，从而纠正了《史记》索隐的失误。然后《先秦诸子系年》引徐干《中论·亡国》篇证"稷下始于田午"，引《新序》证"威王时已有稷下先生之称"，引《史记·田敬仲完世家》证"至宣王时而稷下大兴"，引《盐铁论》证"稷下先生散于湣王之末世"，引《史记·孟子荀卿列传》证"至襄王时而稷下复兴也。至王建之世则无闻"。邹衍时"其制犹存"。钱穆总结道："盖齐之稷下，始自桓公，历威宣湣襄，前后五世，垂及王建，终齐之亡，踰百年外，可谓盛矣。"①接着，《先秦诸子系年》又引《新序》《史记·田敬仲完世家》《史记·孟子荀卿列传》、刘向《别录》等，概述了稷下学宫的地望、始末、荣衰、学风、人物及其行谊。如此，人们对原来隐晦不显的稷下学说，从学派得名，到学术的兴衰、发展，再到稷下诸子的学术生活，都有了一个清晰的了解。有学者称誉"钱穆的研究，真正奠定了日后稷下学研究的基础"②。

其三，以《竹书纪年》及诸子之书补证《史记》的矛盾、疏脱。钱穆著《先秦诸子系年》首先必须参考司马迁《史记·六国年表》，而《史记·六国年表》的主要依据是秦焚书以后留下的《秦记》。《秦记》本来极简略，加上秦孝公以前极少与东方各诸侯国交往，中原诸侯大多以夷狄视之，因而《秦记》记

---

① 钱穆：《先秦诸子系年》，231～232页。

② 白奚：《稷下学研究——中国古代的思想自由与百家争鸣》导言，2页，北京，生活·读书·新知三联书店，1998。

载东方诸侯史实尤其疏略。《史记·六国年表》所反映的自秦孝公诸侯史实最疏漏不具，其原因就在于此。所幸晋太康年间从魏冢中发现了记载战国时期魏国历史的《竹书纪年》，唐司马贞撰《史记》索隐，即对《竹书纪年》有所引用。但由于《竹书纪年》原书早已亡逸于两宋之际，今本为后人集辑，且多经改篡，因而面目全非；再者其书言三代事，如益为启诛、太甲杀伊尹之类，多与相传儒家旧说违异，被儒者斥为荒诞；此外，因为其书记春秋时事多仿往例而为之，与身为国史承告据实而书的体例不同。所以《竹书纪年》的史料价值历来受到怀疑。自清以来学者治其书者不下十数家，王国维以嘉定朱右曾书为底本，著成《古本竹书纪年辑校》及《今本竹书纪年疏证》，最终使《竹书纪年》的价值得以确认。钱穆对《竹书纪年》做进一步的考证、阐发，证明《竹书纪年》所载秦孝公以前东方各国史事有远胜于《史记》的价值。

《史记》记载的阙误，是一个非常复杂的问题，钱穆把《竹书纪年》和《史记》本文及诸家索引注文融为一体做贯通的考证，从不同层面进行了反映。首先，是《史记》本文的疏误。钱穆以类相从，以例说之，总结了十个方面的类例：误以一王改元之年为后王之元年；有一王两谥而误分为两人；有一君之年误移至他君之上；有一君之事移至他君之上；有误一君之年而未误其并世之时者；有其事本不误，以误于彼而遂若其误于此者；有似有据而实无据者；有史自有据而轻率致误之例；有史本无据而勉强为说以致误者；有史公博采，所据异本，未能论定以归一是从而自造矛盾者。此外还有史本非误，由后人误读妄说及率改妄窜致误的。

其次，是《史记》索隐诸家所引《竹书纪年》正文多误。由于读史之人爱其文，往往疏忽其事，致使史虽多误而莫辨，甚至有传抄失真而致误者的。在这里，钱穆列举了不下九条材料来做论证，内容涉及范围包括：因文字形近致误，如“魏文侯初立在晋敬公六年，而《晋世家索隐》引《纪年》误为十八年，十八实六字之讹”；有文字脱落致误，如“齐宣公四十五年田庄子卒，而《田齐世家索隐》引《纪年》误为十五年，脱一四字”；也有因文字增衍致误，如《秦本纪集解》引徐广“《汲冢纪年》云：魏哀王二十四年，改宜阳曰河雍，改向曰高平”。钱穆考《竹书纪年》终于“今王二十年”，今王即哀王，“乌得有哀王之二十四年？按之《赵世家》徐广所引，知系四年之误”，此“四”字即衍文；还有因文字颠倒而误，如《周本纪集解》语“裴骃案《汲冢纪年》，自武王灭殷，以至幽王，凡二百五十七年”，钱穆通过考证，知“五十七”当是“七十五”之误。其他窜易妄改之处不少，还有因不明《史记索隐》引

《竹书纪年》的成例而致误的，诸如此类，不胜枚举。

最后，是《史记》诸家注文的疏误。《竹书纪年》说《史记》注文计秦自立国到二世灭亡的年世多有歧义，清人梁玉绳《史记志疑》认为之所以各注本所计年世不同，原因在于“篆隶递变，简素屡更，传写乖讹，非《秦记》之旧矣”。钱穆则认为原因不仅如此，其中所用以计年的方式不一也会形成差异，如是否以“逾年改元”作为计年的原则就是其中之一。在关于“逾年改元”这个原则问题的认识上，钱穆以秦献公夺得政权为例做了进一步的分析说明。他说：“不踰年而改元，古人自有其事。然大率前君被杀，后君以篡逆得国，不自居于承前君之统绪，则往往即以前君见杀之年，改称篡立者之元年，不复踰年而改元。”这种情况在春秋时尚不多见，在战国则屡屡有之。如秦献公就是靠杀前君出子及其母而夺得政权，所以他“未踰年而改元”。诸如此类的例子不胜枚举，后来注家往往未能发明其本质，加上几多传抄之误，致使古籍纷乱不可清理。钱穆先生带有规律性的结论，无疑对后世学者进一步开展研究很有启发。

《先秦诸子系年》集乾嘉以来考证先秦诸子年代学之大成，对诸子出身行事，辑逸征坠，排比联络，校勘参证，辨伪纠误，并从其相互关系，探求各家学术渊源脉络，立论精确，考证翔实，用心至密，用力至勤。蒙文通、陈寅恪、胡适、顾颉刚等学者均给予极高评价，称其“体大思精”“精湛”“精辟”。余英时称赞道：“钱先生《先秦诸子系年》一书则为诸子学与战国史开一新纪元，贡献之大与涉及方面之广尤为考证史上所仅见。根据古本《竹书纪年》改定《史记》之失更是久为学界所激赏。……这是一部考证之作，但卷首《自序》的文章则写得掷地有声。序末论战国世局三变与学术四期一节更是考证、义理、辞章融化一体的极致。”①钱仲联也评价该书“是将先秦诸子的学术思想、著作考证等，用‘整理国故’的科学方法，探讨出条理脉络，弄个一清二楚，真面各显。石破天惊之论，层现迭出，既能继承清儒考证学派的实事求是传统，又能在新的时代条件下，有所发展”②。

（三）钱穆考证学的局限性

钱穆的《先秦诸子系年》虽然在考据上厥功甚伟，在20世纪的新考据学领域中占据一席之地。但是，该书也有许多主观性错误，如他说：“余考墨

① 余英时：《一生为故国招魂——敬悼钱宾四师》，见《钱穆与中国文化》，24页，上海，远东出版社，1994。

② 钱仲联：《纪念国学大师钱穆先生》，见《钱穆纪念文集》，78页。

子止楚攻宋，在楚惠王四十四年后，五十五年前。时墨子年三十余，下逮周安王十年，墨子当死于其时，年寿盖逾八十”，又如“今姑定商君入秦年三十，则其生年应与孟子相先后。其寿殆过五十，而未及六十也”，还有“今姑定燕惠王元年，邹衍年二十五左右，则邯郸解围后，邹衍自齐使赵，年四十八、九。剧辛之死，邹衍亦逾六十，其生当在齐宣之晚年也”①等，以推测代替考据，含有很强的主观片面性。因为具体材料的缺乏，对先秦诸子年代的推定是不能做到那样精确的。

20 世纪初年，诸子学勃兴，老子其人其书一事再度成为学术界关注的中心，特别是 20 世纪二三十年代古史辨派所发起的疑古思潮，更是起了推波助澜的作用。史学名家纷纷加入这场讨论，结果形成二种不同的观点：一派以胡适、唐兰为代表的“早出论”，认为《老子》在春秋末年或战国早期就已形成；另一派以梁启超、钱穆、冯友兰为代表的“晚出论”，认为《老子》成书于战国中晚期，顾颉刚甚至主张在秦汉之际或西汉初叶的文景之世。钱穆意识到老子其人其书的重要性，他说：“老子之伪迹不彰，真相不白，则先秦诸子学术思想之系统条贯终不明，其源流派别终无可言。”但他考证后说：“据其书思想议论及文体风格，盖断在孔子之后。当自庄周之学既盛，乃始有之。”他还认为老子可能是楚人詹何，《老子》产生于《庄子》之后，《荀子》之前。② 双方针锋相对，互相辩驳，成为现代学术史上的一桩公案。

胡适早在 1931 年就指出钱穆在考订《老子》成书年代方法上的错误，他说：“依此推断，老庄出世之后，便不应有人重为天命天志之说了吗？难道这二千年中天命天志之说，自董仲舒、班彪以下，都应该排在老庄以前吗？这样的推断，何异于说，‘几千年来人皆说老在庄前，钱穆先生不应说老在庄后。何者？思想上之线索不如此也？’”③因为思想线索最不容易捉摸，一个人自身的思想也往往不一致，不能依一定的线索去寻求。

学术研究的突破，亟须依赖于王国维所说的“纸上之材料”与“地下之新材料”互相印证而形成的“二重证据法”。随着考古学的迅速发展，许多埋藏于地下的文献古籍相继出土，为研究中国古代的学术文化提供了珍贵的实物资料，也为《老子》一书的争论带来一线曙光。1973 年，长沙马王堆三号

① 钱穆：《先秦诸子系年》，89、229、440 页。

② 钱穆：《先秦诸子系年》，204、223 页。

③ 胡适：《评论近人考据老子年代的方法》，见《胡适文存》四集，77 页。

汉墓出土的帛书中，有《老子》甲乙两本，均抄写于秦汉之际，这使得《老子》成书于文景之世说不攻自破，但仍不足以动摇“晚出论”所持战国中期说。

1993年，湖北荆门郭店一座楚墓中出土了一批竹简，时间相当于战国中期偏晚(约公元前300—前278)，其中有《老子》甲乙丙三组，这是迄今所见最早的抄本。简本不分道经、德经，文句与传世本、帛书本各有异同，编次也判然有别，写作年代更早。一般来说，竹书的抄写年代应早于楚墓下葬时间。裘锡圭据此认为：“把《老子》形成的时代定在战国早期，还是比较合理的。如果《老子》确为老聃的弟子或再传弟子所编成，其成书年代很可能在公元前五世纪中叶或稍晚一些的时候，下距郭店《老子》简的时代一百几十年。”①这就推翻了《老子》成书于战国晚期的说法，可见老子确实是与孔子同时代的人物，他所创立的道家学说也应与儒家、墨家同时，在春秋晚期即已形成，这一判断现已成为定论。当然，由于材料的局限，我们不能苛求钱穆在《老子》成书年代问题上的考证。

《汉书·艺文志》载“《吴孙子兵法》八十二篇，图九卷。《齐孙子》八十九篇，图四卷”。这里所说《吴孙子》即指《孙子兵法》，《齐孙子》为《孙膑兵法》。但《隋书·经籍志》中《齐孙子》不见著录，因此自南宋以来，历代学者均怀疑孙膑其人及兵法的存在。叶适在《习学记言》中说：“左氏无孙武”，陈振孙《直斋书录解题》也认为，“孙武事吴王阖庐，而事不见于春秋传，未知其果何人也”，以其书为战国山林处士所伪托。以致长期以来聚讼纷纭。钱穆在《先秦诸子系年》中，考证孙武“其人与书，盖皆出后人伪托”，又说：“疑凡吴孙子之传说，皆自齐孙子而来。《史记》本传吴孙子本齐人，而齐孙子为其后世子孙。又孙膑之称，以其膑脚，而无名，则武殆即膑名耳。”②他将孙武与孙膑视作一人。所幸1972年，山东临沂银雀山西汉武帝初年的墓葬中，发现一批竹木简牍，其中1号墓出土竹简四千九百四十二枚，内容为《孙子兵法》《孙膑兵法》《六韬》《尉缭子》《守法守令》等，还有《晏子春秋》等先秦古籍以及《相狗经》、阴阳书与风角灾异杂占残简。其中《孙膑兵法》与《孙子兵法》竹简同时出土，解决了长期以来久悬未决关于这两部兵书的作者问题，说明孙武和孙膑是不同的两个人，且各自著有兵法书。钱穆以为孙武、孙膑为一人，以及孔子对《易》未做精深研究，否认孔门六经传统，

---

① 裘锡圭：《郭店〈老子〉简初探》，见陈鼓应编：《道家文化研究》第17辑，30页，北京，生活·读书·新知三联书店，1999。

② 钱穆：《先秦诸子系年》，12、262～263页。

诸如此类的考证，都是片面甚至是错误的。

由于钱穆没有看到许多新出土的资料，因此考证不免存在一定的局限。即便如此，这两部考证学著作影响甚大，足以居于新考证史学的代表著作之列，在思想史上也占有突出的地位。“钱穆以客观史实来解决今古文之争，摧陷廓清道咸以来常州学派今文经学家散布的某些学术迷雾。《刘向歆父子年谱》撰写的动机在于洗清刘歆伪造《左传》、《毛诗》、《古文尚书》、《逸礼》诸经的不白之冤，平息经学家的门户之见，这对结束晚清以来经学上的今古文之争有一定的积极作用。……凡是讲经学的都能兼通今古，古文经学家如章太炎和今文经学家如康有为之间的鸿沟已不复存在，学术界已不再囿于今古文谁是谁非的观念之中。”①

二、汤用彤的宗教史研究

汤用彤(1893—1964)，字锡予，祖籍湖北黄梅，生于甘肃渭源，毕业于清华学堂，后留学美国，获哈佛大学哲学硕士学位。1922 年回国后，他历任南开大学、中央大学、北京大学教授，讲授哲学概论、伦理学、中国佛教史、小乘佛教研究、佛典选读、魏晋玄学、印度佛教史、欧洲大陆理性主义、英国经验主义等课程。其主要著作有《汉魏两晋南北朝佛教史》《隋唐佛教史稿》《魏晋玄学论稿》《往日杂稿》《校点高僧传》《汉文佛经中的印度哲学史料》及关于西方哲学的《印度哲学史略》《叔本华的天才主义》等多种，并翻译《亚里士多德哲学大纲》和《希腊之宗教》。

汤用彤学识渊博，治学勤奋，学风谨严，论著精深，一生致力于中国哲学史(主要是魏晋玄学)和中国佛教史的研究，但他对西方哲学史(特别是欧洲大陆理性主义和英国经验主义)、印度哲学等也有广博的知识和很高的素养。他还精通多种外语，尤其是梵文和巴利文，又长于考证和比较研究，因此对中国哲学史和佛教史的研究多有独到、精辟、深刻的见解。他既掌握丰富的第一手材料，又能将中国传统的治学方法和西方近代比较先进的研究方法结合起来，注意吸收中外学者研究成果而又不囿于成说，精心考证而又不流于烦琐，注意纵观古代学术思想发展的全过程，揭示其发展线索。他对许多问题的研究结论，至今还受到研究者的重视。他的著作如《汉魏两晋南北朝佛教史》，在国内外均有较大的影响。荷兰莱顿大学许里和

① 汪学群：《钱穆学术思想评传》，85～86 页，北京，北京图书馆出版社，1998。

(Erich Zurcher)在《佛教征服中国》序言中也说："我和所有中国的佛教学者一样，深深感谢汤用彤教授(北京)，他的著作已经成为非常珍贵的研究工具和指南。"①

(一)佛教史研究

汤用彤对佛教史的研究用力最勤，收获也最多，所著《汉魏两晋南北朝佛教史》《隋唐佛教史稿》，规模之恢宏，结构之严谨，材料之丰富，考证之精确，问题提出之深刻，至今仍是研治佛教史的中外学者必读参考书。严耕望评价道："汤用彤先生所撰《汉魏两晋南北朝佛教史》，我认为是近五十年来就某一时代的某一方面问题作研究中最有成就的几部论著之一，日本学者研究中国佛教史的太多了，就我所知(以二十年前出版的为限)，没有一部能及得上这部书。"②他对于许多问题的考证，极具启发性，有的已经成为学术界的共识。

佛教传入中国是佛教史上的一件大事，但传入的准确年代，历来众说纷纭，不下几十种。有三王之世伯益知有佛说、周昭王佛法已来说、孔子深知为大圣说、燕昭王时传入说、秦始皇时沙门释利防等十八贤者赍经来化始皇说、汉武帝休屠金人说、张骞通西域始闻说、东方朔劫灰说、西汉成哀帝时刘向叙列仙说、汉哀帝元寿元年博士弟子景卢受大月氏王使伊存口授浮屠经书说、东汉明帝求法说等，前后相差约两千年。汤用彤列举了所有诸种说法之后，一一加以考辨，指出那些年代过早的说法，多系后来佛道徒为争优劣高下而编造的假说，纯属虚妄，不足为信。他对"汉明帝永平年间中，遣使往西域求法，是为我国向所公认佛教入中国之始"之说，也做了考证，内容分为："一、佛法不始于明帝；二、《四十二章经》之早出；三、明帝求法之真伪；四、蔡愔、摩腾事之迟见；五、竺法兰事之无征；六、求法说非王浮所假造；七、余论。"最后，他总结道："汉明求法，吾人现不能明当时事实之真相，但其传说应有相当根据，非向壁虚造。至若佛教之流传，自不始于东汉初叶。明帝虽曾奖励此新来之教，然其重要，亦自不如后日推尊之甚。"因此，他说："在西汉，佛法当已由北天竺传布中亚各国。其时汉武锐意开辟西域，远谋与乌孙、大宛、大夏交通。此事不但政治上非常重要，而自印度传播之佛法必因是而益得东侵之便利。中印文

① ［荷］许里和：《佛教征服中国》序言，李四龙、裴勇等译，2页，南京，江苏人民出版社，1998。

② 严耕望：《治史三书》，24页。

化之结合即系于此。”[1]现在，学术界通常把汉哀帝元寿元年（公元前2）博士弟子景卢受大月氏王使臣伊存口授《浮屠经》一事，看作佛教传入内地之始，与汤用彤所做的考证相近。

也有学者的观点与汤用彤考证的佛教传入中国是经过西域而到达中原之说相异。如梁启超在《佛教之初输入》中说：“向来史家，为汉明求法所束缚，总以佛教先盛于北，谓自康僧会入吴，乃为江南有佛教之始，其北方输入所取途，则西域陆路也。以汉代与月氏、罽宾交通之迹考之，吾固不敢谓此方面之灌输，绝无影响，但举要言之，则佛教之来，非由陆路而由海，其最初根据地，不在京洛而在江淮。”[2]冯承钧也同意这种看法，他在《中国南洋交通史》中说：“……南海一道亦为佛教输入之要途，南海之交趾犹西域之于阗也。旧日传说或以佛教输入事在哀帝元寿元年（纪元前二年，《三国志》卷三十注引《魏略》），或以事在明帝永平四年至十八年间（六一至七五），此属传说而非史实。《后汉书·天竺传》后志明帝感梦事，亦为传说之一种，殆出袁宏《后汉纪》，亦非实录。是欲寻究佛教最初输入之故实，应在南海一道中求之。”[3]伯希和在《牟子考》一文中，提出第三种传入路线为：“当纪元一世纪时，云南及缅甸之通道，二世纪时交州南海之通道”。

汤用彤的陆路说和梁启超的海路说各有一定的道理，但均不全面。近年来，全国很多地区发现了很多佛教文物或造像，补充了史书记载之不足，为研究佛教的传播历史提供了新材料。如河北石家庄北宋村二号汉墓出土了两尊铜佛像，制作年代为东汉至魏晋时期。[4] 山东沂南地区北寨村发现的画像石墓，画像中有几幅头部有佛光的图像，经推定，其制作年代为汉灵帝末年至汉献帝初年，即公元190年前后。江苏连云港孔望山摩崖石佛像，年代为后汉末年，是中国佛教史上最早的佛像雕刻。所有这些佛教文物遗存，均说明佛教进入中国也循海路，传入时间当早于佛像制作时间。[5] 实际上，佛教传入中国的路线，是逐渐从不同的方向，通过不同的方式传来的。传入的主要线路主要有南北两条：在北方由印度，辗转于中亚各国，沿着

---

① 汤用彤：《汉魏两晋南北朝佛教史》，17、33页，北京，北京大学出版社，1997。

② 梁启超：《佛教之初输入》，见《梁启超全集》，3729页。

③ 冯承钧：《中国南洋交通史》，8～9页，上海，上海书店，1984。

④ 参见河北省文物管理委员会：《石家庄北宋村清理了两座汉墓》，载《文物》，1959(1)。

⑤ 参见俞伟超：《孔望山摩崖造像的年代考察》，载《文物》，1981(7)。

陆上丝绸之路，经过新疆，进入中国内地；在南方由印度，通过海上丝绸之路，传至交州、广州及东部沿海等地，再传入内地。佛教的传入同中国与印度、中亚的商业贸易活动有紧密的关系。此外，四川乐山麻壕和柿子湾崖墓的佛像，四川彭山崖墓的一佛二菩萨像，说明佛教也有从西南通道传来的可能，并逐渐引起重视。如有学者就认为佛教造像是越云南、四川，经长江沿岸进入中国内地的。① 总之，分布在全国各地的佛教文物资料，暗示了佛教传入有多种途径，而不是传统的一条通路。

《四十二章经》是佛教的一部重要经典，也是中国第一部汉译佛经，但对其真伪问题，各家看法不一。梁启超撰《四十二章经辨伪》，说此经撰者应具下列三条件：一是在大乘经典输入以后，而其人颇通大乘教理者；二是深通老庄之学，怀抱调和释道思想者；三是文学优美者。根据以上条件，他断定"其人不能于汉代译家中求之，只能向三国两晋著作家中求之"。他经过考证，得出结论："道安与苻坚同时，安既不见此经，则其出固在东晋之中晚矣。"陈垣也从后汉诏令奏议，皆用"浮屠"，而不用"佛"，《三国志》裴注引《魏略》天竺国载鱼豢所见《浮屠经》，尚未有沙门之译，今《四十二章经》数言沙门，不是最初译本所应有。由此他得出三项判别之标准："一、后汉至魏中叶，尚纯用浮屠；二、三国末至晋初，浮屠与佛参用；三、东晋至宋，则纯用佛。"以此为据，他做出如下判定："一、后汉有译经，可信。后汉有《四十二章经》译本，亦或可信。现存之《四十二章经》为汉译，则绝对不可信。二、襄楷所引为汉译之《四十二章经》，亦或可信。襄楷所引为即现存之《四十二章经》，则绝对不可信。"②

汤用彤反对梁启超所认定《四十二章经》晚出之说，他认为汉晋间已有经四十二章，前后有两译，一则出于汉桓帝以前，为襄楷所见；一则译自支谦，想即现存之本。他说："最早引用本经者，则为后汉之襄楷(参看《观古堂刻宋真宗注四十二章经》叶德辉序)。襄楷延熹九年(公元166年)上书桓帝(《后汉书》六十下)曰：'浮屠不三宿桑下，不欲久生恩爱，精之至也'，天神遗以好女，浮屠曰：'此但革囊盛血'，遂不眄之。其守一如此。此中'不三宿桑下'，即本经'树下一宿'之言。'革囊盛血'云云，系引经'革囊众秽'一章，则后汉时已有此经，实无可疑。"对于道安未见此经之原因，汤用

① 参见阮春荣：《佛教的南方之路北渗山东南部》，载《故宫文物月刊》，第14卷，第10期，1997。

② 陈垣：《关于四十二章经考》，见《陈垣学术论文集》，478页。

彤认为“大凡翻译，后出者胜。吾人今读西洋典籍，已不必求明清二代之所译，而前代所译，因渐澌灭。今日求之，常最难得。东晋去东汉已三百年，古人传钞，流传已难。安公草创，智者千虑，必有遗失。……安公治学精严，非亲过眼则不著录，故自知遗漏者不少，故谓若综理已出一切经典，自知非一人所能为。夫安公之世，《方等》风行，经出更多。《四十二章》为日常所不备，安公固未见之，遂未著录，或亦意中之事也”。他进而指出，《四十二章经》译本有二：其一汉译，文极朴质，早已亡佚；其一吴支谦所译，行文优美，而得以流传。因此，他说：“《四十二章经》，汉晋间有不同之译本，观上所列，甚可置信。译出既不只一次，则其源于西土，非中华所造，益了然矣。”但《四十二章经》乃撮取群经而成，又叠经改窜。至于其性质，汤用彤说：“《四十二章经》，虽不含大乘教义，《老》《庄》玄理，虽其所陈朴质平实，原出小乘经典，但取其所言，与汉代流行之道术比较，则均可相通。一方面本经诸章，互见于巴利文及汉译佛典者(几全为小乘)极多，可知其非出汉人伪造。一方面诸章如细研之，实在与汉代道术相合。”对于《四十二章经》的价值，汤用彤也做了说明：“汉代佛法，典籍颇少，《四十二章》远出桓帝以前，为研求最初释教之至要资料。但叠为妄人改窜，失其本真。”①

汤用彤将《四十二章经》出世之时间、译本种类、版本源流及经文性质等均做了仔细考证，立言简练，得到了多数学者的赞同，胡适说：“我相信汤锡予先生之说大致不误，所以我不怀疑《四十二章经》有汉译本，也不怀疑现存之本为支谦改译本。……汤锡予先生指出《高僧传》说竺法兰译的《四十二章经》流行江左，其实即是支谦译本，后人误传为汉译。汤先生认现存之本即是支谦本，我很赞同。”②

《理惑论》是佛教传入中国初期，由汉末文人牟子所写的较早的一本宣扬佛教思想的书，最先体现了由儒术独尊到儒释道并存的这种时代的转换，揭开了当时三教在理论上的对立与交融的序幕。该书最早见于《弘明集》，并注曰：“汉苍梧太守牟子撰。”《隋书·经籍志》录《牟子》二卷，注云：“汉太尉牟融撰。”但对此书的真伪，学术界也存在不同的意见。有学者认为是后人伪托，如梁启超在《牟子理惑论辨伪》中说：“牟融汉明帝时人，位至太尉，而此书言灵献间事”，因而断定此书“一望而知为两晋六朝乡曲人不善

① 汤用彤：《汉魏两晋南北朝佛教史》，31、32 页。

② 胡适：《四十二章经考》，见《胡适文存》四集，126～132 页。

属文者所作”，怀疑其真实性。也有的学者认为是真实的，如周叔迦在《梁任公牟子辨伪之商榷》一文中，指出后汉两个牟融，一是明帝时太尉，二是献帝时逸民，牟子《理惑论》是献帝时牟融的著作。

汤用彤对《理惑论》做了细密考证，他说：“兹细绎之，疑为伪书者，所持理由多不确实。而其序文所载史事，不但与史书符合，且可补正史之阙。”他认为佛教初次传入中国后，因与黄老之学同气，都主清净无为，且佛教言灵魂不灭，而道家追求神仙却死，长生不老。两者互相结合，相得益彰，这也是百姓崇奉的主要原因。《理惑论》公然黜百家经传，斥神仙方术，且援引《老》《庄》以申佛旨，考之于时代学术风气，说明作于汉末。《理惑论》中屡见“佛道”之名：“道有九十六种，至于尊大莫尚佛道也。神仙之书……大道之所不取也。”原因是汉魏之世佛教与中国方术本为一家，佛道混杂，如汉代有“方仙道”“黄老道”“五斗米道”“太平道”“鬼道”诸名词。牟子虽黜方术，犹认为佛法为道之一。最后，他说：“牟子之信佛道，盖亦由有会于《老子》，故又自称锐志于佛道，兼研《老子》五千文，是亦弃道术而谈玄理。汉代佛教，附庸方术。魏晋释子，雅尚《老》《庄》。牟子适为过渡时代之人物，则牟子《理惑论》者，为中国佛教史上重要之一页也。”①汤用彤从教义、行为、地理分布等诸方面，说明佛教初入中国时仅被视为道术之支流而流行民间。只有那些与异族有接触的人(如景卢)及好奇之士(如楚王英、襄楷)才偶有称述，佛教因傍依道术而其迹不显，决不能作为桓灵以前未行中国的证据。我们从《理惑论》中可知，佛教在汉末确有较快发展，经卷以万计，并且开始摆脱黄老而自立，其活动也受到社会的广泛评论。

余嘉锡撰《牟子理惑论检讨》一文，从流传著录、古今评论、诸家考辨、撰人时代姓名、书名、中国人出家及群书征引七方面详细考证，得出此书为后汉人所做的结论。他说：“其人弱冠之时，本修儒术，既博通经传，旁览诸子，遭汉末造，身处乱世，欲以玄默为神，淡泊为德，遂兼治老子五千文。……彼实心希玄妙，志在出世，故神仙辟谷之术，亦复学之。及行之无效，观其师三人，各自陨殁，由是抑而不信，鄙其虚诞。适会避地交趾，闻浮屠之说，以为澹泊无为，得老氏之要，既孚其素志，遂忻合无间，自谓开云见白日，矩火入冥室也。”②与汤用彤考证所得结论相吻合。

① 汤用彤：《汉魏两晋南北朝佛教史》，53、56页。

② 余嘉锡：《牟子理惑论检讨》，见《余嘉锡论学杂著》，104页，北京，中华书局，1963。

南北朝时期南北对立，北朝佛教在初期思想发展上必然接受南朝的影响，后期转变成相互交流的形式。但由于双方无论在历史传统上，或现实内容上，都不完全一样，因此佛教思想的发展各有其独立的个性。北朝佛教自孝文帝起，开始着重理论研究，而带有名理色彩，这一发展也是受了南朝的影响。因为北朝信佛而谈名理者，多为南朝人士。至于北朝佛教影响于南朝，则是北周武帝毁佛以后的事。汤用彤对北朝佛教思想的发展受南朝的影响有很好的阐发："……释子多南奔陈朝(北周之慧海、法彦)。最重要者如北齐学僧昙迁、靖嵩逃至江南，得习《摄论》(法侃、慧迁亦北方《十地》学者，至南方学《摄论》)。智者大师谓亦因毁法南下(据隋柳顾言《禅师碑文》)。前者乃法相宗之先河，后者奠天台宗之基础。而《楞伽》禅法亦疑在此时南趋。此宗兴起，原在嵩岳。二祖以后，乃移江北。夫自魏孝文以后，南方僧人尝来北方。周武毁法，北方僧人又驱而之南方。于是学术交流，文教沟通，开辟隋唐一统之局势，而中华佛教诸大宗派亦于是酿成焉。"①总之，南北朝佛教通过了特殊的途径而同归于国教化新的发展阶段，实为封建社会秩序重新改编的反映。

对于隋唐佛教，汤用彤也有精深的研究，如对于禅宗创始人菩提达摩，后人附会极多，达摩见梁武帝一事，7 世纪道宣作《续高僧传》，根本无此事的记载；8 世纪净觉作《楞迦师资记》始记此事，但尚无达摩与梁武帝的对话；稍晚出的《传法记》《历代法宝记》，不仅有对话，而且内容越来越多；到 11 世纪北宋所出《联灯会要》，不但达摩与梁武帝的对话大有增加，而且语意深奥，并有两人会见的具体日期。汤用彤破除种种虚妄，根据两种可信史料，即杨衒之《洛阳伽蓝记》和道宣《续高僧传》中《菩提达摩传》，考订出菩提达摩于梁武帝时来华。对于禅宗史事之妄，他列举四事：一谓秘密相传，不立文字；二谓《宝林传》达摩在东晋时使弟子至华传法，与庐山慧远共出《禅要经》；三谓杨衒之素喜佛事，听达摩说法；四谓达摩死后，宋云自西域归，于葱岭遇见。然后他一一进行反驳，并对伪造历史的原因做了说明："凡此伪史，以情推之，盖皆六祖以后禅宗各派相争之出产品也。且禅宗传法定宗众说纷纭，亦表现为其间各派之争也。"②胡适对汤用彤关于禅宗史研究给予很高评价："《中国佛教史略》中论禅宗一章，大体都很精确，佩服之至。先生谓传法伪史'盖皆六祖各派相争之出产品'，此与鄙见

① 汤用彤：《汉魏两晋南北朝佛教史》，390 页。

② 汤用彤：《隋唐佛教史稿》，186～188 页，北京，中华书局，1982。

完全相同。”①

1944 年，汤用彤在昆明西南联合大学讲演时，谈到了隋唐佛学的四个特性：“一是统一性；二是国际性；三是自主性或独立性；四是系统性。”隋唐以后，华严、天台、法相原来发达的佛教宗派因它们学说繁复，含义精密，普通人不易明了而渐趋没落，唯有南方的禅宗，由于其简易直截，明心见性，重在觉悟，普通人都可以欣赏而加以模拟，不仅合于中国的理论，而且合乎中国的习惯，因而广为流行。由此可见，任何一种宗教，包括佛教，进入中国后，必定要经历一个中国化的过程，才能流传下去，否则必然趋于衰落。他说：“凡是印度性质多了，佛教终必衰落，而中国性质多的佛教渐趋兴盛。到了宋朝，便完全变作中国本位理学，并且由于以上的考察，也使我们自然的预感到宋代思想的产生。”对于唐代佛教的影响，汤用彤说：“从古可以证今，犹之说没有南北朝的文化特点，恐怕隋唐佛学也不会有这样情形；没有隋唐佛学的特点及其演化，恐怕宋代的学术也不会那个样子。”②

此外，对于唐代佛教的关键人物玄奘，汤用彤赞扬他不畏艰险，历经千辛万苦，九死一生而西去求法的毅力和勇气。玄奘回到长安后，致力于译经一事，为传播佛教做出了巨大的贡献，并且培养了大批人才。“综计奘师相从之人物，非惟集一时海内之硕彦，且可谓历代佛徒之英华。……至若奘师开法相唯识、俱舍、因明之学，其弟子之以义学称者，指不胜屈。如窥基、圆测、神昉、嘉尚、普光、法相之名宿也，而窥基尤为元匠。如普光、法宝、神泰，则称为俱舍之三大家。……至若玄奘入印，声振五天。其后西行者数十辈，而义净亦因少慕其风而卒往天竺者也。玄奘法师促进佛教势力之功绩，岂不大矣哉。”玄奘共译经论等七十三部，总一千三百三十卷，对此，汤用彤说：“嗟夫，其克享大名，千古独步，岂无故哉！岂无故哉！”对唐太宗与佛教的关系，汤用彤举出正反各种证据，说明唐太宗并非真心热烈弘扬佛法，与梁武帝迥异，而唐初佛教仍极兴盛。他指出唐太宗所以抑佛的二个理由：“一曰，帝崇文治，认佛法无益于平天下。”“二曰，帝自以为系李老君之后，故尝先道后佛。”唐太宗之重玄奘，是因为玄奘博通内外，涉猎于史，学问、事功、令誉、风仪，足以欣动人君。但对玄奘

---

① 胡适：《论禅宗史的纲领》，见《胡适文存》三集，232 页。

② 汤用彤：《隋唐佛学之特点》，见《汤用彤学术论文集》，5～10 页，北京，中华书局，1983。

请立译场，倡翻译佛经，则并不热诚。因此，“吾人观乎波颇译经之萧索，而应恍然于太宗谢绝奘师之请之故也。”①汤用彤澄清了近代有学者谓唐太宗弘赞佛教之说的不真实性，确是对唐代佛教史研究的推进。

(二)魏晋玄学研究

在佛教史研究过程中，汤用彤对魏晋玄学产生了兴趣，在抗日战争初期他就想写《魏晋玄学》一书，但由于种种原因，一直未能成书，只发表了九篇论文。尽管汤用彤对玄学的研究没有佛教史那样构成体系，但其见解弥足珍贵。其玄学研究的要旨为：以“自然名教”之争，“言意”之辨，“有无、本末”之辩来概括魏晋时期的哲学论争，并由此出发，历史地考察各派思想的演变，从而揭示出发展的线索。他提出从王弼“贵无”到向秀、郭象“崇有”，是玄学发展的主线，对魏晋南北朝时期的音乐、绘画及文学理论均产生了深远的影响。同时在佛学般若学中，由道安(本无)、支遁(即色)到僧肇(非有非无)，也经历了类似过程。这些论断无不精湛，实具开风气之先的意义。冯契说：“汤先生治哲学史，既注重全面把握资料，进行严密的考证，又注意融会贯通，揭示其发展的线索，所以他的著作也正是能入又能出的典型。”②

魏晋时期是一个充满睿智和哲思的时代，被誉为第二次思想解放时期(第一次为春秋战国时期的百家争鸣)，其灵光闪烁、益人神智的清谈和思虑深湛、文采飞扬的文章，在中国思想史上留下了光辉而灿烂的一页。玄学的兴起，与汉末的清议与月旦评有思想渊源，是对烦琐空疏的经学和神学的反叛，它打破了儒家思想体系长期独尊的局面，援道入儒，兼重思辨和感悟，在3世纪是最具激荡力的一股活泼思潮，汉末的名教秩序在相当大程度上便是被玄学摧破的，但到了5世纪末，玄学已完全失去了批评的光芒，成为门第中人的谈资，一种装饰品了。

汉代学者对天地万物的总体观，不出宇宙生成论(Cosmology)，而魏晋玄学则由宇宙生成论进而为探究天地万物之本体，哲学的重心不在宇宙由何物构成，是元气还是其他，而在于本体论(Ontology)。汤用彤把魏晋玄学最重要的派别分作四个：“其一，为王辅嗣之学，释氏则有所谓本无义”；“其二，为向秀、郭象之学，在释氏则有支道林之即色义”；“其三，为心无

① 汤用彤：《隋唐佛教史稿》，14～22页。

② 冯契：《忆在昆明从汤先生受教的日子》，见汤一介编：《国故新知——中国传统文化的再诠释》，38页。

义”；“其四，为僧肇之不真空义”。他还对各个时期的代表人物及其主要思想做了说明，最后，他总结道：“王弼注《老》而阐贵无之学。向、郭释《庄》而有崇有之论，皆就中华固有学术而加以发明，故影响甚广。释子立义，亦颇挹其流风。及至僧肇解空第一，虽颇具谈玄者之趣味，而其鄙薄老、庄，服膺佛乘，亦几突破玄学之藩篱矣。”①

魏晋是佛教在中国广为流布的时期，那么，玄学的产生是否受佛学的影响？魏晋思想在理论上与佛学的关系如何？或者说，佛教这一外来宗教何以能为中华人士所接受？汤用彤考察了汉末以来的《易》学，及魏晋时期在北方风行的“形名之学”后，指出“‘新学’（玄学）的生成有两个主要因素：（一）研究《周易》、《太玄》……而发展出的一种‘天道观’；（二）是当代偏于人事政治方面的思想，如现存刘劭《人物志》一类那时所谓‘形名’派的理论，并融合三国时流行的各家之学。上述二者才是‘玄学’所以成为魏晋时代特有思想的根源”。东晋前期，名士与名僧发生交涉，常有往来，一则双方在生活行事上有相投之处，如隐居山林、服用仙饵、不拘礼法的行径，乃至谈吐的风流等；二是佛教与玄学在理论上有不少可以相通的地方，因此，一些思想家多属僧人，如支遁（道林）、道安、慧远等。玄学与佛学的关系问题，汤用彤认为“玄学的产生与佛学无关……玄学是从中华固有学术自然的演进，从过去思想中随时演出‘新义’，渐成系统，玄学与印度佛教在理论上没有必然的关系，易言之，佛教非玄学生长之正因。反之，佛教倒是先受玄学的洗礼，这种外来的思想才能为我国人士所接受。不过以后佛学对于玄学的根本问题有更深一层的发挥，所以从一方面讲，魏晋时代的佛学也可说是玄学。而佛学对于玄学为推波起澜的助因是不可抹杀的”②。

成书于魏正始年以前的《人物志》，共三卷十二篇，作者刘劭，总结了汉末三国时期任人唯才，重视人物才性，这是一部中国最早系统研究人的才能和个性及政治作为的著作。全书以“中庸”为纲目，把人才分作“偏至”和“兼材”，为了克服主、客观影响，全面考察人才，又提出“八观”“七缪”等方法来选拔人才。这种从外表入手，对个体的气质、心理、个性以及不同本质的人在社会政治中所起的作用做深入细致的研究，是魏晋时期盛行评弹人物风气的产物。汤用彤对《人物志》做了深入研究和分析，说明书中所蕴含的社会思想乃是汉学向玄学演进的中介，并指出此书的出现，与汉

① 汤用彤：《魏晋玄学流派略论》，见《汤用彤学术论文集》，233～244页。

② 汤用彤：《魏晋思想的发展》，见《汤用彤学术论文集》，295～304页。

代地方察举，公府征辟密切相关，因为士人进退全由乡里臧否、民间清议决定，是品鉴风气的结果。但此书"于当世思想之内容，学问之变迁，颇可知其崖略，亦可贵矣。"接着他指出值得注意的八点："一曰品人物则由形所显观心所蕴"；"二曰分别才性而详其所宜"；"三曰验之行为以正其名目"；"四曰重人伦则尚谈论"；"五曰察人物常失于奇尤"；"六曰致太平必赖圣人"；"七曰创大业则尚英雄"；"八曰美君德则主中庸无为"。魏晋清谈性质与汉代清议接近，后演变成玄学，原因有二："(一)正始以后之学术兼接汉代道家(非道教或道术)之绪(由严遵、扬雄、桓谭、蔡邕以至于王弼)，老子之学影响逐渐显著，即《人物志》已采取道家之旨。(二)谈论既久，由具体人事以至抽象玄理，乃学问演进之必然趋势。"刘劭本诸道家之说有二：即立身之道和人君之德。《人物志》以性情为根本，强调其效用，体现了典型的名法二家循名责实精神，是三国领袖曹操等人唯才是举的具体表现，为后来的何晏、王弼所继承。刘劭《人物志》的出现，标志着汉末清议的变化，由过去品核公卿，裁量执政，臧否人物，批评政治转化为向统治者提供任用人才的经验和方法，深入到谈论人物的精神才性问题。他说："《人物志》为正始前学风之代表作品，故可贵也。其后一方因学理之自然演进，一方因时势所促成，遂趋于虚无玄远之途，而鄙薄人事。"①他指出以玄学的出现为标志，正始前后学风不同，《人物志》为玄学出现之前的著作，是时势变化的产物。

汤用彤认定玄学对儒家经典解释传统的形成有重大作用，原因在于魏晋玄学通过王弼、向秀和郭象所体现出来的儒道两家经典的互解，不仅使儒道两家的分歧通过字句上的精心诠释而得以化解，而且更重要的是，使儒家经典所蕴含的普遍性品格得以发掘，并为经世致用奠定思想基础。因此他对玄学的言意之辨和王弼思想同样有深刻的研究。他考证出言意之辨既是玄学求证本体的方法，也是名士立身行事的指导方针。而王弼做到会通儒道，以老释儒，实际上调和了自然和名教。他以道家理念诠释儒家经典，把《老子》《庄子》与《周易》相结合，在士大夫中煽起风气，成为魏晋清谈的主要内容。其所著《大衍义》最具创新意义之处是阐发关于"太极"观念，对此，汤用彤做了深刻明白的发微："不用之一，斯即太极。夫太极者非于万物之外之后别有实体，而实即蕴摄万里孕育万物耳。"王弼主体用一如，不弃体而言用，以此解释太极与天地万物的关系，扫除了汉儒宇宙构成学

① 汤用彤：《读〈人物志〉》，见《汤用彤学术论文集》，196～213页。

说中体用分离的矛盾，是中国思想史的一大创新。

汤用彤的魏晋玄学研究为后来的学者打开了广大法门，指点了途径。故当代学者余敦康评价说："实际上，我所从事的不过是一种常规研究，是在汤用彤先生学术工作的基础上起步的。汤用彤先生于四十年代写成的《魏晋玄学论稿》，站在哲学的高度，提出汉魏思想发展的基本线索乃是从宇宙论向本体论的转变。"①孔繁也说："汤先生的贡献并不限于他为我们研究魏晋玄学提供了理论线索和研究方法。他的贡献主要的在于剖析玄学的理论体系或理论系统，著作篇幅虽不大，然而清晰地为我们提供出一部玄学史的轮廓。除汤先生指出的'言意之辨'，他的关于王弼'大衍义'，王弼《周易》、《论语》新义，向秀、郭象之庄周与孔子新义，以及谢灵运《辨宗论》之佛义等等，其立论之精密，论述之新颖，皆前人所未能达到。"②这些都充分肯定了汤用彤的魏晋玄学研究成就。

汤用彤一生抱定"昌明国粹，融化新知"的治学宗旨，认为通过对民族文化自身发展、演变的历史及中外文化交流史的客观研究，从中总结规律，展示经验和教训，以解决中西文化相遇后，中国文化如何发展的重大问题。他指出外来文化输入中国后，其结果是双面的：一方面本土文化吸收外来成分，因而有所变化、发展；另一方面，外来文化必须适应本土原来文化，才能在本土文化中扎根并发生持久的影响。而在冲突、调和、融会的文化交流中，外来文化不至于完全改变本土文化的根本特性和方向。他说："一个国家民族的文化思想实在有他的特性，外来文化思想必须有所改变，合乎另一文化性质，乃能发生作用。"③汤用彤有缜密的头脑，渊博的学识，以乾嘉诸老的考证方法为基础，再参酌比较思想等方法，故能使其在佛教史和魏晋玄学领域成就广博而精致。他不是为考证而考证，考证的目的在于明义理所在，或问题的真相。

汤用彤的研究主要集中在魏晋玄学和隋唐佛学两段，这段时期正是中国哲学思想发生重大转变时期，两汉经学已经衰落，佛教和道教思想兴起。魏晋时期社会动荡，思想崇尚清谈，前人对此研究较少。汤用彤抓住了这

---

① 余敦康：《何晏王弼玄学新探》自序，1页，济南，齐鲁书社，1991。

② 孔繁：《本体论玄学之发现》，见汤一介编：《国故新知——中国传统文化的再诠释》，79页。

③ 汤用彤：《文化思想之冲突与调和》，见汤一介编选：《汤用彤选集》，318页，天津，天津人民出版社，1995。

个关键时期的研究，初步厘清了隋唐佛学和宋明理学的发展线索。季羡林高度评价其学术成就："在锡予先生身上，熔铸今古，会通中西的特点是非常明显的。他对中国古代典籍的研读造诣很高，对汉译佛典以及僧传又都进行过深刻彻底的探讨，使用起来，得心应手，如数家珍。又远涉重洋，赴美国哈佛大学研习梵文，攻读西方和印度哲学，再济之以个人天资与勤奋，他之所以成为国学大师，岂偶然哉！"①

汤用彤的论著史料翔实，考证精当，逻辑严密，论理精深，平情立言，实事求是，朴实无华。这建立在他掌握多种语言工具和勤作札记的基础之上，他通英、日、梵、巴利文，阅读各种语文著作，勤于抄录，有近百本读书笔记，"翻阅了他的 68 本读书札记，其中包括的内容非常广泛，除大量的佛藏资料外，他不仅注意历史，而且笔记小说、文集、诗集、天文、地理、文字、音韵、目录等他都读。另外他还有 20～30 本外文读书笔记，所包含的内容也是很广泛的。……汤先生的考证结论比较可靠，很得力于他的知识广博"②。贺麟说："汤先生以缜密的头脑，渊博的学问，熟悉东西方哲学文学，学习过梵文及巴利文，以治印度哲学，承继他家传的佛学，并曾在支那内学院听过欧阳竟无先生讲佛学，同时又得到了西洋人治哲学史的方法，再参以乾嘉诸老的考证方法。所以他采取蔡勒尔(Zeller)治希腊哲学史一书的方法，所著的《汉魏两晋南北朝佛教史》一书，材料的丰富，方法的谨严，考证方面的新发现，义理方面的新解释，均胜过别人。他并且要采文德尔班(Windelband)写西方哲学史的方法，以问题为中心，写一部《魏晋玄学》，他过去两三年所发表的'言意之辨'、'向郭义之孔子与庄周'、'王弼论圣人有情'等篇，就是此书中的各章。"③孙尚扬也说："《汉魏两晋南北朝佛教史》和《魏晋玄学论稿》这两部传世之作，可以说珠联璧合，相互发明，既理清了佛教思想自身的演变之迹，亦揭示了中华学术思想自身发展的自主性、连续性，从而解决了中古时期印度佛教和中国文化的关系这一历史文化难题。"④这可以说是对汤用彤学术思想最恰当和全面的概括。

① 汤一介编：《国故新知——中国传统文化的再诠释》序，2 页。

② 汤一介：《汤用彤传略》，见晋阳学刊编辑部编：《中国现代社会科学家传略》第 1 辑，65 页，太原，山西人民出版社，1982。

③ 贺麟：《五十年来的中国哲学》，21～22 页，北京，商务印书馆，2002。

④ 孙尚扬：《汤用彤学述》，载《中国哲学史研究》，1998(4)。

主要参考书目

岑仲勉：《岑仲勉史学论文集》，北京，中华书局，1990。

岑仲勉：《隋唐史》，北京，中华书局，1982。

吕思勉：《两晋南北朝史》，上海，上海古籍出版社，1983。

吕思勉：《秦汉史》，上海，上海古籍出版社，1983。

吕思勉：《隋唐五代史》，上海，上海古籍出版社，1984。

吕思勉：《先秦史》，上海，上海古籍出版社，1982。

孟森：《明清史讲义》，北京，中华书局，1981。

孟森：《明清史论著集刊》，北京，中华书局，1959。

孟森：《明清史论著集刊续编》，北京，中华书局，1986。

钱穆：《先秦诸子系年》，北京，中华书局，1985。

汤一介编：《国故新知——中国传统文化的再诠释》，北京，北京大学出版社，1993。

汤用彤：《汉魏两晋南北朝佛教史》，北京，北京大学出版社，1997。

汤用彤：《隋唐佛教史稿》，北京，中华书局，1982。

汤用彤：《汤用彤学术论文集》，北京，中华书局，1983。

第五章　1949 年以后新历史考证学的进展

1949 年以后，新历史考证学仍然是影响巨大，成就卓著的学派。学者们一方面直接继承了 20 世纪前半期考史名家的优良传统，另一方面又根据新的时代特点，利用新提供的史料，运用新的学术观点和方法，在各自熟悉的领域中继续贡献出具有高度价值的考证成果，把 20 世纪中国历史考证学再向前推进。由于政治、社会变化等原因，1949 年以后，新考证学又形成了内地(大陆)和香港、台湾地区两大支系，治学上各有特色，本书设立一章予以论述。内地(大陆)的考证学者以徐旭生、陈梦家、徐中舒、唐长孺、谭其骧等人为代表，海峡两岸暨香港地区合起来，反映了 20 世纪后半期新历史考证学的主要面貌。

第一节　徐旭生和陈梦家

一、徐旭生的古史传说研究

徐旭生(1888—1976)，原名徐炳昶，河南唐河人，曾留学法国巴黎大学攻读哲学，回国后先后任北京大学教务长、北京师范大学校长、北平研究院史学研究所所长等职，中华人民共和国成立后任中国科学院考古研究所研究员，著有《中国古史的传说时代》《徐旭生西游日记》等多种。他曾于 1927 年带领“西北科学考察团”，对我国内蒙古西北部、甘肃、新疆等地进行大规模的考古调查和发掘，著名的“居延汉简”即在此次发现。这次考察团的组成和科学考察活动，表现了中国学者抵制外来文化侵略的爱国精神，它所取得的成果，在中国考古学史上写下了光辉的一页。其后徐旭生还于 20 世纪 30 年代和 50 年代先后在陕西宝鸡一带渭水流域及河南登封进行考古发掘，均取得重要的收获。这里仅主要论述徐旭生对中国上古史研究的宝贵贡献。

（一）《中国古史的传说时代》

我国古代文献资料为我们研究历史提供了丰富的材料来源，但我们又应当看到，这些文献中存在不少夸大、虚妄不实的成分，需要进行有效的鉴别、分析后才能在研究中使用。因此，从事古史研究之前，下一番苦功夫进行辨伪便成为一项极其重要的工作。郭沫若曾说："无论作任何研究，材料的鉴别是最必要的基础阶段。材料不够固然大成问题，而材料的真伪或时代性如未规定清楚，那比缺乏材料还要更加危险。因为材料缺乏，顶多得不出结论而已，而材料不正确便会得出错误的结论。"[①]此外，古代文明形成时期还留下丰富的"传说历史"，这些代代相续的"口传"之"传说历史"，尽管有"不科学"的地方，但保留了人类文明形成时期历史的重要信息。它在古代文明起源与形成的考古学研究中，有着重要的作用，文明形成的历史时空框架的建立往往离不开这些"传说历史"资料。科学地、全面地利用"传说历史"是古代文明研究中必须给予足够重视的课题。

20世纪二三十年代，疑古思潮在中国史学界有很大势力。"古史辨"派全盘否定古史传说，认为古史传说纯粹是古人所编的故事，不足为信，因而将其视作神话处理，完全忽视传说的史料价值。在这种气氛之下，一些学者寄真正古史的希望于考古学，提出"重建上古史"的口号。但是，考古发掘出土的史前文化遗物让史学家渐感失望，因为在这些材料里，固然有石斧、瓦罐等器物，但可以认作黄帝、尧、舜等古史人物的证据却很渺茫。如何将考古发现与中国历史（主要指文献记载的历史）"接续"起来，几乎是早期考古学家的共同目标。20世纪三四十年代后期，一些史家开始用神话传说，结合考古资料来重建古史体系，为探究中国文明的起源，做出了一定的贡献。其实，有关上古部落集团的文化成就、社会发展程度、分布、迁徙等的传说，与考古学所提供的族群迁徙踪迹、社会发展程序能够相互印证。如李济说："殷墟发掘的经验启示于我们的就是：中国古史的构成，是一个极复杂的问题。上古的传说并不能算一篇完全的谎帐。那些传说的价值，是不能遽然估定的。只有多找新材料，一步一步地分析他们构成的分子，然后再分别去取，积久了，我们自然会有一个较靠得住的中国上古

① 郭沫若：《古代研究的自我批判》，见《郭沫若全集·历史编》，3页。

史可写。”[1]这种看法实则代表了古史研究的一个正确方向。徐旭生所从事的研究和撰成的著作，正是促成这一学术方向转变的成功代表。

早在 1933 年，徐中舒就指出：“凡一民族必有一民族之传说，其被同化者，又将其固有之传说携入……在长期演进中，其同化愈后者，其在古史系统中，转愈高而愈远。似此演成之古史，真既非是，伪亦不能。”[2]也就是说，研究古史传说必须要认真鉴别，方能剔除其中伪托的成分，得出历史的真相。而徐旭生所著《中国古史的传说时代》，就是从文献史籍出发，结合考古新成果而撰成的一部作品，是他多年研究古史传说的心血结晶，蕴含着独到的学术见解。1943 年，该书由中国文化服务社出版，20 世纪 50 年代，结合考古调查，徐旭生又做了较大的增订，1961 年由科学出版社出版增订新版。由于徐旭生研究古史传说并不仅仅根据文献，故成就超越前人，其研究成果至今仍为研究史前史的学者提供重要的参考。

徐旭生明确反对“古史辨”派疑古过勇的偏向，他说：“我个人虽对于他(指顾颉刚)的工作有较高的评价，却总以为他走的太远，又复失真，所以颇不以他的结论为是。”他列举了“古史辨”一派方法上存在的问题：一是无限度地使用默证；二是不加分析地排斥异己之见；三是夸大春秋战国各学派间的歧义、矛盾；四是努力打击尧舜禹的人格问题。为了矫枉过正，徐旭生决定专心研究古史，1939 年，他辗转来到昆明，“遂立意挐我国古史上的传说材料与以通盘的整理”，于是开始搜集资料，历时四年，于 1943 年完成初稿。在书中，他首先对传说时代做了界定，指出世界上任何一个民族初期的历史，都是用口耳相传的方式流传下来的，直到文字发明之后才将这些传说记录下来，这种记录的史料所反映的时代，即称“传说时代”。中国的传说时代，相当于盘庚迁殷以前的历史。他对传说时代的历史十分重视，认为“古代传说是‘口耳相传’的史料。……这些史料大都有其历史的核心，也都有史实渊源。它是未经后人加工过的零散资料，应比经过加工的系统化的‘正经’或‘正史’中的史料更为质朴”[3]。其次，他对如何处理传说时代的材料问题也提出了自己的意见：一是传说史料大都有历史事实为核心，并非子虚乌有；二是对于掺杂神话的传说与纯粹神话的界限应当分辨清楚，不能把传说一股脑归入神话；三是古人并不作伪，《尚书》《史记》等

---

① 李济：《〈城子崖〉序》，见《安阳》，411 页。

② 徐中舒：《陈侯四器考释》，见《徐中舒历史论文选辑》，445 页。

③ 徐旭生：《中国古史的传说时代》，1～3 页。

书所记载的靠不住的材料，是因为古人在做综合工作时所使用的方法不够精密的缘故。因此，研究历史的人，“必须把未经系统化的材料和经过系统化的综合材料分别开，并且重视前者，小心处理后者”。同时，徐旭生特别强调出土新材料的重要性：“文献中最可宝贵的史料是在出土的实物上所保存的，例如在甲骨文及金文中的。”①为此，他首先提出把有关史料文献划分等次的想法，或称“原始性的等次性”，即商周到战国前期的史料，如甲骨、金文、《易经》《今文尚书》《诗经》《左传》《国语》及其他先秦的著作极其可贵，为第一等；战国后期到西汉末的作品，如诸子百家、《山海经》《战国策》《淮南子》《史记》等著述，列为第二等；东汉以后的著作，可补前人记载之不足，是为第三等。此后，徐旭生又与苏秉琦合著《试论传说材料的整理与传说时代的研究》，指出判断传说材料的价值，要从其本质与来源上分类：“原始的”，包括一切见于早期记载的传闻异说；“再生的”，包括一切见于后期记载的伪托滋生的传说故事。1949 年以后，他又写了《从批评科学历史材料谈到处理我国古史材料的方法》再次强调了自己的观点。总括起来，徐旭生认为研究传说时代，“仅能据古代的传说加以整理，对于古代差不多一致的，并且同现代历史科学（人类学、民族学、考古学、社会进化史等等）所得的结果还没有发现冲突的时候，我们并没有理由加以否认”。这些论述，“为我国古史传说时代的研究，创立了一个新体系”②。

徐旭生将论述传说材料整理的方法贯注于古史研究之中，颇多真知灼见。如他把古代部族分成三个不同的集团——华夏、东夷、苗蛮，它们对于中国的文明发展都有贡献。三集团之间时而战争、时而和亲，相互交往频繁，最后交融，逐渐形成中华民族的主体——汉族。其中华夏集团包括两个氏族：黄帝和炎帝，地理分野在西北方，即今青海、甘肃的洮河、黄河、湟水、大通河一带，因为“近数十年来考古学者在那一带所得的彩陶大约就是当日华夏集团居住时的遗留”。随着考古学的迅速发展和研究的不断深入，新的材料和成果相继出现，1959 年，徐旭生又做了修正：“华夏集团离开昆仑丘脚下东行的时候，陶器或尚未发明，直等它到三省交界的附近，这就是说在炎、黄已经分支以后，才有仰韶陶器的发明。此后，留守昆仑丘脚下的氏族受东迁各民族的影响，才也制造此类陶器。”这仍是一个假说，

① 徐旭生：《中国古史的传说时代》，1～2、32 页。

② 黄石林：《徐旭生传略》，见晋阳学刊编辑部编：《中国现代社会科学家传略》第三辑，379 页，太原，山西人民出版社，1983。

他“希望此后的考古工作人员注意此问题，用实证予以肯定或否定”①。东夷集团：太昊、少昊、蚩尤属这一集团，其所居区域，北自山东北部，西至河南东部，南到安徽中部，东达于海。苗蛮集团包括三苗、伏羲、女娲、楚等，地域以湖北、湖南、江西等地为中心，北到河南西部的伏牛山脉，东至吴越两地。应当指出的是，徐旭生划分三集团的标准，主要着眼于文化方面，而血缘关系则并不重要。他批评了那种“总是自认为华夏，并不知道古代除华夏之外还有其他两个源头”的错误观念，指出中华民族和世界其他民族一样，组成来源复杂，而非纯粹单一。

他还认为，中国古史有三大变化：第一次是华夏族与东夷族渐次交融，氏族林立的中国逐步合并，组成若干大部落；第二次是黄帝死后，高阳氏（综合华夏、东夷两集团文化而形成的部落）出现，这时已是氏族社会的末期，生产力有了发展，贫富分化加剧，出现了社会分工，宗教方面以帝颛顼“绝地天通”改革对后世影响最大；第三次是大禹治水后，氏族制度逐渐解体，建立了有管理职能的国家，夏代就是中国历史上第一个王国，人类从此摆脱野蛮而进入文明社会。

徐旭生的古史研究不仅运用文献记载与考古材料相结合的方法，而且广泛吸收人类学、音韵学等学科的研究成果，因而论证严密。如在论及古代各民族在其附近均有汤沐邑时，他在注中做了说明：“现在在陕西秦岭山脉里面，各县邑常各设有‘汤房’。它们在山间可以设站的地方盖有一组房子，留一二人看守。虽也供神，但这并不是它主要的任务。它主要的任务是备有锅碗炉灶，备乡人来朝山的时候可以在里面食与宿。这就是古代汤沐邑制度的残余。”②在探讨徐偃王事迹时，徐旭生引用了明公殳、班殳等四件可信的铜器铭文资料，在涉及“青”与“齐”古音是否可通的问题，徐旭生去信请教语言学家魏建功，从声韵方面得到了解答。这种多学科交叉研究的思路，至今仍具有现实指导意义。

徐旭生所提出的三集团说并不是固定不变的，事实上，三集团之间互相交流，血缘与文化逐渐交融，形成一种高层次、共同的文化。验之于考古学，仰韶文化、大汶口文化和屈家岭文化的分布、交流与交融的情况，大致与此近似。“三集团说”在考古文化上的意义，是首先提出了区域文化的概念，这一思路后来由苏秉琦加以补充、发挥，进而形成了考古学文化

① 徐旭生：《中国古史的传说时代》，43 页。

② 徐旭生：《中国古史的传说时代》，142 页。

的区、系、类型理论。苏秉琦把全国的新石器文化及部分青铜文化，做了全面性的归纳和区域类型划分，共六大区：陕豫晋邻境地区、山东及邻省一部分地区、湖北和邻近地区、长江下游地区、以鄱阳湖——珠江三角洲为中轴的南方地区以及以长城地带为重心的北方地区。① 三集团说和区系类型理论，冲垮了长期占主导地位的中国古文化大一统思想，特别是“区系类型理论的出现，就使考古学文化的时空关系能转化为一个历史的框架，从而为考古学和其他学科的联接建立起一个桥梁，使考古学材料可按其历史的位置来研究其物质的、社会的、精神的情况。这样，中国考古学体系的建立就可以得到一个可靠的基础”②。三集团说和区系类型理论之间有着很深的渊源关系，实际上，六大区就是三集团的扩大，二者一脉相承。因此，诚如有学者所评论的那样：“他（徐旭生）参加过1927年的西北考察团和1959年的夏墟调查，是中国科学院考古所的元老。现在考古学界对考古文化做区系和类型的研究，以他的学生苏秉琦和苏氏的弟子提倡最力，追溯起来，受他影响很大。”③

中华人民共和国成立后，徐旭生用唯物史观看待传说材料，用社会发展史的方法和材料解释古代的传说或神话，他说：“我们应当用社会发展的观点检查传说资料，看看在当日的社会发展阶段上是否有可能发生这一类事情。如果可能，才有可能是真的，否则，一定有夸张。更应用考古发掘资料加以印证，如果大致符合，这种传说，可以认为是真的，否则，一定靠不住。在研究历史的个别事实上，就应该用先秦古书中的零碎材料校正‘正经’、‘正史’所载经过系统化的材料。”④他还提出研究传说史料的几条规则：“第一是把先秦的材料和秦汉以后的材料分别清楚”；“第二，在先秦材料中必须分别综合材料和未经系统化的材料”；“第三，秦汉以后的材料去古还不远，或有不传于今而当时还能见到的材料，又要他们还未受前期综

---

① 参见苏秉琦：《关于考古学文化的区系类型问题》，见《苏秉琦考古学论述选集》，225～234页，北京，文物出版社，1984。

② 俞伟超：《本世纪中国考古学的一个里程碑》，见苏秉琦：《中国文明起源新探》，6页，北京，生活·读书·新知三联书店，1999。

③ 李零：《考古发现与古史传说》，见《李零自选集》，60页，广西师范大学出版社，1998。

④ 徐旭生遗著：《尧、舜、禹（上）》，见中华书局编辑部编：《文史》第39辑，4页，北京，中华书局，1994。

合材料错误部分的影响，也还可以采用。”[①]此外，他还对我国封建社会长期停滞不前的原因、井田制的存在等历史问题也做了探讨，提出了一些富有新意的看法。他还计划编写《中国古史传说资料汇编》一书，综采文献史籍和考古新材料，为研究者提供方便，可惜未能实现。

（二）夏文化探索的首倡者

夏文化的探索和早商文化的研究，是我国历史学和考古学界非常感兴趣的课题，从考古学上弄清楚这段历史，对于考察我国原始社会向奴隶社会的转变过程，探索国家的起源和文明的产生等问题，具有重要的理论意义。

古史辨派从文献上对夏代的存在也做了探索，但他们基本上否认夏的存在。胡适说：“至于以山西为中心之夏民族，我们此时所有的史料实在不够用，只好置之于‘神话’与‘传说’之间，以俟将来史料的发现。”还说：“发见渑池石器时代文化的安特生（Andersson Johan Gunnar，1874—1960）近疑商代犹是石器时代的晚期（新石器时代）。我想他的假定颇近是。”顾颉刚更主张禹是南方民族的神话人物，起于西周中期，为山川之神，后又为社神，本与夏没有关系。尧、舜、禹禅让之说乃是战国学者的乌托邦，夏史中许多传说出于神话演变，并称为“茫昧的夏王国”[②]。他们这种偏激做法随即遭到一些学者的反驳。郭沫若即指出：“（一）殷、周之前中国当得有先住民族存在；（二）此先住民族当得是夏民族；（三）禹当得是夏民族传说中的神人；（四）此夏民族与古匈奴族当有密切的关系。”[③]这就明确肯定了夏代的存在。

从1928年起，我国学者在河南安阳殷墟做了大规模的考古发掘，出土了大量的甲骨卜辞和青铜器等文物，从考古学上证实了商朝的历史为信史。夏代的存在再度成为学术界讨论的焦点。徐中舒首先利用安阳殷墟田野发掘的考古资料研究夏文化，提出仰韶文化为夏文化，“依据中国史上虞、夏民族分布的区域，断定仰韶为虞、夏民族的遗迹”[④]。此后，众多学者纷纷加入这一讨论，傅斯年认为“现在以考察古地理为研究古史的一个道路，似

---

① 徐旭生：《应该怎样正确处理传说时代的史料》，见《史学论衡》，45页，北京，北京师范大学出版社，2002。

② 顾颉刚：《答刘胡两先生书》，见《顾颉刚古史论文集》第一册，126、130～165页。

③ 郭沫若：《夏禹的问题》，见《郭沫若全集·历史编》第1卷，305页。

④ 徐中舒：《再论小屯与仰韶》，见《徐中舒历史论文选辑》，180页。

足以证明三代及近于三代之前期，大体上有东西不同的两个系统。……夷与商属于东系，夏与周属于西系”①。范文澜则认为龙山文化不仅在分布区域，而且在以黑陶为特征的文化面貌方面都和文献记载的夏人活动区域及风俗习惯相符合，因而龙山文化就是夏文化。② 但是，由于夏代的考古资料十分缺乏，上述看法仅是假说而已，属于推论的性质。真正从事夏文化考古研究的是1959年徐旭生带人根据文献提供的线索，对分布在豫西、晋南的“夏墟”所进行的实地调查，此举揭开了我国以田野工作为重点探索夏文化的序幕。

关于发起这次调查的缘起，徐旭生说：“据古代传说，商代以前有一个夏代。近几十年来虽说一部分的疑古派学者对于夏禹个人的人格问题发出若干疑问，可是对于夏代的存在问题并没有人怀疑过。但是在考古研究方面，夏代还是一个空白点。”他想通过地下发掘的材料来探索夏文化，弥补考古学上的这一空白。在对史料进行研究比较后，他“觉得有两个区域应该特别注意：第一是河南中部的洛阳平原及其附近，尤其是颍水谷的上游登封、禹县地带；第二是山西西南部汾水下游(大约自霍山以南)一带”。因此，1959年4月14日，徐旭生及其助手在河南登封、禹县、巩县(今巩义市)、偃师等地做了考古调查，历时一个多月，主要调查了以下几个比较重要的遗址：告成八方间、石羊关、阎砦、谷水河、二里头。这次调查对于后来二里头、告成以及晋南东下冯遗址的发掘具有很大的启示意义。尤其是他们对偃师二里头遗址的调查，极具典型性，为探索夏文化提供了重要线索。徐旭生还建议“此后对此河南偏西部、山西西南部两重点应当作较大规模的调查或复查以便能早日订定科学的发掘计划”③。次年，他又从理论上对夏文化做了说明，认为夏文化包括两种含义：一是指夏代文化，地域范围广，时间从禹至桀；二是指夏族的文化，地域范围有限，年代则包括禹以前、桀之后夏族所具有的文化。④

夏商周三代的文化与历史在现代考古资料里的地位，可以说是当代中国考古学上最主要的关键问题之一。1959年之前，夏代的考古尚停留在辨认现有的考古资料里有无夏代的阶段。因此，“徐旭生先生于1959年夏天在

---

① 傅斯年：《夷夏东西说》，见《傅斯年选集》，247页。

② 参见范文澜：《中国通史简编》，86页，北京，人民出版社，1964。

③ 徐旭生：《1959年夏豫西调查‘夏墟’的初步报告》，载《考古》，1959(11)。

④ 参见徐旭生：《略谈研究夏文化的问题》，载《新建设》，1960(3)。

豫西进行的‘夏墟’调查，标志着考古学家与历史学家相结合，开始了有目的有重点的在夏人活动中心寻找夏文化，从而使夏文化探索进入了一个新阶段”①。以后考古工作者对二里头、告成及晋东南东下冯遗址的发掘即是受此报告的启示而进行的。以此为契机，考古工作者开始讨论夏代考古问题，1962 年出版的《新中国的考古收获》有以下的叙述：“文献中关于夏人活动区域的传说，是探索夏文化的重要资料。这些资料指明以下两个地区和夏的关系特别密切：一处是河南的洛阳平原以及登封、禹县一带；另一处是山西的西南部汾水中下游一带。它们都和传说中夏代的都城以及一些重要的历史事件联结在一起。”②其所述两处和徐旭生推定的区域完全一致。根据上述线索，考古人员在河南的登封、禹县、偃师、巩县、洛阳、郑州、三门峡等二十几个县市以及山西的西南部进行了广泛而深入的调查和重点试掘。随着考古工作的开展，学者们逐步意识到，中原地区商代以前的古文化遗存不仅有仰韶文化和龙山文化两种类型，而且各地之间同类遗址也存在着一定的差异。在河南、山西先后发现的二里头文化，时间比郑州二里冈时期商文化要早，文化面貌具有一定的特色，分布地区也和夏人活动区域大致相同，所以成了探索夏文化的重点对象。夏文化的最后解决，必须利用文献资料与考古材料相结合的原则。

实际上，河南安阳殷墟和偃师二里头文化遗址的发现，都是最早依靠文献记载资料的地望，并结合考古发掘材料而证实的。近年来，山西陶寺、东下冯，河南王湾、白营、王城岗、煤山等龙山文化及二里头早期文化的发现，为在考古学上开展的夏文化研究，提供了丰富的实物资料。经过近 20 年的探索和研究，学术界已大体确认“以河南偃师二里头遗址为代表的二里头文化，即是夏文化。二里头文化分布范围包括今河南北部及山西西南部，和文献中夏人的活动区域相吻合，但它的影响范围要大得多”③。这些十分重要的田野考古发掘工作，都是在徐旭生豫西调查“夏墟”成果的基础上或是在其学术思想指导下开展起来的，取得了丰硕的成果，为“夏商周断

① 李学勤主编：《中国古代文明与国家形成研究》，309 页，昆明，云南人民出版社，1997。

② 中国社会科学院考古研究所：《新中国的考古收获》，152 页，北京，文物出版社，1962。

③ 邹衡：《夏商历史与中国考古学》，见《夏商周考古学论文集(续集)》，252 页，北京，科学出版社，1998。

代工程”中《夏商周年表》的制定提供了坚实的物质基础。追根溯源，徐旭生的首倡之功，不可磨灭。

徐旭生《中国古史的传说时代》作于1938年的昆明，时值抗日战争最为激烈之际，史籍散失，考古发掘也被迫停止，安阳殷墟的考古材料尚未整理公布，特别是史前时期的考古活动(古史的传说时代)处于缓慢发展阶段，这一切不可避免地影响了徐旭生的古史研究，因此，他依然偏重于文献考订的传统模式，书中偶有几处涉及“地下新材料”的内容，当属精华部分。徐旭生提出的一些论点，包括三集团说的划分，也有值得商榷之处。① 他又有拘泥于文献上的某项记载而造成了令人惋惜的失误。1959年的豫西之行本来是调查夏墟，可是发现了二里头遗址后，徐旭生却根据史籍所载西亳在偃师的说法，把这个遗址当作商汤的亳都。他说：“二里头在偃师西偏南九公里……遗物与郑州洛达庙、洛阳东乾沟的遗物性质相类似，大约属于商代早期。”因为“偃师为商汤都城的说法最早见的大约为《汉书·地理志》河南郡偃师县下班固自注说：‘尸乡，殷汤所都。’”。此前，徐旭生也怀疑这一说法，“但因为它是汉人的旧说，未敢抹杀。又由于乾隆偃师志对于地点指的很清楚”。很明显，徐旭生的这一失误，“可真是考古学史上因为有了成见而走了一段冤枉路的一个很好的例子”②。尽管如此，徐旭生既有田野考古经验，又通习文献典籍，因而对于古史传说资料所做的梳理、剔别、抉发，尤其是他论述传说材料的整理和古史研究的方法，至今仍具有启发指导意义。有学者指出：“近半个世纪以来，在古史传说研究领域里，还没有人超过徐旭生《中国古史的传说时代》一书的功力和成果。”③徐旭生首次尝试将文献记载中的古史传说与考古材料相结合探索夏文化的努力，对于中国古代文明起源和早期发展的研究，起了巨大的推进作用。

---

①　参见赵光贤：《评徐旭生〈中国古史的传说时代〉》，见《古史考辨》，20～30页，北京，北京师范大学出版社，1987。

②　张光直：《从夏商周三代考古论三代关系与中国古代国家的形成》，见《中国青铜时代》，82页，北京，生活·读书·新知三联书店，1999。

③　邵望平：《考古学走向21世纪》，见方克立、郭少棠、王俊义主编：《中华文化与二十一世纪》下卷，900页，北京，中国社会科学出版社，2000。

二、陈梦家的古史考证成就

陈梦家(1911—1966)，祖籍浙江上虞，生于江苏南京，是著名的历史学家、古文字学家和考古学家。毕业于中央大学法律系，早年喜爱文学，与徐志摩、闻一多等人，是“新月派”后期颇有影响的年轻诗人，出版了《梦家诗集》《铁马集》《梦家存诗》等专集，还编了一册《新月诗选》。先后任西南联合大学、清华大学教授，1952 年调至中国科学院考古研究所任研究员。陈梦家由研究古代的宗教、神话、礼俗而治古文字，再由古文字研究转入古代历史和考古学研究，在《尚书》、甲骨分期、西周铜器断代、汉简等领域都有精深的造诣。他主要著作有《尚书通论》《殷墟卜辞综述》《西周铜器断代》《六国纪年》《汉简缀述》等多种。徐苹芳对他的学术成就评价说：“陈梦家先生原治甲骨卜辞和金文铜器，1960 年起研究汉简，从研究武威仪礼简开始，进而研究居延汉简，主要是结合考古学的发现探讨居延边塞组织和烽燧的分布，对烽燧制度、居延史地、汉简历谱等都作过研究，仅用三四年的时间便撰写了十四篇汉简论文。”①

(一)甲骨文研究

陈梦家从 20 世纪 30 年代开始研究甲骨，共搜集四万多片甲骨拓本，进行全面综合整理研究，多有创获，于 1955 年著成《殷墟卜辞综述》一书，整理了前人和近人的各种成说，并根据掌握的甲骨文资料，进行补充修正，系统阐述了卜辞中各方面的重要内容。裘锡圭评价道：“(《殷墟卜辞综述》)对殷墟甲骨文的发现和研究过程、占卜的方法、卜辞和其他甲骨刻辞的体例、商代文字的性质、卜辞的语法、甲骨断代问题以及卜辞中关于历法天象、方国地理、政治制度、祭祀制度、亲属关系、农业田渔、建筑交通、宗教思想、社会性质等方面的内容和有关问题，此书几乎都有相当详尽的论述。”②王世民也说这部七十万字、百科全书式的皇皇巨著“认真地总结了甲骨文研究和有关考古发现的客观情况，既可供专门研究者参考，又能为初学者指点门径，因而在国内外学术界有较大的影响，为甲骨学的普及和

---

① 徐苹芳：《汉简的发现与研究》，载《传统文化与现代化》，1993(6)。

② 裘锡圭：《评〈殷墟卜辞综述〉》，见《文史丛稿——上古思想、民俗与古文字学史》，213 页，上海，上海远东出版社，1996。

提高发挥了积极作用”[1]。陈梦家的甲骨文研究在三个方面的成就最为突出。

1. 甲骨文分期断代

甲骨文分期断代是甲骨学的重要内容之一，把甲骨上所记载的各种事实，变为科学研究的材料，这就使研究商代历史成为可能，使研究商代各个时期的社会生活、典章制度及其演变成为可能，同时还有利于对甲骨文字、文法、词汇等方面做分门别类的深入研究。可以说，没有分期断代研究，一切便均成空论。1931年，董作宾发表《大龟四版考释》一文，根据坑层、同出器物、贞卜事类、所祀帝王、贞人、文体、用字、书法八项标准来加以断代。1933年，他又发表《甲骨文断代研究例》[2]，全面论证其断代学说，把断代标准修订为世系、称谓、贞人、坑位、方国、人物、事类、文法、字形、书体十项，并将殷墟甲骨文的时代划分为五期：武丁及其以前(盘庚、小辛、小乙)为第一期；祖庚、祖甲为第二期；廪辛、康丁为第三期；武乙、文丁为第四期；帝甲、帝辛为第五期。董作宾的断代说大大提高了甲骨文作为历史和语言资料的价值，把甲骨文研究推进到一个新阶段，具有极为深远的意义。但是董作宾在分期上把本应分开的甲骨文分类和断代两个步骤混同起来，出现了一些失误。

陈梦家对董作宾提出的“五期分法”和“十项标准”做了补充和修正，进而提出“三项标准”和“九期分法”。第一标准为世系、称谓、贞人，“是甲骨断代的首先条件”；第二标准是字体、词汇、文例，“用此特征可以判定不具卜人的卜辞的年代”；第三标准是祭祀、天象、年成、征伐、王事、卜旬六项，“即可综合成某一时期的祀典、历法、史实以及其它制度。……作为判别时代的一种用途”。在具体分期上，他还主张将康丁卜辞与武乙文丁卜辞合在一起，称为“康武文卜辞”。他又力图把甲骨卜辞分在晚殷的每一位王名下，即“在可以细分时，我们尽量的用九期分法；在不容易细分别时用五期甚至于三期的分法”[3]。陈梦家把卜辞的分类和断代分成两步来进行，在方法上比董作宾科学得多，又前进了一步。他对著名的YH127坑的甲骨做了比较细致的研究，指出这坑甲骨有“大宗的宾组和较少的子组、午组”卜辞，此外“还余了几小群不能连系的卜辞”，并分析了它们在字体和内容

---

① 王世民：《陈梦家》，见陈清泉：《中国史学家评传》(下)，1696页。

② 参见董作宾：《甲骨文断代研究例》，见《中国现代学术经典·董作宾卷》，1～139页。

③ 陈梦家：《殷墟卜辞综述》，137～138页。

上的特点。他关于“午组”“自组”“子组”卜辞的提出和时代考证，解决了多年悬而未决的所谓“文武丁时代卜辞”问题，指出这些卜辞应属武丁晚期。这一论点经过饶宗颐、屈万里等人补充，已经为更多的甲骨文学者所接受①，并为后来甲骨文新材料和 1973 年小屯南地甲骨的发现地层所证明。目前，学者意见已基本一致，都认为“自”“子”“午”三组卜辞的时代在武丁时期，正与陈梦家的研究结果相合。因此有学者评价道：“陈氏在甲骨断代的研究中，实际上已经在相当大的范围里使用了先分类后断代的方法。这在甲骨断代研究史上是具有重要意义的。”②

在董作宾、陈梦家等人研究的基础上，李学勤指出过去认为是典型武乙文丁卜辞的“历组卜辞”，应该属于祖庚时期和武丁晚期，进而又提出了卜辞分组和分期断代的“两系说”，即殷墟甲骨的发展可划分为两个系统：一个系统是由宾组发展到出组、何组、黄组；另一个系统是由自组发展到历组，无名组。近年来，许进雄又以钻凿形态为断代的辅助标准，认为根据甲骨上钻凿形态(方式、长度、排列、灼痕等)的差异，可以判断甲骨所属的年代。各家意见分歧，难以统一，今后需要引进先进科学技术，运用于甲骨断代研究，以更加科学地解决甲骨文的断代问题。

2. 甲骨文字考释

研究甲骨文，释字是最重要的基础工作。甲骨文里有不少跟已识的金文甚至小篆同形的字，但是需要考释的字比这些字多得多。就是人们已经认识的字，由于存在同音假借等现象，它们在卜辞里的用法，往往也还是要通过考释才能弄清楚。经过孙诒让、罗振玉、王国维、唐兰、于省吾等人的努力，已经认识的字近两千个。陈梦家在释字也有很多的发明，其论文有《释豕》《史字新释》《史字新释补证》等，都是考释甲骨文之作。

陈梦家在讲到考释文字的方法时指出，“求发明新字而释字，其结果是一无所得。……从研究某一问题而涉及甲骨文，常常有较好的结果。”如他对“成”“生”两字的考释，即是明显的例子。卜辞中对成汤有“大乙”“唐”

---

① 陈炜湛在比较了诸家之说后，认为“陈梦家的论断是正确的”，并从坑位与地层关系、贞人同版关系、兆侧刻辞相同、计日法、称谓关系、人物等六点证据加以补充。(参见陈炜湛：《甲骨文简论》，177～178 页，上海，上海古籍出版社，1987。)但胡厚宣主张自组和其他一些卜辞有可能属于武丁以前，这是一个值得进一步探索的问题。

② 裘锡圭：《评〈殷墟卜辞综述〉》，见《文史丛稿——上古思想、民俗与古文字学史》，216～217 页。

(汤)、“成”等不同称呼，“成”字所从“丁”的写法与“口”相近，因此长期以来被误释为“咸”。陈梦家通过对有关祭祀先王的卜辞对比研究，释出了向来犹疑不定的人名“成”字。卜辞称下一个月为生月，由于古书中没有生月的说法，长期被误释为“之月”，以为是本月、是月。陈梦家通过对记“生月”“兹月”等时间词卜辞的综合研究，纠正了误释，指出了“生月”的正确意义是下月。再如，卜辞中屡见的“罗”字长期以来被视作“蜀”的初文，陈梦家根据卜辞中从“兮”从“旬”的一个字也可以写作从“兮”从“罗”的现象，参照“筍伯盨”和“伯筍父鼎”及金文“筍”字，释此字为“旬”(眴)，并认为这个字用作地名时相当于后世的“荀”，“卜辞之罗是后世的旬国，史籍作荀。”此说虽至今尚未被多数人接受，但根据卜辞“罗”字来谈四川古代史的人仍然很多。

此外，陈梦家还指出《殷墟书契后编》下 22・16“叀往边”中上从“自”下从“丙”的字，“是卜辞仅见的边字，辞云‘往边’，则戍有守边之责”。卜辞中上从倒“止”下从“人”的字可能就是《说文解字》中“咎，灾也”之咎字，也是富有启发性和创见性的结论。

3. 甲骨学研究成果的科学总结

陈梦家所著《殷墟卜辞综述》，搜集了最为齐备的有关商代甲骨文、金文、文献和考古资料，在论述甲骨学和商史的有关问题时，旁征博引，尽量将甲骨文与大量文献材料相互印证，因而所得结论立论坚实，科学性强。全书分为“总论”“文字”“文法”“断代”“年代”“历法天象”“方国地理”“政治区域”“先公旧臣”“先王先妣”“庙号”“亲属”“百官”“农业及其他”“宗教”“身份”“总结”和“附录”等二十章，凡七十余万字，全面系统地叙述了自 1899 年安阳出土卜辞以来，对卜辞的收集、整理和研究，是科学总结甲骨文的发现与传布的集大成之作。该书吸收前人及当代学者的研究成果，并根据新材料进行补充和修正，对甲骨文的研究提出许多有价值的重要论述和个人创见。他特别在第 20 章“附录”中，把有关甲骨材料的记载、甲骨论著简目及甲骨著录简表做了说明，尤其是“甲骨著录简表”，把甲骨资料发表的情况介绍得既全面又简明，便于初学者和研究者使用。

此外，陈梦家在《殷墟卜辞综述》中还澄清了相沿已久的论点，如关于《殷墟书契考释》究竟是罗振玉所作，或是王国维撰写？自傅斯年、郭沫若以来，许多人认为罗振玉花了两百元买了王国维的稿子，实非自己所作。1951 年，陈梦家从旧书店买到罗振玉的原稿本，都是罗振玉手写，其中书头上常注有某条应移应增改之处。他说：“《考释》的纲领和分类次第，与罗氏以前诸作，实相一致，不过有所改善而已。在编作中，二人对细目的商榷则确乎是常有的，由稿本与初刊本相校，王氏在校写时对于行文字句的小小更易是常有的，但并未作重大的增删。都邑一章引用今本《竹书纪年》，和王氏的看法大相违背。”①这一公案经过陈梦家的考证，疑团始获冰释。

陈梦家说：“作此书时，注意到两件事，一是卜辞文献记载和考古材料的结合；二是卜辞本身内部的联系。”②即根据字体、卜人、用材、用辞形式、称谓、祭法和记时等方面的分析，参阅有关甲骨的出土坑位，对卜辞进行断代。由此看出，他所研究的对象已不是单纯的甲骨文字，而是兼及甲骨品种、修治方式、背面的钻凿形态，甚至包括无字甲骨，研究方法也从文字的考释和史料的整理，进一步发展到以考古学为基础的研究。

陈梦家在1949年以前即撰写有诸多关于卜辞的考释和考证文章，如《商代的神话与巫术》《祖庙与神祖的起源》等，在文字和古代礼制研究方面多有创获。1949年以后，他又写了高质量的专题论文，如《甲骨断代与坑位》《商王庙号考》《殷代社会的历史文化》等，对文字学、年代学、社会制度、断代标准等方面都做了进一步的深入研究。最后他完成的总结性著作《殷墟卜辞综述》，更受到学术界的重视，被评价为：“本书将五十余年地下出土的极其丰富和重要的甲骨文材料，结合文献资料，对殷代社会历史、文化进行了综合研究，是利用甲骨文研究商史的一部专集。此书取材宏丰，疏理有致，论述多所创获，对于治甲骨学者及初学甲骨文者，都是不可缺少的参考书。”③

陈梦家勇于改正自己在甲骨文研究中的错误，体现了一位学者的严谨态度。如甲骨文中有“辛未贞幸禾高且、河，于辛巳彭燎”刻辞，他在《古文字中之商周祭祀》一文中，把“高且河”释为“高且、河”，表示高且与河是两位神，并特别对河神加以说明：“河于卜辞为大河、河水、黄河之河”，“大河而受祭祀者，盖认大河为水源之主宰，以年丰雨足为河神所赐，而灾咎由河神为祟”，“河为水神，而农事收获首赖雨水与土地，故河又为求雨求年之对象”。④ 事实上，河为殷人先祖，转化为帝喾。帝喾本来是天帝转化为人帝的，而帝与河都是令雨的主宰，则以河为其先祖，亦是可能的。因

① 陈梦家：《殷墟卜辞综述》，58页。

② 陈梦家：《殷墟卜辞综述》，1页。

③ 周永珍：《陈梦家》，见刘启林主编：《当代中国社会科学名家》，465页，北京，社会科学文献出版社，1989。

④ 陈梦家：《古文字中之商周祭祀》，载《燕京学报》，1936(19)。

此，他在进一步研究甲骨文内容之后认识到这一错误，特别指出："由于当时未曾体会到人王与神帝，历史人物与神话人物的转化关系，因此对于卜辞的祭河或是执着于自然崇拜，或是执着于与典籍先公的对照，这种看法是要纠正的。"①由于改变了对甲骨文中河神的看法，上古与此有关的一些文化现象也就得到了恰当的解释。

甲骨文研究从孙诒让、罗振玉开始，到王国维对商代先公先王的考证，得到一大发展。后出的学者各有千秋，董作宾的分期断代及对五种祀典(或称"周祭")的研究，唐兰对文字形体偏旁的分析，于省吾对字义的训释及字在句中的用法，郭沫若利用甲骨文研究历史，陈梦家的甲骨学通论性著作，胡厚宣的资料整理及对四方风名的考证，以及张政烺、徐中舒、吴其昌等人，运用甲骨文史料研究商代历史，数量多，贡献大。他们凭借各自丰硕的研究成果，共同促进了甲骨学研究向深度、广度发展。

不可否认的是，由于《殷墟卜辞综述》成书仓促，也存在明显的缺陷，主要是行文比较随便，修改的工夫不够，因而前后矛盾之处很多，有不少段落写得过于拖沓和浓缩，甚至词不达意。但瑕不掩瑜，这仍是一部对研究甲骨文有较大价值的参考书。

(二)《尚书》研究

《尚书》历来备受学者重视，但晚清以前的有关著述，大都局限于注疏笺释之类。20世纪新的考古资料日益丰富和现代甲骨文、金文研究渐趋成熟，不少学者打破今文、古文两派界限，在《尚书》研究方面做出了新的成绩。陈梦家就是其中出色的一位，他的《殷墟卜辞综述》和《西周铜器断代》两书，皆有大量论证《尚书》各篇的内容，尤其是《尚书通论》，更"不失为一部有自己见解下过功夫的通论《尚书》本身有关问题之作"②。

关于《尚书》的价值，陈梦家说："自汉代立为官学以后，作为历代帝王将相的政治课本，在漫长的封建社会时期中，它(《尚书》)和孔子的学说同样地受到统治阶级的尊敬，作为治理国家的理论的工具。在经学史上，它成为今古文学争论的开端。在'六经皆史'的意义上，它是存在下来的先秦史料中最重要的一部分。近代殷、周铜器铭文的研究，古代语文的探索，都不能离开《尚书》。"③《尚书通论》一书既深入浅出，又富有创见。该书分四

① 陈梦家：《殷墟卜辞综述》，343页。

② 刘起釪：《尚书学史》，432页，北京，中华书局，1989。

③ 陈梦家：《尚书通论》，3页，石家庄，河北教育出版社，2000。

部分：第一部“尚书通论”，先叙先秦引书、汉世传本、篇目、书序及两汉逸十六篇之考实；第二部“尚书专论”，收四篇文章，考证了古文尚书作者、尧典为秦官本尚书、王若曰、古文等诸多问题；第三部“尚书讲义”，注释《甘誓》《汤誓》《盘庚上》和《大诰》四篇；第四部“尚书补述”，论述了孔传本出现的时代、书序形成的时代、尚书逸文、尚书体例、敦煌写本尚书经典释文、尧典、考工记与秦制、孟子洚水考等问题，阐述了《尚书》的真正写作或结集时代。

对于《尚书》来源问题，陈梦家根据先秦典籍中引述《尚书》情况，从《论语》《孟子》《左传》《国语》《墨子》《礼记》《荀子》《韩非子》《吕氏春秋》九种书中，辑录出引《尚书》文字一百六十八条(其中不见于今文《尚书》一百一十一条)，经排比分析后他认为，“《尚书》的名称，代有变异，其初泛称《书》，其次有篇名，其次分夏、商、周书，其次称《夏书》为‘尚书’，其次总称夏、商、周书为《尚书》”。这些不同时代、不同国别的种种传本，有的进入伏生的今文《尚书》中，有的亡佚。《尚书》的成书当在较后时期，最早只能推到孔子教学的年代。最近考古发现也证明了陈梦家判断的正确，郭店楚墓出土的竹简《六德》有“观诸《诗》《书》，则亦在矣；观诸《礼》《乐》，则亦在矣；观诸《易》《春秋》，则亦在矣”。《性自命出》也有“《诗》《书》《礼》《乐》，其始出皆生于人。《诗》，有为为之也。《书》，有为言之也。《礼》《乐》，有为举之也”。这说明早在先秦时期，确有六经流传，而且至迟在战国中期，儒家确实已有这一说法，《尚书》就已与《诗》《礼》《易》《乐》《春秋》并列，成为儒家群经之一。

陈梦家利用甲骨文、西周铜器铭文和战国汉代简牍资料，从体例上探索《尚书》一书的形成过程，这是他研究的主要特点。如《王若曰考》比勘金文材料，举例甚详，总结西周金文中史官制度以寻“王若曰”原义为诰命之词，是史官或周公代宣王命时用语。他还将西周金文所见策命制度中的命书与《周书》所传录的命书做了比较，判定后者“颇多是当时册命的副本”，指出“由于今存周诰多鲁国大史所传录，故多有关乎周公的”。但是《文侯之命》的内容与毛公鼎异常接近，因而时代较晚。《周书》中凡一篇之中有两次“王若曰”的，乃是两个命书在传录时附合于一篇的结果。后于省吾作《“王若曰”释义》①根据《殷墟文字甲编》两千五百零一卜辞“王若曰，羌女……”之文，及金文与《尚书》中的句例，采用王引之的说法，论定“王若曰”应解作

① 参见于省吾：《“王若曰”释义》，载《中国语文》，1966(2)。

“王如此说”，并提出周人系沿用商代用语，凡王直接命令臣属从来不称“王若曰”，凡史官宣示王命臣某或史官册命臣某而称“王若曰”者，多在一篇之首或一篇的前一段，以下复述时都简称为“王曰”。陈梦家的考证文章与于省吾的《王若曰释义》合观，由此可以证明《尚书》里的“王若曰”，还有“微子若曰”，并不是周人所拟作。因此，“自陈梦家提出由史官或大员代宣王命称‘王若曰’，得于氏之阐释而其义益畅，其例益明”。①

陈梦家认为今文《尚书》二十九篇，真实时代与结集之人各不相同，“大概的说来：《周书》的十二篇‘命’可能为鲁大史所传录的西周命书；‘誓’多后世拟作；记事之文如《禹贡》、《洪范》等都不早于战国。《夏书》可能为晋人所追拟，《商书》可能为宋人所追拟，夏商两‘书’犹鲁商两‘颂’，皆成于东周时期”②。他又根据伏生为秦博士，秦始皇尊官学而禁私学，《尚书》应在官学之列，因而推想伏生所传《尚书》“有可能采用秦制而将秦前传本加以修订的”。原因是汉本《尧典》反映的秦制秦法，如“十有二州、十有二山及十有二牧”“协时月正日同律度量衡”“五载一巡守”“天子自称曰朕”等，都是秦始皇所实行的制度，说明“汉所传伏生《尚书》为秦代官本”。他又考证出《考工记》是齐人所作而受到秦制的影响，作为《尧典》为秦本的一个佐证。③陈梦家所做的考证，大量引用秦刻石、秦诏版、阳陵虎符、商鞅量、陈氏三量、新嘉量等金石考古资料，具有很强的说服力。

陈梦家还对二十九篇今文《尚书》做了断代研究，选择《甘誓》《汤誓》《盘庚上》和《大诰》四篇，根据旧本和金文进行考释，并试作复原，推定各篇的写作年代：《甘誓》为战国时晋人所作；《汤誓》大约为孟子以前宋人所作，今本则有秦人改削之迹；《盘庚上》为战国宋人所拟作；《大诰》篇款式、文例、用字与西周金文相同，定为西周所作。但他从用语、篇幅、难易程度方面判定《盘庚上》的时代，则与传统公认其为殷商时期历史文献存在较大的差异，有值得商榷的余地。甲骨文很简短，但不能据此断定当时没有长篇大文，因为卜辞只作占卜用，本来就要求简单，且程式一律，只需要简单的字句就行了。新近出土的西周甲骨文同样简短，更是证明完全可以和它同时存在长篇诰文。

陈梦家的《尚书》研究取得了突出的成绩，澄清了一些疑难问题，具有

① 刘起釪：《尚书学史》，492页。

② 陈梦家：《尚书通论》，189页。

③ 参见陈梦家：《尚书通论》，256页。

极大的参考价值。但不可否认的是，其所引录先秦称引材料尚不完备，所叙汉世传本谓《太誓》为文王伐邗、武王伐纣，由于误引材料，故其说亦误。

（三）汉简研究

1959 年 7 月，武威磨咀子六号汉墓发现《仪礼》简册，次年 6—7 月，陈梦家被中国科学院考古研究所派往兰州，协助甘肃博物馆整理武威出土的汉简，并做了进一步的研究，写了释文、校记和叙论。同时，他还对此墓所出的日忌、杂占简以及十八号墓出土的王杖十简也做了考释，后经反复修改，于 1962 年定稿为《武威汉简》一书出版。与此同时，陈梦家还负责《居延汉简甲乙编》的编纂工作，并以此为契机，他的研究兴趣陡然从甲骨文、金文铜器方面转到了汉简研究领域，对居延、敦煌、酒泉等地所出汉简进行了大规模的整理和研究，其中包括对居延汉简的出土地点、额济纳河流域的汉代烽燧遗址的分布排列，以及简牍形制的考索。直到 1966 年逝世为止，他仅用了三年多的时间，共完成十四篇论文，约三十万字，五篇已经发表，后结集成《汉简缀述》，由中华书局于 1980 年出版。陈梦家学识渊博，文思敏捷，加上具有诗人的想象力，深厚的古文字功底，对考古学的熟谙，使得他在汉简研究中能够采用多学科、多角度、交叉研究的方式，综合历史学、古文字学、考古学等学科优势，取得了卓越的成就。

陈梦家在整理汉简的过程中，特别强调了以下几个问题。第一，关于出土地的问题，即遗址的布局、建筑构造以及它们在汉代地理上的位置。他首先根据贝格曼的考察日记和索马斯特罗姆编印的调查报告，作了《额济纳河流域障燧述要》，然后又依据出土地排列“邮程表”和“候官·都候·燧次表”，同时对于河西四郡的设置年代、汉武帝时期障塞的设置、西汉都尉和居延地理沿革等问题，都做了详细的探讨。第二，关于年历的问题，陈梦家利用汉简资料排列“汉简年历表”，可以恢复西汉实际使用的历法。第三，关于编缀简册和简牍的尺度、制作问题。陈梦家在整理武威仪礼简册和王杖简册时，曾复原了九册仪礼简和王杖诏书。他认识到各种简牍都有一定的尺度和制作方法，而居延汉简为遗址所出，不同于武威墓葬简，大多是拆散之简，如何缀合这些散乱无序的简牍，便成为整理者必须首先解决的问题。陈梦家根据内容、年历、出土地、尺度、木理、书体等编缀成不同的簿册，如此便可以掌握较为整齐的档案卷宗，有利于历史研究。第四，关于分年代、分地区、分事类研究与综合研究的问题。陈梦家认为两者不能截然分开，而是要互相利用，根据出土地点、年历推测与编册成组，有可能分地区、分年代，进而分事类研究，但要注意不同的情况，如居延和骍马都有屯田的记录，但其制度却不尽相同。前者明显推行了代田法。居延已行与未行代田法也不尽相同。居延、肩水两都尉所属燧名相同而异地，都要加以区别，然后才可综合不同年代和地区的汉简，互相纠定，全面研究汉简中记载的官制、奉例、年历、烽火制度、律法、驿传、关邮等问题，并与文献相比勘，用以了解汉代社会、经济、军事诸方面的历史。简牍学方法论，要求掌握历史、考古、文献、文档、文字等多学科的理论方法，结合简牍实际，综合和创造性运用，形成自身的方法体系。

其后，陈梦家将考古学贯注到整个汉简研究之中。他利用汉简资料及实地调查所得，绘制了“额济纳河流域汉代亭障分布图”，并与遗址相结合，恢复了张掖太守辖下两个都尉系统（居延、肩水）的布局及其结构。为此，他根据不同出土地所出简分为四表：邮书表、函检表、南书北书表和邮站表，推定七候官和两都尉在塞上的序次及其相当位置，订正了《汉书·地理志》的错误记载。如《汉志》在居延县下云“都尉治”，而今考订居延都尉府在破城子，而不是居延城。其他如两汉俸给制度也截然有别，西汉时曾两度益俸，故同一等级官吏的月俸钱前后不同。而“班固《汉书·百官公卿表》所代表的，往往是班固当时理解的西汉之制，不尽符合不同年代稍稍改易的地方，其例与《地理志》相同”①。将西汉的政治制度、地理沿革当作不断变化的动态来考察，而不是一成不变的静态，这正是陈梦家汉简研究超越前人的关键所在。

陈梦家汉简研究除了利用考古学知识外，还广泛征引各种文献、铜器、碑刻、封泥、印玺上的铭文加以补充，因此，他对于西汉晚期和东汉初年的边塞官制，提供了比较详细的线索。如对汉代烽燧制度的研究，就是他在王国维等人成果的基础上，又结合了以下材料：一是出土于居延、敦煌和玉门的所有汉简的有关部分；二是近人对于汉烽燧台遗址的考察记录；三是《墨子·备城门》篇以下并其他汉、唐间文献；四是唐代的烽式和其他记载唐代烽制的文献。因此，陈梦家广征博引，严密考证，所得结论能够对诸家之说有所修正和补充，将汉简研究推进到一个新阶段。而《汉简所见居延边塞与防御组织》一文，则将全部居延汉简中有关防御系统设置的记载排比类推，又征引《汉书》《续汉书》及《汉官仪》《汉旧仪》和《汉官七种》等大量文献资料，考察了张掖郡两都尉的结构及其所属，所关联的其他机构的分布位置，并且论及了不同等级机构官吏之间的隶属关系，论证详尽。其

① 陈梦家：《汉简所见奉例》，见《汉简缀述》，146页。

他如对汉武帝设河西四郡和居延、玉门边塞的具体年代，居延的地理沿革，玉门关和玉门县(今玉门市)的所在，两汉时期全国各地建立都尉的情况，他分别做了严密的考述。尽管某些论断被更多的考古新材料和新的研究成果所修正，如居延城的位置、佐史、乡啬夫职权的确定、燧即火炬而非积薪说，居延都尉府在破城子等，都有值得商榷之处，但是，陈梦家所使用的研究方法，对于开创简牍研究的新纪元，具有重要的指导意义。

陈梦家写有《甲骨断代学》四篇、《西周年代考》、《六国纪年》等关于年代学的文章。他说："年代是历史的尺度，而先秦史的研究，尤须对此先有明确的规定，然后史事才可有所依附。"①他将对年代学的研究与考古学、古文字学结合起来，对汉简材料做仔细的分期考订，并得到天文历法专家钱宝琮的协助，重新推排汉代的历谱。《汉简年历表叙》就是汉简年代学的研究成果。这篇文章以居延、敦煌等地出土的汉简为主，辅之以文献记载，如宋人刘羲叟《长历》、清代汪曰桢《历代长术辑要》、近人陈垣《二十史朔闰表》，以及实物铭文、金石碑刻等，分作汉简年历，汉代纪时，汉代占时、测时的仪具三节，广泛探讨了汉代年表与朔闰表、两汉历术、汉简年历表、汉代时刻、时辰、时分、五夜、一日之始、干支纪时以及式、日晷仪器等许多问题，对汉代施行的历谱做了实录的证明，即不仅限于采用历术推步，佐以《汉书》等两汉史料为证，还结合了从西北屯戍所中两汉官文书木简以及其他金石资料，这就避免了使用文献因传抄、重印而导致月名和日序干支稍有讹误的情况。因此，陈梦家所排列出的两汉年历，较之前人研究，如劳榦在《居延汉简考释》的"考证之部"中对汉代年历问题的论列，董作宾《汉简永元六年历谱考》所做的考证，有更大的权威性。"这种从考古学着眼，以断代为纲，进行全面研究的方法，也贯串在他对汉简研究的工作中。为了研究古史，还曾专门致力于年代学的研究，从夏商的积年、西周年代考，一直到六国纪年表，为研究古代史建立了一个完整的年代标尺。"②

简牍作为战国至魏晋时期主要的书写材料，上承甲骨卜辞、钟鼎铭文，下启纸张和印刷的发明与使用，是中国文化的重要载体。"不仅中国文字的直行书写和自右至左的排列顺序渊源于此，即在纸张和印刷术发明以后，中国书籍的单位、术语，以及版面上的所谓'行格'形式，也是根源于简牍

① 陈梦家：《尚书通论》，411 页。

② 周永珍：《怀念陈梦家先生》，载《考古》，1981(5)。

制度而来。”[①]因此，陈梦家对汉简的制作材料，经典和其他简策的长度，简札的刮治、编联、缮写和削改，每支简容纳的字数，简册上的篇题、页数和尾题，全篇写成后的齐简和收卷，以及错简、标号、书体和字形等问题，都做了详细的研究、探讨，探究中国书籍制度的起源与发展，全面总结古代简牍的制作、书写、编连、使用方法等特征，揭示古代法令中对简牍使用制度的不同规定。

同样，在整理研究青铜器时，陈梦家不仅注意铭文，还观察其形制、纹饰、功能和冶铸技术，即首先确定分期前不同时期的标准器，辑录出土点及组合关系。尤为重视科学发掘所获的成组青铜器。他根据铭文中同人、用地和同事等内部联系，把若干独立的青铜器联系起来，使分散的铭文得以在内容上互相补充，前后串联，从而使金文材料变为史料。陈梦家把研究甲骨文、青铜器的方法运用到汉简之中，克服了以往的研究者均把简牍作为历史研究工具的偏向。他们关注的焦点是带有文字的实物，摆脱不了传统金石学的囿缚，因而导致大量无字简的弃置，这在一定程度上缩小了简牍学的研究内容。而陈梦家却独辟蹊径，从文献档案学与考古学相结合进行探索，其《从实物所见汉代简册制度》就是对简牍本身进行研究的突出成果。

武威磨咀子六号墓出土的竹木简多为成篇的经书，且首尾完整不缺，叶数顺接，文字清晰。陈梦家利用这批材料，详细而具体地考订汉代的简册制度，弥补了文献之缺漏，并证实了史书记载的不足或错误，极大地丰富了简牍研究的内容。例如，关于简牍的编纶，《说文解字》《独断》仅言“二编”，而从武威出土竹木简实物来看，可以有一至五道编纶，这足以弥补文献所未及。再如简牍的书写材料和工具，唐代以来的学者，习于纸笔之事，皆有错讹。唐人贾公彦在《周礼·考工记》中以为“古者未有纸笔，则以削刻字，至汉虽有纸笔，仍有书刀，是古之遗法也”。宋代王应麟的《困学纪闻》也说：“古未有笔，以书刀刻字于方策，谓之削。”他们都误认为“笔即削”，将笔、削混为一谈。居延、武威等地都发现有毛笔、丸墨，因此，简牍是用毛笔蘸墨书写的，而绝非用刀刻的。这就纠正了长期以来的谬传。虽然此前，王国维已撰有《简牍检署考》论及简册制度，但此文作于王国维考释流沙坠简之前，王国维未见简牍实物，只是以文献证文献，因而存在不少

---

① 钱存训：《印刷发明前的中国书和文字记录》，59页，北京，印刷工业出版社，1988。

失误。如文中所说“上古简册书体自用篆书，至汉晋以降，策命之书亦无不用篆”，“简策之文以刀书或以笔书”①，以及对不同文体用简长度的规定等，验之于实物，都是片面甚或是错误的。陈梦家则是在整理武威《仪礼》简的基础上写成的，他根据出土实物，试图复原简册的原貌，并附述其对于后世书籍制度的影响。较之马衡《中国书籍制度变迁之研究》，陈梦家又前进了一步，这对了解中国书籍制度的起源和衍变，帮助极大。

陈梦家的学术经历，不仅显示出其广博敏锐的学识，坚忍不拔的追求，而且表现出重要的爱国感情。20 世纪 40 年代在美国讲学期间，他历经艰难、千方百计地搜集流失在海外的中国青铜器资料，著有《流散美国的中国铜器集录》，选录青铜礼器八百四十五件，资料来源包括博物馆、图书馆、大学和古董商等公私收藏，表现了赤诚的爱国热情和执着的求实精神。关于搜求之辛苦，他的夫人赵萝蕤充满感情地回忆道：“他遍访美国藏有青铜器的人家、博物馆、古董商，然后回到芝加哥大学的办公室整理所收集到的资料，打出清样。就是这样，周而复始：访问，整理，再访问，再整理。凡是他可以往返的藏家，他必定敲门而入，把藏器一一仔细看过，没有照相的照相，有现成照片的记下尽可能详尽的资料。不能往返的，或路途遥远的，或只藏一器的，他写信函索，务必得到他需要的一切。……他当然也造访了纽约的所有拥有铜器或铜器资料的古董商如卢芹斋和其他国籍不同的古董商人，也访问了美国各地藏有铜器的博物馆。只要有可能，他就要把每一件铜器拿在手里细细观察，记下必要的资料。逗留在博物馆的时候，他也顺便收集各馆的印有中国文物或其他藏品的图册。他和所有藏家、古董商、博物馆几乎都有通信关系，并留有信件的存底。”②正是这种强烈的爱国情怀促成他在中华人民共和国成立后不久，毅然返回祖国。

1957 年，陈梦家被错划成“右派”，受到严格管制，政治上的打击并没有使他中止学术研究，相反，他的铜器和汉简研究就是在其身心受到迫害、失去自由的情况下完成的。1960 年，他前往兰州整理武威出土汉简，进行临摹、缀合、校勘等技术性工作。任务艰巨，但物质条件十分困难。时值盛夏，陈梦家在一间仓库样工房里工作，不分上下班，晚上还在灯光下用放大镜俯身看简，同时他还承负着不能个人发表文章，不能对外联系的精神压力，在这样的条件下，他克服了重重困难，主持完成了《武威汉简》一

① 王国维：《简牍检署考》，见《王国维遗书》第 10 册，7、8 页。

② 王世民：《关于嗣子壶·后记》，载《文物天地》，1997(2)。

书的写作，体现了一位学者献身学术的令人敬佩的挚诚和毅力。

第二节　徐中舒、唐长孺和谭其骧

一、徐中舒的古史研究

徐中舒(1898—1991)，安徽怀宁人，1925 年考入清华国学研究院，师从王国维、梁启超等著名学者，1930 年由陈寅恪推荐进入中央研究院历史语言研究所，后到四川大学历史系任教。中华人民共和国建立后，他曾任西南博物馆馆长、中国科学院哲学社会科学学部委员，主要著作有《论巴蜀文化》《先秦史论稿》，论文编为《徐中舒历史论文选辑》，并主编有《汉语大字典》《甲骨文字典》《汉语古文字字形表》《殷周金文集录》等。有学者高度评价徐中舒的古史考证成就："徐先生则是将出土的古文字材料与古代典籍充分结合起来进行古史研究，使文字的考释与古史研究紧密结合，其结果不仅使古史的研究取得重要突破，而且在古文字的考释上也大有创获。"①

(一)"三重证据法"——古史研究的拓展

王国维的"二重证据法"为 20 世纪学术研究指明了方向，但局限于出土的文字资料，没有注意到丰富的民族学、民俗学材料。至 20 世纪 90 年代初，杨向奎先生进而提出"三重证据法"："过去，研究中国古代史讲双重证据，即文献与考古相结合。鉴于中国各民族间社会发展之不平衡，民族学的材料，更可以补文献、考古之不足，所以古史研究中的三重证代替了过去的双重证。"②徐中舒除了古文字资料外，还充分吸收了民族学成果，成为"三重证据法"的最早实践者。他在自述治学路径时说："我研究古文字学和先秦史，常以考古资料与文献资料相结合，再参以边地后进民族的历史和现况进行互证。"③又说："我研究古代史，过去总以所逢遇到的新史料如甲骨、金文等作为探索殷、周史的依据，使旧文献再度得到地下资料的证明。同时，又以边裔民族史料阐发古代社会发展的实际情况。"④因此，他在研究

① 彭裕商：《高山仰止——徐中舒先生百年诞辰纪念》，载《历史研究》，1998(6)。

② 杨向奎：《宗周社会与礼乐文明》序言，1 页。

③ 徐中舒：《徐中舒历史论文选辑》前言，1 页。

④ 徐中舒：《夏史初曙》，见《徐中舒历史论文选辑》，1349 页。

先秦史时，从《二十四史》的“四夷传”中撷取了大量资料。1928年，中央研究院历史语言研究所在殷墟安阳的发掘，揭开了中国近代考古学的序幕，也为历史研究带来了新的契机。徐中舒充分利用考古新发现，结合民族学、人类学、民俗学等学科的研究成果，在古史研究方面取得了一定的进展，是继王国维之后，在上古史研究领域比较重要的学者。

殷墟甲骨文中有“获象”“来象”之文，但商代的象究竟是否为当地所产？这是多年来学者聚讼不决的问题。有学者认为，象不是商王国所产，而是“南来”的。[①] 徐中舒从古文字出发，甲骨文“为”字从又牵象，可证殷人服象。他又列举文献传说资料，说明这一习俗受到陈民族的影响。周代以后，由于地理环境和气候条件发生了巨大变化，象群南迁，到秦始皇时设立象郡，已越过长江，进入两广境界了。因而他主张商代的象应为殷王国本地所产：“殷墟产象，既由甲骨文为之证明，则殷人服象之说，经此次澄滤，实已取得信史之价值。而殷代河南产象之说，又因此传说，为两重之证明。”[②]1935年，中央研究院历史语言研究所曾在附近发现过一座象坑，坑内埋大象一头，象奴一人。1978年，中国社会科学院考古研究所安阳发掘队在殷墟王陵区发现了一座象坑，坑中埋一象一猪。这两次发掘所提供的珍贵完整的资料，验证了徐中舒的预见性。

《耒耜考》是徐中舒早年的力作，他首先从甲骨文、金文等古文字上追寻耒和耜的原始形态，集合措、耤、男、利、方等字，与古钱币农具的形状联系起来综合考察，然后将古文字资料与古代典籍和中外考古发掘出土的实物相互对照，对耒和耜这两种古代中国最常用的农具的形制、用途、通行区域及其演变等问题做了细密考证，指出耒、耜为两种不同的农具，耒下歧头，耜下一刃，耒为效仿树枝式的农具，耜为效仿木棒式的农具。后来耒演变为锹锸，耜演变为耕犁，二者各有其演进的途径。他并论述了古代耕作状况及牛耕的兴起，指出牛耕起于先秦，大约相当于战国初期，而牛耕盛行以后，耒耜退居辅助地位，但并未绝迹，仍有遗存。他以东、西来区分耒与耜之使用，说：“耒为殷人习用的农具，殷亡之后，即为东方诸国所承用。耜为西土习用的农具，东迁以后，仍行于汧、渭之间。”他还以周密的考证，说明后来耒耜名称混淆的原因。

---

① 参见杨钟健、刘京生：《安阳殷墟之哺乳动物群补遗》，载《中国考古学报》，1951(4)。

② 徐中舒：《殷人服象及象之南迁》，见《徐中舒历史论文选辑》，51～71页。

徐中舒认识到生产工具对社会发展的重大作用，因此他对古代农业工具的考察，是为了“试探农业演进的消息”，因为“虽是一两件农具的演进，有时影响所及，也足以改变全社会的经济状况，解决历史上的困难问题”。①这篇文章发表后，颇得学术界的好评，日本学者关野雄受到启发，写了《新耒耜考》。1982年，江西《农业考古》又将全文刊出，可见此文具有的强大生命力。徐中舒已经超越了传统考据学的藩篱上升到一种理性的认识阶段，注意从生产工具、社会产品等社会物质文明着眼，研究社会的发展。

宋清以来的传统史家研究青铜器，多将注意力放在铭文上，所得有限。而徐中舒对于文字以外的形制纹样也很留意，他在《驫氏编钟考释》中强调：“中国学者对于铜器，向来惟重视其文字，至于器物之形制与纹样，则殊为漠然。”②因而他便以“文字”以外的“形制纹样”来为铜器断代，考订此器为春秋时晋器。另一篇文章《金文嘏辞释例》则全面系统地探讨了金文中祝嘏之辞，充分结合古代典籍，阐明了各种嘏辞的含义，并对各种嘏辞的时代做了探索。他指出：“万年无疆”“万年眉寿”“眉寿无疆”等嘏辞，主要盛行于西周厉、宣之世；凡言“无期”者，如“眉寿无期”“万年无期”“寿老无期”“男女无期”等，均为春秋时成周偏东地区之器，结合《诗经·鲁颂》“思无期”之语，可知“无期”一词，春秋时流行于东方地区。据此观察，《小雅·南山有台》有“万寿无期”，《小雅·白驹》有“逸豫无期”，或即东周之作。由铜器嘏辞铭文，他得出以下结论：“天与祖先之观念，在殷周之世颇有隆替。”因为《尚书·盘庚》载殷人祭祀祖先远较天为隆重，而两周之世，这一观念渐有转变，“盖周人以为祖先仅能作福，而天与神则兼擅祸福之权，故时代愈后，则事天之观念益隆，而事祖之观念转薄。此种转变，于儒墨两家之说，颇有相当之影响。前者疑即墨子尊天右鬼说所渊源，后者即儒家亲亲之义所由起”。③

《诗经·豳风》是涉及社会生活面很广、具有丰富史料价值的诗篇，但写成年代却有多种说法。徐中舒从地望、天文、物产、历法、居室、民俗、用语等二十多个方面，对传世文献中关于《诗经·豳风》的时代界定进行了全面探讨，分“七月所咏农桑非豳地所宜”“春秋以前无公子公孙之称”“七月诗以介眉寿及万寿无疆之辞非周初所有”“七月流火非周初天象”“诗经为鲁

① 徐中舒：《耒耜考》，见《徐中舒历史论文选辑》，127页。

② 徐中舒：《驫氏编钟考释》，见《徐中舒历史论文选辑》，219页。

③ 徐中舒：《金文嘏辞释例》，见《徐中舒历史论文选辑》，502～564页。

国工歌之底本”“豳乐之特征”“豳诗之地理背景”“豳诗之历史背景”等几个方面，指出诗中历叙一年中农家“当时之现实生活”，其性质当为“农家土风”——由终年辛勤劳作的周代农业奴隶们创作的歌谣，而非周公原作。他又列举七条证据说明“《豳风》必非西周初年之诗”，两条证据说明“《豳风》所咏实非豳地之土风”，十条证据说明“《豳风》宜为春秋时之鲁诗”，五条证据说明“今本《诗经》宜为鲁国师工歌诗之底本”。① 此文既出，震惊史坛。直到今天仍有学者评价道：“虽然此文的时间较早，然直至今天，我们细读《豳风说》，尚能深切地感受到此文鲜明的里程碑特质。此文堪称中国 20 世纪 30 年代的学界的代表作。”②

《黄河流域穴居遗俗考——兼论地上建筑的由来》也是一篇成功之作，徐中舒首先指出古代黄河流域普遍是穴居或半穴居，即所谓“陶复陶穴”，反映在文字上，就有一系列与之相关的字，如“穴”“复”“良”“丘”“京”“阜”“享”“墉”“亳”“余”“宋”等一组相关字的甲骨文字形为证，溯其来源，皆与穴居有关。而考古发掘也证实了这一猜测，徐中舒引用了石璋如殷墟发掘报告《小屯文化层》中关于竖穴与窦窖一节作为自己立论的依据，考古发现“窦窖有脚窝可以上下，有的竖穴有台阶可以出入”。这正是穴居的遗存。他引用周去非《岭外代答》及田汝成《行边纪闻》所载少数民族保留的旧俗，认为“南方民族所居大概都分两层，如今车里的摆彝仍多如此，有似于楼居”。他进而指出黄河流域穴居的形制由穴、复为代表的形式，逐步演进到有京、亳的栋梁，实已具备地上建筑之规模，再进而受到南方民族干栏式建筑的影响，最终完成了由余、宋二字形所代表的地面建筑的历史。他总结道：“黄河流域建筑的发展，实以殷人为之关键。殷人出自东北，其后涉河南迁，而居于亳，因与淮水流域的民族相接触，因而受其建筑上的启发，易穴居之亳而为地上之宅。迄至周初，商丘一带栋宇制作，更臻完备，于是世人就以宋的名称，来代替从前商或亳了。”③

历史研究不能局限于搜集和罗列各类资料，最重要的是要寻找出各种事物之间的内在联系，说明各种历史现象如何在特定的时空范围内构成一个统一的整体，揭示现象背后所隐藏的客观规律，这就是唯物辩证法指导

① 徐中舒：《豳风说——兼论诗经为鲁国师工歌诗之底本》，见《徐中舒历史论文选辑》，606～634 页。

② 何丹：《〈诗经〉四言体起源探论》，160 页，北京，中国社会科学出版社，2001。

③ 徐中舒：《黄河流域穴居考》，见《徐中舒历史论文选辑》，798 页。

下的历史研究。1949年以后，徐中舒学习辩证唯物主义和历史唯物主义，提高了理论水平，并应用于历史研究，摆脱了汉学家的重视考据和桐城派强调义法的局限，上升到一个新的境界。其《论商於中、楚黔中和唐宋以后的洞——对中国古代村社共同体的初步研究》是这一时期的杰出代表。该文旁征博引，除了征引大量古代文献资料外，还结合近年考古发现的上古时期遗址遗物，参照中国科学院民族研究所广东少数民族社会历史调查组对海南岛黎族的民族学调查资料，并将印度村社共同体与中国秦汉时代的乡官做了比较，对“洞”这一长期认识不清的概念做了新的解释，指出所谓“洞”其实是指西南少数民族地区的农村公社，从古代一直延续到明清。他最后总结道：“中国社会，是从村社共同体发展起来的，它与印度有共同的广阔基础，应属于古代亚细亚生产方式。中国的奴隶制是从徭役制度上产生的，它与古典的希腊、罗马的类型完全不同。现在我们要研究中国古代社会发展史，就应当遵循革命导师马克思在《资本论》中所提出的古代东方亚细亚生产方式，作为重新研究中国历史的起点。”①

（二）中国文明起源的考古学研究

20世纪初年，“中国文化西来说”甚嚣尘上，这一说法由曾经在中国从事地质考察的德国学者李希霍芬(Baron von Richthofen)首倡，此后安特生又助成其说。俄国学者列·谢·瓦西里耶夫写了《中国文明的起源问题》，以“信息传播决定论”为理论基础，依据所谓“假设性复原”的方法，断定公元前2000年左右，先后有两批来自西方或西北方的部落通过中亚进入中国黄河流域，前者带来了陶器、石器、瓮棺葬、海贝、人形塑像等文化因素，从而产生了早商文化，奠定了中国文明之基础；后者带来了象形文字、天文历法及养马、战车、青铜冶炼技术、饕餮纹饰和以狗为牲等，因而孕育了殷商晚期文化，中国文化内部进化的规律明显地通过外部接触与文化的移入而发生作用。只有在殷商文明形成之后，中国内部进化的重要性才明显超过外部接触和文化借用的作用。

“中国文化西来说”遭到中国学者的驳斥，但是，由于缺乏考古学上的证据，反驳显得苍白无力。何炳松即说：“假使吾国考古学上发掘之事业不举，则吾国民族起源之问题即将永无解决之期，而吾人亦唯有自安愚鲁之一法。盖中华民族之起源问题本属未有文字以前之历史上问题，而中国未

① 徐中舒：《论商於中、楚黔中和唐宋以后的洞》，见《徐中舒历史论文选辑》，1288页。

有文字以前之过去情形，则至今尚未经考古学家之探究者也。”①以安阳发掘为契机，特别是 1931 年城子崖龙山文化遗存的发现，李济、徐中舒、梁思永等人利用考古新材料来论述中国文明的起源问题，证明中国东部有一个土生土长、不同于彩陶文化的黑陶文化。这个黑陶文化在许多方面与殷墟文化更为接近，从而否定了中国文化西来的假说。

徐中舒受到殷墟科学发掘所得重要遗物的启示，把探索的对象对准仰韶文化。为了论证殷商文化绝非受西方外来文化的影响，他主要根据当时所发现的仰韶文化的分布区域（太行山以西地区）及其文化特征（生活习俗、铜器花纹、动物纹样等众多方面的不同），结合文献记载的虞、夏民族的活动地域，夏代文物与仰韶遗物的关系，“断定仰韶为虞、夏民族的遗迹”，匈奴、大夏、大月氏都是夏朝的后裔，仰韶文化渊源于中亚、西亚，其遗物的大部分属于西方的。而小屯文化即殷商文化，是中国本土的汉文化。这两个遗迹的纹饰作风不同，说明它们分属各自发展的文化。小屯文化“无疑的是由别处移植来的”，其来源于“环渤海一带，或者就是孕育中国文化的摇床”②，实开“东西文化二元对立”之先河。此后，一些学者发挥了这一说法，如傅斯年的东西两系说，梁思永后在安阳后冈得到小屯与龙山文化关系的线索，通过比较仰韶、龙山和小屯三期文化先后次序，认为“龙山文化的时代早于小屯，而仰韶文化又早于龙山”③。现代考古学证明，玉琮、玉璧和动物形玉器、白陶、印纹陶及原始瓷、兽面纹饰等，首先出现于其他地区的史前文化之中，而后才传入中国的。徐中舒虽然不是专业考古学家，但他善于利用考古材料，因此，得出的结论与李济、梁思永等人几乎一致，说明他把文献记载与考古材料结合起来研究历史的卓越之处，这也是他超越前人的关键所在。

徐中舒还关注中华文明与周边民族的交流，写于 1948 年的《北狄在前殷文化上之贡献——论殷墟青铜器与两轮大车之由来》一文，分序言、古代北狄及其生活习惯、游牧民族之兴起及其与北狄之关系、狄之分布地域及其命名之本义、金与铜得名之由来、两轮大车与北狄——附论独轮车之原产

① 何炳松：《中华民族起源之新神话》，见《何炳松文集》第 2 卷，288 页，北京，商务印书馆，1997。

② 徐中舒：《再论小屯与仰韶》，见《徐中舒历史论文选辑》，180～181 页。

③ 梁思永：《小屯、龙山与仰韶》，见《梁思永考古论文集》，91 页，北京，科学出版社，1959。

地、北狄与中国在文化上之关联、结论共八个部分，利用古文字及边裔史料，以探求青铜器与两轮大车的来源为主，研究了输入的部落及其所经之路径，涉及中国原始文化的各个方面，证明北狄在先殷文化上的关键作用，是一篇阐述文明起源及流布的重要文章。徐中舒根据考古材料，认为“龙山、仰韶遗物中既无铜与车马饰具之发现，由龙山近于殷墟其间不过短短数百年，如青铜器与两轮大车，为东西两土各自独立之发明，在此短短数百年间实无可能。故冶铜与两轮大车之由西方输入，当已无可置疑”。因为“据甲骨字及殷墟发掘所得，殷墟时代两轮大车已甚普遍使用，其形制自象形文字、发掘遗物及经传所载言，实与巴比伦图绘乘车之状无不同者。而巴比伦之使用两轮大车，则远在殷商时代之前”。战国以前，存在一条从俄国南部到中国黄河中游横贯欧亚草原的道路，这条路上的古代民族因接触交流而沐浴在“斯克泰—西伯利亚”(Scythic-Siberia)文化圈中。草原部落大都以马背为家，随牧畜转移，逐水草迁徙，信马驰骋可一日千里，对东西文化传播极为容易，所以在中国文献上、器物上都能见到斯泰克—西伯利亚文化的影响。最后他得出结论，“殷墟之青铜器与两轮大车，由北狄自西方输入，已不为无据也”①。

经过几十年的考古调查，殷商时代的马车屡有发现，结构上反映当时车制已经相当成熟。一般认为此前应有一个较长的产生、发展过程，然而迄今为止在黄河、长江流域尚未见到更早形状的马车遗物出土。因而，有学者在20世纪末提出，中国古代马车与西亚马车形貌近似，西亚的车子由早期游牧部落在欧亚大陆广泛传播，并经由西亚至北高加索、西伯利亚、外贝加尔地区、蒙古草原，最后进入华北平原，从而传入中国中原地区，这可能是商代晚期马车“突然出现”之原因。② 马车是中国较早学习草原文化的例子，整整过了半个世纪，这一结论与徐中舒所说何其相似，充分说明了他深厚的学术功底。

---

① 徐中舒：《北狄在前殷文化上之贡献——论殷墟青铜器与两轮大车之由来》，载《中华文化论坛》，2000(1)。

② 参见王巍：《商代马车渊源蠡测》，见《中国商文化国际学术讨论会论文集》，380～388页，北京，中国大百科全书出版社，1998。但也有人依据中国古代马车及西亚古代以牲畜拖驾的车对牲畜的系驾法有所不同，雄辩地表明中国古代马车的轭靷式系驾方式，“在古代世界上独树一帜，显示出我国早期的驾车技术无疑是我国自己的一项发明创造”(孙机：《中国古马车的三种系驾法》，见《中国古舆服论丛》，59页，北京，文物出版社，1993)。

中国文明起源的考古学研究，经徐中舒等人首倡以来，经过几十年的努力，已经取得了很大的成绩，通过对各地区文明化过程的研究，学者们认识到各地文明的演变发展规律，探讨它们融汇成三代文明的历史进程，并通过广泛的比较研究，逐渐归纳总结出中国文明的特征和本质，从而对中国上古历史的发展做出理论上的诠释。而 2000 年完成的“夏商周断代工程”，是以一系列考古材料的出现和相关学科的发展为基础，采用自然科学和人文社会科学相结合的方法，进行多学科交叉研究，目的是将夏商周时期的年代学进一步科学化、计量化，最终为深入研究我国古代文明的起源和发展奠定良好的基础。

（三）巴蜀文化研究的开拓者

巴蜀文化是古代巴、蜀两族先民留下的物质文化，主要分布在我国四川及其邻近的西南地区。早期文化遗存向北波及陕南汉中地区，东达长江三峡西岸，其时代大约从商代后期至战国晚期，前后延续千年左右。李学勤高度评价巴蜀文化研究的意义：“可以断言，如果没有巴蜀文化的深入研究，便不能构成中国文明起源和发展的完整图景。考虑到巴蜀文化本身的特色，以及其与中原、西部、南方各古代文化间具有的种种关系，中国文明研究中的不少问题，恐怕必须由巴蜀文化求得解决。”[①]由于考古事业的迅速发展，以及学者的共同努力，巴蜀文化的研究取得了巨大的成就。发掘出土的大量青铜器表明，巴蜀文化受到中原及其他地区文化的影响，但又具有区域文化的特征。徐中舒自 1938 年受聘四川大学史学系任教，不仅在巴蜀文化的研究上起到了拓荒作用，而且还培养了一大批研究人才，带动了巴蜀地方文化研究向深度和广度拓展。

巴蜀文化的研究可以追溯到 20 世纪三四十年代，1934 年，四川广汉县（今广汉市）有若干古代蜀人的玉石器和陶片被发现，1938 年川西平原的大石遗址，出土不少文物，从此揭开了巴蜀文化研究的序幕。抗日战争爆发后，大批学者、艺术家涌入大后方，中央研究院历史语言研究所迁居四川，并做了一些考古工作，如先后发掘了彭山汉代崖墓、成都前蜀王建墓等，使四川的文化事业出现一个高潮。时在华西大学任教的郑德坤根据一些传世的铜器探讨古代四川的文化，首先正式提出“巴蜀文化”这一名称，并于 1942 年编辑出版了《四川古代文化史》。同时《说文》月刊特辟“巴蜀文化”专

---

① 李学勤：《略论巴蜀考古新发现及其学术地位——〈三星堆考古研究〉序》，载《中华文化论坛》，2002(3)。

号，认为巴蜀民族和巴蜀的物质文化应作为考古学研究的重要课题。徐中舒也加入巴蜀文化的研究行列中，写成《古代四川之文化》《蜀锦》等文。在他和顾颉刚、蒙文通等学者的提倡下，学术界对于四川古代历史和文化的研究，一时蔚然成风，提出了一系列很有启发性的看法。不过，当时四川的考古工作发轫伊始，还不足以给古史研究提供有影响的文物新材料。因此，巴蜀文化的研究仅仅是奠定了良好的开端，尚未能深入进行下去。

中华人民共和国成立后，四川的考古工作取得了巨大的进展，各地出土了大批独具巴、蜀地方特色的文物，如 20 世纪 50 年代船棺葬的发现、成都羊子山大台、新繁水观音遗址和墓葬的发掘及铜器窖藏的出土等，为研究巴蜀文化提供了丰富的资料。徐中舒于 1959 年写的《巴蜀文化初论》是一篇有很高学术价值的论著，他把文献、考古、民族三种资料结合起来，全面讨论了巴蜀的经济、文化、历史、族属与文字，指出巴蜀地区是一个经济文化区，但并非孤立。水观音寺出土的陶器、铜兵器与中原地区所出相近，证实了《华阳国志·巴志》所载“周武王伐纣，实得巴、蜀之师”，船棺葬是为秦戍蜀的巴族遗迹，巴文与么些文(纳西族东巴文)有一定的亲属关系，晋代南中“夷经”即其一脉相传的文字。次年，他又写了《巴蜀文化续论》，讨论了宗、里、邑、都的社会性质，黔、越、溪、洞、阴、阳、林、菁诸名的意义，氐族所在及其与羌族的关系，巴与白虎的传说，蛮僚的族属问题等，指出“巴、蜀虽然仅限于祖国的一隅，但是它与祖国其它部分仍然息息相关，就在远古时代也不例外”①。徐中舒研究巴蜀历史，除了将出土材料与文献记载相互印证外，还进一步联系民族学、人类学、民俗学等学科成果，进行综合考察，因而所得结论极具说服力。

20 世纪 60 年代，四川考古工作者又调查发掘了广汉月亮湾、三星堆遗址，再一次掀起巴蜀文化研究高潮。在徐中舒的倡导和带动下，一些著名学者纷纷加入这一行列，蒙文通的《巴蜀史的问题》从巴蜀的地理疆域、民族成分、文化传统、经济中心的转移等方面着手，提出一些影响很大的观点。而《略论〈山海经〉的写作时代及其产生地域》一文，分析了《山海经》一书所载人物世系、事物起源、天文历法乃至计算方法都不同于中原文化传统，认为是南方文化系统的代表，因此，“《山海经》就可能是巴蜀地域所流传的代表巴、蜀文化的古籍”。1972 年，涪陵小田溪出土各种精美的巴蜀铜器等文物二百件，徐中舒研究了虎钮錞于后指出，錞于与钲乃军中号令士众

① 徐中舒：《巴蜀文化续论》，见《徐中舒历史论文选辑》，1057 页。

进退之节的乐器，传入巴国后成为其文化特征之一，说明墓主人应有他所号令的士众，是巴部落的一个酋长，钲上有二“王”字，可能表示他在巴部落内还是称王的。联系到“巴族铜器绘虎纹，錞于具虎钮，应与巴族的一些历史传说有关”①。

20 世纪 80 年代以来，四川考古取得突破性进展，广汉三星堆、成都十二桥、成都金沙商周等遗址出土了数万件青铜、玉石、象牙、陶器、漆器等文物珍品。尤其是三星堆遗址清理的两个祭祀坑，出土了早蜀时期的青铜器，为蜀国古史的研究提供了新的契机，也为探讨蜀文化与中原文化的关系找到了实证。而金沙商周遗址的发现，极大地丰富了古蜀文化的内涵与外延，为探索古蜀文明提供了大量的实物资料。通过发掘和研究，可以揭示该遗址与三星堆遗址之间的关系，破译许多古蜀文化未解之谜，推动商周时期成都平原考古学文化序列的建立和完善。李学勤由考古发现证明：“自新石器时代晚期(至少晚期之末)起，当地(四川)与中原间的交流是存在的。有时还明显是畅通的。”②他还从三星堆两座器物坑若干青铜器的考察出发，主张“以中原为中心的商文化先向南推进，经淮至江，越过洞庭湖，又溯江穿入蜀地，这很可能是商文化通往成都平原的一条主要途径”③。

徐中舒的《论巴蜀文化》一书，“不仅仅是从文献的记载上来检讨古代巴蜀民族的文化和历史，而且已经利用了考古材料，特别是近几年间的考古资料，兼与历史文献结合来探索巴蜀的物质文化，为巴蜀文化的研究开拓出一条新的道路来”④。他利用丰富的历史文献资料研究巴蜀文化诸方面达到了充分成熟的程度，同时也为在考古学上研究巴蜀文化，奠定了坚实的基础。近些年，随着考古事业的迅猛发展，研究队伍的日益壮大，巴蜀文化无论其研究范围，还是理论方法都取得了突破性的成就和飞跃式的进展。学者们对巴蜀文明的起源、形成和演变，包括城市、文字、青铜器、宗教、艺术、文化模式等问题，都提出了颇有见地的看法。学者们在研究方法上也综合历史、考古、民族、文学、哲学、宗教等各学科知识，开辟了巴蜀文化研究的新局面。四川省社会科学院还成立了“巴蜀史研究会”，陆续编

---

① 徐中舒：《四川涪陵小田溪出土的虎钮錞于》，见《徐中舒历史论文选辑》，1210 页。

② 李学勤：《三星堆与蜀国古史传说》，见《走出疑古时代》，212 页。

③ 李学勤：《商文化怎样传入四川》，载《中国文物报》，1989-07-21。

④ 徐中舒主编：《巴蜀考古论文集》，214 页，北京，文物出版社，1987。

辑出版《巴蜀史研究丛书》《巴蜀史资料丛刊》和《巴蜀史论文集》。追根溯源，徐中舒的首创之功及其订立的一套规范，起了很重要的作用。

徐中舒研究巴蜀文化具有开创之功，但限于条件，他的某些观点被越来越多的考古新材料所补充、修正。如关于巴蜀文化的一致性，徐中舒提出了“巴人戍蜀”的假设，认为公元前316年秦灭巴、蜀以后，蜀人反抗剧烈。于是秦政府就利用巴人的武力来镇压蜀的反抗，在蜀地发现的巴文化的因素，应该就是这些戍蜀的巴人所留。① 由于近几十年考古新资料的发现，这一论点应予改正，理由有以下几点：一是历史上无任何这类记载的痕迹；二是在成都近郊发掘的战国早期(秦灭巴蜀以前)墓葬中，出土器物仍然与巴文化一致；三是川西地区发现战国墓的地点已相当广泛，但并未发现有另一种系统的文化(原来的蜀人的文化)存在。② 关于巴、蜀文化的关系，有的学者对已公布的考古材料分析后认为：“蜀和巴是两支各自独立发展的考古学文化，在发展过程中互相交流、互相影响，以至出现了一些共有的文化因素。”③

徐中舒是著名的古文字学家，对于考释古文字有很多精辟的见解，他说：“古人造字，决不是孤立的一个一个的造，也不是一个人或少数人闭门创造。字与字之间，有相互的联系，每个字的形音义，都有它自己的发展历史。因此考释古文字，一个字讲清楚了，还要联系一系列相关的字，考察其相互关系。同时还要深入了解古人的生产、生活情况，根据考古资料、民俗学、社会学及历史记载的原始民族的情况，和现在一些文化落后的民族的生活情况，来探索古代文字发生时期的社会生产力和生产关系。根据这些东西，探索每个字的字源和语源。这样考释古文字，才有根据，也才比较正确，而不是凭空悬想，望文生义。”④他又批评过去的文字学研究者“总是就字论字，旁征博引，冥搜孤讨，臆想居多，究非上乘”。他提出应把相关的字联系起来对字形进行系统而科学的研究。比如甲骨文中“史”原作，并不像以前的学者认为的那样从又持简，乃干戈之干的本字。古人狩猎作战，即以有枒槎的木棒作为武器，进则以侵犯人兽，退则以捍卫自身。从又持，古代人类，从事狩猎，取得食物，是当时的大事。史之本义为

① 参见徐中舒：《巴蜀文化初论》，见《徐中舒历史论文选辑》，1021～1056页。

② 参见童恩正：《古代的巴蜀》，84页，成都，四川人民出版社，1979。

③ 宋治民：《试论蜀文化和巴文化》，载《考古学报》，1999(2)。

④ 徐中舒：《怎样考释古文字》，见《徐中舒历史论文选辑》，1435页。

事，文史之史，乃引申之义。丫为人类最初使用的武器，在杈楂两端捆上锋利的石器，则为单。在杈楂之间捆上重量石块则为中、为單，在冲锋陷阵之中兼为捶击之用。故中字省其杈楂，则为击中之中，而單又为战争之战。马王堆帛书《老子》甲、乙本三十一章，甲本作戰，乙本作單，可证。“我们把这些相关的字联系在一起，就可以了解到丫之原义，而这些汉字的字原和语原，不待多说，也就不会使人误解了。我们认为这样研究古文字，古文字学就可以逐渐进入科学的坦途了。”①著名的古文字学家于省吾也有同感：“古文字是客观存在的，有形可识，有音可读，有义可寻。其形、音、义之间是相互联系的。而且，任何古文字都不是孤立存在的。我们研究古文字，既应注意每一个字本身的形、音、义三方面的相互关系，又应注意每一个字和同时代其它字的横的关系，以及它们在不同时代的发生、发展和变化的纵的关系。只要深入具体地全面分析这几种关系，是可以得出符合客观的认识的。”②不难看出，两人所用方法的一致性，这都是他们多年考释古文字过程中的经验总结，具有普遍的适用性。

徐中舒研究历史，注重融会贯通，善于从小细节中发现大问题，《战国策的编写及有关苏秦诸问题》③就是极好的例证。自《战国策》《史记》以来，学者均认为苏秦和张仪是同一时代的敌对人物，苏秦主合纵，张仪持连横。该文爬梳了大量史籍，经过细密的考证，指出所有史籍记载均有错讹之处，苏秦晚于张仪，亦非合纵发起人，实替燕昭王在齐国从事反间活动，后因事发而被处死，约在齐闵王时期。文章澄清了关于苏秦的种种误解，恢复历史本来面目。该文所做的新说，为十多年后出土的考古材料所证实。1974 年湖南长沙马王堆汉墓出土的帛书《战国纵横家书》的有关记载，与徐中舒的结论不谋而合，再次显示了他深厚的考据功力。

徐中舒由于重视古文字资料，又熟悉古代典籍，加上他关注考古学的进展，注意引进民族学、人类学及民俗学的研究成果，遂使其古史研究达到一个很高的水平。无论是考释古文字，还是从事历史研究，他都不孤立地看问题，而是用联系、发展的眼光去探讨表象背后的本质。徐中舒诲人不倦，奖掖后学，为四川大学培养一批古文字和历史研究的专家，四川大

① 徐中舒：《汉语古文字字形表序》，见《徐中舒历史论文选辑》，1408 页。

② 于省吾：《甲骨文字释林》序，3 页，北京，中华书局，1979。

③ 参见徐中舒：《战国策的编写及有关苏秦诸问题》，见《徐中舒历史论文选辑》，1179～1208 页。

学仍是中国古文字学研究的一个重镇，与徐中舒的鼓励与提倡是分不开的。

二、唐长孺的魏晋南北朝史研究

唐长孺(1911—1994)，江苏吴江人，1932 年毕业于上海大同大学文科，曾在上海光华大学、湖南国立师范学院任教，1944 年起在武汉大学历史系任教授。他早年钻研辽金元史，以后长期从事魏晋南北朝史研究，20 世纪 60 年代其研究范围延伸到隋唐史。他在史料收集上也由对史籍的考察发展成为对出土古文献资料的整理，1975 年他倡议成立"吐鲁番出土文书整理组"，任组长并主持整理工作，主编出版了《吐鲁番出土文书》(十册)。其主要著作有《唐书兵志笺正》《九品中正制度试释》《魏晋南北朝论丛》《魏晋南北朝论丛续编》《三至九世纪江南大土地所有制的发展》《魏晋南北朝史论拾遗》《山居存稿》《魏晋南北朝隋唐史三论》《唐长孺社会文化史论丛》等，都是他精研魏晋南北朝隋唐史及用马克思列宁主义理论和方法初步分析研究的结晶。

唐长孺治史注重历史的前后贯通，以求历史中的变化与发展，他对魏晋南北朝这一历史时期前人未发或悬而未决的一系列重大问题，进行了开拓性的探索，不仅得出极富启发性的研究成果，而且开辟了一大批具有研究潜力的新课题。1955 年，陈寅恪在写给唐长孺的信中高度评价了其史学研究成就："寅恪于时贤论史之文多不敢苟同，独诵尊作，辄为心折。"①日本著名的中国史家、京都大学名誉教授宫崎市定也说："唐长孺教授生前，在魏晋南北朝隋唐史等方面，建树了卓越的业绩。他的治学方法及其研究成果，是留给日中两国史学界的一笔永恒的遗产。唐长孺教授的名字与他的业绩将永远被载入 20 世纪的史册。"②

(一)魏晋南北朝文化研究

魏晋南北朝文化呈现出一幅绚丽多彩的画卷：玄学的兴盛，佛教的传入，儒学的衰落，都是这一时期文化的特征。宗白华对此有极好的概括："汉末魏晋六朝是中国政治上最混乱、社会上最苦痛的时代，然而却是精神

---

① 陈寅恪：《陈寅恪集·书信集》，277 页，北京，生活·读书·新知三联书店，2001。

② 武汉大学中国三至九世纪研究所：《著书敢期延岁月，湖山倘许小盘桓——唐长孺教授学术成就及治学方法略述》，载《武汉大学学报(哲学社会科学版)》，1995(3)。

史上极自由、极解放，最富于智慧、最浓于热情的一个时代。因此，也就是最富有艺术精神的一个时代。王羲之父子的字，顾恺之和陆探微的画，戴逵和戴颙的雕塑，嵇康的广陵散(琴曲)，曹植、阮籍、陶潜、谢灵运、鲍照、谢朓的诗，郦道元、杨衒之的写景文，云岗、龙门壮伟的造像，洛阳和南朝的闳丽的寺院，无不是光芒万丈，前无古人，奠定了后代文学艺术的根基与趋向。"①尤其是玄学，后人每每将其与先秦子学、两汉经学、隋唐佛学、宋明理学、明清实学相提并论。唐长孺对此做了深入研究，发掘出蕴含在文化内部的深刻含义，为魏晋文化史的研究做出了贡献。

关于玄学的起源问题，历来存在不同的说法。唐长孺认为东汉末年思想界所起的变化，是促使玄学形成的主要原因。东汉以名教治天下，所谓名教是因名立教，包括政治制度、人才配合及礼乐教化等。到了东汉末年，名教理论失去了效用，已经不能维系人心，根据名教标准选拔的官吏名不副实，且为宦官、外戚、大族所控制，起不到维护统治的作用，因此必须寻找另外理论，"新的思潮向着这两点发展：一是在儒家以外找寻统治者所需要的理论，二是如何评定人才。"先秦诸子学说中首先受到重视的是法家和名家，曹操、诸葛亮都尚法术。此外，儒、墨、道、纵横以至兵家都有一定程度的发展，尤以名、法、道三家的兴起最为重要。名理学之目的就是在原则上决定选举和人与职位配合的标准，初期名理学家由考察人物以至于循名责实使人位相称，与法家接近，后转入道家。原因有二："其一是理论本身的发展。……其二是由于现实政治的发展。"名理学归本于道家而形成了玄学。

何晏、王弼等玄学家并不反对名教，相反，王弼学说是综合儒道两家，解决了名教的存废问题。后司马氏篡夺政权，标榜孝道，名士多遭杀害。一些不愿与司马氏合作的士人，如阮籍、嵇康等追求自然，破坏礼教，即"越名教而任自然"。其实他们原则上并不反对儒家所规定的伦理秩序，只是反对虚伪的礼教，但其所作所为却开启了后世放荡恣情的风气，这对统治者极为不利。因此，裴頠提出"崇有"，反对"贵无"，即以自然、名教合一来纠正不要名教的放恣行为，郭象的《庄子注》进一步发挥了这一观点，主张现有制度，如大小、上下、贵贱等伦理秩序都是自然，每个人需各安其分，至此名教与自然的关系有了一个合理的解决办法。玄学发展到自然与

① 宗白华：《论〈世说新语〉和晋人的美》，见《中国美术史论集》，123 页，合肥，安徽教育出版社，2000。

名教完全合一的郭象时代，不仅在理论上，而且在政治上也完成了它的任务。

东晋以后，名教与自然的结合反映在学术上是礼玄双修。此时佛教盛行，佛教教义与名教又产生了矛盾，“第一是沙门不敬王者问题”，但佛教也有扶持名教的作用；“第二件公案是顾欢《夷夏论》”，从儒家夷夏之别出发来排斥佛教；“第三件公案是范缜《神灭论》”，从道家学说中采取素朴的唯物观点来反对佛教。尽管名教与佛教有矛盾，但二者也有合作的基础。唐长孺最后总结道：“东汉末年的新思潮通过长期发展过程，使名教一合于老庄的自然，再合于佛教的济俗之务，不但没有破坏，其理论基础更扩大了。这个思潮的发展并未立时结束，调和三教而以名教为骨干的思想到了宋代理学才完全形成其系统。因此我们找寻宋代理学的渊源应该从魏、晋玄学开始。”①

唐长孺《读抱朴子推论南北学风的异同》一文，首先通过对葛洪《抱朴子·讥惑》篇中所论四事(书法、语言、哀哭、居丧)的分析，揭示出在书法上，南北朝距离“不甚相远，其差别只是南方有二王对于新书体的发展，东晋之后便师法二王，与钟、胡隔了一层而已”。语言上则是江南士族普遍学习洛阳话，而哀哭和居丧虽属小事，却反映了吴亡之后，江南士人羡慕中原风尚的心理。晋朝南迁，以洛阳为中心的中原文化转移到了建康，改变了江南所固有的保守文化，因此可以说“东晋以后所谓江南的风尚有一部分实际上乃是发源于洛阳而以侨人为代表，并非江南所固有”。魏晋间江南的学风承袭汉人传统，没有受三国时期王弼、何晏等人玄学新学风的影响，呈现出比较保守的倾向。晋室南渡之后，京洛学风也移到了以建康为中心的江南地区，改变了江南所固有的较保守的文化、习俗等。

《世说新语·文学》篇载，东晋时褚裒对孙盛说“北人学问，渊综广博”，孙答以“南人学问，清通简要”，支道林听后说“北人看书如显处视月，南人学问如牖中窥日”。《北史·儒林传》序也说：“大抵南北所为章句好尚，互有不同。……南人约简，得其英华；北学深芜，穷其枝叶。”历来引用这两段来说明南北学风的学者，都以文中所说的南北就相当于以后南北朝的界限。唐长孺以详确的考证，指出这里的南北乃是指大河南北，与《隋书·儒林传序》所云“南人约简，得其精华；北学深芜，穷其枝叶”的南北，界限是

① 唐长孺：《魏晋玄学之形成及其发展》，见《魏晋南北朝史论丛》，349～350页，北京，生活·读书·新知三联书店，1955。

不同的。楮裒所谓“北人学问，渊综广博”，乃指大河以北流行的汉儒经说传注；孙盛所言“南人学问，清通简要”，是指大河以南流行的以宇宙终极本原为主干的玄理。三国时期新学风兴起于黄河以南的京洛地区，黄河以北及长江以南仍守汉儒经学传统，所谓南北之分是黄河南北，而不是长江南北。直至晋室东迁后，名士企慕中原，玄学新风以及其他风俗习惯也随之传入江南。因此“魏晋时期的江南学风是比较保守的”。“约简”与“深芜”不是指文字上的繁简，而应解释为南学注重义理，上承魏晋玄学新风，北学继承汉代传统，经学重章句训诂，杂以谶纬，而佛教重宗教行为，有佛道遗风，南北学风的不同是魏晋新学风和汉代学术传统之间的区别。

东晋建立后，大批中原世族举家南迁，京洛风气移到了以建康为中心的江南地区，玄学风气就顺势笼罩了整个江南。江南名士不少接受了新学风，开始重视三玄，在书法、语言上也多仿效北人，但是江南世居之人与渡江侨旧在学风上仍然存在差别。一般说来，南士虽受玄学影响，仍相当重视传统经学，如《礼》学世代相传不绝，《易》学偏重象数，以儒家经典注释见长。葛洪等人更是讨厌放诞的名士，以维护礼教的理由予以痛斥，是汉代遗风的继承人。唐长孺总结道：“东晋以后侨人和南方土著间在学风上还有一些差异，虽然礼玄双修已成风气，互相影响是很明显的。”①

南北风俗也不相同，唐长孺根据陶渊明《赠长沙公诗序》有“昭穆既远，已为路人”及“同源分流，人易世疏”，说明江南宗族父子兄弟间的情谊，远不如北方密切，如父子兄弟分居或同居异炊之俗，在南方被视作寻常之举，而在北方则被目为逾越正常礼俗的行为，常受到非议，这就是南北风俗不同之处。他说：“宗族甚至弟兄情谊疏阔是江南风俗。”②北朝在吸纳南朝文化的同时，也对汉族文化产生了影响，他从北朝民歌《李波小妹歌》看出“河北境内骑射之风的流行，反映了晋末以来内迁北方民族对汉族的巨大影响”③。

事实上，南北学风差异在各个文化领域都有体现，如北方佛教流行的是修佛事功、简便易行的禅宗、律学和净土等宗派，南方则重视般若和涅

① 唐长孺：《读抱朴子推论南北学风的异同》，见《魏晋南北朝史论丛》，381页。

② 唐长孺：《读陶渊明〈赠长沙公诗序〉论江南风俗》，见《唐长孺社会文化史论丛》，115页，武汉，武汉大学出版社，2001。

③ 唐长孺：《读〈李波小妹歌〉论北朝大族骑射之风》，见《唐长孺社会文化史论丛》，120页。

槃类阐述佛理的经典，这是佛教徒适应南方社会特点有意识与玄学互为渗透的结果。文学艺术上，南方多表现出创新求异的文化精神，陶渊明的诗，王羲之的字，都充满了清丽柔美、空灵飘逸之气，与豪放悲凉的北方诗歌，质朴遒劲的魏碑绝不相似。何兹全先生也认为南北朝时期南北儒学学风不同，渊源可以上溯到魏晋乃至两汉，永嘉之乱，北方洛阳世家大族的南迁，又是其关键。他说："北人所承的是汉学正统，是章句之学，枝叶蕃滋；南人所承的是正始之统，儒学而受到玄学的影响，故约简而得其英华。"①

唐长孺认为在文化整合方面，以南方为主，南方文化向北传播，为隋唐文化的繁荣奠定了坚实的基础。东晋南朝，文学沿袭魏晋兴起的新风尚继续发展，讲求对仗、运典和音律的骈文成为南朝文章的主要形式，并涌现了一批著名文人。十六国及北朝前期，北方由于战乱，文学亦无成就，北魏太和以后文学的复兴，实质上是仿效南朝文学的文体文风，北朝末期，南朝文学完全占领了北方文坛。北魏孝文帝改革，在礼乐刑政上仿效南朝，江左文人也开始为北方文人所崇尚。"原来由中原南传江左的魏晋新兴文风在太和以后重又北传，北方文人随着南朝文学发展的倾向而相继以颜、谢、任、沈、徐、庾为学习楷模和衡量作品的标准。"②隋及唐初，虽有人反对南朝轻艳、卑弱的文风，但无实效，无论朝野，时人习诵模仿的仍是南朝著名文人的文章。到了唐中叶，古文运动兴起，这种状况才略有好转，但由于进士科举考律赋、律诗，因此直到唐末，南朝以来的文学形式仍旧是文学的主流。宋代古文大兴，进士科举改试经义，讲求对仗、运典和音律的文学形式才逐渐失去其影响。此外，他还通过吐鲁番所出《千字文》残本，论述了唐初西州的书法流行南朝梁代萧子云一派，并考证出其是通过王褒而传入关中的。这种书法学钟繇的"肥古"，成为学童识字习书的范本。这一现象"反映了北朝后期，南朝文化包括学术思想、文艺对北方日益广泛和深刻的影响，这是历史的潮流"③。

（二）魏晋南北朝民族研究

魏晋南北朝是民族杂居、交融最频繁的时期。三国时孙吴在江南对山越的征发，促进了江南地区的开发。南北朝时期，匈奴、羯、氐、羌、鲜

---

①　何兹全：《南北朝时期南北儒学风尚不同的渊源》，见北京大学中国中古史研究中心：《纪念陈寅恪先生诞辰百年学术论文集》，48页，北京，北京大学出版社，1989。

②　唐长孺：《论南朝文学的北传》，载《武汉大学学报（哲学社会科学版）》，1995(6)。

③　唐长孺：《跋吐鲁番所出〈千字文〉》，见《唐长孺社会文化史论丛》，241页。

卑等少数民族纷纷内迁，建立割据政权。其所采纳的统治方式，吸收了各族的文化精华，形成一个内容更为丰富的民族新文化。唐长孺关注这一时期的民族问题，进行了卓有成效的研究，所得出的结论至今仍为学者所重视。

汉末黄巾起义后，长江南部山越地区有一种称作“宗部”或“宗伍”的武装组织，其领袖为宗帅，分布区域广泛，参加人数也很多，实际上是以宗族为核心的武装组织。山越相当于秦汉时期的越人，但经过三百年的杂居，在一定程度上接受了中原文化。同时汉人为了逃避赋役与犯罪，匿居深山，成为山越的一部分。宗部与山越在行动和地域分布上有密切的关系，两者构成的基础是在政治和经济上都受大族的控制，为了防止镇压起义，抗拒政府无限度的徭役征发，山越在大族的领导下，在险峻地区组成武装集团，是为宗部。孙吴建国与宗部、山越进行了长期的斗争，实质上是和各宗帅争夺劳动力。所得山民，强者补兵，弱者入户，因而取得了军事和政治上的优势，得以建立起长江南部的吴国。孙吴为了取得士家大族的支持，在宗族间分配所得利益，又建立了领兵与复客制度。这些大族拥有世袭的军队，占有巨大数字的佃客和土地，有的还享有食邑与委任官员的权力，这样就构成统治集团的经济基础及其政治特权。因此唐长孺说：“魏、晋以后是世家大族在经济上、政治上取得最大限度发展的时期，而在最初却表现在孙吴的制度上。”①

唐长孺还探讨了与匈奴有关的各部的民族由来、分布、种姓等问题。如屠各是休屠各的省称，也叫休屠，是西汉匈奴休屠王的遗族，东汉时迁徙西北塞外，魏晋以后分布于太行山东麓、凉州、秦陇区域、渭北及并州等地。他还考证出建立汉与前赵的刘氏即是屠各族，而《晋书·刘元海载记》所述刘渊的世系和事迹乃出于伪托，目的是取得匈奴贵族的承认。其他如卢水胡、羯胡、乌丸、乞伏、稽胡，唐长孺也做了详细考订，澄清了一些模糊认识。魏晋南北朝时期，同匈奴有关的各部和其他少数民族迅速接受中原文化，尤其在北方，“五胡的割据与拓跋氏的占领北中国造成的后果之一是汉族与北境各族的融合，但是在过程中还贯串着鲜卑、氐、羌各族间相互影响与分解、融合的问题。……直到北朝后期，通过北镇起义，鲜卑化的各族人民才与汉族作进一步的融合，也即是说汉族的较高级文化在

① 唐长孺：《孙吴建国及汉末江南的宗部与山越》，见《魏晋南北朝史论丛》，29 页。

此期间战胜了一切”[1]。唐长孺通过对魏晋时出现的、与匈奴有关的诸胡的探讨，使我们基本了解了秦汉时期雄踞于大漠南北的匈奴族，是怎样逐渐与其他民族交融的。匈奴民族的交融从东汉以至曹魏即已开始，方式多种多样，南北朝时期速度加快，直到隋唐才完成。此后，诸胡不见于记载。

唐长孺对鲜卑拓跋族的社会状况及其后的汉化道路也有深入的研究。拓跋族是北方的一个游牧部落，建国之前经历了漫长的原始公社社会，力微之世开始向阶级社会发展，仍没有法律、监狱和刑罚。猗卢统治时期形成国家，但不久即瓦解了，此后依然是部落联盟。什翼犍时制定了法律，具备国家的雏形。拓跋珪在巨大军事胜利的基础上，把原来从事畜牧的人民向定居农民转化，解散部落组织，不再以血缘而是以地域划分部落、氏族，所有氏族成员成为编户，指定畜牧和农耕地，不准迁徙，同时设置了禁兵，加强了政权机构，建立了国家。拓跋部落时期已有奴隶，但不是主要劳动生产者。唐长孺通过考证后认为：“从事于畜牧的劳动者可以分为三类：一是解散部落以后的自由牧民；二是在国有牧场上放牧国有牲畜的牧人；三是附属于拓跋帝国诸部落中的牧民。”这些被称作牧子或牧户及部落中的游牧人民，他们的身份不是奴隶，而是大量畜牧劳动者。随着封建化程度的加快，拓跋族逐渐发展了农业，实行屯田，“息众课农”，对徙民“计口授田”“人牛力相贸”，体现了公社破坏过程中新的生产关系——封建关系的萌芽。被称作杂户或隶户的人是国家保留的官奴婢，用以给官府服役的特殊户口，包括工匠、乐人与其他杂役人以及相当于隶户的屯户、牧户、伎作户，不是奴隶，他们被束缚的原因，一方面是由于游牧部落内手工业的低落，另一方面是由于魏晋以来旧制度的影响。[2]

拓跋族在建国的同时，与其他部落、氏族一样，逐渐接受汉族先进的生产方式和文化，被汉族所同化。拓跋族是从家长奴隶制飞跃发展为封建生产关系的，因而保留着大量的宗法氏族的残余。拓跋统治早期，就已开始了解汉文化，学习中原文明，引用汉晋王朝业已成熟的制度，从汉文典籍中寻求统治经验，杂糅鲜卑旧俗与汉制而形成的天兴制度，反映了拓跋珪急于利用汉文化又欲保持本民族特质的实际态度。随着汉化的加深，农

---

① 唐长孺：《魏晋杂胡考》，见《魏晋南北朝史论丛》，446页。

② 参见唐长孺：《拓跋国家的建立及其封建化》，见《魏晋南北朝史论丛》，193～249页。

业代替畜牧业，“汉族封建统治者的文化从而渗透到拓跋封建统治者中间”，为了巩固统治，孝文帝进行了一系列汉化改革，其中最重要的是颁布均田制和三长制，这对汉化起了巨大的推进作用。而迁都洛阳则是为了加强鲜卑贵族和汉族大地主的合作，使中央军事、政治势力延伸到地方。同时详定族姓，把拓跋贵族门阀化，统一官制，打破种族婚姻界限，改革服装，穿汉服，朝中禁说鲜卑语，统一说汉语等，“通过元宏这一系列的改革，拓跋内迁集团，特别是贵族们和汉族的差别很快的消失”，迅速同汉族交融了。鲜卑在推进民族交融的同时，北方却呈现着强烈的鲜卑化倾向，二者的对抗一直延续到齐、周分立时期。但是，交融的趋势不可阻挡，因此，六镇起义以后内迁鲜卑和鲜卑化人民又走向交融的道路，可称之为第二次交融。唐长孺对此最后总结说：“北魏迁洛时期和北齐的军事贵族都曾千方百计阻挠汉化，可是在不同情势和不同方式下他们的阻挠先后失败，终于包括他们或其后裔在内为本地人民所同化，而且极大部分引用了他们的言语。他们自己的文化也随着民族大融合而融合于汉族文化的总轨道。”①

门阀制度在南北朝期间随着政治形势的变化，发生了很大的变化。北魏孝文帝迁都洛阳后，“为了谋取鲜卑贵族和汉士族之间，旧士族和非士族新兴门户之间进一步合作”，巩固拓跋政权的统治，决定重定士族，以当代官爵为主要标准，突破了“士族旧籍”的限制，建立了新的门阀序列。无论对汉族还是鲜卑族而言，新门阀的确定并不是一成不变的，而是变化剧烈，如晋代寒门陇西李氏列为著姓，而西州豪强皇甫氏此时却因冷落而被列为低等。那么实际效果如何呢？史载定士族不到二十年，由于弊端很多，门阀制度的危机便已呈现，新门阀“享受了免役权利，而另一部分‘门齐身等’的人却排除在外，以致‘类应同役而苦乐悬异’，引起他们的不满。阶级矛盾和地主阶级内部矛盾日益深化，企图通过重建门阀体制以巩固拓跋政权的意图也许是适得其反”②。

（三）吐鲁番文书的整理与研究

唐长孺很早就认识到出土文物对历史研究的重要作用，20 世纪以来，特别是 1959—1975 年，新疆吐鲁番阿斯塔那、哈拉和卓等古墓地二百零三

① 唐长孺：《拓跋族的汉化过程》，见《魏晋南北朝史论丛续编》，132～154 页，北京，生活·读书·新知三联书店，1959。

② 唐长孺：《论北魏孝文帝定族姓》，见《魏晋南北朝史论拾遗》，79～91 页，北京，中华书局，1983。

座墓葬中出土了前凉升平十一年(367)到唐大历四年(769)二千七百多件文书。吐鲁番唐时称西州，就唐的地方史资料而言，除敦煌以外，没有任何其他地方可与吐鲁番这批资料相提并论。这批文书可以归纳为三类。一为官府文书，从高昌郡至唐西州时期各个不同阶段的官文书，包括辞、呈、启、条、关、属、敕、令以及各种官案、文簿、账目等。二为各种私文书，包括契约、账目、信札、衣物疏等。三为古代典籍、杂书，内容包括这一时期高昌地区官府的符、帖、牒、手实、户籍、受田簿、差科簿；审理案件的录案、辩词；授予官、勋的告身；行旅往来的公验、过所；收发文簿、收支账历、馆驿文书；还有民间的租佃、借贷、历书、医方、家书、古籍写本、佛经残卷等。这些文书，涉及政治、经济、军事、思想文化等方面，大多有纪年，为研究晋唐时期的社会历史提供了珍贵的资料，不论对北朝隋唐历史，还是敦煌吐鲁番研究，都起到了巨大的推进作用。这批文书的研究分作两类：一是文书本身的整理研究，包括断片拼接、释文、断代、定名等；二是运用文书资料研究有关的史事，包括各个历史时期政治、经济、军事、文化各方面的课题。唐长孺在这两类研究上都有突出的成就。他担任国家文物事业管理局组成的“吐鲁番文书整理小组”组长，负责对全部文书核对、缀合、标点、定名工作，经过反复审核、拼接和识读，力图恢复原貌。同时他还利用文书资料，写了一系列论文，全面探讨了唐代社会历史。

1974年，唐长孺建议组织专门力量对之进行整理出版，并亲赴新疆考察。从1981年起，他就专力从事吐鲁番文书的整理工作，对这批内容丰富的文书做了说明、题解、标点和必要的注释，到1991年才由文物出版社出齐十巨册，使沉睡千年的古冢遗文经科学整理，公诸中外学人，创造了文书整理的一套规范，受到国际学术界的高度评价。他在编后记中说整理吐鲁番出土文书之目的“就是希望这些千年以前的珍贵文书，能尽早公诸于世，给学术界进行研究”①。他还认为如能对敦煌、吐鲁番出土的文书加以整理并公布，将会导致唐史研究为之改观。他说敦煌、吐鲁番文书“包含极其丰富的内容。其中高昌郡时代和麴氏高昌时代文书填补了本地区历史记载的空白，占有多数的唐代文书，部分文书的形式和内容为前所未见，大大丰富和充实了研究唐史最直接、原始的资料”②。早在20世纪60年代，

① 国家文物局古文献研究室、新疆维吾尔自治区博物馆、武汉大学历史系编：《吐鲁番出土文书》第10册，336页，北京，文物出版社，1991。

② 唐长孺：《〈敦煌吐鲁番文书初探〉前言》，见《唐长孺社会文化史论丛》，285页。

他就利用敦煌、吐鲁番出土文书，写有《关于武则天统治末年的浮逃户》一文，通过对文书的解释来说明“(唐)玄宗开元九年(七二一)的‘括客’是武则天长安三年(七〇三)括浮逃户的继续和发展。玄宗作出的让步在于承认客户的合法地位，武则天的措施在这一点上虽然并不明确，却至少承认在一定条件下逃亡人户可以不括还本乡。……反映了封建国家对均田农民人身控制的削弱，但同时也反映了大土地所有制的发展”①。此后，随着整理工作的进行，唐长孺又主编了《敦煌吐鲁番出土文书初探》(一二编)，这是他提出利用新出资料，综合前代成果，全面探索研究历史方面树立的一个范例，该书出版后很受学术界的欢迎和重视。

归义军问题是唐五代西北史上的大事，唐长孺对此也做了考证，写了《关于归义军节度的几种资料跋》一文，利用敦煌文书对一些历史疑问做了澄清。一般认为，自从张议潮咸通八年(867)入朝长安后，沙州地方政权即由其侄张淮深掌握。且此时或议潮在长安逝世后(872)，淮深就被任命为归义军节度使。唐长孺根据《沙州进奏院上本使状》，考证出“张淮深继任后，长期并未授予节度使名义”。从使者的态度上可以看见张淮深在沙州的统治并不巩固，“他之所以不惮‘修文写表，万遍差人’，未必由于尊重长安的朝廷，倒是企图凭朝廷的任命以加强自己的统治”。接着又对张承奉题名结衔做了考异，认为“索勋为节度使时，张承奉的官位比索勋高，虽非朝廷任命，却可以由此断定他不是节度副使。索勋尊之以虚衔而自揽实权”。至于归义军节度与甘州、凉州的关系，唐长孺认为凉州收复后即属归义军管辖，而甘州一度被回鹘占领。“在张淮深末年归义军节度所管虽然仍称河西十一州，实际上只有沙、瓜二州而已。”②

唐长孺最早著作《唐书兵志笺正》是对唐代兵制史料的重要研究成果，该书针对《新唐书·兵志》的缺失，集中做了两方面的工作：一是笺其所出，找出《新唐书·兵志》所根据的史籍，勘对差异；二是正其所误，根据考证过的原始资料，纠正《新唐书·兵志》的错讹，并补其不足。全书引征丰富，考订精当，笺正过程中间有论证，提出对唐代兵制的见解。20世纪80年代，在整理吐鲁番文书的过程中，他又对文书所反映的唐代兵制做了探讨，

---

① 唐长孺：《关于武则天统治末年的浮逃户》，见《敦煌吐鲁番文书研究》，141页，兰州，甘肃人民出版社，1984。

② 唐长孺：《关于归义军节度的几种资料跋》，见《敦煌吐鲁番文书研究》，161～182页。

撰写《吐鲁番文书中所见的西州府兵》一文，分西州折中府的设置、拣点卫士的准则和实际、西州卫士的征镇防戍之役及余论四部分，根据吐鲁番文书所反映的内容，说明自开元二年设置西州天山军后，出现征自民间的士镇兵和天山军兵逐渐代替了过去的防人卫士，缺额卫士不再点补，而残存的卫士也转为天山军兵，“太宗、高宗时拣点卫士优先取之七等户以上户内有兼丁的人户，基本上符合于律令的拣点卫士的准则。武周时兵役繁重，府兵或死或逃，为了维护府兵制，补充新兵的数量非常巨大，拣点准则遭到破坏。大量的贫弱兼丁被点充卫士，玄宗时放弃了以府兵为征镇主力的传统，进一步采取招募的办法，开元、天宝间府兵逃死者不补，府兵制度终于彻底破坏”①。他在另一篇文章《唐先天二年（七一三）西州军事文书跋》②中，利用出土文书，考察了西州地方军征发制度的细微变化，认为先天二年西州存在着一支未见史籍记载而由当地百姓和奴婢、部曲组成的地方军队，征发及于奴婢和部曲，表明武周以后军事行动频繁，百姓大量逃亡，在白丁中征发兵士的常规已经不能应付当时的军事形势。

在深入钻研敦煌吐鲁番出土文书的基础上，唐长孺将文书与传世文献资料巧妙结合，写出了一系列高质量的论文，如参据有关文献，深入探讨了西州诸乡帐中所反映的西州境内奴婢、部曲在人口中所占比重以及奴婢、部曲数量的彼此升降；又如通过对出土文书高昌官文书中僚属押衔的系统研究，结合史籍文献所载，揭示了高昌郡行政体制与内地的一致；再如对学者反复研究过的敦煌所出眉县尉判集，在已有的基础上对防丁问题提出了新的见解。除利用敦煌、吐鲁番文书外，他还间用简牍资料，相得益彰。因此，唐长孺关于出土文书的研究，不仅极大地丰富和深化了对敦煌吐鲁番历史的认识，而且拓宽了六朝隋唐史的研究视野。

唐长孺治学，深受陈寅恪治中古史注重民族和文化问题，强调文化在民族融和、社会政治特别是统治集团构成中的重要作用之影响，《晋书赵至传中所见的曹魏士家制度》一文极得陈寅恪因小见大之旨。该文根据史籍所载赵至为游学而“阳狂”出走，离家后在鄴、山阳两次改名换姓，又欲亡命吴国，最后竟远离父母家乡而落籍辽西，虽已“宦立”，母亡不敢奔丧，终于不能“荣养父母”，呕血而死等不为人所注意的细节，进行深入考释，逐

---

① 唐长孺：《吐鲁番文书中所见的西州府兵》，见《敦煌吐鲁番文书初探》（二编），61页，武汉，武汉大学出版社，1990。

② 参见唐长孺：《敦煌吐鲁番文书初探》（二编），480～502页。

层剥离历史尘埃的遮蔽，透过扑朔迷离的现象追究内在的联系，将曹魏士家制度的具体内容和严酷，完整清晰而又令人信服地展示出来。他最后说："通过赵至的事迹，我们可以认识士家制度的严格及其加于兵士的残酷压迫。这种制度的建立是为了保证曹魏政府永远有足够的人力来从事战争与耕田。其实三国时期不单是曹魏如此，吴蜀亡国时呈报的户口数字都是兵民分列，这自然也由于兵士及其家属的身分与一般人民不同。"①从汉代普遍征发定期服役演变为魏晋时期的职业世袭兵，表明兵士身份的低落，反映了国家军队的私兵化，与同时期封建大土地所有制和佃客身份的卑微化相适应。

但唐长孺又不迷信师说，而以事实作为考证的出发点。陈寅恪曾撰《桃花源记旁证》一文，认为《桃花源记》有寓意和纪实两部分，陶渊明根据所闻的一些实事作为素材，加以理想化而写成的。在寓意上为陶渊明思想之反映，而在纪实上则是坞壁组织。他得出以下结论："(甲)真实之桃花源在北方之弘农，或上洛，而不在南方之武陵。(乙)真实之桃花源居人先世所避之秦乃苻秦，而非嬴秦。(丙)桃花源记实之部分乃依据义熙十三年春夏间刘裕率师入关时戴延之等所闻见之材料而作成。(丁)桃花源记寓意之部分乃牵连混合刘驎之入衡山采药故事，并点缀以'不知有汉，无论魏晋'等语所作成。(戊)渊明拟古诗之第二首可与桃花源记互相印证发明。"②唐长孺认为《桃花源记》所述的那种没有剥削的生活，那种"虽有父子无君臣"的秩序是和北方常见的避兵集团的坞壁生活很不相同，实际上，"桃花源的故事本是南方的一种传说，这种传说晋、宋之间流行于荆湘，陶渊明根据所闻加以理想化，写成了'桃花源记'，但闻而记之者不止渊明一人。"他列举了刘敬叔《异苑》《太平御览》卷五十四所引《武陵记》《云笈七签》卷一百一十二所引《神仙感遇传》《太平寰宇记》卷七十三所引《周地图记》等，说明这个故事先在荆、湘一带传播，后又流入蜀地。而武陵本蛮族所居之地，这段故事很可能本来是蛮族的传说。因此，他说："《桃花源记》和《异苑》所述故事是根据武陵蛮族的传说，这种传说恰好反映了蛮族人民的要求。"③

唐长孺幼承家学，熟读群籍，一生潜心文史，学殖深厚，治学领域广

---

① 唐长孺：《晋书赵至传中所见的曹魏士家制度》，见《魏晋南北朝史论拾遗》，30～36 页。

② 陈寅恪：《桃花源记旁证》，见《陈寅恪史学论文选集》，234 页。

③ 唐长孺：《读〈桃花源记旁证〉质疑》，见《魏晋南北朝史论丛续编》，163～174 页。

阔，著述宏富，晚年尤其重视理论，完成了《魏晋南北朝隋唐史三论》一书，其中许多篇章将中国中古史的历史诠释和综合研究推向新阶段。他主张从历史客观实际出发，通过对大量材料分析比较，透过现象，察其本质，从小见大，由微知著，以此来研究新问题，得出新结论。在他关心下成长起来的学者对其治史方法有很好的归纳："凡研究每一论题，必广泛搜集和详尽占有资料，然后缜密考校，去伪存真，精深分析，由表及里，探求历史的真实面貌与发展演变的规律；始终注意从具体史实的考订分析入手，溯其渊源，考其流变，以把握历史演进的大势，探求历史发展的趋向，终究达到发微阐宏的境界。"①

三、谭其骧的历史地理学研究

历史地理学作为一门科学，是20世纪以来，特别是1949年以后逐步创立和完善的。20世纪30年代由顾颉刚、谭其骧等发起成立"禹贡学会"，创办《禹贡》半月刊(英文名为 *The Chinese Historical Geography*)，为日后的历史地理学研究奠定了雄厚的基础。历史地理学的对象、任务、方法、范围渐趋明朗，与历史学、地理学的区别与联系也基本达成共识，并出版了一些高质量的论著，完成了由传统舆地学(沿革地理)向现代科学意义上的历史地理学的转变，并且形成了上海、北京、西安等研究历史地理的中心。在这一转变过程中，谭其骧、史念海、侯仁之、陈桥驿等著名学者起了关键作用。谭其骧不仅在历史地理考证方面有重要的建树，而且培养了大批人才，被公认为中国历史地理学科的主要开创者和奠基人之一。

谭其骧(1911—1992)，字季龙，浙江嘉兴人，1930年毕业于上海暨南大学，1932年在燕京大学研究生院毕业后，任北平图书馆馆员，兼辅仁大学、燕京大学、清华大学教师，后任浙江大学教授，复旦大学中国历史地理研究所所长，1980年当选为中国科学院学部委员(院士)。他主编有《中国历史地图集》《中国历史大辞典·历史地理》等，论文集有《长水集》(上下册)及《长水集续编》等。杨向奎先生这样概括谭其骧的学术成就："谭先生自三十年代开始即从事历史地理学的教学与研究，对历代疆域和政区变迁有深刻研究，并自有一套理论体系，他主编的《中国历史地图集》即为其多年研究的结晶。五十年代开始又从事历代水系变迁的研究，对黄河、运河、海

① 朱雷：《魏晋南北朝史论丛》前言，5页，石家庄，河北教育出版社，2000。

河以及云梦、鄱阳的研究成果，均超越前人。他应当是继承乾嘉以来沿革地理学的大宗，并将其现代化的人。”①

（一）秦汉疆域行政区研究

谭其骧早年从事典型的沿革地理考证研究，1931 年，他选了顾颉刚先生讲授的“尚书研究”一课，顾颉刚在讲义中认为《尚书·尧典》的写作年代在西汉武帝以后，证据是《尧典》里说虞舜时“肇十有二州”，而先秦著作称述上古州制，只有九州，没有十二分制的。到汉武帝时置十三刺史部，其中十二部都以某州为名，自此始有十二州，所以《尚书·尧典》的十二州应是袭自汉武帝时的制度。谭其骧不同意这一看法，认为十二州为东汉之制而非西汉之制。顾颉刚便鼓励他写出来，谭其骧又查了《汉书》《后汉书》《晋书》等有关篇章，于是就有了师生间往来书信，结果如顾颉刚所说：“现在经过这样的辩论之后，不仅汉武帝的十三州弄清楚，就是王莽的十二州也弄清楚，连带把虞舜的十二州也弄清楚了。对于这些时期中的分州制度，两千年来的学者再没有象我们这样的清楚的了！”②在这次讨论的基础上，顾颉刚写成了著名的《两汉州制考》，而谭其骧则产生了研究沿革地理的兴趣。

谭其骧发表于 1933 年的《汉百三郡国建置之始考》就是考证秦汉郡县国建置的。郡县制形成于战国时代，秦统一六国后，采纳丞相李斯的建议，废除分封制，在全国推行郡县制。《史记·秦本纪》和《秦始皇本纪》都提到秦始皇二十六年(公元前 221)分天下为三十六郡，却没有列举三十六郡的具体名称。长期以来史学界存在多种不同的说法。其一，《汉书·地理志》在各郡国下注称“秦置”“秦郡”或“故秦某郡”，共有三十六郡，包括秦始皇三十三年所置的南海、桂林、象三郡，也就是说三十六郡是秦一代总郡数，汉兴以后才有所增益。其二，《晋书·地理志》则说秦始皇平南越，增置了闽中、南海、桂林、象四郡，合计四十郡。其三，清代考据学兴起后，对秦郡问题做过考证的学者不下数十家，其中钱大昕《廿二史考异》、段玉裁《说文解字注》等赞同《汉书·地理志》之说，杨守敬《嬴秦郡县图》则信从《晋书·地理志》的说法，大多数人认为《汉书·地理志》《晋书·地理志》均有脱漏，三十六郡是秦初并天下时的郡数，后来陆续又增加了一些，但对于增加的数目及具体郡名，各家说法不一。姚鼐《复谈孝廉书》认为，除了《汉

① 史念海：《河山集》三集，2～3 页，北京，人民出版社，1988。

② 谭其骧：《讨论两汉州制致顾颉刚先生书》，见《长水集》，38～39 页，北京，人民出版社，1987。

书·地理志》中提到的三十六郡外，南海等三郡不属于秦郡，而补充了河内、济北、鄣三郡，且河内、济北是项羽时设立的，不是秦郡。全祖望《汉书地理志稽疑》认为，南海、桂林、象、九原四郡不应在初并天下时的三十六郡之内，而以黔中、广阳、东海、楚郡补足，加上九原等四郡，共计有四十一郡。王国维《秦郡考》则以黔中、闽中、陶、河间补足三十六郡，再加上广阳、胶东、胶西、济北、博阳、城阳、南海、桂林、象、九原、陈、东海十二郡，共计四十八郡。他按照五行相胜说的理论，说秦以水德取天下，数以六为纪。因而秦始皇二十六年设置三十六郡，后来陆续扩大到四十二郡、四十八郡，均为六的倍数，都是秦制规定的结果。

谭其骧的《汉百三郡国建置之始考》，同意全祖望之说，只是加了闽中郡，为四十二郡。后来他又重新思考，于 1948 年又写了《秦郡新考》，从《史记》《汉书》《华阳国志》《水经注》《晋书》等可信史料中发掘论据，核实除内史外，秦郡数目为四十六，加上另外可能存在的二郡，总数有四十八。除了《汉书·地理志》中所言三十二郡外，补黔中、广阳、闽中、陈郡为三十六郡，这就是秦始皇二十六年初并天下时设立的。秦始皇三十三年南平百越，北伐匈奴，又设立了南海、桂林、象和九原四郡，东海、常山、济北、胶东、河内、衡山六郡是秦始皇二十六年后析内郡所置。王国维说有陶、河间、胶西、博阳、城阳，而谭其骧说有常山、河内、衡山、鄣、庐江，两说不同。谭其骧最后写道："夫考古之事，竭其能事耳。生千百年之后，上究千百年前之典章经制，史文阙略，焉得必无遗漏？多闻阙疑，庶几其可；若必欲断言为三十六或四十八，徒见其牴牾凿枘，是亦不可以已乎？"[①]1944 年，他还写了《秦郡界址考》，对长期被人们忽略的秦郡界址做了详密的考证，纠正了许多源于《通典》，且为杨守敬《历代舆地图》所沿袭的错误，并将四十六郡的辖境、治所列了表，甚便读者。

在此前后，谭其骧写于 1934 年的《新莽职方考》，以《汉书》《后汉书》纪传及《水经注》为主，旁及汉魏杂著，博稽先儒考证，加上自己的见解而写成的一篇文章，将西汉末年王莽时期郡县易名情况一一考证清楚，并附考

① 谭其骧：《秦郡新考》，见《长水集》，10～11 页。但最新考古发现对秦郡数目的确定有补充作用，2002 年湖南省龙山县里耶战国古城一号井出土了大批文物，其中有 36000 余枚简牍，时间在秦始皇二十五年至秦二世二年之间。简文出现了"洞庭郡""苍梧郡"，这两郡史籍未载。秦郡设置多以区域命名，较少有以城邑名者，"洞庭郡"合起成例，说明秦始皇统一中国后郡的设置较历史记载要广泛得多。

了王莽时期的郡县官制、王莽制采伪古书，又总结了王莽改汉郡县名称的通例。“谭其骧此文，填补了这一时期政区地理的空白，不仅比较完整地复原出新莽政权的政区建置，还总结出王莽设置政区和命名地名的规律。”①当时王伯祥读后，盛赞此文“例严体精，深造自得”，“附考三则，尤征覃思”，立即补入他主编的《廿五史补编》第二册中。

（二）黄河变迁史研究

在我国诸多河流中，黄河是仅次于长江的第二大河，也是历史上变迁最频繁、水患最严重的一条河流。司马迁《史记·河渠书》后，历代正史河渠志均以记述黄河变迁为主。治理黄河成了历代王朝的头等大事，自从《汉书·沟洫志》载贾让“治河三策”以来，东汉的王景、明代的潘季驯、清代的靳辅等，都是治理黄河的著名人物，但河患不仅没有减轻，反而愈演愈烈。原因何在？清代学者胡渭的《禹贡锥指》，对历代黄河变迁做了总结性的研究。20 世纪 50 年代岑仲勉先生著有《黄河变迁史》，所收资料十分丰富，详细论述了历代黄河经流的大势、河患和治河方略，纠正了前人有关黄河研究中的一些错误，提出了自己的见解，很有参考价值，但在关键问题上依然没有突破。

谭其骧黄河变迁史研究的缘起，他在《长水集》自序中做过这样的叙述：“五十年代以前我讲中国历史地理这门课时，每次讲到历代黄河的变迁，除要讲到历史上历次重要决溢改道外，一般还要把历史时期分成几个段落，指出各个段落的不同情况，哪几个段决溢频仍，不断改道，哪几段相对地平静无事。但我一直讲不清楚何以不同时期会出现迥不相同的情况。过去治黄河史的学者，惯于把各个时期黄河灾害轻重的原因，归之于时世的治乱和防洪工程的成败。我觉得归之于时世治乱则与史实不符；实际上乱世黄河不见得多灾，治世往往反而多徙；归之于工程成败则于事理不可通，总不能说数千年来的治河技术一直在退步，贾鲁、潘季驯、靳辅等人主持的河工反而不及大禹和王景的工程有效。直到六十年代初我认识到黄河的决徙虽在下游，病原则在于中游黄土高原的严重水土流失，水土流失的轻重与植被的好坏密切相关，而当地人民的土地利用方式则是植被好坏的决定因素。我抓住这一关键因素的历史演变认真做了一番探索，这才基本上找出了各个历史时期河患轻重不同的根本原因。写成了《何以黄河在东汉以后会出现长期安流的局面》一文。我自以为这才是一篇够得上称为历史地理

① 葛剑雄：《悠悠长水——谭其骧传》，载《史学理论研究》，1996(1)。

学的研究论文，文章的结论对当前社会主义建设事业也有一定参考价值。”①

历来的研究者，都把东汉以后黄河的长期安流局面归功于王景治河有方。谭其骧的《何以黄河在东汉以后会出现一个长期安流的局面——从历史上论证黄河中游的土地合理利用是消弭下游水害的决定性因素》，则否定了这一传统说法。他精辟地论证了黄河中游地区农牧业的交替发展、植被状况与下游河道变迁的密切关系。文章用具体的历史事实，阐明了黄河变为害河是近一千年来的事。他把唐以前即前期黄河决溢改道的具体情况分作三期：第一期，从有历史记载到殷商时代起，到秦以前，在这一千几百年的长时期内，黄河决溢改道的记载很少，主要是因那时森林、草原、支津、湖泊还很多，特别是战国以前，山陕峡谷流域和泾渭北洛上游，基本上都是农牧区，农业经济比重较小，因此黄河下游决徙少。他说：“那时山陕峡谷流域和泾渭北洛上游二区还处于以畜牧射猎为主要生产活动方式的时代，所以原始植被还未经大量破坏，水土流失还很轻微。”第二期，秦汉时期，这二区的土地利用情况发生了变化，封建政权不断移民实边，进行垦荒，黄河中游从畜牧射猎为主变成以农耕为主，户口数字大大增加，盲目乱垦滥伐，没有采取任何水土保持措施，结果必然给下游带来无穷的祸患。“西汉一代，尤其是武帝以后，黄河下游的决徙之患越闹越凶，正好与这一带的垦田迅速开辟，人口迅速增加相对应；也就是说，这一带的变牧为农，其代价是下游数以千万计的人民，遭受了百数十年之久的严重的水灾。”王莽时边衅重开，内地也爆发了农民起义，所以东汉建立后内徙边郡，汉族人口减少，少数民族大批迁入，两者的比例发生了变化，“以农为本的汉族人口的急剧衰退和以畜牧为生的羌胡人口的迅速滋长，反映在土地利用上，当然是耕地的相应减缩，牧场的相应扩展。黄河中游土地利用情况的这一改变，结果就使下游的洪水量和泥沙量也相应地大为减少，我以为这就是东汉一代黄河之所以能够安流无事的真正原因所在”。第三期，东汉王景治理以后，黄河出现了长期安流的局面，与黄河中游边区和河套地区变农为牧密切相关。魏晋南北朝时期是政治混乱，战争频繁的阶段，但却是黄河最平静的时代，原因就在于东汉以后，本区农业人口大量内徙，而以畜牧为主的少数民族大批迁入，加之战乱，人口骤减，原已开垦的农田被废弃，牧场扩大，水土流失减少。直到中唐以后，黄河中游的川原荒坡又被垦辟殆尽，水土流失愈来愈严重，这也就是使得近一千年来黄河下游河床越填

① 谭其骧：《长水集》自序，9～10页。

越高，决徙之祸越闹越凶的症结所在。最后，谭其骧对治理黄河提出了具体措施："1. 山区园林化。封山育林，同时利用荒坡、荒沟、荒地，大量植树种草。这样做不仅增加了林、牧业收入，并且对蓄水保土，调节气候，改良土壤都发生良好作用。2. 沟壑川台化。在沟壑中打坝淤地，制止沟蚀，变荒沟为良田。这样做既有效地控制了水土流失，又为逐步停耕坡地，把耕地从山坡上转移到沟川准备了条件。3. 坡地梯田化。用培地埂的办法，起高垫低，把坡地修成一台台的梯田。4. 耕地水利化。打井，挖泉，开渠，修水库，天上水、地面水、地下水一齐抓，节节蓄水，层层灌溉。"一句话，就是改进农业生产结构，从单纯的农业经济逐步向农、林、牧综合经营发展。① 验之于今日，这些建议也是切实可行的。他说："解放以来黄河中游盲目开发的严重后果已从实际上证明了这一论点的正确性，我在这篇文章中所揭示的事实，正被人们作为历史的经验在吸取，相信搞好中游的水土保持，终于将成为公认的消弭黄河水害的根本措施。"②现在实施西部大开发战略，提倡退耕还林，植树种草，积极调整产业结构，目的就是为了防止水土流失，切实加强和改善生态环境的保护和建设，充分验证了他的预见性。

此后，谭其骧又主编了《黄河史论丛》，收辑了一些论述历史时期黄河变迁、若干重大洪水灾害、黄河改道及历代治河的重要文章，为现代的黄河研究与整治，提供了不可多得的资料。随着时间的流逝，他对黄河的认识也在不断提高，主张全面规划治理黄河时，既要抓水土保持这个根本，又要重视工程防治，两者不可偏废，要真正摸清历史时期黄河变迁的原因及其规律，总结人们在治理黄河过程中正反两方面的经验。他列举了需要注意的二个问题："第一是实事求是的态度"；"第二是全面地看问题，要用辩证的研究方法，而不是片面地、形而上学地看问题"。③ 对于汉代以前黄河下游的变迁，他也做了详细的考证，写有《〈山经〉河水下游及其支流考》和《西汉以前的黄河下游河道》两文，从《山海经》入手，根据《北山经·北次三经》所载入河诸水，用《汉书·地理志》《水经》及《水经注》所载材料加以印

---

① 参见谭其骧：《何以黄河在东汉以后会出现一个长期安流的局面》，见《长水集》，1～32 页。

② 谭其骧：《谭其骧自述》，见高增德、丁东编：《世纪学人自述(第四卷)》，111 页，北京，十月文艺出版社，2000。

③ 谭其骧：《黄河史论丛》前言，1～2 页，上海，复旦大学出版社，1986。

证，从而钩稽出一条从未被人所知的上古黄河故道，有力地证明西汉以前黄河故道绝非“禹河”一条，进而又论证西汉以前黄河下游故道既非清人焦循所说的没有改道，也不像东汉班固、北魏郦道元、清人阎若璩、胡渭及近人岑仲勉所说的只有周定王五年这一次改道。他认为，在春秋战国时代，黄河下游以走《汉志》所载河道为常，也曾不止一次走《禹贡》《山经》所述河道。约在战国中期，齐、赵、魏各在当时的河道，即《汉书·地理志》河的东西两岸修筑了绵延数百里的堤防，此后《禹贡》《山经》河即断流，专走《汉书·地理志》河，一直沿袭到汉代。在论述汉以前黄河下游河道情况时，他发现一引人注意的现象，即“从新石器时代经历商周直到春秋战国时代，河北平原的中部一直存在着一片极为宽广的空白地区。在这一大片土地上，没有发现过这些时期的文化遗址，也没有任何见于可信的历史记载的城邑聚落。”原因何在？谭其骧经过考察后认为，春秋以前黄河经常泛滥改道，人们只能在高地居住，平原任其荒芜，当然就不可能出现聚落，更不会形成城邑。战国以后，黄河下游开始构筑堤防，这“是河北平原古代劳动人民在黄河两岸修筑堤防的结果”。而黄河在这里决溢改道，对人民生活影响很小，因此为一般古代文献记载所不及。[①] 谭其骧对这篇文章非常满意，说：“古今学者讲到汉以前古黄河全都知道有一条见于《禹贡》的河道，谁也不知道还有其它记载。如今被我从《山经》中找出这么一条经流凿凿可考，远比《禹贡》河水详确得多的大河道来，怎不令人得意！”[②]

（三）移民史研究

谭其骧在暨南大学求学时曾师从潘光旦，对移民问题、血统与人口素质的关系、汉族与少数民族的交流与同化、江南的宗族、一些民族和地方人口的来源等问题有浓厚的兴趣，毕业论文即以《中国移民史要》为题，略述自上古到清代国境内各族的迁移大势，并得到老师潘光旦的激赏。1930年，他进入燕京大学研究院后，仍然对移民史有兴趣，不过“觉得要研究移民史，应该一个地区一个地区逐步搞，或一个时代一个时代逐步搞，而不急于搞全面的史略、史要或简史，搞清楚当前各地区人民的来历，才是研究移民史的首要课题”。于是，谭其骧决定主要根据地方志中的材料，按今省区一省一省地搞，他先从材料比较好找的湖南做起，完成了《中国内地移民史——湖南篇》，后又以《湖南人由来考》为题发表。这篇文章分上篇：历

① 谭其骧：《〈山经〉河水下游及其支流考》，见《长水集》，39～55页。

② 谭其骧：《长水集》自序，13页。

史上之陈迹——当时记载之一鳞半爪，叙述了从上古秦汉、六朝时期湖南境内民族的由来，下篇“今日湖南人之由来——后世追述之整理与统计”，以湖南诸府、州、县方志中的五种，即道光《宝庆府志》、光绪《邵阳县乡土志》、光绪《武冈州乡土志》、光绪《湘阴县图志》和光绪《靖州乡土志》为根据，说明了出于汉族血统的湖南人的由来，最后总结论是“一曰：湖南人来自天下，江、浙、皖、闽、赣东方之人居其什九；江西一省又居东方之什九；而庐陵一道，南昌一府，又居江西之什九。二曰：江西人之来移湖南也，大都以稼穑耕垦；江苏、安徽、河南、山东人之来湖南也，大都以为官作宦，以经商服贾。而长沙都会之地，五方杂处，尤多江、浙、皖长江下流之人。三曰：江西南部之人大都移湖南南部，江西北部之人大都移湖南北部，而湖南南北部之分，以湘阴、平江作之界。四曰：湖南人来自历古，五代、两宋、元、明居其什九；元、明又居此诸代之什九；而元末明初六七十年间，又居元、明之什九。五曰：五代以前，湖南人多来自北方；五代以后，湖南人多来自东方。南宋以前，移民之祖籍单纯，几尽是江西人；南宋以后，移民之祖籍渐臻繁杂，始多苏、豫、闽、皖之人。清代以前，江西移民与其他外省相较，其他外省相差悬如；至清代而湖北、福建之人，有崛起而与江西并驾齐驱之势。清代以前，本省移民与外省移民相较，本省移民地位甚低；至清代而本省移民之地位，有崛起而超越于外省移民之上之势”①。在撰写此文搜集材料的过程中，谭其骧发现近代的湖南“汉人”中又有相当一部分出于少数民族血统，如向氏、舒氏、田氏、彭氏、覃氏、符氏、扶氏、苏氏、杨氏等大姓，实际上都是出自汉代之后的当地少数民族，而不是他们精心编撰的汉族世系。因此他写了《近代湖南人中之蛮族血统》一文，认为“今日湖南全省人口之中，其可确保为纯粹汉族者，恐绝无仅有矣。世有感于优胜劣败之说，以为蛮族日就于消灭，今日南方人为纯粹汉族者，读此文其可以知其谬乎！且清季以来，湖南人人才辈出，功业之盛，举世无出其右，窃以为蛮族血统之活力之加入，实有以致之；然则蛮汉之不同，不过因其开化有先后之别耳，在种族本质上固无优劣之可言也”②。这篇论文充分肯定少数民族血统与汉族人口的结合对汉族人才辈出的作用，很明显受到了潘光旦优生理论的影响。

其后，谭其骧的主要研究方向虽然转向了沿革地理，但对一地区人口

---

① 谭其骧：《湖南人由来考》，见《长水集》，349～350页。

② 谭其骧：《近代湖南人中之蛮族血统》，见《长水集》，392页。

的来历仍然很感兴趣，所以1936年他到广州，即有《粤东初民考》之作。他经过考证后，认为“有史以来最先定居于粤东境内者，实为今日僻处于海南岛之黎族，汉唐时称为‘里’或‘俚’者是也”。在研究过程中，他首次注意到南朝高凉冯宝之妻、黎族的洗夫人的巨大贡献，认为“洗氏为俚族第一伟人，佐其夫及子若孙三代，历事梁、陈、隋三朝，先后讨平李迁仕、欧阳纥、王仲宣诸乱，梁、陈易代之际，皆能保境安民，一方为之宴然”①。以后他一直想著文表彰这位杰出的黎族妇女，但都未能如愿，直到1988年才写成《自汉至唐海南岛历史政治地理——附论梁隋间高凉洗夫人功业及隋唐高凉冯氏地方势力》一文，详细阐述了汉唐之际海南岛的历史。

1940年，谭其骧到遵义，发现从唐末至明代聚居在遵义一带达八百多年的杨保民族已经湮没无闻，连当地耆宿也不知杨保为何物。他从地方史志、杂书中钩稽史料，证以当地见闻，写了《播州杨保考》，对杨保的族源、迁徙、占据播州的经过、与其他民族的关系、消亡过程、后裔分布等都做了考证，主要论证了两点：一是宋濂的《杨氏家传》以播州杨氏族谱为本，说杨保首领杨氏的始祖杨端“其先太原人”，唐末入播据有其地，五传至北宋时杨昭，无子，以同族宋初名将杨业曾孙持节广西，与昭通谱的杨文广之子贵迁为嗣，“自是守播者皆业之子孙也”，这是杨保汉化后的依附虚构之辞，不可据为信史；二是播州土司杨保实是唐末从泸(治今泸州市)、叙(治今宜宾市)二州的边徼羁縻州地区迁来播州的少数民族中的酋豪，即为罗族(今称彝族)的一支，后裔渐次汉化，遂依托为中原名门之后，著于谱牒。验之于出土文物，也是相合的。20世纪70年代出土的《杨文神道碑》记载杨氏先世“汉以来，聚族会稽，至鼻祖端，始入□□□□……”②杨文是杨端的十五世孙，卒于南宋末咸淳元年(1265)，早于宋濂《杨氏家传》百有余年。从碑文中可知宋时杨氏家族还只说先世出自会稽，没有会稽之前籍隶太原之说，由此可见，《家传》中“其先太原人”以及杨贵迁系杨业之后的说法，显然是宋末明初之间编造出来的，与史乘记载悖谬之处甚多，不能因出于名家之手而遽尔置信。

1934年，谭其骧写了《晋永嘉丧乱后之民族迁徙》，以东晋、南朝侨州郡县建置的记载为基础，用地名学的研究方法，对西晋末年至南朝宋中期

① 谭其骧：《粤东初民考》，见《长水集》，258、259页。

② 贵州博物馆：《遵义高坪“播州土司”杨文等四座墓葬发掘记》，载《文物》，1974(1)。

一百五十余年间的人口南迁做了定量分析，并论述了移民的迁出地、迁入地的分布对南方的影响。葛剑雄说："此文在纷纭的史料中找到了侨州郡县设置过程这把'钥匙'，解开了永嘉南渡后移民迁徙、定居与土著化的一系列关键问题，对中国移民史研究、地名学研究和定量分析都具有开创意义。"①

（四）主编《中国历史地图集》

从 20 世纪 50 年代起，谭其骧就把全部精力放在《中国历史地图集》的编绘工作上，他非常重视地图的作用，说："地理之学，非图不明。地图对表达地理情况所起的作用，往往比地理著作更大。"②《中国历史地图集》分八册，上起原始社会，下迄清代，共有二十个图组，三百零四幅地图，工程之浩大、图幅之繁多、绘制之精良、考订之详尽，都是过去所没有的。图集所反映的内容，不仅限于中原王朝的管辖范围，还包括各少数民族政权和边疆政权的管辖区域。在政区处理上，不仅有一、二级政区，而且还包括了所有的县和县以下的重要城镇和聚落。除政区外，该图集还收录了主要的山岭、关津、长城、考古遗址等，更注意自然地理的变迁，如河流、湖泊、海岸线等。图中对所有的点、线和其他符号所代表的内容，都进行了详尽的考订，吸取了前人研究的重要成果和文物考古资料，具有很大的权威性。

谭其骧以历史文献资料为主要依据，吸取了考古学、地理学、民族学等相关学科的最新成果，如古城、居民点、宫殿、寺庙、仓库、墓葬、长城、运河、道路、堤坝、烽燧等遗址的发掘和整理，找到了一大批可靠的地理坐标，有的证实了文献记载的正确性，有的纠正了记载的错误，有的改变了后人的误解。另外，考古所发现的珍贵文字和符号的资料，如简牍、文书、碑刻、铭文、书籍、地图等，也成为编绘历史地图的重要参考。由于《中国历史地图集》体例严谨，考证精良，内容完备，考订精审，绘制准确，因此受到了国内外专家学者的高度评价，迄今仍是最权威的中国历史地图集。著名学者侯仁之赞扬道："这是我国历史地理发展史上的一项重大成就，是对于历史悠久的传统特色的一个巨大发展。"并说这部地图集的出版，"还将为我国历史地理学的发展带来一定的推动作用。一方面它为我国各地区历史地图集中政区部分的编绘，树立了典范；另一方面它又为其它

① 葛剑雄：《悠悠长水——谭其骧传》，载《史学理论研究》，1996(1)。

② 谭其骧：《中国古代地图集·序》，见邓珂编：《邓之诚学术纪念文集》，417 页。

重要的历史地理研究的成果，在绘图表示时，提供了可靠的依据。”①

在绘制过程中，谭其骧抱着尊重历史事实、恢复历史真相的态度，为了充分体现各民族共同创造历史的精神，对历史上的少数民族政权疆域给予同样的显示，如增加了一幅公元 920 年的吐蕃图。《中国历史地图集》自 1982 年起分册出版，至 1988 年出齐，这是我国历史地理学最重大的一项成果，也是谭其骧最杰出的贡献。

但谭其骧清楚地认识到，《中国历史地图集》只是一部以疆域政区为主的历史地图集，还不足于全面显示中国历史人文地理和历史自然地理各分支的要素，未能充分反映我国历史地理研究的成果。从 1982 年始，在中国社会科学院的主持下，他又主编了《中华人民共和国国家历史地图集》，可惜由于去世而未能完成。但在谭其骧的筹划下，这一重要研究课题没有停顿下来，这部三卷本的《中华人民共和国国家历史地图集》包括疆域、政区、民族、人口、文化、宗教、农业、手工业、城市、交通、战争、地貌、气候、灾害、植被等图组一千多幅地图，是中国历史地理学和历史地图学的一个崭新的里程碑。

此外，1973 年，长沙马王堆三号汉墓出土的汉文帝十二年(公元前 168)绘在帛上的两幅地图，是我国现存最早的历史地图。谭其骧对其进行了研究，指出它的时代很早，比以前传世的我国最早的《华夷图》《禹迹图》早了一千三百多年，为地图学史提供了最早的实物资料。它的准确性很高，从而为我国地图学史增添了极为光辉的一页。《西汉初期长沙国深平防区图》所显示的汉初长沙国的南界既不是以五岭为界，也不同于《汉书·地理志》中的桂阳、零陵二郡南界。也就是说，五岭以南的部分土地归长沙国管辖。这幅图在其主区及近邻区范围内画着八个县治：营浦、舂陵、泠道、南平、龁道、桃阳、观阳、桂阳，其中舂陵、观阳、龁道三县，不见于《汉书·地理志》，这是当时长沙西南边界的一部分。从这一地区设县之多，证明秦汉时代当地经济文化已发展到相当高的程度。另外，该图所记注的水道往往于后代记载的水名不同，可据以推究其演变过程，具有极其重要的史料价值。②

① 侯仁之：《近年来我国历史地理学发展的主要趋势》，见华林甫编：《中国历史地理学五十年(1949—1999)》，59 页，北京，学苑出版社，2001。

② 参见谭其骧：《二千一百年前的一幅地图——马王堆汉墓出土地图所说明的几个历史地理问题》，见《长水集》，160～184 页。

谭其骧之所以能够在历史地理学领域取得如此大的成绩，关键在于他对历史文献资料有一种正确的态度，在讲到如何搜集、整理、鉴别、分析文献资料时，他提出值得重视的三点："第一点，搜集资料要做到基本上齐备"；"第二点，不要把传说当作真实史料"；"第三点，不要轻信前人对古代文献资料所作的解释"。一句话，研究者既要利用史料，又不要过分相信史料，要经过分析、鉴别，才能得出符合事实的结论。如关于洞庭湖的演变，长期以来地理学界、水利学界根据近百数十年来湖面日趋填淤，普遍认为整个历史时期湖面都是在不断地缩小，不同的只是快慢而已。谭其骧从先秦史料出发，结合当地的地貌条件，指出古籍中的云梦泛指楚王游猎区，包括山、水、湖、平原多种地形，范围也极为广阔。云梦泽只是它的一小部分，在长江北岸，江汉之间。进而他推断先秦两汉的洞庭湖不可能像见于南北朝著作《荆州记》《水经注》里所记载的那么大，更不可能有唐宋记载里所谓"八百里洞庭"那么大。其实，洞庭湖在历史时期不是一直由大变小，而是经历了一个由小变大，由大变小的演变过程。① 近年湖北省的地质工作者，通过钻探和实地考察，也认为历史上不存在跨大江南北的云梦大泽，结论与谭其骧的考证不谋而合。又如在宋元史籍中，西沙群岛和南沙群岛称为长沙或石礁，但近代有些中外学者均误认史籍中的七洲洋即今西沙群岛。谭其骧经过考证后指出，明以前文献记载中的七洲洋，指的都是仅限于今海南岛东侧七洲列岛附近的洋面。清代图籍中的七洲洋，有广狭二义：狭义沿袭明以前旧义；广义则范围极广，包括西沙群岛海面在内，但也不专指西沙群岛海面，更不等于就是西沙群岛。②

谭其骧不仅重视文献资料，也十分留意野外考察，他曾去冀、豫交界的黄河故道进行实地调查，因而在历史地理学研究方面达到了很高的水平。他晚年又倡导历史文化地理研究，重点研究历史时期文化区的界定和演变过程，并希望对中国历史上文化区的形成和演变做深入的考察，写有《中国文化的时代差异和地区差异》。他指出任何时代，都不存在一种全国共同的文化，而且各个地区的风土习尚也不尽相同，并不是有些学者所认为的中国文化是亘古不变且被于全国的以儒学为核心的文化，虽然儒家学说一直是两千年来中国文化的一个重要组成部分，却从没有建立起它的一统天下，

① 参见谭其骧：《云梦与云梦泽》，见《长水集》，105～125 页。

② 参见谭其骧：《七洲洋考》，见《长水集续编》，156～162 页，北京，人民出版社，1994。

犹如基督教之于欧洲诸国，伊斯兰教之于伊斯兰国家那样，这是中国文化的特点。[①] 近年来区域文化研究方兴未艾，呈现勃勃发展之态势，如吴越文化、巴蜀文化、楚文化等专门课题相继展开，并取得了极为可喜的成绩，这一学术发展趋势，与谭其骧晚年的研究志向是完全一致的。

1934年，顾颉刚在给胡适的一封信中对谭其骧评价说："谭君实在是将来极有希望的人，他对于地理的熟悉，真可使人咋舌。任何一省，问他有几县，县名什么，位置怎样，都能不假思索地背出。对于地理沿革史，夙有研究兴趣，且眼光亦甚锐利，看《禹贡》半月刊、《史学年报》、《燕京学报》诸刊物所载可知。他在燕大研究院毕业生中，应列第一。"[②]谭其骧在历史地理学领域探索耕耘了半个多世纪，他的主要贡献可以简要归结为："继承和发展了传统的文献研究方法，结合现代科学理论和研究手段，开辟了历史地理研究的新途径，解决了一系列重要的理论和实际课题。"[③]

第三节　劳榦和严耕望

1949年后，一批史学工作者迁居香港和台湾地区，推动了香港、台湾两地历史考证学研究的进展。进入20世纪80年代以来，随着海峡两岸暨香港学术交流的频繁，又出现了一些考证学代表人物。限于资料条件，我们对于这方面学术成就的了解是很不够的。本章第三、四节仅选取劳榦、严耕望、饶宗颐、张光直等人为代表作简要的论述，以期反映1949年以后香港、台湾地区新历史考证学的若干成就。

一、劳榦的汉简和汉史研究

劳榦(1907—2003)，字贞一，湖南长沙人，1907年生于陕西西安，在北京大学史学系学习期间，曾从胡适、傅斯年、邓之诚、陈垣、马衡、钱玄同等学术大师问学。1931年，他毕业后进入中央研究院历史语言研究所

---

① 参见谭其骧：《中国文化的时代差异和地区差异》，见《长水集续编》，171～188页。

② 中国社会科学院近代史研究所中华民国史组：《胡适往来书信选》(中)，258页，北京，中华书局，1979。

③ 葛剑雄：《长水粹编·前言》，5页，石家庄，河北教育出版社，2000。

工作，历任助理研究员、副研究员、研究员。他先后任教于北京大学、台湾大学、台湾师范大学及美国加利福尼亚大学等。其主要著作有《秦汉史》、《魏晋南北朝史》及《劳榦学术论文集》甲乙编、《汉代政治论文集》、《古代中国的历史与文化》等多种，为海内外知名的秦汉史与魏晋南北朝史专家。

劳榦于1934年就参与居延汉简的整理工作，最早出版了释文和图版，是居延汉简研究的先驱，他的相关考证和专题论文开启了以后研究的先河。顾颉刚在《当代中国史学》一书中曾说："关于秦汉史的研究，以劳榦先生的成就最大，所发表的论文……俱极精审，发前人之所未发。"①

（一）汉简研究

1930—1931年，中瑞"西北科学考察团"发现了数量巨大的居延汉简，这些文书档案记录了居延地区经济、政治、军事等方面的情况，为研究汉代社会历史提供了珍贵的第一手资料。劳榦不仅对居延汉简作了释文，还考察了历来从文献资料上不得其详的边郡独特的制度，诸如烽燧、官制、戍卒、屯田等，所著《居延汉简考释》及后来写的一系列文章，代表了这一时期汉简研究的最高水平。随着时间的流逝，他对居延汉简的价值有了更深的体会，也意识到按内容进行分类的局限性，因而在1970年出版的《居延汉简》，基本上按照出土编号顺序排列。1984年，居延汉简图版在台湾再版时，他写了序言："它(居延汉简)和敦煌汉简相同，都属于我国边塞上的记录，还牵涉到政治、经济和一些生活问题。这些记录有的是琐细而无关宏旨，有些却非常重要，有的可补文献上之不足，有的可纠正文献上的错误，或给文献中不明白之处作一个较好的注释。"②

1. 河西四郡设置年代及屯田研究

河西四郡的具体设置年代，不仅《史记》与《汉书》记载互异，即便是同一本《汉书》，纪志之载也有所不同。《汉书·武帝纪》云："元狩二年秋，匈奴昆邪王杀休屠王，并将其众合四万人来降，置五属国以处之，以其地为武威、酒泉郡。""元鼎六年秋，又遣浮沮将军公孙贺出九原，匈河将军赵破奴出令居，皆二千余里，不见虏而还。乃分武威、酒泉地置张掖、敦煌郡，徙民以实之。"而《汉书·地理志》曰："武威郡，故匈奴休屠王地，武帝太初

① 顾颉刚：《当代中国史学》，89页。

② 劳榦：《居延汉简考释》重订再版序，台北，"中央研究院"历史语言研究所，1986。

四年开。""张掖郡，故匈奴昆邪王地，武帝太初元年开。""酒泉郡，武帝太初元年开。""敦煌郡，武帝后元年分酒泉置。"此后史籍，或从《武帝纪》，或从《地理志》，众说纷纭。清代乾嘉考证名家对这一问题也进行了详细的考证，如钱大昕说："按：《武帝纪》'元鼎六年，分武威、酒泉郡置张掖、敦煌郡。'敦煌为酒泉所分，则张掖必武威所分矣。四郡之地，虽皆武帝所开，然先有武威、酒泉，而后有张掖、敦煌。以内外之词言之，武威、酒泉当云'元狩二年开'；张掖、敦煌当云'元鼎六年分某郡置'，不必云'开'也。昆邪来降，在元狩间，而《志》以为太初，张掖乃武威所分，而《志》以张掖属元年，武威属四年，皆误。"①他们的考证，依然局限于以史证史的层次，尚未从新材料中得到确证。因而河西四郡设置的准确年代，仍为后代学者关心的研究课题。

居延汉简中有关于河西四郡的简文，为确定四郡的设置年代提供了新的线索。劳榦依据汉简提供的新资料，对这一问题做了重新考证，他认为：《史记·大宛列传》有"于是酒泉列亭障至玉门矣"之载，这是因昆邪王降服汉朝后，其地空虚，"故汉得地虽至远亦必置郡以军吏屯之。虽不屯田亦仍有吏卒。汉得酒泉，沃野千里，而地复接京师上游，万无不即置郡之理。其后更增屯卒，徙贫民，乃逐步为之，非一时之事。由是言之，汉得河西即立酒泉郡，事所宜有，不得依《史记·大宛传》之单文孤证，遂有所置疑矣"。于是应论定汉政府在元狩二年设立酒泉郡，包括嘉峪关以外全部。武威设郡年代较为复杂，遍观《史记》，无一字提及武威郡。《盐铁论·西域篇》载："先帝推让斥夺广饶之地，建张掖以西，隔绝羌胡，瓜分其援。"盐铁会议召开于昭帝始元六年，这里仍没有说到武威。居延汉简云："元凤三年十月戊子朔戊子酒泉库令安国以近次兼行大守事丞步迁谓过所县河津请遣□官持□□□钱去□□取丞从事金城张掖酒泉敦煌郡乘家所占畜马二匹当传舍从者如律令/掾胜胡卒史广。"(303·12A)简文列举了金城郡及河西其他三郡，唯独没有武威郡，这是武威尚未设郡的又一证据。再看居延简中骑士名籍，有觻得、昭武、氐池、日勒、番和、居延、显美等，都是张掖郡的属县，武威郡所属县的名籍一人也没有见到。"故据汉简推定武威置郡之大致年代，早不得逾元凤三年十月，此简行文之时代；晚不得逾地节三年五月，张敞视事山阳郡之时代。前后凡十年七月。"至于具体年代，劳榦推测在本始二年，是年五将军十余万人击匈奴，大获而归。"罢兵之后，匈

① (清)钱大昕：《廿二史考异》卷七《地理志下》。

奴无事，遂以未罢之屯戍于姑臧置郡欤？史文残阙，不得其详。”

张掖郡设置年代，《汉书·李陵传》记载李陵“将勇敢五千人，教射酒泉、张掖以备胡。数年，汉遣贰师将军伐大宛，使陵将五校兵随后”。贰师伐大宛在汉武帝太初元年，李陵教射必在此数年之前，故张掖置郡应早于太初元年。《汉书·武帝纪》系于元鼎六年，甚确。敦煌设郡时间，《汉书·刘屈氂传》记征和二年巫蛊事云：“其随太子发兵以反，法族，吏士劫略者，皆徙敦煌郡。”这是有敦煌郡的第一次明确记载，其事在后元以前，元封以后。斯坦因在敦煌以西玉门关遗址发现太始四年玉门都尉护众文书，“大始三年闰月辛酉朔己卯玉门都尉护众谓千人商无署就□”，太始年间玉门关已从敦煌的东部西徙。居延汉简有：“延寿乃太初三年中父以负马田敦煌延寿与父俱来田事已……”(513·23、303·39)劳榦说：“窥其语气似指敦煌郡而言，似亦可为太初时期初置敦煌郡之旁证。”敦煌置郡年代当在太初中为近似，晚不得迟至后元。①

屯田一词，最早见于汉武帝时桑弘羊所上奏言：“故轮台以东，捷枝、渠犂皆故国，地广饶水草，有溉田五千顷以上，处温和田美，可益通沟渠，种五谷，与中国同时熟。……臣愚以为可遣屯田卒诣故轮台以东，置校尉三人分护，各举图地形，通利沟渠，务使以时益种五谷。……田一岁，有积谷，募民壮健有累重敢徙者诣田所，就畜积为本业，益垦溉田，稍筑列亭，连城而西，以威西国。”②它是我国历史上具有重大意义的经济制度之一。但是，对于汉代在西北地区的屯田，由于文献记载较少，且语焉不详，致使研究者有不同说法。居延汉简发现后，人们对汉代的屯田制度有了清晰的了解。劳榦认为，居延屯田始于汉武帝太初年间，由于其地处额济纳河下游，为一沿河绿洲，是西北边塞的门户之一。从张掖至居延的烽燧线上，有大湾、地湾、红城子、破城子等地，都是平原沃壤，以额济纳河所引渠水灌溉，最适宜屯田。汉代在西北各地皆设有田官，负责屯田事宜，其中居延有两个田官区。关于屯田管理系统，劳榦说：“汉代屯田之组织不详，今据诸简有守农令，有长官。守农令者或农令之守护者，长官当为其别称也。都尉之下有候官，农令或长官当亦属于都尉，若候官之比矣。”据此，则屯田管理系统为都尉——农令(长官)。在劳榦研究的基础上，当代

① 参见劳榦：《居延汉简考证》，见《劳榦学术论文集甲编》(上)，319～323 页。

② 《汉书》卷九六《西域传》。

学者刘光华又做了详尽的论述，并将西域屯田的管理系统大致图示如下①：

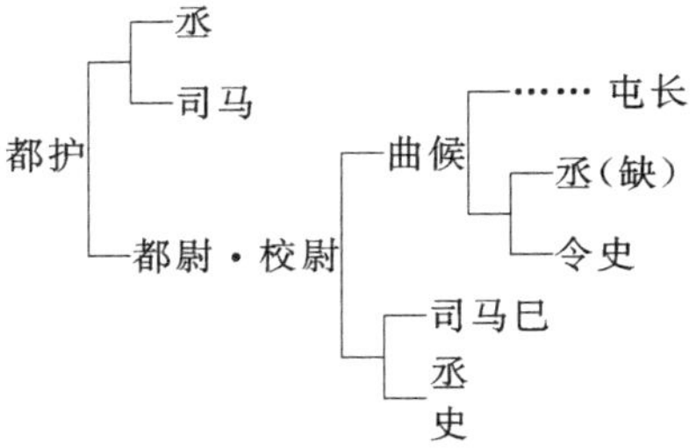

居延汉简有记载云："守大司农光禄大夫调昧死言守受簿丞庆前以请诏使护军屯食守部丞武□以东至西河郡十一农都尉官二调物钱谷漕转籴为民困乏愿调有余给不□。"(214・33A)这是中央政府调运边郡仓谷供应内郡困乏贫民的诏书。据《汉书・百官公卿表》载，元帝永光二年"光禄大夫非调为大司农"，直到河平二年"廷尉何寿为大司农"，其间共十五年。另据《汉书・元帝纪》载永光二年(公元前 42)六月，"间者连年不收，四方咸困。元元之民，劳于耕耘，又亡成功，困于饥谨，亡以相救"。永光二年正是非调为大司农之时，因此简文所叙可能即指汉元帝永光二年之事。《续汉书・百官志》云"农都尉，武帝置，于边郡主屯田殖谷"。《汉书・地理志》仅在张掖郡番和下注"农都尉治"，其他十个农都尉不详。而西河以西十一郡，劳榦做了考证，为安定、金城、武威、张掖、酒泉、敦煌、西河、朔方、五原、北地、上郡十一郡，每郡各有一农都尉。② 这十一个农都尉皆位于平衍沃土，渠水通利之地，永光以来，内地雨泽不时，唯此十一农都尉利用额济纳河、马城河、黄河水灌溉，收获颇丰，说明汉武帝的屯田政策取得了一定的成效，边塞屯田积谷增多，所以能够运输粮食东下救济内郡灾荒。

汉代西北屯田是汉武帝为了达到战胜匈奴的战略目的而采取的一项重要措施，它的推行，巩固了西汉王朝对新开拓地区的有效控制，屯田戍卒也是边塞防御线上一支重要力量，同时也为徙民、置县做了必要的准备工作。关于屯田与设县徙民之间的关系，劳榦说："故屯戍方案为先用田卒屯

① 刘光华：《汉代西北屯田研究》，110 页，兰州，兰州大学出版社，1988。

② 但裘锡圭认为，简文应释作："以东至西河郡十一，农都尉官二"，《汉书・地理志》注明农都尉治的"只有张掖郡番和一处"，《汉书・冯奉世传》附《冯参传》载"阳朔中，中山王来朝，参擢为上河农都尉"。简文中所说的两个农都尉，可能指的是张掖农都尉和北地郡的上河农都尉。（参见裘锡圭：《汉简零拾》，见中华书局编辑部编：《文史》第 12 辑，13～14 页，北京，中华书局，1981。）

垦，既成熟田，更募民徙塞下，此盖汉世屯垦通则，不仅渠犁也。”此外，屯田还促进了边疆地区生产力的发展，部分解决了戍卒的粮食供应，节省了从内地长途转输的大量消耗。劳榦对前引 214·33A 简有以下评论：“班书于元帝之世屡记凶年，独于振业之方，无所论述。据此简则内郡荒歉，仍赖塞上军屯余粟以济之，是武帝以来之辟土开疆未必纯为烦费也。”①

2. 赋税及烽火制度研究

赋税制度也是封建社会最基本的经济制度，历朝各代对赋税的征收、使用、管理、分配、数额、项目等都有一套严密的规定，它对于研究各个时期民生利弊、社会状况、政府与民众的关系、国力强弱，以及赋税制度与其他政治、经济制度的关系等项，均事关重大。汉代的赋税问题，由于文献记载分歧较大，史学家众说异词。居延汉简为研究汉代赋税问题提供了珍贵的第一手资料。居延汉简有“建平五年八月戊□□□□广明乡啬夫宏假佐玄敢言之善居里男子丘张自言与家买客田居延都亭部欲取检谨案张等更赋皆给当得取检谒移居延如律令敢言之”(505·37A)。劳榦对简文“更赋皆给”做了考证，说：“案此为乡官啬夫上记于居延县者。乡啬夫言于县，县与之检，始得通行，战称过所，皆以为验也。‘更赋皆给’者，言不给更赋，不得行官道间。按汉代赋役可分三种，一为田赋，一为口赋，一为徭役。田赋即三十税一之制。口赋有三类即口赋、算赋及献赋是也。据《昭纪》元凤四年注，民年七岁至十五岁，年出二十三钱为口赋。又据《高纪》四年注，民年十五至五十六，年出百二十钱为算赋。其王国侯国中之算赋，以其中六十三钱献于天子，谓之献赋。此皆属于口赋之制者。至于徭役之制，则通称为更。《汉书·董仲舒传》：‘又如月为更卒，已复为正一岁，屯戍一岁。’‘更卒’者民每年劳役一月之谓，‘正卒’则山地材官，北边骑士，水居楼船之谓。‘屯戍’之卒，戍于宫卫者谓之卫士，戍于边防者谓之戍卒。《昭纪》元凤四年注引如淳说，其中一月之劳役谓之卒更，为正卒及戍卒一岁谓之过更，雇人为卒谓之践更。……由此言之，则更者徭役或徭戍之称，赋者田赋及口赋之谓，更赋皆给者，即言劳役及赋税并经完纳矣。”②国家对边郡居民更赋的征收，由乡官啬夫负责，里民申请出外或迁居它地时，须由乡啬夫向上级出具是否“更赋皆给”的证明，方可准许。此外，简文有“永始五年闰月己巳朔丙子北乡啬夫忠敢言之义成里崔自当自言为家私市居延

① 劳榦：《居延汉简考证》，见《劳榦学术论文集甲编》(上)，387、390 页。

② 劳榦：《居延汉简考证》，见《劳榦学术论文集甲编》(上)，302 页。

谨案自当毋官狱征事当得取传谒移肩水金关居延县索关敢言之闰月丙子觻得丞彭移肩水金关居延县索关书到如律令/掾晏令史建”(15·19)。这里“毋官狱征事”，意即除了完成赋税外，还要没有触犯法律，不是前科犯。“更赋皆给”“毋官狱征事”表明申请者必须不是正在服劳役、兵役或刑役的人员，必须已经完成劳役定额，纳完赋税，由此可见，政府对边郡居民管理之严格。

中国古代烽火制度起源很早，西周时即已存在，一直延续到明清时期，与我国封建社会相始终。《史记·周本纪》云：“幽王为烽燧大鼓，有寇至则举烽火。诸侯悉至，至而无寇，褒姒乃大笑。幽王说之，为数举烽火，其后不信。诸侯亦不至。”这就是有名的“烽火戏诸侯”的故事。降及汉代，这一制度更为完备。但是，过去由于文献记载的阙疑，各家观点不一。自从敦煌、居延汉简出土以来，许多学者对汉代的烽火制度做了考述。王国维首倡，劳榦继之，陈梦家又有系统的论述。1974年，居延破城子《塞上烽火品约》和敦煌马圈湾汉简的发现，为进一步探讨汉代的烽火制度提供了新的重要资料。劳榦上承王国维，下启陈梦家诸人，利用居延、敦煌出土的《烽火品约》等汉简资料，结合文献记载，在烽火制度的研究上起到了承上启下的作用。

“谨候望，通烽火”是汉代塞上亭燧的主要职责，守边的戍卒既要警戒瞭望，侦察敌情，又要发布、传递信号，担负着侦察与通信的双重任务。汉代在边塞有一套严密的烽火制度，对于边疆防御关系极大。关于汉代烽火的种类，王国维认为，“表，即《说文》所谓烽隧、候表也。然不云举烽而云举表者，意汉时塞上告警烽燧之外，尚有不燃之烽。《汉书音义》云：‘烽如覆米䉛，县著桔槔头，有寇则举之’，但言举而不言然，盖浑言之，则蓬、表为一物，析言之，则然而举之谓之蓬，不然而举之谓之表。夜则举蓬，昼则举表。蓬台五丈，上著蓬干，举之足以代燔隧矣。《墨子·号令篇》之‘垂’与《杂守篇》之‘烽’，实皆谓是物也”①。劳榦不同意这一看法，他说：“烽表不燃，盖从《墨子》猜度而来，王氏所见敦煌简中并无证据。……今据居延简，参以汉世以还文献，桔槔上之所举者诚有燃与不燃之分。然其燃者为苣火，不燃者为缯布之表，不得谓为一物也。”②他将烽燧制度总结为：“一曰表，或作蓬，以缯布为之，色赤与白。二曰烟。三曰苣火。四曰积

① 罗振玉、王国维：《流沙坠简》，139页，北京，中华书局，1993。

② 劳榦：《居延汉简考证》，见《劳榦学术论文集甲编》(上)，347、345页。

薪。其所举之时，则积薪日夜兼用，表与烟用于昼，而苣火则用于夜也。”陈梦家认为汉代所举烽燧有以下类别：“(a)举于昼的有烽，表，烽火，烟(见烽火品)；(b)举于夜的有火，苣火，离合苣火；(c)燔于昼夜的有积薪。”又云：“汉代白日所用警备的信号除燔积薪外有：(1)不然的烽，(2)不然的表，(3)烽所放的烟，(4)灶所放的烟。”①但根据新出烽火品约，烽、表、烟均为白昼的信号标志，三者相辅定品。而不是如劳榦所说“燔烟以示远，举表以定品”。

关于以灶放烟，劳榦说：“诸简言蓬品者，多仅言蓬而不及烟，实则蓬为烽表，烟为亭隧之烟，二物相殊，本不相混。……今从汉代烽台之制察之，凡现存诸烽台，其上常有灶口，灶即在台顶，上施烟突。其较完者，灶突尚黑，以草燔其中，尚可以孤烟直上也。”他断言蓬单指蓬表，而烟发于烽台之灶。此后，不少学者师承其说，并认为在考古调查发掘中，已见到烟灶的实物。但是，吴礽骧依据近年在敦煌、居延地区进行的汉代烽燧遗址调查资料，均未发现烽台顶上有灶突遗迹的事实，指出考古发掘中尚存的位于烽台下的炉灶，不能证实为施放蓬烟之灶，据其所在的部位推测，应作炊事与取暖之用。他认为，“汉代的烽火信号，以蓬表、烟、火为标志。昼举蓬表，以示警号，燔燃积薪，以望火烟；夜举苣火，燔积薪，以见火光”②。徐苹芳则通过对居延、敦煌新出土的《塞上蓬火品约》的考察，提出“汉代边塞亭燧上的警戒信号大约有六种，即蓬、表、鼓、烟、苣火、积薪。白天举蓬、表、烟，夜间举火，积薪和鼓则昼夜兼用”③。应该说，这是在劳榦研究的基础上，进一步完善了对于汉代烽火制度的认识。

劳榦对于居延汉简的释文和考释及推论两汉边塞制度的论文，成就很大。徐苹芳评价道：“他(劳榦)在《流沙坠简》的基础上使简的分类更加详密，大体上概括了居延简的类别。他研究的范围广泛，研究的方法基本上是在王国维所创立的方法上更加完善，通过对居延汉简的研究来恢复汉代历史。在居延汉简的研究上，劳榦先生作出了巨大的贡献。”④

---

① 陈梦家：《汉代烽燧制度》，见《汉简缀述》，159、174 页。

② 吴礽骧：《汉代蓬火制度探索》，见甘肃省文物工作队、甘肃省博物馆编：《汉简研究文集》，242 页，兰州，甘肃人民出版社，1984。

③ 徐苹芳：《居延、敦煌发现的〈塞上蓬火品约〉——兼释汉代的蓬火制度》，载《考古》，1979(5)。

④ 徐苹芳：《汉简的发现与研究》，载《传统文化与现代化》，1993(6)。

(二)汉史研究

劳榦由校释居延汉简而进入秦汉史研究，在关于汉代察举制度、汉代政治组织的特征及其功用方面等汉史研究方面也有很高的造诣。察举是官府考察人才后向朝廷推荐官员的方式，它萌生于秦朝的任举。这一制度是中国古代朝廷的一种选官制度，主要存在于两汉和魏晋南北朝时期。西汉文帝、景帝和武帝之时，察举与征辟制度一起，共同构成了汉代选官制度的主导。它上承贵族世卿世禄制，下启九品中正制、科举制度，在中国古代政治和行政制度发展史上，具有重要的历史意义。

汉代察举制度形成的时间，劳榦根据汉文帝曾两次下诏，要求公卿和郡守推荐“贤良方正能直言极谏者”，并依据其对策的高下授予相应的官职一事，认为“文帝时已有正式察举制度了”，但直到汉武帝时期才有划时代的变动。《汉官仪》记察举的标准为“四科”：一为德行高妙，志节清白；二为学通行修，经中博士；三为明达法令，足以决疑，能按章覆问，文中御史；四为刚毅多略，遭事不惑，明足以决，才任三辅令，皆有孝悌廉公之行。劳榦说这四项标准，“当然是指选察孝廉的标准而说”。安作璋、黄留珠均认为“四科”是汉代察举制度的基本标准。① 东汉以后，地方察举普遍掌握在豪门权贵的手中，选举表面上仍重德行，实际上家世身份往往更为重要，由此出现了九品中正制。

劳榦《汉代察举制度考》一文，除引用《汉书》等史籍外，还有碑刻资料，如《北军中侯郭君碑》《孔庙置百石卒史碑》《溧阳长潘乾校官碑》等碑刻资料以及居延汉简，详细考证了察举制度所包括的各种项目：包括孝廉、茂才、贤良方正与文学及其他特科(明经及兵法、武猛兵法、阴阳灾异)等，基本上勾勒出了汉代察举制度的基本轮廓。该文尤其详论孝廉的初举、制度的发展，并辑录很多个案，分析孝廉的资历、家世及任用情形，认为孝廉的任用是被举以后便以在郎署为主。在内由尚书郎迁尚书、侍中、侍御史。在外则为令长丞尉，再迁为刺史和太守。所以孝廉一科在汉代极清流之目，

---

① 参见安作璋等：《秦汉官制史稿》，312页，济南，齐鲁书社，1984；黄留珠：《秦汉仕进制度》，90页，西安，西北大学出版社，1985。但方北辰在《两汉的“四行”与“四科”考》(中华书局编辑部编：《文史》第23辑，303～305页，北京，中华书局，1984)中，认为“四科”是丞相从九卿属吏中之同秩官员里选拔丞相府属的标准，而不是察举的四项基本标准。

而为主要官吏的正途的。[①] 这些精辟的考证和论述，为后人研究这一问题奠定了良好的基础。

与世官体制相比，察举制相对比较开放，为汉朝选拔了不少德才兼备之士，同时也激励人们努力读书，以儒家思想规范自己的言行，促使社会上逐渐形成注重名节的风气。因此劳榦给予了高度评价："察举制度奠定了考试制度的基础，对于中国人事上的贡献是不容忽视的。察举及考试制度对于政治上和社会上的影响是显明的，将贵族制度下所压抑下的平民阶级的人才，给与提升的机会，使得政治机构随时有新的细胞加入，不至于腐化太速；并且对于社会上也造成了社会转换的机会，使得国家政治比较上接近于全民社会的，而不属于某一阶级所专断。"[②]

中国官制有系统的结构，起始于秦朝的三公九卿制，到了汉代更加完备。汉承秦制，西汉初年，丞相掌管天下政事，三公九卿及郡国官员协助办理。凡在京师的均属中都官，而在外郡和诸侯王国的算郡国官，属于边郡的武职及西域的官为边官，三者之间可以互相转调。中都官又分为内朝和外朝，汉武帝时形成。西汉的内(中)朝制度，不仅是西汉政治的一大特色，而且对后来许多朝代的政治制度都产生了深远的影响。劳榦通过搜集较为详尽的文献史料所撰《论汉代内朝与外朝》一文，说明汉代内外朝的分别形成于汉武帝，并对内外朝官的区别进行了很有说服力的论证，因而被有的学者誉为"可谓是最近几十年来研究西汉内朝制度的奠基工作"[③]。

汉武帝为了加强中央集权，抑制相权，同时也因为国家多事，除去任用大臣之外，大量启用一批品秩较低的官员，如严助、朱买臣、司马相如、主父偃、东方朔等，给他们加上各种名号，出入禁中，参与决策，形成了所谓内外朝。这些人为内朝官，后连将军、大司马也归入内朝类型，而丞相以下至六百石则为外朝官。后来内朝的范围渐渐地扩大到天子近臣宦官，如侍中、左右曹、诸吏、散骑、常侍、给事中、尚书等，开始他们只是往来殿中传送文书。但自汉武帝以后，尚书由于接近皇帝，他们的权力越来

---

① 参见劳榦：《汉代察举制度考》，见《劳榦学术论文集甲编》(上)，629～679页。

② 劳榦：《汉代政治组织的特质及其功能》，见《劳榦学术论文集甲编》(下)，1254页。

③ 李宜春：《论西汉的内朝政治》，载《史学月刊》，2000(3)。在此基础上，他又对劳榦没有论及的问题进行了探讨，如对内朝与皇帝、外朝的关系做了动态分析，认为三者之间的关系在不同的历史时期，处于复杂多变的关系之中，内朝权势在不断消长变化。

越大，逐步有了起草与转呈、转发诏书，弹劾百僚等重大权力，逐渐削弱了丞相的权力。其组织机构也日益庞大，形成尚书台。劳榦总结道："这些官职以官阶而论原来不算很大，但在政治上的地位却无与伦比了。"他分析了各官的职事、人员构成等情况，指出"到了后汉，尚书的位置格外重要"，朝中原本由丞相、御史大夫拟议的国政，如询问、纠举、辟召等，现在却完全归入尚书之手，这就是史书所记"虽置三公，事归台阁"，由此而酿成了宦官之乱，导致了东汉王朝的覆亡。他总结说："到了武帝时代，丞相和郡守国相之权虽然尚仍旧贯，但天子方面对于丞相的压力增加了。天子方面的压力，便自然形成了一个集团，便是内朝，内朝结论总汇的所在，便是尚书。"①

劳榦还探讨了《汉书·刘辅传》颜师古注引孟康之说，未将尚书算入内朝的错误。他分析了造成这种错误的几个原因：一是尚书职守自西汉以后时在变化，就体制而言，尚书也可算作外朝官；二是孟康是三国时人，距离西汉更远，受当时制度的影响，他没有把尚书放在内朝，也是可以理解的；三是内外朝的划分只是习惯上的分法，并无法律规定。尚书的活动比较秘密，只在外朝宣布诏令，这样便形成一种假象，以为尚书的职守在外朝。他认为，尚书的功能方面却显然是内朝的枢纽，谈内朝的职事，不能把尚书除外。②

劳榦还撰写了一系列文章，如《汉代奴隶制度辑略》及《汉代雇佣制度》两文，指出中国上古奴隶制度确实在社会上发生重要作用，但不能称为奴隶社会，因为在社会经济上雇佣仍占最重要地位，《汉晋闽中建置》主张闽中郡县的设置由缘海渐及内地，《秦汉九卿考》认为秦代九卿确实只有九个，汉代九卿实际上早已超过九个。其他有关汉简和汉史研究的文章，如《汉简中的河西经济生活》《汉代社祀的源流》《从汉简所见之边郡制度》《汉代兵制及汉简中的兵制》《两关遗址考》《释汉代之亭障与烽燧》《秦郡建置及其与汉郡之比较》《论〈西京杂记〉之作者及成书年代》《六博及博局的演变》《汉代的西域都护与戊己校尉》《两汉刺史制度考》等，从多角度对汉代政治、经济、军事、历史地理等方面的问题做了详细的考证，均为新历史考证学的极有价

① 该观点参见劳榦：《论汉代的内朝与外朝》，见《劳榦学术论文集甲编》(上)，547～587页。

② 参见劳榦：《汉代政治组织的特质及其功能》，见《劳榦学术论文集甲编》(下)，1239～1256页。

值之作。劳榦沿用王国维所创立的“二重证据法”，进一步拓宽了研究领域，在居延汉简和汉代历史研究两个方面，均做出了巨大的贡献，其研究成果至今仍是研究汉代历史和文化的主要参考资料。他的考证文章证据扎实、充足，论证严密，故在学术界获得很高的评价。他自己说：“在许多论文中，也只是先去找问题、找疑点，然后再尽量的搜求证据。至于结论如何，我自己多半是不知道的，有时把结论规定好了，又重新换过，有时所得的结论并非原来所预料的结论，甚至有时还是不大喜欢的结论，为著阐明事实的真像，也时常放弃了可喜的、有趣的结论，而归到平常的，毫不惊人的结论。”①这是一位成功的考证学者总结其治学甘苦之言，值得我们仔细品味。

二、严耕望与古史考证

严耕望(1916—1996)，字归田，安徽桐城人，毕业于武汉大学历史系，后入齐鲁大学国学研究所、“中央研究院”历史语言研究所担任研究工作。1964 年到香港中文大学新亚研究所任导师，主要从事中国中古史、地方行政制度及历史地理方面的研究。其代表著作有《两汉太守刺史表》《唐仆尚丞郎表》《中国地方行政制度史》《唐代交通图考》等，论文集为《唐史研究丛稿》和《严耕望史学论文选集》等。这些著作“俱是严肃精密之考证著作，又范围广大，自成体系，可谓博大精深兼而有之”②，在政治制度史和历史人文地理等领域做出了出色的贡献。

(一)政治制度史研究

严耕望对政治制度史的研究，最受学术界称道的是《中国地方行政制度史》，包括《秦汉地方行政制度》与《魏晋南北朝地方行政制度》两书。地方行政制度研究范围有地方行政区划、各级地方政府之组织、官吏之职权、任用及升迁之途径、中央政府与地方政府间关系等方面。地方行政直接影响人民生活，关系历代治乱兴衰，是中国历史的重要组成部分。但是，历代正史，对于政治制度的记载，都偏详中央政府，而忽略地方，研究者也有类似的缺陷，而严耕望是第一位系统研究中国地方行政制度的学者。

严耕望高度赞扬了秦汉行政制度，认为有很多优点：第一，汉代地方

① 劳榦：《劳榦学术论文集甲编》(上)，自序，4 页。

② 廖伯源：《回忆与怀念》，见《充实而有光辉——严耕望先生纪念集》，72 页，台北，稻禾出版社，1997。

行政唯郡县两级，而郡尤为地方行政之中心，郡守掌治一郡，总揽民、刑、财、军等权力，但又不足以成割据之势；第二，汉武帝分州置刺史，秩位虽卑微，但权利隆重，唯秩卑则其人激昂，权重则能申其志；第三，郡府县廷内部组织严密，设有诸曹，处理内部事务，外有诸尉，专管军事，还有狱丞掌刑法，学官重教育，道路畅通，亭吏兼治百姓；第四，县乡置三老，上达君意，下率吏民，又置孝悌以敦风俗，力田以励生产；第五，郡县长官一律由朝廷任用，例避本籍，而各郡太守，则有任命属吏的权力；第六，汉代仕宦途径大都从郎吏做起，地方官员只要勤于治民，跻身卿相也是寻常之事。关于"例避本籍"一事，严耕望通过对两千多任地方官吏的籍贯所做的统计，认为这一制度始于汉武帝中叶以后，除京师特例外，包括丞、尉在内的县的长吏，"不但非本县人，且非本郡，但以邻近郡县为多"。各级地方官及监察官不用本籍人，刺史不用本州人，郡国守相不用本郡人，县令长也不用本地人。他还做了具体说明："凡刺史不能用本州人，郡国守相丞尉不能用本郡国人，县令长侯国相及丞尉，不但不能用本县人，且不能用本郡国人。而刺史自辟用之从事必为本州人，郡国守相自辟用之诸曹掾史必为本郡国人，县道令长侯国相自辟用之诸曹掾史必为本县道侯国人，州之部郡国从事必为本州人，但不用所部郡国之人，郡国督邮必为本郡国人，但不用所督属县之人。此为汉代地方官吏用人之一重要而严格之条例也。"①严耕望所著《秦汉地方行政制度》一书，即为根据史传碑刻，对西汉地方官吏任迁的籍贯限制及任迁途径等问题，做了细致的统计和精辟的论述之作。后人虽然有所补充，但都是在严耕望严谨而细密考证的基础上所做的，丝毫没有降低这部史学名著的价值。如1993年，江苏连云港市东海县尹湾西汉晚期墓葬中，出土了《集簿》《东海郡吏员簿》《东海郡属吏设置簿》等诸种簿籍，涉及地方官吏籍贯的材料很多。这些文书档案资料详细记载了东海郡的上计和吏员设置、任命、升迁、考勤、巡行视察，是迄今为止发现的我国最早的地方行政档案，是研究西汉地方行政制度的第一手资料。其中《东海郡下辖长吏名籍》所记县级长吏，皆非本郡人，而多邻近郡县人士，为严耕望之说增加了一大批可靠的例证。

魏晋南北朝时期，天下大乱，地方行政制度所受影响尤大，然其演变之迹仍可略见端倪，举其异于秦汉者，有下列几项：第一，行政区划之增

---

① 严耕望：《中国地方行政制度史略》，见《释中国》，1499～1500页，上海，上海文艺出版社，1998。

繁；第二，军事统治之地方官化；第三，府州僚佐双轨制；第四，长官拥带部曲制；第五，北朝诸特制(如军镇制度、行台制度、领民酋长制度、护军制度等)；第六，地方豪族之把持。上述诸现象，有的至末期而消失，有的逐渐演变，经隋文帝一番整顿而奠唐制之基础。严耕望还根据北魏正光中《鲁郡太守张猛龙碑》碑阴题名，复原了北朝郡府组织之梗概：丞(一人)、中正(二人)、功曹史(一人)、主簿(一人)、督鲁、新阳(一人)、督汉阳、二县令(一人)、□(五)官(一人)、□(省)事(一人)、录事(一人)、□(西)曹掾(一人)、西曹佐(一人)、户曹掾(二人)、户曹佐(五人)、仓曹掾(一人)、仓曹佐(一人)、租曹掾(二人)、租曹佐(三人)、兵曹掾(一人)、兵曹佐(二人)、法曹掾(二人)、法曹佐(四人)、集曹掾(二人)、集曹佐(二人)。

严耕望指出，中国地方行政制度虽然代有变化，但又有一贯性，主要表现在以下几方面。第一，长官元首制；从先秦自隋唐，虽名称各异，然同一政区只设置一个元首性长官，综理全区的民刑财军诸政，有完整的行政权。第二，俸禄供给制；中国官制自始即以禄制标官阶，不论微末小吏，皆有斗食之禄。但明清时，除首长与少数主要佐官外，余皆无正式俸禄。而长官俸禄收入甚微，又无行政费用开支，必然导致非法搜刮，公开贪污，形成封建社会的一大弊政。第三，县制稳定性；县为中国最原始的地方行政单位，后来加郡为两级制，加州为三级制，或加都督区为四级制，但无论政区名目、大小、数量随时变异，而最原始最低级的行政单位——县，迄无变动，一直延续至今。

《中国地方行政制度史》运用大量石刻史料，尤其是地方长官的碑阴属吏题名，重建秦汉至魏晋南北朝各个时代的地方行政组织。如东晋南北朝府州僚佐两制度之消长更替，州刺史之属吏承汉制，尽用本地人，由刺史自除，而刺史加将军开府置僚佐，由中央任命，府佐系统渐夺州吏的行政权力，于是地方行政权尽归军府，州吏系统成为闲散冗官。隋文帝废乡官，实际上是废除已成冗员的州吏系统，其事似无关紧要，实则通过对这一制度演变的考证，显示汉代地方政府属吏由长官自置，演变至隋唐及以后地方政府之属吏概由中央政府任命。这项制度对中国历史影响深远。有学者评价道："《中国地方行政制度史》上编第一、二册将文献与文物考古资料融为一体，对秦汉地方行政制度进行了深入、细密的论证，可谓 20 世纪秦汉地方行政制度史研究的扛鼎之作。"①

---

① 周天游、孙福喜：《二十世纪的中国秦汉史研究》，载《历史研究》，2003(2)。

《唐仆尚丞郎表》是专门研究唐代尚书省诸长官左右仆射、左右丞、六部尚书、侍郎任免及迁转情况的著作，全书共四册，第一册卷一述制，概叙尚书省职权地位，仆尚丞郎地位、职权之消长，以及仆尚丞郎官名员秩与六部位次等。卷二至卷四为通表，以时间为经，官职为纬，将唐代之尚书左右仆射、左右丞，吏户礼兵刑工六部尚书、侍郎及度支使、诸盐铁转运等使全部列成表，并附以拜任、升迁、贬官、兼职等详细资料，计有一千一百一十六人，两千六百八十余任。卷五至卷二十二(后三册)是辑考，为通表之注释，凡表中所列，对因史料谬误、互相矛盾或隐晦不明的，逐条加以考辨，博大精深，极便读者稽核。关于该书的写作缘起，严耕望在序言中说："三十六年(1947)春，余始读唐史。寻绎岁余，颇感唐代南北士风之不同对于唐代政治有深切之影响，而中国南北人文之盛衰尤以有唐一代为关键。欲考唐代政局之演变，推究牛李党派之纷争，最彻底之方法莫过于探求朝廷达宦之出身与籍居。人文之方面甚广，而大体言之，政治人才之多寡尤为人文盛衰之表徵，故考南北人文之盛衰，亦莫过于探求朝廷达宦之出身与籍居。唐世朝廷达宦自莫过于宰相、翰林学士与尚书省诸长官。宰相、翰学虽极显要，然人数较少，不能尽朝廷显达之全部。惟尚书省之左右仆射、左右丞、六部尚书及侍郎，不但本官华贵，即凡朝廷显达亦莫不曾历此任，至于宰相翰学尤多以此官兼充，故能尽括朝廷显达之全部者实莫过于此。"①《唐仆尚丞郎表》取材宏富，考证精审，兼备资料工具性和研究考证性，对于唐史及唐史文献研究颇具参考价值，是严耕望研究唐代尚书省重要官员的一部力作。

唐代在很多方面不但是中国历史上极光辉的时代，而且是影响深远的关键时代，奠定了以后历代政治制度的基本框架。而唐代前期的尚书省为宰相机关兼行政机关，后期仍为国家行政机关。唐代的宰相、翰林学士、节度使、观察使、郎官、御使，乃至科举中式的人，或当时有柱、记、碑及壁记来记载，或宋人有补表，唯独行政中枢尚书省重要官员，如仆、尚、丞、郎虽为六部之长，却没有著录。严耕望此书，可弥补这一缺憾，成为研究唐代政治史的基本参考书。不仅如此，全书在考证上也非常精密准确，兹举一例说明。

《唐仆尚丞郎表》第三册卷十二"辑考"四下，"户侍"王源中条，进承旨与迁兵侍事。传世的许多重要史料脱讹颇多，严耕望根据"户侍""兵侍"员

---

① 严耕望：《唐仆尚丞郎表》序言，1 页，北京，中华书局，1986。

额及其他人员的任迁参互辩证，纠正了岑仲勉在《翰林学士壁记注补》中，只研究翰林学士，不注意当时其他居官户侍、兵侍而产生的错误。如岑仲勉据《翰学壁记》“王源中，宝历……二年正月二十八日，权知中书舍人。大和二年二月五日，正拜。十一月五日，迁户部侍郎，知制诰。十二月，加承旨”。而加注补说，宝历二年正月二十八日应作“三年正月八日”，而对“十二月，加承旨”句说：“余谓十二月上最少当夺‘三年’二字”。严耕望指出：“考崔元略自宝历元年迁户侍，至大和三年十月十六日始迁户侍尚书，韦表微自大和元年迁户侍，至三年八月二十日出院仍守户侍本官，则自大和元年至三年八月下旬，（至早八月下旬始有缺。）户侍两员并无阙可补，源中何能于二年十一月五日迁户侍？然则壁记‘大和二年’应作‘大和三年’，或‘十一月’上脱‘三年’二字。其年十一月五日，崔元略卸户侍才二十日，表微可能亦卸任，源中此时迁户侍正合。”他又加了按语：“大和六年七月二十九日已未，宇文鼎已为户部侍郎，庾敬休为户侍亦不能迟于六年秋。则最迟六年秋户侍两员均已用他人，亦即源中卸户侍不能迟于六年秋。且唐中叶以后，以户侍充翰学者，数月或一两年中例迁兵侍，决无四五年不迁者。源中以三年冬迁户侍，六年秋由户侍迁兵侍，与当时习惯法极合。至八年，又由兵侍出院为礼部尚书。旧纪书事正确。新传前后省略殊甚，壁记亦脱中间兵侍一迁，出院时又不书为礼尚，（记例应书。）亦脱漏也。又出院在八月二十日乙巳，壁记作八月二十日。壁记此条既多脱漏，故当从旧纪。”[①]《翰学壁记》为当时人所记，尚且有如此错误，可见史料鉴别之重要了。严耕望通过辑证，要求研究者谨慎对待史料，无论是文献还是文物，都应正确处理，否则就会得出错误结论。

《秦汉郎吏制度考》一书，在缜密详细全面地考察秦汉时期郎吏制度，统计郎官之出生、升迁后，严耕望指出秦汉百官，绝大多数出身郎官，秦及西汉初年，郎吏之进身多由荫任与赀选。汉武帝创孝廉、甲科除郎之制，此后民间优秀知识分子有进身之阶，加强官员之新陈代谢，扩大政府之社会基础。“除郎新制实有汉一代国家机构之大动脉，政府生命之活泉源，而郎署则此泉源汇储之所也。惜乎东汉中叶以降，此种以郎署为工具向民间吸收新空气增加新血轮之优良制度为达官世儒所把持，致政治社会又逐步

① 严耕望：《唐仆尚丞郎表》，712～713 页。

僵化，遂启魏晋南北朝世家门阀之渐。”[①]郎官是秦汉时担任宫廷宿卫的小官，严耕望对此小官所做的研究，考出秦汉至南北朝数百年间政权社会基础之演变，可谓以小见大，由具体问题的考证研究而达到对全局的深刻认识。

唐代前期尚书六部与九寺诸监的职权，似有叠床架屋之嫌，前人百思不得其解。严耕望详征史料，并凭借对行政学理论的认识，撰写《论唐代尚书省之职权与地位》一文，分前期尚书省之职权及其在行政系统中所居之地位和后期尚书省地位之转变与坠落两部分，说明尚书六部与九寺诸监职权地位之不同，首次揭开两类机关关系之谜。他指出尚书六部秉承君相之制命，草拟政令，颁下寺监，并督促其施行。寺监则上承六部政令，具体落实执行，复以成果申于六部。六部为上级政务机关，寺监为下级事务机关，前者长官为政务官，后者长官为事务官，这两类机关有下行上承的关系，纠正了杜佑《通典》以为六部与九卿是职权重复的误解，发前人未发之覆。

此外，他还著有《北魏尚书制度考》，大量使用考古出土资料，将《魏书》中所记各人官任职各部尚书、各曹郎中的年世、迁徙途径及其在任的工作，逐一搜集抄录，按照时代的先后，分部分曹加以排列，所得结论是：“至孝文倾心汉化，厘为永式，始与华制为近，北齐承之，遂为隋唐尚书制度之主要渊源，则北魏尚书制度之演变与定型实为关键。”[②]他将魏收所著《魏书·官氏志》记载十分简略的北魏尚书制度考证得十分详细，所不能考者仅两曹郎中而已，并希望将来地下发掘出的墓志中能有新资料把所缺两曹补上，这对于补苴《魏书·官氏志》尚书制度叙述之缺漏，重建北魏孝文帝时代六部三十六曹的组织规模，帮助极大。更为重要的是，他超出了单纯考证的局限，深刻地指出北魏尚书制度的演变与其汉化的进程完全契合。

(二)历史人文地理研究

严耕望在历史人文地理方面的研究成绩主要集中在《唐代交通图考》一书中，此书考释唐代交通路线及交通制度，计划分京都关内区、河陇碛西区、秦岭仇池区、山剑滇黔区、河东河北区、河南淮南区、江南岭南区、河运与海运、交通制度、综结十册。该书以区域分卷，以路线为篇，每篇考论所经州府军镇、馆驿津梁，山川形势、道里远近，并及古迹诗篇。全书采用纲目体写法，大字纲文叙述结论，小字目文考证原委，每篇考证结

---

① 严耕望：《秦汉郎吏制度考》，见《严耕望史学论文选集》，330～331页，台北，联经出版事业公司，1991。

② 严耕望：《北魏尚书制度》，见《严耕望史学论文选集》，385页。

果皆绘成地图，附于篇末。各卷末附纲文古地名引得，详征史料，精辨缕析。谈到该书的写作原因，严耕望说："交通为空间发展之首要条件，盖无论政令推行、政情沟通、军事进退、经济开发、物质流通，与夫文化宗教之传播、民族感情之融和、国际关系之亲睦，皆受交通畅阻之影响，故交通发展为一切政治经济文化发展之基础，交通建设亦居诸般建设之首位。"①他对这部著作非常自信："将来人研究唐代问题，不论是政治、军事、经济、文化乃至唐人散文诗篇等各方面，都会有参考价值，因为这些国家大事、社会人民生活，无不与当时的交通情形有关，尤其军事进行、政治控制、经济流通、文化传播，更以交通路线为基本影响因素。不但唐代，研究唐以前或以后的问题，也有参考价值，因为中古时代交通路线先后变化不大。"②

《唐代交通图考》详考道路之里程、沿途地理形势、物产、所经过之城市、乡村、关隘、桥梁、驿站、寺庙等，同时附有地图，虽以交通路线为研究之主轴，也旁及政治、经济、社会、军事、宗教、文化各方面。严耕望撰写此书，广采唐代历史文献，举凡正史、编年、政书、地书、别史、杂史、诗文、碑刻、佛藏、科技、杂著、类纂诸书及考古资料，如《史记》《汉书》《后汉书》《三国志》《晋书》《隋书》《新唐书》《旧唐书》《宋史》《明史》《资治通鉴》及胡注、《华阳国志》《水经注》及杨守敬图、《读史方舆纪要》《通典》《唐六典》《元和郡县制》《艺文类聚》《太平广记》《太平寰宇记》《太平御览》《方言》《昭明文选》《全唐文》《全唐诗》《汉唐地理书钞》《初学记》《入蜀记》《舆地纪胜》《元丰九域志》《蜀梼杌》《吴船录》《舆地广记》《方舆胜览》《蜀中广记》《蜀中名胜记》《大清一统志》《光绪奉节县志》《杜工部集》《白居易集》《元稹集》《剑南诗稿》《东坡诗集》《石湖诗集》等近六十种历史文献，真可谓穷尽史料，不仅搜罗资料齐全，而且在考证上也前溯远古，旁采宋元明清诸史，几乎囊括了各个地区历史时期所有的重要交通通道内容。全书除交通之外，还涉及国疆、互市、军镇、唐诗地理等许多方面，堪称中国历史地理学的名著。

这部集严耕望几十年之心血撰成、考证精审的巨制，创获甚多。他在序言中做了总结。第一，"如松潘高原，向视为荒芜境域，人迹罕到；乃其实，自汉末南北朝以来，岷岭、松潘草原即为西北河湟青海地区南通长江

① 严耕望：《唐代交通图考》序言，1 页，台北，"中央研究院"历史语言研究所，1985。

② 严耕望：《治史经验谈》，见《治史三书》，56 页。

流域之一要道。唐置馆驿，南通成都，东接散关，北达河陇，为唐与吐蕃必争之地”。第二，“唐蕃兵争之核心在河湟青海地区，盖地形所限，两国交通惟此为坦途也。故唐人于此极力经营，州军镇戍星罗弈布，前人皆朦然莫辨。经此详考，当时唐蕃兵争之形势，使臣商贸之进出，皆得按图指证”。第三，“凉州(今武威)境域，两宋以来，久陷荒残，但于盛唐，实为繁荣大都会之一，驿道两线东达长安，亦斑斑可考。其西所谓河西走廊，远通西域，其道虽早有经营，但前人于此仍多茫然。岑仲勉先生云：‘汉唐在玉门以西未见驿传之记载’。此非一人之见也。乃其实，唐代驿传之推行远达安西(今库车)、北庭(今孚远)以西诸属国，唐代史志与唐人诗篇累累可考。……”第四，“长安北通河上三驿道，分达灵(今灵武南)、丰(今狼山、晏江间约N41°·E107°40′—50′)、胜(今托克托西黄河南十二连城E111°·N40°13′)三州，丰州驿使通传长安不过四日余，亦尽中古驿传快捷之能事。而河上重镇之天德军(约E109°·N41°之西北，今乌梁素海东北水滨)，其地望久不能详，近亦准确知之。且贾耽所记天德军东通云中(今归绥、托克托间)之塞外道，为自古用兵之要，后人无能明之者，亦得据今图，考故事，一一证之”。第五，“唐与回纥邦交常睦，有丰州高阙(今狼山口E107°25′·N41°20′，或石阑计口E107°30′·N41°20′)，甘州居延海(约E101°30′·N42°30′)、庭州特罗堡子(今北塔山南，约E90°30′·N45°稍南地区)三道相通。此三道今虽不能详，但大要途程可晓。且回纥入唐先取鹛鹈泉入高阙至丰州，南下灵、夏(今白城子E108°50′·N38°)，后避吐蕃之逼，使臣商旅乃由高阙东行绕经天德、振武(今归绥，呼和浩特)，取太原入长安，迂回千余里，是亦非研史者所能想像”。第六，“东北边塞，居庸(今关)、古北(今古北口)、卢龙(东晋至唐道出青陉，盖今青山口E118°35′·N40°25′)、渝关(今山海关)四道并出，而取途不详，今得历历指证”。第七，“飞狐(E114°35′·N39°35′)之险，久著史册，而关隘之要，因时代而转移，中古北魏前期，尤为入塞之第一要道，南北通使，君主南巡，皆所取途，朔代之雁门反居其次，此寓有经济、历史、地理之意义，非一般读史者所能想像得之”。第八，“剑南边区，诸道并出，而通南昭之青溪、石门两道为著，此《蛮书》已著录者，前人考研，颇失粗疏，今皆详为比证，事乃大明”。第九，“云南通安南交州之陆道，前人论者多家，皆以今红河线当之。实则取叶榆河谷，今盘龙江”。① 上述皆为严耕望对边区交通的考证，对于

① 严耕望：《唐代交通图考》序言，3～4页。

内地，则更多有发明。长安、洛阳为西东两大都市，交通频繁，沿途馆驿相次，榆柳阴翳，轩骑翩翩，铃铎应和，是唐代第一大驿道。其所循路线为崤山以东，南取永宁(今洛宁东北，三乡镇西北)，东循洛水，与汉时以渑池、新安道为主不同，也与今陇海线迥异。其他如长安太原道、洛阳太原道、蓝田武关道、骆谷道、褒斜道、金牛道、荆襄道，太行东麓走廊道等，作者也做了详细考证。此外如褒斜、阴平诸道之名实、洛南三关、太行八陉之通塞、黄河关津之建置、永济通渠之流程、三峡水运之兴盛、大堤商贸之繁荣、渤海海运之发达、河套代北水运之绩效以及东南沿海海运之萌芽等，无不考论精详，都显示了严耕望考证之精密和详尽，因而能够获得如此多的创获。

此外，在具体考证上，也有精彩之处，如第四卷《山剑滇黔区》中《唐代成都清溪南诏道驿程考》一文，严耕望排列检校了《元和郡县志》《通典》《太平寰宇记》《元丰九域志》等古籍中关于成都、邛州、雅州、黎州的里程，证明《元和志》和《蛮书》记事“完备少伪”。在完全没有实地考察的条件下，他考证出唐代清溪关在明清时期的古隘堡，即今平霸与平夷之间的大湾，这一结论与实地考察所得基本符合。再如传统观点认为今三峡夔门北为赤甲山，南为白盐山。严耕望检阅汉唐史料，不囿于陈见，发现了《水经注》《初学记》《太平寰宇记》等关于“涧”“溪”等字的区别，首次提出汉唐时代的赤甲山应在今铁柱溪西，白盐山应在长江北岸之说，对于研究赤甲山、白盐山和白帝城位置变化的历史变迁沿革提供了极有价值的启示。严耕望不仅从历史地理角度爬梳整理道路里程，而且对沿途经济、文化也做了深入研究。如《唐代成都江陵间蜀江水陆道考》一文，在考证云安至夔州府路程时，对峡江盐产及夔州府户口进行了详细考订，资料丰富。而《阴平道辨》第一次提出阴平入蜀并非一道，而是有入蜀正道，邓艾入蜀之偏道及阶、文两州入蜀的一些捷径，破解了在阴平道研究中存在的一些相互抵牾的难题。

《汉书地志县名首书者即郡国治所辨》是关于汉代历史地理的考证文章。班固《汉书·地理志》按郡国排列，各郡国下所记载的县名首书者为郡国治所，自郦道元以来，包括胡三省诸人都深信不疑。但清人阎若璩始作翻案文章，在《潜邱札记》卷二中说，班固《汉书·地理志》各郡国所列第一县诚然有很多是治所，但不一定全是治所，如汉中郡实治南城，不治西城。后王鸣盛在《十七史商榷·郡国属县》中，认为《汉书》纪传、《水经注》涉及汉代郡国治所者，大多数即地志之首县，但亦有少数非地志之首县，因此首县未必全为郡国治所，又增加数证，助成阎说。王先谦《汉书补注》、杨守敬绘《汉地志图》采纳了阎、王之说，谭其骧著《两汉百三郡国守相治所考》，引诸家之说，铺陈材料，稍加修正，似已成定论。严耕望首先说明班固《汉书·地理志》详细注明都尉治所，而绝不提太守治所，如此书事，必有义例。他再遍举例证，证明西汉二百年中，郡国时有分合、增加、或省废，治所也常有迁徙。然后就阎氏迄今诸人所提出的证据一一加以检讨，不仅考证出了他们所列十五郡国不治首县是错误的，而且连其认为无考的八个郡国也治首县，即使汉中郡的治所，石刻资料《隶释》三《仙人唐公房碑》云："公房成固人(今城固县)……王莽居摄二年，君为郡吏(汉中郡)……是时府在西城，去家七百余里。"可见，汉中郡治西城。他最后写道："西汉二百余年，治所常有迁徙，地志乃平帝一时之版籍，势不能与纪传及其他材料一一尽合。纪传等书事与地志不合者，只能证明治所有迁徙，断不能据之以否认班志首书之县为郡治。不幸阎氏以下诸人皆犯此种逻辑上之严重错误，故其说不能成立。"①

《唐人习业山林寺院之风尚》也是一篇人文地理考证论文，严耕望除了使用历史文献记载外，还利用敦煌所出卷子材料，甚至旁及佛藏中的世俗史料，即使笔记小说稗官野史之类，也在爬梳猎取之列。他在"附记"中对此有很好的说明："本文取材，颇多唐五代笔记小说家言。此类记事或不无失实之处，然本文主旨不在考证个别事项之准确性，而在阐明当时社会之一般风尚。稗官所记容有失实，然仍足以反映当时社会风气，此无可否认者，故取之不疑。"他将全国各地的著名的山林寺院，如嵩山、华山、泰山、庐山、衡山、九华山、罗浮山以及四川诸山寺观、扬州、浙江、福建、敦煌等地山寺，一一做了考察，旨在说明"唐代学士多习业山林寺院，学成然后出而应试以取仕宦矣"。他还对这一风尚盛行的原因做了推原：第一，经学衰，文学盛；第二，世家大族之没落与平民寒士之进用；第三，佛教鼎盛，寺院众多，且在山林之中，当时著名思想家多信佛教，亦能诗文，故士子乐从游学；第四，一般文士山居之风尚；第五，山林寺院藏书丰富。最后，他还与宋代书院制度做了比较，认为宋代书院制度性质由唐代士子习业山林寺院之风尚演进而来，即使"书院"这一名称也是由此种风尚所形成。②

---

① 严耕望：《汉书地志县名首书者即郡国治所辨》，见《严耕望史学论文选集》，138页。

② 参见严耕望：《唐人习业山林寺院之风尚》，见《严耕望史学论文选集》，309～316页。

严耕望准备撰写《唐代人文地理》一书，为此他搜集了大量有关资料，但《唐代交通图考》尚未完成，他只好把交通以外的史料，如国疆、军镇、人口、都市、物产、民族、宗教、民风等分类编列，做一资料库，仿顾炎武《天下郡国利病书》，为后人研究提供方便。《唐五代时期之成都》就是整理史料的副产品，全文共分引言、中古时代成都发展史概观、唐代成都在全国政治军事上之地位、城郭与公署、坊市与四季市集、工业与商业、寺观与佛道两教、文学艺术与民风、都市户口数额略测几部分，将唐五代时期成都的政治、经济、军事、宗教文化等方面内容做了全面而系统的阐述。严耕望认为中国史上寿命最长久的大都市是广州和成都，前者因与南洋诸国通商之故而历久不衰，而“成都为西南地区唯一大的盆地平原，本身物质丰富，又为西南诸少数民族物资聚散地，所以长久以来，蜀商活动范围至广，成都亦为有史以来始终保持西南最大都市之地位”①。唐末五代时期，一度繁荣的扬州、长安、洛阳都没落了，只有成都反而更加兴盛，“在地理形势上为中国西南部纵横数千里间之天然交通、经济中心，亦为见史以来，中国西南部最重要且恒久性之政治军事中心”②。

严耕望除了在地方行政制度史和历史人文地理两方面有很深的造诣外，其他领域也有专门的研究，如《南北朝时代五台山之佛教》即属佛教史的考证文章。他首先引用郦道元《水经注》云：“五台山，其山蛮(峦)巍然，故曰五台。……俗人以为仙者之都矣。……其北台之山，冬夏常冰雪不可居，即文殊师利常镇毒龙之所，多佛寺，四方僧徒善信之士多往礼焉。”据此他断定：“是至迟在北魏末期，五台山已传为文殊道场，僧徒甚多，为四方僧俗所敬礼膜拜之目标。”但就现存佛教典籍来看，《高僧传》和《续高僧传》都对五台山记载甚少，似乎寂寥无人。严耕望对个中原因做了探讨。第一，《续高僧传》所载北朝诸僧标目，虽无标作五台者，然详检各传内容，仍可以发现若干高僧实出五台，只因年寿特长，故标目隋唐，如昙鸾、昙迁、昙韵、僧明、慧斌、明隐等。第二，两传皆将当时僧徒分作十科，科名与各科人数分布大体一致。十科中重要的有译经、义解、习禅、明律、神异几种，其中尤以习禅和义解占据多数。两传所载僧徒多是义解之僧，他们研精佛学理论，盛为讲说，集中在通邑大都，声名朝野，容易记载入僧传；而五台山的僧徒多习禅，他们朴讷静心，潜修禅行，一心向佛，故多内向

① 严耕望：《治史答问》，见《治史三书》，205 页。

② 严耕望：《唐五代时期之成都》，见《严耕望史学论文选集》，201 页。

型，默默禅栖山谷间，迹近遁隐，所以不易振名朝野，也难入僧传。最后严耕望总结道："终唐之世，五台山佛教之盛，且见其当时佛教界有特殊之地位，除两都长安、洛阳外，非其他任何府州大都所能企及。"[①]而唐代五台山佛教之光大，实由于南北朝所打下的基础。他非常重视佛教典籍中所包含的史料，并尽量加以利用，曾说："佛藏为中古史料之一宝库，而治世俗史者，每多忽之，弃而不见；史书脱讹，随处而有，治史者宜具相当校勘功夫，免被误导。"[②]为此，他写有《佛藏中之世俗史料三札》，分别列举了僧传所记梵呗声乐与唱导艺术、佛藏所见之大地球形说、佛藏所见之稽胡地理分布区三事，对于研究音乐史、俗文学史很有帮助。他还举《续高僧传》卷十《释靖嵩传》："及登冠受具，南游漳滏。属高齐之盛，佛教中兴，都下大寺，略计四千，见住僧尼，仅将八万，讲座相距，二百有余。在众常听，出过一万，故宇内英杰，咸归厥邦。"他说这条材料对于研究南北朝都市人口具有重要的价值。

严耕望治学功力深厚而严谨，材料丰赡，精核缜密，尤其是在历史考证方面，真正做到了"无孔不入""有缝必弥"的程度，因此，他关于政治制度史和历史地理的研究论著，内容充实而又考证精良，在国内外学术界有很大影响，至今仍受到学者的高度赞誉。他对自己的要求非常严格，有些论点经过一再改定，乃至三改四改，然后写定。他非常重视史料，曾说："研究历史，无论采取什么方法，都要以史料为基础，不能充分掌握史料，再好的方法，都不能取得真实的成果。"[③]但他又不迷信史料，对史料的看法也有开阔的眼光，所援引的材料，既讲究诗文互证，而且"正史、政书及地理书之外，子、集、金石、简牍、类书、杂著等，诸凡当世或稍后有关之材料无不旁搜掇拾，取供考订"[④]。他尤其对金石资料极为重视，曾编辑有《石刻史料丛书》三百四十二册，在序言中，他高度评价了石刻资料对于历史研究的意义："石刻内容实极繁富，儒佛道经、公文、章约、盟誓、图绘、界至、医方、书目、诗文、行状、题记、纪功，以及各种兴建之纪事

① 严耕望：《南北朝时代之佛教》，见汤一介编：《国故新知——中国传统文化的再诠释》，255～260页。

② 严耕望：《严耕望史学论文选集》序言，2页。

③ 严耕望：《佛藏中之世俗史料三札》，见《严耕望史学论文选集》，549页。

④ 严耕望：《中国地方行政制度史》甲部，台北，"中央研究院"历史语言研究所，1961。

等等，悉有之。若以今日之史学领域言，秦汉以降，诸凡政治、经济、宗教、学术各方面之研求，亦莫不可取资于石刻，固不限于边疆民族之文字与史事也！”①

严耕望尽量搜集、利用中国出版的考古出土资料，如对唐代天德军地理位置的考订等。尽管如此，由于条件所限，还是对出现的考古资料运用不够，也未能利用地方图书馆藏书，更无法深入各地进行大量的徒步实地考察，而所用的地图无论从比例尺大小、地名陈旧程度，还是标绘的繁简和准确程度来说，都显得落后。长期以来，内地（大陆）与香港、台湾地区的学术交流不够，严耕望对内地（大陆）学者的研究成果没有加以利用，因此，他的考证仍有不少错误。蓝勇在评论《唐代交通图考》第四卷《山剑滇黔区》中，指出严耕望考证的错误，如他认为唐代牛尾驿位于今永川长江边的水驿，但根据实地考古考察与历史文献的记载，牛尾驿是位于今永川内腹邮亭铺的一个陆驿。其他还有唐金牛道税人场不在今剑阁县南，而应在广元市南、剑阁县北的石洞沟与大朝之间。唐开边县不在今宜宾县安边乡，而应在今云南永富县治大滩附近，位于横江入金沙江口的西侧。唐白崖城不在今白崖，而是位于今江岩镇西北两千米处古城堡前，即白崖堡。秦汉至今，四川通云南的主要通道是石门道和清溪道，但明代以来乌撤入蜀道更为重要，等等。② 其他如李之勤《西北史地研究》中所论中古驿道及交通，辛德勇《隋唐两京丛考》论长安、洛阳两京都亭驿条，均提出和严耕望不同的见解。严耕望对此虚心采纳，并表示将来在修订中改正。他在一封信中说：“蓝先生的评语多能中肯，值得参考。我写图考本自知道只能就古代文献作一番仔细的整理研究，而不能亲履各地勘察为憾！这样自必发生一些偏差，但这也是莫可奈何的事，因为一个人的精力时间都很有限，纵然能有机会走遍全国，而一个人之力也是不可能的，必得有公家或大的团体来支持，组合一个团体做工作，而这些在我都谈不到，只能独力奋斗，尽我所能而已。……所以这些弱点不难想像，即以蓝先生所提到的三泉县与牛尾驿，我写作当时本已怀疑，但为资料所限，又不能亲履其地看看，自是无可如何。其实此类例子一定还相当不少，好在学问本不是一个人的事，每个人只能尽其在我，尽可能做出自己的成绩，以供大家参考，再做进一

---

① 严耕望：《石刻史料丛书·序言》甲编，序言，台北，艺文印书馆，1967。

② 参见蓝勇：《〈唐代交通图考〉第四卷〈山剑滇黔区〉》，见荣新江主编：《唐研究》第2卷，548～555页，北京，北京大学出版社，1996。

步的工作。你如与蓝先生通信，请代我谢谢他，并告诉他，若能就拙作再作一番补正工夫，那是最好。"[①]这体现了他对学术极为虚心认真的治学态度。

严耕望的考证成就，得到了学术界的公认，余英时评价道："他[②]的著作无一不由规模浩大、笼罩全面的研究中产生。这是他的史学取向的一个最显著的特征。以《中国地方行政制度史》而言，前两册写秦汉，后两册写魏晋南北朝，表面上看来似为一种概括式的专史。但认真的读者一定会发现，书中每一章每一节都有精密考证的创获。不过他所做的是地毯式的全面考证，而不像多数考证那样只是蜻蜓点水式的。全面考证必须建立在两个先决条件之上：第一，事前有周密的通盘计划；第二，从计划到执行需要长时期的持续努力。……耕望的著作初看好像只是中国传统考证史学的延续。其实由于他一直注意现代社会科学的新观点，他的论断已不是传统史学所能范围。他的《地方行政制度史》秦汉卷便已参考了一部《各国地方政府》的中译本。《唐仆尚丞郎表》从传统一方面看固可说与清代徐松《登科记考》同属一类而精密过之，但是他论尚书六部与九寺诸监的关系则参考了现代行政学上关于行政官与事务官的分别，使两者的职权性质顿然得到清楚的说明。他的历史观竟与法国年鉴派大师 Fernand Brandel[③] 颇多暗合。例如他治唐代人文地理取'全史'的观点，即后者 16 世纪地中海世界的路向；他治制度史，重点也在长期性的结构，而不是变幻的人事。这自然是受到社会科学的暗示而然，不过未加理论化而已。……所以我认为他的著作最能体现中国传统史学向现代的转化。"[④]周一良也说他深佩严耕望《中国地方行政制度史》"考订之细密周详"，但也指出不足之处，"只就制度论制度，未能放眼联系当时政治、社会、事件、人物，以探求制度之运行及其所以然之故"[⑤]。这一评价可谓切中肯綮。

---

① 刘健明：《独立奋斗，尽我所能——追忆严耕望先生》，载《文史知识》，1998(8)。

② 严耕望。——引者注

③ 费尔南德·布罗代尔。——引者注

④ 余英时：《中国史学界的朴实楷模》，见傅杰编：《论士衡史》，408～411 页，上海，上海文艺出版社，1999。

⑤ 周一良：《毕竟是书生》，90 页，北京，北京十月文艺出版社，1998。

第四节　饶宗颐和张光直

一、饶宗颐与史学考证

饶宗颐(1917—2018)，字固庵，号选堂，1917 年 6 月生于广东省潮安县(今潮州市潮安区)，幼承家学，聪颖博学，未冠时整理其父饶锷之遗著《潮州艺文志》，1935 年应中山大学之聘任广东省通志馆编修，29 岁编撰《楚辞地理考》，开楚辞研究新领域。1949 年他移居香港，1952 年任教香港大学中文系，其间曾获法国法兰西学院汉学儒莲(Julien)奖，曾受聘至印度蒲那(Poona)班达伽(Bhandaskar)东方研究所做学术研究。1968 年任新加坡大学中文系首任讲座教授兼系主任，其间曾任美国耶鲁大学研究院客座教授、台湾"中央研究院"历史语言研究所研究教授。1973 年回港任香港中文大学中文系讲座教授兼系主任，其间曾任法国远东学院院士。1973 年退休后应聘为法国高等研究院宗教学部客座教授、日本京都大学文学部及人文科学研究所讲座，并被选为巴黎亚洲学会名誉会员。他曾任香港中文大学中国文化研究所暨艺术系荣誉讲座教授，同时兼任国内外多所高等学府及学术机构顾问、名誉教授、研究员等。自 1983 年始，他受聘为全国古籍整理出版规划领导小组成员。饶宗颐知识渊博，视野宽广，精通中国古代文献并掌握多种外语。他孜孜不倦，在人文科学和社会科学领域从事创造性的研究，在古文字学、敦煌学、考古学、金石学、历史学、古典文学、词学、音乐史、艺术史、中印关系史、宗教史、楚辞学、目录学、方志学等方面都有值得称道的成绩，成为蜚声海内外的著名学者。他已出版的著作有八十余种，发表论文五百余篇，其中包括《殷代贞卜人物通考》《中国史学上之正统论》《楚辞书录》《梵学集》《中印关系史论集》《词籍考》《新加坡古事纪》等，又翻译《近东开辟史诗》(*Enumaelis*)。他还工诗词、善书画，出版过多种诗词集、书画集。

饶宗颐治学范围极广，他精熟于传统典籍经、史、子、集，又对 20 世纪以来发现的新史料，如甲骨卜辞、汉晋木简、敦煌写卷、考古文物，以至域外史料，十分重视其价值，与旧籍互相参证、发明，常常收到左右逢源之效。他熟悉丰富的史料，善于互相联系，探幽阐微，追根溯源，做贯通的研究，不断发现新问题。诚如著名学者季羡林所言："饶宗颐教授是著名的历史学家、考古学家、文学家、经学家，又擅长书法、绘画，在中国……以及英、法、日、美等国家，有极高的声誉和广泛的影响。”①

（一）甲骨学研究

饶宗颐的甲骨学研究首先从甲骨文的收集开始，先后写了《日本所见甲骨录》(1956)、《巴黎所见甲骨录》(1956)及《欧美亚所见甲骨录存》(1970)等。但他搜集甲骨文，目的不是专门搞材料，而是要将这些材料汇合起来做研究。他把甲骨中所见殷代贞人做了专门的整理和考订，1959年在香港出版了《殷代贞卜人物通考》一书。该书以贞人为纲，以卜事为纬，搜罗当时所能见到的所有甲骨资料，加以爬梳理董，分别部居，以“贞人”统属所有材料，汇总殷代贞人一百三十多人，对每个“贞人”的卜辞进行详细的个案研究。由于该书将法国、瑞士、英国等欧洲国家所见到的甲骨资料作补充，材料充实，在甲骨学研究史上，具有划时代的意义，并因此而获得法国汉学的最高奖——儒莲奖。该书主要贡献有以下几点：第一，开创以“贞人研究法”为纲，全面整理甲骨卜辞的新体例；第二，为全部甲骨刻辞重新校勘，为学术界提供更为科学准确的资料；第三，抉发殷周礼制，复原殷商社会真貌；第四，精于文字训释，善于通读卜辞。有学者评价道：“饶先生写《殷代贞卜人物通考》这部巨著，以二十多年心血，集全部甲骨资料作全面研究，从而写出这部与其说是一部贞卜人物通考断代史研究，不如说是早期一部商代社会原始资料最基本的综合研究更确切些。”②

从1982年起，饶宗颐开始筹划主编《甲骨文通检》一书，这是一部大型按内容分类的分册资料索引，现已出版六册，分别为：先公先王·先妣·贞人、地名、天文气象、职官人物、田猎、祭祀分册。饶宗颐在每一分册卷首皆撰有长篇前言，对每册涉及的甲骨学界研究现状、存在问题及未来展望，做了实事求是的评估，提出了不少新思路和新见解。甲骨学专家给予高度评价：“这套书字体摹写细致，甲骨词汇详备，考订精良，检索方便，在体例内容方面不仅分类辑录了《甲骨文合集》的全部材料，而且还汇入《小屯南地甲骨》《英国所藏甲骨集》《怀特氏等收藏甲骨集》等几种《合集》未收甲骨著录书的材料，规模洋洋可观，引人关注，成为后出的一套重要

---

① 季羡林：《饶宗颐史学论著选序》，见饶宗颐：《饶宗颐史学论著选》，1页，上海，上海古籍出版社，1993。

② 沈建华：《记饶宗颐甲骨文研究》，见郑炜明编：《论饶宗颐》，108页，香港，三联书店(香港)有限公司，1995。

的专门性质的甲骨文通检索引工具书。”①

饶宗颐在甲骨学研究上的许多意见，如“贞人往往跨越数代”“贞卜人物之名号，其中不少原为地名，此等称谓，有时不是某一个人之私名，可以指若干人”“贞人既多以邦方为名，故异代不妨同称，事实必非一人”等，早已被学术界证实并接受，对甲骨断代研究具有指导意义。对贞人、史官、写刻者三者之间的关系，他认为“当日锲刻者乃别由史官任之，与贞卜者异其职掌”。他对甲骨文中一些有争议的气象及天象文字提出自己的看法，认为“殷时诸星宿，大体已略备”，这一发现在古代天文学史上有重要的意义。他还将卜辞中殷代职官构成做了分类，并与礼书中的六大职官系统做了对照研究。此外，他也就田猎卜辞的文例格式和有关术语做了归纳，论证了田猎与祭祀、军礼之间的关系。饶宗颐的这一系列阐述，堪称是进入甲骨学各个学术领域的重要切入点，具有继往开来的启示性意义。

在《如何精读甲骨刻辞和认识“卜辞文学”》一文中，他指出寻求解决考释的途径方法，首先要耐心去精读，从两个方面着手：“一是从点到面——由一个字扩展到有关这个字的所有句子，加以比勘推敲。二是从线到点——在同一系列同位词、同义词的比较研究，反复查勘确定这一字在上下文的真正义诂。”②他列举了大量关于“有投”的甲骨和古文献资料，对商代所谓天象名词“虫殁”做了精湛的论证，指出“虫殁”即古书上称之投虹投蜺，而在其他卜辞文句上又有击杀之意，纠正了长期以来学界认为“虫殁”之说。他认为衡量一个甲骨文字考证正确与否，不仅是在某条卜辞中解释得通，也可在其他卜辞内容上讲得通，同时还必须吻合文献上的义诂。

饶宗颐以文化史的眼光，做贯通的研究的方法，使他每每能从别人不注意处发现有意义的问题，《谈“十干”与“立主”——殷因夏礼的一、二例证》就是其中最突出的代表作。他除密切注视考古发现提供的甲骨文新材料外，又重视从文献研究殷人如何因袭夏礼的迹象。他提出两个新论点。第一，帝号以天干记名，殷因于夏礼。“夏末诸帝帝号有胤甲、孔甲和履癸。……诸帝号皆在天干上加一美名，这和殷王名号的戋甲、阳甲、沃甲等完全一样。可以看出商人在王号制度上是有因循夏代的。”他还追溯夏代使用“十干”的源头，《尚书·皋陶谟》记载有禹生启的动人故事：“(禹)娶于

① 宋镇豪：《百年来甲骨文集成性工具书的编纂》，见上海图书馆历史文献研究所编：《历史文献》第5辑，269页，上海，上海科学技术文献出版社，2001。

② 饶宗颐：《如何精读甲骨刻辞和认识“卜辞文学”》，载《中国语文研究》，1992(10)。

涂山，辛壬癸甲，启呱呱而泣，予弗子，惟荒度土功。”东汉延光年间嵩山开母石阙铭和《水经注·淮水注》引《吕氏春秋》的记载，都可与之相印证。因此江淮之间以辛壬癸甲为嫁娶吉日。若然，夏初已使用“十干”选择吉日，那么夏王以天干记名，并被殷代所沿袭，就很自然了。第二，他根据《礼记·檀弓下》的一段话：“铭，明旌也，以死者为不可别已，故以其旗识之，爱之斯录之矣……重，主道也。殷主缀重焉，周主撤重焉。”再举《易纬》、王肃《丧服要记》《仪礼·既夕礼》《礼记外传》上的有关记载，表面上看似互相孤立，贯通分析则可说明：“重是夏时丧礼的用物，原是夏文化，殷人在重上联缀木主，周人则撤去之。……立木主是安葬后的事，虞祭的木主用桑，在未葬之前用代主之木名为重，以为死者神之所凭依。这原是夏制，殷亦因之，并缀木主于其上，即所谓‘殷主缀重’。人但知立庙主，而不知立庙之前尚有代主之‘重’，其作用与主相同，是一种临时的‘主’，其原亦出于夏礼也。”①这篇论文钩沉抉微，论证殷礼用天干记名和未葬时以重代主，原皆夏俗，这是殷因夏礼的两项例证，对于探索夏文化很有价值。他最后还谈到有关研究夏文化的材料和方法问题，提出“三重证据法”，即将考古发掘、文献记载和甲骨文研究三个方面结合起来考察，在王国维所总结的“二重证据法”基础上再向前推进。

饶宗颐成功运用“三重证据法”的另一例证是他对傩的起源的考证。傩的起源一般只追溯到《周礼·夏官》的方相氏，但对殷代先公“微作禓”一说尚未有人谈及。饶宗颐利用甲骨卜辞“……贞：旬亡田……允㞢来鼓(艰)自西。㠯告曰……上(𢦏)□大方罙三邑。十三月”中“□”这一个字，证明殷代使用面具已是相当普遍。□字下从大，头上戴假面，与随县曾侯乙墓棺椁漆画图案有执戈带面具作可怖状极相似，为魌头，起着圹中驱除恶鬼，保护死者之作用。他又引用武丁卜辞“己酉卜穷，贞：鬼方昜(易)，亡囚。五月”，指出“昜”即“禓”，为傩之异文，“思方禓”可解作已驱除，故亡祸。然后他广泛征引文献史料，如《礼记·郊特牲》《世本·作篇》《说文·页部》《荀子·非相》《淮南子·精神训》《风俗通》《周礼·夏官》等，以做补充，说明“傩肇于殷，本为殷礼，于宫室驱除疫气，其作始者实为上甲微，卜辞先公之亩，即是其人”。② 这篇文章采用文献、考古及甲骨文三种材料相结合的

① 饶宗颐：《谈“十干”与“立主”——殷因夏礼的一、二例证》，见《饶宗颐史学论著选》，17～22 页。

② 饶宗颐：《殷上甲微作禓(傩)考》，载《传统文化与现代化》，1993(6)。

方法，将傩的起源追溯到殷代，见解独特，为治文化史的学者所称赞。

（二）敦煌学研究

饶宗颐敦煌学研究著作有《敦煌本老子想尔注校笺》《敦煌曲》《敦煌曲续论》《敦煌白画》《敦煌书法丛刊》《敦煌吐鲁番本〈文选〉》等，在道教、文学、乐舞、历史、语文、书法绘画等方面都有很深的造诣。有学者评价道："饶先生研究敦煌遗书，着眼点往往是汉学领域中的大问题，但他所论又往往不限于汉文材料，古今中外，取材随心应手，故而多有创新之论。"①

饶宗颐和敦煌学结缘是因为从事《道德经》校勘的工作，20 世纪 50 年代，他获得一部伦敦拍制斯坦因敦煌经卷搜集品的缩微胶卷，并以此为基础，于 1956 年发表了第一部敦煌学著作《敦煌本老子想尔注校笺》，将伦敦所藏的这部反映早期天师道思想的千载秘籍，全文录出，兼作笺证，阐明东汉老学神仙家说。书中就《想尔注》与《河上公注》、索洞玄本《道德经》《太平经》等做了比较，并辑录《想尔注》佚文，考述为张鲁所著，为研究道教原始思想增加一种重要资料，也是贯彻其由局部窥见全局"通识"考证思想的集中体现。

《老子想尔注》一书曾长久失传，《隋志》和《唐志》均未著录，《道藏》也没有收入，只有唐初陆德明《经典释文·序录》有《老子想尔注》二卷，注云："不详何人，一云张鲁，或云刘表。"敦煌经卷（斯坦因六千七百九十八号）中有老子《道经》上《想尔注》，卷前残缺，又失卷下，是一部残卷，未署作者姓名，也无成书年代。饶宗颐将该卷整理问世，引起国内外研究道教史和东方学的学者注意。此后，他又著成《〈老子想尔注〉考略》，进一步钩稽史料，详细考证，对于《想尔注》的作者及其讬始人，卷前缺文应有的内容，"想尔"之所以命名及其哲学根据，《想尔注》传授及其在道教史上的地位等重要问题，做了系统周密的阐释。

原书未署作者名，但称"想尔"，《传授经戒仪注诀》云"系师讬遘想尔"，"系师"即张鲁，另又有题"三天法师张道陵注"。他论定："当是讬始于陵，而成于系师张鲁。"《想尔》本经为五千言本，与张镇南古本系师定之五千言《道德经》，事正吻合。此写卷的产生年代，他根据卷背面用淡墨书写的佛经，显然《想尔》誊抄在前，而其字体波磔点画，极近北碑，因而论定"此写卷当出北朝人之手笔"。关于卷前缺文应有之内容，他引《云笈七签》中《老

① 荣新江：《饶宗颐教授与敦煌学研究》，见复旦大学中文系编：《选堂文史论苑》，273 页，上海，上海古籍出版社，1994。

子存思图》云："凡行者，亦存《想尔注》；三业在盟威经后。凡存思者，急宜忆之。"后列所戒九行三业十事，《道藏》中《太上老君大存思注诀》就是此书，亦引九行三业十事，与《云笈七签》所引全同。两书互勘，《道藏》本作："九行在《想尔注》前，三业在盟威经后，存思者急宜忆之。"显然《道藏》为是。《云笈七签》本"凡行"乃"九行"之误，又夺一"前"者，致使语意不明。可见，敦煌卷《想尔注》卷前阙文中应有九行三业十事之内容。

关于"想尔"命名的含义，饶宗颐的论述尤为精辟。他引道教《仪注诀》及道家经篇目录所载录，《想尔注》与《老子存思图》列于前后，证明二者关系之密切。想尔之想，亦即存想之想。注诀则发挥其哲学意义，存思精审，自然忘劳，诵经行戒，须臾不离，众灾自消，以道德修身为根本，朝夕存思，不可懈怠。由此证明，"想尔"一词的哲学内涵，正是道家实行清净无欲，闭目内视，反心内省，修道正轨的根本观点。因此需要将立本的"九戒"，阐述经义的"想尔注"与指示实践之功的"图"三者相配合。而道家将《想尔注》和《老子存想图》列为《道德经》要籍第三、第四之重要地位，"诚有其至理，殊非偶然者也"。他又根据张万福《传授三洞经戒法箓略说》及敦煌经卷(伯希和两千三百三十七号)《三洞奉道科诫仪范》等书，证明《想尔注》与九戒、《存想图》，当日同为高玄法师所受，"能修此戒，即可为高玄部之道士也"①。

《想尔注》是中国思想史上第一部站在道教立场上用神学注解《老子》的书，开创了道教系统改造道家著作的风气，是老学与长生成仙及民间道术合流的代表作，在早期道教发展史上具有特殊重要的意义。它原本属于首尾残缺的敦煌残卷，经过饶宗颐把它放在东汉末至南北朝的历史背景下考察，联系其他敦煌写卷、道藏典籍以至文献记载，周密地考证、阐发，终使有关此书的作者、产生时代、思想渊源和哲学内涵及其在道教史上的地位、传授和影响等问题，均获得明晰的解决。饶宗颐对《想尔注》年代的确定(东汉所出，但经过长时期不断增删添改)，此后得到相当多的学者如陈世骧、大渊忍尔等人的认可。这是他运用通识，由片断材料经过严密考证而达到对于全貌认识的成功例证。

饶宗颐对敦煌书法也极为重视，曾把法国收藏时代最早的北魏皇兴五年(471)书写的《金光明经》和永徽年拓本的唐太宗书温泉铭做详细的研究，又遍及若干重点的经卷写本，除作解题外，还注意到字体的花样。1980年，

① 饶宗颐：《〈老子想尔注〉考略》，见《饶宗颐史学论著选》，266～297页。

他在日本讲学，应二玄社邀请，主编了《敦煌书法丛刊》，分类影印，共二十九册，对每一件文书都做了详细的说明或考证。此外，饶宗颐对敦煌词学也素有研究，又亲至英国检读原件，著有《敦煌曲》，改订任半塘旧著《敦煌曲校录》录文中的许多错误，如重新勘校与原卷不相符的曲文，《谒金门》开于阗的校录，五台山曲子的缀合，《云谣集》与唐昭宗诸作等问题，都提出了独到的见解。

饶宗颐给敦煌学下了更为宽泛的定义："所谓敦煌学，从狭义来说，本来是专指莫高窟的塑像、壁画与文书的研究，如果从广义来说，应该指敦煌地区的历史与文物的探究。"他认为敦煌石窟所出的经卷文物，不过是历史上的补充资料，因此，他的敦煌学研究，不是对某一件资料做详细的描写比勘，而是"喜欢运用贯通的文化史的方法，利用它们作为辅助的史料，指出它在历史某一问题上关键性的意义"①。陈寅恪曾论述哲学史家研究工作时，由于史料片断、缺乏而造成的困难："吾人今日可依据之材料，仅为当时所遗存最小之一部，欲借此残余断片，以窥测其全部结构，必须备艺术家欣赏古代绘画雕刻之眼光及精神，然后古人立说之用意与对象，始可以真了解。"②饶宗颐所做的，正是冀图由残余断片考见当日全部建筑结构的工作。

为了推动敦煌学这门国际显学的进一步开展，饶宗颐还积极创立研究机构、主编丛书杂志、举办学术会议。1992 年，他在香港中文大学的新亚书院成立"敦煌吐鲁番研究中心"，延揽国内外学人莅港从事专题研究。他又与中国敦煌吐鲁番学会、北京大学中古史研究中心等合作，创办《敦煌吐鲁番研究》大型丛刊，并于《九州学刊》上创设"敦煌学专号"。由他主持的"敦煌吐鲁番研究中心"已出版丛刊数种，其中他自己主编的有《敦煌琵琶谱》《敦煌琵琶谱论文集》《敦煌邈真赞校录并研究》等。而他提倡辑刊的《补资治通鉴史料长编》系列，用编年方法，把新出土的零星史料加以编年，为史学研究提供可靠的材料，目前已出版数种，包括王素、李方的《魏晋南北朝敦煌文献编年》、姜伯勤的《唐代敦煌宗教文献编年》、荣新江、赵和平的《晚唐五代宋敦煌史事编年》等，为敦煌学的发展提供了很有价值的文献资料成果。

---

① 饶宗颐：《我和敦煌学》，见张世林编：《学林春秋》，657、652 页，北京，朝华出版社，1999。

② 陈寅恪：《冯友兰〈中国哲学史〉(上册)审查报告》，见刘桂生、张步洲编：《陈寅恪学术文化随笔》，11 页，北京，中国青年出版社，1996。

（三）简帛学研究

饶宗颐治学的特点是将文献记载与出土材料有机地结合起来，这在简帛学的研究上尤其突出。他经常到内地来考察和收集新发掘出土的资料，并用于自己的研究之中。在《长沙楚墓时占神物图卷考释》一文中，他分别考证帛书所纪四时与五木、五正；帛书所见之楚先公及楚方言古语；帛书所见之古文奇字等，认为“图中文字记四时五正及月令出行宜忌，殆为楚巫占验时月之用；而施之墓葬，以镇邪魅”①。在《缯书之摹本及图像》一文中，他最后总结说：“缯书十二月神像乃战国时楚俗图绘，尚保存较古之形态，及代表南方思想之一类型，更足宝贵。然于图形之解释殊非易事，今但知十二图像为十二月之神，最足资研究者为三头人身神像及一首两身之蛇，余不可考，不敢妄说。”②《楚缯书疏证》③则是一篇全面论述和逐句疏释帛书文字及内容的长文，其中论奞为古熊字，读“萬”为冥，与禹并立为夏、商所崇祀之水神，论四时之神以色为号，解十日、四时与共工之关系，论绖绌之为嬴缩，天檯之为天棓，以及证三首神为祝融等，都具有慧眼独具的见解。

他还和曾宪通合著《楚帛书》④和《楚地出土文献三种研究》⑤二书，前书包括楚帛书新证、楚帛书十二月名与《尔雅》、帛书之内涵及其性质试说、楚帛书之书法艺术、楚帛书研究四十年、楚帛书文字编等几部分，书后附帛书全图，对子弹库帛书做了详细的总结，认为它是楚国天官书的佚篇，而非历忌之书，其他如据《易纬·乾凿度》知雹戏亦号大熊氏，据《地母经》证女娲亦曰女皇，据秦简《日书》知土事必为土功等，这样由雹戏、女皇（女娲）、四神、炎帝、祝融、共工等组成的神话系统，皆与楚之先世有关。这对理解甲篇神话故事的源流颇为重要，且篇首残损最甚的一段文字亦由此得以贯通，可以说是楚帛书研究的集大成之作。后书则对随县曾侯乙墓钟磬铭辞、长沙子弹库楚帛书和云梦睡虎地秦简日书这三种楚地出土的考古材料做了深入研究，认为秦简日书是秦代对于时日宜忌的一种记载，通过对其研究，可以了解秦代术数历法的情况，以及与之相关的秦文化的信息。

饶宗颐对马王堆帛书《周易》也素有研究，撰有《略论马王堆〈易经〉写

---

① 饶宗颐：《长沙楚墓时占神物图卷考释》，载《东方文化》，第1卷，第1期，1954。

② 饶宗颐：《缯书之摹本及图像》，载《故宫季刊》，第3卷，第2期，1968。

③ 饶宗颐：《楚缯书疏证》，载《历史语言研究所集刊》，第40本上册，1968。

④ 饶宗颐、曾宪通编：《楚帛书》，香港，中华书局香港分局，1985。

⑤ 饶宗颐、曾宪通：《楚地出土文献三种研究》，北京，中华书局，1993。

本》(1982)和《谈马王堆帛书周易》(1984)等文，认为楚人引《易》甚多，又引贾谊《新语·道德说》云：“易者，察人之精，德之理，而与弗循，而占其吉凶，故曰：易者，此之占也。”说明《易》是一部占筮定吉凶祸福的古书。楚人传《易》，当与楚人笃信巫鬼与占吉凶有关。而在《道教与楚俗关系新证——楚文化的新认识》一文中，他针对前人对楚文化估计过低的局限，根据许多新材料、新发现，高度评价楚文化在物质方面和精神方面的出色成就，论证深入，精见迭出，使人感到耳目一新。

在物质文化方面，饶宗颐特别称道楚国冶炼钢铁和丝织技术的进步。他举出，出土楚国铁器中，含钢质的铁剑有三十一把，最长的达一百零六厘米，马王堆出土的各种纹样和不同质地的丝绸，绚烂夺目。湖北江陵出土的精致丝织品种类繁多，有“丝绸宝库之目”。而文章所着重的，是从精神方面论述楚文化的成就。饶宗颐利用帛书(《十大经》《五十二病方》《养生方》)、宁乡出土人面方鼎、洛阳博物馆报告等考古资料，与卜辞、《史记·封禅书》《汉书·艺文志》《素问》《尹子》《说文》《汉旧仪》《广韵》《抱朴子》等各种文献，联系起来互相参证，确有根据地提出一系列独到的见解。第一，西方学人喜欢采用萨满教的原理去了解楚辞的神话色彩，实则未能获得真谛；《楚辞》“讬云龙、说迂怪”一类特点，虽与巫术结上宿缘，“但从深一步看，楚人本身有他的宗教意识，和巫医关系非常密切”。第二，宁乡出土人面方鼎应该是象征黄帝四面，此可说明，楚国黄老之学根深蒂固，可以追溯到殷商时代。东汉三张之设鬼道，为人治病请祷等活动，实际上秦汉之际，在楚国地区已是司空见惯。“所谓‘黄神’不是他们所杜撰，而有悠远的来历，实在出于楚国的巫医。”原在楚国流行的巫医请黄神赶鬼治病之术，后来道教徒踵用之。第三，当时民间流行的医术，正和鬼道有许多雷同之处，加以马王堆出土各种房中术、养生方等方技之流行，正是后来道教徒的课题。“这时虽无道教之名，而有道教之实，民间道教方技有关书本的被人普遍采用，甚至入墓作为殉葬品，可以看出秦汉之际，黄老学在理论与方技是双轨并道。”第四，“楚文化内涵的‘巫’，以前是非常笼统含糊，现在通过各种新出地下资料知道和医术早已结在一起”。道教的萌芽，可以提前，“道教的形成，与楚国巫医存在着非常密切的关系”①。这篇论文堪称是把楚文化的研究提高到一个新水平的力作。它很典型地体现出饶宗颐治学

① 饶宗颐：《道教与楚俗关系新证——楚文化的新认识》，见《饶宗颐史学论著选》，125～142 页。

运用文化史的方法做贯通研究的特点，把历史、文学、哲学、宗教、艺术等项熔于一炉，因此能发前人未发之覆，揭示出历史上深层次的东西。由于他善于将新旧材料互相参证发明，往往一些别人所忽略的材料，到他手里一经阐发，就赋予了新的意义。故季羡林称他有“化腐朽为神奇”的本领，这正是对饶宗颐治学“通识”的恰当评价。

1993年，湖北荆门郭店楚墓竹简出土后，饶宗颐写了多篇文章，高度评价其学术价值，认为这批简将会给21世纪的中国带来一场文艺复兴运动，以代替20世纪初受西方冲击下的新文化运动。他在《从郭店楚简谈古代乐教》[①]一文中，对乐教和诗教做了深论，认为郭店楚简所载录的内容有不少应是出于子思之手，《五行》就是一个明显的例子，进而他阐述了郭店楚简的学术价值，肯定《左传》《国语》等三坟五典的可信，认为不仅要走出疑古，而且还要回归三代信史之本然。在研究方法上，他主张回到文本，把古文字学与历史文献及考古新材料三者结合起来，开创郭店楚简研究的新局面。在西北简牍研究方面，他和李均明合著《敦煌汉简编年考证》及《新莽简辑证》两书，除释文部分外，还有考证之部。其中《新莽简辑证》分数量简词与货币、职官与秩爵、郡县与屯戍组织、诏书律令与司法以及天凤三年西域战役五个部分，对汉简中涉及王莽时期的历史做了详细考证，是一部集资料与研究于一体的专著。

有学者认为五行说要到汉人董仲舒的《春秋繁露》始正式提出，其中《五行相胜》和《五行相生》两篇才有具体可靠的资料。饶宗颐根据湖北云梦睡虎地秦简《日书》甲、乙篇中已有五行相胜、相生的记载，认为是研究五行说极重要的材料。他摘录了简中的记载，并与银雀山汉简《孙膑兵法》相比照，又引用《墨子》中的有关篇章，指出“五行三合局的配合，在先秦时代已正式形成”。[②] 唐勒是继屈原之后著名的赋家，《汉书・艺文志》将其列于宋玉之前，但唐勒所作四篇赋全部佚失。饶宗颐利用山东临沂银雀山出土的残简《唐革赋》，与《淮南子》《水经注》《史记・屈原列传》《汉书・艺文志・诗赋略》、唐余知古《诸宫旧事》，直至宋人笔记中的零星材料等其他一些文献比勘，钩稽出这位与宋玉同时的楚辞作者的片断遗事，辑出了唐勒的一些佚文，内容言御马驰骋之术，并惋惜道：“惜失其篇题，残缺之余，合数简可

---

① 参见饶宗颐：《从郭店楚简谈古代乐教》，见武汉大学中国文化研究院编：《郭店楚简国际学术研讨会论文集》，3～7页，武汉，湖北人民出版社，2000。

② 饶宗颐：《秦简中的五行说与纳音说》，见《饶宗颐史学论著选》，151～178页。

得百三十字左右，吉光片羽，亦足珍矣。”[1]他对唐勒的辑佚工作为楚辞研究提供了新资料，使人们仍能依稀见到这位两千多年前人物著述的风貌一二，实在弥足珍贵。

(四)宗教史研究

饶宗颐的宗教史研究能够透过表象，考察历史问题的实质，从分析片断的史料而尽可能求得历史真相的整体性认识。他曾说到金石学家就材料论材料与历史学家由材料研究历史，二者眼界和方法的不同：“为碑志考据者，校录文字而外，以考证人名、地名、官名为多，以一碑作孤立之处理，此为金石学家之职，非史家之要务也。史家之贡献，在能提出历史问题，以碑为旁证，寻求解答，此以碑证史，与金石家以史证碑不同。”这正是对他本人由局部材料窥见历史全局的研究方法的一种概括。

饶宗颐《从石刻论武后之宗教信仰》一文，利用碑刻研究武则天与佛教、道教、景教和儒学的关系。几十年前，陈寅恪曾写有《武曌与佛教》一文，论述武后信仰佛教主要是由于其家世之薰习和本身政治之特殊需要。武后受其母杨氏影响而信佛，以佛教为符谶。他又分析指出，《大云经》并非伪造，佛教在唐初地位低下，到武后称帝之后转而受到尊奉，其中关系虽甚为复杂，而武后需要借佛经教义为登极制造符谶是一项重要原因。陈寅恪鉴于前人治史对此类宗教与政治之关系，多不知其重要，故特意加以强调，证明唐初佛教地位之升降与政治关系之密切。[2]

饶宗颐充分利用陈寅恪未采用的碑刻材料，结合其他史料考察，从多方面推进了对武后之宗教信仰的认识。他论证了武后对佛教态度前后的变化、武后与景教的关系及其晚年虽信佛崇道，但其思想更深层次却是尊崇儒术的意义。他主要根据《顺陵碑》《御制诗书碑》《栖岩道场舍利塔碑》等资料，证明武后之母杨氏信佛及其渊源，以这些碑刻材料可补陈寅恪文中之未及。他再根据《天授碑》《唐会要》及两《唐书》相参证，说明武后登基时曾借用佛经词句作为符应之凭借，而至其后期，对佛教态度已有变化。山西猗氏之大云寺，在天授三年已获准复原称仁寿寺，且著之于碑文。武后又曾欲在洛阳北邙山造巨佛大像，大臣狄仁杰等极力谏诤，被武后所接纳，遂罢其役，证明武后对营造佛像已不如前之热心。至圣历元年颁制称：“佛

---

① 饶宗颐：《唐勒及其佚文——楚辞新资料》，见《饶宗颐史学论著选》，88～97 页。

② 参见陈寅恪：《武曌与佛教》，见《陈寅恪史学论文选集》，352～370 页。

道二教，同归于善，无为究竟，皆是一宗。”对二教已无轻重之别，由此可见武后之心理：《大云经》中“尔时众中，有一天女，名曰净光。……佛言天女……舍是天形，即以女身，为王国土，得转轮王。……实是菩萨，现受女身”，这是其利用来作为称帝的理论根据，她并非佛教之真正信徒，后来她又对佛教信仰渐衰，未能贯彻始终。

与此相关联，武后晚年兴趣向道教转移。饶宗颐举出武后晚年嵩山地区碑铭，如至圣二年《昇仙太子碑》等，论证武后此时改元为“久视”，停“金轮”等尊号。御制诗中竟直接表达欲求长生之药，群臣应和之诗也明显作神仙家言。又近年嵩山峻极峰顶所发现之金简上镌文称：“大周国主武曌，好真道，长生神仙。”他得出结论：“此时期中，后已醉心道术，即向取自佛家之金轮尊号亦复停用，而改采《道德经》长生久视为年号。”

饶宗颐又根据波斯僧《阿罗本至铭》载：“又为则天大圣皇后，召诸蕃王建造天枢。”与此相参证，还有一重要碑刻材料《泉献诚墓志》。泉献诚本为高句丽人，高宗时归附，称“奉敕充检校天枢子来使”。他以这些重要碑刻材料与旧史互相参稽考察恰恰证明：“天枢建成之日，东而高丽臣服之人，西至大秦波斯传教之士，无不赞襄其事。故云召诸蕃王，共建造之。佛教、景教均在我后化育之下……武则天以神皇、天后之尊，君临万国，此即天可汗之精神，自太宗、高宗以来，至武后而更充分加以发挥者也。”他揭示出武后宗教观念中秉承唐太宗立国之涵盖精神，对异教均加宽容，绝不排斥之原则，使我们对武后宗教信仰中所反映的唐初之时代精神，有更加深入的了解。

武后对于佛教、道教、景教的态度已如前述，那么对于儒学这一传统文化的主干，她又持什么态度呢？饶宗颐明确指出：“武后在高宗季年，乃笃志于儒术”。他根据《旧唐书·则天皇后纪》和《新唐书·武后传》所载，武后晚年大集诸儒，撰定《列女传》《臣轨》《百寮新诫》《乐书》等大抵千余篇，表明其兴趣的中心是想回到实行儒家传统“太平文治之事”，其晚年著述也与早期思想有内在联系。武后早期所著也以儒家类为多，见于两《唐书》之《经籍志》和《艺文志》中。再者，武后在大足元年召诸臣修《三教珠英》一千三百卷，预修者四十七人。从其书名判断必是选录儒、道、佛三教有关之诗文，会通编纂而成书，“可见武后自始至终即有混合三教之倾向”，“其思想及信仰，自非释、道之所能囿也”。[①]

---

① 饶宗颐：《从石刻论武后之宗教信仰》，见《饶宗颐史学论著选》，504～531 页。

饶宗颐此文是全面论述武后宗教信仰和文化思想的重要文章，他综合各种史料，尤其利用碑刻资料，由表及里进行分析，启发我们从动态的观点认识武后前后期宗教信仰的变化，并从深层了解这一时期儒、佛、道三种势力的关系。此文特别启发我们认识到封建社会某一时期佛、道势力的暂时增长与儒学这一传统观念对于中国文化和统治阶级代表人物支配作用的关系。武后由于家世、本人爱好和政治上的需要，在一个时期会推行有利于佛教的政策，或热心于道教，但相比起来，儒学这一传统观念对她具有更加深刻的影响。这是因为儒学是对社会和思想意识起支配作用的巨大力量，规定社会进程和统治者行动的根本方向，因而必然对武后起到更加有力的支配作用。武后家世信仰等因素，固然会影响历史进程的某些方面即外部的某些特征，但历史进程的总趋向是不会改变的。饶宗颐指出从根本上尊儒这一倾向对于武后确立统治地位至关重要，唯其尊儒，才能获得一般文士的拥戴。武后晚年终不接受武承嗣求为皇子之策，“实心仍存唐室，故卒能‘复子明辟’”，这也正与其观念深处恪守儒家原则相一致。他揭示武后宗教信仰的诸多方面和内涵，对于我们认识历史具体进程的复杂多样与历史发展保持其总方向、总趋势，具有深刻的历史哲学价值。

重视宗教史的研究是饶宗颐学术活动一个重要特点，这在《说卍(Svastika)——从青海陶文谈远古羌人文化》一文中得到极好的体现。以往学者一般认为，中国西藏和其他地方用卍图案，是通过佛教由印度输入的。而印度使用的卍纹样，是由雅利安人入侵带来的。饶宗颐根据青海民和县及乐都县(今乐都区)柳湾出土的彩陶器得知卍纹样是常见的图案，依据《汉书·地理志》和《水经注》的记载，得知乐都正是青海古羌人居住地湟水所在；又据少数民族文献记载，得知云南丽江摩些文亦用卍字。他联系起来分析，得出结论：中国古代西南居民之沿用卍号，“可远溯至远古青海的石器时代，其原实出于古代羌人之文化”。卍这一符号，随着古代羌族向西南迁移，传播到西藏、四川和云南。这是他根据考古发现与传统文献互相参证而提出的新颖见解，对长期因袭的旧说提出怀疑，启发研究者对这个问题做进一步的探索。现在国内外研究者普遍认为，中国和印度的卐纹样乃是独立产生的，不存在互相影响的传播问题。①

此外，饶宗颐还写有大量关于宗教史的论文，比如《北魏冯熙与敦煌写

---

① 饶宗颐：《说卍(Svastika)——从青海陶文谈远古羌人文化》，见《饶宗颐史学论著选》，1～16页。

经——魏太和写杂阿毗昙心经跋》(1979)、《清初僧道忞及其布水台集》(1986)、《禅僧传綮前后名号之解说》(1987)、《隋禅宗三世祖塔砖记》《谈六祖出生地及其传法偈》《巫的新识》(1990)、《从释颜琮〈辩证论〉谈译经问题》(1991)等，都给后来研究者以有益的启发。

(五)潮汕文化研究

潮汕文化历史悠久，源远流长，内容丰富，是中华文化的一个分支，为由讲潮汕话的民系所创造的文化共同体。饶宗颐出生于潮安，对于乡邦文献之学和历史文化艺术，倾注了大量心血。他说："潮州地区，以语言之故，风俗、饮食、戏剧、音乐，皆别具特征，而侨民海外拓殖，与南洋关系，尤为密切。比岁以来，韩江流域古物日有发见，若潮安梅林湖之贝丘，韩山竹竿山之唐宋窑址，脍炙人口，凡此均宜独立研究。"[①]

1935—1937 年，饶宗颐在中山大学广东通志馆任编修，先后编有《潮州艺文志》和《潮州丛著》两书。前书辑注潮州有史以来在艺文方面的著作实录，网罗古今，博采众家，按经、史、子、集四部分类，收集书目千余种，并附作者简介，且有精辟之评论。《潮州艺文志》"内容实际包罗了潮州千余年来的文学、哲学、史学、诗词、文学评论等著作，成为后人探究潮州文化学术史之重要文献"[②]。在《潮州丛著》的自序中，他说："予少耽丛残，志存乡献。平居访耆，时有嘉获。前岁冬与纂省志，窥览所隶，直缀弥多。虽复窜写成篇，而诠弟犹未。今春简暇，稍事整比，先取数篇，刊为一帙。"[③]这说明他对潮汕文化研究的重视。

1949 年，饶宗颐总纂的《潮州志》出版，收录已修成的十五个专志，1965 年又收入《潮州志汇编》之中。他在序中说到编纂经过："方志地方史也，亦国史之要删也。从事方志者，非从国史入，则所见也隘；治国史者，非自方志出，则所得也肤。良以桑梓之邦，耳目睹记，以参为验，于所接最亲切者尽心焉，庶乎着手之非难，而持论斯较可信。余自三十以前，颇留心地志之学。既于中山大学参与粤志之修纂，复于新修潮志，忝董其役。遭时多难，两无所成。向者囿于见闻，即古潮志之《三阳图志》，暨嘉靖间郭春震所修志，深以未获寓目为憾。去岁读书南港，始于插架见郭志残本。嗣如东京，悉内阁文库庋有完帙，友人日比野丈夫教授复影见示。因取嘉

① 饶宗颐：《潮州志汇编序》，见《饶宗颐史学论著选》，765 页。

② 郭伟川：《饶宗颐教授与"潮州学"》，见郑炜明编：《论饶宗颐》，158 页。

③ 郑炜明编：《论饶宗颐》，158 页。

靖志合顺治志，益以《永乐大典》所收《三阳志》，及余所纂《民国志稿》，汇成一帙，用备省览。”全书以旧府属为范围，应用新体例、新内容和新形式，以现代技术和理论为指导，用科学方法分门别类，有关地质、气候、地理、水文诸志，均延聘自然科学家撰稿，各专志之编排次序，也极具匠心，“若大事志则采提纲旁注之法，户口、交通志均多列图表，颇异前规”①。该书合元明清及民国诸志，内容涵盖历史沿革、大事记载、地理、交通、气候、水文、地质、农工渔猎、科学技术、政治、经济、军事、哲学、文学、人物传略、山川胜概、志异丛谈等，共有十五个专志，对于潮州之人文历史及风土民俗，灿然赅备，是潮州文献史上前无古人的巨大贡献，弥足珍贵。同时该书也为方志开创新体例，增添新内容，使志书不仅发挥乡邦文献之功能，而且起到济世利民的实际作用。有研究者评价道：“饶《志》对晚清至近代潮州府面貌的叙述是其他书籍所不能替代的，它在潮汕方志史上，起了承前启后、继往开来的作用。”②

韩愈因为反对佛教而被贬斥潮州，其间办乡校，兴水利、驱鳄鱼，开风气，对潮州的文化发展厥功甚伟，影响深远。20 世纪 50 年代，陈寅恪撰《论韩愈》一文，指出韩愈在辟佛的同时对佛氏的袭用：“退之从其兄会谪居韶州，虽年颇幼小，又历时不甚久，然其所居之处为新禅宗之发祥地，复值此新学说宣传极盛之时，以退之之幼年颖悟，断不能于此新禅宗学说浓厚之环境气氛中无所接受感发，然则退之道统之说表面上虽由《孟子》卒章之言所启发，实际上乃因禅宗教外别传之说所造成，禅学于退之之影响亦大矣哉！”③饶宗颐也积极推动潮州韩学研究，不遗余力，写有《宋代潮州之韩学》(1988)及《宋代涖潮官师与蜀学及闽学——韩公在潮州受高度崇敬之原因》(1989)等文，也认为韩愈虽然辟佛，但其诗文却受到佛教的影响。如《南山诗》即脱胎于《佛本行经》，而《获麟解》也受到牟子《理惑论》的启发。文中说：“麟之为灵昭昭也，杂见于传记百家之书。”应亦包括牟子在内。牟子亦云：“昔杨墨塞群儒之路……孟轲辟之，乃知所以。”这些话韩文常套用之。至于韩愈与高僧大颠交往一事，久已成为文学史上一段佳话。而潮州地方史料中有关大颠的材料很多，可供研究二人关系的学者补充和仔细

① 饶宗颐：《潮州志汇编序》，见《饶宗颐史学论著选》，758～768 页。

② 卢山红：《饶本〈潮州志〉的编撰方法、旨趣和成就》，见郑炜明：《论饶宗颐》，155 页。

③ 陈寅恪：《论韩愈》，见刘桂生、张步洲编：《陈寅恪学术文化随笔》，148 页。

讨论。

饶宗颐还著有《韩江流域史前遗址及其文化》(1950)、《九龙与宋季史料》(1959)等潮汕文化研究书籍。他之所以重视乡邦文献，并不仅仅因为生于潮安，而是认为地方史料与国史可以互补。他说："国史必资地志为材料的要删，而地方研究，必从全国立场来看问题，才能高瞻远瞩，轻重得宜，切中肯綮，不致流为乡曲武断的庸俗看法。"①他自己除了以大量的著述为"潮州学"奠基外，还多次在内地发起组织"潮州学"研究机构和刊物，规划、指导"潮州学"的学术研究，并在国内外各种场合宣传潮汕文化，呼吁和促进海外潮州人与学术界对"潮州学"研究的参与和投入。目前，潮汕地区大力进行对地方文献、民风民俗、乡音土谈的搜集和整理工作，常有介绍乡土文化的书刊问世，研究潮汕历史文化的学术机构(如潮汕历史文化研究中心和汕头大学潮汕文化研究中心)也纷纷成立，学术刊物(如《潮学研究》和《国际潮讯》)和学术会议(如潮州学国际研讨会)也陆续召开。我们可以说"潮州学"已初具规模并逐渐成为一门吸引海内外学者的学问，这与饶宗颐的首倡之功是分不开的。

除了上述的几个领域外，饶宗颐在梵学、词学、楚辞学、目录学、考古金石学、音乐史、书法绘画方面都有不凡的表现。20世纪50年代以后，他在欧、美、印度、日本、东南亚及国内广泛进行学术交流，扩大学术视野，接触新材料，结识许多知名学者，从中获得启发。他说自己有幸生活在一个地下古物、文书大量出土和国际文化交流日益便利、频繁的时代，较之前人有可能接触到更多过去无法想见的文献资料，同时，他在更广泛的范围内，获得同行学术研究的启发。譬如他于1963年在印度期间，先后从Paranjpe父子攻治婆罗门经典，并阅读著名学者Kane所著多卷本《法典史》，从中受到深刻的启示：研究问题要穷其源，而溯源要追溯到最远处。1976年在法国工作时，他利用暇日从学者J. Boottēro习楔形文字及西亚文献，从而将阿克得人的天地开辟神话从楔形文字首次翻译成中文，并在此基础上，将阿克得人宣扬的宇宙观二元论与《淮南子》以及彝族宇宙论、古代楚人说加以比较研究，深入讨论了近东与远东的开辟神话和造人神话的异同。与国际汉学界频繁交往的有利条件，使得饶宗颐形成一种世界性的眼光，把不同国家的有用材料置于自己研究的视野之内，进行比较研究而大有创获。

---

① 饶宗颐：《地方史料与国史可以互补》，载《文史知识》，1997(9)。

饶宗颐《〈天问〉文体的源流——“发问”文学之探讨》一文，联系东方各国同样具有发问句型的文学资料，通过比较研究，论述《天问》文体具有源远流长的历史，大大推进了对《天问》所具有的文化人类学的认识。他认为自战国以来，随着天文学的发展，“天”的观念有了很大的转变，人们对宇宙现象的形成怀有疑问，屈原的《天问》就是在这样的环境下产生出来的。这种特有的题材形式，实则反映出古代人类的一种共同心理，企图探求天地生成和各种自然现象如何形成的原因，表明人类已经开始摆脱神意支配一切的状态。屈原的《天问》首先对天地问题发问，次及神话和历史，印度《梨俱吠陀》及《奥义书》对宇宙问题亦多所发问，古伊朗《火教经》中的祀歌及《圣经·旧约·约伯传》，都出现有类似的诗歌。就中国而言，这种对天地问题加以发问的形式，在楚国文献中最为普遍。他引用马王堆帛书《老子》卷前古佚书《十大经》，说明“问答文体在战国末期很是盛行”，其中有《国语·楚语》《庄子·逍遥游》《庄子·天运》篇等。接着他又把晋六朝以下模仿《天问》的作品做纵向比较，自晋傅玄《拟天问》、梁江淹《邃古篇》、北齐颜之推《归心篇》、唐杨炯《浑天赋》、柳宗元《天对》、刘禹锡《问大钧赋》，一直到明方孝孺《杂问》、王廷相《答天问》、黄道周《续天问》等，因而得出自《天问》文体确立以后，在中国文学史上形成一条支流的结论。他通过比较，又证明屈原《天问》无论内容和形式，都是崭新的创作，而后人的模仿只有点滴或片段的类似，没有屈原的魄力。①

比较研究是很重要的研究方法，事物的特点通过比较而更加分明，也更有利于揭示出其内在的含义。饶宗颐极具卓识地指出，中西比较更应着重于相类事物作参照，从中求得我国历史文化的特点，也就是注重求异。他不赞成滥用神话学、语言学来解释中国历史，反对随便拿西方的观念套用，以偏概全。他说：“语言学在西方，目前几乎居于其他学术的领导地位。汉语与文字由于处于游离状态之下，语言的重要性反不如文字。中国靠文字来统一，尽管方言繁多，而文字却是共同而一致的。这显示中国文化是以文字为领导，中国是以文字—文学为文化主力，和西方之以语言＝文字—文学情形很不一样。这说明纯用语言学方法来处理分析中国文学，恐有扞格之处，尤其是诗学，困难更多。至若轻易借用西方理论来衡量汉

① 参见饶宗颐：《〈天问〉文体的源流——“发问”文学之探讨》，见《饶宗颐史学论著选》，98～124 页。

诗，有时不免有削足就履的毛病了。”[①]季羡林在论及饶宗颐学术研究中涉及的“外来观念与固有材料”时也说：“我在这里讲的外来观念是指比较文学，固有材料是指我国古代的文学创作。饶宗颐教授应用了比较文学的方法，探讨中国古代文学的源流，对于我们研究中国古代文学史也有很多启发。”[②]其《符号·初文与字母——汉字树》一书，审视和利用了海内外有关陶符、图形文的考古发现，采撷与融汇了最新考古学和民族学的若干资料，从世界观点出发，对汉字的成就做了总体考察，探索原始时代汉字的结构与演进的历程，说明文字起源的多元性及地区分布的变互关系。全书从多方位追溯汉字演化的轨迹，并与腓尼基字母、苏美尔楔形文字等古文字做比较研究，从全新角度探索汉字的起源问题，也是他运用比较研究方法的成功之作。他从“字母型符号”出发，对字母学做新探索，是其“世界观点”的又一体现。对中国既有“字母型符号”，何以不使用字母这一疑谜，他给出了精彩回答，指出中国语言方音复杂，“且习惯施行以文字控制语言的政策，而让‘语、文分离’——即所谓‘书同文’，使文字不随语言而变化；字母完全记音，汉字只是部分记音，文字不作言语化，反而结合书画艺术与文学上的形文、声文的高度美化，造成汉字这一大树，枝叶俊茂，风华独绝，文字、文学、艺术（书法）三者的连锁关系，构成汉文化最大特色引人入胜的魅力”[③]。

这里谈的是诗学和文学，但所阐述的中国文化有自己的特点，不能随意套用西方观念的道理，却具有普遍的意义。饶宗颐治学，可以“博古通今、中西融贯”八字当之。他自己也说：“念平生为学，喜以文化史方法，钩沉探赜，原始要终，上下求索，而力图其贯通；即文学方面，赏鉴评骘之余，亦以治史之法处理之。”[④]他在多年的学术历程中积极迎接学术新潮流，锐意进取，上下求索，广泛的国际学术交流使他得到许多启发，而又始终不忘本民族的特点和地位。他博采中外治史方法，充分利用新旧材料，形成了自己治学的宽广领域和独特风格，这正是他长久地保持学术创新精神的重要原因所在。

---

① 饶宗颐：《汉字与诗学》，见《饶宗颐史学论著选》，320页。

② 季羡林：《饶宗颐史学论著选序》，见饶宗颐：《饶宗颐史学论著选》，20页。

③ 饶宗颐：《符号·初文与字母——汉字树》引言，1页，上海，上海书店出版社，2000。

④ 饶宗颐：《文辙——文学史论集》小引，Ⅰ页，台北，学生书局，1991。

二、张光直的考古学文化研究

张光直(1931—2001)，祖籍台湾，生于北京，1954 年毕业于台湾大学考古人类学系。他曾获美国哈佛大学博士学位，任耶鲁大学人类学教授，当选为美国科学院及文理科学院院士，哈佛大学人类学系讲座教授，等等。他主要著作有《中国青铜时代》《商文明》《中国考古学研究》《美术、神话与祭祀》《殷周青铜器与铭文综合研究》《古代中国文明：人类学考察》《番薯人的故事》等。他在中国史前史、商王庙号继承法、中国美术与占卜之关系等研究领域都有极深的造诣，是将考古学与历史学结合进行学术研究的代表人物。考古学家俞伟超概括张光直的三项最重要的贡献，并予以高度评价："第一是在 60 年代时就发现了商王继承世系中的昭穆制；第二是在 80 年代又指出中国三代铜器所以能在全球古代青铜器占有辉煌的位置，是因为唯独中国是以青铜礼乐器为沟通人、神关系的祭祀重器；第三是以西方考古学的理论写出《中国考古学研究》一书。"①

(一)夏商周三代文化研究

张光直的学术成就，首先在于对三代文化的研究上。历史上的三代，指的是夏、商、周三个朝代，它是中国古代文明从酝酿走向成熟的时期，在整个人类文明发展史上占有突出的地位。他说："夏、商、周三代在中国古代史上是一个关键性时期：文字记载始于这个时期；我们所知道的中国诸政治实体的最初形成也是在这个时期；奠定整个中国历史的风俗习惯和制度的基础也是在这个时期。"②三代文化的关系，一直是学术界关注的问题。孔子在《论语·为政》中说："殷因于夏礼，所损益可知也。周因于殷礼，所损益可知也，其或继周者，虽百世可知也。"孔子认为三代文化一脉相承，只不过有所损益增减，没有根本的变化。直到 20 世纪初，王国维另立新说，主张"中国政治与文化之变革，莫剧于殷、周之际"，并从都邑、族类、地理等方面论证夏商文化略同，而殷周间变动剧烈，文化发生了本质的变化，"殷、周间之大变革，自其表言之，不过一姓一家之兴亡与都邑之移转；自其里言之，则旧制度废而新制度兴，旧文化废而新文化兴。"殷

① 俞伟超：《往事追忆》，载《中国文物报》，2001-02-07。

② 张光直：《早商、夏和商的起源问题》，见《华夏文明》(一)，417～418 页，北京，北京大学出版社，1987。

周制度不同之处有三：一曰立子立嫡之制；二曰庙数之制；三曰同姓不婚之制。[①] 后来，傅斯年《夷夏东西说》把夏、周同夷、商视为东西对立的两方，商、周文化有根本区别："三代及近于三代之前期，大体上有东西不同的两个系统……夷与商属于东系，夏与周属于西系。"[②]

张光直根据新的考古遗物和研究成果，结合文献史料中所记载的三代关系，认为："从大处看，夏商周三代文化在物质上的表现，其基本特点是一致的：(一)三代考古遗物所显示的衣食住一类的基本生活方式都是一样的。三者都以农耕为主要生业，以粟黍为主要作物，以猪狗牛羊为家畜；衣料所知的有麻丝；在建筑上都是茅茨土阶，以夯土为城墙与房基。房基的构造都是长方或方形的，背北朝南。(二)三代贵族都以土葬为主要埋葬方式，尸体的放置以仰身直肢为常，墓坑都是长方形或方形竖穴墓，都有棺椁。这种共同的埋葬方式表现共同的宗教信仰，尤其是对死后世界的信仰。三代也有骨卜，表现借占卜沟通生死的习惯。(三)在器物上看三代文化虽有小异，实属大同。陶器皆以灰色印纹陶为特征，器形以三足和圈足为特征。常见的类型如鼎、鬲、甗等表示相似的烹饪方式。铜器中皆以饮食器为主，表示在祭祀上饮食的重要。酒器中都有觚爵一类成套的器物。从物质遗迹上看来，三代的文化是相近的：纵然不是同一民族，至少是同一类的民族。"[③]但同时他也承认三代存在差异，他在另一篇文章中说："我对三代的看法是这样的：夏、商、周在文化上是一系的，亦即都是中国文化，但彼此之间有地域性的差异。另一方面，在政治上夏、商、周三代代表相对立的政治集团；它们彼此之间的横的关系，才是了解三代关系与三代发展的关键，同时亦是了解中国古代国家形成程序的关键。"[④]

考古学上的殷商文化和周文化，经过数十年来的努力，获得了丰富的材料。对于夏文化，学术界也基本上达成共识，即河南二里头及其相关的文化类型属于夏文化。仔细考察三代所包含的文化因素，虽然它们有若干地域、时代和族别的区分，但是总体上都属于中原地区(广义)的文化。因此，张光直又说："根据现有的文献与考古证据来看，三个朝代都以一个共

---

① 参见王国维：《殷周制度论》，见傅杰编校：《王国维论学集》，1～14页。

② 傅斯年：《夷夏东西说》，见《傅斯年选集》，247页。

③ 张光直：《夏商周三代都制与三代文化异同》，见《中国青铜时代》，64～65页。

④ 张光直：《从夏商周三代考古论三代关系与中国古代国家的形成》，见《中国青铜时代》，67页。

同的中国文明为特征。这不但在这个文明的早期阶段——夏和商——包括地域较小时是如此，而且在较晚的阶段，如青铜器的广泛分布所示，其领域伸展到包括华南广大地区在内的中国全部时也是如此。”①这种既承认文化的共性，又区分其差异的看法，与近几年考古发掘所出材料基本一致。如四川广汉三星堆出土的器物，年代相当于商代晚期，带有明显的中原文化的影响，但也有强烈的区域文化——蜀文化——的色彩。而江西新干大洋洲发现的商代大墓，年代约为商代后期早段，所出青铜礼器带有类似殷墟早期的风格，似乎较多地受到中原的影响，兵器和农具则体现更多的地方色彩。故有的学者联系到这些特点后，对张光直所持三个朝代文明关系的观点评论说：“张先生的这个看法，既考虑了三代直的关系，又照顾到三代横的关系。他所讲夏商周代表相对立的政治集团，吸收了《夷夏东西说》的一些要点，而夏商周在文化上一系，则与《殷周制度论》以来的成说不同。”②

张光直对商代的研究尤为新颖，他根据商王庙号在系谱上有规律的分布现象，建立了商代王室继承的序列。归纳起来有两点：第一，以十日（甲、乙、丙、丁、戊、己、庚、辛、壬）为名的习俗不是照旧说根据生日（或死日）而来的，而是死后庙主的分类制度，反映活人的社会身份地位；第二，由此研究殷商王制，可以看出在王室里面有两组主要的执政群，其一以甲、乙庙号为代表，其二以丁一个庙号为代表，两组隔世轮流执政。具体继承方式为商王室内婚，亲子娶姊妹之女，王位传甥，此后，他又拟测了殷商王制的六条法则，这就解决了商王继承法则是父死子继还是兄终弟及的千古疑难问题。③ 这是他参考民族学的研究成果，结合中国古代文献和考古材料而得出的一个新解释。

夏商周三代都城屡有迁徙，如殷商曾迁都达十三次之多，原因何在？历来说法不一，有人认为是处于游牧向农业转化阶段；有人说是为了作战的方便；还有人主张为逃避洪水等，不一而足。这些解释都有一定的合理性，但又不尽全面。张光直独辟蹊径，提出“三代各代都有一个永恒不变的‘圣都’，也各有若干迁徙行走的‘俗都’。圣都是先祖宗庙的永恒基地，而俗都虽也是举行日常祭仪所在，却主要是王的政、经、军的领导中心。圣

① 张光直：《中国青铜时代》，见《中国青铜时代》，13 页。

② 李学勤：《论古代文明》，见《走出疑古时代》，64 页。

③ 参见张光直：《商王庙号新考》《谈王亥与伊尹的祭日并再论殷商王制》，见《中国青铜时代》，165～228 页。

都不变，缘故容易推断。而俗都屡变，则以追寻青铜矿源为主要的因素"[①]。而追逐铜锡矿源之目的正是为了制造青铜器。青铜器在三代政治生活中扮演了中心地位，它不是宫廷奢侈品或点缀品，而是政治权力斗争中的必要手段，这从青铜器上的动物纹样可以找到答案。

张光直结合考古学，对古代神话传说做了研究。他从神话学和美术史的研究入手，对商周两代神话及美术中所见动物的解释，提供了与传统不同的研究途径。他认为"在商周之早期，神话中的动物的功能，发挥在人的世界与祖先及神的世界之沟通上……在古代的中国，做为与死去的祖先之沟通的占卜术，是靠动物骨骼的助力而施行的。礼乐铜器在当时显然用于祖先崇拜的仪式，而且与死后去参加祖先的行列的人一起埋葬。因此，这些铜器上之铸刻着作为人的世界与祖先及神的世界之沟通的媒介的神话性的动物花纹，毋宁说是很不难理解的现象"[②]。动物之所以有这样尊贵的地位和作用，是由于当时普遍存在的巫术。作为知通天地的巫觋，动物便是他们使用的工具之一，因此，商周礼器上面充满了饕餮、肥遗、夔龙一类的神话动物。除此之外，巫师借以通天地的工具还有神山、树木、歌舞、音乐及各种药酒。张光直将这一学说用以解释中国玉器之一的琮，极具说服力。玉琮是中国古代祭祀用的礼器，一般外圆内方，表示地和天，中间的穿孔表示天地之间的沟通。其用途如《周礼·春官·大宗伯》所载"以黄琮礼地"，郑玄注云："礼地以夏至，谓神在昆仑也。"昆仑是萨满教(Shamanism)的宇宙或世界山，又称"天山"或"昆仑山"，为通天之处。从孔中穿过的棍子就是天地柱，在许多琮上有动物图像，表示巫师通过天地柱在动物的协助下沟通天地。[③] 1988年，浙江余杭的瑶山和反山墓地出土了许多刻有人面像的玉琮，就是萨满教巫师用以沟通天地的工具。拥有这些艺术品的人，生前当是集神权、财权和军权于一身的显贵阶层，他们握有了沟通天地的手段，也就是掌握了古代政权的工具。

"萨满"是通古斯语言"巫师"的译音，本意是"因兴奋而狂舞的人"，被认为是族神在族内的代理人和化身，是人神交通的中介，可以消灾求福，

---

① 张光直：《夏商周三代都制与三代文化异同》，见《中国青铜时代》，42页。

② 张光直：《商周神话与美术中所见人与动物关系之演变》，见《中国青铜时代》，420～421页。

③ 参见张光直：《谈'琮'及其在中国古史上的意义》，见《中国青铜时代》，289～304页。

以祈祷和跳神为社会提供宗教服务。张光直以萨满教为考察中心，说明夏商周三代的政治、宗教和艺术是结合在一起的，而“作为通天工具之一的艺术，实在是通天阶级的一个必要的政治手段，它在政治权力之获得与巩固上所起的作用，是可以与战车、戈戟、刑法等等统治工具相比的”①。他还从环绕着为商周艺术核心的青铜器为中心的九鼎传说上，详细阐述了古代艺术在政治上的重要性，讨论了萨满教在古代政权形成过程中的作用，说明了其对于原始文化研究的重要性，观察透彻，极富启发作用。

（二）文明起源的新探索

文明起源问题，一直是学术界讨论的焦点话题，由于判定文明的标准不尽相同，故出现了不同说法。柴尔德（Gondon Childe）认为具备了以下十个条件，就可以说诞生了文明：一是在有限的区域内集中了较多的人口；二是手工业专门化；三是剩余产品由中央权力机构控制；四是存在公共祭祀建筑；五是社会等级差异明显；六是采用文字；七是科学研究发轫；八是自然主义艺术出现；九是存在对外贸易；十是栖居方式不再以血缘关系而定。② 李学勤也归纳出几点：一是金属的使用；二是文字的产生；三是城市的出现；四是礼制的形成；五是贫富的分化；六是人牲人殉的发端。③ 目前在考古学、历史学、人类学、民族学等一系列著作中，得到学术界公认的标准，大抵有以下诸要素：一是城市的出现；二是文字的书写；三是冶金术和金属工具的使用；四是密集型的农业；五是宗教的统一力量；六是礼仪建筑等。但任何文明都只能是一个过程，而不可能一蹴而就。同时，由于历史、地理、经济、文化上的种种原因，进入文明时代的标志也不是整齐划一的。但是文明的诞生，就是国家和阶级社会的出现，象征着社会进化史上的一个突破性的质变。

在人类社会历史上，城市的出现是文明形成的一大标志，是人类社会进化的里程碑，揭示着私有制、阶级的确立，战争的激化，强权的形成，工农业的分工，劳心劳力的对立。古代文明的发展以城市为主要舞台，文明成果也以城市为集散地。张光直总结了城市的出现在考古材料中所反映的因素，通常至少有下面几项：一是夯土城墙、战车、兵器；二是宫殿、

---

① 张光直：《中国古代艺术与政治》，见《中国青铜时代》，466 页。

② 参见陈淳：《中国文明与国家探源的思考》，载《复旦学报（社会科学版）》，2002(1)。

③ 参见李学勤：《中国古代文明的起源》，见《走出疑古时代》，20～38 页。

宗庙与陵寝；三是祭祀法器（包括青铜器）与祭祀遗迹；四是手工业作坊；五是聚落布局在定向与规划上的规则性。① 大量考古发现证实，大约在公元前3000年龙山文化时期，随着农业、畜牧业的发展，生产工具的数量和种类也大为增长，快轮制陶技术较为普遍，大大提高了生产效率，同时占卜等巫术活动也较盛行，出现了私有财产。社会形态已发生重大变化：一方面出现了中心聚落和半从属聚落；另一方面出现了专业性的经济中心和宗教中心。张光直说："到了龙山时代的初期，大约公元前三千年左右，现代中国境内的黄河流域、长江流域和东海岸地区，分布着成千上万的城邑。通常数个城邑构成一个'国'或'邦'，国的居民在国内国外组成宗法制度的亲属群。这些宗族内部有结构性的社会层次，在上层的统治者以积聚财富为业。他们积聚财富的手段，完全是政治性的。第一是战争，希望能够战胜而将敌邑吞并，将它的财富据为己有。第二是增加劳动力，增加劳动人口，或增加原有人口的生产量。无论是哪一个手段，国王的政治权力必须不断增加。政治权力不断增加的一个主要手段便是国王对巫术的独占。"②

张光直强调将中国社会史放在社会科学一般框架中去研究，这就需要做三件事：深入研究中国史料、尽量了解学习世界史和深刻了解各种西方社会科学理论。有了这三个条件，我们才能看得出来有哪些西方社会科学理论能适用于中国史，有哪些理论需借中国史实加以修正，以及从中国史实中可以归纳出来哪些新的社会科学理论、法则。他还从世界范围内文明发展的不同轨迹，列出了古代文明两种不同的变化方式。一种是西方式的，其主要特征是突破性的(Rupture)，从两河流域的苏美尔人(Sumerian)的乌鲁克(Uruk)文化到地中海的爱琴文明，它们的文明社会的出现，在社会演进过程中是一个突破性的变化，生产的手段，也就是人类对自然的征服是积蓄社会财富的主要方式，技术或商业程序是决定性的因素；在社会组织结构中地缘关系代替了血缘关系；文字产生的主要动机是技术和商业的需要；城市成为交换和手工业的中心，城乡分离；因此特点是连续性(Continuity)，也就是断裂性的。另一种是世界式的或非西方式的，也就是中国式的，包括美洲的玛雅文明在内，社会财富的积蓄主要是靠政治程序完成，贸易主要限于宝货；社会组织结构中的血缘关系从氏族到国家一直延续着起主要作用；文明社会的城市与以前的氏族聚落也有连续性；文字的出现

① 参见张光直：《关于中国初期"城市"这个概念》，见《中国青铜时代》，33页。

② 张光直：《中国古代王的兴起与城邦的形成》，载《燕京学报》，1997(3)。

是与政治、亲族的辨认和宗教仪式密切相关；因此它的特点是连续性。① 中国古代文明中的几个现象都与财富的累积和集中有关，“第一，是中国古代文明的生产工具、技术与文明产生以前的生产工具、技术并没有本质上的改变。……宗族制度在中国古代文明社会里面，是阶级分化和财富集中的一个重要基础。……天人合一的宇宙观是从史前继续下来的，是供给中国古代财富积累与集中的重要工具。”②而财富的累积与集中主要是靠政治程序达成的。以巫师沟通人鬼为主要特征的萨满教，在中国文明尤其是国家政治权力形成的过程中起到了举足轻重的作用。在详细分析了公元前4000年前后中国各地的考古材料后，张光直提出了“相互作用圈（sphere of interaction）”概念，“范围北自辽河流域，南到台湾和珠江三角洲，东自海岸，西至甘肃、青海、四川的‘相互作用圈’。”③中国文明起源进程肇始于龙山时代，完成于夏商周三代初期，其间中国各区域文化彼此间交往频繁，从而促进了文化和社会的变化，使中国作用文化圈向国家、城市、文明的过渡。考古发现的大汶口龙山文化、良渚文化、红山文化、屈家岭文化、齐家文化等文化类型都证明了中国古代的国家未曾单独出现，而是成双地出现或者出现于复合的网状组织之中，即中国文明的起源并不是单一孤立的，而是呈现出多元一体的格局。

张光直发现中国古代与美洲古代文明之间在许多美术象征符号上有相似性，因此，他提出一种假设：“把殷商文明与中美的奥尔美克和玛雅等文明看做同祖的后代，把它们的祖型文化（可以追溯到10000多年以前美洲印第安人祖先还在亚洲的旧石器时代）叫做‘玛雅、中国文化连续体’。”④这是

---

① 参见张光直：《连续与破裂——一个文明起源新说的草稿》，见《中国青铜时代》，484～496页。

② 张光直：《从商周青铜器谈文明与国家的起源》，见《中国青铜时代》，474～475页。

③ 张光直：《中国相互作用圈与文明的形成》，见《中国考古学论文集》，160页，北京，生活·读书·新知三联书店，1999。

④ 张光直：《说殷代的“亚形”》，见《中国青铜时代》，313～315页。蒋祖棣依据考古学范畴所揭示的详细而丰富的资料，对两大文明赖以产生和发展的地理环境、文化景观、文化特征，纳入一定的时空范围，将考古文化遗存以社会功能生业系统、技术系统和宗教（观念）系统三个亚系统做了较深层次的微观讨论，充分说明两大文明产生的因素及其形成的内外依据，比较两大文明基本特征及其异同，着重论证玛雅文明在世界文明中独特的发展道路，从而认定两大文明是各有源头，独立发展起来的。（参见蒋祖棣：《玛雅与古代中国》，北京，中国社会科学出版社，1993。）

利用比较考古学的方法研究中国文明的成功例证，这也是他一贯倡导的研究中国历史，要用中国的材料，根据中国历史发展规律，再与其他文明做比较的做法一致，如此，中国文明的起源的时间和地点的研究才更有意义。他说："我们还得把中国的材料与中国的研究成果与世界其他各地的情形作比较，因为中国的情形只是全世界人类千变万化的各种情形之一，不了解世界的变局便不能了解中国的常局。……讲中国学问没有中国训练讲不深入，但讲中国学问没有世界眼光也如坐井观天，永远讲不开敞，也就讲不彻底。"①

张光直一直想通过考古学的成果来重建中国上古史的研究。1963 年李济开始筹划编辑《中国上古史》的计划，约请众多的考古学家和历史学家分别撰写有关章节，陆续出版了四巨册《中国上古史》(待定稿)。第一本"史前部分"十三篇，张光直写了九篇：《中国境内黄土期以前的人类文化》《黄土期中国高级旧石器文化与现代人类的出现》《中国冰后期的中石器时代的渔猎文化》《华北农业村落生活的确立与中原文化的黎明》《新石器时代中原文化的扩张》《考古学上所见汉代以前的西北》《考古学上所见汉代以前的北疆草原地带》《东北的史前文化》和《中国南部的史前文化》。他利用最新的考古材料重建中国上古史。这种把考古学的研究视为改造和重建中国上古史的主力军的努力，正是张光直晚年对中国考古学研究最重要的意见。

张光直既有深厚的中国传统文化功底，又接受了西方现代学术的训练，可谓学贯中西。他对宾福(L. Binford)的"新考古学"理论，韦伯(Max Weber)的社会政治观，马林诺夫斯基(D. Malinnovski)和李奇(B. Leach)等人的婚姻理论以及列维·施特劳斯(C. Levi-Strauss)的结构人类学理论都很熟悉，并用之于中国考古学研究，取得了非凡的成绩。诚如李慎之所评价的那样："早年中国人留学，多为游学之士，略知一二便四处招摇。像张光直这样扎实做学问的人，实在不多。"②他不仅在考古学研究领域有卓越的建树，而且对考古学学科体系的建设也提出了理论思考。同其他中国考古学家传统看法一致，他认为考古学是历史科学的一支，"它的主要功能是重建史前史并且辅助文献史料重建古史。根据考古学与文献史学的资料，我们可以研究中国文明起源的程序与动力，并且可以研究中国古代文化与社会

---

① 张光直：《中国青铜时代》前言，3 页。

② 余晓群：《沉重的拜谒》，载《文汇读书周报》，1998-07-04。

的内容，也就是近代中国社会的历史底层。”①未来考古学的发展方向是既要将其放在历史学的范畴内，又要纳入人类学的框架之中，体现了张光直融合东西方学术的观点。此外，他对考古学方法和理论也有深刻的见解，认为考古学方法论中的几个概念中，“资料是研究历史的客观基础，技术是取得资料的手段，方法是研究资料的手段，理论是研究人类历史规律性认识的总结，并反过来指导具体的研究工作”②。张光直熟悉西方考古学的最新理论，并用之于考古学研究中，如他以萨满教解释中国古代文明的特征，用相互作用圈探讨中国古代文明在空间范围内的形成过程等，都带有很强的理论性。在新考古学理论的论辩中，他对族群、聚落和文化等概念的颇富常识而又充满逻辑的阐述，极大地拓宽了同代和后学的思路。在《商文明》一书中，他列举了研究者通向商代社会历史真谛的五条门径，即传统的历史文献，包含着丰富的有关古代的文字记录及甄别利用这些宝贵资源的技巧；青铜器，即研究和处理作为商代科技与艺术成就最高体现的实物；甲骨文，研究商人自己留下来的有关当时的宗教、社会、生产、生活、军事及与周边民族的关系等方面的历史文献；考古学，包括青铜器、甲骨文及所有与商代有关的实物材料；人类学和民族学，构筑和验证商代文化、社会生活与世界观模式时必须借鉴和参照的当代知识体系。这五条门径包括历史学、文献学、考古学、古文字学和理论的探讨。他的《古代中国文明》以人类学的观点，系统地综合了中国考古学的发现与研究成果，不仅有详尽的资料，也有很多他个人独到的见解。该书以丰富的内容，翔实的史料，成为世界范围内的考古学教材，多次修订再版，为欧美各国了解中国古代文明和考古学发展历程的必读书，在西方人文社会科学领域影响巨大。

对于中国考古学发展史上的一些问题，张光直也有自己的看法，如传统金石学与近代考古学的关系，他认为西方考古学很多东西，尤其是技术方法，对中国考古学产生了很大的影响，但是，中国考古学又不是完全从西方移植来的，它有自己的特征。“在近代考古学传入中国以前，金石学是唯一研究过去遗物的一门学问。近代考古学传入以后，就把它取代了，但

① 张光直：《考古学与“如何建设具有中国特色的人类学”》，见《中国考古学论文集》，8页。

② 张光直：《泛论考古学》，见《考古学专题六讲》，61页，北京，文物出版社，1986。

是在过程中受到它一定的影响。影响主要在名词上，方法上也有影响。比如说，借用古代经典上的名词，是宋代金石学做法，我们现在也照用。还有古籍中的祖先、族群、或神话人物来做花纹的名字，如饕餮、窃曲。这都是宋人的做法，习惯用法。从这个角度来看，可以说没有金石学就没有近代中国考古学。"[①]这种看法是比较客观和符合实际的，体现了学术发展中批判继承与吸收创新的一般规律。

张光直博取众家之长，然后再运用新的观点和方法对错综复杂的中国史进行分析综合，因而在学术研究上功底深厚，超脱旧俗，在详细占有文献和考古材料的基础上，经过深入的研究，得出自己独到的见解，体现了他治学严谨，不随波逐流的学术风格。徐苹芳总结道："他继承了中国考古学学术的传统，也就是二十世纪二十年代以'中央研究院'历史语言研究所为中心建立的中国考古学，即以研究中国古代历史为目的，以欧洲考古学层位学和类型学为研究方法，并汲取了人类学、社会学和民族学研究的成果，充分利用自然科学的先进手段，进行多学科合作研究。"[②]

主要参考书目

陈梦家：《汉简缀述》，北京，中华书局，1980。

陈梦家：《尚书通论》，石家庄，河北教育出版社，2000。

陈梦家：《殷墟卜辞综述》，北京，中华书局，1988。

劳榦：《劳榦学术论文集甲编》(上、下)，台北，艺文印书馆，1976。

饶宗颐：《饶宗颐史学论著选》，上海，上海古籍出版社，1993。

谭其骧：《长水粹编》，石家庄，河北教育出版社，2000。

谭其骧：《长水集》，北京，人民出版社，1987。

唐长孺：《魏晋南北朝史论拾遗》，北京，中华书局，1983。

唐长孺：《魏晋南北朝史论丛》，北京，生活·读书·新知三联书店，1955。

徐旭生：《中国古史的传说时代》，北京，文物出版社，1985。

徐中舒：《徐中舒历史论文选辑》，北京，中华书局，1998。

严耕望：《唐仆尚丞郎表》，北京，中华书局，1986。

---

① 唐际根、曹音整理：《张光直谈中国考古学的问题与前景》，载《考古》，1997(9)。

② 徐苹芳：《悼念张光直》，载《读书》，2002(2)。

严耕望：《严耕望史学论文选集》，台北，联经出版事业公司，1991。
张光直：《考古人类学随笔》，北京，生活·读书·新知三联书店，1999。
张光直：《中国青铜时代》，北京，生活·读书·新知三联书店，1999。
张光直：《中国考古学论文集》，北京，生活·读书·新知三联书店，1999。

第六章　新历史考证学的方法论思考和展望

第一节　新历史考证学的方法论思考

我们在前面六章，尽可能展现了20世纪新历史考证学所走过的道路，分别论述了王国维、陈寅恪、陈垣、胡适、顾颉刚、傅斯年等影响最大的考证名家的治史观念和业绩，论述了学识渊博、治学严谨的孟森、吕思勉、岑仲勉、钱穆、汤用彤等重要学者的成就，又分别通过论述徐旭生、陈梦家、徐中舒、唐长孺、谭其骧、劳榦、严耕望、饶宗颐、张光直等著名史家的建树，探讨1949年以后内地（大陆）与香港、台湾地区新历史考证学的进展。那么，就总体而言，20世纪新考证学领域为何能够人才辈出，创造出如此辉煌的成绩？新考证学较之传统考证学何以能上升到更高的境界？这就需要我们在个案研究的基础上，从方法论层面对新历史考证学派做出进一步的分析和阐释。

当然，进行方法论的阐释难度很大，至今仍是研究的薄弱环节。我们在本节中试图从以下三个方面做出初步的回答：一是扩大史料范围，发现新问题；二是推进史学科学化的努力；三是探求历史的深层认识。

一、扩大史料范围，发现新问题

传统的考证学者精熟于史料，重视广泛搜求、追根溯源，在训诂、校勘、版本、目录等方面都深有功力。但是传统的考证学基本上局限于文献典籍的范围之内，像钱大昕那样能重视以碑刻与典籍互证仅属特例，况且钱大昕运用金石文字证史也甚为有限，也尚未解决比较重要的问题。20世纪新历史考证学的一个突出特点，是史料范围的扩大，甲骨文、汉晋木简、敦煌文书、明清档案四大新史料的发现引起了一代又一代治史者的重视，使之开阔视野，探索新的研究课题。西方治史观念和方法的传入，使学者们认识到史料的丰富和多样，只要别具慧眼，抉择运用，但凡考古文物、域外文献、少数民族语言文字史料、档案、契约文书、账簿，以至神话传奇、小说笔记、少数民族风俗调查所得、口述史料等，无一不可以作为考史的有价值资料。中华民族历史悠久，古代居民活动范围广泛，整个20世纪中不断有引人注目的考古发现，提供了极其珍贵的历史遗迹、实物以至古代典籍、文书，对于推动新历史考证学的发展作用尤大。史料范围的扩大，使考证学者在探求古代文明起源、商周史、秦汉史、魏晋南北朝隋唐史，以及民族史、历史地理、古代经济史以至古代学术史等专史领域，都相继得到重大创获。

王国维的"二重证据法"，自觉地以新发现的甲骨文考古资料与传统的典籍文献互相释证，在殷商史研究上取得的重大突破，为治史打开了新的法门，因而成为新历史考证学形成的标志。在他之前，罗振玉对搜集和刊布甲骨文有大的贡献，并且已开始将甲骨文上的商王名号与《史记·殷本纪》相对证，指认出卜辞中商王名号二十二个，外加示壬、示癸两个先公名号。王国维在罗振玉的基础上大大向前推进，他综合《史记》及其他古代文献与卜辞相对证，对整个商王室世系做总体的研究，出色地运用了"二重证据法"。王国维运用"二重证据法"这种近代科学方法，使传统的文献资料与出土的考古资料同时为古史研究服务，这就丰富了古史研究中的可信资料，扩大了史学工作者的视野。就文献而论，他又能突破以往研究者仅从史书上找证据的局限，而将以往视为神话、小说，不当作历史资料看待的记载，如《楚辞》《山海经》，也加以重视，与考古材料互相补充印证，得出重要的新见解。作于1917年的《殷卜辞中所见先公王考》与《续考》两文，是王国维的考史名作。他把与卜辞相质证的文献范围，由《史记》扩大到《楚辞》《山海经》《竹书纪年》《世本》《汉书·古今人表》《吕览》，甚至扩大到金文，广参互证，而使前人无法解决的问题在他手里迎刃而解。如关于王亥，王国维首先注意到：卜辞中多记王亥事，"乃祭礼中之最隆者，必为商之先王先公无疑"。而《史记·殷本纪》及《三代世表》，商先祖中无王亥。只记载：冥卒，子振立。振卒，子微立。查《史记·索隐》所注："振，系本作核。《汉书·古今人表》作垓。"据此，王国维先判定："《史记》之振，当为核或为垓字之讹也。"然后，王国维引《山海经·大荒东经》所载："……王亥托于有易河伯仆牛，有易杀王亥，取仆牛。"郭璞注引《古本竹书纪年》云："殷王子亥，宾于有易而淫焉，有易之君緜臣杀而放之……"《今本竹书纪年》中也有"殷侯子亥宾于有易，有易杀而放之……”的记载。王国维遂做出肯定，以上三种文献中的“王亥”“殷王子亥”“殷侯子亥”乃是一人，又列在上甲微之前一世，“则为殷之先祖，冥之子、微之父无疑”。① 至此，王国维又从甲骨文中考证出一位商先公名号，而且以详细的证据纠正了《史记》的一项误记。王国维又进一步指出《世本·作篇》中的“胲”，《楚辞·天问》中的“该”，《吕氏春秋·勿躬》篇中的王氷，记的都同是王亥。用同样的方法，王国维又考证出卜辞中的王恒也是商先公，“王亥与上甲微之间，又当有王恒一世”。他又识出卜辞中的唐就是商朝开国之君成汤。他根据卜辞中报乙、报丙、报丁，字皆在匚中，考证出卜辞中的田就是上甲微，并且第一次采用甲骨缀合之法，考证出上甲微以下的世系应该“报乙、报丙、报丁、示壬、示癸”排列，改正了《殷本纪》中作“报丁、报丙、报乙”的误记；预言示癸与大丁之间应阙大乙，也为以后学者所证实。②

王国维运用近代科学方法考证新史料，使文献所载几千年前的商先王先公世系获得了实物的确证，而《史记》这部古代杰出史著在总体上史料价值的可靠性也得到证实，且证明后人运用新出土的史料，以科学方法可以有根据地纠正两千年前史家的误记。对于二重证据法的运用和价值，王国维本人曾用简约的文字加以表述：“上古之事，传说与史实混而不分；史实之中固不免有所缘饰，与传说无异，而传说之中亦往往有史实为之素地，二者不易区别。此世界各国所同也。……吾辈生于今日，幸于纸上之材料外，更得地下之新材料。由此种材料，我辈固得据以补正纸上之材料，亦得证明古书之某部分全为实录；即百家不雅驯之言亦不无表示一面之事实。此二重证据法，惟在今日始得为之，虽古书之未得证明者不能加以否定，而其已得证明者，不能不加以肯定，可断言也。”③王国维的成就给学者们以很深刻的启发：只要方法对头，广搜证据，缜密考证，就能做出超越前人的成绩。郭沫若对王国维有中肯的评价，称他是“新史学的开山”④，又说：“王国维，研究学问的方法是近代式的，思想感情是封建式的。两个时代在他的身上激起了一个激烈的阶级斗争，结果是封建社会把他的身体夺去了。

① 王国维：《殷卜辞中所见先公先王考》，见《观堂集林》第2册，409～416页。

② 以后，董作宾又以缀合的第三片甲骨证实王国维此说，见郭沫若《殷契粹编》考释。

③ 王国维：《古史新证》，见傅杰编校：《王国维论学集》，38～39页。

④ 郭沫若：《鲁迅与王国维》，见《历史人物》，137页。

然而他遗留给我们的是他知识的产品，那好像一座崔巍的楼阁，在几千年来的旧学的城垒上，灿然放出了一段异样的光辉。……欲清算中国的古代社会，我们是不能不以罗、王二家之业绩为其出发点了。”①杨向奎教授也有精辟的论述：“他用考古学上的材料来证实文献上的记载，使久已沉埋的史料又活跃起来。……如果说‘古史辨’派在扫荡不科学不合实际的古史传说上作出了贡献；那么王国维则在建设可信的古史系统上作出了成绩。他们是一破一立，同时存在，至郭沫若同志的《中国古代社会研究》出版后，乃出现了一个崭新的境界。”②赵万里则称王国维成功地运用甲骨文证史是“三千年来迄今未见之奇迹”，并认为王国维《殷卜辞中所见殷先公先王考》这一为东西方学者公认之名文堪称是标志着甲骨文卜辞学“始有脉络或途径可寻”的典范之作。③

除甲骨文卜辞之外，王国维运用金文、汉晋木简等方面新史料与文献互相释证所取得的成就对新历史考证学也具有开创的意义。他依据《盂鼎》《毛公鼎》等青铜器铭文，结合《周易》《诗经》《竹书纪年》等文献记载进行考证，著成《鬼方昆夷玁狁考》，证明鬼方、昆夷、玁狁是春秋以前不同时代对匈奴的称号，是同一族的异译。梁启超评价此说“考证最为精核”，并为大多数学者所接受。王国维又著有《生霸死霸考》，根据古器物铭文有初吉和既望两名，提出著名的古代一月之日为四分的观点，以此解释《尚书》的《武成》和《顾命》，并与出土青铜器《静敦》《虢季子白盘》等的铭文相互印证，由此所得的结论也很受学术界的关注。王国维在利用汉晋木简研究西北边疆史地，利用敦煌文书研究唐代历史等项，也都做了开创性的工作。

自王国维导夫先路以后，涉足先秦史研究的学者几乎无不以甲骨金文与典籍文献相比勘研究的。考证学者中，我们可举出刘节先生作为例证。刘节利用金文与文献典籍相释证，比较归纳，证明《尚书·洪范》篇成书于战国。其中一项重要证据是，《洪范》中有“惟皇作极”“皇则受之”。此两“皇”字均作“王”字解，一般人于此不会产生疑问。刘节则将金文中“皇”字意义广泛地收集，做归纳研究，发现《毛公鼎》《叔皮父毁》《录伯毁》《叔角父毁》《宗周钟》等铜器铭文中的“皇”字，均表美大之形，或作盛大之义，而金

① 郭沫若：《中国古代社会研究·自序》，见《郭沫若全集·历史编》第1卷，8页。

② 杨向奎：《略论王国维的古史研究》，载《东岳论丛》，1980(1)。

③ 赵万里：《静安先生遗著选跋》，见吴泽主编，袁英光选编：《王国维学术研究论集》(一)，311页。

文中“王”字与“皇”字却绝无同训。他以《诗经·大雅·瞻卬》中“上帝是皇”的“皇”字，也训作“美”或“大”。通过对文献与金文的比勘研究，刘节得出结论：在春秋前，“皇”决无训“王”训“君”之说。到战国时的古籍，如《庄子·天运》篇“是谓上皇”，《离骚》“诏两皇使涉予”的“皇”字，才作“王”字解释。刘节经过反复的比较研究，才断定《洪范》中的“皇”字既作“王”字解，其非古义可知，从而考证出其著作年代不在春秋以前，只能成书于战国时期。刘节的又取《洪范》与《荀子》《老子》和《诗经》中的韵语相比较，发现前三书都是东、阳、耕、真各韵区别甚严，不能混淆，以此亦可证明《洪范》成书不能早于战国。梁启超对此文做了高度评价：“凡此皆经科学方法研究之结果，令反驳者极难容喙。其余诸条，亦多妙解，可谓空前一大发明。亟宜公表之，供全世界学者之论难也。”①刘节还撰有《好大王碑考释》，征引包括历史学、地理学、文字学、音韵学、金石学、考古学等门类的典籍，及朝、日文献，详密地考证高句丽国好大王在半岛上扩张过程中有关国家、部族、城邑、山川的地理位置，以及部族渊源和活动范围等，成绩大大超过前人。

孟森之利用满文档案考证清初制度史，陈垣之利用僧人语录考证明清之际政治和社会情状，同样是成功地运用新史料的出色例证。关于八旗制度，相关的记载，或者因其与兵事相关，遂归之于清朝兵制，如《清史稿》以八旗入兵志，或因其与户籍相关，如《清史稿·食货志》附八旗丁口，均属认识隔膜，未能究其实质。孟森利用新公布的满文档案，从中钩稽出“旁见侧出不经意而流露”的有价值的记载，著成《八旗制度考实》，乃得穷究其本源。孟森指出，八旗是清太祖努尔哈赤所定的“国体”(国家根本制度)，一国尽隶八旗，以八和硕贝勒领之为旗主，八旗各有土田、各有人口、各有武力、各置官属，各任工役，旗下之人谓之属人，属人于旗主有君臣之分。八贝勒共议国政商国事，无一定之君主，八家公推一人为首长，如八家议有不合或其人不纳谏、不遵道，则更择德望高者立之。凡战争有所获则八家均分之，不得私有。清太祖所定的此一制度，实质上是一种“联旗制”。自清太宗以后苦心变革，渐抑旗主之权力，逐次更易各旗旗主，使不能据一旗以拥有类似于君主的名份地位，各旗属人亦不能在皇帝之外再认本旗之内另有君主。至清世宗而法禁严整齐备，原先的八旗“联旗制”的事

① 刘节：《古史考存》，15页，北京，人民出版社，1958。

实，完全被新法所掩盖。孟森此作，堪称在重大问题上利用了满文档案提供的新史料，尽发几百年未发之覆的重要研究成果，诚如郑天挺所言："执其说以证清初史事，莫不豁然贯通。"郑天挺又说："先生考得清初八旗正黄、镶黄属之太宗皇太极，正白属之多尔衮，正红属之代善，正蓝属之莽古尔泰，镶白属之铎，镶红属之阿济格，镶蓝属之阿敏。太宗一人领两旗者，其镶黄一旗太祖留以自待，未及命而身殁，遂由太宗兼之，太宗殁，世祖继领之，及多尔衮殁，其众亦入于世祖，此后世'上三旗'所以由天子自将之故(亦即君权逐渐扩张之证也)。凡此皆《八旗通志》所不载，前哲所不详，而心史先生钩稽独得者也。"①

陈垣利用僧人语录，撰《明季滇黔佛教考》，揭示出明遗民逃禅是具有政治意义的行动，故被学者誉为开拓了佛教史研究和明清之际史学研究新领域之力作。僧人语录所具有的史料价值，以往罕被学者注意到，故尘封多年无人问津。陈垣曾一再强调《明季滇黔佛教考》一书发掘、利用新史料的意义。他于 1940 年 4 月 25 日致陈乐素信中说："僧家语录六十余种，多人间未见之书，更不料其有明季滇黔史料矣。此三百年沉霾之宝窟，待时而开，不足为外人道也。"②他又在此书《重印后记》中说："本书特出者系资料方面多采自僧家语录，以语录入史，尚是作者初次尝试，为前此所未有。"这些话表明作者由于发掘新史料而得到重大收获的欣喜，因而强调借运用新史料以推进史学研究之重要意义。作者论述此书的著述宗旨是："此书作于抗日战争时，所言虽系明季滇黔佛教之盛，遗民逃禅之众，及僧徒拓殖本领，其实所欲表彰者乃明末遗民之爱国精神、民族气节，不徒佛教史迹而已。"③经作者苦心发掘、爬梳，从明清之际僧人语录中获得许多宝贵的史料，为一般史籍、文集、地方志所无有。钱邦芑是南明重要官僚、遗民，《山晖语录》中有复钱邦芑三书六偈，并附原书一通，为钱邦芑《大错遗集》所未收，均为研究钱邦芑祝发因缘等问题提供了极好史料。山晖和尚第三书反映钱邦芑离黔后的活动，此期间活动世所知者少，故著者称"此书殊宝贵"。郑逢元，贵州人，明重要官僚，后为遗民僧。清人所作传记叙述他抗拒清经略洪承畴屡次征聘，出家正是拒绝仕清的表现，称赞"其生平忠孝大节实足壮山河之气，与明争光"。陈垣从《锦屏破石卓禅师杂著》《敏树相

① 郑天挺：《清史探微》，181 页。

② 陈智超编：《陈垣来往书信集》，655 页，上海，上海古籍出版社，1990。

③ 陈垣：《明季滇黔佛教考》，320 页，北京，中华书局，1962。

语录》《灵隐文语录》中钩稽出反映他逃禅过程的有价值史料，终使这段史实晦而复明。如何龄修《读〈明季滇黔佛教考〉》一文中所言："语录入史在《佛教考》中大放异彩。它大大丰富了滇黔佛教史本身的史实。若干滇黔僧人如懒石聆、破石卓、云腹智、山晖浣等的活动，几被埋没，都借垣老从语录中一一勾稽出来。其余法门纷争、僧人开山建寺等事迹，垣老从语录检得的也不在少数。《佛教考》写成这样丰满、确实的科学著作，垣老开辟新的史料来源，提炼新的史实的努力，在其中起了明显的作用。"①

20世纪初以后多次大批出土的简帛史料，经过考古学者，历史考证学者的整理、释读和分析，也对历史研究产生了重要的推进作用。这些简帛史料不仅数量巨大，内容丰富，显著地扩展了史料来源，而且由于这些简帛材料未经他人窜改、删削，是最为直接、极为可靠的原始史料，克服了经过加工的史料的片面性。简帛史料还有一项值得珍贵之处，即以往地下出土的古物皆是未经科学发掘得到的，"往往不详其时地及四周状况，致一切联属关系之痕迹，末由追求，价值因之顿减，此实为最大憾事"②。近代以来出土的简帛则不同，大多数是经过科学的考古发掘获得的，有详细的发掘记录，保留了简帛文字之外的许多相关宝贵信息，因而对历史研究的价值是多方面的。传世文献中的正确记载，可由简帛做进一步的印证，坚定文献记载的可信性；传世文献中的缺略，可由简帛来纠偏补正，纠正以往根据片面材料得出的错误认识；传世文献中史实模糊不清之处，可由简帛来丰富、充实，恢复真实的历史原貌；部分传世典籍的另一种本子，因简帛的出土而重新呈现于世人面前，不仅可以用来校勘古籍，还促使人们对先秦、秦汉学术史做出新的思考；某些久已失传的科技典籍随着简帛的发现而再度问世，则可引发人们对这一时期科技史的新探索。故简帛史料在研究古代政治制度、经济制度、文化学术领域均有重要价值。如关于政治史研究。汉武帝中期以后，虽号称鼎盛，但由于连年战争，耗资巨大，致使普通民众日益困扰，社会矛盾加剧，反映到统治集团内部，则表现为争权夺利渐趋激烈。特别是汉武帝晚年，王位继承问题非常突出，他对于择嗣一事更是犹豫不决，反复无常。加上汉武帝长期崇信巫士，轻信谗言，导致"巫蛊"事件爆发，太子被杀。这一自相戕杀，打乱了汉武帝王朝的统

---

① 何龄修：《读〈明季滇黔佛教考〉》，载《中国社会科学院研究生院学报》，2001(1)。

② 叶恭绰：《汉晋木简序》，见《矩园余墨》，49页，沈阳，辽宁教育出版社，1997。

治秩序，大大削弱了中央集权的力量，使政局动荡不安，相继发生了多起变乱。汉武帝于征和四年下“罪己诏”，停止对外战争，养民生息，立幼小的汉昭帝为君主。但形势对汉昭帝极为不利，汉武帝在弥留之际，封霍光为大司马、大将军，令辅助少主。1977年甘肃玉门花海汉代烽燧遗址中出土一份汉武帝遗诏：“制诏：皇大(太)子，朕体不安，今将绝矣！与地合同，众(终)不复起。谨视皇大(天)之笥(嗣)，加曾(增)朕在。善禺(遇)百姓，赋敛以理；存贤近圣，必聚谞士；表教奉先，自致天子。胡(侅)亥自汜(圯)，灭名绝纪。审察朕言，众(终)身毋久(己?)苍苍之天不可得久视，堂堂之地不可得久履，道此绝矣！告后世及其孙子(子孙)，忽忽锡锡，恐见故里，毋负天地，更亡更在，□如□庐，下敦闾里，人固当死，慎毋敢忦忦，□”。据考证，遗诏发布时间当在汉昭帝即位后不久，目的显然是巩固新主的地位，安定人心。汉武帝一生文治武功，卓然一代英君，但他大肆征发，四处出兵，使得汉朝险遭覆灭之灾，幸其晚年悔过，才有“昭宣中兴”。这份遗诏简揭示了西汉武帝末昭帝初的一桩重大政治事件，弥补了史书记载的不足，对研究汉代历史及汉武帝等人的功过，具有重要价值。①

再如经济史研究。屯田是我国历史上具有重要意义的经济制度之一。但是，对于汉代在西北地区的屯田，由于文献记载较少，且语焉不详，致使研究者有不同说法。居延汉简发现后，人们对汉代的屯田制度有了全新的了解。劳榦认为，汉代在西北各地皆设有田官，负责屯田事宜，其中居延有两个田官区，屯田管理系统为都尉——农令(长官)。刘光华认为，汉武帝时开始大规模在西北边郡实行屯田制，使吏卒、戍田卒的屯田为军屯，“徙民实边”不是屯田，因此没有民屯。汉代屯田管理系统主要是农都尉、农令、部农长、农亭长系统，国家对屯田卒从生活到生产实行供给制，屯田收获全部归公，不存在田卒缴租的制度。汉代西北屯田的作用不仅表现在经济上开发了边地，就地生产粮食，简省了从内地向边地长途转输的巨大消耗，而且在军事上、政治上也有积极意义。又，居延汉简中有一条与汉代经济有关的重要史料，简文为：“诏所名捕：平陵长灌里男子杜光，字长孙，故南阳杜衍……因坐役使流亡□户百廿三，擅置田监史不法不道……”裘锡圭认为，这条简文从字体、内容看，显然属于西汉时代，至少

① 参见嘉峪关市文物保管所：《玉门花海汉代烽燧遗址出土的简牍》，见甘肃省文物工作队、甘肃省博物馆编：《汉简研究文集》，15～33页。

有三点值得注意：第一，简文所说的“擅置田监”，是一般史料中没有明确提到过的情况，对于研究汉代大土地所有制的剥削形式是很重要的；第二，简文明确告诉我们，被追捕的大土地所有者的役使对象是流亡户，应该是以没有名数的逋逃为主的贫民，史料中有“大抵逋流皆在大家”的记载，但没有说明在这些逋流里，是否有成家成户地在“大家”的控制下从事农业劳动的人；第三，简文还提供了关于汉代政府与大土地所有者进行斗争的重要资料。大土地所有者役使逋流贫民，减少了政府的赋税收入和可以支配的力量，彼此间有相当尖锐的矛盾。简文明确记载对这种下“诏所名捕”的史料，有助于了解西汉政府和大土地所有者争夺人手的斗争的尖锐性。①

又如军事史研究。古代烽火起源很早，是中国古代的一项非常重要的军事警备与通讯制度，尤其是汉代的烽火制度，承上启下，异常发达。可惜由于文献记载不详，使得我们对当时庞大的烽燧体制及其运转实况，知之甚少。敦煌、居延等地汉简与屯戍遗址的发现，使汉代边塞军事制度的研究取得重大突破，王国维、劳榦、贺昌群、黄文弼、陈直、陈梦家等人皆有著述。1974 年，敦煌、居延等地汉代烽燧遗址又相继发现一批有关守御制度的简牍、文物、遗址，如居延破城子《塞上烽火品约》和敦煌马圈湾汉简，为研究工作提供了新的可靠依据。关于典籍文献方面，以往有些传世的先秦古籍，如《晏子》《尉缭子》《六韬》《鹖冠子》等，曾被很多人怀疑为秦汉以后的作品，银雀山和马王堆简牍史料都发现与这些古书相同、相似的文句，说明这些先秦古籍基本上是战国时代的作品。1972 年，山东临沂银雀山一号汉墓出土了一批竹简，年代约为西汉初年，内容包括《六韬》《孙子兵法》《尉缭子》《孙膑兵法》等。特别是失传了近两千年的《孙膑兵法》古佚书的重新发现，引起了国内外学者的广泛注意，使我们看到孙膑对孙武的兵法有所发展，不仅篇幅多，而且在战争和战术的论述上也有特点。以往自南宋以来，历代均有学者怀疑孙膑其人及兵法的存在，这两部兵书的出土，澄清了笼罩在孙武、孙膑其人其书的迷雾，证实了孙武、孙膑的存在，并各有兵法传世。②

随着历史家视野的开阔和新考证学的发展，除了纸上之材料和地下之新材料“二重证据法”以外，另一类新材料，即民族学材料（包括历史记载和现状调查）也逐渐受到重视，史家称此为“三重证据法”。徐中舒于此所取得

---

① 参见裘锡圭：《汉简零拾》，见中华书局编辑部编：《文史》第 12 辑，1～38 页。

② 参见银雀山汉墓竹简整理小组：《银雀山汉墓竹简》，北京，文物出版社，1985。

的研究成果很有代表性。他在《徐中舒历史论文选辑》前言开头即说："我研究古文字学和先秦史，常以考古资料与文献资料相结合，再参以边地后进民族的历史和现况进行互证"①，即为对"三重证据法"的明确表述。徐中舒考证周代存在农村公社的田制，《诗经·噫嘻》篇中的诗句"骏发尔私，终三十里"，是指包括公田和私田在方三十里中。对此，他引用唐樊绰《蛮书》中记载南诏的田制说："每一佃人，疆畛连延，或三十里。"他认为用这些材料互证即可说明："这就是村公社通行的田制。公社成员从自己的住地到私田或公田上耕种，都不能超过三十里，因为三十里恰好是一天可以来回的路程。因此藉田与份田最好的安排，是千夫环绕十个千亩而居，每个农夫由自己的住地到公田上进行耕种，最多也不过三十里。"②徐中舒又据《尚书·酒诰》所说，有内服、外服之分，内服是王朝官吏，在王朝内服役，外服有"侯、甸、男、卫邦伯"，侯、甸、男、卫，是四种指定服役制。"甸是制田。甲骨文、金文，侯、甸都作侯、田，这是为殷王朝耕田的生产奴隶。甸服，在邦畿之内，是殷王朝在邦畿以外掳掠来的农业公社的成员，重行编置于畿内，作为进行生产的奴隶。"对此，他引《三国志·魏志·沃沮传》载沃沮臣属句丽"复置其中(沃沮)大人为使者，使相主、领；又使犬加(句丽官)统责租、赋、貂、布、鱼、盐、海中食物，千里担负致之；又送其美女以为婢妾，遇之如奴仆"。徐中舒通过互相释证，认为："这就是男服对奴隶主贡献的实例。"③

徐中舒运用民族历史记载和现状调查的资料证史，还有两个突出的例子。一是在《左传作者及其成书年代》中，他为考证战国时代除了《春秋经》以外，还有大量珍贵的口头文献流传于乐官中，由瞽矇以传诵的方式保存下来，用了《文物》所刊李家瑞撰《云南几个民族记事和表意的方法》中所载佤族传述本村历史的方法是以口语传诵为主，而以结绳刻木帮助记忆，与先秦史料相释证。他认为："春秋时代我国学术文化虽有高度发展，但有关历史的传习也还未能脱离这样原始方式。当时有两种史官，即太史与瞽矇，他们所传述的历史，原以瞽矇传诵为主，而以太史的记录帮助记诵，因而就称为瞽史。所谓'史不失书，矇不失诵'，即史官所记录的简短的历史，如《春秋》之类还要通过瞽矇以口语传诵的方式，逐渐补充丰富起来。所不

① 《徐中舒历史论文选辑》前言，1页。

② 《徐中舒历史论文选辑》，850页。

③ 《徐中舒历史论文选辑》，889～890页。

同于卡瓦族者，仅以专职的瞽矇作为长老的分工而以简短的记录代替木刻。这在人类历史上，已经是很大的进步了。瞽矇传诵的历史再经后人记录下来就称为语，如《周语》、《鲁语》之类，《国语》就是记录各国瞽矇传诵的总集。”①《论商於中、楚黔中和唐宋以后的洞》一文，考证“於中”“黔中”和“洞”，就是不同历史不同时期关于村社的记载。徐中舒认为：“战国时人称当时存在于西南地区的原始形态的村社共同体为黔中。这种共同体因时代和地区的不同，在商代汉中地区则称为于中，在战国时代夜郎的东境则称为黔中，在唐、宋以后的西南地区则通称为洞(溪洞或山洞)。名称虽有不同，所指都是属于这一类型的村社。它就是以一夫一妻制父系家庭，在土广人稀土地公有的条件下，合耦而耕，共同分配生产物的耕作制的社会。这样的村社，自商代以来绵延至十六七世纪的明、清时代，前后将及三千余年，还有文字记录可供查考。这和十九世纪存在于印度的村社共同体，十分相似，它们都是属于同一类型的社会。这样村社共同体，就是构成古代亚细亚生产方式的社会基础。”②关于唐宋以后的洞，徐中舒引《水经注》沅水条，称武陵五溪所居者为“蛮左”，而据田汝成《炎徼纪闻》所载“峒蛮散处于牂柯舞溪之界，在沅者尤多”，可知唐宋之后统称为“洞蛮”。范成大《海虞衡志》“羁縻州洞”条又云：“自唐、宋以来内附，分析其种落，大者为州，小者为县，又小者为洞。”作者认为，这些记载恰是南方少数民族地区村社共同体历经近两千年而依然顽强存在的证据，“虽已纳于封建王朝羁縻州县统辖之下，但其基层组织，仍以洞为单位”。徐中舒进而认为，海南岛的黎洞实属古代村社共同体发展的最后阶段，此项从历史记载和中华人民共和国成立后对黎洞合亩制的调查综合起来可以得到较清晰的认识。海南岛远处海外，社会组织形成的某些方面受大陆影响较少，宋代的黎洞，还保存得相当完整。周去非《岭外代答》“海外黎蛮”条云：“昔崇宁中(公元一一〇二——一一〇六年)，王祖道经略广西，抚定黎贼九百七峒，结丁口六万四千，开通道路一千二百余里，自为汉、唐以来所不臣之地，皆入版图。”此条所载即为海南岛黎洞接受宋代封建王朝之始。又据中国科学院民族研究所广东少数民族历史调查组编印的《黎族合亩制调查综合资料》提供的中华人民共和国成立前黎洞的组织状况称：黎洞有“大峒小峒之分，大峒之下，包括几个小峒，并且都有自己的固定地域。一个小峒，包括几个村……一村一般

① 《徐中舒历史论文选辑》，1147 页。

② 《徐中舒历史论文选辑》，1264 页。

只有二、三十户，五、六十户的很少。解放前，一个村包括几个合亩，个别仅有一个合亩。……合亩中的家庭，均属父系小家庭，一般包括夫妇和未成年未结婚及已结婚而未另立户的子女，人数不等，大都为三、四口人。”徐中舒得出的结论是：“据此，知解放前黎洞规模大小，与宋代还是相差不远，这里就是一个进步的一夫一妻制的小家庭与合耦共耕的合亩制相结合的社会。”①

二、推进史学科学化的努力

追求史学科学化的目标，是新历史考证学与乾嘉学术迥不相同的又一时代品格。20 世纪初梁启超倡导史学革命，激烈地批判旧史学主观盲从、闭塞保守的痼疾，要求冲破旧史以帝王为中心的束缚，改变为以民众活动、社会生活为中心，叙述历史的进化，求其公理公例。其“新史学”的主张实已朦胧地具有史学科学化的意识。至五四运动时期，西方近代新学理大量涌入，“科学主义”已成为时代的潮流，追求史学的科学化，更成为兼具扎实考证功力与革新意识的史家自觉努力的方向。我们看到，许多卓有成就的史家所擅长的研究领域有别，其学术风格各异，所提出的理论主张的侧重点也并不相同，但推动他们进行学术创新却有共同的动力，这就是治史者应革除主观臆测、迷信盲从或以琐屑饾饤、排比材料自限的旧习，向着史学科学化的目标努力，以求揭示历史的真相。许多新历史考证学家都有不同程度的西学背景，他们都汇通中西考证方法，为推进史学的科学化做出了贡献。其中，胡适的反复阐发实证方法，顾颉刚的倡导“打破偶像”，傅斯年的强调利用自然科学的手段，陈垣为推动建立现代文献学学科所做的努力，即以各具特点的风格反映了追求科学化这一共同的时代取向。

胡适所著《中国哲学史大纲》(上卷)开篇为“导言”，专门论述哲学史研究的方法论，这在中国以往的学术著作中尚极为少见。他认为，哲学史应达到“明变”“求因”“评判”三个目的，既要使学者知道古今思想沿革变迁的原因，还要使学者知道各家学说的价值。他进而论述，为达到上述三项目的，先须对史料下一番功夫，叫作述学。“述学是用正确的手段，科学的方法，精密的心思，从所有的史料里面，求出各位哲学家的一生行事、思想渊源沿革和学说的真面目。”为此，他论述了史料的分类；审定史料的方法；

① 《徐中舒历史论文选辑》，1268～1269 页。

整理史料的方法。胡适认为面对真伪混淆或真伪相杂的史料，必须运用严密的方法加以审定。他总结了从五个方面仔细寻找证据的方法。一是史事。“书中的史事，是否与作书的人时代相符。如不相符，即可证那一书或那一篇是假的。”二是文字。“一时代有一时代的文字，不致乱用。作伪书的人，多不懂这个道理。故往往露出作伪的形迹来。”三是文体。“不但文字可作证，文体也可作证。如《管子》那种长篇大论的文体，决不是孔子前一百多年所能作的。”四是思想。“凡能著书立说成一家言的人，他的思想学说，总有一个系统可寻，决不致有大相矛盾冲突之处。故看一部书里的学说是否能连络贯串，也可帮助证明那书是否真的。……大凡思想进化有一定的次序，一个时代有一个时代的问题，即有那个时代的思想。”五是旁证。“以上所说四种证据，史事、文字、文体、思想，皆可叫做内证。因这四种都是从本书里寻出来的。还有一些证据，是从别书里寻出的，故名为旁证。”关于整理史料的方法，在校勘、训诂、贯通三项中，胡适特别强调贯通的方法。“贯通便是把每一部书的内容要旨融会贯串，寻出一个脉络条理，演成一家有头绪有条理的学说。”“我做这部哲学史的最大奢望，在于把各家的哲学融会贯通，要使他们各成有头绪条理的学说。我所用的比较参证的材料，便是西洋的哲学。但是我虽用西洋哲学作参考资料，并不以为中国古代也有某种学说，便可以自夸自喜。……故本书的主张，但以为我们若想贯通整理中国哲学史的史料，不可不借用别系的哲学，作一种解释演述的工具。”①

显然，胡适所论述的治学方法论，既是对乾嘉朴学的继承(清代朴学家中他最佩服王念孙、王引之、俞樾、孙诒让)，又实现了对清代学者的超越。胡适取法于西方近代治学方法，清晰地界定了据实立论，广泛搜集史料并严格审查史料，然后求得贯通的、有系统的治学的要领，因此，他的界定和阐发反映了推进史学科学化的时代要求。《中国哲学史大纲》被誉为树立了学术“新范式”的原因，也正在于此。胡适本人对于所论各项未必都能一一做到，但他在导言中相当透彻地论述的以内证法、外证法审查史料和贯通系统的研究，却确实具有示范的意义。此后，胡适连续写了多篇文章阐发方法论问题，所特别强调的也正是审查史料和系统研究两项。在《〈国学季刊〉发刊宣言》中，他指出：“学问的进步有两个重要方面：一是材料的积聚与剖解；一是材料的组织与贯通。前者须靠精勤的功力，后者全

---

①　胡适：《中国哲学史大纲》(上)，7～24页。

靠综合的理解。"他还提出整理国故的三大任务：一是扩大研究的范围；二是注意系统的整理；三是博采参考比较的资料。具体而言，则是："我们现在要扩充国学的领域，包括上下三四千年的过去文化，打破一切的门户成见：拿历史的眼光来整统一切，认清了'国故学'的使命是整理中国一切文化历史，便可以把一切狭陋的门户之见都扫空了。例如治经，郑玄、王肃在历史上固然占一个位置，王弼、何晏也占一个位置，王安石、朱熹也占一个位置，戴震、惠栋也占一个位置，刘逢禄、康有为也占一个位置。""国学的使命是要使大家懂得中国的过去的文化史；国学的方法是要用历史的眼光来整理一切过去文化的历史。国学的目的是要做成中国文化史。国学的系统的研究，要以此为归宿。""历史家须要有两种必不可少的能力；一是精密的功力，一是高远的想像。没有精密的功力，不能做搜求和评判史料的工夫；没有高远的想像力，不能构造历史的系统。"①胡适所写《清代学者的治学方法》一文，称誉清代出色的朴学家，不但做到广搜证据、严密考证，而且使音韵学、训诂学、校勘学成为系统的学问，成为一种科学。嗣后他进一步对此说做了修正："清朝的'汉学家'所以能有国故学的大发明者，正因为他们用的方法无形之中都暗合科学的方法。钱大昕的古音之研究，王引之的《经传释词》，俞樾的《古书疑义举例》都是科学方法的出产品。这还是'不自觉的'(Unconcious)科学方法，已能有这样的成绩了。我们若能用自觉的科学方法加上许多防弊的法子，用来研究国故，将来的成绩一定更大了。"因而要求当前治国学者"要把'汉学家'所用的'不自觉'方法变为'自觉的'"②。

胡适于 1921 年发表《红楼梦考证》，很有说服力地考订《红楼梦》作者曹雪芹的家世、《红楼梦》的写作时间及其版本，便是他运用"审查史料"和"系统研究"方法获得成功的证明。在此之前，《红楼梦》的面目确实是模糊不清，有评点派、杂评派、索隐派，诸多说法，扑朔迷离。"评点和杂评在本质上都是随想式的主观批评，其中片断评论不乏独到见解，尤其是脂砚斋等人的某些批语披露了曹雪芹写作《红楼梦》的情况，是了解曹雪芹生平家世及创作的重要资料，但总体来说，评点和杂评不足以全面准确把握《红楼梦》的精神，算不上是科学意义的批评。"③索隐派兴起于民国初年，一时成

---

① 胡适：《〈国学季刊〉发刊宣言》，见《胡适文存》(二)，4～11 页。

② 胡适：《论国故学——答毛子水》，见《胡适文存》(一)，322 页。

③ 石昌渝：《俞平伯与新红学》，载《文学评论》，2000(2)。

为《红楼梦》评论的主流。索隐派认为《红楼梦》的真正义蕴是以书中的人物情节影射清代的真人真事，因而猜谜式地在《红楼梦》中所描写的假人假事议论，实是妄断是非。有的学者说《红楼梦》写的是顺治帝和董鄂妃的故事(王梦阮、沈瓶庵著《红楼梦索隐》)，有的学者则说《红楼梦》写的是康熙朝的政治斗争，宝玉是皇太子胤礽，黛玉是朱彝尊，宝钗是高江村，金陵十二钗都是当时的著名文人(蔡孑民即蔡元培著《石头记索隐》)，穿凿附会，令读者如堕五里雾中。《红楼梦》虽是文学作品，但其作者是谁？身世和时代如何？此书的版本真伪等项，则属于历史学的范围。故胡适是将其作为历史考证的实例来对待的，即以此证明他所倡导的科学方法对于解决一个几乎被弄成谜团的问题所具有明效大验。他说向来研究“红学”的人都走错了道路，把以往的研究概言之为“附会的红学”。胡适抓住作者生平身世这一大问题，运用其以“内证法”“外证法”审查史料和系统研究的方法，钩稽辨疑，分析归纳，考证曹雪芹的身世和曹家盛衰的历史，认为《红楼梦》“只是老老实实的描写这一个‘坐吃山空’、‘树倒猢狲散’的自然趋势”，“是一部自然主义的杰作”①。胡适考订作者为曹雪芹，从大量文献中搜集到曹雪芹的生平身世的宝贵资料，并由这些事实断定《红楼梦》是曹雪芹的自叙传。再者，他从版本上考订《红楼梦》是未完之作，后四十回是高鹗续补。胡适所做的工作只限于历史考证，并未涉及小说的创作意图、典型意义等文学研究领域。诚如有的学者所指出的，在胡适之前，用西方文学的美学思想来研究《红楼梦》的，有王国维、吴宓、佩之、陈独秀等人，他们虽运用了新观念来研究，却未能取得大的突破，更没有建立起一套新型的学术范式来取代旧红学。“中国古代小说长期以来处在卑微的地位，小说作家不像诗文那样可公开署名，或隐名，或署别号，岁月久远，作者和创作时间均成难解之谜。不了解作者背景就无以深入领略作品，因此，作者背景的考证是小说研究必不可少的一步骤、部门和方法。又因古代小说在流传中常被任意修改、增删，故要得其真相，必须作版本的考证。这种考证是科学的历史的，目的在于帮助认识作品的真实意义。……胡适的‘自传说’虽有先天之弱点，但是他对曹雪芹家世和版本的考证，却足以驳倒当时甚嚣尘上的索隐诸派，为后来红学发展提供了坚实的立足点，并且赋予小说研究以科学思路。”②

---

① 胡适：《〈红楼梦〉考证》，见《胡适文存》(一)，439页。

② 石昌渝：《俞平伯与新红学》，载《文学评论》，2000(2)。

顾颉刚的古史辨伪学说在五四运动时期形成，同样有其深刻的中西学术交融这一思想文化背景。它是当时西方强劲传入的新学理，尤其是科学理性精神，批判、审查史料的方法，重视逻辑、系统和“历史演进”的方法，与本国学术中乾嘉严密考证方法，今文学派猛烈批判千百年来禁锢人们头脑的泥古、守旧、僵化思想体系的怀疑和进取精神，互相结合的产物。顾颉刚自少年时代读书便喜欢思考，提出别人所想不到的问题来做一番考究。到北京大学读书以后，他听了古文经学大师章太炎的讲学，佩服他善于以自己的眼光系统地评判各种学说的精神，接触了今文经学大师康有为的学说，佩服他对史料证据不足的上古时代勇于怀疑考辨的精神。新文化运动中涌起的倡导科学与民主的时代大潮更使他下决心推倒千百年来世代相传的杜撰的“盘古开天”“三皇五帝”古史体系，廓清层层迷雾，探求古史真相。他首先提出了“层累地造成的古史说”，继之又进一步提出推翻非信史的四项标准：一是打破“民族出于一元的观念”；二是打破地域“向来一统的观念”；三是打破“古史人化的观念”；四是打破“古代为黄金世界的观念”。[①]这种大胆疑古辨伪的精神，震动了当时的学术界，引起了激烈的辩论，由此形成了在现代史学界影响很大的古史辨派，对于探求科学的古史体系起到开路的作用。从方法论来讲，顾颉刚疑古辨伪思想的核心是“求真”，提倡用理性的精神审查一切古史史料。他多次态度鲜明地强调科学理性的精神使他思想得到解放，产生了极大的勇气去批判封建时代的旧传统、旧偶像：“到了现在，理性不受宗教的约束，批评之风大盛，昔时信守的藩篱都很不费力地撤除了，许多学问思想上的偶像都不攻而自倒了。……使得我又欣快，又惊诧，终至放大了胆子而叫喊出来”，“我的心目中没有一个偶像，由得我用了活泼的理性作公平的裁断，这是使我极高兴的”。[②] 顾颉刚的疑古辨伪思想从国内学术渊源说，是由继承郑樵、姚际恒，尤其是崔述而来，但清代的崔述只敢怀疑“传”，而对于在封建时代具有神圣地位的“经”绝不敢怀疑。顾颉刚在“科学”大旗感召下，思想上得到解放，敢于打破一切偶像，所以他进而怀疑“经”，把经书与其他史料一样置于受理性审查的地位。如他自己晚年所总结的：“我的学术工作，开始就是从郑樵和姚、崔两人来的。崔东壁的书启发我‘传’、‘记’不可信，姚际恒的书则启发我不但‘传’、‘记’不可信，连‘经’也不可尽信。郑樵的书启发我作学问

① 顾颉刚：《答刘胡两先生书》，见《古史辨》(一)，99～101 页。

② 顾颉刚：《古史辨》(一)自序，78～79、81 页。

要融会贯通，并引起我对《诗经》的怀疑。所以我的胆子越来越大了，敢于打倒‘经’和‘传’、‘记’中的一切偶像。”①顾颉刚“求真”的治史方法之具体运用是“用证据去修改假设”，对此他本人有简明的总结：“作归纳，立假设，搜集证成假设的证据而发表新主张”，“更从证据去修改假设，日益演进，自可日益近真”。② “层累地造成的古史说”的提出和形成，就经历了由发现问题—提出假设—反复求证的过程。顾颉刚首先通过比较《尚书》《诗经》《论语》的记载，发现禹的观念是时间越后地位越放大。继之，他又将这三部书中尧、舜的事迹做比较，也发现了相同的情形。他说：“因为得到了这一个指示，所以在我的意想中觉得禹是西周时就有的，尧舜是到春秋末年才起来的。越是起得后，越是排在前面。等到有了伏羲、神农之后，尧舜又成了晚辈，更不必说禹了。”于是他就立了一个初步的假设：“古史是层累地造成的，发生的次序和排列的系统恰是一个反背。”③有了这一初步的假设之后，顾颉刚继续长时间搜集材料，从多方面证明，此其间，有的认识推进了，有的设想因遇到有力的反证放弃了。他从中又得出古史由神话而人化的规律，如他所说：“我便温了几遍《尚书》，把里面关于古史的话摘出比较，由此知道西周人的古史观念实在只是神道观念，这种神道观念和后出的《尧典》等篇的人治观念是迥不相同的。”④在对上述假设反复进行比较、求证的基础上，他才形成了著名的“层累说”古史观念。顾颉刚是胡适的学生，胡适讲《中国哲学史》，一反以往有的老先生大讲“邃古时代哲学”、半年才讲到商末箕子的做法，径从周宣王时代讲起，使顾颉刚受到极大的震动，对他古史辨伪观点的形成起到直接推动作用。顾颉刚又从胡适那里学到了历史演进法，从听课中受到启发，“知道研究历史的方法在于寻求一件事情的前后左右的关系，不能把它看作突然出现的”⑤。由“历史演进法”，顾颉刚进一步得出古史传说“渐次增高”的观念。顾颉刚的“层累说”，和其后进一步提出的以打破“民族出于一元的观念”、打破“地域向来一统的观念”等推翻非信史的四项标准，对于五四运动以后探索科学的古史体系起到重要的推动作用。顾颉刚认为学术的探索是无限的，学者应当摆脱人生的种种

---

① 顾颉刚：《古史辨》(一)，212 页。

② 顾颉刚：《古史辨》(一)自序，95 页。

③ 顾颉刚：《古史辨》(一)自序，52 页。

④ 顾颉刚：《古史辨》(一)自序，53 页。

⑤ 顾颉刚：《古史辨》(一)自序，95 页。

限制永无止境地寻求真知，故说："学的范围原比人生的范围大得多，如果我们要求真知，我们便不能不离开了人生的约束而前进。"①他认为通过有不同意见的学者的辩论能够推进对真知的认识，因此对于来自反面辩驳的文章表示欢迎，如对刘掞黎的批评文章，顾颉刚认为：以往世代相传的古史系统不足征信，"现在我尽寻它的罅漏，刘先生尽寻它的自卫的理由，这是一件很好的事。即使不能遽得结论，但经过了长时间的讨论，至少可以指出一个公认的信信和疑疑的限度来，这是无疑的"，"在我这文陆续发表的时候，仍希望刘先生陆续辩驳，愈驳得猛厉我愈感谢"。② 其后，钱穆撰成《刘向歆父子年谱》一文，其观点与顾颉刚直接相对立，但顾颉刚却立即将此文在自己主编的刊物上发表，并推荐钱穆到大学任教。这是顾颉刚为求学术上的真知而诚心欢迎批评意见的典型例证，久在学术界传为美谈，钱穆本人至晚年仍多次对顾颉刚所具有的胸怀表示钦佩。

从顾颉刚开始提出其"层累说"起直至今天，学术界对其观点、著述和方法褒贬不一，分歧甚大。我们认为，顾颉刚的古史辨伪学说对于推翻千百年世代相传的杜撰的"盘古开天""三皇五帝"古史体系、重新探求科学的古史体系起到积极的推动作用，他所提倡的严格审查史料的方法，和明显归纳的"四个打破"的观点，在古史研究领域开创了一种重视对史料进行参证辨伪的新风气。顾颉刚勇于打破封建时代偶像的努力，与五四运动时期反封建的时代潮流相合拍，因而在 20 世纪学术史上有其重要地位，这些都是应予肯定的。胡适当年在《古史辨》第一册出版后评价说："这是中国史学界的一部革命的书，又是一部讨论史学方法的书。此书可以解放人的思想，可以指导做学问的途径，可以提倡那'深切猛烈的真实'的精神。"郭沫若于 1929 年评价顾颉刚"层累说""的确是个卓识"，"他的识见是有先见之明"。③ 1957 年，徐旭生评价说，"古史辨派"的治学方法虽存在有问题，但是取得的成绩很大。"最大的功绩就是把在古史中最高的权威，《尚书》中的《尧典》、《皋陶谟》、《禹贡》三篇的写定归还在春秋和战国时候。……由于疑古学派(广义的)历史工作人及考古工作人双方的努力，才能把传说时代和狭义历史时代分开。"④

---

① 顾颉刚：《古史辨》(一)自序，25 页。

② 顾颉刚：《启示三则》，见《古史辨》(一)，187 页。

③ 郭沫若：《郭沫若全集・历史编》第 1 卷，304 页。

④ 徐旭生：《中国古史的传说时代》，22 页。

然则，从树立科学的治史观念和治史方法来衡量，古史辨派的方法又确实存在重大的失误和缺陷。上古传说与神话互相掺杂，传说由远古人类口耳相传而来，保存着古代人类历史活动的踪迹，虽然片断、模糊，但实属珍贵的史料，它可与考古发现，其他古代人类活动的史料，以至近现代经调查发现的若干反映民族的社会状况的史料相互做比勘对照，从中抉择出真实有价值的史料，以求能逐步描绘出古代民族活动的情景。王国维作为善于严密考证的史学家，他论述必须重视古代传说中有价值的史料，以科学方法进行审慎的参稽互证："上古之事，传说与史实混而不分；史实之中固不免有所缘饰，与传说无异，而传说之中亦往往有史实为之素地，二者不易区别。此世界各国之所同也。在中国古代已注意此事。……太史公作《五帝本纪》，取孔子所传《五帝德》及《帝系姓》而斥不雅驯之百家言；于《三代世表》，取《世本》而斥黄帝以来皆有年数之牒记，其术至为谨慎。……及汲冢所出《竹书纪年》，自夏以来皆有年数，亦牒记之流亚。皇甫谧作《帝王世纪》，亦为五帝、三王尽加年数。后人乃复取以补《太史公书》，此信古之过也。至于近世乃知孔安国本《尚书》之伪，《纪年》之不可信。而疑古之过，乃并尧舜禹之人物而疑之。其于怀疑之态度及批评之精神不无可取，然惜于古史材料未尝为充分之处理也。"[①]王国维所言，实已中肯地指出了古史辨派方法论上的一项大的失误。其后，徐旭生经过长期研究古史传说中的史料价值后，也指出古史辨派的这一失误："在春秋和战国的各学派中间所称述的古史，固然有不少歧异、矛盾，可是相同的地方实在更多。……而疑古派的极端派却夸张它们的歧异、矛盾。……他们对于掺杂神话的传说和纯粹神话的界限似乎不能分辨，或者不愿去分辨。"[②]再者，是滥用默证法。对此，张荫麟于1925年撰写的《评近人对于中国古史的讨论》一文，已做了十分切中要害的批评。他针对顾颉刚《讨论古史答刘胡二先生》一文中涉及尧、舜、禹事迹的问题，认为顾颉刚滥用默证法是"根本方法之谬误"。他指出："凡欲证明某时代无某某历史观念，贵能指出其时代中有与此历史观念相反之证据。若因某书或今存某时代之书无某史事之称述，遂断定某时代无此观念，此种方法谓之'默证'(Argument from silence)。默证之应用及其适用之限度，西方史家早有定论。吾观顾氏之论证法几尽用默证，而什九皆违反其适用之限度。"他还征引法国史学家色诺波斯在《史学导论》中

① 王国维：《古史新证》，见傅杰编校：《王国维论学集》，38页。

② 徐旭生：《中国古史的传说时代》，24页。

下述一段话作为论据：

> 吾侪于日常生活中，每谓“此事果真，吾侪当已闻之。”默证即根此感觉而生。其中实暗藏一普遍之论据曰，倘若一假定之事实，果真有之，则必当有纪之之文籍存在。
>
> 欲使此推论不悖于理，必须所有事实均经见闻，均经记录，而所有记录均保完未失而后可。虽然，古事泰半失载，载矣而多湮灭，在大多数情形之下，默证不能有效；必根于其所涵之条件悉具时始可应用之。
>
> 现存之载籍无某事之称述，此犹未足为证也，更须从来未尝有之。倘若载籍有湮灭，则无结论可得矣。故于载籍湮灭愈多之时代，默证愈当少用。其在古史中之用处，较之在十九世纪之历史不逮远甚。

据此，张荫麟对顾颉刚所言“《诗经》中有若干禹，但尧舜不曾一见。《尚书》中(除了《尧典》、《皋陶谟》)有若干禹，但尧舜也不曾一见。故尧舜禹的传说，禹先起，尧舜后起，是无疑义的”提出有力的反驳：“此种推论完全违反默证适用之限度。试问《诗》、《书》(除《尧典》，《皋陶谟》)是否当时历史观念之总记录，是否当时记载唐虞事迹之有统系的历史？又试问其中有无涉及尧舜事迹之需要？此稍有常识之人不难决也。呜呼，假设不幸而唐以前之载籍荡然无存，吾侪依顾氏之方法，从《唐诗三百首》、《大唐创业起居注》、《唐文汇选》等书中推求唐以前之史实，则文景光武之事迹其非后人‘层累地造成’者几希矣！”①张荫麟的辩驳，实在是击中了古史辨派方法论的要害。极其可惜，顾颉刚等人未能重视和采纳这番尖锐而正确的批评，从而修正自己的古史辨伪观点和方法。滥用默证法必然造成有些地方怀疑过头，破其不当破。顾颉刚的疑古观点形成以后，既疑其所当疑者，又疑其所不当疑者，当思想一旦形成定势，则一发而不可收，以致未能审慎地对待不利于己的反面材料和反面意见，造成对一些不应当否定的古代史实的典籍也被指斥为“伪古史”“伪古书”，因而像杨向奎所说的“玉石俱焚”。“比如《左传》是一部好的古代史，但他们怀疑它是伪作，这给当时的古史研究者添加了许多麻烦，以致有人用了很大力气证明《左传》不伪。”②顾颉刚又曾

---

① 张荫麟：《评近人对于中国古史之讨论》，见《古史辨》(二)，271～273 页。

② 杨向奎：《论古史辨论》，见中华书局编辑部编：《中华学术论文集》，28 页。

怀疑《周礼》一书也是刘歆为助王莽篡汉而作伪，经过长时间的考虑，最后采取了学术界其他学者的看法，放弃了原先的怀疑，并在20世纪60年代初写出《“周公制礼”的传说和〈周官〉一书的出现》。这里指出古史辨派疑古工作存在的失误和局限，既是为了从方法论做科学的分析，同时也希图学者们今后在复杂的古史考证工作中共同引为鉴戒。顾颉刚在20世纪30年代创立禹贡学会，倡导边疆史地研究，以大量史实论证我国对东北边疆地区的主权，驳斥日本军国主义者为侵华目的而蓄意制造的谎言，又编写通俗读物，并辗转内蒙古、西北、西南等地，坚持宣传抗日。1949年以后他把学术工作的重点转到古史建设上来，尤其在《尚书》研究上做了许多有价值的工作。这些又都证明顾颉刚既怀抱求真的目的，冀图以科学的态度治史，同时又关心国家民族命运，因而他的学术研究工作能够跟随着时代而前进。

傅斯年是顾颉刚在北京大学的同学，在北京大学期间他们所受的学术环境的影响是相同的。傅斯年于1920年赴欧洲留学，几年之间留在国内的顾颉刚时时与之通信，寄赠论著，故傅斯年虽远在欧洲而对古史辨派的学术活动甚为了解。傅斯年本想写长文参加国内这场古史大辩论而未成，故曾给顾颉刚写了一封长信，后以《谈两件〈努力周报〉上的物事》为题刊出。他在信中对顾颉刚的古史辨论观点做了很高的评价：

> 三百年中，史学，文籍考证学，得了你这篇文字，而有“大小总汇”。……史学的中央题目，就是你这“层累地造成的中国古史”，可是从你这发挥之后，大体之结构已备就，没有什么再多的根据物可找。……而你这一个题目，乃是一切经传子家的总锁钥，一部中国古代方术思想史的真线索，一个周汉思想的摄镜，一个古史学的新大成。这是不能为后来的掘地所掩的，正因为不在一个题目之下。岂特这样，你这古史论无待于后来的掘地，而后来的掘地却有待于你这古史论。……学科的范围有大小，中国古史学自然比力学或生物学小得多。但他自是一种独立的，而也有价值的学问。你在这个学问中的地位，便恰如牛顿之在力学，达尔文之在生物学。去年春天，和志希、从吾诸位谈，他们都是研究史学的。“颉刚是在史学上称王了，恰被他把这个宝贝弄到手；你们无论再弄到什么宝贝，然而以他所据的地位在中央的原故，终不能不臣于他。我以不弄史学而幸免此厄，究不失为‘光武之故人也’。”几年不见颉刚，不料成就到这么大！这事要是在别人而不在我的颉刚的话，我或者不免生点嫉妒的意思，吹毛求疵，硬去找

争执的地方。但早晚也是非拜倒不可的。

颉刚，我称赞你够了么！请你不要以我这话是朋友的感情；此间熟人读你文的，几乎都是这意见。此时你应做的事，就是赶快把你这番事业弄成。①

傅斯年当日如此赞誉顾颉刚的“层累地形成的古史说”为三百年史学的集大成，称顾颉刚在史学中的地位类似于物理学中的牛顿，认为顾颉刚可以称王，别人都应臣服于他，可见傅斯年确是顾颉刚古史辨的伪观点热烈的支持者。然而，由于傅斯年本人的学术性格和到欧洲之后所处的学术环境，傅斯年却走了一条提倡科学史学的道路，从而对20世纪前半期中国史学科学化的历程，做出自己独特的贡献。

傅斯年在北京大学求学时，学的虽是文科，心中却折服于自然科学。在他主编的《新潮》杂志上每期必刊登几篇“纯粹的科学文”，并把自然科学的发展水平作为衡量学术是否进步的标准。对于中国晚周时期的学术，他认为如果只用朴学家的方法，不运用西洋人研究学问之法，仍将是一无是处，仍得不到结果。对西方自然科学的向往是他赴英、德留学的重要原因之一。他在英国伦敦大学写信给胡适说：“近中温习化学、物理学、数学等，兴味很浓，回想大学时六年，一误于预科乙部，再误于文科国文门，言己可叹。”②他在西欧学习了普通心理学、化学、物理学、高等数学等课程。到德国以后，他深受兰克学派的影响，对兰克所主张的学问是纯客观的，而史家的任务是“据实直书”，“让史料本身说话”，不掺入研究者的主观好恶，“无例外地保持不偏不倚的态度”等治史原则十分推崇。发扬兰克史学的治史原则，视搜集史料为第一急务和标榜“不偏不倚”的客观主义态度，服膺清代学者顾炎武、阎若璩、钱大昕的考证学，学习欧洲近代史家重视田野发掘、推广自然科学方法的“科学史派”，把三者融会贯通，就成为傅斯年倡导的治史方法的纲领。这在他主持史语所先后两次发表的历史研究的宣言中有极明确的表述。在《历史语言所工作的旨趣》中，他宣称：

一、把些传统的或自造的“仁义礼智”和其他主观，同历史学和语言学混在一气的人，绝对不是我们的同志！

---

① 顾颉刚：《谈两件〈努力周报〉上的物事》，见《古史辨》(二)，296～298页。

② 耿云志编：《胡适来往书信集》(上)，106页，北京，中华书局，1983。

二、要把历史学语言学建设得和生物学地质学等同样，乃是我们的同志！

三、我们要科学的东方学之正统在中国！①

在《〈史料与史学〉发刊词》中，他同时举起乾嘉考证学和兰克史学两面旗帜：

本所同人之治史学，不以空论为学问，亦不以“史观”为急图，乃纯就史料以探史实也。史料有之，则可因钩稽有此知识，史料所无，则不敢臆测，亦不敢比附成式。此在中国，固为司马光至钱大昕之治史方法，在西洋，亦为软克莫母森之著史立点。史学可为绝对客观者乎？此问题今姑不置答，然史料中可得之客观知识多矣。有所不足，不敢不勉，此命名之意也。②

明白了傅斯年把东方的乾嘉考证方法与西方的“科学史学”方法、首先孜孜不倦发掘新史料，同时主张“据实直书”的治史风格三者相糅合贯通，我们对于他的下述言论便可获得更深的理解：

——近代的历史学只是史料学，利用自然科学供给我们的一切工具，整理一切可逢着的史料，所以近代史学所达到的范域，自地质学以至目下新闻纸，而史学外的达尔文论，正是历史方法之大成。

——凡能直接研究材料，便进步。凡间接的研究前人所研究或前人所创造之系统，而不繁丰细密的参照所包含的事实，便退步。上项正是所谓科学的研究，下项正是所谓书院学究的研究。在自然科学是这样，在语言学和历史学亦何尝不然？……能利用各地各时的直接材料，大如地方志书，小如私人的日记，远如石器时代的发掘，近如某个洋行的贸易册，去把史事无论巨者或细者，单者或综合者，条理出

① 傅斯年：《历史语言研究所工作之旨趣》，载《历史语言研究所研究集刊》，第1本第1分册，1928。

② 傅斯年：《史料与史学发刊词》，载《历史语言所研究集刊》外编第二种《史料与史学》，1945。按，软克即兰克，莫母森即蒙森（Tneodof Mommsen，1817—1903），德国历史学家，柏林大学教授，著有《罗马史》五卷（第四卷未完成），以取材丰富、考订严谨著名。还编有《拉丁铭文集成》《罗马国家法》等。

来，是科学的本事。

——凡一种学问能扩张他研究的材料便进步，不能的便退步。……西洋人作学问不是去读书，是动手动脚四处寻找新材料，随时扩大旧范围，所以这学问才有四方的发展，向上的增高。……材料愈扩充，学问愈进步，利用了档案，然后可以订史，利用了别国的记载，然后可以考四裔史事。在中国史学的盛时，材料用得还是广的，地方上求材料，刻文上抄材料，档库中出材料，传说中辨材料。到了现在，不特不能去扩张材料，去学曹操设“发冢校尉”，求出一部古史于地下遗物，就是“自然”送给我们的出土的物事，以及敦煌石藏，内阁档案，还由他毁坏了好多，剩下的流传海外，京师图书馆所存摩尼经典等等良籍，还复任其搁置，一面则谈整理国故者人多如鲫，这样焉能进步？

——凡一种学问能扩充他作研究时应用的工具的，则进步，不能的，退步。……所以古史学在现在之需用测量本领及地质气象常识，并不少于航海家。中国史学者先没有这些工具，那能使得史学进步。

——我们反对疏通，我们只是要把材料整理好，则事实自然显明了。一分材料出一分货，十分材料出十分货，没有材料便不出货。两件事实之间，隔着一大段，把他们联络起来的一切涉想，自然有些也是多多少少可以容许的，但推论是危险的事，以假设可能为当然是不诚信的事。所以我们存而不补，这是我们对于材料的态度；我们证而不疏，这是我们处置材料的手段。材料之内使他发见无遗，材料之外我们一点也不越过去说。

——总而言之，我们不是读书的人，我们只是上穷碧落下黄泉，动手动脚找东西！①

这两篇文章，堪称是傅斯年旨在推进中国新考证学的宣言书。他强调研治历史必须“存而不补”，“证而不疏”，认为只要把材料整理好，则事实自然明了；认为历史语言研究所的治学宗旨是不以“史观”为急图，乃纯就史料以探史实：由此确实可归纳出傅斯年的核心观点便是“史料学即史学”。将发掘、整理、考证史料强调到这样绝对化的地步，宣称这是唯一的目的，这无疑是片面的（其实傅斯年本人撰写的史学论著也绝非证而不疏，不讲理论、不讲观点、不讲解释，而是有许多极大胆的联系和分析）。然而就他所

① 傅斯年：《历史语言研究所工作之旨趣》。

强调的几项而言，则颇有切中旧史界和当日史坛现状的弊病之处。中国史学，本来有司马迁整齐百家杂语，广搜各种史料再加实地调查史迹、访问故老传说，并且清醒地对史料要做到“考而后信”的传统，有司马光除正史之外又搜集采用各种私人记载、稗官野史、小说笔记、家乘谱牒互相参证，并以“考异”说明对史料去取的理由的传统，又有乾嘉学者严密考证追根求源的好传统；但可惜，后世许多学者未能随着时代前进，发扬这些优良传统并加以发展，而造成眼光狭窄，囿于经院式的治学方式，只从故纸堆里讨学问。如此在材料上和方法上都世代相沿成习，提不出新问题，笼罩着陈旧的风气。留学欧洲的经历，使傅斯年深刻感受到近代欧洲学者广泛挖掘新史料，因而能够不断发现新问题，提出新见解。故此他大声疾呼要历史学者“上穷碧落下黄泉，动手动脚找东西”。他强调要利用各地的直接材料，档案，地方志，日记，地下发掘，商行账簿，以至人类学、民族学的材料等，以资探究新的问题。他又强调要用科学的手段进行地下发掘和对出土文物进行鉴别，故呼吁要扩充研究的工具，要将科学观测及地质气象知识应用于历史学。他还曾规划沿京汉路一线(安阳至易州，包括安阳殷墟、邯郸等地)和从洛阳一带考察，然后逐渐西去，直至中亚细亚各地的考古发掘路线。从积极方面来说，傅斯年强调千方百计发掘和利用新史料，并且高度重视进行有组织的地下发掘，对 20 世纪新考证学的发展起到推动作用。

尚有一项应该特别提到的，是傅斯年强调进行有组织、有计划的集体的研究，使之构成系统，形成规模，这也是针对以往学者长期存在的个体分散各自独立的严重缺陷而发，此项同样体现了近代学术为完成重大研究课题而采取集体的协作或研究的需要。当时他规划了文籍考订、史料征集、考古、人类及民物等项，以及设想对各地区语言的研究。以后“中央研究院”历史语言研究所便大致按此设想分组展开有规模的系统研究工作。史语所在广州中山大学初成立时，分为史料征集、汉语、文籍考订、民间文艺、汉字、考古、人类学、民俗学、敦煌材料研究等八组。1929 年史语所迁往北平，调整为历史、语言、考古三组。历史组的学者对于史事、文献做了大量的考证性工作，其成绩反映在《史语所集刊》发表的数百篇论文和许多专刊、专著中。语言组对全国各地方言、文字、制度和风俗做调查，以及整理明清档案。考古组则在 1928 年至 1937 年有计划地对安阳殷墟遗址进行了十五次发掘，成为近代考古学史上的盛事。

陈垣的考证学成就则代表了将传统文献学推向条理化、系统化、科学化的出色努力。陈垣早年学习西医，系统学习过化学、解剖学、生理学等西方近代科学知识，因而在科学方法上受过良好的训练，故他虽然未曾留学外国，却能将西方近代科学方法创造性地运用到考证学领域，成为新考证学的学术大师。陈垣在文献学上的成就，包括校勘学、年代学、目录学、避讳学诸项。利用严密考证方法在整理文献上取得很大成就，这是清代朴学的特色。而陈垣又能在此基础上向前推进，其原因即在于他不仅继承了清人的成就，而且运用了近代科学方法，因而他的文献研究具有近代的特点。他所著《元典章校补释例》就是成功的例证。他由概括大量校勘实例而上升到理论，总结出“校勘四法”：一是对校法，以祖本或别本相对校；二是本校法，以本书前后互证；三是他校法，以他书校本书；四是理校法，不凭版本而据逻辑道理定是非。陈垣在许多著作中还成功地运用了“类例法”。《元典章校补释例》将选取的材料分类部居，加以疏解，为例五十。他的另一著作《旧五代史辑本发覆》也是属于校勘性质的专书，全书五卷，收录材料一百九十四条，为例一十。“类例法”，也有举一端以例其余的意思，学者可以举一反三，将这些校勘学的原则运用到其他时代典籍的校勘工作之中。年代学方面，陈垣著有《二十史朔闰表》《中西回史日历》，两书均以扎实而科学的方法著成(成书于1925年)，为史学工作者提供了极有用的参考书。陈垣在著《二十史朔闰表》以前，拟定了周详的计划，安排了恰当的工作步骤。1922年，他先请常福元作《回历岁首表》，以回历岁首求中历、西历的年月日。他本人又作《中历西历岁首表》，以中历岁首求中西回历之年月日，或以西历岁首求中历回历的年月日。但这样仍然不能完全解决年代学的问题，因为中历每月的大小尽和闰月都不固定，西历岁首常在中历岁暮，少则差二十余日，多者差五十余日。若不知朔闰而计年，则中西历常有一岁之差异。于是他以宋刘羲叟之《长历》，元耶律俨之《辽宋朔闰考》(载于《辽史·历象志》)，清钱侗之《四史朔闰考》，汪日桢之《历代长术纪要》诸书为参考，并以二十史纪志列传相校，正其讹误。于清代他则取每年时宪书。时陈垣为故宫博物院委员，他不畏劳累，时常入宫内图书馆取时宪书与日本明治年间所编《三正综览》核对，乃发现《三正综览》多误，都予改正，最终成《二十史朔闰表》，于1926年印行，风行一时，治史者人手一册做参考。在此基础上他又作《中西回史日历》。日历以西历为主，中历、回历为辅。起自公元元年，即汉平帝元始元年。每页有西历纪年与甲子纪年及中国历代纪元相对照，又有西历、中历、回历月日相对照，分别用红色汉字、红色阿拉伯字、黑色阿拉伯字相区别。他又作甲子表、日历表附于后，读者可一目了然。“后人坐享其成，不知先生草创此书，实在煞费苦心。西历百年为一世纪，先生之日历以百年为一卷，二十世纪为二十卷。如以一年为 365 日计，一世纪为 36500 日，每日写一数字，即为 36500 字。二十世纪即为此数之二十倍，而且数目字甚易错，非细心为之不可，何况又加中历、回历数字，复制甲子表与日曜表，其艰苦更不待说。‘稿凡五易，时阅四年’，一书之成，费尽心力，先生说，‘兹事甚细，智者不为’，此过于㧑谦之词，应当说，兹事甚难，非一般人所能为。所以不能为者，无先生之不怕困难，坚持不懈之精神也。”①

关于目录学，陈垣认为，它是治史的门径，他为了掌握中国历史文献的概貌，对《四库全书总目提要》进行了详细的研究。他编写了《文津阁四库全书册数、页数表》《四库书目考异》《四库全书纂修始末》《四库书名录》《四库撰人录》。他所著《中国佛教史籍概论》和《敦煌劫余录》，同是目录学方面的专书。避讳，是指我国辛亥革命以前特有的一种制度和习惯，凡文字上不得直书当代君主或所尊之名，必须用其他方法以避之。中国历史久远，朝代更换又多，各朝所避的讳不同，避讳方法又不一致；文献上常因避讳而改换文字，甚至改变前人的姓名、官名、书名，前代的地名、年号等，使一些古籍文字淆乱致疑。反过来，如果懂得避讳知识及其规律，则可以解释古书的疑滞，辨别古文书的真伪及时代。正如陈垣在《史讳举例·序》中指出：“盖讳字各朝不同，不啻为时代之标志，前乎此或后乎此，均不能有是，是与欧洲古代之纹章相类，偶有同者，亦可以法识之。”故“避讳学亦史学中一辅助科学也”。他又讲此书的撰著旨趣是：“宋时避讳之风最盛，故宋人言避讳者亦特多……清朝史学家……对于避讳，亦皆有特别著录之条。钱氏(大昕)《廿二史考异》中，以避讳解释疑难者尤多，徒因散在诸书，未能为系统之董理。今肆上通行专言避讳者，谬误颇多，不足为典要。未能应用之于校勘学及考古学上发人深思，所以有改作之必要也。”②故此书用意在继承钱大昕的学术，而“欲为避讳史作一总结束”。全书八卷，归纳了八十二个例。前四十二例，讲避讳所用的方法，避讳的种类，避讳改的史实，因避讳而生之讹异；后四十例，讲避讳学应注意事项；不讲避讳学之贻误，避讳学之利用。该书引书达百种以上，故该书也为研究者提供了极有用之工具。总之，陈垣在校勘学、年代学、目录学、避讳学等方面，为

---

① 赵光贤：《陈援庵师轶事》，载《史学史研究》，1992(3)。

② 陈垣：《史讳举例》，1～2 页。

推进传统文献学的近代化做出了重要贡献，对此，白寿彝做了恰当的评价："关于整理文献的具体工作，在我国有长久的历史，也有丰富的经验，但就以上四个方面的经验进行总结，使之条理化、系统化，这是从陈垣先生开始的。"①

三、探求历史的深层认识

一时代有一时代之学术。20 世纪新历史考证学家由于得力于时代所提供的种种条件，不仅在运用大量新史料和汇通中西考证方法上超过前人，而且在治史观点、治史目的等项达到了新的高度。新考证史家的代表人物，确立了以进化史观为指导，或是明确地冀图探求史实之间内在的联系，以获得系统性和体系性的认识，不满足于史料的搜集排比和个别史实的考订，或是输入了西方史家的治史观念，从而对古代历史做出新解，或是随着时代潮流前进，认识到治史必须与关心国家民族的命运结合起来，阐发历史上志士仁人的民族正气和爱国精神，为民族解放的伟大事业提供帮助，因此较之传统考证学家对历史达到了深刻得多的认识。以下举要式地列举吕思勉、岑仲勉、钱穆、刘节、陈寅恪、傅斯年、陈垣等史家的若干重要见解，以窥见新考证学家的这一时代风貌。

吕思勉治史重视史观的指导作用，他服膺进化史观，相信古代各种制度和社会生活都应由低级向高级发展演变，其中必有规则性可寻。吕思勉的深刻历史眼光，尤其表现在对魏晋南北朝时期历史的认识上。这一时期国家经历了长达四百年的分裂(中间有过西晋短暂的统一)，长期被历史学者视为复杂紊乱黑暗的时期，社会停滞甚至倒退。吕思勉通过对史料的钩稽梳理、综合分析，得出对这一时期历史的新认识，其所撰《魏晋南北朝史》即为见解独到的名著。他认为这一时期历史虽经历了复杂曲折的过程，却取得了巨大的进步，并总结这一时期有四大历史特点："一曰士庶等级之平夷；二曰地方畛域之破除；三曰山间异族之异化；四曰长江流域之开辟。"而此四项特点均与民族动荡迁徙有关。与"停滞说""倒退说"迥然而异，他认为当时的中国北方经历民族间的交融促进了经济的文化的发展，在中国南方，则由于北方居民南迁带来了先进的生产技术，江南摆脱了秦汉时期"火耕水耨"的状态，为唐宋的繁荣奠定了基础。他论述各族间的交融而

① 白寿彝主编：《史学概论》，323 页。

彼此促进了发展尤为精彩：汉族从少数民族那里学到了音乐、美术等艺术形式，少数民族则在与汉族交融的过程中逐渐接受了中原先进文化，有些少数民族放弃游牧生活而改为定居，从事农业生产，经过这一次规模空前的大交融，汉族吸收了许多少数民族的文化，为盛唐的出现创造了条件。吕思勉关于魏晋南北朝时期经过战乱和曲折道路而取得重大社会进步的论述，确实为乾嘉时代考证史家所不曾有过的大议论，原因即在运用了进步的历史观来指导严密考证，才能达到对历史问题更加深层的认识。

岑仲勉先生也因在史识上较前人站得更高，所著《隋唐史》能发千古未发之覆。如，唐武宗的大臣李德裕当政期间，敢有作为，颇多建树，但司马光却出于保守立场，对历史上一切勇于改革的人物均加訾议，故对李德裕也有诸多不公之论，岑仲勉通过周密的考证，得以揭示出历史真相。其论云：元和以后，标举“牛李”一词，牛指僧孺，李则相沿以为指目德裕，也推及其父吉甫。《旧唐书·李德裕传》：“宗闵寻引牛僧孺同知政事，二憾相结，凡德裕之善者皆斥之于外。(大和)四年十月，以德裕检校兵部尚书、成都尹、剑南西川节度……至是恨(裴)度援德裕，罢度相位，出为兴元节度使，牛李权赫于天下。”据此，“牛李”显指前文之“二憾”无疑。又《新唐书》卷一七四赞云：“僧孺、宗闵以方正敢言进，既当国，反奋私昵党，排击所憎，是时权震天下，人指曰‘牛李’，非盗谓何?”是“牛李”一词之初意，“当时人原用以指斥僧孺、宗闵之结党营私，五代时史官及宋祁尚能知其真义。无如牛党之文人，好为谰言，施移花接木之计，把‘李’字属之德裕，形成‘牛’、‘李’对立，借以减少僧孺之过恶。后世不察小人之用心，遂至今而仍被其朦蔽”。岑仲勉进而指出，“德裕与僧孺不协，益令人误信德裕树党与僧孺为敌”，此尤应辨明。僧孺、宗闵并非如后世贯彻某种政策之政党，而是为了把持政权，结成私党，谋取私利，后人读史，不能持“两党”之成见。为证明李德裕无党，岑仲勉举出充足的证据。首先是德裕并未为求私利而任用亲信小人。德裕于大和及会昌年间两次执政，末次尤得唐武宗信任，如果树党，正是其时。然而唐宣宗贬德裕，被波及之官位较著者，仅有工部尚书薛元赏、京兆尹少元龟兄弟及给事中郑亚、刘濛三数人，元赏在开成初已位跻方镇，挫抑阉寺，大为《新唐书》《通鉴》所称道，且与刘濛不久仍被起用。其余德裕引进者，如白敏中、周墀、崔铉，更大受宣宗倚任，敏中及墀固世所称牛党。故“征诸史实，德裕无党，事甚了然”。再者，从唐末中立派人士的评论可证德裕无党，范摅《云溪友议》八云：“或问赞皇之秉钧衡也，毁誉无如之何，削祸乱之阶，辟孤寒之路，好奇而不奢，好学而不倦，勋业素高，瑕疵不顾，是以结怨侯门，取尤群彦(光福、王起侍郎自长庆三年知举，后廿一载复为仆射，武皇时犹主柄，凡有亲戚在朝者不得应举，远人得路，皆相庆贺)。后之文场困辱者，若周人之思乡焉，皆曰八百孤寒齐下泪，一时回首望崖州。"僖宗时无名氏所著《玉泉子》云："李相德裕抑退浮薄，奖拔孤寒，于是朝贵朋党，德裕破之，由是结怨而绝于附会，门无宾客。"而昭宗时裴庭裕《东观奏记》上也云："武宗朝任宰相德裕，虽丞相子，文学过人，性孤峭，疾朋党如仇雠。"庭裕是牛党人物李珏的后人，所作评判更非出于对德裕之偏袒。复次，宋孙甫所撰《唐史论断》成书于《通鉴》之前，卷下谓："德裕无党，僧孺一派有死党，记载甚分明，奈史家弗察，妄称'牛''李'各分朋党，互相倾轧。"①最后，岑仲勉深刻地揭示出司马光之苛责李德裕，及相反地虚美牛僧孺，乃出于其反对历史上改革派人物的保守立场："德裕攘外安内，政绩彰彰，史家衡量人物，应采其大长，宽其小短。《通鉴》在宪、穆、敬、文、武、宣各纪，夹杂着许多私见，对德裕不特毫无表彰，而且偏采反对派之意见，吹毛求疵，为非分之苛责；牛党诸人毫无建树，朋比济贪，却多方替之掩饰，是直丧失史家之公正立场，无当于'鉴戒'之本义。余尝抉其隐，以为德裕敢作敢为，深得武宗信用，略类安石，司马光痛恶安石，因而恶及德裕，不惜倒行逆施，同情于险谲之逢吉。简言之，怀挟着满胸私见，其为信史也几希矣。"②

新考证学派在学术史、思想史领域的重要创获，也足可与上述社会史、政治史领域相媲美。如，钱穆所著《刘向歆父子年谱》，针对康有为从今文经学家观点出发所持的刘歆伪造《周礼》《左传》的观点提出辩驳，成为 20 世纪学术史上影响巨大的考史名作。康有为于 1891 年(光绪十七年)著成并刊行《新学伪经考》，搜集证据，欲以证明秦焚六经未曾亡绝，河间献王及鲁共王无得古文经之事，故古文经皆刘歆所伪造，实属"伪经"。歆之作伪，旨在助王莽篡汉，乃新莽一朝之学，故称"新学"。此文在政治上是要推倒两千年来居于独尊地位，严重桎梏着人们头脑的古文经学的"正统"地位，掀起思想解放的潮流，以发动一场声势浩大的维新变法运动，故被梁启超称为"思想界之一大飓风"。在学术上，康有为所搜集的证据和进行考证的方法，虽然也有某些可取之处，但从总体上说，其证据大多属于牵强穿凿，其结论则为大胆武断之词。晚清古文经学派学者章太炎、刘师培都作文予

① 岑仲勉：《隋唐史》，419 页。

② 岑仲勉：《隋唐史》，428 页。

以反驳，如刘师培于1903年撰有《谈左札记》，指出《左传》在刘歆以前就有传承，战国的荀况、汉初的贾谊、武帝时的司马迁，都曾传授《左传》之学。《左传》中所载史实和解经语句，在刘歆以前的各种著作中曾不断被征引，因此《左传》一书是古文真经，并非刘歆所伪造。但这些文章所举的证据尚不详备确凿，考证尚未谨严周密，辩驳还不够有力，故未能从根本上摧陷康说。至民国初年，康有为所持今文经说仍居于学术界主流，顾颉刚为首的古史辨派继续申述康有为“刘歆遍造伪经”之说，不少高校经学讲坛仍传播《新学伪经考》的观点，可见其影响巨大。钱穆早年读康有为《新学伪经考》，即怀疑康有为所主刘歆遍造群经、助王莽篡汉之说，“深疾其抵牾，致疏通证明之”。至1929年年底钱穆撰成《刘向歆父子年谱》，此文突出地体现20世纪新考证学家治学较之传统考史者方法更加科学，史识更加高明，故能鞭辟入里，揭示奥秘。文章由史入经，专论史实，缕举刘向歆父子事迹，西汉末及新朝政治学术背景及儒林人物行事，条别年代，加上钱穆本人辨析的按语，驳斥康说，一一指明康有为曲解史文、抹杀反证之事实。钱穆总结全部证据，归结出康说二十八项不可通之处，实则是围绕“刘歆无遍造群经之必要”和“亦无遍造群经之可能”两大最根本的问题进行考证辩驳，故能彻底推翻康有为的武断结论和其他附会的说法。

钱穆此文重新评述经学今古文争论这场公案，打破了近代经学研究今文学的一统天下，震动了北方史学界。当时报刊上评论说，此文尽扫刘歆伪造群经之说，令人叹服，“乃学术界上大快事”。又说，刘歆并无遍窜群籍之事，得此文刊布而大白于世。故此文“颇足关康有为辈之口，使之无词以自解”。原先北平各大学开设经学史及经学通论，都主讲康说。“自宾四先生此文出，各校经学课即在秋后停开。”①

刘节于1943年著《管子中所见之宋钘一派学说》，发掘出《管子》书中的《心术》(上、下)和《白心》《内业》四篇是宋钘一派的著述，并系统地探讨其“白心”说的内容、渊源和发展，诚为思想史研究上的一个重要发现，因而受到学术界的推崇。宋钘是战国诸家争鸣中颇有影响的一个人物，但其学说只在《庄子·天下》篇和《荀子·正论》篇中有所称引和评论，此外并无著述流传，致使后人无法更多地了解其学说和思想价值。宋钘一派学说的资料是否有若干篇章保存在其他先秦典籍之中，这是以传统的校勘学方法不

---

① 罗义俊：《钱穆传略》，见晋阳学刊编辑部编：《中国现代社会科学家传略》第十辑，303页，太原，山西人民出版社，1987。

能解决的问题，而必须在洞察先秦诸子学术关联、前后演变之环节的基础上，寻找其线索，提出其确证。刘节出色地采用贯通联系的方法，通过厘清先秦诸子学说演变和它们之间相互联系的各个环节，中肯地把握住宋钘学说的历史定位，由此探析出两千年诸子学说研究领域中未发之覆。他主要从以下三个方面考证和分析。一是宋钘学说在先秦思想史上“仁”与“心”的演变链条中的位置。刘节指出，孔子是开始把道德意识系统化了的第一个人，他把以前人的实践道德，加上一种抽象的解释，形成他的以“仁”为基本精神的学说。孔子以前的学者最为关心的是“文”与“德”两个问题，依甲骨文和金文，“文”与“德”都与“心”有关联，可知古人是以“文”与“德”说心。因此孔子以后，对于心的研究越加普遍与深刻，其代表人物便是孟子和宋钘。《庄子·天下》篇说他们“禁攻寝兵，救世之战。以此周行天下。上说，下教，虽天下不取，强聒而不舍也。故曰：上下见厌而强见也。虽然，其为人太多，其自为太少”。这种精神不仅与墨家相类，而且与孟子所说“养心莫善于寡欲”极相似。故宋钘一派兼有儒墨之长，是战国时期很有特点的学派。二是从先秦诸子书成书的规律来考证《管子》书中所包含的宋钘一派的遗著。刘节指出，《管子》这部书内容复杂，宋代学者已知道此书并非出于管子之手，其中的文章，都不是一个时代作成的。按内容说，大部分是先秦法家学说，同时又保存有其他学派学说的资料。《管子》又有一个特点，很多篇有正文，又有解释，而正文同解释往往分开很远。如第一卷立政篇，有九败一段，而第十一卷中有立政九败解。九败一段中说：“寝兵之说胜，则险阻不守；兼爱之说胜，则士卒不战；全生之说胜，则廉耻不立。”这是对宋钘、墨翟、杨朱学说的介绍。而九败解正是解释这一段，得此而保存了宋钘学说的资料，所以非常宝贵。刘节又指出先秦诸子书的又一规律：“先秦诸子的学说，其见于后世的，我们可以分析出一个重要事情。就是某一家本师所说的话，都是很简单的。有些后来造成许多短句诗，以表达其意。这在管子心术上下篇，白心篇，内业篇中，所见同样句子最多了。”据此可考证出这四篇是一派的学说。如《心术下》篇说：“刑不正者，德不来；中不精者，心不治。”《内业》篇作：“刑不正，德不来；中不静，心不治。”又如《心术下》篇说：“无以物乱官，勿以官乱心，此之谓内德。”而《内业》篇作：“不以物乱官，不以官乱心，是谓中行。”又《心术下》篇说：“一气能变曰精，一事能变曰智。”《内业》篇作：“一物能化，谓之神；一事能变，谓之智。”三是进一步从宋钘“白心”说的渊源与发展提供证据。刘节认为：“从孔子以后，逐渐由讨论‘仁’的问题，转入讨论‘心性’的问题。这是中国思想发展史上一大关键。孟子的‘养心莫善于寡欲’，同宋子的‘以情欲寡浅为内’是很相近的。因为这是当时思想界的共同问题之一。所谓‘白心说’，本是以‘寡欲’作出发点的。不论‘寡欲’或‘去宥’，求其根源，还是‘白心’。庄子的‘虚室生白’同‘唯道集虚’，二语本是从白心说一派中接受过来的。所以庄子对于白心说介绍得比较近事实。庄子说宋、尹一派‘人我之养，毕足而止，以此白心’。又说：‘接万物，以别宥为始。语心之容，命之曰心之行。’而心术，白心，内业四篇正是说‘心之行’与‘心之容’。”并指出，宋钘一派在先秦“道”的学说体系中也处于中间环节，“开始由阐说‘人道’，进而阐说‘天道’。天道的问题，孔子是不大讲的。所以子贡说：‘夫子之言性与天道，不可得而闻也。’孟子稍稍谈到天道，大都以人事作出发点，唯有宋钘、尹文，一方面说‘心’，一方面又说‘道’。把主观的心，与客观的道，构成密切关系的，也是宋、尹一派人开其端绪。心术上篇说：‘道在天地之间也，其大无外，其小无内。’又在内业篇说：‘其细无内，其大无外。’”①。在刘节著成此文后不久，郭沫若经过独立研究，也得出《管子》书中《心术》《白心》《内业》诸篇为宋钘、尹文一派遗著的结论。他在 1944 年 8 月 19 日日记中记载着他“突然有个新的发现”的感受：

读《管子·心术》、《白心》、《内业》、《枢言》、《戒》、《君臣》、《四称》、《侈靡》诸篇。忽悟《心术》、《白心》、《内业》与《庄子·天下篇》宋钘、尹文之学说为近，乃比较研究之，愈觉若合符契。无意之间得此发现，大快于心。此重要学派重见天日，上承孔、墨，旁逮孟、庄，下及荀、韩，均可得其联锁。在灯下更不断发掘，愈发掘，愈信其不可易。②

同一时期所著《宋钘尹文遗著考》又说：

《心术》和《内业》两篇，毫无疑问是宋钘、尹文一派的遗著。既见“黄老意”，也有“名家言”，而于别宥寡情，见侮不辱，食无求饱，救斗寝兵，不求苟察，不假于物诸义无一不合。韩非子说宋荣子宽恕，庄子又说宋荣子“举世而誉之而不加劝，举世而非之而不加沮，定乎内

---

① 刘节：《管子中所见之宋钘一派学说》，见《古史考存》，238～254 页。

② 郭沫若：《十批判书·后记》，见《郭沫若全集·历史编》第 2 卷，479 页。

外之分，辨乎荣辱之境”，也无一不与这两篇中的含义相符。

但还有更值得注意的，是他们采取道家的立场而却与儒墨旁通。救斗寝兵，食无求饱，合乎墨家的节用非攻，故荀子把宋钘与墨翟同举。而合乎儒家的地方，则是他们并不非毁仁义礼乐。

…………

就这样，我感觉着我是把先秦诸子中的一个重要的学派发现了。有了这一发现，就好象重新找到了一节脱了节的连环扣一样，道家本身的发展，以及它和儒墨两派间的相互关系，才容易求得出他们的条贯。宋钘这一派，无疑是战国时代的道家学派的前驱，而它的主要动向是在调和儒墨的。①

刘节和郭沫若各自进行学术研究，由于同样具有贯通的眼光，同样运用探究先秦诸子学说内在联系的方法，结果对《管子》书中保存的宋钘一派学术思想资料的发掘鉴别，以及对其学说内容、体系和渊源、发展以至于历史地位的分析，各项问题的认识都如此相合！新历史考证学者运用系统化、体系化的考证方法，对学术思想史上深层次的问题进行探索，恰好与以唯物史观为指导的学者的研究得到了一致的结论，这是20世纪学术史上极有意义的事，值得我们深长思之。

以上吕思勉、刘节等人均因具有更广阔的视野和更科学的方法，故能通过严密考证而达到对历史问题的深层次认识，较之传统考证史家基本上只注重具体史实的考订大不相同。而傅斯年、陈寅恪则因有多年在欧洲留学和从事研究工作的经历，对西方近代新学理感受很深，其考史的突出特点是将输入西方学者治史观念与发扬传统的严密考证方法二者相结合，他们尤其重视应用“民族—文化”互动关系观点研究中国历史，因而提出了颇多深刻而具系统性的见解。

据周樑楷《傅斯年和陈寅恪的历史观点——从西方学术背景所作的讨论(1880—1930)》一文介绍，德国的“学术大致从十八世纪末以来，特别偏爱从文化史的角度，思考政治与民族(种族)的问题”，“从赫德、兰克以来，种族和文化的问题一直萦绕在日耳曼学者的脑海里。……在一九二〇及三〇年代，德国学术界承其遗风，以种族与文化论述历史”。与陈寅恪、傅

① 郭沫若：《宋钘尹文遗著考》，见《郭沫若全集·历史编》第1卷，564～565、570页。

斯年同在德国留学的姚从吾曾撰有《德国佛郎克教授对中国历史研究的贡献》，称佛郎克的大量著作中有一类即属于"中国与外族文化政治的关系"。该文还讲到葛白伦慈、歌路比、夏德、米勒、卫礼贤、沙畹等人，"都是以中国与外族的政治文化关系为研究重心"①。

这种重视"民族—文化"关系的观点和方法，在傅斯年和陈寅恪的论著中有很显著的体现。傅斯年固然称"近代史学，史料编纂之学也"，强调"有一分材料出一份货，有十分材料出十份货，没有材料便不出货"，强调"存而不补""证而不疏"，不赞成超出考证材料之外的推论或解释。但是，恰恰正是傅斯年本人，对于史料做了大胆的解释，其着眼点便是"民族—文化"关系。事实上，如果除考证材料真、假之外，任何推论或解释都不能做，则根本无法从事历史研究。故傅斯年之强调"史料即史学"与其用"民族—文化"观点解释历史在同一人身上可以并行而不悖！傅斯年的《大东小东说——兼论鲁燕齐初封在成周东南后乃东迁》《夷夏东西说》《周东封与殷遗民》等，都以政治集团或族群间政治与文化的互动关系，论述其势力消长和盛衰变化，而对商周之际的历史提出自己的新看法。《大东小东说》一文考证"小东""大东"及周初鲁、燕、齐始封国之地望，均联系周与殷商之间文化水平高低和政治势力强弱之互动关系立论。他认为，《诗·小雅·大东篇》所言大东，即泰山山脉迤南各地；小东，当即今山东濮阳大名一带，亦即秦汉以来所谓东郡者也。与此相联系，他认为，周灭商以后，处置原有之殷民是极艰巨困难之工作。既然周初封康叔于卫，微子犹得保宋，则周公、吕公等人封地必距成周不远，才能起到辅翼周王室的作用，也才符合利用殷商旧地较高的人文、物质条件的道理。故他参稽多项证据，推断燕之初封地应与今河南郾城有关，鲁周公之初封地应在今日河南鲁山县，齐太公之初封地本在吕。此文立论之核心部分为：

> 武王伐纣，"致天之届，于牧之野"。其结果诛纣而已，犹不能尽平其国。纣子禄父仍为商君焉，东土之未大定可知也。武王克殷后二年即卒，周公摄政，武庚以商奄淮夷畔，管蔡流言，周室事业之不坠若线。周公东征，三年然后灭奄。多士多方诸辞，其于殷人之抚柔盖致全力焉。营成周以制东国，其于守防盖甚慎焉。犹不能不封微子以

---

① 周樑楷：《傅斯年和陈寅恪的历史观点——从西方学术背景所作的讨论(1880—1930)》。

奉殷社，而缓和殷之遗民，其成功盖如此之难且迟也。乃成王初立，鲁燕齐诸国即可越殷商故域而建都于海表之营丘，近淮之曲阜，越在北狄之蓟丘，此理之不可能也。今以比较可信之事实订之，则知此三国者，初皆封于成周东南，鲁之至曲阜，燕之至蓟丘，齐之至营丘，皆后来事也。①

雒邑之形势，至今日犹有足多者，在当年实为形胜之要地，周人据之以控南方东方之诸侯者也。齐燕鲁初封于此，以为周翰，亦固其所。循周初封建之疆，南不逾于陈蔡，毛郑所谓文王化行江汉者，全非事实。开南国者召伯虎也。东方者，殷商之旧，人文必高，而物质必丰，平定固难。若既平定之后，佐命大臣愿锡土于其地，以资殷富，亦理之常。夫封邑迁移，旧号不改，在周先例甚多，郑其著者。鲁燕移封，不失旧号。吕以新就大国，定宅济水，乃用新号，此本文之结论也。②

傅斯年于同一年所撰《〈新获卜辞写本后记〉跋》中，同样以“民族—文化”的互动关系作为解释中国古代历史若干关键问题的依据：

凡是一个野蛮民族，一经感觉到某种文化高明，他们奔赶的力量，远比原有这文化的人猛得多。这是一个公例。王季文王武王的强烈殷商化，并用一个最有效的法子，就是讨殷商或殷商治下诸侯的女儿做老婆。这是野蛮人整个接受文明人的文化系统的大道。后代的历史证明这个事实很清楚。譬如唐宗女文成公主下嫁吐蕃弃宗弄赞一事……又如回纥，历世受唐婚，结果是唐化得无对，虽佛教的经典还要用汉文译本为正，而又带着唐化向西方流布。③

至 1934 年，傅斯年又撰有《周东封与殷遗民》一文，论述殷周之际殷民族与周民族之间的政治、文化之互动关系，以此为基础，然后提出其殷民

① 傅斯年：《傅斯年全集》(三)，10 页，台北，联经出版公司，1980。

② 傅斯年：《傅斯年全集》(三)，17 页。

③ 傅斯年：《傅斯年全集》(三)，253～254 页。

族“为中国文化之正统”的独特观点：

> 然则商之宗教，其祖先崇拜在鲁独发展，而为儒学，其自然崇拜在齐独发展，而为五行方士，各得一体，派衍有自。试以西洋史为比：西罗马之亡，帝国旧土分为若干蛮族封建之国。然遗民之数远多于新来之人，故经千余年之紊乱，各地人民以方言之别而成分化，其居意大利，法兰西，西班牙半岛，意大利西南部二大岛，以及多脑河北岸，今罗马尼亚国者，仍成拉丁民族，未尝为日耳曼人改其文化的，语言的，民族的系统。地中海南岸，若非因亚拉伯人努力其宗教之故，恐至今仍在拉丁范围中，遗民之不以封建改其民族性也如是。商朝本在东方，西周时东方或以被征服而暂衰，入春秋后文物富庶又在东方，而鲁宋之儒墨，燕齐之神仙，惟孝之论，五行之说，又起而主宰中国思想者二千余年。然则谓殷商为中国文化之正统，殷遗民为中国文化之重心，或非孟浪之言。战国学者将一切神话故事充分的伦理化，理智化，于是不同时代不同地方之宗神，合为一个人文的“全神堂”，遂有《皋陶谟》一类君臣赓歌的文章。在此全神堂中，居“敬敷五教”之任者，偏偏不是他人，而是商之先祖契，则商人为礼教宗信之寄象，或者不是没有根据的吧。①

陈寅恪专攻的研究领域为中古时期之历史，与傅斯年致力于上古史之范围虽有不同，但其以“民族—文化”观念来分析却又明显的有相通之处。陈寅恪将中原与周边民族间文化的利用、吸收、交融，造成民族特性的嬗变，由此引起民族或政治集团间文化之先进落后或政治势力之强弱变化、盛衰升降，作为观察、论述魏晋南北朝至隋唐时期历史的主要视角和线索。他在1940年撰成的《隋唐制度渊源略论稿》中说：

> 总而言之，全部北朝史中凡关于胡汉之问题，实一胡化汉化之问题，而非胡种汉种之问题，当时之所谓胡人汉人，大抵以胡化汉化而不以胡种汉种为分别，即文化之关系较重而种族之关系较轻，所谓有教无类者是也。②

---

① 傅斯年：《傅斯年全集》(三)，166～167页。

② 陈寅恪：《隋唐制度渊源略论稿》，71页。

又说：

> 北朝胡汉之分，不在种族，而在文化。①

陈寅恪以胡、汉之间民族与文化的互动关系作为研究魏晋南北朝的重要线索，是以发掘出许多常人所忽略的史料为基础的。他十分重视运用欧洲近代史学家的治史观念，对于民族、政治、文化以至地域、家族等项做综合的和动态的分析，探究其相互影响、吸收、嬗变和消长盛衰之迹，阐明其原因和对历史发展的影响。

此后，陈寅恪又在 1942 年撰成的《唐代政治史述论稿》上篇“统治阶级之氏族及其升降”中进一步论述“民族—文化”问题，认为在北朝时代接受何种文化比原先按血统划分的民族更加重要，此为探究历史演进的关键问题：

> 汉人与胡人之分别，在北朝时代文化较血统尤为重要。凡汉化之人即目为汉人，胡化之人即目为胡人，其血统如何，在所不论。②

> 自鲜卑拓跋部落侵入中国统治北部之后，即开始施行汉化政策……此汉化政策其子孙遵行不替，及魏孝文帝迁都洛阳，其汉化程度更为增高，至宣武、孝明之世，则已达顶点，而逐渐腐化矣。然同时边塞六镇之鲜卑及胡化之汉族，则仍保留其本来之胡化，而不为洛都汉化之所浸染。故中央政权所在之洛阳其汉化愈深，则边塞六镇胡化民族对于汉化之反动亦愈甚，卒酿成六镇之叛乱，尔朱部落乘机而起。至武泰元年(公元五二八年)四月十三日河阴之大屠杀，遂为胡人及胡化民族反对汉化之公开表示，亦中古史划分时期之重要事变也。③

他又论述自北周宇文泰所实行的“关中本位政策”，实为割据关中区域内之鲜卑六镇民族为主体，而在文化上依附古昔，把关中称为汉族文化发源之地：

---

① 陈寅恪：《唐代政治史述论稿》，41 页。

② 陈寅恪：《唐代政治史述论稿》，16 页。

③ 陈寅恪：《唐代政治史述论稿》，13～14 页。

> 宇文泰率领少数西迁之胡人及胡化汉族割据关陇一隅之地，欲与财富兵强之山东高氏及神州正朔所在之江左萧氏共成一鼎峙之局，而其物质及精神二者力量之凭借，俱远不如其东南二敌，故必别觅一途径，融合其所割据关陇区域内之鲜卑六镇民族，及其他胡汉土著之人为一不可分离之集团，匪独物质上应处同一利害之环境，即精神上亦必具同出一渊源之信仰，同受一文化之薰习，始能内安反侧，外御强邻。而精神文化方面尤为融合复杂民族之要道。……此新途径即就其割据之土依附古昔，称为汉化发源之地。①

而陈寅恪论述唐代开元、天宝年间，在中国范围内，实则因民族—文化关系而存在着以长安为中心和以河北藩镇为中心的两大势力集团，两者势力之消长对唐代社会的全局起了决定性的作用：

> 因唐代自安史乱后，名义上虽或保持其一统之外貌，实际上则中央政府与一部分之地方藩镇，已截然划为二不同区域，非仅政治军事不能统一，即社会文化亦完全成为互不关涉之集团，其统治阶级氏族之不同类更无待言矣。盖安史之霸业虽俱失败，而其部将及所统之民众依旧保持其势力，与中央政府相抗，以迄于唐室之灭亡，约经一百五十年之久，虽号称一朝，实成为二国。②

> 唐代中国疆土之内，自安史乱后，除拥护李氏皇室之区域，即以东南财富及汉化文化维持长安为中心之集团外，尚别有一河北藩镇独立之团体，其政治、军事、财政等与长安中央政府实际上固无隶属之关系，其民间社会亦未深受汉族文化之影响，即不以长安、洛阳之周孔名教及科举仕进为其安身立命之归宿。故论唐代河北藩镇问题必于民族及文化二端注意，方能得其真相所在也。③

> 今试检《新唐书》之《藩镇传》，并取其他有关诸传之人其活动范围在河朔或河朔以外者以相参考，则发见二点：一为其人之氏族本是胡

---

① 陈寅恪：《唐代政治史述论稿》，14～15页。

② 陈寅恪：《唐代政治史述论稿》，18～19页。

③ 陈寅恪：《唐代政治史述论稿》，25页。

> 类，而非汉族；一为其人之氏族虽为汉族，而久居河朔，渐染胡化，与胡人不异。前者属于种族，后者属于文化。质言之，唐代安史乱后之世局，凡河朔及其他藩镇与中央政府之问题，其核心实属种族文化之关系也。①

我们还可以做更进一步的考察：陈寅恪视文化的影响较之原先的民族(或种族)的分界更加重要，以此解释历史，这除了接受欧洲近代史学家的“民族—文化”观点之外，尚有更深一层的原因，这就是中国的春秋公羊历史哲学对他的影响。春秋公羊学在西汉时曾经大为盛行，至东汉末以后消沉了一千余年，到清嘉道年间由刘逢禄、龚自珍、魏源等重新发现和改造，以之作为批判封建专制制度黑暗腐朽、倡导政治改革以挽救社会危机的思想武器，至戊戌维新时期更被康有为、梁启超大胆阐释发挥，并与刚刚传入的西方近代社会政治学说相结合，锻造成为鼓吹维新变法，用西方的君主之宪——民主共和制度取代中国的封建专制制度的思想纲领，因而公羊学说至晚清重新风靡于世。陈寅恪理解公羊学说，这首先是因为他自幼熟读经典，有关春秋公羊学的著作自不例外；更重要的是，陈寅恪之祖父和父亲都与晚清维新派关系甚深，故陈寅恪与盛行于晚清的公羊学说更有一层因缘。他对清季学术风尚有一段重要评论：“曩以家世因缘，获闻光绪京朝胜流之绪论。其时学术风气，治经颇尚《公羊春秋》，乙部之学，则喜谈西北史地。后来今文公羊之学，递演为改制疑古，流风所被，与近四十年间变幻之政治，浪漫之文学，殊有连系。此稍习国闻之士所能知者也。西北史地以较为朴学之故，似不及今文经学流被之深广。”②清季公羊今文之学是学术所尚，流被之深广，影响近代几十年，这个看法是积戊戌变法之前在湖南倡办地方新政的陈宝箴，协助策划湖南新政的陈三立，以及历史学家陈寅恪三代人的观察感受而得出的。春秋公羊学家恰恰极重视从民族—文化关系来解释历史和预见未来社会。从《春秋公羊传》起，便开始形成不以民族(或种族)来区分诸夏与夷狄，而以文明或道德进化程度来区分，所以夷狄进化了便可以晋爵称“子”，可以受到赞许，而原先的诸夏国家如果

---

① 陈寅恪：《唐代政治史述论稿》，27页。

② 陈寅恪：《朱延丰突厥通考序》，见《寒柳堂集》，144页。

在文化或道德上倒退了，则视为“夷狄”①。《春秋公羊传》作者从考察史实中总结出民族—文化互动嬗变的观点，以后董仲舒、何休以及晚清龚自珍、康有为等人都继承并且向前推进，成为中国传统学术中极为宝贵的思想遗产。陈寅恪论中古之历史，如此重视“胡化”“汉化”问题，一再强调“北朝胡汉之分，不在种族，而在文化”，这种观点，可以解释为既受德国19世纪末、20世纪初一批学者的影响，同时也包括对中国春秋公羊学派观点的承受。

陈寅恪探索“民族—文化”关系对于中古历史发展的影响，在学术界反响甚大。即使在1958年由于“左”的路线干扰而对陈寅恪进行错误批判之时，有的文章也如实地承认陈寅恪治史善于抓住历史现象中的“重要环节”，说：“陈先生是不愿意把自己的研究局限于个别事实的考证的。他的史学方法的特点之一，是企图在错综复杂的历史现象中抓住一些他认为重要的环节，先行解决，然后再以所得的结论为出发点，连带说明一系列的其他问题。这种方法使陈先生的研究成果带有一种系统性，而和其他一些专搞考据的资产阶级史学家有所不同。”②“胡化”“汉化”问题，就是他所抓住的重要环节。因受陈寅恪之启发，颇有学者继续探求北朝“胡化”“汉化”问题。有的学者肯定了陈寅恪的观点，然后将高齐时期的民族—文化问题与之相对照，认为：“反观高氏，虽其所凭借者胜于宇文，然并无调和汉人与鲜卑之方策，故东魏北齐四十余年(534～577)之中，其政治上常发生鲜卑与汉人之冲突，力量分散。齐为周灭，此其一因。”③还有的学者又特别提出，研究北朝“胡化”“汉化”问题不应限于鲜卑与汉族的关系，还应扩大到当时其他少

① 典型的例子，如《公羊传》宣公十二年：“夏六月乙卯，晋荀林父帅师及楚子战于邲，晋师败绩。大夫不敌君，此其称名氏以敌楚子何？不与晋而与楚子为礼也。”楚本是南方后进国家，诸夏以夷狄视之。此年楚伐郑，郑伯肉袒至楚师谢罪。楚庄王于是下令退师。将军子重谏曰，楚都距郑国数千里，此役大夫死者数人，士卒死者数百人，如此胜郑而退师，乃失民臣之力。庄王以理晓之，曰：君子笃于礼而薄于利，服其人而不敢其土，郑既告服，不赦不祥。晋师之救郑者明知郑国已经解围免祸，却仍向楚挑战。楚王被迫亲自击鼓指挥，大败晋师。庄王曰，两君相恶，百姓何罪之有！遂还师而放走晋军。《公羊传》记载了楚庄王伐郑而舍郑、迎战晋军大战之后又让其退走的具体过程，证明楚庄王能讲礼义，在文明和道德上远胜晋人，故赞许楚王“有礼”，晋爵为子，而对“诸夏”的晋国加以贬责。

② 金应熙：《批判陈寅恪先生的唯心主义和形而上学的史学方法》，载《理论与实践》，1958(12)。

③ 缪钺：《读史存稿》，84页，北京，生活·读书·新知三联书店，1963。

数民族与汉族的关系，认为："寅恪先生之所谓胡者，含义颇广，乃是未汉化的北方各少数民族和少数民族化的汉人之总称，非仅指鲜卑及鲜卑化的汉人而言。了解这一点对了解北齐一朝的政治历史至为重要，因为北齐的胡人势力，除了鲜卑勋贵而外，还有一个西域胡化的恩倖集团，在北齐后期的政治舞台上扮演着极为重要的角色，甚至连皇帝也为其所左右。"①

新考证学家探求历史之深层认识的又一类型，是陈垣"提倡有意义之史学"。

抗日战争期间，陈垣处于危城北平之中，他不顾日寇的威胁迫害，处处表现出爱国者的凛然正气。他在课堂上向学生讲《日知录》《鲒埼亭集》，以顾炎武的经世思想和全祖望的民族气节教育激励学生。在研究工作中，他将爱国思想熔炼在阐发历史上人民的爱国斗争和表彰历史人物坚持民族大义的著作中，提倡"有意义之史学"，完成了堪称陈垣"抗战史学系列"的多部佳作，因而标志着他学术思想的升华。他通过研读《嘉兴藏》本明清之际僧人语录史料，发现明末清初滇黔二省佛教大盛，许多明末士大夫遗民为僧，乃是一种政治现象，即遗民以"逃禅"作为抗清斗争的手段，是他们表达忠于故国思想感情和坚持民族气节的行动。他对此极为重视，把揭示当时历史真相、记载遗民的活动视为历史家的责任，认为它足以鼓励今天坚持抗日斗争的人们，由此真切地体味到史学与现实斗争之息息相关。严密的考证，原是陈垣继承、发展乾嘉学术而运用自如的方法。在《明季滇黔佛教考》一书中，他将原来擅长的考证，与站在新的时代高度对人物思想倾向的剖析、抒发民族正气的精辟议论结合起来，这就使他的著作焕发出新的光彩！该书卷五论述"遗民之逃禅"，是全书的重点。该书所记二十几个人物中，按社会地位和声望影响说，钱邦芑尤为关键人物。书中着力写他心怀故国、拒不仁清，任凭百般威逼，始终毫不屈服。孙可望得知钱邦芑以向清廷示不屈服，感到又气又愧，乃让下属修书劝钱邦芑回心转意。钱邦芑以诗作答，表示自己志向，也对孙可望投降行为加以讽刺。诗云："破衲蒲团伴此身，相逢谁不识孤臣，也知官爵多荣显，只恐田横笑杀人。"孙可望更加恼恨，命令将钱邦芑逮捕论死。在被解向贵阳的路上，必死无疑的时刻，钱邦芑口中占诗，表达视死如归的心迹。陈垣全文引录了这三首

---

① 许福谦：《从文化与民族的关系看东魏北齐的胡汉之争——学习寅恪先生民族与文化学说之偶得》，见王永兴编：《纪念陈寅恪先生百年诞辰学术论文集》，448页，南昌，江西教育出版社，1994。

诗，其中一首云："才说求生便害仁，一声长啸出红尘，精忠大节千秋在，桎梏原来是幻身。"这充分表现出钱邦芑决心以死报国的高尚品格。当时陈垣日日处在日寇威胁之下，对于出处、生死当然想得很多且深，他认为死必须有价值，为国家民族去死，是值得的。而能勇敢地面对死亡的人，则必须靠长期培养起的高尚的品质。所以陈垣评论说："求仁得仁，非养之有素者不办。"这是评论历史，也是评论抗日战争时期眼前发生的事情。著者在大力表彰具有民族志节的人物的同时，对投降变节者予以无情的揭示鞭挞。他在书中对王弘祚的评述就是突出例证。王弘祚，云南永昌人，原为明户部郎中督饷大同，明亡后仕清，官至兵部尚书，晚年退仕后，曾表示发心学佛。《宝华山志》载其致僧人见月的信，示忏悔之意。陈垣以锋利的笔触剖析了王弘祚极力想掩饰自己仕清行为的心迹，严肃地指出他并不值得同情，相反地应该受到谴责，故说："综其一生，无灾无难，蹑足公卿，有何可悔？假令大同一役，戢影云冈，访刘孝标之遗踪，效文祖尧之高蹈，未必即为饿莩。乃不此之察，唯阿苟容，既返江南，闻文祖尧、杨永言之遗风，岂不自惭形秽！"并且进而论定王弘祚丧失民族气节，不仅是一人之耻，而且辱及云南全省："迨乾隆传贰臣以辱降虏，云南竟得弘祚一人，全滇为之失色。君子悲其一念之差以至于此也，悔何及矣！"他这是处在国难当头，告诫人们必须对坚守民族气节做出正确的抉择，丝毫不能支援，否则将成为历史的罪人。

陈垣继《明季滇黔佛教考》之后所写的《清初僧诤记》《南宋初河北新道教考》等书同样是在考证基础上，表彰民族气节、斥责汉奸卖国求荣的无耻行为之作。特别是1945年其所著《通鉴胡注表微》一书，更加体现出其在考辨的基础上发表议论、评价史实、抒发作者主张的学术风格。此书的著述宗旨，是要把长期被掩盖的胡三省的民族气节、爱国思想发掘出来，成为对于抗战事业有所裨益的一份思想资料。由于陈垣处于日寇统治、异族压迫的环境中，对于通鉴胡注中所寄托的亡国之痛，感受最深，因此他慨叹于胡三省事迹长期不传，如《通鉴胡注表微·解释篇》所说："鉴注成书至今六百六十年，前三百六十年沉埋于若无若有之中，后三百年掩埋于擅长地理之名之下。"所以他决心表彰这位爱国史家。由于该书是作者体会了胡三省"当日的心情，慨叹彼此的遭遇，忍不住流泪，甚至痛哭。因此决心对胡三省的生平、处境，以及他为什么注《通鉴》和用什么方法来表达他自己的意志等"揭示出来而写，所以书中的议论更多。细读此书，我们可以发现其中许多论点都与《佛教考》前后衔接。如，书中进一步阐述生死观，第十四、十九篇专门为《出处篇》《生死篇》。《出处篇》说："出处之于人大矣。逼于饥寒，怵于威力，炫于荣利，皆足以失其所守也。故身之注《通鉴》，于出处之节，三致意焉。"《生死篇》中说："人生须有意义，死须有价值，平世犹不甚觉之，乱世不可不措意也。""生死之宜，因可由修养而得。""与其受辱而后死，毋宁不受辱而先死之为得耳。"这深刻地从各方面论述坚守民族气节的重要性和平时加强自身修养的意义。陈垣还在书中论述学术不能脱离政治，尤其是在民族生死存亡的时刻更是如此。《治术篇》讲："治术者，致治之术，即身之之政论也。身之平生不喜腾口说，不喜上书言时事，国变以后，尤与政治绝缘。然其注《通鉴》，不能舍政治不谈，且有时陈古证今，谈言微中，颇得风人之旨，知其未尝忘情政治也。"而《通鉴胡注表微》一书在钩稽丰富史料、深入考订辨析的基础上，更加突出地运用简要中肯的议论，阐述作者的见解主张。陈垣还特别写了《评论篇》，说明史书中有见识的评论，具有代表一代之论议和申明作者之思想见解两重作用，矫正有的人偏颇的看法，他说："自清代文字狱迭兴，学者避之，始群趋于考据，以空言为大戒。不知言为心声，觇古人者宜莫善于此，胡明仲之管见，王船山的鉴论，皆足代表一时言议，岂得概以空言视之，通鉴注中之评论，亦就是也。"这样，由《佛教考》开始形成的新的学术风格至此更入佳境，所以《通鉴胡注表微》一书又被学术界誉为陈垣学术工作之总结性著作。书中针对当时形势，在《民心篇》中说："民心者人民心理之向背也。人民心理之向背，大抵以政治之善恶为依归……恩泽不下于民，而责人民之不爱国，不可得也。夫国必有可爱之道，而后能令人爱之，天下有轻去其国，而甘心托庇于他政权之下者矣。《硕鼠》之诗人曰：'逝将去汝，适彼乐国。'何为出此言乎？其故可深长思也。"此书完成时抗战已经胜利，篡夺人民抗战果实的国民党政府更加暴露其反动、腐败的本质，越来越多的人民大众拥护中国共产党的无私廉洁，陈垣的议论，已预示着国民党垮台的结局。《明季滇黔佛教考》和《通鉴胡注表微》等书的成功，证明陈垣在时代推动下跨出了考证学的局限，不再满足于广征史实，究其原委，而要做到把考辨的深厚功力与精彩的议论分析结合起来，把学术工作自觉地与民族命运联系起来，这就决定了他继续跟随时代的步伐前进，同全国人民一道迎接中华人民共和国的诞生。

第二节　新历史考证学与唯物史观的关系及其展望

新历史考证学派和马克思主义史学派是20世纪中国史坛上两大主流学派。新历史考证学派开始产生的标志，是王国维于1917年著成《殷卜辞中所见先公先王考》，并且成功地运用"二重证据法"，其形成则在五四运动以后。中国马克思主义史学的先驱人物是李大钊，他于1924年著成《史学要论》，系统地宣传唯物史观的基本理论，其后郭沫若于1929年著成《中国古代社会研究》，成功地将这一崭新的科学理论与中国历史结合起来，对中国古代社会做出系统的深入分析，成为中国马克思主义史学的奠基之作。这两大主流学派的形成和发展，决定了20世纪中国史学的基本面貌，共同构成内容丰富、色彩绚烂的篇章。在1949年以前，新考证学派与马克思主义史学派平行发展。时代的进步使新考证学派在史识上和方法上高出前人，他们做到了把乾嘉学者严密的考证方法与运用西方新学理相结合，不断发现的新的史料又为他们提出大量新鲜的研究课题，因而他们在诸多领域都取得了重要的成就。唯物史观的价值也引起了目光敏锐的新历史考证学者的注意，他们表示承认和赞同用唯物史观指导史学研究的意义，认为唯物史观重视经济条件构成社会的发展的基础，经济、政治、思想文化、社会生活等各项因素互相联系和依存，使社会构成有机的统一体等基本观点，能推进历史研究达到更深刻、更正确的认识。顾颉刚于1933年所写《古史辨》第四册序言中说："近年唯物史观风靡一世，就有许多人痛诋我们不站在这个立场上作研究为不当。他人我不知，我自己决不反对唯物史观。我感觉到研究古史年代，人物事迹，书籍真伪，需用于唯物史观的甚少，无宁说这种种正是唯物史观者所亟待于校勘和考证学者的借助之为宜；至于研究古代思想及制度时，则我们不该不取唯物为其基本观念。……他们校勘是第一级，我们的考证事实是第二级。等到我们把古书和古史的真伪弄清楚，这一层的根柢又打好了，将来从事唯物史观的人要搜取材料时就更方便了，不会得错用了。是则我们的'下学'适以得唯物史观者的'上达'；我们虽不谈史观，何尝阻碍了他们的进行，我们正为他们准备着初步工作的坚实基础呢！"①顾颉刚晚年从事《尚书》研究，所写《尚书·大诰》今译（摘要），论述周初政治、军事、外交、思想观念各个方面的关系，即在一定程

① 顾颉刚：《古史辨》（四）序言，6页。

度上因受到唯物史观的影响而对历史问题做出新的分析，著名学者平心对此评价说："能从历史角度进行考索，以求全面地、具体地弄清楚《尚书》各篇的历史背景和史事脉络。"①吕思勉在实证方法基础上写成的史著，很重视各个时期经济的研究，原因即在他初步学习了唯物史观的原理，用以指导其史学研究。他在 1945 年所著《历史研究法》中写道："马克思以经济为社会的基础之说，不可以不知道。……以物质为基础，以经济现象为社会最重要的条件，而把他种现象看作依附于其上的上层建筑，对于史事的了解，实在是很有帮助的。但能平心观察，其理自明。"②而马克思主义史家对于考证史家实事求是的治学方法及其科学研究的成果，是充分尊重并自觉继承的，郭沫若对于罗振玉，特别是王国维的考史成绩便做了高度评价："他(王国维)遗留给我们的是他知识的产品，那好像一座崔巍的楼阁，在几千年来的旧学的城垒上，灿然放出了一段异样的光辉。""大抵在目前欲论中国的古学，欲清算中国的古代社会，我们是不能不以罗、王二家之业绩为其出发点了。"③

讨论新历史考证学与唯物史观关系更为重要的事实是：在 1949 年以前业已取得了很大的成就的新历史考证学，进入中华人民共和国以后，由于一批原先熟悉严密考证方法的史学家接受了唯物史观的指导，他们的学术工作达到了新的高度，尤其是在断代史和历史地理学领域取得了令海内外学者瞩目的成就，不仅成为我国史学的出色篇章，而且对于展望 21 世纪史学的前景和创建具有中国特色的历史学派，提供了重要的启示。本节先以谭其骧、唐长孺二位学者最有代表性的论著为例证加以论述，最后讨论唯物史观原理与实证研究方法二者结合的重要意义。

谭其骧毕生从事历史地理学的研究。他在 22 岁于燕京大学研究院就读时，就对导师顾颉刚在讲课中认为"《尚书·尧典》的十二州缘于汉武帝时的制度"提出异议，此后引起师生多次通信讨论。顾颉刚将他们往返的书信编入讲义，印发给同学，表示对谭其骧勇于提出不同意见的肯定。经过 5 年的师生交往和合作办《禹贡》半月刊，顾颉刚对谭其骧的评价是"学问笃实""能作小心的求证"。在 1949 年以前，谭其骧的治学确实以此为特色，在历史沿革地理和移民史领域发表了二十一篇论文，均以严密考证见长，并于 1942

① 平心：《从〈尚书〉研究论到〈大诰〉校译》，载《历史研究》，1962(5)。

② 吕思勉：《吕思勉读书札记》，3 页，上海，上海古籍出版社，1982。

③ 郭沫若：《郭沫若全集·历史编》第 1 卷，8 页。

年在浙江大学(时在贵州)晋升教授。《秦郡新考》(1947年12月发表于《浙江学报》)即为这一时期最受称道的文章，针对乾嘉学者以来三百年聚讼纷纭的秦代设郡问题进行爬梳清理、深入考证，认为即使对于在诸多学者中最有创获者而论，“王(国维)固未足深信，全(祖望)亦实有未尽”。谭其骧本人论证“秦一代之郡于史有征者四十六”，包括：内史、上郡等三十二郡，“各见《汉志》，核实为始皇二十六年初并天下时下所有”；再加黔中、广阳、陈郡、闽中四郡，为“补《汉志》之缺”，连上共三十六郡，即为《秦本纪》《秦始皇本纪》中所谓之“初并天下为三十六郡”“分天下以为三十六郡”；又有南海、桂林、象郡、九原四郡，为“名见《汉志》，始皇三十三年开胡越置”；东海、常山、济北、胶东、河内、衡山六郡，为“《汉志》缺，始皇三十六年后析内郡置”。是秦一代共设四十六郡。全文考辨精审，论据坚实，故其结论被誉为“为三百年的争论作一总结”。

1949年以后，谭其骧的史学研究有着很大的变化。他赶上了唯物史观在中国大地上广泛传播的不平凡的时代。他自觉地接受马克思主义的教育，用之指导自己的研究工作。在原先治学笃实、精于考证的基础上，新的科学历史观的指导，使他大大开阔了视野和学者襟怀，对于研究对象达到更深刻的本质性的认识，学术工作上升到新的境界。我们打开谭其骧论文结集《长水集》《长水集续编》(以及在此基础上由他的学生编成的《长水粹编》)阅看，1949年以后的论文，与前期《秦郡新考》《汉百三郡国建置之始考》《〈宋州郡志〉校勘记》等已颇不相同，大都具有新的风格。如《关于上海地区的成陆年代》(1960)、《何以黄河在东汉以后会出现一个长期安流的局面——从历史上论证黄河中游土地的合理利用是消弭下游水害的决定性因素》(1962)、《历史时期渤海湾西岸的大海侵》(1965)、《上海市大陆部分的海陆变迁和开发过程》(1972)、《山西在国史上的地位》(1981)、《西汉以前的黄河下游河道》(1981)、《在历史地理研究中如何正确对待历史文献资料》(1982)、《地方史志不可偏废，旧志资料不可轻信》(1984)、《浙江各地区的开发过程与省界、地区界的形成》(1986)、《海河水系的形成和发展》(1986)、《自汉至唐海南岛历史政治地理——附论梁隋间高凉冼夫人功业及梁隋高冯氏地方势力》(1988)等。这些研究成果与中华人民共和国成立前的成果相比，无论从考虑历史问题的时间跨度或空间范围说，还是从论题中所包含的思想性深度说，尤其是，从总结历史现象的规律性的高度和结合当前社会发展需要的程度说，毫无疑问都达到了更高的学术境地。

《何以黄河在东汉以后会出现一个长期安流的局面》一文，系谭其骧先于 1961 年在复旦大学所做的学术报告，次年修改后发表，是一篇精心构撰之作。谭其骧的考辨和论证，上下纵贯几千年，东西包括广袤的区域，精到地论述了一系列问题，确是运用唯物辩证的世界观为指导，在进行环环相扣的严密考证和逻辑推理的基础上，努力探讨历史发展中的规律性问题，是一篇运用宏观研究与微观研究相结合的方法的成功之作。

谭其骧首先将从有历史记载以来直到中华人民共和国成立为止全部黄河的历史，分成唐以前和五代以后前后二期，并指出，“黄河在前期决徙次数并不很多，基本上利多害少，只是到了后期，才变成决徙频仍，有害无利，并且越到后来闹得越严重。”他又将前期分成三期。第一期是秦以前。改道的记载很少。第二期是西汉时期。一百八十六年中，决溢了十六次。第三期是东汉至唐。其间，东汉至晋五百多年中基本上长期安流。唐代近三百年中，决溢了十六次。“总之，在这第三期八百多年中，前五百年黄河安稳得很，后三百年不很安稳，但比第二期要安稳得多。”在河患很严重的第二期之后，接着出现的是一个基本安流无事的第三期，这一重大变化应如何解释？

以往水利史专家的解释，都认为是东汉王景治河“深合乎治导之原理”，是他的成功所带来的。谭其骧慧眼独见，从以下几点分析问题的所在。一是王景治河，据《后汉书·王景传》载，只称“商度地势，凿山阜，破砥绩，直截沟河，防遏冲要，疏决壅积，十里立一水门，令更相洄注”。这三十三字讲的是在下游从事修防工程，仅属治标之法，何以能收长久之效？二是东汉后叶和魏晋南北朝，是封建政权腐朽无能和割据混乱时期，黄河却能安流，这显然不能以社会政治因素做解释。那么，造成黄河安流，是什么原因呢？谭其骧认为，这个前人并没有解决得了的问题，不但是对黄河流域史，而且对整个中国史而言，都是一个很重要的问题，因而迎难而上，做深入的探讨。他决不做眼光狭窄的考证家，总把自己局限于某一个朝代，或某一局部地位，或者限制于考证某项具体问题之内，而是把眼光投向历史上整个黄河流域，抓住“黄河溢洪改道在下游，而主要地酿成祸患的洪水和泥沙则主要来自中游”这一根本问题，逐层分析考辨。他运用工程学的知识，计算黄河中游不同河段洪水含沙量，证明对下游水患起决定作用的是中游一、二两区（第一区包括内蒙古河套东北角的大黑河、沧头河流域，和晋西北、陕北东北部、伊盟南部的山陕峡谷流域；第二区包括山西的汾河、涑水流域，陕甘二省的渭水、泾水、北洛水流域，和河南弘农河流域一带），因为“淤塞下游河道的泥沙，十之八九来自这两区，形成下游暴涨的洪水也多半来自这两区”。此一、二区，大部是黄土高原，土质疏松，不适当的开垦和农耕，必然造成植被破坏，造成严重水土流失，且高原、台地会被冲成纵横的沟壑，水土流失则更加加剧。因此，“这两个地区在历史时期的土地利用情况的改变，是决定黄河下游安危的关键因素”。

谭其骧在严密考证的基础上，对比不同时期人类在黄河中游的活动与下游水患之间的关系，考察其变化，力求揭示出其间的因果关系和演变的规律性。他提出，自春秋中叶以至战国，这一地区仍以畜牧业为主要生产事业，《史记·货殖列传》载，山西（指函谷关以西，此指关中以外的泾渭北洛上游及其迤西一带）“饶材、竹、榖、𫄨、旄”等林牧业特产，天水、陇西、北地、上郡一带“畜牧为天下饶”，称为种、代、石北的晋西北地区，居民“不事农业”，以畜牧射猎为业。故战国以前黄河下游决徙很少，根本原因即在于“那时的山陕峡谷流域和泾渭北洛上游二区还处于畜牧射猎为主要生产活动方式的时代，所以原始植被还未经大量破坏，水土流失还很轻微”。

但到了秦和西汉时代，这两区连续实行大规模移民开垦。秦汉多次“戍边郡”，即移民实边，每次规模都很大。秦代两次。至汉文帝时，“又募民徙塞下”。至汉武帝时，又于元朔二年、元狩三年、元鼎六年、天汉元年多次募民徙边郡，开田官，数量有时多达七十余万口。谭其骧将《汉书·地理志》所载平帝元始二年这一带（云中、定襄、西河全郡，雁门、上郡、河东、北地、安定、天水、陇西等郡的部分县）做了统计，山陕峡谷流域和泾渭北路上游二区户数共五十余万，口数共二百四十万。他指出：“这在二千年前的农业生产技术条件之下，是很了不得的数字！”因为，当时被誉为“膏壤沃野千里”的关中盆地亦不过五十余万户，二百多万口。这说明：这二区“从此以畜牧射猎为主变为以农耕为主”，这种开发，从整个黄河流域来看，恰恰得不偿失！因为，其结果必然会给下游带来无穷的祸患。“历史事实也充分证实了这一点：西汉一代，尤其是武帝以后，黄河下游的决徙之患越闹越凶，正好与这一带的垦田迅速开辟，人口迅速增加相对应；也就是说，这一带的变牧为农，其代价是下游数以千万计的人民，遭受了百数十年之久的严重的水灾。”

东汉末至十六国时期黄河中游地区的生产生活方式又如何呢？谭其骧对此做了进一步的考证。一是晋西北迟至南北朝晚期，居民仍以“山胡”为主，以畜牧为生。二是陕西则直至十六国的前、后秦时代，才在洛水中游设置了洛川、中部（今黄陵）等县，前此废边郡已有二百余年。而实际上二秦的版图所届远在洛川、中部之北，那些地方仍不设郡县，正反映其多数居民仍为居无常所的牧民。三是姚秦末年赫连勃勃在这一带建立了夏国，仍不立郡县。四是据《魏书·铁弗传》及《食货志》载，赫连勃勃之父卫辰被魏道武帝击败时，俘获品中只有马、牛、羊，而没有提到粮食。后四十余年，太武帝灭夏，也仍然以河西(指山陕间的黄河以西)“水草善，乃以为牧地，畜产滋息”。由此证明魏晋十六国时代虽然政治混乱、战争频繁，而黄河却能长期安流，原因即在：东汉以后北朝中叶以前，这二区基本上是牧区。

谭其骧通过对纵贯上下两千多年的黄河下游灾害史和中游生产、生态面貌的考证和分析，终于透过历史的现象，揭示了真相：东汉以后黄河的长期安流，并不因王景筑堤防洪的办法高明，而是因为中游地区退农还牧，恢复了植被，减少了水土流失。谭其骧怀着总结历史上的经验教训为当今社会的发展提供鉴戒的崇高责任感，以凝重的笔触写下自己通过考证而得出的重要结论：“‘越垦越穷，越穷越垦’，终至于草原成了耕地，林地也成了耕地，陂泽洼地成了耕地，丘陵坡地也成了耕地；耕地又成了沟壑陡坡和土阜。到处光秃秃，到处千沟万壑。农业生产平时收成就低，由于地面丧失了蓄水力，一遇天旱，又顿即成灾。就这样，当地人民的日子越过越穷，下游的河床越填越高，洪水越来越集中，决徙之祸越闹越凶。就这样，整个黄河流域都陷于水旱频仍贫穷落后的境地，经历了千有余年之久”。因此，谭其骧早在多年以前就根据科学研究的成果提出建议：“在黄河中游这二区，应从单纯的农业经济逐步向农、林、牧综合经营发展。”首要的措施就是“封山育林，同时利用所有的荒坡、荒沟、荒地，大量植树种草”，达到“蓄水、保土、调节气候、改良土壤”的目的。严肃的学术研究和对国家民族发展紧迫问题的关切，在这里达到高度的统一。今天，在黄河中游和广大西北地区实行退耕还牧、退耕还林已成为一项重要的国策和千万民众的共同行动，经过几年实践的检验，恰恰证明谭其骧严谨、深入研究历史所得出的结论符合真理的认识，具有极高的科学价值。

谭其骧在中华人民共和国成立后对与当今社会发展关系密切的重要课题做精湛研究的还有海河水系、云梦泽、上海成陆问题、淮河水系、海南政治历史地理。关于海河水系，谭其骧根据《汉书·地理志》《说文》《水经》的记载加以考证，获得一个重要发现：东汉中叶以前河北平原诸大河是分流入海的，未曾汇合成一河。到3世纪曹操开平虏渠和白沟等人工河道，使河北平原上众多分流入海的水道互相沟通，下游日渐淤塞，逐渐形成今天的海河水系。他于1957年在复旦大学报告了这一结论，散发了报告提纲。虽然至1986年他才撰成并正式发表《海河水系的形成和发展》一文，但“海河的治理却已循着恢复历史原貌，即为海河下游开挖多条出海水道的方案进行了”①。谭其骧主持编绘的《中国历史地图集》更是一个浩大的工程，起于1955年，至20世纪70年代末基本告竣。这部空前巨著共八册、二十个图组、三百零四幅地图，收录了清代以前全部可考的县级和县级以上的行政单位、主要居民点、部族名以及河流、湖泊、山脉、山峰、运河、长城、关隘、海洋、岛屿等七万余地名。除历代中原王朝的地图外，该图集还包括在历史中国范围内各民族所建立的政权和活动区域的地图。“《图集》以历史文献资料为主要根据，吸取了已发表的考古学、地理学、民族学等相关学科的成果，以其内容之完备、考订之精审、绘制之准确赢得了国内外学术界的高度评价”②，堪称是谭其骧对中华人民共和国学术史最重要的贡献。谭其骧的主编工作，再次体现了严密深入的考证方法与科学理论指导的成功结合，因而他才能在扎实的史料工作基础上，出色地解决了一些重要的理论问题。如其一，确定《中国历史地图集》的编绘不能把历史上的中国同中原王朝等同起来，不能只画秦、汉、隋、唐、宋、元、明等中原王朝的地图，而是要画出全中国即整个中国历史的地图来。其二，以科学态度确定“历史上的中国”的概念，以“清朝完成统一以后，帝国主义入侵中国以前的清朝版图，具体说，就是从十八世纪五十年代到十九世纪四十年代鸦片战争以前这个时期的中国版图作为我们历史时期的中国的范围”。“不管是几百年也好，几千年也好，在这个范围之内活动的民族，我们都认为是中国历史上的民族；在这个范围之内所建立的政权，我们都认为是中国史上的政权。”“1840年以前的范围是我们几千年以来历史发展所自然形成的中国，这就是我们历史上的中国。”③其三，如何看待历史上的民族关系？历史上中原王朝与边疆少数民族的关系主流是什么？有人统计是以友好往来为主，有人统计是以打仗为主，谭其骧对此回答说：“我们看不必去深究它，确实有的时期是很好的，和平共处，有的时期是打仗，有的时期打仗还打得很凶。但是，总的关系是越来越密切。我看这点是谁也不能否定的。随着历史的发展，边区各族和中原汉族之间的关系越来越密切了，形成了一

① 葛剑雄：《长水粹编》前言，11页，石家庄，河北教育出版社，2000。

② 葛剑雄：《长水粹编》前言，4～5页。

③ 谭其骧：《历史上的中国和中国历代疆域》，见《长水粹编》，4、6页。

种相互依存的关系，光是经济文化的交流关系不够了，光是每一个边区和中原的合并也不够了，到了十七世纪、十八世纪，历史的发展使中国需要形成一个统一的政权，把中原地区和各个边区统一在一个政权之下，而清朝正是顺应了历史发展的趋势，完成了这个统一任务。”①

谭其骧从专重历史文献的记载考证历史沿革地理，到以唯物辩证的哲学观的高度驾驭史料，既发扬严密考证的精神，又自觉地探求中国历史发展中许多实质性的大问题，探求历史演进中规律性的东西，做到视野开阔，高屋建瓴，将科学研究与推动社会发展、民族进步紧密结合起来——这正是具有悠久传统、方法精良的历史考证学，在新的时代条件下与科学历史观结合而开辟了它发展的新阶段、大大提高其学术价值的一个缩影。

唐长孺与谭其骧两人的治学路数和变化颇为相似，1949 年以后同样成为蜚声海内外的著名史学家，他们同是历史考证学实现飞跃性发展的代表人物。

唐长孺早年研究辽金元史，不久即转为专攻魏晋南北朝隋唐史。1949 年以前，其所著的《蔑儿乞破灭年次考证》《辽史天祚纪证释》《记阻卜之异译》《论王朝素族之解释》《蒙元时期汉文人进用之途径及其中枢组织》等，多以深入考证见长。尤其《唐书兵志笺证》一稿于 1946 年撰成，此稿更是精于考证之作。他又撰有《清谈与清议》和《唐代军事制度之演变》，是论述学术思想史及探求唐代军事制度演变脉络和因果关系之作。1949 年以后，唐长孺治学仍以扎实深入著称，且在新的时代条件下，他与何兹全、周一良、王仲荦、马长寿等多位先生一同开拓了魏晋南北朝史的研究领域。在此以前，陈寅恪的论著代表了 20 世纪三四十年代魏晋南北朝史研究的新水平，他着眼于较长的历史过程，探索魏晋南北朝史的演进脉络，尤其“重视以不同的种族、家族、地域、文化为背景的社会集团的活动，从中发现历史的联系和推移”②。20 世纪五六十年代，唐长孺这批学者“在魏晋南北朝史研究的各个领域全面创获的时期。他们通过精审的考辨，严谨的论证，多方位地勾画了魏晋南北朝社会的重要特征与发展大势。特别是在陈寅恪所忽视的社会经济领域取得的成绩尤大，如土地制度、赋役制度、部门经济、整体经济以及依附关系等重大课题均有突破性进展”③。

---

① 谭其骧：《历史上的中国和中国历代疆域》，见《长水粹编》，8 页。

② 田余庆：《秦汉魏晋史探微》，390 页，北京，中华书局，1993。

③ 曹文柱、李传军：《二十世纪魏晋南北朝史研究》，载《历史研究》，2002(5)。

唐长孺所撰《孙吴建国及汉末江南的宗部与山越》(1955)和《南朝寒人的兴起》(1959)，即为从经济生产领域与政治制度等的互动揭示魏晋南北朝社会特征及其演进脉络的成功之作。《孙吴建国及汉末江南的宗部与山越》一文所考察的重点如下。

一是关于山越。孙吴一代征战山越及山越活动区域，近人多有论及。针对有的学者认为山越是孙吴境内的少数民族(汉代越族之后裔)的看法，唐长孺提出了完全不同的新见解，认为：山越分布状况虽大体上和西汉时越族居地相同(只是退入山中)，但却不能照西汉的看法将之认作与汉人截然不同的种族。“山越”实为居于山地的南方世居民族。其主要根据为：《后汉书·循吏传·刘宠传》所载会稽郡境内“山民愚朴，乃有白首不入市井者”，地方官不把他们当越人，他们也不以越人自居。这说明经过汉代三百年的杂居，原先住在山中的越人已在一定程度上接受汉族文化。此其一。其二，《三国志·吴志·诸葛恪传》载，丹阳地势险阻，周旋数千里，山谷万重，除有未尝入城邑的幽深民人外，还有“逋亡、宿恶”，即逃避赋役与避罪的人民。这些因逃入山中的居民与原先的山越人已一起生活，不再分别地统称山越。其三，《魏书·羊深传》中将居于山间的齐人称为“山齐”，齐是个地域名称，与此相似，山越之越至此也只是指原先越人的分布地区而已。

二是山越与宗部关系密切。唐长孺遍引《三国志·太史慈传》《孙权传》《三国志·刘放附孙资传》注引《资别传》《三国志·孙策传》注引《江表传》《三国志·士燮传》《魏志·田畴传》《晋书·虞潭传》等，考证在《后汉书》及《三国志》中常见的“宗部”“宗伍”“宗贼”之宗，不应如清人何焯所云与“賨”同义，而应如李贤注所释为“宗党”。宗部、宗伍应释为“结聚宗族而成的部伍”，宗贼则是从官方的立场指以宗族组织结聚起来反抗的部伍。明确了“宗部”的含义之后，唐长孺进而考辨分析宗部与山越的关系。江西鄱阳一带为宗部最盛之地，常常要起来反抗，同时也是山越聚居的区域。《三国志·孙权传》《韩当传》《周鲂传》等所载“未克而山寇复动”，“被命密求山中旧族名帅为北敌所闻知者”，“民帅小丑，不足杖伍”，“丹阳宗帅陵阳祖郎等使激动山越”等史料，都说明这些民众入山恃险起事，有部伍性质，其首领即称为“旧族名帅”“名帅”“强宗骁帅”“贼帅”。山越与宗部关系密切，不但鄱阳，其他地区也然。唐长孺进而辨析：山越与宗部关系密切，实则是形成了以大族为核心的宗部组织。他用经济活动、生产生活方式变化解释东汉至三国时期江南社会组织所形成的具有特殊意义的宗族势力集团，显示出极其敏锐、深刻的历史眼光。他从《文选·吴趋行》《抱朴子·吴失》篇和《三国志》田畴传、许褚传、吕虔传、太史慈传等篇中发掘史料，加以考辨分析，论述至东汉时期，江南地区社会经济已有很大发展，与司马迁笔下楚越之地“地广人稀”“火耕水耨”“(民)不待贾而足”的前后情形大不相同了，表现为人口的增加和县邑的设置，也就是劳动力的增加和耕地面积的扩大。因而在东汉以后，江南出现了一些大族，如朱、张、顾、陆“四姓”，陈、桓、吕、窦、公孙、司马、徐、傅“八族”。“大族之所以著称，不仅仅由于族大人多，更重要的是他们在经济上获得特殊利益，即是广大土地与劳动力的占有，从而形成政治上的势力。”至孙吴时，“土地的占有从平地发展到了山区，劳动力的占有也就包括了山民，而况山区之中也正在产生大族。……大族豪强为了反抗政府的征发，同时也即是保卫和扩大其既得权益；他们必然要据守险阻，组织武装。在平地上的大族武装不久就被孙氏政权所吸收或消灭，而在山险之区的却维持得较久；并且又因频受征剿，入山愈深，于是以大族为核心的宗族组织与山民或山越结成一体而难以区别了”。《三国志·田畴传》载田畴“率举宗族、他附从数百人”，“遂入徐无山中，营深险平敞地而居，躬耕以养父母。百姓归之，数年间至五千余家……畴乃为约束，相杀伤、犯盗、诤讼之法”，及《太史慈传》中载慈自称丹阳太守，在泾县立屯府，“大为山越所附”，就是很有力的史料。总之，唐长孺通过深入考辨分析，证明“山越与宗族关系的构成是由于他们在经济上与政治上都受大族的控制，特别是在东汉末年，为了徭役负担的特别严重，不论原来居于山中的山民或是本来居于平地的人民都在大族控制下，在险阻地区组成武装集团，于是宗族与山越完全成为一体”。①

三是分析宗帅与政府的矛盾。作为宗族首领的宗帅，同时又是大地主。一般宗族部众与宗帅的关系，即地主与依附农民的关系，故又称“田客”“部曲”。部众是为逃避政府的赋役而来，因而与作为大地主或大族首领的宗帅，产生了争夺剥削对象和劳动力的矛盾。如《三国志·孙策传》注引《江表传》载：“(刘)勋粮食少，无以相振，乃遣从弟偕告籴于豫章太守华歆。歆郡素少谷，遣吏将偕就海昏上缭，使诸宗帅共出三万斛米以与偕。偕往历月，才得数千斛。”这段具有典型性的史料说明：海昏宗帅虽然还对地方政府缴纳租布，但不能予取予求。他们也接受郡太守的使者，然而郡太守在宗部控制区域内不能收税，只能向宗帅征求。“由此可见五六千家的宗民对

① 唐长孺：《魏晋南北朝史论丛》，12～14 页。

政府没有直接的关系。”我们了解宗帅与政府的矛盾，就能认识孙吴征伐山越，主要是争夺劳动力和剥削对象，而不是如有的论者所认为的开拓疆土。而山民、部曲，既是打仗的兵，又是耕田的田客。故孙吴扩大军队与增加劳动力剥削对象是一致的。《三国志·陆凯传》附载凯谏孙皓疏所云：“先帝战士不给他役使，春惟知农，秋惟收稻，江渚有事，责其死效。今之战士，供给众役，廪赐不赡。”《诸葛瑾传》注引《吴书》所载：“赤乌中，诸郡出部伍。新都都尉陈表、吴郡都尉顾承各率所领人会佃毗陵，男女各数万口。”① 《孙权传》载：黄武五年，因为缺乏粮食，陆逊上表要“诸将增广农亩”。这些史料都确切地说明孙吴的兵既要打仗，又要种田这一实质问题。

四是由此而形成孙吴不同于曹魏的领兵制度与复客制度。因为孙坚出身地方豪强，以后上升为江南豪族，其政权基础也是以孙坚为首的若干宗族联盟。其中有孙坚一样为江南旧有的大族，如吴郡的顾、陆、朱，会稽的虞、贺等；又一类南渡的北方大族，如张昭、诸葛瑾、周瑜、鲁肃等；还有一类是孙权提拔的将领如韩当、蒋钦等。“孙氏与他们共同抗击了北方军事集团的侵入，也共同击破了与他们竞争的另外各个宗族组织，同时他们也共同分取了所获得的利益。”②领兵制度即父子世袭拥有军队，复客制度即国家将屯田户赏赐给私人，免其徭役。此两项制度恰好适应了吴国的社会状况和政治权力关系，由此有助于孙氏皇家及其联合者共同瓜分劳动力和土地。从历史发展的趋势看，“魏、晋以后是世家大族在经济上、政治上取得最大限度发展的时期，而在最初却表现在孙吴的制度上”③。该文从考证“山越”与“宗部”的具体内涵开始，而作者所着力的，是从这一局部向纵深处分析东汉末年以后大土地所有者的形成和演变，政府与地方豪强之间对剥削对象和劳动力的争夺，孙吴建国的政治统治格局，皇家集团与最有势力的大族之间采取对劳动力和土地瓜分的办法在制度上的反映，以及由此而显示的历史发展趋势，这正是唐长孺在中华人民共和国成立后治史的特色。

《南朝寒人的兴起》一文，同样体现出唐长孺从具体问题入手，经过考辨、分析，以求揭示历史发展的深层动向的风格。乾嘉考史名家赵翼所撰《廿二史札记》中有“南朝多寒人掌机要”条，提出了寒人受皇帝任用、掌握

---

① 唐长孺：《魏晋南北朝史论丛》，16～18页。

② 唐长孺：《魏晋南北朝史论丛》，19页。

③ 唐长孺：《魏晋南北朝史论丛》，27页。

重权，为南朝突出之现象，此说明赵翼治史眼光极敏锐，能提挈一代大事，给后人以重要启发；且列举了多条史料，为后人进一步研究提供了参考。但他尚未能做进一步的深入分析，又限于考史札记体的特点，并无对此问题做出有系统的论述。此乃时代使然，不应苛求。唐长孺此文，则是以开阔的视野，把问题提到更高的层面，进行系统、缜密的深刻剖析。他摆脱习常以婚宦论士庶的窠臼，首先从经济基础论述南朝“寒人”的社会地位和阶级身份，他们是寒族地主，包括地方豪强、庶族地主和向地主转化的商人。如《宋书·孝义传》所载张进之，“为郡大族”，“历郡五官主簿，永宁、安固二县领校尉。家世富足，经荒年，散其财救赡乡里……元嘉初，诏所在蠲其徭役”。张进之虽是大族、富人，却仍是寒门，他的官职，当时是寒官，所以其后才获得蠲免徭役。又，《梁书·良吏·沈瑀传》载，沈瑀为振武将军、余姚令，县南“有豪族数百家，子弟纵横，递相庇荫，厚自封殖。百姓甚患之。瑀招其老者，为石头仓监，少者补县僮，皆号泣道路，自是权右屏迹”。这些豪族在当地甚有势力。沈瑀却把他们补县僮，这在当时是一种严重的徭役。《宋书·邓琬传》载，时军旅大起，国用不足，募民纳米、出钱，以数量多少各赐三品至五品令史、王国之令等职，这些纳资者自然是寒人，而能缴纳大量米谷者必然是庶族地主。其次，他分析南朝的实际政治权力在转入寒人手中，这是门阀制度内在矛盾导致的必然趋势。门阀制度下，官职上的区别是清官和浊官。士族占据“职闲廪重”的清官，如秘书省官属、东宫官属都是出身官中第一等清官。“大体上清官都不是繁剧之职，他们或是文学侍从之臣，或是议论而不治事。……优闲而不负实际责任的为清，办理庶政者较次以至于浊。……这里恰好说明门阀贵族之腐朽，实际工作既由寒人来办，权力自然要转入寒人手中。”①《南齐书·褚渊王俭传》论云，当时社会风气，认为高门望族出身者，“责仕出资，皆由门庆，平流进取，坐至公卿”。他们出身血统高贵，凭其门第，天生应担任位高禄厚的清闲官职。《南齐书·张岱传》说皇帝因其弟张恕有功，要以恕为晋陵郡太守，张岱的答复是“若以家贫赐禄，臣所不辞，以功抵事，臣门之耻”，士族竟认为若靠有功被提拔官职是门第的耻辱！故门阀制度中正包含着最终否定它自己的内在矛盾。再次，唐长孺论述南朝王公贵人或“门生”（实为随从），很多都是富人，其目的，一是为逃避课役，二是假王公贵人或朝廷的权力，方便从事商业活动。而南朝皇帝则利用寒人加强政治、军事的控

---

① 唐长孺：《魏晋南北朝史论丛》，551 页。

制。唐长孺所举《南齐书·幸臣传》序所云齐用亲信寒人，专署诏令机密，外有制局监，控制禁卫军。《宋书·恩幸传》序谓："孝建、泰始主盛独运，官置百司，权不外假，而刑政纠杂，理难偏通，耳目所寄，事归近习"，这也说明皇权增强和寒人柄用的关系。这样，寒族地主、商人利用一切可乘的缝隙，采取贿赂的手段，弄巧用计，挤入士族行列，以求享受特权，因而导致自宋至齐不断检查户籍，企图将冒称者从士族户籍中清理出去。但唐长孺据《通典》卷三所载沈约在梁代所上议奏指出：那些纳贿改籍者的士族称号"在永明八年获得国家承认，所谓'既蒙复注，则莫不成官'。士庶区别至少在户籍上是在消除，所以沈约要说'宋、齐二代，士庶不分'。当宋、齐二代的门阀贵族如王球、江敩之流傲慢地不接待寒人之际，却也正是大量寒人挤入士族，以至士庶不分之时。……寒门地主和转向地主的商人们通过宋、齐二代的长期的统治阶级内部斗争，他们获得了胜利。向来由门阀贵族独占的权利不能不对寒门地主、商人开放，虽然这并不是甘心的"①。最后是，皇权不再企图维持再也无法维持的对土地和劳动力的控制，任由兼并。"剩下来的便只有'地主'，贵族和寒人的区别不大了。在土地所有制上贵族、寒人既然没有区别对待，那么在政治上统治阶级间士庶之别也就必然消除。"②唐长孺此文通过从各个局部问题的考辨入手，层层揭示、分析各个局部问题间的内在联系，论述寒族地主必然利用自己的经济能力做斗争，而门阀制度内部恰恰包含着最终否定自身的矛盾，因而导致门阀制度的完结。

总之，唐长孺在中华人民共和国成立后所撰《孙吴建国及汉末江南的宗部与山越》和《南朝寒人的兴起》两篇名作，确是出色地做到了在扎实的考证基础上探讨对历史发展的本质性、规律性认识。唐长孺晚年又著有《魏晋南北朝隋唐史三论》一书，对汉至隋唐一千余年的历史演变做贯通的研究，上溯汉代社会结构，分三篇，从自然经济和商品经济的状况，土地制度的演变，门阀制度形成到衰落，直接劳动者身份和构成的变化，军事制度，学术思想文化等项，总论魏晋时期、南北朝时期、唐代社会演变的脉络，在材料翔实、考辨精审的基础上进行理论上的分析和概括，因而被誉为代表这一领域研究水平的鸿篇巨制。

由 20 世纪三四十年代受到严密考证方法训练，到中华人民共和国成立

① 唐长孺：《魏晋南北朝史论丛》，570～571 页。

② 唐长孺：《魏晋南北朝史论丛》，576 页。

后自觉接受马克思主义指导，使学术研究达到新境界的学者，是一个学术群体，他们都是享誉海内外的著名史学家，如徐中舒、郑天挺、谭其骧、唐长孺、杨向奎、邓广铭、周一良、罗尔纲、王仲荦、韩国磐、傅衣凌、梁方仲、史念海等。这些学者在 1949 年时正当 40 岁上下，本已有很好的学术功底和治史经验，又适逢其时地获得科学世界观的指导，因而学术思想达到了升华。中国历史学也因他们的新进展、新成就而迸发出异彩！蕴积深厚、方法成熟的历史考证学与唯物史观指导相结合，确实标志着历史考证学新阶段的开始，为其发展开辟了更加广阔的道路。有学者将唐长孺的学术道路概括为由传统考据学到宏观思考统摄下的科学实证史学，强调人们对这一转变决不应忽视："早年，在旧时代学术传统的影响下，他和许多同辈学者一样，是用传统史学方法治史的。解放后，当他接受了科学的历史观以后，他的学术观念相应地发生了质的飞跃。他开始把人类社会的发展当成一种自然历史过程；把他终身从事的历史科学，看作'正是描述人们的实践活动和实际发展的真正实证的科学'。基于这样的认识，他返身'清算'自己过去的学术生涯。在新的学术实践中，根据自己对历史科学的理解和自己的学术追求，在科学史观的烛照下，对所熟习的传统史学方法加以董理扬弃：摒除其烦琐陈腐的一面，保留其求实求真的内核。他近数十年做的研究工作，尽管仍然是有关历史时期的经济史、政治史、军事史、文化史、思想史等学术领域里的一个个具体课题，但是在他宏观思考的统摄下，这些成果已然构成为有机的学术整体，具有了同他早年的学术实践不同的内涵。这一点往往容易被人们忽略。可以说，从传统考据史学到科学实证史学，就是唐长孺教授半个多世纪学术生涯走过的道路。"① 不仅唐长孺，谭其骧和其他许多学者同样经历了这样意义重大的转变，从而实现了学术思想质的飞跃。

唯物史观是科学的历史观，同时又是科学的思想方法论，是人类优秀文明的当然继承者和合乎逻辑的发展，因而它与历史学中的实证方法自然也有许多相通之处。唯物史观也强调搜集史料，要求占有充分的材料；同样重视对材料的考辨，去伪存真，重视史料出处的环境，重视甄别、审查的工作，务求立论有坚定的史料依据；同样遵从孤证不能成立的原则，遇有力之反驳即应放弃，训练严谨、科学的态度，反对主观臆测，所得的结论必须经受住事后的验证，发现原先认识有错误迅即改正，决不讳饰；同

① 张弓：《从唐长孺教授问学记》，载《史学理论研究》，1995(2)。

样要求尊重前人的成果，同时又反对盲从，学贵独创，要有所发现，不断前进等。诸如此类，因为都是做学问的基本方法和原则，所以唯物史观与实证史学都是相通的。唯物史观又是总结了欧洲近代哲学、经济学、社会主义学说和历史学最高成果的科学思想体系，因而它又远远高于实证史学。特别是，如恩格斯于1892年在《社会主义由空想到科学的发展》一书英文版序言中表述的，唯物史观揭示出："一切重要历史事件的终极原因和伟大动力是社会的经济发展，是生产方式和交换方式的改变，是由此产生的社会之划分为不同的阶级，是这些阶级之间的斗争。"①生产关系的总和构成上层建筑的物质基础，是社会存在决定社会意识，而不是相反，同时承认社会意识对社会存在起反作用；重视人民群众在历史上的重要作用；要唯物、辩证地分析一切历史现象，坚持历史主义的态度；要把历史看成按其自然过程发展的整体运动等。谭其骧、唐长孺等人都是严谨、诚实、具有科学态度的学者，他们对于中华人民共和国成立以后在全国范围内形成学习热潮的唯物史观，因其与实证史学有诸多类通之处而觉得它容易接受，又因其比以往的学说具有更高的科学性和巨大的进步性而感到眼前打开一片新天地，能引导自己更加接近真理，学术达到新的境界。故他们学习唯物史观是充分自觉的、兴奋的，而且充满自我解剖精神、勇于放弃以前不恰当的观点、迫切要求进步。唐长孺于1955年出版《魏晋南北朝史论丛》，其在所写跋语中有真切的表达："在研究过程中，我深刻体会到企图解决历史上的根本问题，必需掌握马克思列宁主义的理论。"②他还说下决心还要再好好学习，以清除旧史学对自己的错误影响。谭其骧在1979年写文章反思中华人民共和国成立后史学界走过的道路时，尽管当时有人认为唯物史观带来教条化，他却诚恳地赞许在中华人民共和国成立初期学习马克思主义带来了史学界的大进步："记得建国初期，史学工作者都在努力学习马克思主义理论，并试图应用到自己的专业研究中去。在史学界展开了关于古史分期、汉民族形成、资本主义萌芽……一系列的讨论，编辑了大部头的史料丛刊。史学界出现了一片欣欣向荣的新气象。"③当然，这些史学家的学习又明确贯彻以唯物史观普遍原理与中国历史实际相结合的指导思想，警惕并抵制教条化倾向。如唐长孺起初读了马克思关于古代东方国家普遍存在土地国有

① 《马克思恩格斯全集》第29卷，370页，北京，人民出版社，2020。

② 唐长孺：《魏晋南北朝史论丛》，433页。

③ 谭其骧：《勿空破，认真立》，载《中国史研究》，1979(3)。

制的论述后，曾认为中国也不例外，但经过在研究工作中的反复思考，终于认为土地国有制与中国古代历史实际有许多说不通之处，最后决然放弃原先的看法。唯其这些史学家坚持实事求是地研究历史，既重视科学世界观指导又坚决摒弃教条主义，他们的研究成果才得到海内外同行的充分肯定。

综观历史考证学在中华人民共和国成立以后与唯物史观指导相结合而取得的巨大成绩，我们还可获得几点重要的启示。

其一，科学世界观的指导与严密扎实的实证方法兼重，对于推进史学研究具有根本性的意义。历史研究必须重视史料工作，占有史料越多越好，尤其应善于使用新的史料(包括出土资料和社会调查所得资料)。但若限于对史料进行考订或排比，那只是史学研究的基础性工作，居于较低层次。史学工作者不仅要回答“怎么样”，更要回答“为什么”，揭示出历史演进深层次的东西。这就需要进步的哲学世界观的指导。唯物史观创立以后，使历史研究的面貌大为改观，迄今为止它仍是最进步的思想方法论。运用它的基本原理来认真地探讨中国的历史实际，就能使我们对社会的发展达到本质性的认识，对于各个历史阶段的政治、经济、军事、民族关系、制度、文化等，形成有机联系的、构成体系的看法，使之尽可能符合历史的原貌，并揭示出历史演进的规律性。唯物史观并不神秘，其基本原理即得之于对历史实际进程的概括，只要结合学术研究来体会它、运用它，即能获得成效。唐长孺写于 20 世纪五六十年代的论文，能对魏晋南北朝政治史、经济史、制度史等一些重要问题深入探讨，就是很好的证据。有的学者称许他中华人民共和国成立后治学“始终注意从具体史实的考订分析入手，溯其渊源，考其流变，以把握历史演进的大势，探求历史发展的趋向，终究达到发微阐宏的境界”；研究每一问题，必做到“精深分析，由表及里，探求历史的真实面貌与发展演变的规律”。① 此等成就，此等境界，正得益于科学世界观的指导和精深的实证功力二者的结果。故中华人民共和国成立后这批学者的研究成果，既是具有悠久传统的历史考证学发展的新阶段的成果，又是中华人民共和国马克思主义史学的重要组成部分，是中华人民共和国马克思主义史学的大面积“高产田”。周一良先生对中华人民共和国成立后中国内地(大陆)学者与他以前曾经共事过的中国香港、台湾地区以及欧美学者的研究风格做过比较，对我们也很有启发。他于 1982 年赴美访问时，

① 朱雷：《魏晋南北朝史论丛》前言，见《魏晋南北朝史论丛》，5 页。

极留心阅读隔绝几十年的中国香港、台湾地区以及欧美的中国史学著作，以严耕望《中国地方行政制度史》一书为“最有价值者”之一，很珍惜地随身携带回国，他评价说：“严书则久仰其名而未得见，读后深佩其考订之细密周详。所不足者，只就制度论制度，未能放眼当时政治、社会、事件、人物，以探求制度之运行及其所以然之故，这种地方大陆学人就显出所长了。”①周一良以行家评论，发人深思。中国学人之所以能联系政治、社会等项论述“制度之运行及其所以然之故”，正因为有宏观理论对实证研究做指导，所以能够达到对历史的整体性和更深层次的认识。

其二，磨砺辩证思维，探求历史现象的实质，才能取得超越前人的成就。把黄河在东汉以后有千年安流归功于王景治河的成效，长期以来历史地理学界、水利史学界对此都视为无可怀疑的结论。由于形成了思维定式，很多学者竟对很明显的问题也不加以发问：黄河防洪需要修堤、固堤，东汉后期政治黑暗，魏晋南北朝时期长期分裂割据，战争频繁，这样的历史年代能够保证经常有效地加固黄河堤防吗？这显然有说不通的地方。是马克思主义的辩证学说，帮助谭其骧透过历史的表象，发现其实质。对此，他自己总结说：“过去治黄河的学者，惯于把各个时期黄河灾害轻重的原因，归之于时世的治乱和防治工程的成败。我觉得归之于时世治乱则与史实不符：实际上乱世黄河不见得多灾，治世往往反而多决多徙；归之于工程成败则于事理不可通，总不能说数千年来的治河技术一直在退步，贾鲁、潘季驯、靳辅等人主持的河工反而不及大禹和王景的工程有效。直到六十年代初我认识到黄河的决徙虽在下游，病原则在于中游黄土高原的严重水土流失，水土流失的轻重与植被的好坏密切相关，而当地人民的土地利用方式则是植被好坏的决定因素。我抓住这一关键因素的历史演变认真做了一番探索，这才基本上找出了各个历史时期河患轻重不同的根本原因，写成了《何以黄河在东汉以后会出现长期安流的局面》一文。我自以为这才是一篇够得上称为历史地理学的研究论文，文章的结论对当前社会主义建设事业也有一定参考价值。”②为何以往众多考证学者都安于旧说，为什么 20 世纪 60 年代初的谭其骧能提出如此创见？显然是科学世界观所强调的辩证思维，使他具有对历史问题的洞察力，依据同样的史料和考证功夫才能得出超越前人的新看法。

---

① 周一良：《毕竟是书生》，90 页，北京，北京十月文艺出版社，1998。

② 葛剑雄：《长水粹编》前言，10 页。

其三，史学要发扬求真致用的传统，学者应关心国家民族的命运。历史研究范围宽广，课题丰富多样，治史方法可有多种风格。有的学者注重文献考证，或者专攻古代历史，我们不应强求他们把这些研究课题与现实问题联系起来，他们的工作和学术成果都应受到尊重。但历史与现实又是息息相关的，所以史学工作者出其所学，为解决当前社会发展所面临的问题服务，在求真的基础上致用，也是应尽的义务。陈垣和顾颉刚在抗战时即把自己的宗教史研究、边疆史地研究与抗战相联系起来，陈寅恪著《唐代政治史述论稿》，也希望他的著作能够达到“近真实而供鉴戒”的目的。在求真的基础上致用，决不损害或降低学术性，相反，这样做使研究成果更有意义。谭其骧研究黄河治理、海河水系的历史，对防灾减灾和社会发展提出了值得重视的建议。史念海在历史地理研究中，同样对黄河中游黄土高原的经济发展和治理沙漠化问题给予极大的关注，他长期坚持实证研究结合社会调查，在此基础上恳切陈言。他在 1981 年所写《黄河中游森林的变迁及其经验教训》一文中指出，历史时期黄河中游陕西南部的泾渭流域和山西南部的汾涑流域，原有的森林一再受到破坏。“丘陵山地森林破坏之后，林地就往往被开垦成农田。尤其是明清时期，这种现象更为普遍。当时为了增加粮食生产，在黄河中游地区积极推广屯田。每一屯田士卒的份额，少则五十亩，多则百亩，甚至还有更多的。因而无论熟荒生荒都在开垦之列，山崖坡地也难得例外。这一时期黄河中游的森林受到摧毁性的破坏，其主要原因就在于此。这样大面积的广种，就不可能精耕细作，结果只能够取得薄收。这种耕作方法不仅得不偿失，而且还付出了很高的代价。黄土高原上沟壑密度的迅速增加，黄河下游频繁的决滥，就是这种代价的具体表现。这里且不谈垦荒对下游的危害，就中游来说也是一种恶性循环，即愈垦愈穷，愈穷愈垦，沟壑不断增多，耕地也越来越少。直到现在，有些人还不改弦更张，仍在那里毁林造田，这必然重蹈覆辙，后果将不堪设想!”“鄂尔多斯森林破坏后，导致了沙漠的形成和扩大，使这个地区畜牧业的发展，受到很大限制，这是原来毁林为牧的人所没有意料得到的。这一地区的沙漠化，既然与森林的破坏有关，而由林变牧的结果，就使沙漠吞没了更多的草原。实际上草原不但没有扩大，反而招致了严重的后果。”“畜牧业在山区和坡地的发展，不仅使这些地方原有的森林遭到了严重的破坏，而且使一般草类植被也无所附丽，这就加速了侵蚀，使沟壑大量增加。陇东、陕北和晋西北的沟壑纵横，除了毁林造田所造成的恶果外，畜牧业超过了限度，也不能不是一个原因。现在有些同志主张在黄土高原上适当缩小农耕面积，还林还牧。这是十分合理的。其实不仅农地应该还林，某些牧地也应该还林，适当地改变农牧地区和森林地区的比例，应该说是促进农牧业发展的一个重要因素。”[①]在深入的科学研究基础上提出的这些卓见，同样已被实践证明是真理性的认识。像这样在科学世界观指导下从事实证研究的研究成果，确实大有益于提高历史研究的学术价值，增添它的光彩。

分析中华人民共和国成立后历史考证学的新进展，对于当前展望新世纪史学的前景是很有意义的。发展新史学，我们有两个强项。一是有传统悠久的严密考证方法，乾嘉考证学已经总结出一套处理史料的熟练方法，到20世纪又有多位学者加以发展，堪称蕴积深厚、方法精良，的确具有民族的特点和优势。二是马克思主义史学在中国已经有了多年的发展历史，同样取得了巨大成就。虽然在20世纪50年代末以后出现了教条化和极“左”思潮干扰所造成的巨大失误，有过严重的曲折，但史学工作者通过深刻反思，已经清算了那些错误，警惕其重犯，并且通过反思和批判使我们对基本理论的认识达到更高的层次，确信创造性地运用唯物史观原理，揭示中国历史发展的规律，是历史科学的根本任务。与教条主义彻底划清界限就能保证史学的健康发展，这已成为广大研究者的共识。我们要高度自觉地对这两项优势认真地总结，有力地发挥，务必贯彻到史学研究工作和人才培养之中。再加上当前还有两个极为良好的条件，大力吸收西方进步学说的局面早已形成，学术界创新意识普遍强烈。把这四项有利条件汇合起来，奋发努力，我们一定能赢得新世纪史学更加美好的未来！

主要参考书目

白寿彝主编：《史学概论》，银川，宁夏人民出版社，1983。

岑仲勉：《隋唐史》，北京，中华书局，1982。

陈垣：《明季滇黔佛教考》，北京，中华书局，1962。

刘节：《古史考存》，北京，人民出版社，1958。

孟森：《明清史论著集刊》，北京，中华书局，1959。

史念海：《河山集》三集，北京，人民出版社，1988。

谭其骧：《长水粹编》，石家庄，河北教育出版社，2000。

徐中舒：《徐中舒历史论文选辑》，北京，中华书局，1998。

---

① 史念海：《河山集》三集，140～142页。

附：

20世纪学术史研究的重要突破

——读《20世纪中国历史考证学研究》

李根蟠

在新旧世纪交替之际，为了更好确定新世纪史学发展的方向和道路，史学界掀起了一个世纪回眸的热潮，有关20世纪史学史的论著琳琅满目。其中，陈其泰先生主编的《20世纪中国历史考证学研究》(北京师范大学出版社，2005年)以其高远的立意、宽阔的视野、精当的分析、厚实的内容和严整的结构脱颖而出，引人注目。

该书所讲的“20世纪历史考据学”，指形成于20世纪初的、既继承了又超越了传统考据学的“新历史考证学”。它和马克思主义史学一起，并称中国20世纪史学的两大主流学派，它们的成就构成了中国20世纪史学两项最珍贵的文化遗产。对新历史考证学进行深入研究和系统总结，是20世纪史学史的重要课题。这方面的研究虽已取得不少成果，但发展不平衡，研究集中在王国维、陈寅恪等少数几个学者身上，偏重1949年以前，对新历史考据学形成条件、学术内涵、时代特征、历史地位等缺乏系统深入的分析。该书作者给自己提出的任务是：充分地揭示和论证中国历史考证学是如何由传统学术所孕育，因中西文化交融的时代机遇而形成，它在哪些方面具有与传统考证学迥不相同的时代特征；它有哪些重要代表人物，他们各在哪些主要领域取得高出前人的考证成就；梳理出新历史考证学发展的主要脉络——它如何经历了具有决定性意义的奠定阶段，如何经历了拓展阶段，1949年以后中国社会状况发生了巨大变化，新历史考证学者在接受唯物史观指导以后，其学术研究达到了怎样的新境界。该书较好地完成了这一任务，使20世纪中国历史考证学的研究在广度和深度上，达到了前所未有的新水平。

我怀着很大的兴趣读完了这本书，觉得它在以下几个方面是成功的。

一、系统全面，结构严整

20 世纪中国历史考证学内容丰富、头绪纷繁，牵涉到方方面面，从何着手、如何组织，颇费思量。该书对 20 世纪中国历史考证学发展的论述是以成就和影响最大的考证名家为中心展开的，同时也兼顾不同发展阶段、不同学科领域和不同地区的相关学术活动。该书不但系统翔实介绍了新历史考证学最著名的代表王国维、陈寅恪、陈垣（第二章）和胡适、顾颉刚、傅斯年（第三章），还介绍了在断代史和专门史领域取得巨大成就的孟森、吕思勉、岑仲勉、钱穆和汤用彤（第四章）。以上学者的主要学术活动和学术成就是在 1949 年以前，人们可以从这三章当中了解历史考据学在 1949 年以前发展的最基本情况。接着，该书的第五章和第六章分别介绍了内地（大陆）学者徐旭生、陈梦家、徐中舒、谭其骧、唐长孺及香港、台湾地区学者劳榦、严耕望、饶宗颐、张光直的成就和贡献，他们的学术活动主要在 1949 以后。这样，该书不但把对 20 世纪历史考证学的研究延伸到中华人民共和国成立以后，而且首次将 1949 年以后香港、台湾地区历史考证学名家置于 20 世纪中国史学研究的总题目下进行考察。历史研究是人的活动。上述考证名家的学术活动代表了 20 世纪中国历史考据学的主要成就和最高水平，以他们为中心进行论述，可以充分利用已有的研究基础和成果，也有利于论述的具体和深入。但光以人物为中心撰写又容易把整体的历史割裂成若干学术人物的传记汇编。为了弥补这一缺陷，作者安排以首章（第一章）全面分析 20 世纪历史考证学形成的背景和条件，以尾章（第七章）从方法论的角度对新历史考证学的学术内涵和时代特征进行阐释，作为全书的总结。中间五章和首尾两章相互补充、相互配合，加上提纲挈领的前言，构成了一个完整而严密的结构，全面地向读者展示了 20 世纪中国历史考证学丰富多彩的内容和波澜壮阔的发展。可以说，该书对 20 世纪中国历史考证学做了迄今最为系统全面的总结。

二、翔实具体，内容厚实

该书无论对 20 世纪历史考证学形成条件的分析，还是对 20 世纪考证名家的评介，都不是徒托空言，而是“验之行事”，用具体的事实来说明问题，所据资料丰富翔实。每一位名家所处环境、学术经历、学术传承、研究领域、学术思想、治学方法、学术成就，重要著述等，该书均有详尽的介绍。对那么多的学术大师做出如此全面的述评，是我所仅见的。给我印象尤为深刻的是这些述评的具体入微。每项研究是在什么背景下进行的，前人研究的基础如何，有哪些分歧和存在问题，该学者通过什么途径、采取什么方法，解决了什么问题，取得了哪些成果，该书都交代得清清楚楚。人们还可以看到这些成果的后续发展：它们如何在以后的学术研究实践中接受检验，获得证实或有所修正，当前又有哪些相关的最新考古发现和研究成果？这些介绍的时间跨度往往长达几十年，简直就是简要的动态的专题学术史。这些介绍看似琐细，实际上很有用，不但使人们对该学者的学术活动和学术成就有具体的了解，增长知识，而且，这些课题的解决，蕴含着大师们的深刻智慧和宝贵经验，人们正可以从中获得治学理论方法上的有益启示。研究历史需要掌握正确的方法，但正确治学方法的掌握，光从书本理论中学是不够的，结合自己的学术实践，从这种体现前人的智慧和经验的具体的案例中学习和领会，可能是更为有效的途径。

由于该书的论述以大量的具体事实为依据，不务空言，因而其结论令人信服，全书也因而显得有血有肉，丰满厚实。这是以扎实的资料工作为基础的。作者下大功夫认真地䌷绎了数以百计的有关 20 世纪考证学者有价值的论著，重新审视了大量的有关政治史、经济史、社会史、文化史、学术史等领域的研究课题以后，才做到这一点。

三、立意高远，分析精当

该书作者高度自觉并比较熟练地运用马克思主义的唯物史观指导自己的研究，因而能够立意高远、视野开阔，比较深刻地揭示 20 世纪历史考证学发生发展的规律，做出许多精当的分析和论断。

站在中西文化交流的高度来考察新历史考据学的形成和发展，是该书的重要特色。该书的首章和前言在分析 20 世纪历史考据学形成的背景和条件时，用相当大的篇幅具体介绍了乾嘉考据学的成就，并将中国重视历史考据的传统追溯到孔子和司马迁时代，强调这种悠久的传统尤其是乾嘉之学的兴盛为新历史考据学的产生提供了良好的种子和土壤，而又因缘际会，获得时代提供的阳光雨露的滋养(包括 20 世纪初四大新史料的发现，新文化运动和新史学思潮的推动，尤其是以兰克学派实证史学和实验主义哲学为代表的西方新学理、新方法的传入)，遂催开了满园鲜艳夺目的新历史考据学之花。新历史考据学虽然渊源于乾嘉之学，但具有崭新的时代内涵，在史料利用、治史观念、考史方法等方面上升到更高、更进步、更科学的层次。作者正是在这个意义上对“新历史考据学”做出科学的界定。这一理念，贯穿于全书。在评述每个新历史考据学代表人物时，作者都从这样一个视角予以考察，指出他们如何依其不同际遇和学养，各具特点地把传统的考据方法和西方的新学理结合起来，而做出其独特的贡献。作者指出，融合中西学术之优点，不断开拓，勇于创新，是 20 世纪考证学家取得成功的共同经验，也是可敬的前辈们给我们留下的宝贵思想财富。这是作者研究 20 世纪历史考据学之后得出的对今后学术发展具有启示意义的最重要结论。是的，把积极继承发扬本民族优良传统和努力吸收外来的新学理新方法结合起来，仍然是 21 世纪史学发展的正确道路。

重视从方法论的层面对新历史考据学进行发掘和总结，是该书的另一重要特色。书中对每一位学者的介绍，都以其史学思想、治学方法为评述重点，书中对每一个学术案例的剖析，都包含着方法论的意义。该书的最后一章又集中从“扩大史料范围，发现新问题”，“推进史学科学化的努力”和“探求历史的深层认识”三个方面对新历史考据学做方法论层面的分析和阐析，并从而对新历史考证学诸名家的理论方法及其得失做出进一步的评价，提出不少精到的见解。这是前人较少涉足而又非常有意义的工作。

作为 20 世纪中国史学的两大主流学派，新历史考证学和马克思主义史学形成什么样的关系，这是 20 世纪中国史学史的一个重大问题。作者指出，把两者对立起来不符合历史实际，唯物史观与实证史学在治史方法上是相通的，而又远远高于实证史学。同时，作者又用谭其骧、唐长孺等人在中华人民共和国成立后所取得的重大成就令人信服地证明，新历史考据学家在接受唯物史观的指导后，历史考据学继续获得发展，并达到了一个新的境界。这对某些人散布的马克思主义的指导地位妨碍了史学的发展，中国史学的出路在于“摆脱意识形态的干扰”(摆脱马克思主义的指导)等的谰言，是一个有力的回答。

写好一本学术著作，框架要合理得体，材料要扎实丰富，思想要有高度，论述要精当，缺一不可。《20 世纪中国历史考证学研究》在这些方面都是出色的。作为重大选题的一部成功之作，它的确标志着对 20 世纪学术史的研究取得了重要的突破。

这本书当然也有可以改进的地方，我在这里只提出一点供作者考虑。“20 世纪历史考据学”可以理解为 20 世纪形成的“新历史考据学派”及其学术活动，也可以理解为在 20 世纪达到新水平的一种传统治史方法以及运用它从事研究的活动。该书是从第一种含义使用“20 世纪历史考据学”这个概念并以此确定该书的研究范围的，这似乎应该表述得更为明确些。考据学作为一种治史方法，虽然是新历史考据学派把它提高到一个新水平和新高度，但对考据学做出贡献的并非只有新历史考据学家，而且，以新历史考据学家为代表的考据学新发展已经成为史学界的共同财富，不少马克思主义史学家和其他不属于新历史考据学派的史学家也利用考据学的方法治史，并取得很好的成绩。该书如能用一定的篇幅予以介绍，不但可以更全面地表现 20 世纪历史考据学的成就，而且可以从一个侧面反映新历史考据学派的巨大历史影响。

学习和研究历史的人不能不了解史学史。只有了解前人研究什么、解决了哪些问题还有哪些问题尚待解决、有什么成果和经验教训，才能更好地确定今后的路怎么走。对个人是如此，对整个学科更是如此。21 世纪的史学应在继承的基础上前进，首先是应当继承 20 世纪的两大史学遗产——马克思主义史学和新历史考证史学。《20 世纪中国历史考证学》对新历史考据学派的学术活动和学术成就做了全面、系统、具体、准确的介绍，蕴含了几代顶尖学者的智慧与经验，对学习和研究历史的人很有用处。我认为，它可以作为历史系师生的基本教材之一，作为历史研究者必备的参考书之一。

（原载《光明日报》，2005 年 9 月 20 日）

初版后记

《20 世纪中国历史考证学研究》于 1997 年由教育部社科规划项目批准立项，原定完成时间为 2000 年。但在实际进行中，我们深感课题内容之丰富远远超出原先的预计，要对新历史考证学产生和形成的条件做全面分析，要对王国维、陈寅恪、陈垣、胡适、顾颉刚、傅斯年、孟森、吕思勉、岑仲勉、钱穆、汤用彤、徐旭生、陈梦家、徐中舒、唐长孺、谭其骧、劳榦、严耕望、饶宗颐、张光直 20 位著名学者做个案研究，最后还要从方法论层面对新历史考证学进行阐释，并论述其发展前景。研究者们分头撰成初稿后，又几次修改，有的章节先后数易其稿。参加研究的同志都以严肃认真的态度全力投入，以五余年的心力，最后完成了近五十万字的书稿。20 世纪中国历史考证学成就辉煌，名家辈出，内容丰富，领域十分宽广，我们在书中所论及的，只是极为初步、粗浅的认识，研究工作尚待更加深入开展。值此书稿付梓之际，我们至诚地祈请海内外学者赐教。

研究工作分工如下。

陈其泰，撰写前言、第一章、第二章第二节、第七章，负责全书发凡起例、框架体系的设计，及全部书稿的修改、定稿工作。

许殿才，撰写第二章第三节。

沈颂金，撰写第二章第一节，第三章第三节，第四章，第五章，第六章第一节。

陈其泰、沈颂金合撰第三章第一节、第二节，第六章第二节。

白寿彝老师生前很关心这一课题的进展，他所撰写的论陈垣先生、陈寅恪先生、顾颉刚先生等的文章给了我们很大的教益。当课题正在进行中，白先生以 91 岁的高龄不幸辞世，如今书稿完成之日，倍增我们对敬爱的老师深切怀念之情！

张越副教授参加了全书提纲初稿的讨论。李廷勇副教授提供了“钱穆的古史考证”一节的原稿。黄静博士为书稿的电脑处理、整合做了许多工作。

博士生王秀青同学、宋学勤同学用了很多心力认真地帮助做校对工作。北京师范大学史学所行政和校社科处对课题的研究工作予以大力支持。北京师范大学出版社胡云富编审及多位编辑为本书的出版付出了辛勤的劳动。谨此一并表示衷心的谢忱！

陈其泰

2003 年 5 月 14 日

北京师范大学史学研究所

增订版跋

《20世纪中国历史考证学研究》初版于2005年出版。由于本书系首次对于20世纪历史考证学这一重要学术领域做系统的梳理、深层次的开拓，并从中西方文化交流的高度予以科学的说明和理论的总结，因而产生了很好的反响。之后即有不少读者提出，本书提供的深入论证和系统性知识很适合于作为大学本科生和研究生教材。我们采纳了这一建议，予以改版，并改用今名。增订版①仍由北京师范大学出版社出版。

本书作者之一沈颂金博士系于2001年6月在北京师范大学史学研究所毕业，获历史学博士学位，旋即到中国政法大学法律古籍整理研究所工作，两年之后即晋升为副教授。但由于长期生活条件的不佳和过度用功，不幸身患重病。2003年8月初，大约在他去世前20天，适值本书校样刚刚排出，他就忍受病痛，在医院艰难地在校样上填写尚缺的字，并且不顾我们的劝阻，坚持要自己做完，使在场的人无不深受感动。颂金博士虽是39岁英年早逝，但他在学术上却留下了令人赞叹的重要成果，除参加本书撰著外，他在毕业后两年内连续出版了《二十世纪简帛学研究》(博士学位论文)和《考古学与二十世纪中国学术》两部专著，还参加了国家社科基金项目《二十世纪疑古思潮研究》，发表的论文有数十篇，均获得学界好评。他的博士论文被专家评价为："勇敢地选择了这个在历史学理论及史学史专业范围内尚未有人作专门论述的课题"，"填补了这方面的空白"，"具有学术前沿价值"。2003年8月22日颂金博士去世后，11月29日《人民日报》第五版发表了记者丁玎、杨煜庭撰写的人物通讯：《沈颂金：生命为学术闪光》，文中写道，"他，39岁英年早逝，却留下了近百万字的史学研究成果；他，生前

① 增订版将原五、六章合为一章，书名定为《20世纪中国历史考证学》。

不争职称和待遇，死后遗体献给了医学事业”，表达了由衷的敬意！今值本书再版之际，谨此献上心香一瓣，寄托我们对这位已经展示出色才华而不幸早逝的学者深切的纪念！

本书付梓之前，张峰、刘永祥两位博士仔细查核引文、校对错字，付出了辛勤的劳动，在此表示感谢！

陈其泰

2018 年 8 月

北京师范大学